Segredos em cardiologia

A191s Adair, Olivia Vynn
Segredos em cardiologia: respostas necessárias ao dia-a-dia em rounds, na clínica, em exames orais e escritos / Olivia Vynn Adair; trad. Jussara N. T. Burnier. – 2.ed. – Porto Alegre: Artmed, 2003.

1. Cardiologia. I. Título.

CDU 616.12

Catalogação na publicação: Mônica Ballejo Canto – CRB 10/1023

ISBN 85-363-0005-1

Olivia Vynn Adair, M.D.
Assistant Professor, Department of Medicine.
Faculty, Department of Family Medicine Residency Program,
University of Colorado Health Sciences Center, Denver, Colorado.
Cardiologist, Swedish Medical Center, Englewood,
Porter Adventist Hospital, Denver, Colorado.

Segredos em cardiologia

2ª edição

Respostas necessárias ao dia-a-dia em rounds, na clínica, em exames orais e escritos

Tradução:
JUSSARA N. T. BURNIER
Médica cardiologista do Ministério da Saúde.

ARTMED EDITORA

2003

Obra originalmente publicada sob o título
Cardiology secrets

ISBN 1-56053-420-6

Capa:
JOAQUIM DA FONSECA

Leitura final:
LIA MAGALHÃES

Supervisão editorial:
LETÍCIA BISPO DE LIMA

Editoração eletrônica e filmes:
GRAFLINE EDITORA GRÁFICA

Nota ao leitor: Embora as informações neste livro tenham sido revisadas cuidadosamente quanto à exatidão das dosagens e indicações, os autores e editores não podem ser responsabilizados legalmente por quaisquer erros ou omissões. Antes de prescrever qualquer droga, o leitor deve revisar as informações atuais do fabricante (bulas) para as indicações aceitas, recomendações de dosagens absolutas e outras informações pertinentes à segurança e ao uso efetivo do produto descrito.

ARTMED® EDITORA S.A.
Av. Jerônimo de Ornelas, 670 - Santana
90040-340 Porto Alegre RS
Fone (51) 3330-3444 Fax (51) 3330-2378

SÃO PAULO
Av. Rebouças, 1073 - Jardins
05401-150 São Paulo SP
Fones (11) 3062-3757 Fax (11) 3062-2487

SAC 0800 703-3444

IMPRESSO NO BRASIL
PRINTED IN BRAZIL

COLABORADORES

William T. Abraham, M.D., F.A.C.P., F.A.C.C.
Professor of Medicine and Chief of Cardiovascular Medicine, Department of Internal Medicine, University of Kentucky, Lexington, Kentucky

Olivia Vynn Adair, M.D.
Assistant Professor, Department of Medicine, and Faculty, Department of Family Medicine Residency Program, University of Colorado Health Sciences Center, Denver; Cardiologist, Swedish Medical Center, Englewood, Colorado

Stuart W. Adler, M.D.
Department of Medicine, University of Minnesota Medical School, Minneapolis, Minnesota

Astrid Andreescu, M.D.
Clinical Instructor of Medicine, University of Vermont, Burlington, Vermont

David B. Badesch, M.D.
Division of Pulmonary Sciences and Critical Care Medicine, University of Colorado School of Medicine, Denver, Colorado

William M. Bailey, M.D.
Clinical Cardiac Electrophysiologist, Heart and Vascular Center, Lake Charles Memorial Hospital, Lake Charles, Louisiana

Rajesh Bhola, M.D.
Fellow, Department of Radiology, Division of Nuclear Medicine, University of Colorado Health Sciences Center, Denver, Colorado

Fernando Boccalandro, M.D.
Cardiology Fellow, Department of Internal Medicine, Division of Cardiology, University of Texas Medical School, Houston, Texas

Jennifer L. Calagan, M.D.
Formerly of Fitzsimons Army Medical Center, Aurora, Colorado

Robert W. Cameron, M.D.
Formerly of Fitzsimons Army Medical Center, Aurora, Colorado

Mohamed Chebaclo, M.D.
Department of Medicine, State University of New York Health Sciences Center, Brooklyn; Catheterization Laboratory, Brooklyn VA Medical Center, Brooklyn, New York

Luther T. Clark, M.D.
Department of Medicine, State University of New York Health Science Center, Brooklyn, New York

David Harris Collier, M.D.
Associate Professor, Department of Medicine, University of Colorado Health Sciences Center, Denver, Colorado

Karen Cooper, M.D.
Private Practice, Hematology/Oncology, Kingston, Pennsylvania

Stephen T. Crowley, M.D.
Division of Cardiology, University of Colorado School of Medicine, Denver, Colorado

Talley F. Culclasure, M.D.
Formerly of Fitzsimons Army Medical Center, Aurora, Colorado

Ira M. Dauber, M.D.
Associate Clinical Professor, Department of Medicine, University of Colorado Health Sciences Center, Denver; Attending Cardiologist, Porter Hospital and Swedish Medical Center, Englewood, Colorado

Richard C. Davis, M.D., Ph.D.
Formerly of Fitzsimons Army Medical Center, Aurora, Colorado

Mark E. Dorogy, M.D.
Formerly of Fitzsimons Army Medical Center, Aurora, Colorado

James E. Ehrlich, M.D.
Medical Director, Colorado Heart Imaging; Medical Co-Director, HeartScan Houston and HeartScan Washington DC; Clinical Assistant Professor, Department of Anesthesiology, University of Colorado School of Medicine, Denver, Colorado

Arnold Einhorn, M.D., F.A.C.C.
Department of Medicine, Division of Cardiology, University of Florida, Gainesville, Florida

Ashraf ElSakr, M.D.
Division of Cardiology, State University of New York Health Sciences Center, Brooklyn, New York

Richard W. Erickson, M.D.
Department of Medicine, Division of Rheumatology, University of Colorado School of Medicine, Denver, Colorado

Karen A. Fagan, M.D.
Assistant Professor of Medicine, Department of Pulmonary Science and Critical Care Medicine, University of Colorado Health Sciences Center, Denver, Colorado

James J. Fenton, M.D., F.C.C.P.
Medical Director, Porter Adventist Hospital, Denver, Colorado

Charles E. Fuenzalida, M.D., F.A.C.C., F.A.C.P.
Assistant Clinical Professor, Department of Cardiology, University of Colorado Health Sciences Center, Denver, Colorado; Staff Cardiologist, Presbyterian/Columbia Hospital and Aurora Medical Center

Edward Gill, M.D.
Associate Professor of Medicine, Division of Cardiology, University of Washington School of Medicine, Seattle; Director of Echocardiography, Harborview Medical Center, Seattle, Washington; University of Colorado, Denver, Colorado

Gregory R. Giugliano, M.D.
Cardiology Fellow, Department of Cardiology, University of Colorado Health Sciences Center, Denver, Colorado

Javier Mauricio Gonzalez, M.D.
Cardiology Fellow, Department of Cardiology, The Brooklyn Hospital Center, Brooklyn, New York

Michael E. Hanley, M.D.
Associate Professor of Medicine, Department of Pulmonary and Critical Care Medicine, University of Colorado Health Sciences Center, Denver, Colorado

Edward P. Havranek, M.D.
Associate Professor of Medicine, University of Colorado School of Medicine, Denver; Staff Cardiologist, Denver Health Medical Center, Denver, Colorado

William T. Highfill, M.D.
Formerly of Fitzsimons Army Medical Center, Aurora, Colorado

Fred D. Hofeldt, M.D.
Department of Medicine, University of Colorado School of Medicine, Denver, Colorado

Ali R. Homayuni, M.D., F.A.C.C., F.C.C.P.
Division of Cardiology, Mt. Sinai School of Medicine, New York, New York

Evelyn Hutt, M.D.
Assistant Professor, Division of Geriatrics, Department of Medicine, University of Colorado Health Sciences Center, Denver, Colorado

David A. Kaminsky, M.D.
Division of Pulmonary and Critical Care Medicine, Department of Medicine, University of Colorado School of Medicine, Denver, Colorado

Christopher M. Kozlowski, M.D.
Formerly of Fitzsimons Army Medical Center, Aurora, Colorado

Norman Krasnow, M.D.
Clinical Professor, Department of Medicine, College of Physicians and Surgeons, New York; Senior Attending Physician, St. Luke's-Roosevelt Hospital, New York, New York

Mitchel Kruger, M.D.
Formerly of Fitzsimons Army Medical Center, Aurora, Colorado

James C. Lafferty, M.D., F.A.C.C.
Downstate Medical Center, Brooklyn, and Staten Island University Hospital, Staten Island, New York

Sumant Lamba, M.D.
Assistant Professor, Department of Internal Medicine, University of Kentucky, Lexington, Kentucky

Peter Levitt, M.D.
Cardiologist, Porter Adventist Hospital, Denver, and Swedish Medical Center, Englewood, Colorado

JoAnn Lindenfeld, M.D.
Department of Medicine, University of Colorado School of Medicine, Denver, Colorado

Catalin Loghin, M.D.
Chief Medical Resident and Clinical Instructor, Department of Internal Medicine, University of Texas Health Sciences Center, Houston, Texas

Brian D. Lowes, M.D.
Department of Medicine, University of Colorado School of Medicine, Denver, Colorado

John T. Madonna, M.D.
Formerly of Fitmimons Army Medical Center, Aurora, Colorado

Mark Malyak, M.D.
Department of Medicine, Division of Rheumatology, University of Colorado School of Medicine, Denver, Colorado

Donald A. McCord, M.D., F.A.C.C.
Assistant Clinical Professor of Medicine, Downstate Medical Center, Brooklyn, and Staten Island University Hospital, Staten Island, New York

Querubin P. Mendoza, M.D.
Coronary Care Unit, William Beaumont Army Medical Center, El Paso, Texas

Raul Mendoza, M.D.
Private Practice, Lawrence, New York

William P. Miller, M.D.
Department of Medicine, University of Wisconsin Medical School, Madison, Wisconsin

George M. Pachello, M.D.
Interventional Cardiology, Porter Memorial Hospital, Swedish Medical Center, Denver, Colorado

Mark A. Perea, M.D.
Department of Family Medicine, Aurora Medical Center, Aurora, Colorado

Jeffrey Pickard, M.D.
Department of Medicine, University of Colorado School of Medicine, Denver, Colorado

Robert A. Quaife, M.D.
Associate Professor, Departments of Medicine and Radiology, University of Colorado Health Sciences Center, Denver, Colorado

Jane Reusch, M.D.
Department of Medicine, Division of Endocrinology, Metabolism, and Diabetes, University of Colorado School of Medicine, Denver, Colorado

Roy W. Robertson, M.D.
Fellow in Cardiovascular Medicine, Department of Cardiology, University of Wisconsin Medical School, Madison, Wisconsin

David T. Schachter, M.D.
Formerly of Fitzsimons Army Medical Center, Aurora, Colorado

Kimberly Anne Schleman, M.D.
Fellow, Department of Cardiology, University of Colorado Health Sciences Center, Denver, Colorado

June Yi Scott, M.D.
Clinical Instructor, Department of Renal Diseases and Hypertension, University of Colorado Health Sciences Center, Denver, Colorado

Paul D. Sherry, M.D.
Formerly of Fitzsimons Army Medical Center, Aurora, Colorado

Harmeet Singh, M.D.
Department of Medicine, Division of Renal Disease and Hypertension, University of Colorado School of Medicine, Denver, Colorado

Michael Staab, M.D.
Cardiologist, South Denver Cardiology, Denver, Colorado

Richard A. Stein, M.D.
Professor, Department of Medicine, State University of New York Health Science Center, Brooklyn; Chief of Cardiology, The Brooklyn Hospital Center, Brooklyn, New York

David Tanaka, M.D.
Department of Medicine, University of Colorado School of Medicine, Denver, Colorado

Nelson P. Trujillo, M.D.
Cardiologist, Rocky Mountain Cardiology, PC, Boulder, Colorado

David C. Van Pelt, M.D.
Hospital Internist, Department of Internal Medicine, Swedish Medical Center, Englewood, Colorado

Gumpanart Veerakul, M.D., F.S.C.A.I.
Chief, Cardiology Division, and Director, Cardiovascular Intervention and Research Laboratory, Bhumibol Adulyadej Hospital, The Royal Thai Air Force, Bangkok, Thailand

Douglas Paul Voorhees, R.R.T.
Chief Executive Officer, Ultra Imaging, Denver, Colorado

Donald L. Warkentin, M.D.
Department of Medicine, University of Colorado School of Medicine, Denver, Colorado

Mary L. Warner, M.D.
South Denver Pulmonary Associates, PC, Englewood, Colorado

Howard D. Weinberger, M.D., F.A.C.C.
Assistant Professor, Division of Cardiology, Department of Medicine, University of Colorado Health Sciences Center, Denver; Director of Cardiology Service, Cardiology Consultant, and Staff Physician, National Jewish Medical and Research Center, Denver, Colorado

Eric S. Weinstein, M.D.
Cardiologist, Colorado Cardiovascular Surgical Associates, PC, and Porter Adventist Hospital, Denver; Swedish Medical Center, Englewood, Colorado

Madeline Jean White, M.D.
Clinical Associate Professor, Department of Medicine, Denver Health Medical Center, Denver, Colorado

Phillip S. Wolf, M.D.
Professor of Medicine, Division of Cardiology, University of Colorado Health Sciences Center, Denver, Colorado

Richard E. Wolfe, M.D.
Chief, Department of Emergency Medicine, Beth Israel Deaconess Medical Center, Boston, Massachusetts

Marie Wood, M.D.
Assistant Professor of Medicine, University of Vermont, Burlington, Vermont

Robert A. Zaloom, M.D., F.A.C.C.
Department of Cardiology, Lutheran Medical Center and St. Vincent's Hospital Medical Center, New York, New York

DEDICATÓRIA E AGRADECIMENTOS

Em memória de meus pais, Eunice e Lucky Adair,
por todo seu apoio, encorajamento e confiança.
Agradeço especialmente a Lisa e Matthew
pela paciência.

PREFÁCIO À 2ª EDIÇÃO

Esta 2ª edição de *Segredos em cardiologia* traz muitos desafios, incluindo a inacreditável expansão da cardiologia e a rápida geração de subespecialidades. Assim como na 1ª edição, minha esperança era apresentar tanto material quanto possível no formato excitante e estimulante da Série Segredos, de modo a oferecer informações fundamentais para a prática diária. Os autores também revisaram a literatura atualizada, e muitas novas técnicas e terapêuticas foram acrescentadas.

Um projeto como este requer muitas horas de trabalho de seus atarefados autores, bem como inúmeras interações entre mim e os editores para apresentar o produto final. Meus agradecimentos especiais pela dedicação ao ensino daqueles que se dispuseram a realizar este esforço de compartilhar e distribuir conhecimentos. Um especial obrigado a Jessica Jaquez por suas habilidades em organização e secretariado.

Bom proveito!

Olivia V. Adair, M.D.

PREFÁCIO DA 1ª EDIÇÃO

Não há subespecialidade que se desenvolva tão rápido quanto a cardiologia. Todos os aspectos da medicina requerem conhecimento básico em cardiologia, não importando se você está na emergência, nas enfermarias ou em suas atividades diárias no consultório. Esperamos que *Segredos em cardiologia* torne a aquisição de conhecimentos excitante, fácil e agradável. Ele deve servir como uma revisão básica para o cardiologista e uma fonte primária de conhecimento e referências para outros profissionais da saúde, bem como para estudantes de medicina. Esperamos que o leitor seja estimulado a aprender mais e a difundir o conhecimento aos iniciantes, uma vez que o formato pergunta/resposta é ideal para o ensino.

Agradecemos especialmente a Patricia Ross por suas habilidades excepcionais em organização e secretariado, tornando possível este livro, assim como a todos os autores que encontraram tempo em seus horários tomados para preparar estes capítulos.

Olivia V. Adair, MD
Edward P. Havranek, MD

SUMÁRIO

V. DOENÇA CARDÍACA VALVULAR

VI. FARMACOLOGIA CARDIOVASCULAR

VII. OUTRAS CONDIÇÕES CLÍNICAS COM COMPROMETIMENTO CARDÍACO ASSOCIADO

I. Exame geral

1. EXAME FÍSICO CARDIOVASCULAR

Phillip S. Wolf, M.D., e *Gregory R. Giugliano,* M.D.

1. Enumere as informações que podem ser evidentes na inspeção geral do paciente.

Comece a inspeção geral logo que você entrar na sala de exame. Você pode observar inúmeras informações da doença que vai diagnosticar. Eis alguns exemplos:

- Esclera azul – osteogênese *imperfecta*, que está associada com regurgitação aórtica ou mitral
- Espondilite anquilosante – regurgitação aórtica ou bloqueio cardíaco
- Exoftalmia e tremor – tireotoxicose levando à insuficiência cardíaca de alto débito
- Voz rouca e pálpebras edemaciadas – hipotireoidismo e insuficiência cardíaca congestiva (ICC)
- Cianose e baqueteamento – doença cardíaca congênita com *shunt* direita-esquerda
- Balanço da cabeça – regurgitação aórtica
- Palato muito arqueado/aracnodactilia/estatura elevada – regurgitação aórtica e aneurismas aórticos (síndrome de Marfan)
- Faces violáceas do carcinóide – sopro sistólico pulmonar

2. Qual é a posição correta para examinar o paciente? Como a ausculta deve ser realizada?

O examinador deve estar no lado direito do paciente. O paciente e o examinador devem estar confortáveis, e as mãos do examinador devem estar aquecidas. O ambiente deve ser calmo e sem conversas ou ruídos. Antes de utilizar o estetoscópio, o examinador deve inspecionar o precórdio e palpá-lo à procura de impulsos anormais.

A ausculta deve ser realizada preferentemente sempre da mesma forma – por exemplo, a campânula do estetoscópio colocada no ápice cardíaco e a seguir deslocada ao longo do bordo esternal inferior esquerdo, e então para cima, em direção à base esquerda e à base direita. Uma vez que a campânula registra melhor os sons difíceis de ouvir, de baixa freqüência, é usada primeiro. O diafragma é útil para registrar ruídos respiratórios de alta freqüência, sopros de insuficiência das válvulas aórtica e pulmonar e desdobramento das bulhas cardíacas.

3. O que significa a "graduação" dos sopros cardíacos?

O sistema de classificação por graduação foi desenvolvido há 60 anos pelo Dr. Samuel Levine, sendo útil para acompanhar a evolução de um sopro em um indivíduo. Os sopros são graduados em uma escala de 1 a 6, conforme demonstrado na tabela da página 22.

Os graus 5 e 6 são raros. Utilizando esse sistema, um examinador classificaria um sopro suave como de grau 2 em 6 (2/6).

4. Quais são as características de um sopro inocente (funcional)?

Os sopros inocentes são comumente de dois tipos. Um, ouvido em crianças e adultos jovens, é mais audível no segundo espaço intercostal esquerdo, e acredita-se ter origem em vibrações dentro do tronco da artéria pulmonar. O outro, audível entre o ápex e o bordo esternal inferior, pode ter

Tabela da Questão 3:

GRAU	ACHADOS NO EXAME FÍSICO
1	Dificilmente audível
2	Suave, mas facilmente audível
3	Proeminente, mas não alto
4	Alto
5	Audível com estetoscópio parcialmente fora do tórax
6	Extremamente alto; audível com estetoscópio fora do tórax

uma qualidade em zumbido ou vibração, e acredita-se ser originado de vibrações dos folhetos pulmonares normais. Ambos os sopros são mesossistólicos, usualmente apresentam no máximo grau 2/6 ou 3/6 e são comuns em pessoas jovens e saudáveis.

Os achados associados auxiliam a distinguir um sopro inocente de um sopro patológico. Por exemplo, o desdobramento amplo da segunda bulha em conjunto com um sopro sistólico basal favorece o diagnóstico de defeito septal atrial ou estenose pulmonar congênita. Um som de clique sistólico agudo e precoce (som de ejeção) no segundo espaço intercostal esquerdo sugere estenose pulmonar. Um clique similar no ápice cardíaco indica estenose aórtica congênita. Cliques únicos ou múltiplos que ocorrem no meio da sístole ou na sístole tardia são comuns no prolapso de válvula mitral e são mais audíveis no ápice cardíaco.

5. Os sopros diastólicos alguma vez são "inocentes"?

Em contraste aos sopros sistólicos, os sopros diastólicos raramente são inocentes. Os sopros diastólicos mais comuns são devido a graus muito leves de regurgitação por meio das válvulas aórtica ou pulmonar, quando são de alta freqüência e possuem forma decrescente. A estenose mitral, ouvida precisamente sobre o ápice cardíaco, possui uma característica de baixa freqüência, em ruflar. É mais audível utilizando-se a campânula do estetoscópio aplicada com pressão muito leve, com o paciente reclinado sobre o lado esquerdo. Em raras ocasiões, um tumor ou coágulo atrial irá produzir um ruído na diástole. Sopros diastólicos extracardíacos, por outro lado, podem representar eventos normais. Os exemplos incluem um zumbido venoso quase universalmente presente em pessoas jovens, melhor ouvido na fossa cervical anterior com o paciente sentado e inspirando profundamente. Um sopro mamário audível sobre a mama de uma mãe lactante pode ocorrer como um sopro contínuo (sístole a diástole).

6. Quais são os achados cardiovasculares na gestação normal?

O volume plasmático aumenta em 40 a 50% à medida que a gestação progride. O diafragma elevado e o volume sangüíneo aumentado deslocam o impulso apical para cima e lateralmente. Sopros inocentes mesossistólicos são comuns, mais audíveis no bordo esternal superior esquerdo. O desdobramento da segunda bulha é normal. Ocasionalmente, um sopro sistodiastólico é audível sobre a mama ou sobre o útero gravídico, significando o fluxo por meio de uma derivação arteriovenosa funcional. A pressão arterial (especialmente a diastólica) tende a cair no início da gestação e subir aos níveis pré-gravídicos até o termo.

7. Como a hipertensão pulmonar pode ser detectada ao exame?

A palma da mão deve ser colocada logo à esquerda do bordo esternal. Um impulso forte e difuso nessa região indica um aumento ventricular direito. Antes de auscultar o coração, deve-se verificar se há elevação na pressão venosa jugular. Tipicamente, a "onda a" é proeminente, e o nível geral de pressão está aumentado. Quando há insuficiência ventricular direita, a regurgitação tricúspide se desenvolve, e a "onda v" torna-se predominante (ver Questão 17). A ausculta fornece algumas pistas valiosas. A segunda bulha tende a ter um desdobramento estreito e, com concentração, você irá notar que o segundo componente (pulmonar) está aumentado. Finalmente, uma B3 ou B4 audível no bordo esternal inferior esquerdo, que aumenta na inspiração, oferece suporte adicional para o diagnóstico.

8. O que é um pulso paradoxal?

O pulso paradoxal é um termo errôneo, mantido após décadas de mau uso. Não é um pulso nem existe um paradoxo envolvido. O termo refere-se a um exagero do leve decréscimo normal da pressão arterial associado à inspiração. No pulso paradoxal, uma inspiração suave produz uma queda na pressão sistólica e diastólica de pelo menos 10 mm Hg.

Para demonstrar esse achado, o examinador deve sentar-se confortavelmente, de modo a observar ambos os sons de Korotkoff e as incursões respiratórias do paciente. O manguito é lentamente desinsuflado, aproximadamente 2 a 3 mm em cada inspiração calma. Com o paradoxo, os batimentos sistólicos iniciais tornam-se audíveis com a expiração e desaparecem na inspiração. O manguito é desinsuflado mais ainda até que os sons sejam audíveis em todas as fases da respiração. A diferença entre essas duas pressões, medida em mm Hg, é registrada como o nível do "paradoxo".

9. O que causa um pulso paradoxal?

Acredita-se que a anormalidade ocorra no tamponamento pericárdico quando, com a inspiração, a pressão intratorácica torna-se cada vez mais negativa e o retorno venoso ao coração direito aumenta. O coração distende-se, mas a elevação abrupta no volume encontra uma pressão elevada no saco pericárdico estreitado, e o ventrículo direito rapidamente atinge seu limite de expansão. O volume aumentado no ventrículo direito desloca o septo ventricular para a esquerda. Isso diminui o volume ventricular esquerdo e, assim, diminui o volume sistólico ventricular esquerdo nos próximos batimentos. Essa redução no débito cardíaco responde por uma redução na pressão sistólica com a inspiração.

A expiração reverte esse processo. O volume sangüíneo pulmonar entra nas câmaras cardíacas esquerdas, reconduzindo o septo à sua posição usual e elevando o volume ventricular esquerdo. Há um aumento da pressão sistólica.

Outras condições que elevam abruptamente o volume do coração direito, como a embolia pulmonar aguda, podem compartilhar desse mesmo processo fisiopatológico, uma vez que o ventrículo direito agudamente dilatado pode distender-se contra um saco pericárdico relativamente não-complacente e produzir deslocamento septal para a esquerda.

10. Como a coarctação da aorta é detectada?

Essa causa importante e reversível de hipertensão arterial é simples de ser diagnosticada, e cada caso novo de hipertensão deve ser investigado para ela. A técnica diagnóstica mais confiável é colocar-se o polegar de uma das mãos sobre o pulso braquial e o outro no pulso femoral e avaliá-los simultaneamente. Normalmente, esses pulsos são iguais em volume e tempo de ocorrência. Um retardo no impulso femoral, ou uma redução ou ausência desse pulso em uma pessoa jovem, apóia fortemente o diagnóstico de coarctação.

Outras características sugestivas incluem uma pulsação vigorosa na fúrcula supra-esternal e um sopro sistólico sob a clavícula esquerda. Ocasionalmente, um sopro contínuo pode ser ouvido entre as escápulas, o que significa a presença de circulação colateral nas artérias intercostais.

11. Estou tendo dificuldade em medir a pressão arterial no braço. Como posso melhorar a técnica?

Os ruídos da pressão arterial (sons de Korotkoff) podem ser difíceis de ouvir em alguns pacientes. Um braço obeso ou musculoso, a obstrução arterial por incisão cirúrgica prévia ou aterosclerose ou a simples repetição das medidas de pressão arterial muito rapidamente em sucessão podem tornar as leituras difíceis. O esvaziamento da circulação venosa no braço auxilia a ausculta dos sons. Faça o paciente elevar seu braço acima da cabeça e, então, abrir e fechar o punho várias vezes em sucessão. As leituras da pressão parecerão muito mais distintas na medida subseqüente.

12. Quais as manobras à beira do leito úteis para diagnosticar sopros?

A manobra mais simples e mais prontamente disponível é o exercício, o qual aumenta o fluxo sangüíneo e pode evidenciar sopros indistintos, como o ruflar de baixa freqüência da estenose mitral. Fazer o paciente sentar-se várias vezes ou elevar a perna enquanto está deitado e auscultar imediatamente após essas manobras sobre a área de interesse também evidencia os sopros.

As manobras respiratórias também são úteis. A inspiração acentua todos os sopros, bem como as bulhas cardíacas que se originam no lado direito; assim, os sopros da doença tricúspide ou pulmonar são acentuados pela inspiração profunda. O inverso é verdadeiro: a *expiração* aumenta os sopros e as bulhas cardíacas de origem esquerda.

Outra manobra útil é a manobra de Valsalva. Deve-se instruir o paciente a expirar fazendo força contra o punho fechado, enquanto se ausculta durante e imediatamente após a liberação da manobra de esforço. Demonstrar isso colocando a palma da mão contra o abdômen do paciente e pedindo ao mesmo que faça força contra ela. Essa técnica reduz o volume ventricular esquerdo e, assim, evidencia os sopros que aumentam devido a um ventrículo esquerdo relativamente vazio (p. ex., sopros de prolapso da válvula mitral e miocardiopatia hipertrófica).

Da mesma forma, mudar a posição do corpo acentua ou diminui alguns sopros. Fazer o paciente agachar-se (enquanto se ausculta o precórdio) aumenta o volume ventricular esquerdo pela elevação da resistência vascular sistêmica e aumento do retorno venoso. Os sopros de prolapso da válvula mitral e a miocardiopatia hipertrófica irão diminuir. Levantar-se da posição de cócoras reverte a alteração de volume e acentua esses sopros.

Outra técnica útil, que aumenta o sopro da estenose mitral, é auscultar no ápice cardíaco quando o paciente vira-se da posição supina para o decúbito lateral esquerdo. Essa posição também é útil para detectar "galopes" fracos do lado esquerdo (B3 e B4). Fazer o paciente tossir vigorosamente três ou quatro vezes acentua ainda mais esses achados.

13. Qual é o significado de uma B4?

Este som cardíaco representa a contração atrial (a fase de enchimento tardio da diástole). Ele torna-se mais forte, e assim mais facilmente audível, quando o enchimento ventricular esquerdo está reduzido. As causas de redução incluem estenose aórtica, hipertensão, isquemia miocárdica e quase todos os casos de infarto agudo do miocárdio. A B4 é comum, especialmente em pessoas acima de 60 anos. É mais audível, assim como todos os sons de baixa freqüência, com a campânula do estetoscópio aplicada suavemente sobre a parede torácica.

A B4 é freqüentemente confundida com uma B1 desdobrada. Os seguintes pontos favorecem uma B4:

- A B4 tende a ser mais suave e de freqüência mais baixa que uma B1 desdobrada.
- A B4 de origem esquerda é mais audível no ápice cardíaco e é acentuada pela expiração.
- Quando a B4 se origina de uma "rigidez" aumentada no ventrículo direito, é acentuada pela inspiração.
- Um desdobramento óbvio no ápice sugere uma B4, enquanto um desdobramento de B1 é mais audível no bordo esternal inferior.

14. Qual o significado de uma B3?

A B3 é um som cardíaco relativamente raro. É ouvido no início da diástole à medida que o sangue é acelerado para o ápice ventricular esquerdo, a partir da base do coração. Exceto em adultos jovens e saudáveis, nos quais uma B3 freqüentemente normal ocorre, sua presença denota doença cardíaca mais avançada, com dilatação cardíaca e insuficiência cardíaca congestiva. É mais audível no ápice e mais facilmente apreciada com a campânula do estetoscópio e com o paciente deitado sobre o lado esquerdo.

15. Quais são as anormalidades mais comuns a ser consideradas na avaliação de um sopro sistólico? Como são diferenciadas?

Estatisticamente, a maioria dos sopros é inocente, especialmente em pessoas jovens e saudáveis. Os sopros patológicos mais comuns incluem regurgitação mitral e tricúspide, estenose aórtica e miocardiopatia hipertrófica com obstrução do fluxo de saída. Considerações menos comuns, mas importantes em pessoas mais jovens, incluem os defeitos septais atrial ou ventricular. (Ver tabela, p. 26.)

16. Descreva os outros sons que podem ser ouvidos além dos sopros.

Sons de ejeção – Há dois tipos: aórtico e pulmonar. Estes são melhor ouvidos com o diafragma do estetoscópio colocado sobre a respectiva área de ausculta. O som é ouvido logo após a primeira bulha cardíaca. Os *sons de ejeção aórtica* geralmente são observados nas válvulas bicúspides antes da calcificação e são causados por "torção" dos folhetos aórticos. Os *sons de ejeção pulmonares* são observados na estenose pulmonar e também são causados por "torção" dos folhetos.

Cliques mesossistólicos – Esse som de alta freqüência é melhor ouvido com o diafragma sobre o ápex e pode ser produzido por prolapso de válvula mitral com subseqüente estalo das cordoalhas. Isso ocorre precocemente na sístole, quando o paciente se move da posição sentada para a de pé.

Estalido de abertura – Também é melhor ouvido com o diafragma no ápex. O som ocorre imediatamente após a segunda bulha e representa o som de abertura de uma válvula mitral estenótica. Quanto maior a pressão atrial esquerda, menor o tempo entre a B2 e o estalido de abertura. Seguindo esse estalido de abertura, aparece o ruflar de baixa freqüência da estenose mitral.

"Plop" tumoral – Os mixomas atriais esquerdos "caem" pelo orifício mitral durante a sístole, produzindo um som de baixa freqüência após a segunda bulha cardíaca. Freqüentemente é confundido com um galope de B3.

Ruído pericárdico – Também melhor ouvido com o diafragma sobre o ápex. É causado por uma precipitação sangüínea em um ventrículo esquerdo que não é muito complacente, como ocorre na pericardite constritiva.

Atrito pericárdico – Melhor ouvido com o diafragma na borda esternal esquerda ou ápex. Classicamente, o atrito é um som de três componentes que ocorre quando o átrio se contrai durante a sístole ventricular e durante o início da diástole. O atrito geralmente desaparece quando uma quantidade substancial de fluido se acumula no saco pericárdico.

17. Qual o significado das ondas venosas jugulares?

Duas ondas positivas são observadas (ver figura, p. 27). A *"onda a"* origina-se da contração atrial direita. Ela precede o pulso carotídeo, isto é, ocorre na diástole tardia, e aumenta em amplitude conforme aumenta o vigor da contração atrial. Uma pressão diastólica final ventricular direita aumentada por hipertensão pulmonar é a causa mais comum. Ocasionalmente, uma onda a gigante, denominada *onda em canhão*, é observada quando a contração atrial e ventricular ocorrem simultaneamente e o átrio se contrai contra uma válvula tricúspide fechada. Isso acontece em distúrbios do ritmo cardíaco como o bloqueio cardíaco completo.

A *onda v* inicia-se durante a sístole ventricular, logo após o pulso carotídeo. Quando aumentada, significa regurgitação tricúspide. Nessa circunstância, o ventrículo direito ejeta parte de seu volume

Tabela da Questão 15:

Sopros Sistólicos

LESÃO	QUALIDADE DO SOPRO	ONDE É MAIS AUDÍVEL	COMENTÁRIOS
Estenose aórtica (EA)	Rude, freqüentemente ruidoso, especialmente quando é severo	Bordo esternal superior direito	Aumenta em altura à medida que a sístole evolui O pico tardio e a duração do sopro correlacionam-se com a severidade da estenose Na EA severa, o sopro pode ocorrer durante B_2, que pode estar abafada ou ausente Na insuficiência de VE, o sopro pode ser fraco ou inaudível, mas associado com pulso arterial fraco de elevação tardia
Regurgitação mitral	Som homogêneo, em "sopro"	Ápex cardíaco; pode irradiar-se para a axila esquerda e, algumas vezes, quando muito alto, para o dorso	Continua durante toda a sístole ou parte da mesma
Regurgitação tricúspide	Som homogêneo, em "sopro"	Bordo esternal inferior esquerdo	Continua durante toda a sístole ou parte da mesma Aumenta com a inspiração Sinais de pressão venosa elevada estão presentes
Miocardiopatia hipertrófica	Similar à EA	Porção média do bordo esternal esquerdo ou no trajeto entre o esterno e ápex cardíaco Pulso periférico vigoroso	Aumenta com Valsalva ou ficando de pé Aumenta no batimento após uma extra-sístole ventricular
Defeito septal atrial	B2 amplamente desdobrada e fixa que não varia com a respiração; não é muito alto ou grosseiro	Segundo espaço intercostal superior esquerdo	Pulsação vigorosa na borda esternal superior esquerda Aumento do ventrículo direito sempre está presente
Defeito septal ventricular (DSV)	Sopro alto e rude, especialmente quando o defeito é pequeno	Bordo esternal esquerdo no 3º ou 4º espaço intercostal	Holossistólico Exame cardíaco em outros aspectos normal se o DSV for pequeno

retrogradamente no átrio. A *onda v* resultante possui uma forma lenta e ondulatória e é acentuada pela inspiração profunda.

O *colapso x* segue-se à onda *a*. Quando proeminente, sugere constrição pericárdica. O *colapso y* segue-se à onda *v*. As anormalidades incluem uma descida rápida como na pericardite constritiva e um declínio lento como na estenose tricúspide.

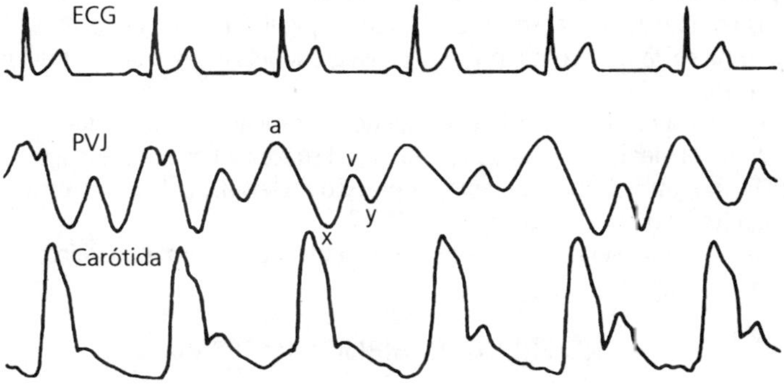

18. Como medir a pressão venosa à beira do leito?

Esta técnica, com um pouco de prática, é uma das manobras mais valiosas do exame cardíaco. É preferível examinar a veia jugular interna, que repousa sobre a bainha carotídea logo anterior ao músculo esternocleidomastóideo. O paciente deve estar colocado em uma posição semi-sentado com o tronco elevado entre 30 e 45°. (A posição exata não é importante – o que importa é que a posição lhe permita observar o topo de uma coluna venosa oscilante.) O pescoço deve estar relaxado, de modo que o músculo esternocleidomastóideo não esteja tenso. Com um abaixador de língua e uma régua de centímetros, meça a distância entre o topo da coluna venosa e o ângulo

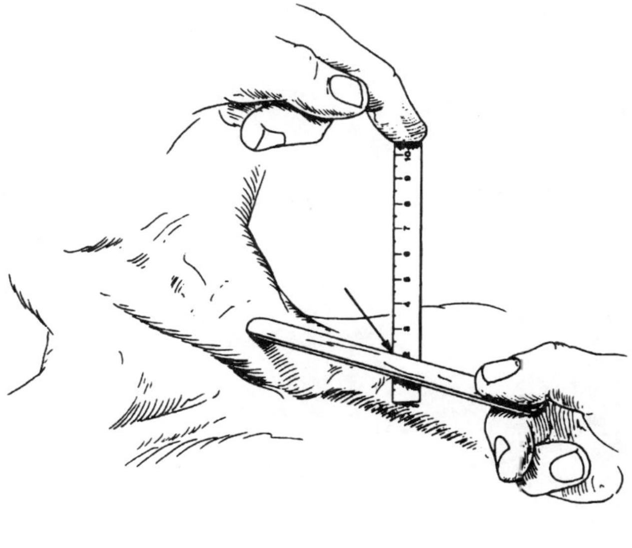

esternal (a articulação manubrioesternal) (ver figura). O ângulo esternal fica aproximadamente 5 cm acima do centro do átrio direito. Na ilustração, a medida de pressão venosa está 2 cm acima do ângulo esternal, de modo que a pressão venosa total é 2 + 5 cm, ou 7 cm. Com o tronco do paciente posicionado em 30 a 45°, o pulso venoso ordinariamente não é visível a mais de 2 cm acima da clavícula.

19. Como o pulso venoso jugular é diferenciado do pulso arterial carotídeo?

O erro mais comum ao avaliar-se a pressão venosa jugular, mesmo em observadores experientes, é confundir o pulso venoso com o pulso arterial carotídeo. As seguintes pistas auxiliam a identificar o pulso venoso:

- Varia com a respiração, normalmente caindo na inspiração e elevando-se na expiração.
- É facilmente obliterado por uma pressão digital suave na base do pescoço.
- É amplificado, especialmente quando a pressão é elevada, pela compressão suave sobre o abdômen (refluxo hepatojugular).
- Várias ondas são observadas, em contraste ao batimento carotídeo único.

REFERÊNCIAS BIBLIOGRÁFICAS

1. Bruns DL: A general theory of the causes of murmurs in the cardiovascular system. *Am J Med* 27:360-374, 1959.
2. Chizner MA: Classic Teachings in Clinical Cardiology: A Tribute to W. Proctor Harvey, M.D. Cedar Grove, NJ, Laennec Publishing, Inc., 1996.
3. Craige E: Gallop rhythm. *Prog Cardiovasc Dis* 10:246, 1967.
4. Hurst JW: The examination of the heart: The importance of initial screening. *Emory Univ J Med* 5(3), 1991.
5. Leatham A: Auscultation of the heart. *Lancet* 2:703, 757, 1958.
6. Leatham A: The second heart sound: Key to auscultation of the heart. *Acta Cardiol* 19:395, 1964.
7. Lembo NJ, Dell'Italia LJ, Crawford MH, O'Rourke RA: Bedside diagnosis of systolic murmurs. *N Engl J Med* 318:1572, 1988.
8. Patel R, Bushnell DL, Sobotka PA: Implications of an audible third heart sound in evaluating cardiac funetion. *West J Med* 158:606-609, 1993.

2. SONS E SOPROS CARDÍACOS

Mark A. Perea, M.D.

1. Quais são os efeitos da realização da manobra de Valsalva, ficando de pé, agachando-se, apertando a mão e usando nitrito de amilo sobre os sopros cardíacos?

	EFEITOS FISIOLÓGICOS	EFEITO SOBRE OS SOPROS
Manobra de Valsalva	Diminui o retorno venoso	A maioria dos sopros diminui em intensidade, exceto os da miocardiopatia hipertrófica obstrutiva e do prolapso de válvula mitral, que aumentam.
Ficar de pé	Diminui o retorno venoso	A maioria dos sopros diminui em intensidade, exceto os da miocardiopatia hipertrófica obstrutiva e do prolapso de válvula mitral, que aumentam.
Agachar-se	Aumenta o retorno venoso, o débito cardíaco e a resistência periférica	A maioria dos sopros aumenta em intensidade, exceto os da miocardiopatia hipertrófica obstrutiva e do prolapso de válvula mitral, que diminuem.
Aperto de mão	Aumenta a resistência vascular periférica e o débito cardíaco	A maioria dos sopros produzidos por válvulas normais ou obstruídas aumenta; sopros de regurgitação mitral, defeito do septo ventricular e regurgitação aórtica também se intensificam. O sopro da miocardiopatia hipertrófica obstrutiva diminui e o do prolapso de válvula mitral ocorre mais tarde.
Nitrito de amilo	Vasodilatador potente	Os sopros da miocardiopatia hipertrófica obstrutiva e da estenose aórtica aumentam, enquanto os sopros de regurgitação mitral, o defeito do septo ventricular e a regurgitação aórtica diminuem.

2. Explique o desdobramento fisiológico da segunda bulha cardíaca.

A segunda bulha cardíaca consiste no fechamento das válvulas aórtica e pulmonar. O desdobramento de B_2 em dois componentes distintos, aórtico (A_2) e pulmonar (P_2) ocorre normalmente na inspiração. Durante a inspiração há um aumento do enchimento do ventrículo direito devido ao maior volume sangüíneo retornando pela veia cava. Por isso, o ventrículo direito leva um pouco mais de tempo para se esvaziar, causando um retardo no fechamento da válvula pulmonar. Portanto, a válvula aórtica fecha antes da válvula pulmonar. Isto é chamado de *desdobramento fisiológico de B_2*.

3. Diferencie o desdobramento fixo, persistente e paradoxal da segunda bulha cardíaca.

Desdobramento fixo é definido como um desdobramento de B_2 que não se altera com a respiração. Isso pode ocorrer no defeito do septo atrial e na insuficiência cardíaca direita.

Desdobramento persistente refere-se a um desdobramento que é ouvido durante a inspiração e a expiração. Embora seja persistente, ele varia, ao contrário do desdobramento fixo. O desdobramento persistente pode ser causado por estenose pulmonar ou por um BRD (bloqueio de ramo direito).

Desdobramento paradoxal se aplica a um desdobramento de B_2 que é ouvido durante a expiração em vez da inspiração. Isso se deve a um fechamento retardado da válvula aórtica. Portanto, durante a expiração, o componente A_2 vem após o componente P_2. O retardo usual de P_2 durante a inspiração reduz o desdobramento usual. Assim, o desdobramento é ouvido durante a expiração e desaparece na inspiração. A causa mais comum disso, também chamada de *desdobramento reverso,* é o BRE (bloqueio de ramo esquerdo) (ver figura).

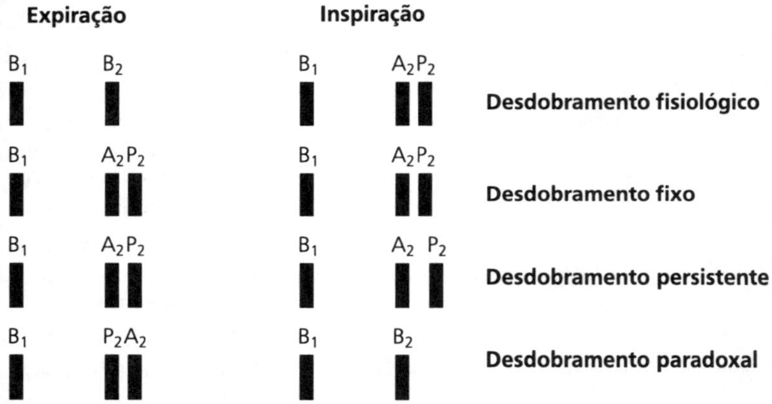

Variações da segunda bulha cardíaca.

4. Quais são os cinco sopros sistólicos inocentes da infância?

1. *Sopro de Still.* O sopro inocente mais comum em criança é o sopro vibratório de Still. Geralmente é audível entre os 3 e 6 anos de idade, mas pode ser ouvido mais cedo e também mais tarde, na adolescência. Sua intensidade máxima ocorre na borda esternal inferior esquerda. O achado característico é seu componente musical, freqüentemente descrito como "vibratório", "suspirado" e "nasalado".

2. *Sopro de fluxo pulmonar.* Esse sopro é melhor ouvido no 2º ou no 3º espaço intercostal esquerdo. Ele é descrito como um sopro proto ou mesossistólico, em crescendo-decrescendo, de grau 2 ou 3. Esses tipos de sopros podem ser difíceis de distinguir do sopro de ejeção ouvido no defeito do septo atrial (DSA). Contudo, um desdobramento fixo de B_2 irá ajudar a diferenciar um DSA de um sopro pulmonar inocente.

3. *Sopro neonatal fisiológico de estenose arterial pulmonar periférica.* Este tipo, ouvido freqüentemente em recém-nascidos, começa do início até a mesossístole e se irradia para áreas infraclaviculares, axila, dorso e acima e abaixo da borda esternal esquerda. Ele desaparece no primeiro dia de vida.

4. *Sopro sistólico aórtico.* Este sopro é descrito como um sopro inocente de ejeção sistólico, de intensidade máxima na área aórtica; geralmente está presente uma B_3. Pode ser confundido com o sopro da miocardiopatia hipertrófica obstrutiva (MHO). Contudo, um sopro de MHO deve se tornar mais alto com a manobra de Valsalva ou ao ficar de pé. Embora às vezes seja difícil, a distinção entre os dois é importante, e é necessária uma maior investigação.

5. *Sopro sistólico supraclavicular.* Esse é um sopro sistólico de baixa freqüência ouvido em crianças e em adultos jovens. Tem maior intensidade acima das clavículas e se irradia bilateralmente para o pescoço.

5. O sopro usual do DSA é causado pela baixa velocidade do fluxo através do defeito?

Na verdade, o sopro usual associado com um DSA é causado pelo aumento de fluxo através das válvulas pulmonar e tricúspide normais. Portanto, além de uma B_2 desdobrada, também são ouvidos durante o exame físico, um sopro sistólico suave na borda esternal esquerda alta e um sopro mesossistólico.

6. Descreva os achados auscultatórios de um prolapso de válvula mitral.

O sopro nem sempre está presente no prolapso de válvula mitral. Freqüentemente, um clique mesossistólico pode ser o único achado. Esse clique é causado pelo tensionamento súbito das cordoalhas redundantes ou dos folhetos valvares. Se houver regurgitação mitral, um sopro mesossistólico pode ser ouvido logo após o clique. O sopro é melhor ouvido no ápex e pode se irradiar para a axila. Em casos severos, pode ser holossistólico. O sopro da regurgitação mitral se intensifica e começa mais cedo na posição de pé, com a manobra de Valsalva e após a administração de nitrito de amilo.

7. Descreva os achados físicos da estenose mitral.

Os achados do exame físico incluem uma B_1 alta, um estalido de abertura na borda esternal esquerda, próximo ao 3º ou 4º espaço intercostal esquerdo, e um sopro diastólico de baixa freqüência (ruflar). O sopro pode ser acentuado com o paciente deitado em decúbito lateral esquerdo.

8. Enumere os achados clínicos da pericardite aguda.

O achado clássico é o atrito pericárdico. O atrito é descrito como um som de alta freqüência, arranhado, que consiste em 1 a 3 componentes. O atrito é gerado pelas superfícies pericárdicas visceral e parietal anormais que se "esfregam" uma contra a outra. Pode ser intermitente e com freqüência varia em intensidade. Pode aumentar quando o paciente se inclina um pouco para a frente ou se apóia nos joelhos e cotovelos.

9. O que é o sinal de Hamman?

O sinal de Hamman, também conhecido como sinal de rangido mediastinal, ocorre quando há ar no mediastino. Os sons são descritos como estridentes, como um arranhão, e ocorrem mais freqüentemente durante a sístole. Isso acontece comumente devido a um pneumotórax ou após uma cirurgia cardíaca.

10. O que é o sinal de Kussmaul?

O sinal de Kussmaul é um aumento da pressão venosa jugular com a inspiração. Normalmente, durante a inspiração, a pressão intratorácica negativa causa uma queda na pressão venosa sistêmica e, portanto, uma queda na pressão venosa jugular. Contudo, em pacientes com pericardite constritiva, o pericárdio espessado não transmite a pressão intratorácica para as câmaras cardíacas; portanto, a pressão venosa não diminui.

11. Qual a diferença entre a manobra de Müller e a manobra da Valsalva?

A manobra de Müller, raramente usada, tem o efeito contrário da manobra de Valsalva. O paciente segura o nariz fechando as narinas enquanto faz uma inspiração forçada pela boca fechada. Isso exagera a fase inspiratória, que aumenta o enchimento do lado direito do coração. Assim, essa manobra alarga o desdobramento de B_2 e acentua os sopros originados do lado direito do coração.

12. O que é um sopro de Austin Flint?

O sopro de Austin Flint é um sopro de baixa freqüência, de meso a telediastólico, que está associado com a regurgitação aórtica. O sopro é melhor ouvido no ápex e se deve à mistura do sangue regurgitante da válvula aórtica anormal com o fluxo por uma válvula mitral normal. Esse sopro pode ser difícil de diferenciar de um sopro causado por estenose mitral, mas a presença de um estalido de abertura e uma B_1 alta da estenose mitral são úteis nesses casos.

13. Quais os achados físicos da estenose aórtica?

Na estenose aórtica, um sopro sistólico em crescendo-decrescendo ouvido com maior intensidade na base do coração e que se irradia para ambas as carótidas é o achado mais freqüente. Em casos severos, pode haver um frêmito ventricular esquerdo, a segunda bulha pode estar diminuída ou ausente e pode estar presente um desdobramento paradoxal de B_2. A causa mais comum de estenose aórtica é a válvula aórtica bicúspide congênita.

14. Descreva o sopro de Graham Steell.

Esse sopro, típico da regurgitação pulmonar, é descrito como um sopro protodiastólico, ouvido sobre a válvula pulmonar e irradiado para a borda esternal esquerda. Freqüentemente é ouvido após um fechamento pulmonar (P_2) alto. Pode ser descrito como de alta freqüência, em decrescendo, particularmente quando há hipertensão pulmonar.

15. Qual é o diagnóstico diferencial de um sopro contínuo?

Um sopro contínuo é aquele que é ouvido na sístole e na diástole sem interrupção. É gerado por um fluxo de uma zona de alta resistência para uma de baixa resistência. Todos os defeitos abaixo podem causar um sopro contínuo:

Persistência do ducto arterial
Fístula coronária atrioventricular (AV)
Aneurisma roto do seio de Valsalva
DSA
Zumbido venoso cervical
Artéria coronária esquerda anômala
Estenose proximal da artéria coronária
Sopro mamário
Estenose de ramo da artéria pulmonar
Circulação brônquica colateral
Pequeno DSA com estenose mitral
Fístula AV intercostal

REFERÊNCIAS BIBLIOGRÁFICAS

1. Bates B, Hoekelman RA, Bickley LS, Thompson JE: A Guide to Physical Examination and History Taking, 6th ed. Philadelphia, J.B. Lippincott, 1995.
2. Braunwald E (ed): Heart Disease, 5th ed. Philadelphia, WB Saunders, 1997.
3. Choudhry NK, Etchells EE: Does this patient have aortic regurgitation? *JAMA* 23:2231-2238, 1999.
4. Fauci AS, et al. (eds): Harrison's Principles of Internal Medicine, 14th ed. New York, McGraw-Hill, 1998.
5. Leonard JJ, Shaver JA, Leon DF, et al: Examination of the Heart: Part IV. Auscultation of the Heart. Dallas, American Heart Association, 1990.
6. Pelech AN: The cardiac murmur: When to refer? *Pediatr Clin North Am* 45:107-122, 1998.

3. RADIOGRAFIA DE TÓRAX

James J. Fenton, M.D., FCCP*

1. Enumere os problemas cardiovasculares que podem ser sugeridos ou diagnosticados pelo raio X de tórax.

ICC/edema pulmonar
Derrame pleural
Hipertensão pulmonar severa
Malformações congênitas
Shunt esquerda-direita
Doença cardíaca valvular
Pericardite constritiva calcificada
Grandes derrames pericárdicos
Cisto pericárdico
Miocardiopatia

O raio X também é valioso no diagnóstico de condições que simulam uma doença cardíaca, como pneumonia, pneumotórax ou pneumomediastino.

2. Quais doenças cardiovasculares não podem ser prontamente diagnosticadas por um raio X de tórax?

Infarto agudo do miocárdio
Doença arterial coronária (DAC)
Hipertensão sistêmica
Hipertensão pulmonar inicial
Doença valvular leve
Pequenos derrames pericárdicos
Dissecção aórtica
Arritmias
Embolia pulmonar

3. Descreva a abordagem sistemática para a interpretação de um raio X de tórax.

Uma recomendação comum é começar com as características gerais como idade, sexo, tamanho e posição do paciente. A seguir, examine a periferia da chapa, incluindo ossos, tecidos moles e pleura. Procure fraturas das costelas, entalhes nas costelas, metástases ósseas, deslocamento dos ombros, massas nos tecidos moles e espessamento pleural. Depois avalie o pulmão, procurando infiltrados, nódulos pulmonares e derrames pleurais. Finalmente, concentre-se no tamanho e no contorno cardíaco, nas estruturas mediastinais, no hilo e nos grandes vasos. Também observe a presença de marcapassos e arames esternais.

4. Quais itens adicionais devem ser revistos na interpretação de um raio X de tórax de um paciente da unidade de tratamento intensivo?

Nos aparelhos de radiografia portáteis da UTI, deve-se prestar atenção particular à colocação de tubos endotraqueais, cateteres venosos centrais, cateter de artéria pulmonar, cabos de marcapasso, pás de desfibrilador, balão intra-aórtico, sondas de alimentação e drenos torácicos.

5. Identifique as principais estruturas cardiovasculares que formam a silhueta do mediastino.

Ver figuras da página 34.

Lado direito: Aorta ascendente, artéria pulmonar direita, átrio direito e ventrículo direito

Lado esquerdo: Botão aórtico, artéria pulmonar esquerda, auriculeta esquerda e ventrículo esquerdo

*O autor agradece a Marsha Heinig, M.D., Ph.D., cujo texto da 1ª edição está incorporado neste capítulo.

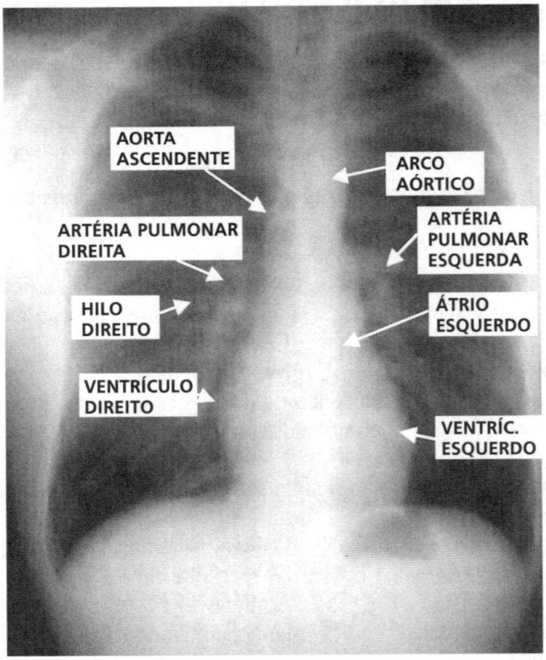

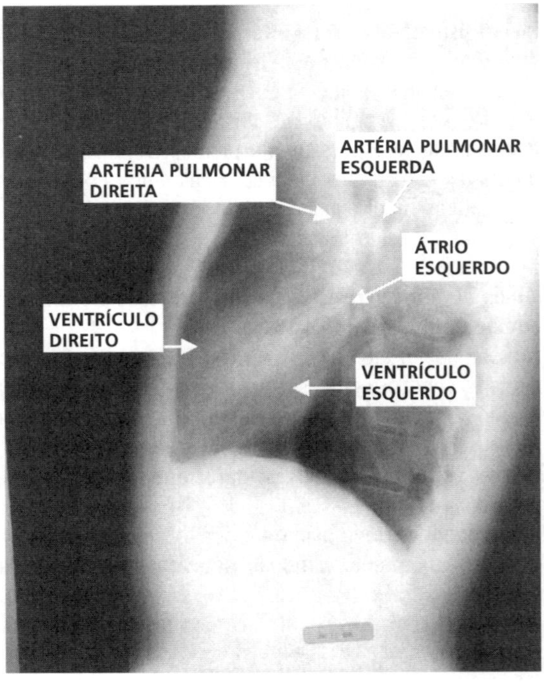

Principais estruturas cardiovasculares evidentes no raio X de tórax.

6. Quais são os achados cardiovasculares mais comuns no raio X de adultos? O que significam?

Leve aumento do ventrículo esquerdo e botão aórtico e calcificação da parede aórtica representam doença cardíaca aterosclerótica e/ou hipertensão sistêmica.

7. Como se mede o tamanho do coração em um raio X de tórax?

A identificação de cardiomegalia no raio X de tórax é subjetiva, mas se o tamanho do coração é igual ou maior que o dobro do tamanho do hemitórax, então ele está aumentado. Lembre-se de que uma chapa feita em expiração, em posição supina ou com um aparelho portátil fará o coração parecer maior.

8. Quais fatores podem afetar o tamanho do coração no raio X de tórax?

- Tamanho do paciente – a obesidade diminui os volumes pulmonares e aumenta o aspecto do coração.
- Grau de inspiração – Uma inspiração fraca pode fazer o coração parecer maior.
- Enfisema – A hiperinsuflação altera a configuração do coração, tornando-o menor.
- Contratilidade – Sístole ou diástole pode fazer até 1,5 cm de diferença no tamanho ventricular. Em adição, uma baixa freqüência cardíaca e débito cardíaco aumentado levam a um aumento do enchimento ventricular.
- Configuração torácica – O peito escavado pode comprimir o coração e fazê-lo parecer maior.
- Posicionamento do paciente – O coração parece maior quando o paciente está em posição supina.
- Tipo de exame – Em projeção AP, o coração está mais distante do filme e mais perto da câmera. Isso gera uma maior divergência do raio e o aparecimento de um aumento no tamanho cardíaco.

9. Quais são as causas de aumento cardíaco no raio X de tórax?

Miocardiopatia (etiologias múltiplas)
Derrame pericárdico
Regurgitação aórtica
Regurgitação mitral
Cor pulmonale

10. Como se sabe quais câmaras cardíacas estão aumentadas?

Aumento ventricular – geralmente desloca a borda cardíaca inferior para a esquerda e para trás. A distinção entre aumento de VE e VD requer a avaliação dos tratos de saída. No aumento de VD as artérias pulmonares freqüentemente são proeminentes e a aorta é pequena. No aumento de VE, a aorta é proeminente e as artérias pulmonares são normais.

Aumento atrial esquerdo – cria uma convexidade entre a artéria pulmonar esquerda e o ventrículo esquerdo em visão frontal. Também pode ser vista uma "densidade dupla" inferior à carina. Em projeção lateral, o aumento do AE desloca o brônquio descendente do lobo inferior esquerdo para trás.

Aumento atrial direito – faz a borda inferior direita do coração se abaular para fora e para a direita.

11. Quais são os sinais radiográficos comuns de insuficiência cardíaca congestiva?

Silhueta cardíaca aumentada
Aumento do átrio esquerdo
Congestão hilar

Redistribuição vascular
Opacidades intersticiais lineares (linhas de Kerley)
Infiltrados alveolares bilaterais
Derrames pleurais, (direita > esquerda)

12. O que é redistribuição vascular? Quando ela ocorre na insuficiência cardíaca congestiva?

A redistribuição vascular ocorre quando as artérias e as veias pulmonares do lobo superior se tornam maiores que os vasos dos lobos inferiores. O sinal é mais acurado quando os vasos do lobo superior estão aumentados em diâmetros maiores que 3 mm no primeiro espaço intercostal. Ela geralmente ocorre com uma pressão de oclusão capilar pulmonar de 12 a 19 mm Hg. À medida que a POCP se eleva acima de 19 mm Hg, ocorre edema intersticial com embainhamento brônquico, linhas B de Kerley e espessamento das fissuras pulmonares.

A redistribuição vascular provavelmente é vista de forma mais consistente em pacientes com hipertensão venocapilar pulmonar crônica (doença de válvula mitral, disfunção ventricular esquerda) devido à tentativa do organismo de manter um fluxo de sangue normal e oxigenação nos lobos pulmonares superiores. Alguns autores acreditam que essa é uma característica cardinal de insuficiência cardíaca congestiva, mas pode ser um sinal particularmente sem utilidade em pacientes de UTI com insuficiência cardíaca congestiva aguda. Nesses pacientes, todas as artérias pulmonares parecem aumentadas, tornando difícil avaliar o tamanho dos vasos superiores e inferiores. Além disso, as chapas geralmente são feitas em posição supina, o que pode aumentar os vasos dos lobos pulmonares superiores devido à estase de fluxo sangüíneo e não à redistribuição verdadeira.

13. Quais são as causas cardiogênicas de derrame pleural?

- A disfunção de VE causa aumento da pressão hidrostática, que leva a edema intersticial e derrame pleural. Os derrames pleurais direitos são mais comuns que os esquerdos, mas a maioria é bilateral.
- A disfunção de VD leva a hipertensão sistêmica *venosa*, que inibe a reabsorção normal de líquido pleural para os linfáticos pleurais parietais.
- A doença pericárdica causa tamponamento e pericardite.

Observação: O espaço subpulmonar pode esconder até 300 cc de fluido pleural. Radiografias de decúbito não apenas ajudam o diagnóstico de pequenos derrames pleurais, mas freqüentemente mostram que eles são bilaterais.

14. O que é síndrome pós-lesão cardíaca? Qual é a manifestação radiológica mais comum?

A síndrome pós-lesão cardíaca (síndrome de Dressler) ocorre após inúmeras lesões ao coração. Mais tipicamente ocorre dias a semanas após cirurgia cardíaca ou um IM agudo e se caracteriza por pericardite com dor torácica, febre e derrame pericárdico. A manifestação radiológica mais comum é o derrame pleural, que ocorre em até 80% dos pacientes.

15. Qual a utilidade do raio X de tórax para identificar e caracterizar um derrame pericárdico?

O raio X de tórax não é sensível para a detecção de um derrame pericárdico, nem é muito útil para determinar a extensão do derrame. Geralmente é difícil distinguir a presença de fluido no pericárdio de aumento das câmaras. Ocasionalmente o raio X lateral irá mostrar o contorno do derrame anterior à sombra cardíaca, entre as camadas de gordura epicárdica e pericárdica.

16. Quais são os achados radiográficos característicos de hipertensão pulmonar significativa?

Aumento das artérias pulmonares centrais com rápida redução do calibre vascular é um achado característico nos pacientes com hipertensão pulmonar. Se a artéria pulmonar direita descendente é > 17 mm de diâmetro transverso é considerada aumentada. Outros achados de hipertensão pulmonar incluem aumento cardíaco (particularmente do VD) e calcificação das artérias pulmonares. A calcificação arterial pulmonar segue a formação de ateromas na artéria e representa um achado radiográfico raro, porém específico, de hipertensão pulmonar severa. Em pacientes com embolia pulmonar, a oligoemia do pulmão além do vaso ocluído é chamada de *sinal de Westermark*.

17. Quais são as causas de hipertensão arterial pulmonar?

O melhor meio de classificar a hipertensão pulmonar é identificar a área de aumento da resistência arterial pulmonar.

• Resistência à drenagem venosa pulmonar (hipertensão pulmonar pós-capilar)	Disfunção de VE Estenose mitral Pericardite constritiva Oclusão venosa pulmonar
• Resistência devida a artérias pulmonares anormais	Hipertensão pulmonar primária Tromboembolismo pulmonar Vasculite pulmonar Lesão induzida por drogas Doenças pulmonares crônicas/hipoxia crônica DPOC, doença intersticial pulmonar, grandes altitudes Cifoescoliose, apnéia do sono
• Resistência por aumento de fluxo pulmonar (hipertensão pulmonar pré-capilar)	*Shunts* esquerda-direita Defeito do septo atrial Defeito do septo ventricular Ducto arterioso patente

18. Um paciente adulto apresenta um arco aórtico à direita em seu raio X de tórax e nenhum outro sinal de doença cardiovascular. Que outra anormalidade esse paciente quase que certamente apresenta?

Uma artéria subclávia esquerda aberrante. Os pacientes com ramificação de um arco aórtico direito em imagem espelhada têm uma chance de 95% de ter doença cardíaca congênita.

19. Quais as malformações cardiovasculares congênitas que podem ser observadas no raio X de tórax de um adulto?

• Anomalias do arco aórtico e grandes vasos	Arco aórtico direito Artérias subclávias aberrantes Coarctação da aorta Estenose aórtica
• Comunicações leves	Defeito septal atrial
• Obstruções leves da via de saída do ventrículo direito	Estenose pulmonar Anomalia de Ebstein
• Drenagem anômala parcial das veias pulmonares	
• Transposição corrigida dos grandes vasos	

20. Quais são as doenças valvulares adquiridas mais comumente demonstradas no raio X de tórax? Quais são seus sinais radiográficos?

- Estenose mitral – átrio esquerdo aumentado e vasos pulmonares dos lobos superiores aumentados.

- Regurgitação mitral – átrio esquerdo e ventrículo esquerdo aumentados (pode parecer um coração grande e sacular) e artérias pulmonares aumentadas.
- Estenose aórtica – abaulamento do ápex ventricular esquerdo e aorta ascendente aumentada (bordo mediastinal superior direito).

CONTROVÉRSIAS

21. Qual é o melhor teste para avaliar a dissecção aórtica?

Os inúmeros métodos de visualização têm vantagens e desvantagens, e todos têm divulgado sua superioridade.

A *TC* provavelmente é o teste mais fácil de realizar na situação aguda, sendo prontamente disponível e confiável (acurácia de 90%). Lúmens verdadeiros e falsos podem ser prontamente demonstrados, assim como o retalho da íntima na aorta ascendente, se esta é envolvida. A visualização antes, durante e após a administração de contraste aumenta a sensibilidade.

A capacidade de visualização multiplanar da *IRM* torna-a um método ideal para examinar a aorta. As dissecções são especialmente bem-demonstradas se o falso lúmen está parcialmente fechado por coágulo ou se existe uma diferença dramática na velocidade de fluxo sangüíneo entre os lúmens verdadeiro e falso. Porém, devido ao movimento pulsátil na aorta, um retalho delgado de íntima pode não ser visto. A IRM também é quase impossível de se realizar no paciente criticamente doente.

A *ecocardiografia transesofágica* tem sido considerada relativamente sensível à dissecção aórtica tipo B (descendente), mas depende do operador. Existe agora um endoscópio multiplano ou omniplano, que visualiza a aorta ascendente com acurácia.

A *aortografia* somente visualiza o contraste fluindo em um lúmen. Se o falso lúmen está fechado com coágulo, a dissecção somente pode ser diagnosticada indiretamente pela aortografia como um estreitamento do lúmen da aorta ou um espessamento da parede. A aortografia é útil, porém, para avaliar as origens dos grandes vasos na dissecção aórtica tipo A, bem como para avaliar a regurgitação aórtica associada.

22. Qual o valor da tomografia computadorizada de feixe eletrônico (TCFE) na doença cardíaca?

A TCFE é um método não-invasivo para diagnosticar doença arterial coronária subclínica pela quantificação da quantidade de cálcio nas artérias coronárias de pacientes assintomáticos. A quantidade de cálcio acumulado se correlaciona com a extensão das placas ateromatosas nas artérias e permite a estratificação de risco de futuros eventos coronários. Se a qualidade da imagem é adequada, ela também pode ser útil para detectar ou excluir estenoses e oclusões coronárias de alto grau.

REFERÊNCIAS BIBLIOGRÁFICAS

1. Achenbach S, et al: Value of electron-beam computed tomography for the noninvasive detection of highgrade coronary-artery stenoses and occlusions. *N Engl J Med* 333(27):1964-1971, 1998.
2. Armstrong P, et al: Imaging of Diseases of the Chest. St. Louis, Mosby, 1990.
3. Baron MG: Plain film diagnosis of common cardiac anomalies in the adult. *Radiol Clin North Am* 37:401-420, 1999.
4. Gross GW, Steiner RM: Radiographic manifestations of congenital heart disease in the adult patient. *Radiol Clin North Am* 29:293-317, 1991.
5. Matthay RA, Shub C: Imaging techniques for assessing pulmonary artery hypertension and right ventricular performance with special reference to COPD. *J Thorac Imag* 5:47-67, 1990.
6. Meholic A, et al: Fundamentals of Chest Radiology. Philadelphia, WB Saunders, 1996.
7. Newell J (ed): Diseases of the thoracic aorta: A symposium. *J Thorac Imag* 5:1-48, 1990.
8. H. Rumberger JA, et al: Electron beam computed tomographic coronary calcium scanning: A review and guidelines for use in asymptomatic persons. *Mayo Clin Proc* 74(3):243-252. 1999.

4. MONITORAÇÃO HEMODINÂMICA À BEIRA DO LEITO

Edward P. Havranek, M.D., e *Mary Laird Warner,* M.D.

1. O que é um cateter de Swan-Ganz?

Um cateter de Swan-Ganz é um cateter cardíaco direito, relativamente macio e flexível, com um balonete inflável em sua ponta. Esse balonete permite ao cateter "flutuar" na corrente sangüínea através das grandes veias, câmaras cardíacas direitas e até a artéria pulmonar, antes de "encunhar" em um ramo distal da artéria pulmonar.

2. Como é constituído um cateter de Swan-Ganz?

A maioria dos cateteres em uso clínico, em unidades de terapia intensiva, possui quatro lúmens. Um deles é conectado ao orifício final do cateter, permitindo a medida de pressão na artéria pulmonar quando o balão está desinsuflado e de pressão capilar pulmonar (PCP) quando o balão está insuflado. O segundo lúmen é fixado a um sensor de temperatura a 5 cm da ponta do cateter, permitindo a medida do débito cardíaco (DC) por termodiluição. Um terceiro lúmen é conectado a uma saída, 15 cm antes da ponta do cateter, permitindo a medida de pressão no átrio direito ou a infusão de drogas ou líquidos na circulação central. O último lúmen é usado para encher o balonete com ar, quando se flutua o cateter até a posição, e mais tarde reinflar o balão com ar para medida intermitente da PCP. (Observe que o balão deve ser deixado desinsuflado entre as medidas para evitar complicações, como infarto da artéria pulmonar.) Muitos cateteres contêm um orifício adicional proximal para infusão de líquidos e drogas.

A nova geração de cateteres Swan-Ganz tem fibra óptica para monitoração contínua da saturação de oxiemoglobina (SvO_2) venosa, um filamento térmico para medir o DC por termodiluição de modo quase contínuo e um programa avançado para calcular a fração de ejeção e da pressão e o volume diastólico final de VD. Alguns cateteres têm um lúmen adicional pelo qual pode ser inserido um marcapasso temporário para o ápex de VD para comando cardíaco interno.

3. Como é inserido o cateter de Swan-Ganz?

Uma agulha introdutora de calibre 8,5 French é inserida na veia jugular interna ou na veia subclávia usando-se a técnica de Seldinger. (Em raras condições clínicas, a veia antecubital ou femoral é usada.) A seguir, um cateter de Swan-Ganz 7,5 French é passado pelo introdutor e empurrado aproximadamente 15 cm para a veia central. Depois, o balão é insuflado com 1,5 cc de ar e o cateter avançado lentamente, permitindo que o balão flutue pelo átrio direito, pelo ventrículo direito e pela artéria pulmonar antes de ancorar no ramo distal da artéria pulmonar que tem o diâmetro menor que o balão. O ancoramento do cateter geralmente ocorre quando já se avançou cerca de 35 a 55 cm, dependendo de qual veia central foi canulada.

À medida que o cateter avança, a monitorização contínua da pressão na porta distal e do ECG permite que o operador determine a posição do cateter e detecte arritmias causadas por ele ao passar pelo VD.

4. Descreva as ondas de pressão ao longo da via de acesso do cateter de Swan-Ganz.

Elas têm um perfil característico:

A *onda a* é produzida pela contração atrial e vem logo após a onda P do ECG.

O *colapso x* reflete o relaxamento atrial e o movimento súbito para baixo da junção atrioventricular.

A *onda c* indica o início da sístole ventricular, quando as válvulas tricúspide e mitral começam a se fechar.

A *onda v* é causada pelo enchimento atrial durante a sístole ventricular, quando as válvulas tricúspide e mitral estão fechadas. Vem após a onda T do ECG.

O *colapso y* é produzido pelo esvaziamento atrial rápido, quando as válvulas tricúspide e mitral se abrem no início da diástole.

Ondas anormais, especialmente no traçado da PCP, sugerem patologia (ver Questão 9).

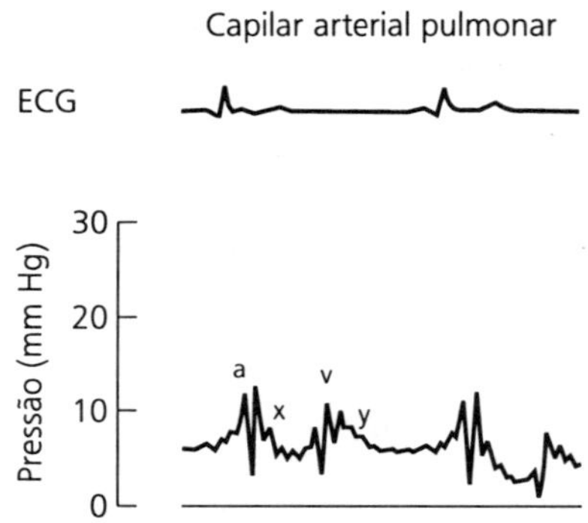

Traçado representativo da pressão normal no lado direito do coração.

5. Que tipo de informações pode ser obtido do cateter de Swan-Ganz?

Medidas diretas obtidas a partir do cateter incluem as pressões vasculares no tórax, DC e, quando disponível, SvO_2. As pressões são medidas em vários pontos ao longo do cateter e incluem a pressão atrial direita, a pressão de VD, a pressão da artéria pulmonar, a pressão média de artéria pulmonar e a PCP.

A *PCP* é obtida pela insuflação do balão quando o cateter está posicionado na artéria pulmonar esquerda ou direita. O fluxo de sangue então transporta o cateter distalmente até que ele fica impactado em um ramo arterial distal. Com o balão isolando a ponta do cateter da pressão na artéria pulmonar proximalmente, o transdutor de pressão mede a pressão distalmente, nas arteríolas pulmonares. Essa pressão se aproxima da pressão atrial esquerda que, por sua vez, se aproxima da pré-carga de VE.

O *débito cardíaco* é medido por termodiluição. Cinco cc de solução salina são injetados no átrio direito pelo orifício proximal, enquanto a temperatura do sangue na artéria pulmonar é medida continuamente por um sensor térmico próximo à ponta do cateter. A breve queda na temperatura sangüínea com o tempo é integrada para calcular o DC.

A SvO_2 é medida por dois feixes de fibra óptica no cateter que transmitem e recebem estreitos comprimentos de onda de luz que refletem da hemoglobina. A fração relativa da hemoglobina total que está oxigenada é a saturação da oxiemoglobina. Quando medida a partir da ponta de um cateter de Swan-Ganz na artéria pulmonar, essa é a saturação de oxigênio venosa mista.

Os parâmetros hemodinâmicos são obtidos a partir de cálculos que integram as pressões intravasculares medidas e o DC. Esses parâmetros incluem o índice cardíaco, o volume sistólico, o trabalho sistólico de VD e VE, a resistência vascular sistêmica e pulmonar, o consumo e o fornecimento de oxigênio e o índice de extração de oxigênio. Todas essas variáveis são indexadas à área de superfície corporal do paciente para permitir comparação com valores normais.

Medidas de Pressão Intravascular

PRESSÃO	VALORES NORMAIS (mm Hg)
Átrio direito	0-4
Ventrículo direito	15-30/0-4
Artéria pulmonar	15-30/6-12
Pressão média de artéria pulmonar	10-18
Capilar pulmonar	6-12

Parâmetros Hemodinâmicos Derivados

PARÂMETRO	VALOR NORMAL	UNIDADES
Índice cardíaco	2-4	$L/min/m^2$
Volume sistólico	36-48	$mL/bat/m^2$
Trabalho sistólico de VD	7-10	$gm\text{-}m/m^2$
Trabalho sistólico de VE	44-56	$gm\text{-}m/m^2$
Resistência vascular pulmonar	80-240	$dina\text{-}seg/cm5/m^2$
Resistência vascular sistêmica	1.200-2.500	$dina\text{-}seg/cm5/m^2$
Fornecimento de oxigênio	500-600	$mL/min/m^2$
Captação de oxigênio	110-160	$mL/min/m^2$
Índice de extração de oxigênio	22-32	–

6. O que significa a PCP?

A insuflação do balão na ponta do cateter de Swan-Ganz cria uma coluna de sangue estática entre a ponta do cateter e o átrio esquerdo, de modo que a pressão ao longo da coluna de sangue se equilibra. Desse modo, a PCP se aproxima da pressão atrial esquerda. Assumindo que não haja nenhuma obstrução entre o átrio esquerdo e o ventrículo esquerdo, a PCP, por sua vez, se aproxima da pressão diastólica final de VE (PDFVE). A PDFVE é usada como uma medida clínica da pré-carga no VE, isto é, a força de estiramento do ventrículo em repouso. (Tecnicamente, o *volume* diastólico final de VE determina a pré-carga, mas esse parâmetro é muito difícil de ser medido à beira do leito, então, a PDFVE é usada como substituto.)

7. Por que o débito cardíaco e a pré-carga ventricular esquerda são importantes?

O débito cardíaco e a pré-carga ventricular esquerda são importantes parâmetros fisiológicos que permitem, em situações clínicas reais, aplicar-se a lei de Starling: um aumento na pré-carga produz um aumento no débito cardíaco em qualquer nível de contratilidade miocárdica. Por exemplo, em um paciente com baixo débito cardíaco e uma pressão capilar abaixo do normal, espera-se que a administração de líquido intravenoso melhore o débito cardíaco.

Contudo, alguns críticos argumentam que a PCP é um preditor enganoso de que pacientes criticamente enfermos irão responder à reposição de líquidos. Isso ocorre porque a PCP é um índice confiável de pré-carga *apenas* quando a contratilidade miocárdica é normal ou estável. Condições como isquemia miocárdica, hipertrofia ventricular e tamponamento miocárdico diminuem a contratilidade e, portanto, aumentam a PCP. Nessas situações, a PCP está elevada quando a pré-carga é normal ou até baixa. Os críticos argumentam, então, que o volume diastólico final de VD, que pode ser medido pelas novas gerações de cateteres, é uma medida de pré-carga mais acurada e deve ser usada clinicamente para monitorizar o volume do paciente.

8. Em quais situações o cateter de Swan-Ganz é útil no manuseio dos pacientes?

Sempre que o conhecimento de o débito cardíaco ou a pressão na artéria pulmonar alterar o manuseio do paciente, o cateter de Swan-Ganz será útil, pois os dados clínicos não são confiáveis para prever esses parâmetros. É mais freqüentemente usado nas seguintes situações:

- Diferenciação entre o edema pulmonar cardiogênico e o não-cardiogênico.
- Diagnóstico e manuseio de pacientes em choque.
- Manuseio da insuficiência cardíaca congestiva refratária ao tratamento convencional, especialmente no infarto agudo do miocárdio.
- Manuseio de pacientes cirúrgicos de alto risco no período perioperatório, incluindo cirurgia cardíaca, cirurgia aórtica e cirurgia vascular periférica.
- Manuseio de pacientes com grandes alterações no volume intravascular, como após queimaduras extensas ou trauma ou após grande cirurgia.

9. Que diagnósticos o cateter auxilia a fazer?

O formato de onda característico do cateter de Swan-Ganz é alterado em vários estados patológicos. Na fibrilação atrial a onda *a* desaparece do traçado de pressão atrial direita, enquanto no *flutter* atrial ondas mecânicas de *flutter* ocorrem a uma velocidade de 300/min. Ondas *a* em "canhão" ocorrem quando o átrio se contrai contra válvulas atrioventriculares fechadas devido à dissociação atrioventricular. Ondas *a* em canhão irregulares durante uma taquicardia com QRS alargado sugerem fortemente a presença de taquicardia ventricular. Complicações do infarto do miocárdio podem ser detectadas pelo traçado da PCP, como ondas *v* gigantes vistas na insuficiência mitral aguda e o padrão de "declive e platô" do traçado de pressão de VD visto no infarto de VD. Em adição, a pericardite constritiva e o tamponamento pericárdico têm ondas de pressão distintas, detectáveis com o cateter.

Os perfis hemodinâmicos também podem ajudar no diagnóstico. Equalização da pressão diastólica pelo átrio direito, ventrículo direito e artéria pulmonar sugere tamponamento pericárdico. Uma PCP baixa com um DC elevado pode ser vista no choque séptico, enquanto uma PCP elevada com DC baixo pode ocorrer no choque cardiogênico. Uma PCP baixa com DC baixo pode ocorrer no choque hemorrágico.

Do mesmo modo, alterações no fornecimento de oxigênio (DO_2), na captação de oxigênio (VO_2) e no índice de extração de oxigênio (IEO_2) são valiosas no diagnóstico e no manuseio do choque. No choque hemorrágico, o DO_2 e o VO_2 são muito baixos, enquanto o IEO_2 é alto. Ao contrário, no choque séptico, o DO_2 e o VO_2 são altos, enquanto o IEO_2 é baixo.

A coleta simultânea de amostras de sangue do átrio direito pelo orifício proximal e da artéria pulmonar pelo orifício distal pode detectar o "escalonamento" patognomônico da saturação de oxigênio causado pelo defeito do septo ventricular agudo.

10. Quais as complicações associadas ao uso de um cateter de Swan-Ganz?

- Todas as complicações da canulação venosa central
- Bloqueio de ramo direito (especialmente em pacientes com bloqueio de ramo esquerdo preexistente)
- Taquiarritmias ventriculares
- Infarto pulmonar (se a ponta migra para uma posição permanentemente impactada)
- Ruptura pulmonar (se o balonete é superinsuflado)
- Dobramento do cateter (por inserção descuidada)

11. Como as complicações podem ser minimizadas?

Em primeiro lugar, pense duas vezes sobre a necessidade de inserir um cateter na artéria pulmonar. Considere a remoção do cateter após o primeiro conjunto de dados ter sido obtido. Tente não deixá-lo no lugar por mais de 48 horas. Minimize o uso do introdutor paralelo para infusão de medicamentos. Utilize fluoroscopia para colocação do cateter.

12. O traçado de pressão capilar é anormal. O que fazer?

- Verifique ao raio X de tórax se a posição do cateter está correta. A ponta deve estar na zona pulmonar 3, abaixo do átrio esquerdo.
- Aspire e lave o cateter para remover coágulos e bolhas.
- Verifique todas as linhas conectadas e torneiras.
- Verifique se os transdutores de pressão estão no nível atrial direito.
- O balonete pode estar superinsuflado; tente deixar o ar sair e encha de novo lentamente.
- Considere a possibilidade de que o traçado realmente seja um traçado capilar, com uma onda v gigante, como é visto na regurgitação mitral severa aguda e várias outras condições.

13. O débito cardíaco não faz nenhum sentido. O que está errado?

- Verifique se pelo menos três valores foram medidos e se a variação desses valores não é maior que 20% da média.
- Verifique o raio X de tórax; a ponta distal do cateter está na artéria pulmonar e a porta proximal está no átrio direito?
- Verifique se o computador está calibrado nas temperaturas corretas.
- Finalmente, se o computador pode mostrar a curva de tempo *versus* temperatura, verifique se a curva tem a forma correta (ver figura a seguir).

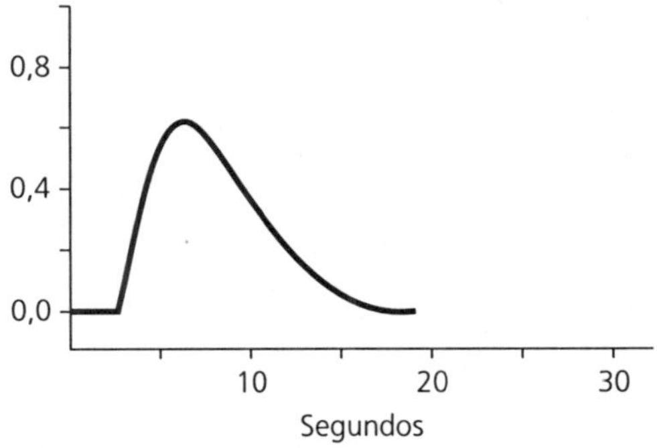

Típica curva de tempo *versus* queda de temperatura obtida por um computador do débito cardíaco e termodiluição. A curva sobe bruscamente e então cai lentamente. O braço descendente da curva não é perfeitamente côncavo, indicando alguma recirculação precoce do indicador (salina fria). Esse traçado foi obtido de um paciente com insuficiência cardíaca; a recirculação é provavelmente resultado de regurgitação tricúspide e não afeta a acurácia da medida do débito cardíaco.

14. O cateter de Swan-Ganz beneficia todos os pacientes?

A despeito do uso disseminado desses equipamentos na unidade de terapia intensiva, poucos, se algum, estudos demonstraram que o seu uso diminui a mortalidade, e não foram realizados estudos randomizados. Contudo, muitos estudos mostraram que os dados clínicos predizem muito mal a PCP e a DC e que a inserção do cateter freqüentemente altera o manuseio dos pacientes. A verdade está em algum lugar entre essas duas situações.

Uma recente conferência de consenso sobre cateter de artéria pulmonar (ver referência nº 4) examinou a literatura publicada para graduar o número e a qualidade dos estudos que apóiam o uso dos cateteres em diferentes situações clínicas.

REFERÊNCIAS BIBLIOGRÁFICAS

1. Gore JM, Godlberg RJ, Spodick DIA, et al: A community-wide assessment of the use of pulmonary artery catheters in patients with acute myocardial infarction. *Chest* 92:721-731, 1987.
2. Leatherman JW, Marini JJ: Clinical use of the pulmonary artery catheter. In Principles of Critical Care, 2nd ed. New York, McGraw-Hill, 1998.
3. Nelson LD: The new pulmonary arterial catheters: Right ventricular ejection fraction and continuous cardiac output. *Crit Care Clin* 12(4):795-818, 1996.
4. Pulmonary Artery Catheter Consensus Conference Participants: Pulmonary artery catheter consensus conference: Consensus statement. *Crit Care Med* 25(6):910-925, 1997.
5. Robin ED: The cult of the Swan-Ganz catheter. *Ann Intem Med* 103:445-449, 1985.
6. Sharkey SW: Beyond the wedge: Clinical physiology and the Swan Ganz catheter. *Am J Med* 83:1 1 1-122, 1987.
7. Sise MJ, Hollingsworth P, Brimm JE, et al: Complications of the flow-directed pulmonary-artery catheter: A prospective analysis of 219 patients. *Crit Care Med* 9:315-318, 1981.
8. Walston A, Kendall ME: Comparison of pulmonary wedge and left atrial pressure in man. *Am Heart J* 86:159-164, 1973.

II. *Procedimentos diagnósticos*

5. ELETROCARDIOGRAMA

Donald L. Warkentin, M.D., e *Olívia V. Adair,* M.D.

1. O ECG pode oferecer informações úteis sobre a taquicardia supraventricular (TSV)?

Normalmente, é difícil identificar os vários tipos de TSV no ECG-padrão. Em muitos casos, são necessários testes eletrofisiológicos intracardíacos. Dos principais tipos de TSV – reentrada no nó sinusal, reentrada intra-atrial, síndromes de condução acelerada com complexo QRS estreito e reentrada nodal AV – essa última compõe cerca de 60% do total. Quando as ondas P estão invertidas nas derivações inferiores e quando se apresentam antes ou imediatamente após o complexo QRS, permitem um diagnóstico acurado. Infelizmente, muitas vezes, as ondas P estão sobrepostas ao complexo QRS e dificultam o diagnóstico. Assim, o ECG-padrão é útil apenas ocasionalmente. A reentrada do nó sinusal e a reentrada nodal AV usualmente podem ser interrompidas pela massagem no seio carotídeo.

2. Como o eletrocardiograma de alta resolução auxilia na tomada de decisões clínicas?

O ECG de alta resolução (ECGAR) amplifica os sinais elétricos excessivamente fracos gerados pelo coração e passa-os por um filtro eletrônico. Um computador calcula a média dos sinais restantes de muitos ciclos cardíacos e imprime-os como um único complexo QRS. De particular importância são os potenciais de baixa amplitude (usualmente $< 40\ \mu V$) que ocorrem tardiamente no complexo QRS. Em menor extensão, a magnitude do vetor QRS e a duração total do complexo QRS também são importantes.

Achados anormais no ECGAR foram registrados em muitos pacientes com episódios de taquicardia ventricular sustentada e podem indicar quais desses pacientes, bem como aqueles com síncope inexplicada, podem se beneficiar de exames eletrofisiológicos. Uma aplicação potencial do ECGAR é na estratificação do risco de pacientes após infarto do miocárdio; existe uma alta correlação entre potenciais tardios e taquicardia ventricular indutível, e o teste pode indicar os indivíduos sob alto risco de morte súbita.

3. Quais são os critérios de hipertrofia ventricular?

Na *hipertrofia ventricular esquerda* (HVE), a massa muscular aumentada produz uma voltagem aumentada de QRS, freqüentemente com alterações secundárias em ST e nas ondas T. Uma vez que algumas dessas alterações são sutis, vários critérios específicos (no mínimo 25) de ECG foram propostos para auxiliar no diagnóstico da HVE. Os critérios de voltagem parecem ser os mais úteis:

Derivações periféricas:	Amplitude de R em aVL > 11 mm
	Onda R em aVF > 20 mm
	Onda R na derivação I mais onda S na derivação III > 25 mm
Derivação precordial:	Onda R em V_5 ou V_6 > 26 mm
	Onda R em $V_{5\text{-}6}$ mais onda S em V_1 > 35 mm

A maioria dos casos de HVE pode ser diagnosticada por esses critérios. Observe, contudo, que a sensibilidade do ECG para HVE é baixa quando comparada com a ecocardiografia.

Na *hipertrofia ventricular direita* (HVD), o diagnóstico também depende da amplitude da voltagem. Na HVD, porém, o desvio do eixo no plano frontal também é útil. Entre os critérios importantes de HVD, estão:

Desvio do eixo para a direita ≥ 110°
Onda R em $V_1 \geq 7$ mm
Relação R/S em $V_1 > 1$
Padrões qR em V_1 e rSR′ em V_1 com R′ ≥ 10 mm

Quando a HVD e a HVE ocorrem no mesmo paciente, a maioria dos achados não é evidente porque as forças contrabalançam uma a outra.

4. O infarto não-Q é um diagnóstico do ECG?

A resposta é não. Para um diagnóstico positivo de infarto não-Q, evidências que o confirmem (como enzimas cardíacas elevadas) devem acompanhar esses achados de ECG altamente suspeitos. As ondas Q têm sido reconhecidas há muito tempo como uma característica do infarto transmural, mas a experiência mostra que utilizar esse critério isoladamente resulta em falha para diagnosticar um grande número de infartos agudos. Também é verdade que ocasionalmente ondas Q serão registradas em infartos não-transmurais.

As alterações no ECG, que ocorrem no infarto não-Q, envolvem o segmento ST e as ondas T. Tanto a elevação quanto a depressão do segmento ST podem ser registradas, embora a depressão supere numericamente a elevação. Um achado particularmente surpreendente no ECG, e que deve conduzir a um alto nível de suspeita para o infarto, é a inversão das ondas T precordiais, com ondas excessivamente profundas e simétricas.

Assim, a presença de depressão do segmento ST e as alterações da onda T descritas acima são, quase sempre, o resultado de infarto não-transmural. É clinicamente importante diagnosticar o infarto não-Q acuradamente, uma vez que esse subgrupo de pacientes tem alto risco de eventos isquêmicos subseqüentes.

Observe que os termos "transmural" e "não-transmural" caíram em desuso. A maioria dos estudos clínicos atuais divide os infartos em onda Q e sem onda Q.

5. O que é "torsade de pointes"?

Por definição, "torsade de pointes" é uma arritmia intermediária entre a taquicardia ventricular e a fibrilação ventricular. O termo foi cunhado por Dessertenne para descrever ciclos de taquiarritmia, com picos alternantes de amplitude de QRS, aparentando torcer-se sobre a linha isoelétrica. Assim, a "torsade de pointes" é um alarme estridente para alertar os clínicos sobre a fisiopatologia subjacente e a possibilidade de morte súbita.

Acredita-se que o pré-requisito básico para essa condição seja um intervalo QT prolongado, mas qualquer condição ou droga afetando o intervalo QT pode desencadear a arritmia. A quinidina é a causa mais comum, mas outros antiarrítmicos da classe I também foram implicados. É de importância fundamental suspender quaisquer drogas possivelmente envolvidas. O desequilíbrio eletrolítico, a doença cardíaca intrínseca, bradicardia acentuada e a síndrome do QT prolongado também podem desencadear o distúrbio. Quando esse achado ocorre no ECG, esforços imediatos devem ser feitos para determinar a causa subjacente do alargamento de QT antes que a arritmia se torne irreversível (ver figura adiante).

6. Quais são as características do ECG na síndrome braditaquiarritmia?

A síndrome braditaquiarritmia é uma manifestação particular da doença do nó sinusal, na qual há um comprometimento tanto na formação como na transmissão do impulso ao átrio. Nesses casos, é freqüentemente associada com episódios de taquicardia supraventricular. A detecção da síndrome braditaquiarritmia usualmente requer monitoração ambulatorial. Pausas sinusais > 2 segun-

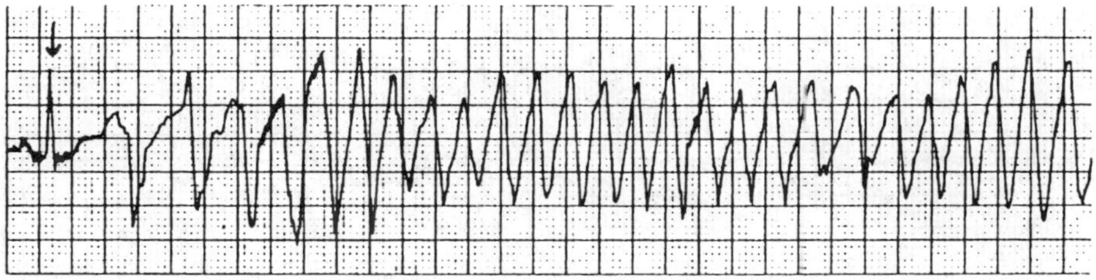

Torsade de pointes. Um único batimento sinusal (seta) é seguido por uma taquicardia ventricular com um padrão oscilante dos complexos QRS. (Por Seelig CB: Simplified EKG Analysis. Philadelphia, Hanley & Belfus, 1992, p. 75, com permissão.)

dos são geralmente consideradas anormais, particularmente se os sintomas acompanham os distúrbios do ritmo. Cerca de metade a três quartos dos paciente com a doença do nó sinusal têm episódios de taquicardia e podem desenvolver síncope quando existe assistolia prolongada seguindo-se a uma seqüência de taquicardia supraventricular. Muitos pacientes com essa síndrome também têm defeitos de condução adicionais, como o bloqueio atrioventricular, defeito de condução intraventricular e/ou bloqueio de ramo. Uma característica da síndrome que pode causar confusão é sua natureza intermitente. Séries repetidas de monitoração ambulatorial podem ser necessárias para documentar o diagnóstico.

7. Por que há três graus de bloqueio cardíaco?

O bloqueio cardíaco, ou bloqueio atrioventricular (AV), é completo ou incompleto. O termo *bloqueio AV de terceiro grau* ou bloqueio cardíaco completo é aplicado quando não existe relação entre os batimentos atriais e ventriculares e o ritmo atrial é mais rápido que o ventricular. O bloqueio AV incompleto é dividido em primeiro grau, segundo grau e avançado. Por definição, o *bloqueio AV de primeiro grau* ocorre quando o intervalo PR é > 0,20 segundo, e cada batimento atrial é seguido por um complexo ventricular. O *bloqueio AV de segundo grau* resulta em falha intermitente na condução dos impulsos atriais aos ventrículos, sendo dividido em dois tipos básicos: o *tipo I* ou Wenckebach (também denominado Mobitz I) mostra alargamento progressivo do intervalo PR de batimento a batimento até um complexo atrial ser bloqueado. Devido a essas pausas periódicas, ocorrem "batimentos agrupados" e, quando presentes, auxiliam no diagnóstico do bloqueio do tipo Mobitz I. Este pode ser observado transitoriamente no infarto agudo da parede inferior do miocárdio. O bloqueio AV *tipo II* (avançado ou Mobitz II) mostra ondas P bloqueadas intermitentemente, em que os intervalos PR dos batimentos conduzidos são constantes. Nessas situações, o bloqueio é usualmente abaixo do feixe de His e pode ser acompanhado por um bloqueio de ramo associado.

O Mobitz II é usualmente considerado mais sério que o Mobitz I, e pode requerer tratamento com marcapasso artificial. No bloqueio de terceiro grau, eletrodos de marcapasso no nódulo AV ou no sistema de His e Purkinje podem iniciar a contração ventricular. Exceto em alguns casos de bloqueio AV congênito de terceiro grau, essa condição usualmente requer um marcapasso artificial. (Ver figuras da p. 48.)

8. O que é o poder espectral do ECG?

O interesse recente na disfunção do sistema nervoso autônomo e seu efeito sobre a mortalidade por eventos cardíacos levou a medidas do poder espectral do ECG. Parece haver uma relação significativa entre a variabilidade diminuída do ritmo cardíaco e a mortalidade em ECGs registrados em pacientes após um infarto do miocárdio. A atividade subseqüente do sistema nervoso autônomo nos pacientes pode ser avaliada pela análise espectral de freqüência do ECG. Essa análise é dividida

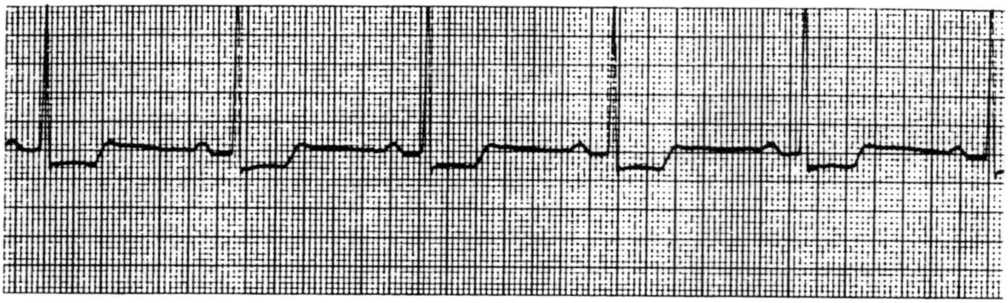

Bloqueio de primeiro grau (intervalo PR = 0,26 segundo).

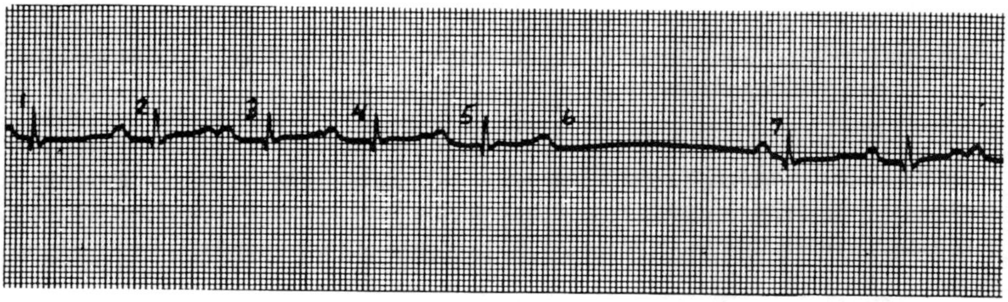

Bloqueio AV de segundo grau Mobitz tipo I (Wenckebach).
Note o prolongamento gradual do intervalo PR (1-5), o complexo QRS ausente após a sexta onda P e o retorno do intervalo PR à sua duração mais curta (7).

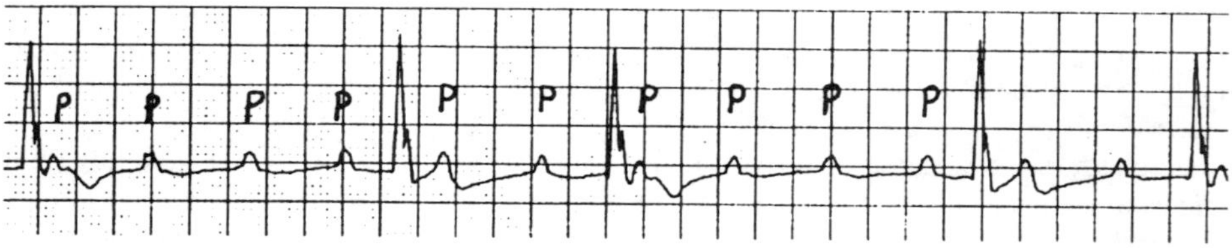

Bloqueio AV de segundo grau Mobitz tipo II.
Note que, quando os batimentos são conduzidos, o intervalo PR é invariável.

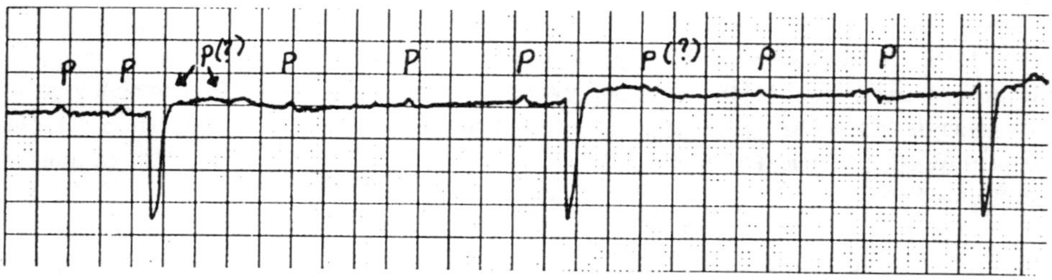

Bloqueio AV de terceiro grau com um ritmo de escape ventricular em 32 bpm.
A atividade da onda P é um pouco irregular.

(Figuras de Seelig CB: Simplified EKG Analysis. Philadelphia, Hanley & Belfus, 1992, p. 77-80, com permissão.)

em freqüências ultrabaixas, muito baixas, baixas e altas e demonstra uma acentuada diminuição na variabilidade em todas as quatro categorias de freqüência em pacientes pós-infarto do miocárdio. Postula-se que a alta freqüência e a variabilidade do ritmo cardíaco sejam moduladas pelo sistema nervoso parassimpático, enquanto a variabilidade na baixa freqüência é modulada por ambos os sistemas simpático e parassimpático. Esse efeito parece durar por pelo menos 12 meses após o infarto. A recuperação da variabilidade normal da freqüência cardíaca e a taxa decrescente de mortalidade após o infarto parecem ocorrer quase simultaneamente, embora mais análises sejam necessárias para excluir um achado ocasional.

9. Qual a importância dos sinais de anormalidade atrial?

Uma vez que a hipertrofia atrial é usualmente de grau leve, os achados ECG de anormalidade atrial são mais dependentes da duração da contração atrial do que de sua amplitude. Da mesma forma, o aumento comum na amplitude da onda P, sugestivo de hipertrofia ou dilatação atrial direita (P pulmonar), é freqüentemente malcorrelacionado com os achados clínicos e anatômicos – daí o termo descritivo, anormalidade atrial. O prolongamento das ondas P e ocorrência de ondas P entalhadas freqüentemente indica aumento atrial ou condução retardada dentro dos átrios; nessas condições, esses sinais são úteis, mas não são diagnósticos. Assim, a maioria dos eletrocardiografistas utiliza o achado de anormalidade atrial como um adjuvante ao diagnóstico de outras condições, como a doença cardíaca reumática e a hipertrofia ventricular esquerda ou direita. O aumento atrial pode resultar em numerosas arritmias, sendo a mais comum a fibrilação atrial. Existe alguma correlação entre a amplitude das ondas fibrilatórias e o tamanho atrial. De um modo geral, os sinais de anormalidade atrial parecem menos importantes que outros critérios ECG de tamanho ou função anormais.

10. O infarto ventricular direito pode ser determinado no ECG?

O infarto do miocárdio envolvendo a parede do ventrículo direito raramente é isolado. Estudos patológicos revelaram que o infarto de VD está presente em 14 a 36% dos pacientes com infarto da parede inferior. Ele não é visto em corações com infartos anteriores isolados. Uma vez que a massa muscular ventricular direita é pequena em comparação ao ventrículo esquerdo, o diagnóstico ECG depende do achado de infarto agudo do miocárdio inferior ou inferoposterior, mais elevação do segmento ST de 1 mm ou mais nas derivações precordiais direitas. Possui importância significativa o achado de elevação do segmento ST nas derivações V_3R e V_4R. Assim, em pacientes com infartos inferiores, essas derivações devem ser incluídas no ECG-padrão de 12 derivações. Quando um infarto anterior está presente, o diagnóstico de infarto ventricular direito é difícil. O infarto ventricular direito pode mimetizar clinicamente a insuficiência cardíaca esquerda severa e, uma vez que o tratamento atual para as duas condições é relativamente diferente, a importância do diagnóstico correto é evidente.

11. Quais são as causas comuns de elevação do segmento ST?

As elevações do segmento ST mais dramáticas e preocupantes ocorrem como resultado de isquemia coronária severa. A elevação que ocorre no infarto do miocárdio transmural é a mais conhecida e pode ser o achado ECG mais precoce durante o processo agudo. Menos freqüente, mas ainda resultante de isquemia coronária, é a elevação observada em uma pequena percentagem de testes ergométricos e em pacientes com angina variante de Prinzmetal. Usualmente, o segmento ST deve estar > 1 mm acima da linha basal para merecer atenção. Além disso, uma boa proporção de ECGs normais terá elevação significativa de ST. Isso é atribuído a um fenômeno de repolarização precoce e pode ser observado em indivíduos saudáveis. Para diferenciar as elevações normais das anormais, é útil examinar a forma da porção inicial do segmento. Em indivíduos normais, ela apresenta uma concavidade para cima, enquanto na isquemia severa usualmente há uma convexidade para cima. O normal é freqüentemente acompanhado por um ponto J entalhado e uma onda T proeminente.

12. Qual a utilidade do ECG na taquicardia de "complexo amplo"?

Com o advento do tratamento cirúrgico e da terapia de ablação para as taquicardias, torna-se imperativo discernir o tipo correto e o local de origem da arritmia. Uma taquicardia regular de 120 a 200 batimentos/min e duração do QRS ≥ 0,12 segundo pode ser ventricular ou supraventricular. Infelizmente, o diagnóstico definitivo pode requerer estudos eletrofisiológicos invasivos. Complexos amplos surgem com a taquicardia supraventricular se existe bloqueio de ramo preexistente, condução anterógrada por meio de feixes comunicantes ou condução ventricular aberrante. A taquicardia ventricular é mais provável se existe dissociação AV, bloqueio de ramo direito com duração do QRS > 0,14 segundo ou bloqueio de ramo esquerdo com duração do QRS > 0,16 segundo, eixo do QRS no quadrante superior direito (-90 a +180°), deflexões positivas do QRS em todas as derivações precordiais (V_1-V_6), batimentos de fusão ou um padrão de QRS idêntico ao dos batimentos ventriculares prematuros durante o ritmo sinusal.

13. O ECG pode diagnosticar alterações eletrolíticas?

As anormalidades do ECG causadas por desequilíbrio eletrolítico, particularmente de potássio e cálcio, têm sido evidenciadas durante anos. Porém, uma vez que múltiplos eletrólitos podem estar envolvidos e devido à doença subjacente do paciente ou mesmo efeitos de drogas, o ECG não deve ser usado em lugar da determinação laboratorial direta dos eletrólitos. Quando uma anormalidade é identificada, o ECG pode ser usado como guia para a efetividade da terapia.

As alterações clássicas no ECG por hipercalemia são ondas T altas, estreitas e apiculadas, defeito de condução intraventricular, amplitude diminuída ou ausência de ondas P, bradiarritmias e bloqueio AV (ver figura). A hipocalemia causa depressão do segmento ST, amplitude diminuída das ondas T, ondas U proeminentes, arritmias cardíacas e, raramente, prolongamento do QRS. O cálcio sérico altera primariamente o intervalo QT, com o cálcio excessivo causando encurtamento e a deficiência de cálcio causando prolongamento. Atualmente, os níveis de magnésio sérico estão assumindo importância, mas infelizmente têm pouca probabilidade de serem detectados pelo ECG.

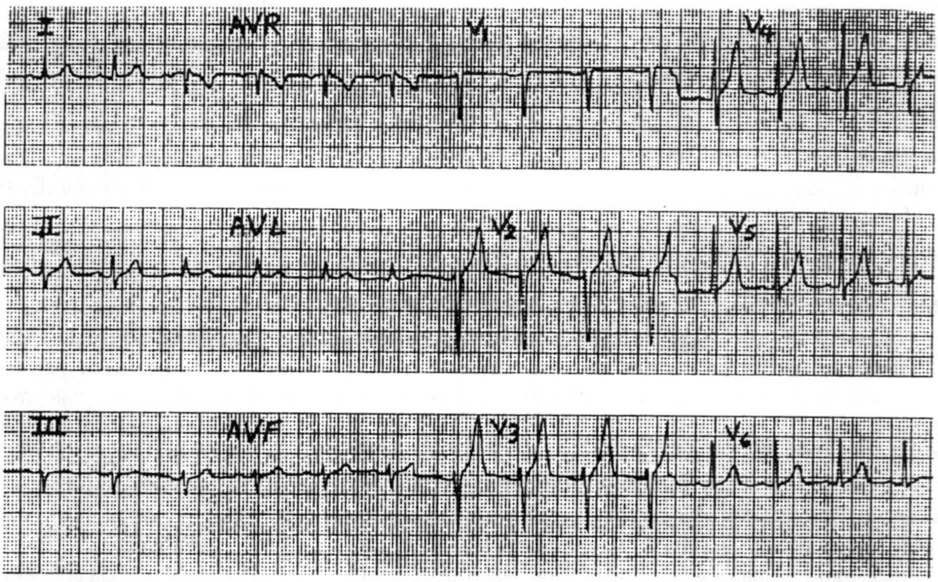

Hipercalemia leve. Note as ondas T altas, apiculadas, mais proeminentes em V_2-V_5. (De Seelig CB: Simplified EKG Analysis. Philadelphia, Hanley & Belfus, 1992, p. 107-110, com permissão.)

14. Quais são os sinais de "efeito medicamentoso" no ECG?

Embora muitas drogas e substâncias possam afetar o ECG, a maioria o faz sutilmente. Certos compostos, porém, deixam uma marca característica. A digital produz depressão clássica e abaulamento do segmento ST. Doses tóxicas afetam primariamente a condução AV, resultando em vários graus de bloqueio cardíaco. Muitos antiarrítmicos da classe I causam prolongamento clássico do intervalo QT. Quantidades tóxicas destes e de outros antiarrítmicos podem causar anormalidades da condução intraventricular e prolongamento do QRS. Algumas substâncias, como a cocaína, causam encurtamento de ambos os intervalos PR e QT, e seu efeito adrenérgico resulta em taquicardia sinusal. Doses tóxicas de cocaína podem resultar em taquicardia e/ou fibrilação ventricular. Inversamente, os bloqueadores β-adrenérgicos, como o propranolol, causam bradicardia sinusal como efeito colateral mais comum sobre o ECG.

15. Quando a monitoração ambulatorial do ECG é mais útil?

A monitoração com Holter (ambulatorial) foi usada inicialmente para detectar arritmias cardíacas. Com a crescente sofisticação dos aparelhos de registro, é possível atualmente detectar alterações do segmento ST indicativas de isquemia miocárdica. Também existem programas para detectar anormalidades na variabilidade circadiana do ritmo cardíaco. Nos dias de hoje, a monitoração com Holter é usada tanto na detecção de arritmias quanto na monitoração da eficácia do tratamento. Episódios isquêmicos francos e silenciosos podem ser detectados e são fortes preditores de doença importante no futuro. O valor preditivo da variabilidade do ritmo cardíaco é menos concreto. O maior retorno de informações provém da monitoração de pacientes sob maior risco de doença – isto é, aqueles com doença arterial coronária, síncope inexplicada ou arritmias cardíacas conhecidas. Deve ser notado que a monitoração de 24 horas pode não ser suficiente para detectar verdadeiramente a doença e que os registros ambulatoriais devem sempre ser correlacionados ao ECG-padrão.

16. A presença de arritmias no ECG é comum em pacientes saudáveis?

Muitos estudos avaliaram a ocorrência de várias arritmias em indivíduos normais de todas as idades e foi encontrada uma elevada incidência de arritmias atriais e ventriculares. Sobotika e colaboradores estudaram 50 mulheres saudáveis entre 20 e 28 anos de idade. A freqüência cardíaca variou entre 37 e 189 bpm (37 e 59 bpm durante o sono), 64% tinham contrações atriais prematuras (CAP), 54% tinham contrações ventriculares prematuras (CVP), 4% tinham períodos de bloqueio AV de segundo grau e 2% tinham taquicardias ventriculares de três batimentos. Em um estudo de indivíduos saudáveis com 80 anos de idade foram encontradas arritmias ventriculares em 100% dos pacientes e mais de 10 CVPs/hora foram registradas em 32% dos pacientes (18% tinham CVPs multifocais).

17. Qual a freqüência de *flutter* atrial comparado com fibrilação atrial em adultos?

O *flutter* atrial é menos comum: é cerca de 1/20 vezes menos freqüente que a fibrilação atrial. Ocorre mais seguidamente na doença cardíaca isquêmica, mas raramente é visto na doença da válvula mitral, que comumente está associada com a fibrilação atrial. O *flutter* atrial ocorre com freqüência após cirurgia cardíaca, mas geralmente é transitório. A freqüência atrial no *flutter* geralmente é de 300 bpm e na fibrilação 300 bpm ou mais. Contudo, a freqüência ventricular conduzida no *flutter* é maior (180 e 200 no *flutter* vs. 170 e 150 na fibrilação). A digoxina raramente reduz a condução atrioventricular no *flutter* atrial, mas geralmente o faz na fibrilação atrial. (Ver figura, p. 52.)

18. Você é chamado à unidade de emergência a respeito de um indivíduo de 32 anos que apresentou síncope durante uma corrida. O ECG é anormal com ondas T profundas invertidas de V_2 – V_6 e I, a VL. O paciente não refere dor torácica ou falta de ar. Que exame você recomendaria?

Este é um ECG clássico de miocardiopatia hipertrófica, que é herdada em um padrão autossômico dominante em cerca de 50% dos casos. O ecocardiograma com Doppler para avaliar a obstrução da

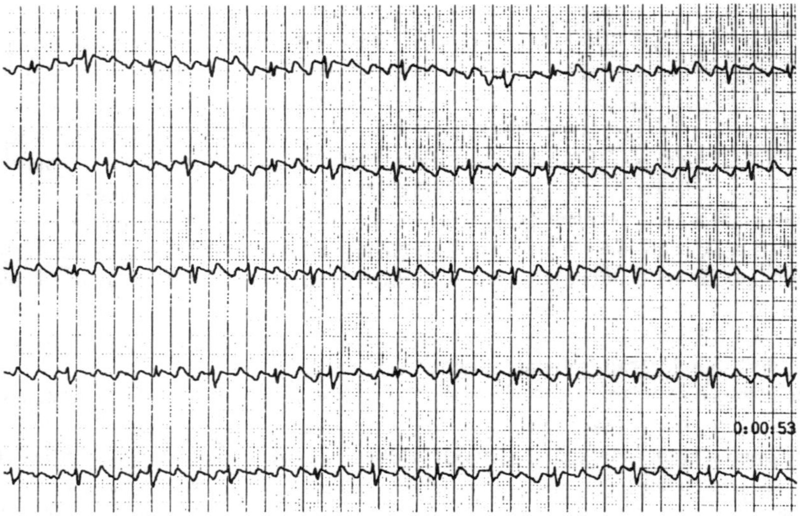

Flutter atrial com bloqueio variável.

via de saída do ventrículo esquerdo deve ser o exame de escolha. Estudos recentes não mostram uma relação direta entre gradiente e morte súbita cardíaca (MSC), e a MSC pode ocorrer sem um gradiente elevado. A MSC freqüentemente é o primeiro sinal clínico e é comum em famílias com uma história de múltiplas mortes em idade jovem. A histologia da miocardiopatia hipertrófica é a desorganização grosseira dos feixes musculares e um padrão espiralado característico. É possível ter esse padrão e estar em grande risco de MSC sem hipertrofia significativa, mas com o padrão genético herdado.

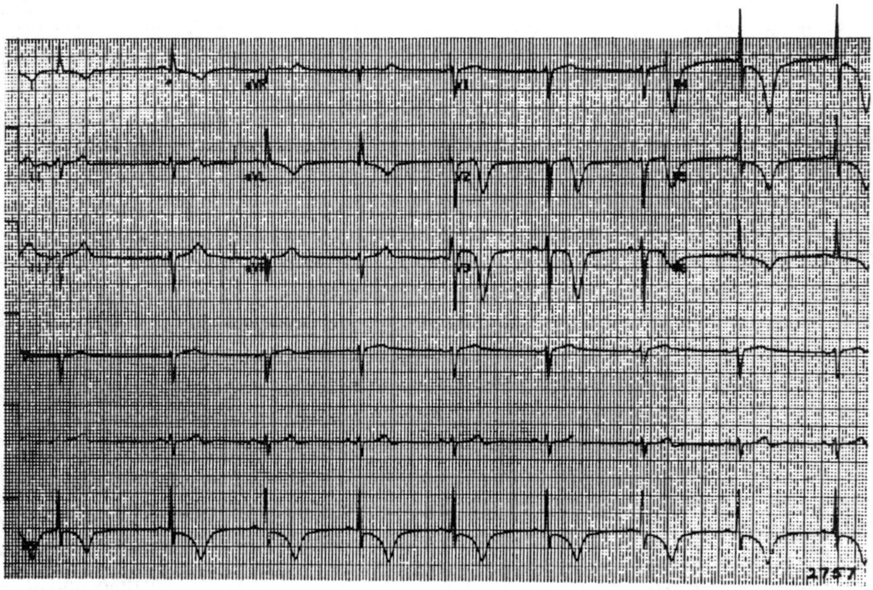

ECG de miocardiopatia hipertrófica.

REFERÊNCIAS BIBLIOGRÁFICAS

1. Abildskov JA: The atrial complex of the electrocardiogram. *Am Heart J* 57:930-941, 1959.
2. Bigger JT Jr, Fleiss JL, Rolinski LM, et al: Time course of recovery of heart period variability after myocardial infarction. *J Am Coll Cardiol* 18:1643-1649, 1991.
3. Braat S, Brugada P, DeZwaan C, et al: Value of electrocardiogram in diagnosing right ventricular involvement in patients with an acute inferior wall myocardial infarction. *Br Heart J* 49:368-372, 1983.
4. Chou T: Electrocardiography in Clinical Practice, 3rd ed. Philadelphia, WB Saunders, 1991.
5. Clark AL, Coats AJ: Screening for hypertrophic cardiomyopathy. *Br Med J* 306:409-410, 1993.
6. Damato AN, Law SH, Helfant R: A study of heart block in man using His bundle recordings. *Circulation* 39:297-305, 1969.
7. Gersh BJ: Lone atrial fibrillation: Epidemiology and natural history. *Am Heart J* 137:592-595, 1999.
8. Goldberg RJ, Gore JM, Alpert JS, Dalen JE: Non-Q wave myocardial infarction: Recent changes in occurrence and prognosis: A community-wide perspective. *Am Heart J* I 13:273-279, 1987.
9. Josephson ME, Koster JA: Supraventricular tachycardia: Mechanisms and management. *Ann Intern Med* 87:346-358, 1977.
10. Kennedy HL, Wiens RD: Ambulatory (Holter) electrocardiography and myocardial ischemia. *Am Heart J* 117:164-167, 1989.
11. Lansdown LM: Signal-averaged electrocardiograms. *Heart Lung* 19:329-336, 1990.
12. Rubenstein JJ, Schulman CL, Yurchak PM, et al: Clinical spectrum of the sick sinus syndrome. *Circulation* 46:5-13, 1972.
13. Scardi S, Mazzone C, Pandullo C, et al: Lone atrial fibrillation: Prognostic differences between paroxysmal and chronic forms after 10 years of follow-up. *Am Heart J* 137:686-691, 1999.
14. Scott RC: Ventricular hypertrophy. *Cardiovasc Clin* 5:220-253, 1973.
15. Surawicz B: Electrophysiologic substrate of torsade de pointes: Depression of repolarization or early afterdepolarization? *J Am Coll Cardiol* 14:172-184, 1989.
16. Zimetbaum PJ, Schreckengost VE, Cohen DJ, et al: Evaluation of outpatient initiation of antiarrhythmic drug therapy in patients reverting to sinus rhythm after an episode of atrial fibrillation. *Am J Cardiol* 83:450-452, 1999.

6. MONITORAÇÃO COM HOLTER E ELETROCARDIOGRAMA DE ALTA RESOLUÇÃO

Olivia V. Adair, M.D.

1. Que sintomas conduzem à suspeita de arritmia?

Os sintomas que comumente levam à suspeita de arritmia são palpitações, síncope, pré-síncope ou insuficiência cardíaca congestiva. O médico deve avaliar o estado geral do paciente e não o distúrbio do ritmo isoladamente.

2. Quais são as principais indicações para o monitor Holter?

- Detecção de um distúrbio do ritmo suspeitado
- Investigação da síncope
- Avaliação após infarto do miocárdio
- Avaliação de paciente cardiopata de alto risco
- Estratificação de risco
- Avaliação após cirurgia cardíaca
- Diagnóstico de isquemia silenciosa
- Diagnóstico de isquemia miocárdica suspeitada
- Avaliação da terapia, isto é, agentes antiarrítmicos, funcionamento do marcapasso, ablação cardíaca
- Avaliação da variabilidade do ritmo cardíaco

3. Os testes para pacientes com arritmia conhecida ou suspeita devem ser feitos em uma ordem particular?

A situação clínica tem tanta importância quanto a arritmia a ser investigada e o possível risco ao paciente. Algumas arritmias são potencialmente fatais, *independentemente* da situação clínica, enquanto outras são potencialmente perigosas *devido à* situação clínica. A progressão usual é dos exames mais baratos, mais simples e não-invasivos aos testes mais complexos e invasivos. Certas circunstâncias clínicas, porém, necessitam de um estudo inicial mais complexo (p. ex., estudo eletrofisiológico) antes de um Holter ou eletrocardiograma de alta resolução (ECGAR).

O *Holter* e o *ECGAR* usualmente são os testes iniciais. O ECGAR é especialmente apropriado se há suspeita de arritmias ventriculares. O tipo de monitorização com o Holter deve ser individualizado para o paciente, dependendo dos sintomas associados bem como da freqüência e da consciência da arritmia. Na investigação dos distúrbios do ritmo é importante considerar-se a doença cardíaca subjacente (p. ex., doença valvular, miocardiopatia, infarto do miocárdio). Um *ECG em repouso* e o *ecocardiograma* podem responder a várias dessas questões e auxiliar a categorizar o paciente como de alto risco (baixa fração de ejeção) ou baixo risco (fração de ejeção e ECG normais). Se o distúrbio do ritmo está associado com isquemia, um *teste ergométrico* pode ser apropriado. Se os dados são positivos ou se um diagnóstico não é estabelecido, mas sintomas ou arritmias potencialmente fatais recorrem, um *teste eletrofisiológico* deve ser realizado.

4. Existe algum subgrupo particular de pacientes pós-infarto do miocárdio (IM) que deve realizar uma avaliação por Holter antes da alta?

Toda a situação clínica do paciente deve ser considerada para uma estratificação de risco adequada. A maioria dos pacientes pós-IM pode ser estratificada sem um Holter. Contudo, pacientes com certas condições de alto risco devem ser considerados para um Holter pós-IM:

- Pacientes com um infarto anterior e bloqueio de ramo estão sob alto risco de arritmias. Até 35% têm fibrilação ventricular tardia (FV) no hospital, e o risco persiste por seis semanas após o infarto.
- Além disso, bloqueio atrioventricular (AV) e anormalidades da condução intraventricular foram observados em 90% dos pacientes que tiveram FV recorrente durante hospitalização e ressuscitação pré-hospitalar por parada cardíaca.
- Pacientes com ectopia ventricular freqüente, após aproximadamente 48 horas pós-IM, ou bloqueio cardíaco de alto grau 48 a 72 horas após um IM agudo, devem ser avaliados com Holter antes da alta, junto com os pacientes nos quais uma bradicardia acentuada persiste por 48 a 72 horas após IM.
- Finalmente, os pacientes em risco de morte súbita (p. ex., baixa fração de ejeção) podem ser considerados para um Holter pré-alta.

Observe que, nesse momento, qualquer indicação de monitorização Holter pós-IM está na categoria IIb, e ainda há alguma controvérsia a respeito de seu uso.

5. Os pacientes com suspeita de arritmias devem fazer um Holter e um teste de tolerância ao exercício (TTE)?

Durante o TTE, cerca de um terço dos pacientes com corações normais pode desenvolver ectopia ventricular, usualmente pares monomórficos ocasionais ou mesmo 3 a 6 batimentos em série não-sustentada. A ectopia pode ocorrer em pacientes mais velhos, sem coronariopatia ou outras doenças cardíacas, e não é um preditor de mortalidade ou morbidade aumentadas. Embora o TTE seja mais sensível que o ECG-padrão em repouso com 12 derivações para detectar arritmias ventriculares, o Holter é mais sensível que o TTE. Porém, uma vez que cada um pode revelar arritmias sérias que o outro não detecta, ambos os testes podem estar indicados em pacientes selecionados, como aqueles com doença arterial coronária conhecida ou suspeita.

6. Que tipos de instrumentos de monitoração estão disponíveis para registro do ECG a longo prazo?

Os monitores tradicionais de Holter registram em 2 ou 3 canais de ECG durante 24 horas. Existem atualmente gravadores de quatro tipos:

- Gravadores contínuos, com cada batimento registrado e disponível para análise
- Gravadores ativados pelo paciente, os quais são especialmente úteis quando o paciente pode prever sintomas das arritmias e ativar o gravador
- Gravadores ativados por arritmias, nos quais o monitor liga quando um distúrbio do ritmo se inicia e desliga quando ele termina (a acurácia depende do algoritmo para detecção de arritmias)
- Transmissores para envio *on-line* ou armazenamento e envio por telefone de sinais do ECG durante uma arritmia detectada ou durante os sintomas (especialmente útil com sintomas pouco freqüentes, mas previsíveis; não-indicado para arritmias associadas a síncope)

Os monitores de eventos, contínuos ou transmitidos, têm a desvantagem de requerer a percepção das arritmias pelo paciente. Muitos pacientes podem não perceber bradiarritmias ou taquiarritmias significativas ou sérias, mas são capazes de detectar outras. Assim, arritmias significativas podem não ser diagnosticadas, e estratégias de tratamento incorretas podem ser utilizadas.

Cada sistema tem vantagens e desvantagens; a seleção deve ser individualizada. Com qualquer sistema, porém, os pacientes devem registrar de algum modo (p. ex., diariamente) os sintomas e as atividades durante o período monitorado. (Ver figura, p. 56.)

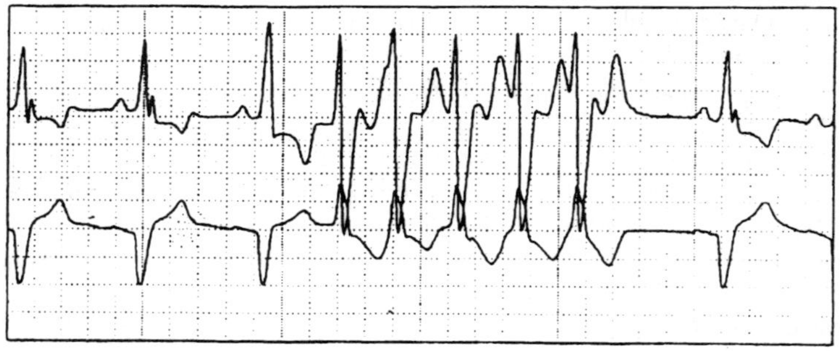

Fita de monitor Holter com registro em dois canais mostrando série de cinco batimentos de taquicardia ventricular.

7. Qual a percentagem de pacientes com sintomas durante a monitoração? Que percentagem desses sintomas ocorre com um distúrbio do ritmo?

Aproximadamente 25 a 50% dos pacientes experimentam uma queixa ou sintoma durante o registro de 24 horas. Desses sintomas, somente 2 a 15% correlacionam-se com a arritmia ou se acredita serem causados por ela.

8. Em geral, quando um teste com o Holter é considerado positivo?

É relativamente incomum que pessoas jovens e saudáveis tenham um distúrbio significativo do ritmo; de fato, várias arritmias não são necessariamente anormais, incluindo a bradicardia sinusal (35 a 40 batimentos/minuto), arritmia sinusal (com pausas de até três segundos), bloqueio de saída sinoatrial, bloqueio de Wenckenbach (bloqueio AV de segundo grau tipo I), marcapasso atrial migratório, complexos de escape juncional e contrações prematuras atriais ou ventriculares.

Preocupam os distúrbios freqüentes e complexos do ritmo atrial e ventricular, que são menos comumente observados em indivíduos normais, incluindo o bloqueio AV de segundo grau tipo II, pausas sinusais > 3 segundos e bradi ou taquiarritmias associadas com sintomas. Os resultados do Holter devem ser analisados com o diário do paciente para se correlacionar os sintomas específicos ao ritmo e à freqüência registrados.

9. Qual é o papel da monitorização com Holter em pacientes com doença cardíaca isquêmica conhecida?

Os pacientes pós-IM e aqueles com outras formas de doença cardíaca isquêmica freqüentemente têm extra-sístoles ventriculares (ESVs). Após o IM, a freqüência de ESVs aumenta durante várias semanas e então declina após seis meses. A freqüência e a complexidade das ESVs são indicadores independentes de morte súbita ou de evento cardíaco agudo; o risco pode ser aumentado em 2 a 5 vezes. Os pacientes com sintomas e doença cardíaca isquêmica conhecida estão em um grupo de risco maior e devem ser avaliados com o monitor Holter e o ECGAR.

10. A monitorização pelo Holter pode auxiliar no diagnóstico de doença cardíaca isquêmica suspeitada?

Sim. A depressão transitória do segmento ST $\geq$ 0,1 mV por mais de 30 segundos é rara em indivíduos normais e correlaciona-se fortemente com cintilografias de perfusão miocárdica que mostram isquemia regional.

11. O que a monitorização pelo Holter demonstrou sobre a angina e seu padrão de ocorrência?

A monitoração com Holter demonstrou que a maioria dos episódios isquêmicos, que ocorrem durante as atividades diárias normais, é silenciosa (assintomática) e que os episódios sintomáticos e silenciosos de depressão do segmento ST exibem um ritmo circadiano, com alterações isquêmicas de ST mais comuns pela manhã. Estudos também demonstraram que as alterações noturnas do segmento ST são quase sempre um indicador de doença arterial coronária de 2 ou 3 vasos ou estenose do tronco da coronária esquerda.

12. Certos grupos de pacientes se beneficiam da monitorização pelo Holter para a detecção de isquemia silenciosa?

A resposta depende do quadro clínico, mas pacientes com um "equivalente anginoso" e fatores de risco para doença arterial coronária (p. ex., dispnéia aos exercícios) também possuem alto risco para isquemia. Pacientes com diabete melito também têm maior incidência de isquemia assintomática, e de infarto silencioso do miocárdio e podem se beneficiar da avaliação com Holter para isquemia silenciosa.

13 O que é a variabilidade da freqüência cardíaca?

O registro por Holter pode ser usado para avaliar a variabilidade da freqüência cardíaca como uma medida do desvio-padrão da duração do ciclo em ritmo sinusal (ou flutuação em torno do intervalo RR médio). A variabilidade da freqüência cardíaca reflete o equilíbrio parassimpático e simpático do sistema nervoso autônomo e, assim, oferece dados sobre o risco de morte súbita cardíaca.

14. Qual é o significado clínico da variabilidade da freqüência cardíaca?

Estudos recentes mostram que a análise da variabilidade da freqüência cardíaca é importante na avaliação de pacientes pós-infarto e diabéticos. Em ambos os grupos, a variabilidade diminuída da freqüência cardíaca está associada com um risco aumentado de morte súbita cardíaca. Uma variabilidade menor da freqüência cardíaca também é registrada no IM agudo. Aqui, uma predominância da atividade simpática e uma redução no controle cardíaco parassimpático resultam em atividade simpática aumentada, a qual diminui o limiar de fibrilação e predispõe à fibrilação ventricular. Além disso, IM da parede anterior resulta em uma redução mais profunda na variabilidade da freqüência cardíaca que o infarto de parede inferior.

15. O que é eletrocardiograma de alta resolução (ECGAR)?

O ECGAR é um método de registro do ECG em que amplificadores e filtros registram os sinais cardíacos com amplitudes de somente uns poucos microvolts. Os potenciais elétricos correspondentes à condução retardada e fragmentada no ventrículo são registrados em microvolts e formas de onda contínuas com o complexo QRS. Três critérios são de importância: (1) duração do QRS, (2) sinais de baixa voltagem nos últimos 40 mseg do QRS e (3) ondas de baixa freqüência durando > 30 mseg após o complexo QRS terminal. (Ver figura adiante.)

16. Como o ECGAR é usado clinicamente?

Potenciais tardios foram detectados em 73 a 92% dos pacientes com taquicardia ventricular sustentada e indutível após IM. Potenciais tardios também foram identificados em pacientes com doença cardíaca não-isquêmica e taquicardia ventricular, como aqueles com miocardiopatia dilatada. O uso precoce de agentes trombolíticos reduz a prevalência de potenciais tardios após oclusão coronária e, assim, reduzem o risco de morte súbita, fibrilação ventricular e taquicardia.

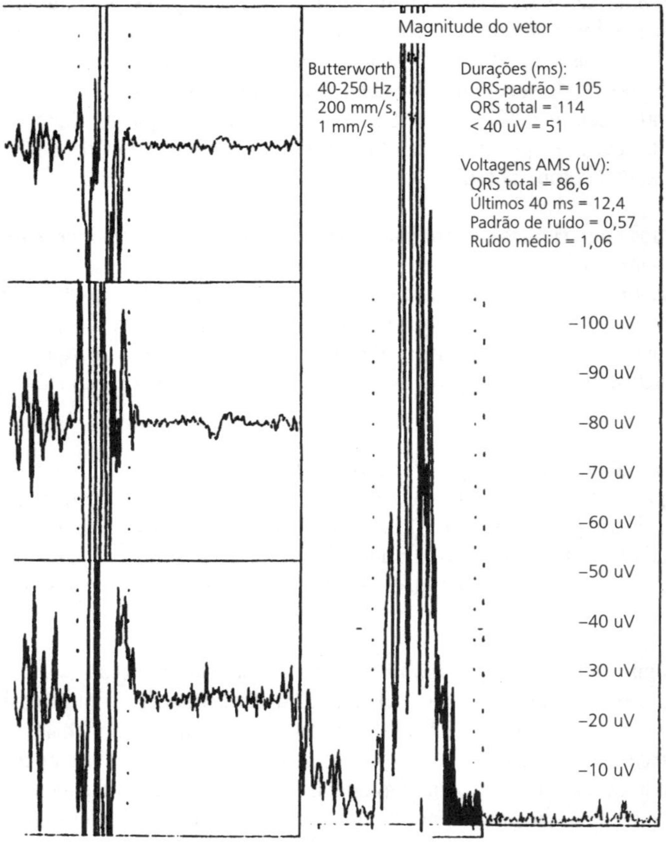

ECGAR positivo, com potenciais tardios destacados, no final do complexo QRS, entre 150 e 190 ms. Os sinais de baixa amplitude (< 25 mV) excedem a voltagem para ruído nos 40 ms terminais. A duração do QRS é normal (114 ms). QRS 114ms (normal < 120 ms) LAS - 51 ns. RMS 40 12,5 mV (normal > 25 mV).

Potenciais tardios após IM são um indicador independente de pacientes sob alto risco de taquicardia ventricular. Os resultados do ECGAR, combinados com outros dados não-invasivos (p. ex., Holter, TTE, fração de ejeção) fornecem um método altamente sensível e altamente específico de identificar os pacientes sob risco de taquicardia ventricular ou morte súbita.

17. Além de fornecer informação sobre arritmias ventriculares, como a monitorização por Holter ajuda a prever morte súbita cardíaca em pacientes com insuficiência cardíaca crônica (ICC)?

Embora ainda seja difícil prever morte súbita cardíaca em pacientes com ICC, a previsão deve ser tentada porque o tratamento desfibrilante está cada vez mais acessível. Galinier e colaboradores, estudaram medidas de variabilidade da freqüência cardíaca no domínio de tempo e de freqüência em 190 pacientes com ICC, fração de ejeção média de 28%, classe II (189 pontos) e classe III ou IV (81 pontos). Em um acompanhamento (22 meses) ocorreram 55 mortes, das quais 21 foram MSC. Na análise dos dados, a variabilidade deprimida da freqüência cardíaca foi um indicador de prognóstico independente.

18. Um homem de 52 anos apresenta pela quarta vez em 18 meses palpitação, tontura e um episódio de síncope. Uma extensa avaliação cardíaca e neurológica foi realizada previamente; não foi encontrada nenhuma etiologia. Nesta visita, o paciente foi hospitalizado para monitorização por aproximadamente 40 horas. Não há arritmias nem sintomas. Quais são as opções diagnósticas neste momento?

Um gravador de alça implantável (ILR) permite a correlação entre os sintomas e a anormalidade do ritmo em muitos pacientes quando estes são raros e inesperados. O equipamento é pequeno (61 mm × 19 mm; 8 mm espessura) e fácil de implantar com um cabo em uma única câmara. Ele fornece até 14 meses de monitorização contínua (ver figura a seguir) e tem mostrado um elevado índice diagnóstico (até 94%). O ILR Medtronic Reveal pode reduzir o custo e a inconveniência de exames repetidos e internações hospitalares.

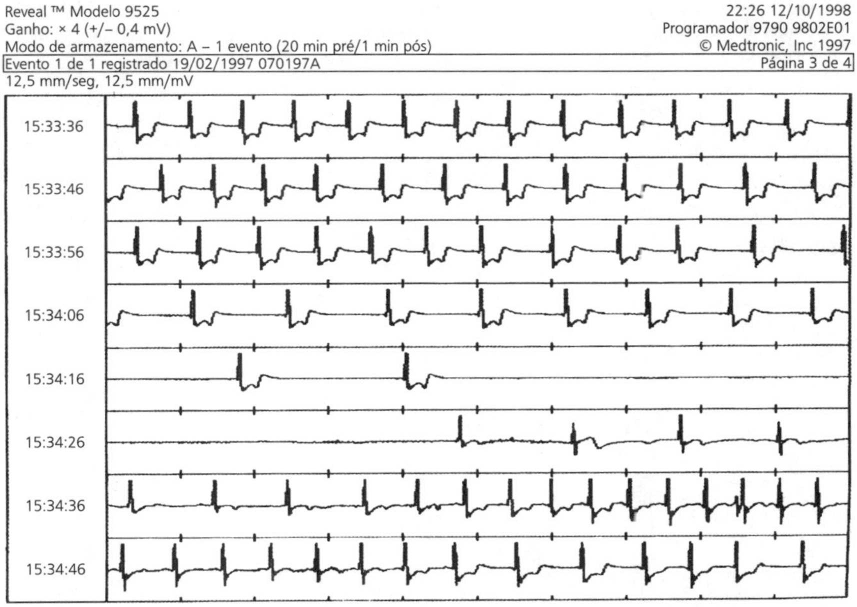

Registro de evento ao ECG de parada sinusal e resposta ventricular inadequada.

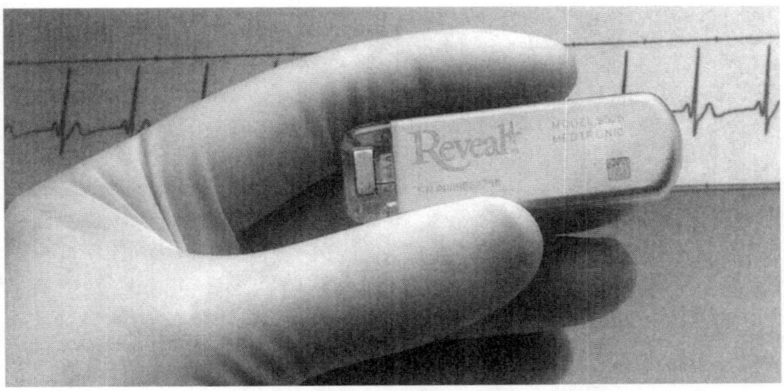

Gravador de alça implantável Medtronic Reveal.

REFERÊNCIAS BIBLIOGRÁFICAS

1. Cohen TJ, Ibrahim B, Sassower NU: Revealing data retrieved from an implantable loop recorder. *J Invasive Cardiol* 12(3):174-175, 2000.
2. DiMarco JP, Philbrick JT: Use of ambulatory electrocardiographic (Holter) monitoring. *Ann Intern Med* 113:53-68, 1990.
3. Galinier M, Pathak A, et al: Depressed low-frequency power of heart rate variability as an independent predictor of sudden death in chronic heart failure. *Eur Heart J* 21(6):475-482, 2000.
4. Kennedy HL: Long-term (Holter) electrocardiogram recordings. In Zipes DP, Jalife J (eds): Cardiac Electrophysiology: From Cell to Bedside. Philadelphia, WB Saunders, 1990, p. 791.
5. Langer A, Freeman MR, Josse RG, et al: Detection of silent myocardial ischemia in diabetes mellitus. *Am J Cardiol* 67:1073, 1991.
6. Lazzeri C, LaVilla G, et al: 24-hour heart rate variability in patients with vasovagal syncope. *Pacing Clin Electrophysiol* 23 (4 Part 1):463-468, 2000.
7. Van Ravenswaaij-Arts MA, Kollee AA, Hopman JC, et al: Heart rate variability. *Ann Intern Med* 118:436-447, 1993.
8. Yeung AC, Barry J, Orav J, et al: Effects of asymptomatic ischemia on long-term prognosis in chronic stable coronary disease. *Circulation* 83:1598, 1991.

7. ECOCARDIOGRAFIA E DOPPLER COM FLUXO EM CORES

Olivia V. Adair, M.D.

1. Por que a ecocardiografia se tornou tão popular na avaliação do diagnóstico cardiovascular?

A ecocardiografia tornou-se a modalidade hemodinâmica e de visualização mais comum pelas seguintes razões:

- Permite imagens de alta qualidade.
- Como uma modalidade biologicamente segura, sem efeitos cumulativos, permite estudos seriados e o uso em crianças e gestantes.
- É indolor.
- Não é necessário preparo (exceto na ecocardiografia transesofágica).
- É móvel e rápida, permitindo a interpretação *on-line*.
- A imagem com Doppler fornece dados anatômicos e hemodinâmicos.
- Pode ser usada como um teste de triagem precoce.

2. Quais são os principais dados anatômicos obtidos com a ecocardiografia?

Embora o número de planos de secção possíveis, pelos quais o coração pode ser observado seja quase infinito, as secções-padrão são baseadas na posição do transdutor – paraesternal, apical, subcostal e supraesternal – enquanto os planos são o eixo longo, o eixo curto, quatro câmaras e duas câmaras. O tamanho e a função das câmaras são bem visualizados, assim como as válvulas mitral, aórtica, tricúspide e pulmonar. A espessura das paredes é facilmente avaliada, assim como o septo; o movimento das paredes é avaliado por segmentos em cada incidência (parede inferior, posterior, anterior e lateral). A aorta e, algumas vezes, mesmo as artérias coronárias são visualizadas. O pericárdio, a artéria pulmonar e o trajeto de saída ventricular direito podem ser avaliados. A auriculeta esquerda é ocasionalmente observada na ecocardiografia transtorácica. (Ver figura, p. 62.)

3. O Doppler/fluxo em cores é uma técnica de imagem distinta da ecocardiografia?

O Doppler utiliza a direção e a velocidade do fluxo sangüíneo para avaliar a hemodinâmica cardiovascular; a imagem com fluxo em cores (IFC) fornece a visualização em tempo real, bidimensional, do fluxo sangüíneo. A ecocardiografia, o Doppler e a IFC são exames complementares, mais do que competitivos; os melhores estudos integram as três técnicas.

4. Quais são as principais medidas hemodinâmicas e aplicações clínicas do Doppler?

Múltiplas medidas e análises hemodinâmicas são possíveis com a avaliação pelo Doppler, mas as principais categorias de aplicação são o desempenho ventricular, a função valvular e as lesões comunicantes.

- O *volume sistólico* pode ser obtido com medidas do trato de saída ventricular esquerdo, do fluxo sangüíneo na aorta ascendente e das velocidades de fluxo.
- A avaliação com Doppler do fluxo na artéria pulmonar permite a medida do *débito ventricular direito.*
- A medida dos intervalos de tempo auxilia na avaliação da *função ventricular sistólica e diastólica.*
- As diferenças nos volumes de fluxo podem ser usadas para calcular *comunicações intracardíacas e fluxos de regurgitação.*

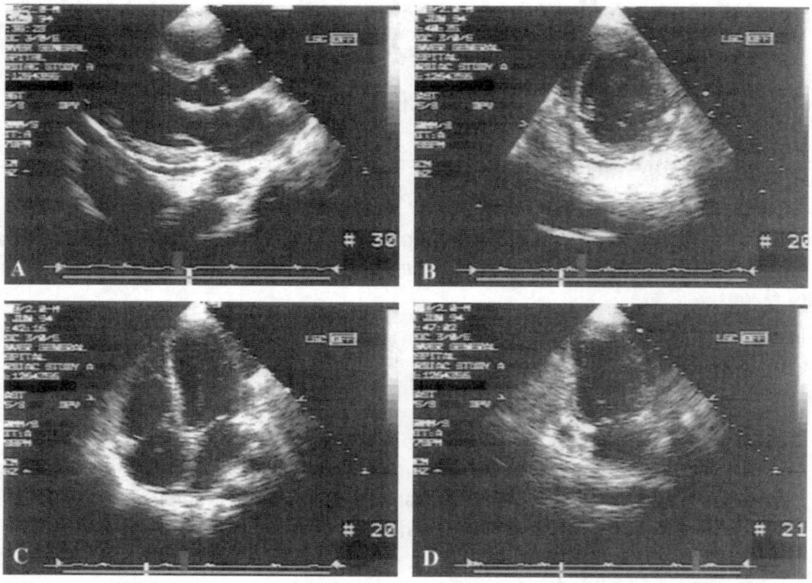

A, Vista paraesternal do eixo longo do ventrículo esquerdo, átrio esquerdo, válvula aórtica e válvula mitral. **B,** Vista do ventrículo esquerdo por meio do eixo curto. **C,** Vista das quatro câmaras. **D,** Vista por duas câmaras do ventrículo esquerdo, válvula mitral e átrio esquerdo.

- Um dos usos mais valiosos do Doppler é na avaliação da *função valvular*, especialmente os gradientes de pressão, os quais podem ser usados para calcular a área da válvula estenótica e a velocidade máxima por meio da válvula.
- Os distúrbios do fluxo (turbulência) são usados para diagnosticar a regurgitação valvular e para avaliar sua severidade.

5. Quais são as limitações da ecocardiografia e da visualização por Doppler?

A principal limitação é a falta de medidas quantitativas anatômicas em ecocardiografia, o que necessita de habilidade técnica na realização e na interpretação. Outra limitação é a aquisição de informações anatômicas cardíacas totais, as quais são obtidas em 80 a 90% dos estudos. E mais: a complexidade das informações anatômicas e hemodinâmicas freqüentemente leva a interpretações incorretas ou incompletas por examinadores que não estão bem-familiarizados ou não são adequadamente experientes. Na ecocardiografia transesofágica, as imagens são freqüentemente claras, mas devem ser interpretadas somente por um cardiologista experiente. A interpretação errônea também pode ser devida a limitações técnicas, artefatos ou ecos externos.

6. Quais são as utilidades clínicas da ecocardiografia e do Doppler?

- Avaliação do desempenho ventricular sistólico e diastólico
- Estimativa da hemodinâmica cardíaca direita
- Medição dos gradientes de pressão e das áreas do orifício valvular em válvulas estenóticas ou outros estreitamentos discretos
- Detecção da regurgitação valvular e estimativa de seu significado hemodinâmico
- Avaliação da função de próteses valvulares
- Estabelecimento da presença e determinação do significado de comunicações intracardíacas

7. O que é a ecocardiografia com contraste?

A ecocardiografia com contraste é usada para delinear estruturas que não são facilmente observadas (veia cava superior e inferior; aorta descendente, trato de saída ventricular direito, artérias pulmonares), e para avaliar comunicações intracardíacas, regurgitação e cardiopatias congênitas complexas. A ecocardiografia com contraste utiliza microbolhas, agitando aproximadamente 8 cc de solução salina entre duas seringas de 10 ml conectadas a uma torneira de três vias e uma linha intravenosa (ver figura). A solução salina agitada é injetada com extrema força na linha intravenosa enquanto se registra na incidência em quatro câmaras ou se enfoca o local suspeito. As incidências de quatro câmaras apicais ou subcostais permitem a visualização de um pequeno número de microbolhas atravessando uma comunicação da direita para a esquerda, bem como um jato negativo de fluxo da esquerda para a direita que causa um defeito na câmara direita cheia de bolhas.

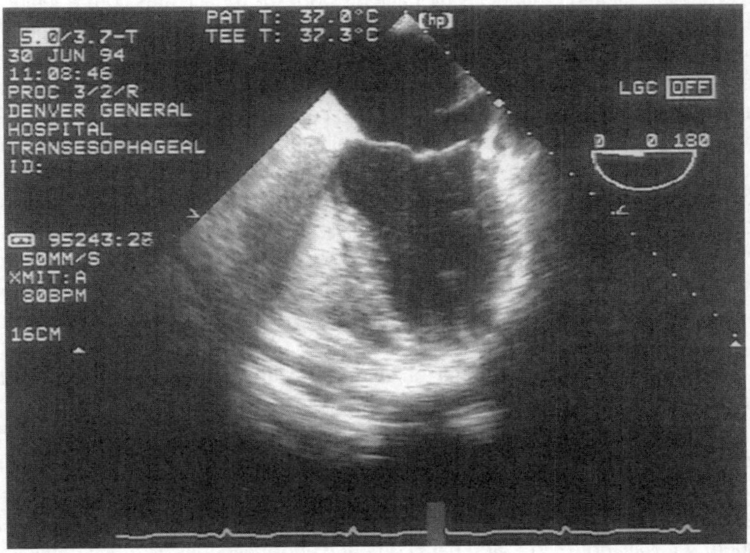

Ecocardiografia contrastada normal. A incidência em quatro câmaras mostra enchimento completo do átrio e do ventrículo direitos (à esquerda) com microbolhas e ausência de bolhas no átrio ou no ventrículo esquerdos (à direita).

8. Como é realizada a ecocardiografia com contraste?

Se existe suspeita de um grande desvio de fluxo, o número de injeções e a quantidade de contraste devem ser limitados. É uma rotina apropriada injetar inicialmente 3 cc, registrar e avaliar; se um grande desvio de fluxo não está presente, 8 a 10 cc são então injetados. Se o estudo é negativo nesse ponto, a reinjeção com o paciente tossindo enquanto o átrio direito é preenchido aumenta a pressão e permite que até as menores comunicações sejam identificadas.

9. Como a ecocardiografia com contraste é aplicada clinicamente?

Essa técnica é extremamente sensível e específica para o diagnóstico de comunicações intracavitárias, as quais podem ser confirmadas com poucas microbolhas; é ainda mais sensível que a oximetria e a diluição com contraste e pode detectar desvios de fluxo tão pequenos como 3%. Também é sensível o suficiente para avaliar a patência do forame oval ou reparos cirúrgicos de comunicações. Algumas instituições utilizam contraste na avaliação ecocardiográfica de todos os pacientes com derrame ou ataques isquêmicos transitórios (AITs).

10. Descreva a ecocardiografia contrastada do ventrículo *esquerdo*.

As questões 7 a 9 abordam o contraste produzido por solução salina agitada. Essa solução só permite a visualização do coração direito, a não ser que haja comunicações intracardíacas. Isso é bom para o diagnóstico de *shunts,* mas não para a visualização do coração esquerdo. A solução salina agitada não atravessa o circuito pulmonar para fluir pelo ventrículo esquerdo. Novos contrastes que atravessam o circuito pulmonar e permitem uma boa visualização do ventrículo esquerdo estão disponíveis atualmente.

11. Como está sendo desenvolvido o contraste ventricular esquerdo?

O optison, feito por Mallinckrodt, é o protótipo e atualmente o único agente aprovado pela *FDA*, embora outros agentes possam ser produzidos em um futuro próximo. Esses agentes permitem a opacificação ventricular e o realce das bordas endocárdicas. O uso do contraste melhora a qualidade das imagens, especialmente daquelas de pacientes obesos e pacientes com doença pulmonar, que respondem por aproximadamente 10 a 20% dos exames ecocardiográficos. Igualmente, o contraste pode melhorar acentuadamente a aquisição da imagem no ecocardiograma de estresse: o delineamento da anormalidade de movimento da parede regional no pico do exercício é realçado e há mais tempo disponível para a captação da imagem com o realce do contraste.

O optison foi desenvolvido como microesferas de albumina humana na qual o octafluororpropano substitui o ar. Isso fornece uma lenta difusão gasosa permitindo um efeito de contraste mais longo, de até vários minutos. Em um estudo de 85 pacientes, o contraste permitiu o estudo diagnóstico em 58%, nos quais o ecocardiograma de esforço simples não teve resultados diagnósticos devido a segmentos não-interpretáveis e permitiu o estudo diagnóstico em 75% em um subgrupo de pacientes tecnicamente difíceis. A ecografia com contraste também tem o potencial de demonstrar perfusão miocárdica normal e anormal quase do mesmo modo que a perfusão miocárdica nuclear atual.

12. Como a ecocardiografia e o Doppler auxiliam na avaliação do paciente com suspeita de doença cardíaca isquêmica?

A ecocardiografia é útil para avaliar uma possível doença cardíaca isquêmica, as síndromes de dor precordial e a função ventricular esquerda e para estabelecer a estratificação do risco e as complicações do infarto agudo do miocárdio. A avaliação regional do movimento das paredes e a ausência de espessamento sistólico do miocárdio podem implicar doença arterial coronária. Estudos seriados podem ser avaliados lado a lado para comparar anormalidades da movimentação das paredes ou o estado da remodelação miocárdica.

Além disso, a ecocardiografia em exercício aumenta a sensibilidade e a especificidade da eletrocardiografia de estresse comum e tem sido considerada especialmente útil para diagnosticar a doença arterial coronária em mulheres com uma sensibilidade e especificidade comparáveis aos estudos radionucleares de estresse. Enquanto somente 50% de ECGs são positivos nos diagnósticos do infarto agudo do miocárdio, a detecção de anormalidades regionais do movimento da parede é muito mais sensível (embora menos específica). Um ecocardiograma negativo durante a dor precordial prevê um risco muito baixo de isquemia.

Outra vantagem de utilizar a ecocardiografia em síndromes de dor precordial são as informações diagnósticas adicionais sobre outras causas de dor precordial, como a estenose e a dissecção aórtica, o prolapso de válvula mitral os derrames pericárdicos ou a miocardiopatia hipertrófica.

13. Por que a ecocardiografia é a técnica de visualização de escolha na doença valvular?

A ecocardiografia é a técnica de visualização de escolha para a avaliação da doença valvular porque fornece dados hemodinâmicos, estruturais e funcionais, bem como avalia a severidade da doença valvular, sua possível etiologia e seu prognóstico. A avaliação da válvula pode incluir informações sobre a calcificação dos folhetos, pregueamento e mobilidade; qualquer patologia coexistente também pode ser avaliada junto com a função ventricular esquerda e a presença de trombos. Uma vez que a ecocardiografia e o Doppler são seguros para estudos seriados, podem ser usados para acompanhar o paciente ou para avaliar as intervenções e o manuseio. O Doppler e o IFC permitem uma localização mais precisa da lesão e uma avaliação melhor do gradiente de pressão, das áreas valvulares e dos fluxos regurgitantes.

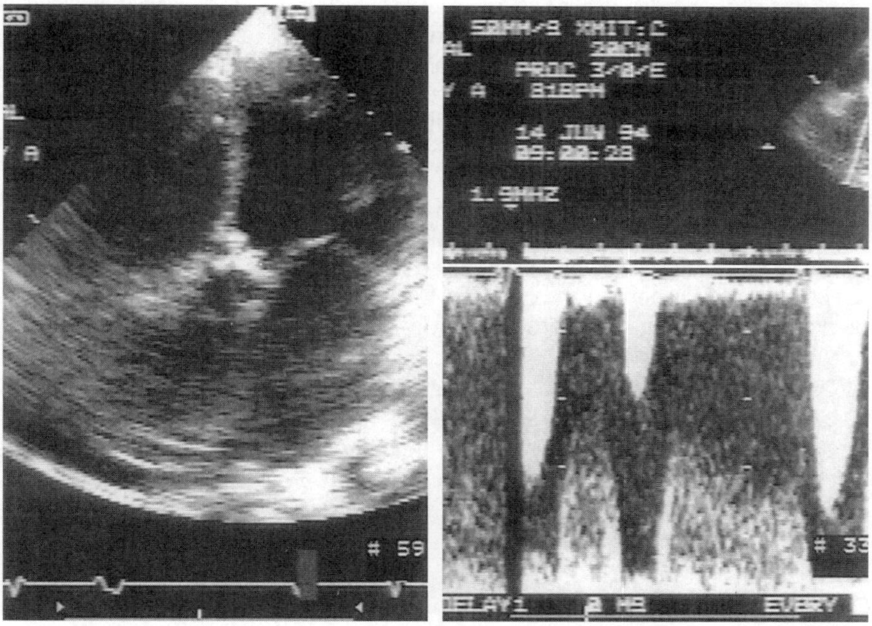

Esquerda, Estenose aórtica com válvula aórtica espessada e calcificada. *Direita,* com Doppler, a velocidade da estenose aórtica é demonstrada pelo envelope branco, a direção de fluxo para longe do transdutor (a jusante), velocidade máxima de 3,5 m/s e gradiente máximo de 49 mm Hg.

14. Quais são as aplicações da ecocardiografia de estresse? Como é realizada?

A ecocardiografia de estresse é uma importante técnica de visualização para avaliar a função ventricular, a fração de ejeção global, o movimento regional da parede, o espessamento miocárdico e a hemodinâmica ou função cardíaca em nível basal, bem como sob estresse máximo ou no ponto de início dos sintomas. Entre as aplicações clínicas mais comuns está a avaliação hemodinâmica da estenose mitral em pacientes sintomáticos, nos quais o estado hemodinâmico em repouso é insuficiente para uma decisão clínica.

Além disso, outras lesões dinâmicas são melhor avaliadas pelo estresse, incluindo-se aí a miocardiopatia hipertrófica, a coarctação da aorta e a disfunção de próteses valvulares. O uso mais comum é no diagnóstico da doença cardíaca isquêmica com uma ecocardiografia imediata pós-exercício para avaliar o movimento das paredes.

O teste é relativamente barato e tão sensível e específico como a tomografia computadorizada de emissão de fóton isolado (TER) com tálio durante o exercício para avaliação da doença cardíaca isquêmica. Para pacientes que não podem realizar testes ergométricos convencionais, a dobutamina ou o dipiridamol podem ser usados.

15. Qual é o papel da ecocardiografia em pacientes com infarto agudo do miocárdio?

A eletrocardiografia nem sempre é diagnóstica de infarto agudo, mas a ecocardiografia é facilmente usada para detectar *anormalidades do movimento da parede*. As avaliações imediatas da isquemia e da quantidade de miocárdio em risco são especialmente importantes para a tomada de decisões sobre a intervenção precoce, tal como o uso de agentes trombolíticos ou a angioplastia. A ecocardiografia também investiga pacientes com infarto para detectar complicações como a severidade da regurgitação mitral isquêmica, defeito septal ventricular pós-infarto, aneurisma (verdadeiro *versus* falso) e pressões no coração direito. Estudos seriados podem avaliar a reperfusão. Uma vez que o indicador prognóstico mais forte após o infarto é a função ventricular esquerda, quanto maior o infarto, maior o risco de eventos cardíacos subseqüentes; a ecocardiografia e o Doppler são essenciais na estratificação do risco e na avaliação prognóstica, e ambas auxiliam a determinar o plano de manuseio.

16. Quais as indicações da ecocardiografia transesofágica (ETE)?

A ETE aumentou significativamente as possibilidades de visualização por janelas multiplanares no estômago e no esôfago, que fornecem incidências tomográficas de alta resolução. A ETE é usada tanto no paciente vigil quanto no transoperatório. Um estudo de ETEs realizadas na Mayo Clinic por mais de cinco anos demonstra três indicações principais: (1) fonte de êmbolos, (2) doença da válvula nativa e prótese e (3) endocardite.

No paciente transoperatório, as aplicações mais freqüentes são a monitoração da função cardíaca, o diagnóstico transoperatório e a avaliação dos resultados pós-operatórios. Vítimas de trauma freqüentemente são melhor avaliadas com ETE devido à sua mobilidade, velocidade e capacidade de interpretação *on-line*.

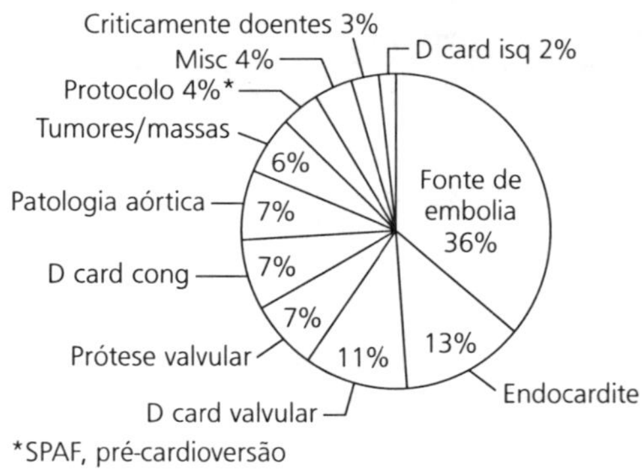

Indicações da ETE na Mayo Clinic, de novembro de 1987 a novembro de 1992 (5.441 procedimentos). As três maiores indicações são a fonte de embolia, doença em válvula nativa e prótese e endocardite. *SPAF = estudo da Prevenção do Derrame na Fibrilação Atrial). Isq = isquêmico, Cong = congestiva, D = doença. (De Freeman WK, et al (eds): Transesophageal Echocardiography. Boston, Little, Brown. © 1994 por Mayo Foundation, Rochester, Minnesota. Utilizado com permissão.)

17. Quais são os riscos na ETE? Qual o grau de invasão da ETE?

A ETE é um procedimento de baixo risco que fornece uma grande quantidade de dados clinicamente importantes. Deve ser realizada somente por ecocardiografistas treinados, completamente cônscios, não somente da interpretação diagnóstica como também da técnica, das complicações potenciais e das contra-indicações. Dois grandes estudos relataram somente uma morte cada (0,02%).

Em um estudo, a causa de morte foi incerta; no outro estudo, um tumor maligno de pulmão infiltrando o esôfago foi lacerado durante a introdução da sonda e causou hemorragia maciça e subseqüente óbito. A Mayo Clinic relata uma taxa de complicações de 0,18 a 0,5% em mais de 5 mil procedimentos. A maioria das complicações é leve e facilmente tratável.

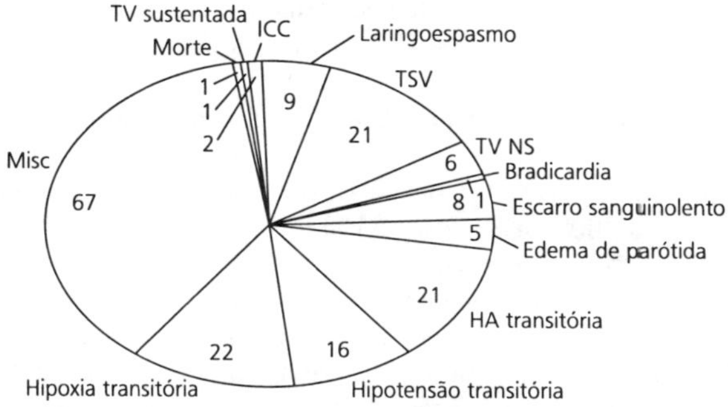

Classificação de 180 complicações (3,3%) de ETE encontradas na experiência da Mayo Clinic em 5.441 procedimentos, entre novembro de 1987 e novembro de 1992. As principais complicações incluíram laringoespasmo, taquicardia ventricular (TV), insuficiência cardíaca congestiva aguda (ICC) e uma morte. TSV= taquicardia supraventricular, NS= não-sustentada, HA= hipertensão. (De Freeman WK, et al (eds): Transesophageal Echocardiography. Boston, Little, Brown. © 1994 por Mayo Foundation, Rochester, Minnesota. Utilizado com permissão.)

Em geral, a ETE é um procedimento seguro, sendo usada para complementar a ecocardiografia transtorácica em aproximadamente 10% dos pacientes. O médico deve estar cônscio das contra-indicações, para evitar complicações.

Contra-indicações à ETE

CONTRA-INDICAÇÕES ABSOLUTAS	CONTRA-INDICAÇÕES RELATIVAS
Obstrução esofágica (estreitamento, neoplasia)	Cirurgia gastresofágica recente
Fístula, laceração ou perfuração esofágica	Varizes esofágicas
Divertículo esofágico	Hemorragia gastrintestinal superior
Instabilidade da coluna cervical	Artrite atlantoaxial
	Sintomas inexplicados de disfagia ou odinofagia

18. Como um paciente com prótese valvular deve ser avaliado e acompanhado?

O paciente com uma prótese valvular é melhor manuseado utilizando-se ele próprio como controle e obtendo-se uma ecocardiografia pós-operatória precoce e um Doppler, os quais podem ser comparados com as avaliações de acompanhamento. Essa abordagem é útil porque os gradientes das próteses valvulares são inerentemente maiores que os gradientes das válvulas nativas e podem variar com o posicionamento.

A abordagem transtorácica (ETT) na ecocardiografia, e um pouco menos na visualização por Doppler, é limitada pelas sombras acústicas, enquanto a ETE contorna muitos desses problemas de visualização. A avaliação das próteses de válvula mitral é especialmente difícil na ETT, mas a ETE detecta sensivelmente e quantifica a regurgitação, os vazamentos valvulares ou perivalvulares, a morfologia anormal, as vegetações, os trombos, os abscessos e a ruptura de folhetos. Embora as próteses de válvula aórtica sejam mais fáceis de visualizar via ETT, a ETE é muito superior para avaliar vegetações ou cavidades de abscessos, especialmente quando uma prótese mitral também está presente. Certamente a ETE deve ser fortemente considerada em qualquer paciente com endocardite, suspeita ou comprovada, da prótese valvular devido à sua alta sensibilidade e capacidade de detectar complicações.

A ecocardiografia seriada e o Doppler têm substituído a cateterização cardíaca como procedimento de escolha para a avaliação hemodinâmica e morfológica.

19. Qual a utilidade da ETE no diagnóstico da endocardite infecciosa? Como ela auxilia no manuseio dos pacientes?

A ETE demonstrou, em vários estudos de grande porte, apresentar maior sensibilidade que a ETT para válvulas nativas (94 a 100% *versus* 44 a 63%) e para próteses valvulares (75% *versus* 25%); ambas possuem alta especificidade (91 a 98%). A detecção pela ETT de vegetações depende grandemente da extensão da vegetação, enquanto a ETE pode detectar vegetações muito menores. A ETE também possui efeito sobre o manuseio do paciente, pois detecta complicações como abscessos, ruptura de cordoalhas e envolvimento valvular secundário. Uma vez que a mortalidade é maior e o prognóstico pior com essas complicações, a identificação dos pacientes afetados deve levar à consideração de intervenções precoces.

20. Quais são os achados ecocardiográficos em pacientes com miocardiopatia hipertrófica obstrutiva (CMHO)?

A ecocardiografia é o melhor método de diagnosticar CMHO por ser extremamente sensível. O achado clássico é hipertrofia septal assimétrica, mas a hipertrofia simétrica também pode ser observada, bem como outras variedades (p. ex., hipertrofia apical ou mesoventricular). A ecocardiografia

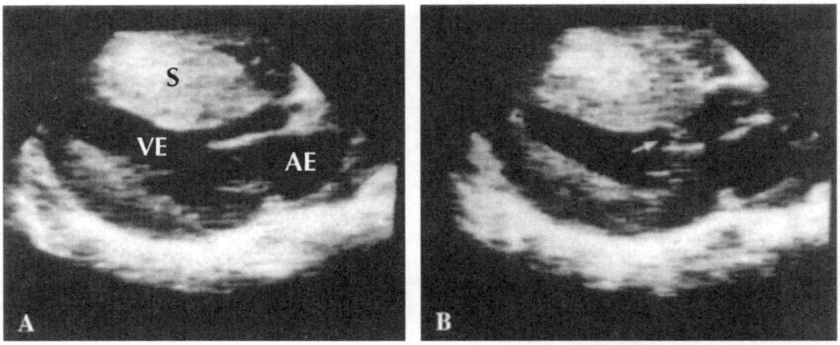

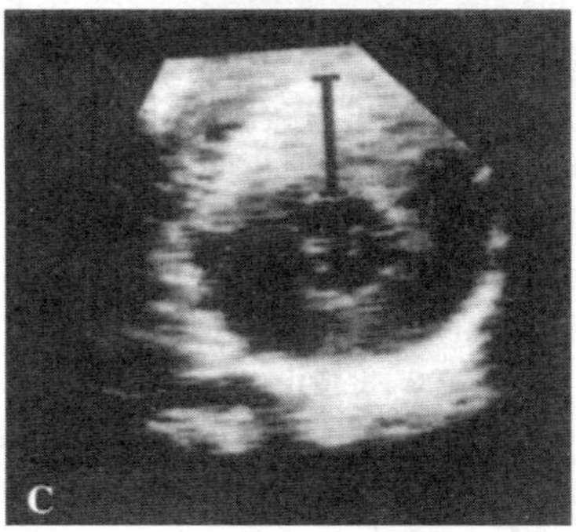

Imagens de ecocardiografia bidimensional mostram hipertrofia septal assimétrica e movimento anterior sistólico da válvula mitral, dois sinais clássicos de miocardiopatia hipertrófica. **A,** Eixo longo, diástole. **B,** Eixo longo, sístole. **C,** Eixo curto. S = septo; AE = átrio esquerdo; VE = ventrículo esquerdo. (De Pandian NG, Simonetti J: Echocardiography in hypertrophic cardiomyopathy. Cardiovasc Rev Rep Oct 1988, p. 60, com permissão.)

também avalia o movimento anterior sistólico da válvula mitral e o contato do folheto anterior e o septo. A válvula aórtica fecha-se parcial ou completamente, precocemente no meio da sístole. A cavidade do ventrículo esquerdo usualmente está diminuída, enquanto o átrio esquerdo está dilatado.

21. Qual é a técnica de visualização de escolha para avaliar a aorta?

A ETE tornou-se a modalidade de escolha em pacientes com suspeita de dissecção aórtica, especialmente com envolvimento da aorta descendente, que é malvisualizada na ETT. A ETE também pode ser usada em avaliações de outras anormalidades aórticas, como a infecção, o aneurisma ou o trombo. A sensibilidade relatada para a dissecção aórtica é de 97 a 100%; a especificidade relatada é de 98 a 100%. Ver também Capítulo 24, Dissecção Aórtica.

22. O que é a imagem Doppler tissular? Como ela é usada?

A imagem Doppler tissular é a técnica de ecocardiografia Doppler que mede seletivamente a velocidade de miocárdio. Isso é feito usando o Doppler pulsado ou colorido convencional e excluindo os sinais de maior velocidade criados pelo fluxo sangüíneo, permitindo a detecção das velocidades miocárdicas muito mais lentas. A técnica está disponível comercialmente desde 1994, mas a aplicação clínica mais útil ainda está sendo discutida. Ela tem sido avaliada na miocardiopatia hipertrófica, no transplante cardíaco e na arritmologia. Contudo, o Doppler tissular está surgindo como um dos melhores métodos para avaliar a função diastólica. Ele tem a vantagem distinta sobre o Doppler pulsado convencional de fluxo mitral e pulmonar venoso por ser relativamente independente da pré-carga.

23. A ecocardiografia tridimensional tem se desenvolvido para uso clínico?

A reconstrução tridimensional (3-D) do coração usando a ecocardiografia tem sido desenvolvida desde os anos 70, quando a técnica bidimensional (2-D) era nova. Vários métodos foram explorados, mas atualmente a abordagem mais comum usa a varredura rotacional com aquisição de múltiplas imagens bidimensionais transversas do coração. Cada imagem 2-D em movimento engloba todo o ciclo cardíaco e por conseguinte tem uma faixa de 9 a 16 quadros de dados de cada ciclo cardíaco, dependendo da freqüência cardíaca. A imagem 3-D (realmente quatro dimensões se o movimento for incluído) é reconstruída usando todas as imagens 2-D em movimento. O conjunto de dados 3-D, quando reconstruído, permite ao usuário — teoricamente — ver o coração a partir de qualquer corte transverso imaginável.

Até agora, a aplicação clínica mais útil da eco 3-D é a avaliação dos volumes ventriculares com uma acurácia semelhante à IRM. Outras aplicações possíveis e em desenvolvimento incluem a medida de áreas valvulares, massas intracardíacas, avaliação de lesões valvares, particularmente prolapso de válvula mitral e doença cardíaca congênita complexa. A ecocardiografia tridimensional espera maiores avanços na tecnologia dos computadores e a documentação de resultados clínicos para ter seu uso amplamente difundido.

24. O mergulho subaquático é um esporte popular. Um estudo recente mostrou alterações no VD. Quais as implicações clínicas desse achado?

Um estudo recente com 50 mergulhadores amadores comparados com controles do mesmo sexo e idade mostrou que os mergulhadores amadores tinham uma maior ocorrência de dilatação de VD e sinais eletrocardiográficos de hipertrofia de VD, bradicardia sinusal e arritmia sinusal. Isso pode estar relacionado com os achados de Knauth, apresentados no encontro da *Radiological Society of North America* em Chicago, em 1999, que mostrou evidência na IRM de lesões cerebrais e maior suscetibilidade à doença descompressiva em mergulhadores com forame oval patente (FOP). Embora o efeito a longo prazo das lesões cerebrais ainda seja incerto e embora o FOP seja um defeito cardíaco relativamente comum, ocorrendo em aproximadamente 25% da população em geral, as implicações são certamente provocantes. É possível que o FOP leve à arterialização de bolhas de gás venoso que normalmente seriam "filtradas" pelos pulmões, enquanto diante do quadro de FOP isso se apresente como lesões cerebrais. Os candidatos a mergulhador podem precisar de um rastreamento para avaliar a presença de FOP antes de serem licenciados.

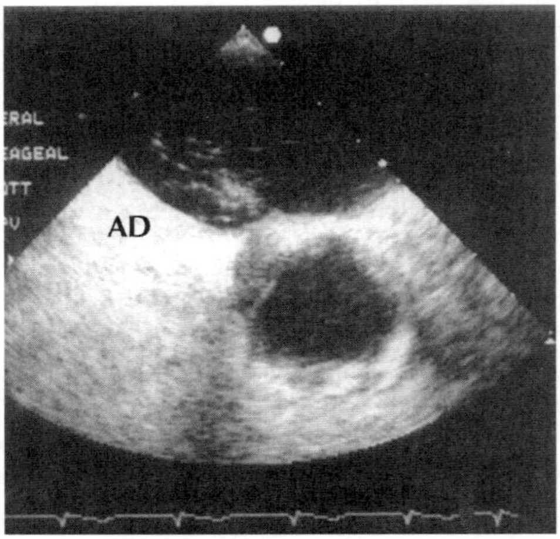

Exame com contraste de bolhas mostra um átrio direito (AD) cheio de bolhas e um grupo de bolhas passando para o átrio esquerdo por meio de um forame oval patente (FOP) durante um episódio de tosse.

REFERÊNCIAS BIBLIOGRÁFICAS

1. Cardim N, Morais H, et al: Tissue Doppler imaging: Clinical topics for the new millennium. *Rev Port Cardiol* 19(4):449-458, 2000.
2. deSimone G, Schillazi G, Palmieri V, et al: Should all patients with hypertension have echocardiography? *J Hum Hypertens* 14(7):417-421, 2000.
3. Felner JM, Martin RP: The echocardiogram. In Schlant R, Alexander R (eds): The Heart Arteries and Veins, 8th ed. New York, McGraw-Hill, 1994.
4. Freeman WK, Seward JB, Khandheria BK, Tajik AJ: Transesophageal Echocardiography. Boston, Little. Brown, 1994.
5. Meissner G, Whisnant JP, et al: Prevalent and potential risk factors for stroke-assisted by transesophageal echocardiogram and carotid ultrasonography: The SPARC study. *Mayo Clin Proc* 74:862-869, 1999.
6. Mukerji B, Alpert MA, Mukerji V: Right ventricular alteration in scuba divers: Findings on electrocardiography and echocardiography. *South Med J* 93(7):673-667, 2000.
7. Pearlman AS: Technique of Doppler and color flow Doppler in the evaluation of cardiac disorders and function. In Schlant R, Alexander R (eds): The Heart Arteries and Veins, 8th ed. New York, McGrawHill, 1994.
8. Pearson AC: Transthoracic echocardiography versus transesophageal echocardiography in detecting cardiac source of embolism. *Echocardiography* 10:397-403, 1993.
9. Plein S, Williams GJ: Developments in cardiac ultrasound. *Hosp Med* 61(4):240-245. 2(1(10.
10. Salustri A, Roelandt JR: Three-dimensional echocardiography: Where we are, where we are going. *Ital Heart J* 1(1):26-32, 2000.

8. ECOCARDIOGRAFIA NO PACIENTE CRITICAMENTE DOENTE

Olivia V. Adair, M.D., e *Douglas Paul Voorhees,* R.R.T.

1. Por que a ecocardiografia emergiu como um instrumento diagnóstico tão importante em pacientes criticamente doentes?

Os pacientes criticamente doentes necessitam de avaliação diagnóstica urgente e intervenção rápida e apropriada para melhorar o curso da doença e a chance de sobrevida. Freqüentemente, sua condição clínica e ambiente médico (p. ex., respirador, múltiplas linhas intravenosas de monitoração cardíaca) limitam as opções diagnósticas, pois o transporte envolve grande esforço e risco. Assim, a ecocardiografia tornou-se extremamente popular devido (1) à mobilidade até a beira do leito, (2) à visualização de alta qualidade, (3) à natureza não-invasiva, (4) à análise imediata *on-line* e (5) à ampla variedade de dados, incluindo informações estruturais, funcionais e hemodinâmicas. Além disso, a *ecocardiografia transesofágica (ETE)* aumentou a qualidade dos estudos em pacientes no respirador, com traumatismo de tórax requerendo drenos ou ferimentos cirúrgicos ao tórax, os quais limitam as janelas transtorácicas.

2. Qual a importância da ecocardiografia em um paciente criticamente doente?

A ecocardiografia à beira do leito fornece *dados imediatos* para estratégias diretas de manuseio. O amplo diagnóstico diferencial da instabilidade hemodinâmica inclui doença valvular crítica, comunicação intracardíaca, miocardiopatia e tamponamento, os quais são facilmente diagnosticados pela ecocardiografia e requerem diferentes manuseios apesar de suas apresentações clínicas similares. A embolia pulmonar se apresenta de modo semelhante, mas não é diagnosticada tão facilmente pela ecocardiografia; contudo, freqüentemente são vistos achados secundários de insuficiência de ventrículo direito. Assim, a ecocardiografia emergente é importante para excluir várias das possíveis etiologias e para fazer o diagnóstico ou estabelecer as bases do manuseio inicial.

3. Existem diferentes riscos ou problemas de procedimentos envolvidos no uso da ETE em pacientes criticamente doentes?

A ETE é semi-invasiva. A inserção do transdutor no estômago de pacientes criticamente doentes requer maior experiência e orientação manual. O paciente pode estar agitado, incapaz de cooperar e confinado à posição supina. Uma sedação adequada e uma profilaxia da endocardite, em pacientes com próteses valvulares, são necessárias antes da passagem do transdutor. Problemas com pacientes hemodinamicamente instáveis e criticamente doentes são incomuns, exceto na presença de trauma facial e cervical extenso. O uso de um laringoscópio é normalmente útil se o procedimento torna-se difícil. Embora os pacientes sejam com freqüência instáveis hemodinamicamente, complicações clinicamente significativas são raras. A ETE deve ser realizada por um cardiologista pronto para manejar a deterioração hemodinâmica, plenamente treinado em procedimentos de intubação endoscópica e experiente na interpretação da ETE.

4. Quais são as indicações mais comuns da ETE na unidade de terapia intensiva?

O motivo principal para realizar ETE em pacientes criticamente doentes em nossa instituição é a instabilidade hemodinâmica, a qual pode ser resultado de hipotensão, edema pulmonar, infarto agudo do miocárdio, endocardite, tamponamento, trauma ou choque cardiogênico. Os pacientes freqüentemente se apresentam com síndrome de choque que requer intervenção imediata. Vários relatos demonstram os resultados favoráveis do uso de ETE em tais pacientes.

Por exemplo, de 44 pacientes com síndrome de choque, somente 48% foram parcialmente diagnosticados por ecocardiografia transtorácica (ETT), enquanto 100% foram diagnosticados pela ETE. Informações críticas foram obtidas em 68%, com 30% realizando cirurgia cardíaca urgente (incluindo prótese mitral, alívio de tamponamento, correção de ruptura septal ventricular pós-infarto e ruptura aórtica e fechamento de forame oval patente). Dos quatro pacientes com ETEs normais, todos tinham uma causa não-cardiovascular de comprometimento hemodinâmico conforme estabelecido por outras investigações.

Pearson e colaboradores relataram sucesso similar com indicações diferentes (dissecção aórtica, 29%; fonte de êmbolos, 26%; complicações pós-infarto, 10%); informações clínicas criticamente importantes, não-observadas na ETT, foram obtidas em 44%.

5. Qual é o melhor procedimento diagnóstico quando existe suspeita de dissecção aórtica?

Embora a ressonância magnética (RM) permita a visualização da aorta torácica em múltiplos planos com alta sensibilidade, a demora em realizá-la e o transporte dos pacientes freqüentemente trazem problemas. E mais, múltiplos sistemas de suporte, como bombas intravenosas, respiradores e monitores, tornam o transporte impossível ou envolvem um risco inaceitavelmente alto. A tomografia computadorizada de nova geração também tem 95% de acurácia, mas envolve problemas similares de transporte e tempo de aquisição de dados. A ETT tem uma sensibilidade de 75 a 85%; a sensibilidade é inferior para a dissecção distal. A ETE, contudo, é portátil e rápida, fornecendo interpretação *on-line* e tem sensibilidade e especificidade de 98%.

Ela também é útil para detectar complicações extracardíacas da dissecção, como derrame pericárdico (observado em 25%) e dissecção arterial coronária, bem como condições que mimetizam a dissecção. A ruptura traumática da aorta e a ruptura contida da íntima com trombo também são diagnosticadas pela ETE, especialmente com visualização multiplanar, com alta sensibilidade e especificidade. Além disso, a ETE tem a vantagem de fornecer informações diagnósticas adicionais, particularmente em pacientes com traumatismo de tórax (p. ex., acidentes de automóvel) que pode resultar em derrame ou hematomas pericárdicos, contusão e infarto.

A *ecografia intravascular* também tem obtido popularidade para diagnosticar a dissecção aórtica, especialmente em vítimas de trauma, mas requer um estudo invasivo e treinamento e equipamento especializados; também não apresenta a vantagem de dados ecocardiográficos adicionais. Mais estudos são necessários para fazer comparações diretas.

6. Com que freqüência ocorre o trauma cardíaco? Quando se deve suspeitar e investigar a presença de trauma?

O trauma acidental ou intencional é a principal causa de morte e de hospitalização, especialmente em pessoas jovens, entre as quais as lesões violentas estão aumentando. As lesões cardíacas e de grandes vasos são as principais causas de mortalidade e morbidade secundárias ao traumatismo penetrante e não-penetrante.

Quaisquer lesões penetrantes ao precórdio, ao tórax, à região cervical ou ao abdômen superior devem desencadear a investigação de trauma cardíaco; tais lesões usualmente envolvem ferimentos à faca ou arma de fogo. De especial preocupação são os sinais de tamponamento cardíaco ou hemotórax. Mais de 50% das vítimas de trauma cardíaco penetrante morrem imediatamente; entre os outros, que sobrevivem por períodos variáveis de tempo, a avaliação imediata é essencial. A ETE é um procedimento importante, pois balas de pequeno calibre e lacerações podem não ser observadas na ETT. A maioria das lesões não-penetrantes é devida a acidentes de automóvel (50% envolvem lesões torácicas fatais ou severas); esportes de contato, quedas e brigas também resultam nesse tipo de lesões. A ETE é o procedimento de escolha para avaliar pacientes com lesão pericárdica, miocárdica, valvular, coronária e aórtica.

7. **Qual o papel da ETE na avaliação de doadores cardíacos potenciais?**
A ETE deve ser considerada uma parte importante da avaliação do doador. Muitos doadores são vítimas de acidentes automobilísticos ou crimes violentos, ambos podendo resultar em trauma cardíaco ou torácico significativo. Tais lesões podem causar contusão ventricular (direita ou esquerda), trombo coronário, anormalidades regionais do movimento da parede, ruptura da válvula tricúspide e regurgitação ou dissecção aórtica. Os pacientes afetados podem não ser facilmente avaliados pela ETT. Cerca de metade dos achados significativos, com a ETE, em doadores potenciais, não é diagnosticada pela ETT. Assim, os candidatos a doador devem realizar uma ETE antes que o estado cardíaco seja estabelecido. O reparo cirúrgico de lesões detectadas deve ser considerado, especialmente quando o receptor tem urgência para a cirurgia.

8. **Além de trombos intracardíacos e defeitos septais, que achados podem ser vistos com a ETE na avaliação de um paciente com acidente vascular?**
A *aterosclerose da aorta torácica* é reconhecida como uma fonte de êmbolos sistêmicos e cerebrais. Além disso, as características morfológicas da placa aórtica têm um significado morfológico e terapêutico. Por exemplo, uma *placa ulcerada* associada com um *trombo grande e móvel* deve ser avaliada cuidadosamente. Um estudo recente mostra menos acidentes vasculares recorrentes e aumento da mortalidade com a anticoagulação, quando comparado com aspirina, quando é encontrado um ateroma aórtico. Do mesmo modo, a avaliação da aorta torácica para aterosclerose é importante quando a manipulação aórtica está prevista em procedimentos cirúrgicos que podem produzir complicações neurológicas perioperatórias.

Uma placa $\geq$ 4 mm, especialmente com um trombo sobreposto, prevê um elevado risco de acidente vascular recorrente (12%) dentro de um ano e um risco de embolia periférica de 33%.

Trombos aórticos vistos na ETE prevêem um risco de aproximadamente 12% de acidente vascular durante cirurgia cardíaca com circulação extracorpórea (isso representa um aumento de seis vezes nos acidentes vasculares intra-operatórios).

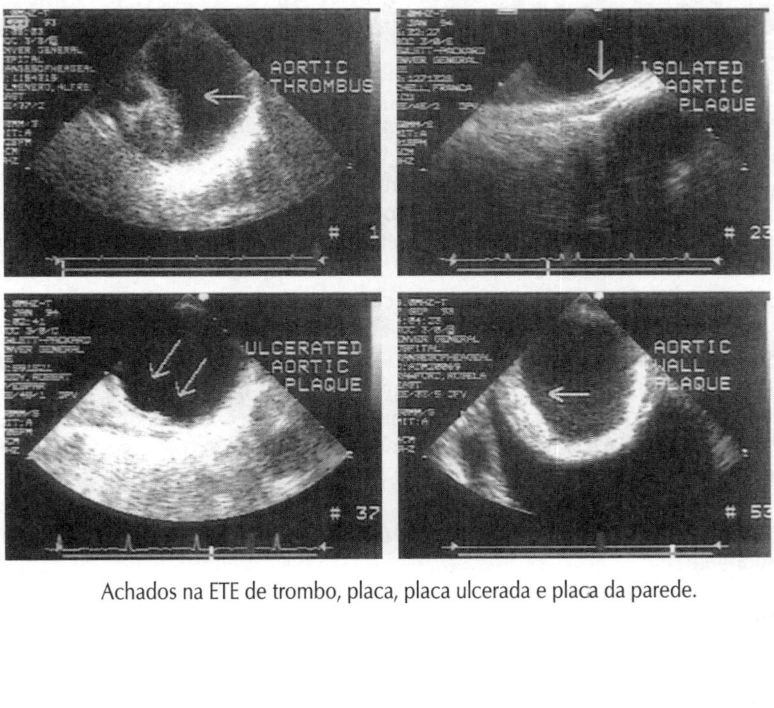

Achados na ETE de trombo, placa, placa ulcerada e placa da parede.

9. Um homem de 19 anos é trazido para a unidade de emergência (UE) após um traumatismo torácico fechado com o volante do carro. Estava instável, com hipotensão, dor torácica e dispnéia. Na UE, ele parecia agudamente enfermo, com hipertensão, extremidades frias e taquicardia. Não há outros achados significativos. Qual o passo importante para o diagnóstico neste momento?

Uma ETE à beira do leito é crítica para avaliar derrame, tamponamento, contusão, hematoma pericárdico e possível dissecção aórtica – todas situações imediatas que podem causar sério comprometimento hemodinâmico. Contudo, esse paciente tinha um achado mais incomum: a válvula aórtica estava lacerada e havia severa regurgitação aórtica. Como é preciso uma visualização clara da aorta e da válvula, o ecocardiograma transesofágico é uma escolha melhor do que o transtorácico, já que ele pode ser realizado e analisado simultaneamente à beira do leito.

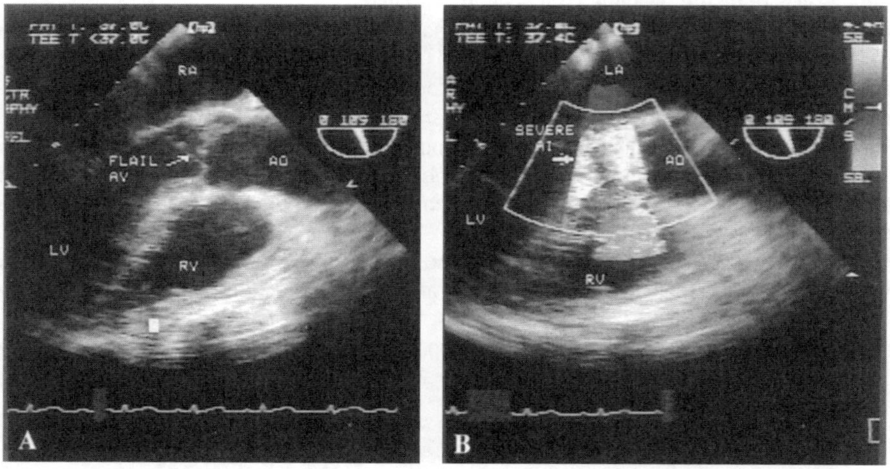

A. Folhetos da válvula aórtica lacerados associado com, **B.** regurgitação aórtica severa.

10. Quando uma ETE deve ser realizada no acidente vascular agudo? Ela pode ajudar a direcionar a terapia?

Uma revisão recente de Kapral e colaboradores demonstrou uma elevada sensibilidade e especificidade da ETE e da ETT, mas a ETE se mostrou superior para avaliar pacientes com acidente vascular e foi recomendada como exame de rastreamento inicial. A ETT detectou massas intracardíacas em 13% dos pacientes *versus* 19% da ETE.

Os acidentes vasculares ainda são a terceira causa de morte nos Estados Unidos (aproximadamente 50 mil mortes por ano). A identificação da fonte e do mecanismo do acidente vascular é crítica para as estratégias de prevenção primária e secundária. Não basta iniciar a terapia com anticoagulantes ou aspirina e deixar os pacientes seguirem seus caminhos. Estimativas conservadoras indicam uma etiologia cardiovascular em mais de um terço dos acidentes vasculares, mas o problema com a avaliação da causa é que os dados estão sendo coletados de pacientes que já apresentaram um acidente vascular.

11. É seguro realizar uma ETE em um paciente com IM agudo? Quais situações requerem esse procedimento?

A ETE pode ser realizada sem causar problemas hemodinâmicos de estresse significativo e sem provocar isquemia. Uma pequena quantidade de sedação consciente pode ser necessária se o paciente estiver intubado; isso também não impede a realização de uma ETE com bons resultados e, de fato, garante uma melhor qualidade da imagem.

Várias complicações do IM podem ser avaliadas com a ETE em um paciente que não responde bem à terapia-padrão. Por exemplo, no choque cardiogênico, edema pulmonar severo/alteração de sopro pode ser a indicação de uma ETE. Os achados podem direcionar drasticamente o tratamento para a avaliação crítica do paciente. Por exemplo, pacientes com aneurisma ventricular esquerdo, pseudoaneurismas ou válvula mitral lacerada com ruptura do músculo papilar podem não responder à terapia apropriada.

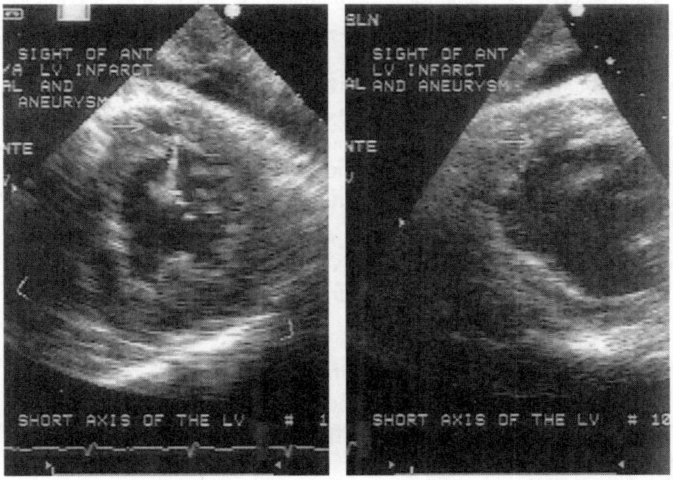

ETE revelou um aneurisma ventricular esquerdo no local de um IM agudo de parede anterior. O paciente tolerou o procedimento, que foi feito dentro de 1 hora da chegada ao hospital com IM agudo e um sopro não-identificado pelo ETT.

REFERÊNCIAS BIBLIOGRÁFICAS

1. Brathwaite CEM, Weiss RL, Baldino WA. et al: Multichamber gunshot wounds of the heart: The utility of transesophageal echocardiography. *Chest* 101:287-288, 1992.
2. Brooks SW, Young JC, Cmolik B, et al: The use of transesophageal echocardiography in the evaluation of chest trauma. *J Trauma*. 32:761-766, 1992.
3. Davis GA, Sauerisen S, Chandrassekaran K, et al: Subclinical traumatic aortic injury diagnosed by transesophageal echocardiography. *Am Heart J* 123:534-536, 1992.
4. Ferrari E, Vidal R, et al: Atherosclerosis of the thoracic aorta and aortic debris: A marker of poor benefit of oral anticoagulation. *J Am Coll Cardiol* 33:1317-1322, 1999.
5. Font VE, Obarski TP, Klein AL, et al: Transesophageal echocardiography in the critical care unit. *Cleve Clin J Med* 58:315-322, 1991.
6. Foster E, Schiller NB: The role of transesophageal echocardiography in critical care: UCSF experience. *J Am Soc Echocardiogr* 5:368-374, 1992.
7. Freeman WK, Seward JB, Khandheria BK, Tajik AJ: Transesophageal Echocardiography. Boston, Little, Brown, 1994.
8. Kapral MK, Silver FL: Preventive health care, 1999 update: 2. Echocardiography for the detection of cardiac source of embolism in patients with stroke. *CMAJ* 19:161:989-996, 1999.
9. Nienaber CA, von Kodolitsch Y, Nicolas V, et al: The diagnosis of thoracic aortic dissection by noninval sive imaging procedures. *N Engl J Med* 328:1-9, 1993.
10. Tunick PA, Kronzon I: Atheromas of the thoracic aorta: Clinical and therapeutic update. *J Am Coll Cardiol* 1:35(3):545-554, 2000.
11. Willens HJ, Kessler KM: Transesophageal echocardiography in the thoracic aorta. *Chest* 117(1):233-243, 2000.

9. TESTE ERGOMÉTRICO

Fernando Boccalandro, M.D.

1. Descreva os diferentes tipos de teste ergométrico.

Os testes ergométricos (TE) podem ser estáticos (isométricos) ou dinâmicos (isotônicos). Os testes ergométricos *estáticos* são realizados com pouco encurtamento muscular, mas com maior resposta pressórica, usando-se um dinamômetro manual. Esse tipo de teste ergométrico não é usado na prática clínica uma vez que a intensidade dos exercícios não é suficiente para gerar uma resposta isquêmica.

Os TEs *dinâmicos* são realizados de rotina para avaliar a reserva cardiovascular e pulmonar. Eles são realizados com uma esteira, uma bicicleta ergométrica ou um ergômetro de braço e podem envolver a análise dos gases ventilatórios (esse último é chamado de teste ergométrico cardiopulmonar [ver Questão 15]). Protocolos diferentes de trabalho cardiovascular progressivo foram desenvolvidos especificamente para testes ergométricos (p. ex., Bruce, Cornell, Balke-Ware, ACIP, mAICP, Naughton, Weber).

Os TEs podem envolver apenas a monitorização eletrocardiográfica para avaliar a presença de isquemia ou podem usar ecocardiografia ou cintilografia nuclear para ajudar a localizar a distribuição do miocárdico isquêmico.

2. Quais parâmetros são monitorizados durante um teste ergométrico?

Durante um TE são monitorizados três parâmetros principais:

- Resposta clínica do paciente ao exercício (p. ex., falta de ar, tontura, dor torácica, angina de peito, escala de Borg [ver Questão 13])
- Resposta hemodinâmica (p. ex., freqüência cardíaca, variação da pressão arterial, duplo produto, pico de trabalho)
- Alterações do ECG que ocorrem durante o exercício (p. ex., ritmo, alterações de ST-T) e fase de recuperação

3. Quais são as indicações para um teste ergométrico?

Indicações absolutas:

- Para diagnóstico de doença arterial coronária obstrutiva (DAC), estratificação de risco, avaliação de classe funcional e prognóstico de pacientes com suspeita de DAC com base na idade, no gênero e na apresentação clínica
- Na avaliação de pacientes com DAC que apresentaram alteração significativa em seu quadro clínico
- Após infarto do miocárdio (IM) para avaliação de prognóstico, prescrição de atividade física ou avaliação da terapia em uso
- Em pacientes que foram submetidos à cirurgia de revascularização miocárdica e tiveram recorrência dos sintomas
- Na avaliação do ajuste adequado de marcapasso de demanda

Indicações relativas:

- No acompanhamento de pacientes com angina vasoespástica
- Na avaliação de pacientes submetidos a procedimento de revascularização após IM (p. ex., angioplastia ou cirurgia)
- Para avaliar a capacidade de exercício na doença valvular não-crítica

- No acompanhamento de adultos assintomáticos com múltiplos fatores de risco para DAC que planejam iniciar um programa de exercício vigoroso ou que estão envolvidos em ocupações que envolvem segurança pública
- Na investigação de pacientes com arritmia induzida pelo exercício conhecida ou suspeita

4. Enumere as contra-indicações para o teste ergométrico.

IM agudo (menos de 48-72 h)
Embolia pulmonar aguda
Miocardite aguda
Pericardite aguda
Dissecção aórtica aguda
Angina instável
Doença de tronco de coronária esquerda
Insuficiência cardíaca descompensada
Arritmias descompensadas
Hipertensão não-controlada
Estenose aórtica severa
Desequilíbrio eletrolítico significativo
Obstrução da via de saída incluindo miocardiopatia hipertrófica
Comprometimento físico ou mental levando à incapacidade de exercitar-se

5. Qual a diferença entre um teste ergométrico máximo e submáximo?

Um teste ergométrico *máximo* é realizado quando se tenta atingir a capacidade máxima de exercício tolerada. Um teste ergométrico *submáximo* é realizado quando o objetivo é menor que a capacidade máxima de exercício. Objetivos razoáveis são 70% da freqüência cardíaca máxima prevista, 120 bpm ou 5 a 6 METs. Esse teste também é indicado para pacientes no período pós-IM inicial.

6. Qual é a freqüência cardíaca adequada para produzir uma resposta isquêmica?

Quando há estenose arterial coronariana significativa, uma freqüência cardíaca de 85% da freqüência cardíaca máxima prevista para a idade do paciente é suficiente para produzir uma resposta isquêmica e é considerada uma freqüência cardíaca adequada para um teste ergométrico.

7. Como é determinada a freqüência cardíaca máxima esperada de um indivíduo?

A freqüência cardíaca máxima prevista (FCM) varia entre os indivíduos, mas é razoavelmente bem prevista pela fórmula FCM = 220 - idade.

8. Quando um teste ergométrico pode ser realizado após um infarto agudo do miocárdio?

Um TE submáximo é recomendado após um IM e pode ser realizado até quatro dias após o evento agudo. Esse TE submáximo deve ser seguido de um TE tardio (3 a 6 semanas) limitado pelos sintomas. Recomenda-se que os médicos realizem um TE precoce (14 a 21 dias) limitado por sintomas após um IM quando não foi feito um TE submáximo antes da alta. O teste ergométrico nessa circunstância ajuda a formular o prognóstico, determinar o nível de atividade, avaliar a terapia médica e planejar a reabilitação cardíaca.

Não está claro se pacientes assintomáticos que sofrem um IM agudo com conseqüente revascularização se beneficiam de outro teste ergométrico.

9. Quais fatores interferem na interpretação do ECG de um teste ergométrico?

Bloqueio completo de ramo esquerdo
Marcapasso ventricular
Depressão ≥ 1 mm de ST de base
Hipertrofia ventricular esquerda com > 1 mm de depressão de ST
Uso de digoxina com ou sem anormalidades em repouso
Síndromes de pré-excitação (síndrome de Wolf-Parkinson-White)

10. Qual a utilidade de um teste ergométrico no diagnóstico de doença arterial coronariana?

Múltiplos estudos foram realizados para comparar a acurácia do teste ergométrico com a angiografia coronariana. Contudo, critérios diferentes têm sido usados para a estenose coronariana, e essa falta de padronização tem dificultado o assunto. Uma meta-análise de 24.074 pacientes relatou uma sensibilidade média de 68% e uma especificidade média de 77%. A sensibilidade aumenta para 81% e a especificidade diminui para 66% para doença multivascular, e para 86 e 53% respectivamente para doença de tronco ou de três vasos.

O poder diagnóstico de um TE pode ser aumentado pela adição de técnicas de imagem durante o exercício máximo e em repouso; a ecocardiografia ou a cintilografia de perfusão podem ser usadas com o ECG tradicional. Em ambas as técnicas, o desempenho do coração em repouso é comparado com o seu desempenho no exercício máximo. Com as *técnicas de perfusão*, a distribuição relativa de um radiomarcador é comparada nas diferentes partes do miocárdio. Nas regiões isquêmicas, há uma diminuição relativa na captação do marcador nuclear durante o exercício comparado com as áreas sem limitação de fluxo. Na *ecocardiografia*, a movimentação da parede é usada como referência. Em áreas de estenose crítica, as paredes se tornam hipocinéticas ou discinéticas quando comparadas com o miocárdio normal.

11. Enumere os marcadores associados com um prognóstico adverso em um teste ergométrico.

- Início precoce de angina (< 6 METs)
- Incapacidade de aumentar a pressão sistólica > 120 mm Hg ou de sustentar um aumento de 10 mm Hg acima dos níveis de repouso na pressão sistólica
- Depressão do segmento ST > 2 mm
- Elevações de ST
- Alterações isquêmicas em 5 ou mais derivações
- Taquicardia ventricular reprodutível sustentada (> 30 segundos) ou sintomática
- Persistência de alteração do ECG na recuperação

12. Quais são as indicações para suspender um teste ergométrico?

- Dor torácica intensa, ataxia, fadiga ou falta de ar
- Depressão isquêmica do segmento ST > 3 mm
- Elevações isquêmicas do segmento ST > 1 mm em uma derivação sem onda Q
- Taquicardia ventricular
- Taquicardia supraventricular
- Diminuição progressiva da pressão arterial
- Elevação anormal da pressão arterial
- Diminuição da freqüência cardíaca
- Problemas técnicos com a monitorização do ECG ou da pressão arterial

13. O que é a Escala de Borg?

A escala de Borg é uma escala numérica da percepção de exercício do paciente. Geralmente ela é colocada em frente ao paciente durante o TE para avaliar o esforço do paciente. Valores de 7 a 9 refletem um trabalho leve, 13 a 17, trabalho duro e, acima de 18, está próximo à capacidade máxima de exercício. Leituras de 14 a 16 atingem o limiar anaeróbio.

14. Quais são os riscos associados com o teste ergométrico?

Os riscos são muito baixos. Na população em geral, a mortalidade é < 0,01% e a morbidade é < 0,05%. Uma pesquisa com 151.944 pacientes quatro semanas após um IM mostrou um discreto aumento para 0,03 e 0,09%, respectivamente. Em um estudo com 1.377 testes realizado por Young e colaboradores, 2,2% dos pacientes necessitaram de cardioversão, de ressuscitação cardiopulmonar ou de drogas antiarrítmicas para taquicardia ventricular.

15. O que é um teste ergométrico cardiopulmonar?

Durante um teste ergométrico cardiopulmonar, a troca gasosa do paciente é monitorizada em um circuito fechado. Esta é uma ferramenta útil para ajudar o diagnóstico de pacientes com doença cardiovascular e pulmonar. Medidas das trocas gasosas são obtidas durante esse teste (p. ex., captação de oxigênio, eliminação de dióxido de carbono, ventilação-minuto limiar anaeróbico) com os parâmetros padronizados medidos durante um TE regular.

16. Quais são as indicações para um teste ergométrico cardiopulmonar?

Um TE cardiopulmonar está indicado quando é clinicamente difícil diferenciar a causa pulmonar vs. cardíaca de dispnéia de esforço ou comprometimento da capacidade de exercício. Ele também é usado na avaliação e no acompanhamento terapêutico de pacientes com insuficiência cardíaca que são candidatos a transplante cardíaco.

17. É possível obter um teste ergométrico se o paciente não pode se exercitar?

Sim. Se o paciente não for capaz de se exercitar, métodos farmacológicos podem detectar isquemia com o uso de ecocardiografia ou imagem de perfusão. Adenosina e dipiridamol podem ser usados para induzir vasodilatação na circulação coronária e evidenciar estenose crítica. A dobutamina pode ser usada para induzir taquicardia, aumentar a contratilidade e aumentar a demanda no miocárdio. Ambos os métodos são equivalentes ao exercício, embora não possam prever a capacidade funcional.

REFERÊNCIAS BIBLIOGRÁFICAS

1. Ashley EA, Myers J, Froelicher V: Exercise testing in clinical medicine. *Lancet* 355(9241):1592-1597, 2000.
2. Borg G: Perceived exertion as an indicator of somatic stress. *Scand J Rehab Med* 2(3):92, 1972.
3. Carter H, Jones AM, Barstow TJ, et al: Oxygen uptake kinetics in treadmill running and cycle ergometry: A comparison. *J Appl Physiol* 89(3):899-907, 2000.
4. Chaitman BR: Exercise stress testing. Braunwald E (ed): Heart Disease: A Textbook of Cardiovascular Medicine, 5th ed. Vol 1. Philadelphia, WB Saunders, 1997, p. 153-176.
5. Detrano R, Gianrossi R, Mulvihill D, et al: Exercise-induced ST segment depression in the diagnosis of multivessel coronary disease: A meta-analysis. *J Am Coll Cardiol* 14(6):1501-1508, 1989.
6. Detrano R, Gianrossi R, Froelicher V: The diagnostic accuracy the exercise electrocardiogram: A metaanalysis of 22 years of research. *Prog Cardiovasc Dis* 32(3):173-206, 1989.
7. Fletcher FF, Schlant RC: The exercise test. In Hurst (ed): Hurst's The Heart, 9th ed. Volume I. New York, McGraw-Hill, 1998, p. 519-536.
8. Franke A, Hoffmann R, Kühl HP, et al: Non-contrast second harmonic imaging improves interobserver agreement and accuracy of dobutamine stress echocardiography in patients with impaired image yuality. *Heart* 83(2):133-140, 2000.
9. Gibbons RJ, Balady GJ, Beasley JW, et al: ACC/AHA guidelines for exercise testing: Executive summary. A report of the American College of Cardiology/American Heart Association Task Force on Practice Guidelines (Committee ou Exercise Testing. *Circulation* 96(1):345-354, 1997.
10. Hamm LF, Crow RS, Stull GA, Hannan P: Safety and characteristics of exercise testing early after acute myocardial infarction. *Am J Cardiol* 63(17):1 193-1 197, 1989.
11. Jouven X, Zureik M, Desnos M, et al: Long-term outcome in asymptomatic men with exercise-induced premature ventricular depolarizations. *N Engl J Med* 343(12):826-833, 2000.
12. Morise AP: Are the American College of Cardiology/American Heart Association guidelines for exercise testing for suspected coronary artery disease correct? *Chest* 118(2):535-541, 2000.
13. Nishime EO, Cole CR, Blackstone EH, et al: Heart rate recovery and treadmill exercise score as predictors of mortality in patients referred for exercise ECG. *JAMA* 284(11):1392-1398, 2000.

14. Noonan V, Dean E: Submaximal exercise testing: Clinical application and interpretation. *Phys Ther* 80(8):782-807, 2000.
15. Reybrouck T: Gas exchange kinetics in patients with cardiovascular disease. *Chest* 118(2):285-286, 2000.
16. Stuart RJ Jr, Ellestad MH: National survey of exercise stress testing facilities. *Chest* 77(1):94-97, 1980.
17. Vanzetto G, Ormezzano O, Fagret D, et al: Long-term additive prognostic value of thallium-201 myocardial perfusion imaging over clinical and exercise stress test in low to intermediate risk patients: Study in 1137 patients with 6-year follow-up. *Circulation* 100(14):1521-1527, 1999.
18. Young, DZ, Lampert, S, Graboys TB, Lown B: Safety of maximal exercise testing in patients at high risk for ventricular arrhythmia. *Circulation* 70(2):184-191, 1984.

10. CARDIOLOGIA NUCLEAR, RESSONÂNCIA MAGNÉTICA E TOMOGRAFIA COMPUTADORIZADA

Rajesh Bhola, M.D., e *Robert A. Quaife,* M.D.

1. O que é cintilografia de perfusão miocárdica?

A imagem de perfusão miocárdica (IPM) é um método não-invasivo que avalia o fluxo sangüíneo miocárdico regional e a integridade celular dos miócitos. Essa técnica utiliza radiomarcadores como ^{201}Tl, tecnésio sestamibi e tetrosfomin como marcadores de fluxo sangüíneo. Como atravessam a membrana celular dos miócitos e são captados pela célula, esses agentes de perfusão são distribuídos no tecido miocárdico viável e bem perfundido. Portanto, o tecido suprido por um fluxo coronário normal irá mostrar uma captação miocárdica regional normal do marcador, e as regiões supridas por vasos coronarianos estenóticos irão apresentar um menor fluxo sangüíneo e menor captação miocárdica relativa.

Quando os tecidos cardíacos sofrem um aumento da demanda metabólica, como no exercício, a diferença relativa no fluxo sangüíneo entre as regiões vasculares normal e "estenótica" é acentuada. Apesar da vasodilatação coronária máxima, além do ponto de estreitamento arterial coronário, a melhora resultante no fluxo sangüíneo durante o exercício é mínima, produzindo uma interface de perfusão entre o miocárdio normal e o isquêmico. Essa diferença máxima entre os territórios vasculares normal e estenótico durante o estresse forma a base da cintilografia de perfusão miocárdica.

2. Enumere as diferenças entre defeitos de perfusão fixos e reversíveis.

Os testes ergométricos miocárdicos intensificam a diferença de fluxo sangüíneo entre o miocárdio normal e o subperfundido e magnifica as diferenças relativas na perfusão entre as duas regiões. Os defeitos de perfusão induzidos pelo exercício são usados para definir o miocárdio em risco de um evento isquêmico ou de um infarto. Um defeito de perfusão induzido pelo exercício, que posteriormente demonstra uma perfusão normal nas imagens de repouso tardias, é chamado de *defeito de perfusão reversível*. Um defeito de perfusão que não mostra alteração entre as imagens de esforço e de repouso é chamado de *defeito fixo*.

Os defeitos de perfusão fixos definem, de um modo geral, tecido danificado de forma irreversível ou infartado. Contudo, 25 a 30% desses defeitos podem possuir tecido vivo ou viável que é severamente isquêmico mesmo em repouso. Tal tecido é considerado "hibernante". O miocárdio hibernante possui metabolismo celular que é alterado para conservar energia às custas de uma função contrátil reduzida ou ausente. Esse fenômeno é provavelmente o resultado de isquemia de repouso severa e isquemia episódica.

3. Quais os objetivos diagnósticos da cintilografia de perfusão miocárdica (CPM)?

- A CPM é usada primariamente no diagnóstico da doença arterial coronariana (DAC).
- A cintilografia de perfusão em estresse é usada para definir a severidade ou o significado fisiológico de uma estenose já identificada pela angiografia coronária.
- A avaliação do risco transoperatório é outro uso da cintilografia de perfusão miocárdica. A perfusão miocárdica com dipiridamol e ^{201}Tl antes da cirurgia é altamente preditiva de morte por causas cardíacas e/ou infarto do miocárdio perioperatórios ou pós-operatórios, em pacientes com defeitos de perfusão reversíveis. Esses defeitos reversíveis são o equivalente do

tecido isquêmico ou miocárdio em risco e, portanto, a extensão e severidade estão diretamente relacionadas ao risco de um evento cardíaco perioperatório.

- A cintilografia de perfusão miocárdica tem sido usada para avaliar e definir o prognóstico após o infarto agudo do miocárdio, identificando defeitos fixos (sugerindo infarto do miocárdio) bem como defeitos reversíveis em outras distribuições vasculares, que são fatores de risco para eventos miocárdicos subseqüentes. A realização precoce de cintilografia com perfusão miocárdica em estresse, com dipiridamol-^{201}Tl, após um infarto do miocárdio (dentro de 48-96 horas) pode ser útil para identificar pacientes sob maior risco de eventos miocárdicos subseqüentes. Essa técnica é superior ao teste ergométrico submáximo em esteira para prever eventos cardíacos.
- A cintilografia por perfusão miocárdica com ^{201}Tl e sestamibi tem sido usada para identificar o "tecido vivo" que irá recuperar a função após um ressuprimento do fluxo sangüíneo coronário normal (i. é, miocárdio viável). A revascularização coronária subseqüente, com angioplastia ou cirurgia de revascularização coronária, obtém então a reversão das anormalidades do movimento da parede e a recuperação completa da função cardíaca sistólica.

4. Enumere os diferentes agentes de perfusão usados nas imagens de perfusão miocárdica.

^{201}Tl. O tálio é um análogo do potássio usado extensamente para IPM. A distribuição regional inicial do tálio no miocárdio é uma função do fluxo sangüíneo coronariano e da extração do marcador pelo miocárdio. O tálio entra amplamente no miocárdio por transporte ativo de uma Na^+K^+ATPase da membrana celular.

Vantagens e Desvantagens do ^{201}Tl para Imagens de Perfusão Miocárdica

VANTAGENS	DESVANTAGENS
1. Rápida extração miocárdica.	1. Baixa emissão de energia atenuada pelo tecido mole sobrejacente, isto é, diafragma e mama esquerda.
2. Mínima captação por órgão abdominal durante o exercício.	2. Meia-vida longa. Uso limitado em estudos seriados.
3. A redistribuição do tálio permite a diferenciação da isquemia miocárdica a partir de uma única injeção.	3. Produzido por ciclotron; requer carregamento/transporte.
4. Valor diagnóstico e prognóstico da captação pulmonar de ^{201}Tl.	4. O curso lento da redistribuição de ^{201}Tl resulta em uma longa seqüência de imagens.

Agentes baseados no ^{99m}Tc. Vantagens potenciais do ^{99m}Tc em comparação com o ^{201}Tl:

- Emissão de raio γ 140 keV é ideal para a imagens na γ-câmara-padrão.
- Menor atenuação pelos tecidos moles quando comparado com a menor emissão de energia 69 e 83 keV do ^{201}Tl.
- Menor meia-vida (6 h) do ^{99m}Tc quando comparada com a meia-vida de 73 h do ^{201}Tl permite a administração de doses maiores.
- O ^{99m}Tc é produzido por gerador ou no local e, portanto, é mais facilmente disponível.

Agentes de primeira geração

- ^{99m}Tc-sestamibi – hexakis-2-metoxi-isobutil isonitrila (Cardiolite)
- ^{99m}Tc teboroxime – um derivado do ácido borônico (Cardiotech)

O ^{99m}Tc sestamibi é um composto catiônico distribuído pelo fluxo sangüíneo miocárdico que atravessa a membrana celular para se concentrar dentro da parede das mitocôndrias. Ele é comparável com o tálio em suas propriedades de perfusão, embora possua melhores características de imagem resultando em maior emissão de energia γ-fóton (140 keV).

O Tc-teboroxime é um derivado do ácido borônico com valência neutra que funciona como um marcador de fluxo miocárdico puro. Devido à sua rápida eliminação do miocárdio, a imagem deve ser feita 5 a 10 min após a injeção em repouso ou exercício e é complicada pela rápida recirculação do miocárdio.

Tanto o tálio quanto os agentes baseados no tecnécio têm a mesma sensibilidade para detecção de DAC, embora o Tc-MIBI tenha uma especificidade discretamente maior devido à melhor qualidade da imagem. Os agentes derivados do tecnécio permitem métodos de análise que avaliam simultaneamente a perfusão miocárdica e a função sistólica no mesmo estudo.

Agentes de segunda geração

- ^{99m}Tc furifosmin (Q12)
- ^{99m}Tc tetrofosmin (Myoview)

A principal vantagem clínica do ^{99m}Tc tetrofosmin se relaciona com a sua eliminação mais rápida após a injeção em repouso e em exercício. A rápida eliminação hepática do marcador pode permitir protocolos de imagens rápidos.

O ^{99m}Tc tetrofosmin se concentra nas mitocôndrias miocárdicas do mesmo modo que o ^{99m}Tc sestamibi. O ^{99m}Tc furifosmin tem propriedades similares ao ^{99m}Tc tetrofosmin, mas não está aprovado pela *FDA*.

Agentes de terceira geração

- ^{99m}Tc-NOET

O ^{99m}Tc NOET é o mais novo agente de perfusão miocárdica investigacional que tem propriedades físicas e de imagem semelhantes ao dos outros agentes derivados do ^{99m}Tc e parece ter propriedades de redistribuição favoráveis, similares ao ^{201}Tl.

5. Descreva os testes ergométricos.

O teste ergométrico é extensamente validado como uma forma de esforço para avaliação de DAC conhecida ou suspeitada. Ele aumenta o fluxo sangüíneo miocárdico e a demanda metabólica. As técnicas incluem:

- Teste na esteira ergométrica
- Teste na bicicleta ergométrica
- Formas alternativas de exercício (p. ex., bicicleta supina, braço dinâmico e aperto de mão isométrico)

O teste ergométrico está indicado nos pacientes fisicamente ativos. Fornece informação sobre a capacidade funcional e o esforço cardíaco do paciente.

6. Existem alternativas ao esforço induzido pelo exercício?

Sim. Métodos alternativos que simulam os efeitos do exercício incluem:

- Marcapasso atrial
- Teste de estimulação a frio
- Teste de esforço com dobutamina e arbutamina (agentes inotrópicos)

Esses agentes ou métodos aumentam o trabalho cardíaco pelo aumento da freqüência cardíaca. O estresse inotrópico tem-se mostrado comparável ao exercício/vasodilatação coronária farmacológica. A dobutamina e a arbutamina (agentes inotrópicos) são usadas quando os vasodilatadores estão contra-indicados ou quando o paciente está fazendo uso de derivados das xantinas ou tem doença reativa das vias aéreas. Os efeitos colaterais incluem dor torácica, arritmias ventriculares e hipotensão.

7. Falso ou verdadeiro: A vasodilatação coronária farmacológica aumenta o fluxo cardíaco coronário independentemente das alterações na demanda metabólica miocárdica.

Verdadeiro. Os dois agentes vasodilatadores usados atualmente são a adenosina e o dipiridamol. O vasodilatador ativo de ambos os agentes é a adenosina, quer seja exógena (adenosina) quer aumentada endogenamente pela inibição da degradação, como o dipiridamol.

O teste de estresse farmacológico está indicado em pacientes com incapacidade de deambular (p. ex., obesidade, doença articular degenerativa, doença vascular periférica, neuropatia periférica, doença medular e distúrbios clínicos e cirúrgicos subjacentes que comprometem o exercício adequado). O dipiridamol e a adenosina estão contra-indicados em pacientes com história de doença pulmonar obstrutiva crônica e doença broncoespástica das vias aéreas. A cafeína e a teofilina são inibidores competitivos do dipiridamol e da adenosina e bloqueiam o seu efeito vasodilatador. As recomendações atuais sugerem que a cafeína seja suspensa 24 h e a teofilina 72 h antes do exame. Os efeitos colaterais da injeção dessas drogas são náuseas, vômitos, cefaléia, tontura, rubor, dor torácica, taquicardia e anormalidades da condução AV.

8. É possível avaliar a perfusão miocárdica e o desempenho sistólico do ventrículo esquerdo (VE) no mesmo estudo de perfusão miocárdica?

Sim. Os novos agentes de perfusão miocárdica, como o Tc-MIBI, permitem que doses maiores do radioindicador sejam administradas, bem como fornecem melhores características inerentes de visualização. Assim, uma injeção em bolo do radioindicador pode ser usada para avaliar a *performance* do VE no estresse máximo, utilizando técnicas de "primeira passagem" no VE. Em segundo lugar, a perfusão utilizando tomografia computadorizada com emissão de fóton isolado (TEFI) sob análise tridimensional pode quantificar os volumes finais relativos, diastólico e sistólico, do VE e a fração de ejeção do VE (FEVE) (ver figura adiante).

O estudo de perfusão por captura (*gating*) é um método de parar o movimento cardíaco e permitir a avaliação das fases do ciclo cardíaco. A ativação da câmara de imagem no início da onda R durante vários ciclos cardíacos fornece uma média de 8 ou 16 quadros de vários batimentos cardíacos – necessários para avaliar o movimento cardíaco e o espessamento da parede. A avaliação do espessamento da parede também melhora a especificidade para a interpretação das imagens de perfusão com ^{99m}Tc.

9. Qual o papel da tomografia computadorizada de feixe eletrônico (TCFE) na avaliação de risco da DAC?

A presença e quantidade de calcificação determinada pela TCFE é um método para avaliação de pacientes em risco de DAC prematura ou de pacientes com dor torácica indeterminada e que têm fatores de risco de doença coronariana.

Agatston e colaboradores desenvolveram um algoritmo de escore de cálcio para TCFE que está sendo usado em pesquisa e na prática clínica. O escore de cálcio é um produto da área de calcificação por segmento tomográfico e um fator determinado de 1 a 4 ditado pela máxima densidade de cálcio dentro do segmento (unidades Hounsfield). O escore de cálcio tem sido correlacionado com a doença cardíaca aterosclerótica e a estenose luminal das artérias coronárias (ver tabela, p. 88).

O escore de cálcio da TCFE se correlaciona com um aumento do escore de carga da placa (ver figura na p. 88), especialmente quando os valores são estratificados pelo quartil dependendo de sexo e de idade. Um baixo escore de cálcio não pode excluir a presença de aterosclerose coronariana, mas sugere uma menor probabilidade de lesão obstrutiva fixa. Um escore de cálcio maior está associado com uma carga aumentada da placa e freqüentemente com pelo menos uma lesão obstrutiva.

10. Em quais pacientes deve-se considerar a realização de uma TCFE?

A TCFE pode ser útil em indivíduos assintomáticos com múltiplos fatores de risco, incluindo DAC familiar precoce ou morte por eventos cardíacos, nos quais a decisão de iniciar a terapia de

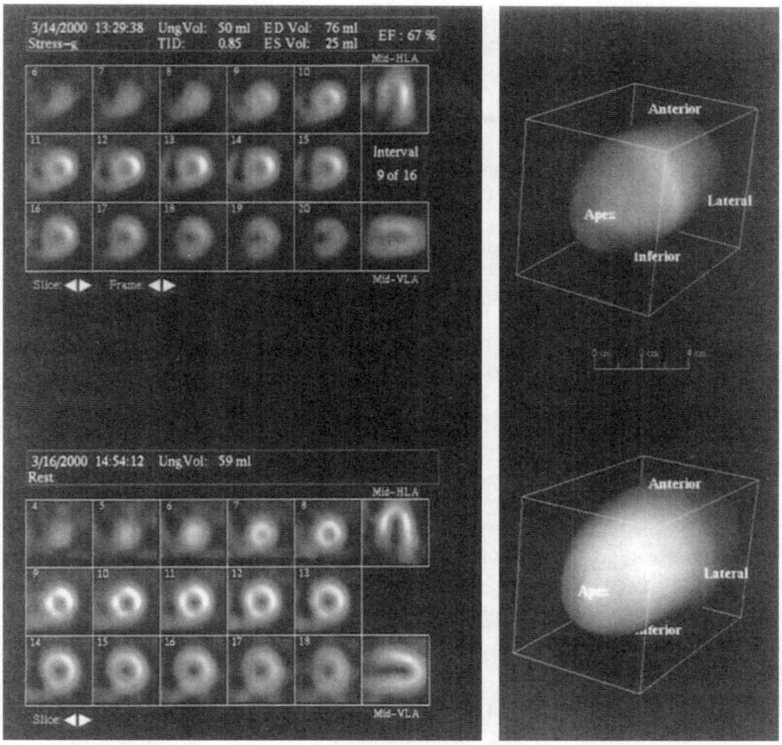

Esquerda: Perfusão miocárdica no esforço (em cima) e no repouso (embaixo). Observe a grande área anterior, septal e apical de hipoperfusão induzida pelo esforço que é reversível em repouso, compatível com isquemia miocárdica. *Direita:* Mapas de perfusão demonstram a grande área de isquemia anterior-apical. Observe que os volumes diastólico final e sistólico final e a fração de ejeção também são quantificados.

redução do colesterol não está clara. Os resultados da TCFE podem ser úteis para definir riscos potenciais. Quanto maior o escore do cálcio, mais convincente o racional para terapia medicamentosa em pacientes com hipercolesterolemia leve à moderada, nos quais a necessidade de terapia medicamentosa com base na avaliação convencional de risco é incerta.

11. Qual o papel da tomografia por emissão de pósitrons (PET) na avaliação da viabilidade miocárdica na doença cardíaca isquêmica?

Vários marcadores de perfusão PET, como água ^{15}O, amônia ^{13}N e rubídio-^{82}Rb, são usados para quantificar o fluxo sangüíneo regional relativo e absoluto. ^{18}Fluorodeoxiglicose (18-FDG), ^{11}C palmitato e ^{11}C-acetato são alguns dos agentes metabólicos usados como substratos análogos para avaliar a atividade metabólica do miocárdio. A água ^{15}O e a amônia ^{13}N requerem ciclotron no local para produção de radiomarcador. O rubídio-82 é gerador-produtor, mas é um agente custo-eficaz apenas em um laboratório de cardiologia nuclear de grande volume, já que a vida de um gerador de rubídio é de, aproximadamente, um mês e o custo é de, aproximadamente, 27 mil dólares/mês.

O fluxo sangüíneo regional é quantificado com o uso de PET com marcadores de perfusão. Na maioria dos laboratórios de PET, as imagens de perfusão são realizadas antes da imagem metabólica. A perfusão é avaliada com vasodilatação coronária farmacológica e normal. A atividade metabólica

Diretrizes Recomendadas do Escore de Cálcio para TCFE

ESCORE DE CÁLCIO TCFE	CARGA DA PLACA	PROBABILIDADE DE DAC SIGNIFICATIVA	RISCO CV	RECOMENDAÇÃO
0	Ausência de placa	Muito baixa < 5%	Muito baixo	Reavalie o paciente e discuta as diretrizes de prevenção de doenças CV
1-10	Carga mínima identificável	< 10%	Baixo	Discuta as diretrizes de prevenção de doenças CV
11-100	Definida, pelo menos uma leve placa ateromatosa	Estenose coronária leve ou mínima	Moderada	Aconselhamento sobre modificação dos fatores de risco e aderência às diretrizes de prevenção primária de dislipemia da NCEP e AAS diário
101-400	Definida, pelo menos placa ateroesclerótica moderada	DAC não-obstrutiva, embora existam doenças obstrutivas	Moderadamente alto	Modificação dos fatores de risco e prevenção secundária. Considere um teste ergométrico para maior estratificação de risco
> 400	Extensa placa ateroesclerótica	Alta probabilidade (> 90%) de pelo menos uma estenose significativa	Alta	Instituição de uma modificação agressiva dos fatores de risco. Considere um teste ergométrico ou teste farmacológico para avaliar isquemia

De Electron beam computed tomographic coronary calcium scanning: A review and guidelines for use in asymptomatic persons. Mayo Clin Proc 74:243-252, 1999; com permissão.

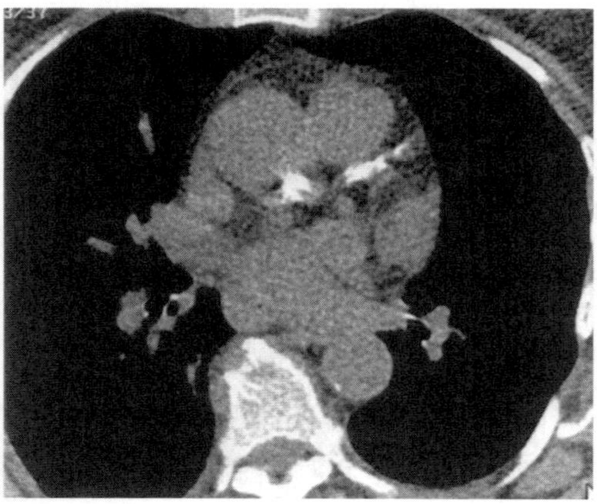

Um único corte de 3 mm de um conjunto de imagens de TCFE é apresentado nessa projeção axial. Observe as áreas central e à direita de intensidade aumentada (imediatamente posterior a grandes estruturas circulares; aorta (esquerda) e artéria pulmonar (direita), que demonstra calcificação de tronco e da artéria coronária descendente anterior.

miocárdica pode ser avaliada em diferentes estados fisiológicos usando radiomarcadores como substratos análogos, como a FDG para o metabolismo da glicose e o acetato para o metabolismo dos ácidos graxos.

O miocárdio viável pode ser identificado por PET com base no fluxo sangüíneo miocárdico e na utilização preservada ou intensificada do substrato. A imagem combinada de perfusão com amônia ^{13}N ou rubídio e a imagem metabólica com 18-FDG é o padrão-ouro para a avaliação da viabilidade miocárdica. A maior parte da avaliação de viabilidade começa nos segmentos miocárdicos regionais com comprometimento da contração. Então o fluxo sangüíneo regional é avaliado, seguido da determinação da atividade metabólica regional.

Definição e Interpretação da Relação entre 18-FDG e Fluxo Sangüíneo na Imagem por PET

MOTILIDADE REGIONAL DA PAREDE	FLUXO SANGÜÍNEO	CAPTAÇÃO DE FDG	DIAGNÓSTICO
Normal	Normal	Normal	Miocárdio metabolicamente normal
Deprimida	Normal	Normal	Miocárdio atordoado
	Anormal	Normal	Miocárdio hibernante (isquemia de repouso)
	Anormal	Reduzida	Tecido cicatricial infartado

12. Quais as técnicas de cardiologia nuclear utilizadas na avaliação funcional do desempenho cardíaco?

O desempenho-padrão do VE pode ser avaliado de dois modos: uma técnica de primeira passagem em bolus pode ser usada para quantificar os volumes relativos individuais sistólico e diastólico final à medida que o bolus passa pelo coração direito até os pulmões e pelo VE. As regiões de interesse são determinadas manualmente sobre o VE, no fim da diástole e da sístole, para fornecer as contagens necessárias para o cálculo da FEVE (volume diastólico final menos volume sistólico final, dividido pelo volume diastólico final).

Alternativamente, a visualização do *pool* sangüíneo em equilíbrio (*multiple gated acquisition*, MUGA) dos ventrículos esquerdo e direito pode ser realizada para avaliar o desempenho miocárdico. Uma alíquota das hemácias do paciente é marcada com pertecnetato de sódio e reinjetada para visualização subseqüente em três imagens estáticas de posições cardíacas. A câmera é disparada no início de cada onda R em cada ciclo cardíaco; o intervalo R-R é dividido em 16 quadros e compilado em imagens somadas. Esses dados médios em forma de imagem são subseqüentemente processados e exibidos como um movimento cinemático contínuo para emular o movimento durante o ciclo cardíaco. Nessa exibição, a região de interesse é identificada sobre o VE, e novamente os volumes finais diastólico e sistólico são medidos para calcular a FEVE. Também por meio dela, o movimento regional da parede do miocárdio pode ser determinado para cada segmento do VE.

13. Qual a importância da avaliação da FEVE por técnicas de radioisótopo?

- Em geral, a FEVE é um dos mais fortes preditores de eventos miocárdicos futuros e de morte súbita em pacientes com doença arterial coronária. Seu valor preditivo na doença arterial coronária é provavelmente relacionado à disfunção global de VE, manifestada como a combinação de má perfusão miocárdica e presença de tecido cicatricial subjacente por infartos miocárdicos prévios, o qual é o substrato de eventos isquêmicos futuros ou arritmias cardíacas com risco de vida.

- A FEVE é importante para avaliar a doença cardíaca valvular, pois a FEVE basal reduzida sugere função de VE já comprometida e é um sinal de mau prognóstico quando se considera uma intervenção cirúrgica.
- A FEVE em exercício pode ser útil na detecção precoce do desempenho sistólico de VE comprometido. Quando são usados testes com bicicleta em posição semi-ereta ou supina, a ausência de aumento na FEVE com o exercício pode prever a perda da reserva do VE, assinalando a necessidade de intervenção precoce.
- Os pacientes com miocardiopatia hipertrófica e dilatada podem se beneficiar de informações diagnósticas e prognósticas obtidas por determinações da *performance* sistólica e diastólica do VE. Da miocardiopatia dilatada idiopática à miocardiopatia induzida por doxorrubicina, a FEVE reduzida é um dos maiores preditores de insuficiência cardíaca congestiva severa e óbito subseqüentes.

14. Quando a tomografia computadorizada (TC) é importante para o diagnóstico de doenças cardíacas ou correlatas?

Os sistemas de TC de alto padrão, embora muito mais rápidos que seus antecessores, ainda possuem resolução temporal limitada para o batimento cardíaco. Assim, as investigações de estruturas intracardíacas – exceto dentro dos átrios, espaço pericárdico ou aorta – são limitadas. A TC tem sido útil para avaliar a suspeita de pericardite constritiva ou outras doenças pericárdicas (determinando a espessura pericárdica) e trombos intracardíacos (usualmente nas artérias pulmonares ou átrios, onde há menos artefatos de movimento cardíaco). Em muitos centros, a TC tornou-se a avaliação de primeira linha para anormalidades da aorta ascendente e descendente, especialmente na suspeita de dissecção aórtica.

15. Quais são as limitações da TC-padrão?

A avaliação cardíaca por TC é primariamente limitada pela *resolução temporal insuficiente* para permitir a avaliação em quadros fixos das estruturas cardíacas, limitando, assim, as avaliações da espessura da câmara do VE, da contração e das estruturas intracardíacas. Adicionalmente, essa técnica requer a administração de um *agente de contraste iodado* para opacificar as regiões intravasculares e para identificar anormalidades dentro dessas estruturas. Esses agentes de contraste podem provocar reações adversas.

Recentemente, a introdução da TC ultra-rápida (Imitron, Inc.) permitiu a avaliação de múltiplos cortes cardíacos dentro de 10 a 20 batimentos, em uma resolução temporal de aproximadamente 50 ms. Diferentemente da TC-padrão, essa modalidade tem alta resolução para estruturas e massas intracardíacas. Ela também permite injeções de contraste em bolus para o estudo dos tempos de trânsito intracardíaco e do fluxo sangüíneo do enxerto de artéria coronária. Infelizmente, a TC de imagem rápida não é amplamente disponível e possui utilização geral limitada, exceto na patologia torácica. Outra tecnologia nova, TC de "multidetecção", tem velocidades de imagem que se aproximam da TC ultra-rápida.

16. Como a TC se compara a outras modalidades de imagem no diagnóstico da dissecção aórtica?

Uma recente comparação da dissecção aórtica detectada por múltiplas modalidades de visualização constatou que, em geral, a TC tinha uma sensibilidade de 93% e uma especificidade de 87% para detectar o aneurisma aórtico dissecante. A dificuldade em definir um segundo lúmen e o potencial de falso-positivos dos artefatos, resultantes do fluxo do contraste além de outros aspectos, reduziram a sensibilidade da TC-padrão. Em geral, a sensibilidade e especificidade são aceitáveis para um teste de triagem para a dissecção aórtica. As técnicas de aquisição helicoidal também melhoram a avaliação da TC.

Adicionalmente, a TC permite a avaliação da aorta ascendente, do arco aórtico e da aorta descendente; porém, essa avaliação requer a administração de contraste intravenoso. Esse contraste potencialmente nefrotóxico, quando combinado ao tempo isquêmico total ou ao uso de bomba de *bypass* cardiopulmonar durante o reparo cirúrgico, pode induzir insuficiência renal aguda e prolongada no pós-operatório.

17. Quais são as vantagens da ressonância nuclear magnética (RM) em relação às técnicas-padrão?

A IRM utiliza as propriedades fisiológicas inerentes aos tecidos para criar imagens das estruturas corporais. Essa técnica fornece um *amplo campo de visão* para avaliar estruturas dentro da caixa torácica, especificamente para a visualização cardíaca. A capacidade de orientar imagens em *múltiplos planos* e em planos fora do eixo é a chave para a utilidade diagnóstica da técnica e permite que as imagens sejam orientadas dentro de incidências específicas, oblíquas ou perpendiculares para a inspeção cuidadosa de estruturas cardíacas e/ou grandes vasos.

Adicionalmente, a *conexão ou ativação* do transdutor de IRM com base na onda R do ECG do paciente em cada ciclo cardíaco permite a visualização do coração e grandes vasos em quadros fixos. As características inerentes ao fluxo sangüíneo resultam em um realçamento das estruturas vasculares pelo contraste sem a administração de agentes de contraste iodado. Seus principais usos incluem a avaliação da doença cardíaca congênita (pacientes adultos e pediátricos), das estruturas intracardíacas e dos grandes vasos.

Ao contrário de outras modalidades como a TC ou MUGA, a IRM fornece uma avaliação tridimensional das estruturas miocárdicas. Suas vantagens, incluindo a resolução da imagem e o campo de visão, superam algumas de suas limitações, como a colocação do paciente dentro de uma área fechada, dificuldades potenciais com a imagem cardíaca e custo aumentado.

18. Qual o papel da IRM no diagnóstico do aneurisma e dissecção aórticos?

A IRM fornece uma avaliação de campo inteiro da aorta ascendente, arco aórtico e aorta descendente. Com o uso de técnicas especiais – *spin eco* –, incidências estáticas das estruturas cardíacas e de grandes vasos são avaliadas em cortes múltiplos. A IRM de spin-eco tem uma alta sensibilidade para detectar falsos lúmens e retalhos intramurais associados à dissecção para identificar áreas de trombose intraluminal e para avaliar a ruptura potencial de aneurismas aórticos dissecantes em espaços viscerais ou no pericárdio. O reforço de contraste utilizando seqüências especiais de imagem fornece a avaliação do sítio da ruptura aórtica na íntima e do fluxo potencial dentro do falso lúmen da dissecção aórtica sem administração de contraste iodado.

A insuficiência aórtica também pode ser avaliada como uma das características associadas de dissecção aórtica, e a sensibilidade e a especificidade relatadas da IRM para detectar a dissecção aórtica foram de 98% para ambos os tipos A e B de dissecção. Em uma comparação entre a ecocardiografia transtorácica e transesofágica, TC e IRM para o diagnóstico de dissecção aórtica, as limitações primárias da IRM envolveram sua incapacidade de examinar pacientes significativamente instáveis e sua disponibilidade limitada em situações de emergência em todos os centros. Assim, a TC ou a ecocardiografia transesofágica podem estar indicadas para avaliar a dissecção aórtica, dependendo da disponibilidade e da experiência em hospitais específicos.

19. Explique o uso da IRM no paciente cardíaco.

A caracterização tissular que resulta das propriedades físicas induzidas pela IRM permitem a avaliação de massas *intracardíacas*, com maior sensibilidade nos átrios e nos grandes vasos De certo modo, há uma menor sensibilidade, embora maior especificidade, para a detecção de massas cardíacas *intramurais* devido à semelhança na intensidade das imagens entre os tumores e o tecido miocárdico. A IRM fornece avaliação dos espaços pleurais e localização de massas que se estendem para dentro ou se originam dessas estruturas. A IRM e a ecocardiografia são provavelmente as duas técnicas mais sensíveis para a determinação da extensão de massas intracardíacas.

Adicionalmente, novos métodos utilizando o *gadolínio DTPA* como agente de contraste permitiram a avaliação da perfusão miocárdica. Isso inclui a avaliação da reserva de vasodilatação regional da artéria coronária como marcador de DAC e a avaliação da viabilidade miocárdica usando a intensificação retardada com contraste dos tecidos viáveis.

Novos métodos de *aquisição de imagem* também foram desenvolvidos para avaliar a função contrátil regional e global de VE. O *método de ligação* avalia as alterações regionais torsionais e conformacionais no VE durante a sístole para avaliar o esforço na parede de VE bem como o espessamento regional. Sem a intensificação por contraste (DPTA Gd), esse método pode identificar melhor o miocárdio infartado vs. tecido miocárdico sem contratilidade e função regional mantidas.

20. Qual é a acurácia diagnóstica da IRM na doença cardíaca congênita?

A visualização da doença cardíaca congênita pela IRM é significativamente aumentada pela avaliação simultânea de estruturas viscerais, vasculares e cardíacas. A doença cardíaca congênita complexa freqüentemente envolve não somente anormalidades cardíacas, mas também anormalidades das estruturas vasculares associadas ou órgãos viscerais. Com a IRM, o amplo campo de visão fornece informações associadas importantes para o diagnóstico correto. Por exemplo, a transposição de grandes vasos é facilmente avaliada pela IRM, uma vez que a orientação da aorta, da artéria pulmonar e das câmaras cardíacas é visualizada em conjunto em vez de separadamente.

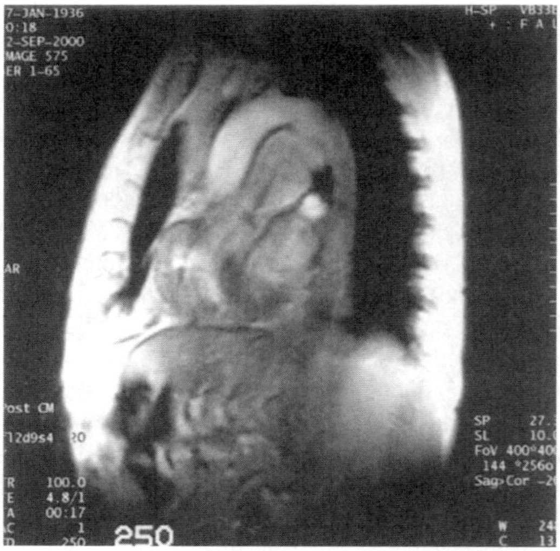

Um corte e fase únicos de um estudo de IRM inspirado, ativado pela cine, em projeção sagital oblíqua. Observe a origem anterior da aorta e do arco aórtico com a origem posterior da artéria pulmonar. Esse achado é diagnóstico de transposição congênita dos grandes vasos. Usando essa técnica, o fluxo sangüíneo é brilhante e fornece imagens claras dos vasos sem a administração de agentes de contraste.

Recentemente, a sobrevida aumentada de pacientes com doença cardíaca congênita até a idade adulta tem suportado a amplitude diagnóstica da IRM. Muitos desses pacientes têm comunicações cirúrgicas ou procedimentos vasculares que não são bem estudados ou investigados pelas técnicas-padrão, mas o fluxo, o tamanho dos vasos e a função fisiológica dessas comunicações podem ser avaliados utilizando-se as múltiplas orientações da IRM.

21. Verdadeiro ou falso: Uma prótese valvar é uma contra-indicação à IRM.

Falso. De um modo geral, as próteses valvares não são uma contra-indicação à IRM (exceto as válvulas de bola de Starr-Edwards série 1200 antigas). Contudo, a avaliação das estruturas na região das próteses valvulares cardíacas é limitada devido à absorção do sinal das imagens pelas estruturas metálicas dentro do coração.

REFERÊNCIAS BIBLIOGRÁFICAS

1. Achenbach S, Moshage W, Roper D, et al: Value of electron-beam computed tomography for the non-invasive detection of high grade coronary artery stenoses and occlusions. *N Engl J Med* 339:1964-71 1998.
2. Agatston AS, Janowitz WR, Hildner FJ, et al: Quantification of coronary artery calcium using ultrafast computed tomography. *J Am Coll Card* 15:827-832, 1990.
3. Axel L, Goncalves RC, Bloomgarden D: Regional heart wall motion two-dimensional analysis and functional imaging with MR imaging. *Radiology* 183(3):745-50, 1992.
4. Beller GA: Evaluation of myocardial viability using thallium 201. *Cardiol Rev* 1(2):78-86, 1996.
5. Budoff MJ, Georgiou D, Brody A: Ultrafast computed tomography as a diagnostic modality in the detection of coronary artery diseases: A multicenter study. *Circulation* 93:898-904, 1996.
6. Chien D, Merboldt KD: Advances in cardiac applications of subsecond FLASH MRI. *Magn Reson Imaging* 8:829-836, 1990.
7. Dilsizian V Rocco TP, Friedman NMT, et al: Enhanced detection of ischemic but viable myocardium by reinjection of thallium after-redistribution imaging. *New Engl J Med* 323:141-146, 1990.
8. Kim RJ, Fieno DS: Relationship of MRI delayed contrast enhancement to irreversible injury, infarct age, and contractile function. *Circulation* 100:1992-2002, 1999.
9. Klingenbeck K, Schaller S, Flohr T, et al: Sub-second multi-slice computed tomography: Basics and application. *Eur J Radiol* 31(2), 1997.
10. Manning WJ, Li W, Edelman RR: A preliminary report comparing magnetic resonance coronary angiography with conventional angiography. *New Engl J Med* 328:828-832, 1993.
11. Mohiaddin RH, Longmore DB: Functional aspect of cardiovascular nuclear magnetic resonance imaging. *Circulation* 88:264, 1993.
12. Nienabar CA, Kodolitsch Y, Nicolas V, et al: The diagnosis of thoracic aortic dissection by noninvasive imaging procedure. *NEJM* 328:1, 1993.
13. Rumberger JA, Brundage BH, Rader DJ, George K: Electron beam computed tomographic coronary calcium scanning. *Mayo Clinic Proceding* 74:243-252, 1999.
14. Sakuma H, Takeda K, Higgins CB: Fast magnetic resonance imaging of the heart. *Eur J Radiol* 29:101-133, 1999.

11. CATETERIZAÇÃO CARDÍACA E ANGIOGRAFIA

Roy W. Robertson, M.D., e *William P. Miller,* M.D.

1. Quais as indicações gerais para a realização de cateterização cardíaca?

Avaliação de pacientes com:

1. Doença arterial coronária conhecida ou suspeita
2. Doença cardíaca valvular
3. Doença cardíaca congênita
4. Miocardiopatia
5. Morte súbita cardíaca
6. Constrição pericárdica ou tamponamento
7. Após um transplante cardíaco

2. Quais as indicações para a angiografia coronária em pacientes com doença arterial coronária conhecida ou suspeita?

Pela ordem das indicações mais aceitas para as menos aceitas, temos:

1. Teste ergométrico preditivo de comprometimento do tronco de coronária esquerda e/ou de múltiplos vasos
2. Angina *pectoris* limitante
   a. Em pacientes que não responderam ao tratamento clínico
   b. Na maioria dos pacientes com angina instável
3. Após infarto do miocárdio, a intervenção coronariana primária é o tratamento de escolha em muitos pacientes com IM
   a. Choque cardiogênico
   b. Trombólise clinicamente falha
   c. Angina pós-infarto
   d. Avaliação de complicações mecânicas agudas (p. ex., defeito septal ventricular)
   e. Falha no teste ergométrico submáximo pré-alta
   f. Após a maioria dos infartos do miocárdio não-Q
4. Teste ergométrico positivo e/ou teste de estresse farmacológico positivo
5. Avaliação diagnóstica de dor precordial "atípica" e/ou suspeita de espasmo coronário
6. Avaliação de pacientes de alto risco antes de um grande procedimento cirúrgico não-cardíaco
7. Pacientes assintomáticos com risco elevado para doença arterial coronária
   a. Estado ocupacional (p. ex., pilotos)
   b. Fatores de risco cardiovascular significativos (diabete melito, hiperlipidemia, hipertensão)
   c. Eletrocardiograma em repouso anormal

3. Quais os fatores predisponentes que aumentam o risco de complicações no cateterismo cardíaco?

1. Idade (< 1 ano ou > 60 anos de idade)

2. Classe funcional: Pacientes classificados como Classe IV da *New York Heart Association* possuem risco 10 vezes maior que pacientes na Classe I ou II.

3. Severidade da aterosclerose coronária: A estenose oclusiva do tronco esquerdo apresenta um risco 10 vezes maior que a doença coronária oclusiva em um vaso isolado.

4. Doença cardíaca valvular

5. Disfunção ventricular esquerda: A taxa de mortalidade é 10 vezes maior para pacientes com fração de ejeção < 30%, comparados àqueles com fração de ejeção > 50%.

6. Doença não-cardíaca severa (p. ex., diabete melito, insuficiência renal, doença vascular periférica, doença pulmonar crônica).

4. Liste algumas das complicações potenciais da cateterização cardíaca diagnóstica e suas freqüências.

Principais Complicações da Cateterização Cardíaca

Morte	0,1-0,2%
Infarto do miocárdio	0,1-0,3%
Acidente cerebrovascular	0,1-0,3%

Complicações Leves, Transitórias ou Reversíveis da Cateterização Cardíaca

Reações vasovagais	1,5-2,5%
Complicações vasculares no local de acesso	1-3%
Arritmias sérias	0,3-0,5%
Reação alérgica ao contraste	< 2%
Infecção	< 0,5%
Nefropatia	< 0,5%

Os índices de complicações dependem da experiência do operador, do equipamento e das características do paciente.

5. Descreva os dois locais mais comuns de acesso vascular para o cateterismo cardíaco.

A cateterização pode ser realizada pela introdução de cateteres nas artérias braquial ou femoral e nas veias braquiocefálica ou femoral. Embora o corte na artéria braquial e arteriotomia (Sones) tenha sido a abordagem original, a abordagem femoral percutânea (Judkins) atualmente é mais comumente usada. A escolha do local de acesso depende da preferência e da experiência do operador e da extensão da doença vascular periférica no paciente.

6. Quais são os principais componentes de rotina do cateterismo cardíaco esquerdo e direito?

Inicialmente, as pressões são medidas na aorta, no coração direito e no coração esquerdo. As pressões cardíacas direitas incluem a pressão do leito capilar pulmonar, a pressão da artéria pulmonar, a pressão ventricular direita e a pressão atrial direita. As pressões cardíacas esquerdas são a sistólica ventricular esquerda, a diastólica inicial e a diastólica final. A medida de pressão é seguida pela determinação do débito cardíaco. A opacificação com contraste da câmara ventricular esquerda (cineangiografia ventricular esquerda) e outras câmaras, se indicada clinicamente, também está incluída – por exemplo, opacificação com contraste do átrio esquerdo na avaliação de um defeito septal atrial. Segue-se a angiografia seletiva das artérias coronárias.

7. Como o débito cardíaco é medido?

O débito cardíaco é comumente medido por técnicas dilucionais (p. ex., termodiluição) ou pelo método de Fick. No método de Fick, o débito cardíaco (DC) = consumo de oxigênio (VO_2)/diferença arteriovenosa de oxigênio (ΔAVO_2). O consumo de oxigênio é medido diretamente por uma máscara ajustada sobre a boca ou a face do paciente, e o sangue é colhido das artérias pulmonar e femoral para computar a ΔAVO_2.

8. Quais os valores normais para as pressões nas câmaras intracardíacas no coração humano?

Relembrar essa informação é mais fácil utilizando a *regra dos cinco*. Nessa regra, todas as pressões são estimadas como múltiplos de cinco. A pressão atrial direita (pressão venosa central) é normalmente ~5 mm Hg. A pressão sistólica ventricular direita é -25 mm Hg, com uma pressão diastólica final de ~5 mm Hg. A pressão atrial esquerda (estimada pela pressão no leito capilar pulmonar) é ~10 mm Hg. A pressão sistólica ventricular esquerda é normalmente -125 mm Hg, com uma pressão diastólica final ventricular esquerda de 10 mm Hg.

9. Que informação é obtida pela cineangiografia ventricular esquerda?

Os volumes do ventrículo esquerdo (VE) podem ser medidos utilizando-se a ventriculografia quantitativa. A fração de ejeção do VE fornece uma medida da função sistólica do VE. O movimento sistólico regional das paredes é avaliado pela graduação de cada segmento do ventrículo esquerdo como hipercinético, normal, hipocinético, acinético ou discinético. As lesões que ocupam espaço também podem ser identificadas, se presentes, na câmara do VE (p. ex., trombos). O volume sistólico é determinado subtraindo-se o volume sistólico final do VE do volume diastólico do VE. A fração de ejeção (FE) é o volume sistólico dividido pelo volume diastólico final do VE. Finalmente, faz-se uma avaliação da competência da válvula mitral. A incompetência mitral (regurgitação) é graduada como leve (1+), moderada (2+), moderadamente severa (3+) ou severa (4+).

10. Tipicamente, a ventriculografia esquerda é obtida em uma (ou idealmente duas) projeções para avaliar a função ventricular. Que segmentos de parede do VE são avaliados em cada uma das incidências e como são graduados?

Cada segmento é graduado como hipercinético, normal, hipocinético, acinético ou discinético.

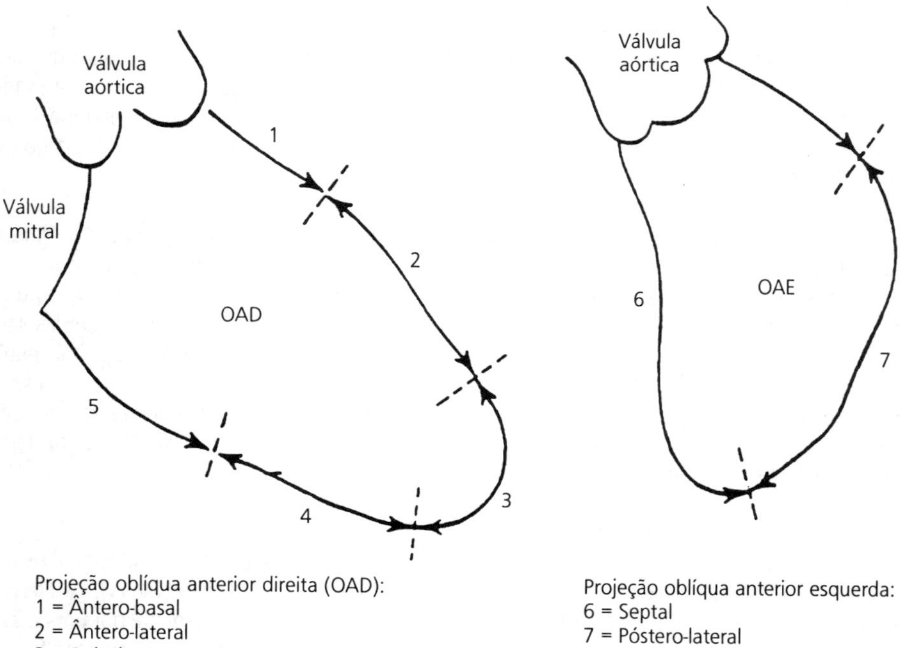

Projeção oblíqua anterior direita (OAD):
1 = Ântero-basal
2 = Ântero-lateral
3 = Apical
4 = Diafragmática
5 = Póstero-basal

Projeção oblíqua anterior esquerda:
6 = Septal
7 = Póstero-lateral

11. Defina a dominância coronária.

A nomenclatura que descreve a artéria coronária como dominante pode ser enganadora. Não é simplesmente o grau de importância, mas sim a identificação da artéria coronária que atravessa o centro cruciforme do coração (junção do sulco atrioventricular posterior com o sulco interventricular posterior) e assim, geralmente, supre o septo interventricular póstero-basal do ventrículo esquerdo. Essa mesma artéria comumente dá origem à artéria nodal atrioventricular na região cruciforme ou logo adiante da mesma. Em aproximadamente 85% dos seres humanos, a artéria coronária direita é dominante. Na maioria dos 15% restantes, a artéria circunflexa esquerda é dominante; porém, existe "co-dominância".

12. Como o grau de estenose da artéria coronária é avaliado em uma angiografia coronária?

Para a avaliação clínica de rotina das angiografias coronárias, um angiografista experiente estima qualitativamente o grau de estenose pelo método visual. Múltiplas incidências das regiões de interesse são obtidas em uma faixa de ângulos de projeção para melhor definir a geometria tridimensional das lesões. O resultado é geralmente relatado como uma percentagem de redução no diâmetro luminal (p. ex., uma estenose de 75% é uma lesão que estreita o diâmetro luminal em aproximadamente 75%). A angiografia coronária quantitativa também pode ser aplicada utilizando-se algoritmos com base no processamento computadorizado de imagens, embora esse método geralmente seja problemático e usado quase exclusivamente como uma ferramenta de pesquisa em estudos clínicos.

13. Cite as artérias coronárias e seus principais ramos do modo como são comumente identificados pela angiografia coronária.

O desenho da p. 96 representa a anatomia de uma coronária direita dominante.

14. Como os angiografistas comumente classificam a severidade da estenose da artéria coronária?

Foi elaborado um sistema de graduação da redução percentual no diâmetro luminal que incorpora as limitações da natureza qualitativa da avaliação do significado da doença arterial coronária. A aterosclerose coronária é graduada como ausente (normal), presente na íntima, 25, 50, 75, 90, 99 (oclusão subtotal) e 100% (ocluída). Uma redução de > 75% no diâmetro luminal é considerada uma estenose "significativa", pois uma lesão dessa severidade irá afetar a capacidade da artéria de aumentar o fluxo sangüíneo coronário, conforme necessário, durante a demanda aumentada. O tronco da coronária esquerda tem uma graduação especial, uma vez que uma estenose > 50% é significativa quanto ao prognóstico. As características da lesão, como a presença de cálcio, a extensão da estenose, a localização na árvore arterial coronária, a morfologia concêntrica *versus* a excêntrica e a presença de uma placa ulcerada e de trombo intraluminal também são importantes e devem ser descritas.

15. Como o grau de estenose da artéria coronária afeta o fluxo sangüíneo coronário em repouso e com vasodilatação máxima?

Em condições de repouso, a redução progressiva do diâmetro luminal do vaso não reduz o fluxo sangüíneo coronário em repouso até que o diâmetro luminal esteja estenosado em aproximadamente 90%. Um leito arterial coronário distal normal é capaz de dilatar-se e aumentar o fluxo sangüíneo coronário em cerca de 4 a 5 vezes o seu valor de repouso. Essa é a reserva de fluxo coronário normal e pode ser obtida durante a vasodilatação máxima, como ocorre com o exercício máximo. Uma redução de 50% no diâmetro luminal irá impedir a coronária de atingir esse aumento normal, de 4 a 5 vezes no fluxo sangüíneo, durante a vasodilatação máxima. Por essa razão, uma redução de > 75% no diâmetro luminal coronário é considerada "significativa".

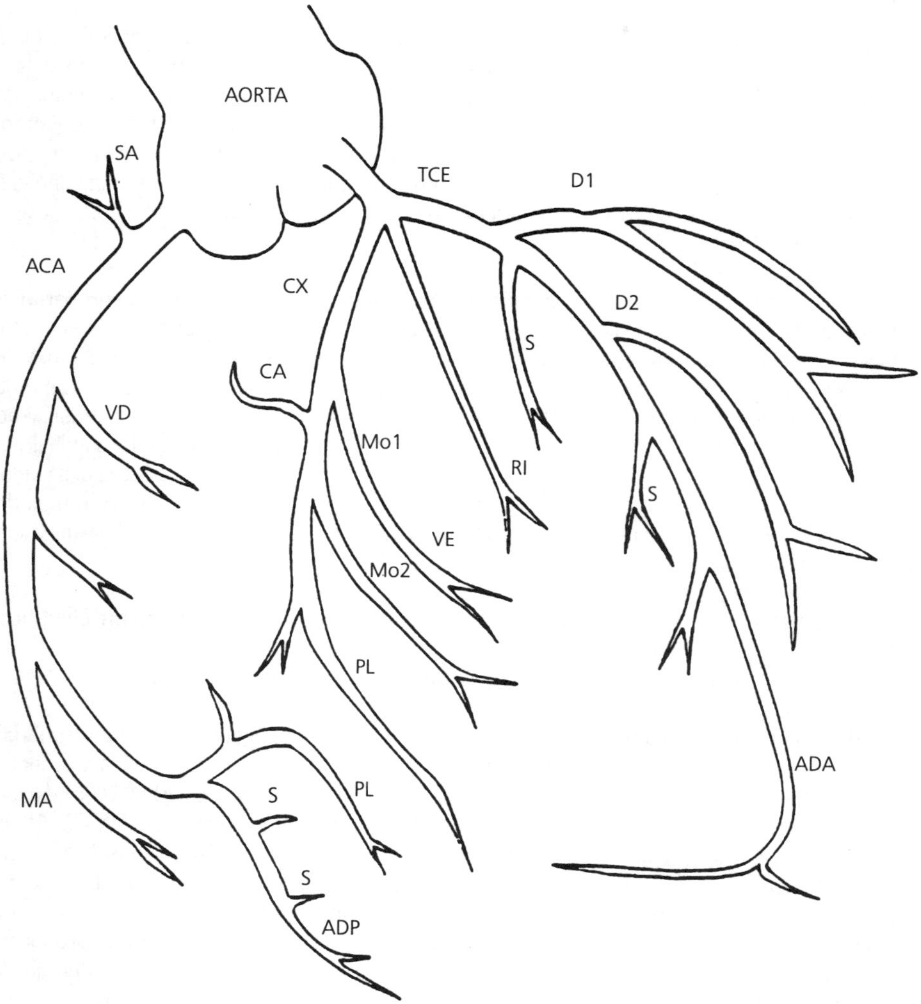

TCE = tronco da coronária esquerda
ADA = artéria descendente anterior
D = ramo diagonal
S = perfurante septal
CX = circunflexa
RI = ramo intermediário
MO = ramo marginal obtuso

CA = circunflexa atrial
PL = ramo póstero-lateral
ACD = artéria coronária direita
SA = ramo do nó sinusal
VD = ramo ventricular direito
MA = ramo marginal agudo
ADP = artéria descendente posterior

16. Procedimentos adicionais no laboratório de cateterização cardíaca são aplicados a pacientes especiais. Liste alguns desses procedimentos e suas indicações.

PROCEDIMENTO	INDICAÇÃO
Amostra seriada de sangue para medir o percentual de oxigenação em diferentes pontos da circulação	Determinação do débito cardíaco (método de Fick) Avaliação de *shunt* intracardíaco
Medida do consumo de oxigênio	Determinação do débito cardíaco pulmonar e sistêmico pelo método de Fick
Biópsia endomiocárdica de ventrículo direito	Monitorização de terapia anti-rejeição em pacientes com transplante cardíaco ou de coração-pulmão
Pericardiocentese	Tratamento de tamponamento cardíaco Avaliação diagnóstica de derrame pericárdico
Aortografia	Avaliação de competência da válvula aórtica Avaliação de suspeita de dissecção aórtica Avaliação de dilatação da raiz aórtica Localização de enxerto de veia safena reversa
Angiografia de *bypass* coronário	Avaliação da patência de *bypass* coronário
Avaliação hemodinâmica durante exercício ou intervenção farmacológica	Avaliação de doença cardíaca valvular Determinação de "reversibilidade" de hipertensão pulmonar

REFERÊNCIAS BIBLIOGRÁFICAS

1. Baims DS, Grossman (eds): Cardiac Catheterization, Angiography, and Interventions, 5th ed. Baltimore, Williams & Wilkins, 1996.
2. Bittl JA, Levin DC: Coronary angiography. In Braunwald E (ed): Heart Disease: A Textbook of Cardiovascular Medicine, 5th ed. Philadelphia, WB Saunders, 1997, p. 240-272.
3. Davidson CJ, Fishman RF, Bonow RO: Cardiac catheterization. In Braunwald E (ed): Heart Disease: A Textbook of Cardiovascular Medicine, 5th ed. Philadelphia, WB Saunders, 1997, p. 177-203.
4. Franch RH, King SB III, Douglas JS Jr: Techniques of cardiac catheterization including coronary arteriography. In Schlant RC, Alexander RW (eds): Hurst's The Heart, 8th ed. New York, McGraw-Hill, 1994, p. 2381-2418.
5. Gould KL, Kirkeeide RL, Buchi M: Coronary flow reserve as a physiologic measure of stenosis severity. *J Am Coll Cardiol* 15:459-474, 1990.
6. Hillis DL, Lange RA: Cardiac catherization. In Kloner RA (ed): The guide to cardiology. *Cardiovasc Rev Rep* 11(1):56-74, 1990.
7. Johnson LW, Lozner EC, Johnson S, et al: Coronary arteriography 1984-1987: A report of the Registry of the Society for Cardiac Angiography and Interventions: I. Results and complications. *Cathet Cardiovasc Diagn* 17:5-10, 1989.
8. Lozner EC, Johnson LW, Johnson S, et al: Coronary arteriography 1984-1987: A report of the Registry of the Society for Cardiac Angiography and Interventions: II. An analysis of 218 deaths related to coronary arteriography. *Cathet Cardiovas Diagn* 17:11-14, 1989.
9. Ross J Jr, Brandenburg RO, Dinsmore RE, et al: Guidelines for coronary angiography: A report of the American College of Cardiology/American Heart Association Task Force on assessment of diagnostic and therapeutic cardiovascular procedures (Subcommitee on Coronary Angiography). *J Am Coll Cardiol* 10:935-950, 1987.

12. ANGIOPLASTIA CORONÁRIA TRANSLUMINAL PERCUTÂNEA E OUTRAS INTERVENÇÕES

Peter Levitt, M.D., e Robert Zaloom, M.D.

1. Quais são as indicações atuais da angioplastia coronária na doença de vaso único?

A angioplastia coronária transluminal percutânea (ACTP) é atualmente bem-aceita como um tratamento não-cirúrgico efetivo para a doença arterial coronária. O estudo do American College of Cardiology/American Heart Association (ACC/AHA), sobre a avaliação de procedimentos cardiovasculares diagnósticos e terapêuticos, forneceu as diretrizes de orientação para a realização da ACTP. Em *pacientes sintomáticos*, com uma lesão significativa em um grande vaso suprindo uma grande área de miocárdio viável, a ACTP está indicada se existir qualquer dos seguintes critérios:

- Isquemia indutível pelo teste ergométrico realizado durante o tratamento clínico
- Intolerância ao tratamento clínico
- Persistência dos sintomas anginosos apesar do tratamento clínico

No *paciente assintomático*, a ACTP é indicada para a doença de vaso único afetando uma grande área de miocárdio se qualquer dos seguintes estiver presente:

- Isquemia significativa indutível por teste ergométrico
- Sobrevivente de um "episódio de quase-morte" sem infarto do miocárdio
- História de infarto do miocárdio com um teste ergométrico isquêmico
- Cirurgia não-cardíaca de alto risco planejada quando há evidências objetivas de isquemia

2. Quais são as indicações atuais para a angioplastia coronária em doença multivascular?

Para *pacientes sintomáticos*, lesões significativas devem envolver cada uma das artérias principais, ambas suprindo áreas moderadas de miocárdio viável antes de se considerar ACTP. Além disso, deve haver evidência objetiva de isquemia no teste ergométrico, angina não-responsiva ao tratamento clínico máximo e/ou intolerância a medicações. As características da lesão devem sugerir uma taxa de sucesso de moderada à alta, e os pacientes devem estar em um grupo de baixo risco para morbidade e mortalidade por ACTP.

A seleção de *pacientes assintomáticos*, com doença de múltiplos vasos, para ACTP geralmente depende da presença das mesmas condições para ACTP em pacientes assintomáticos com doença de um só vaso (ver Questão 1). Porém, depende da determinação do risco em uma grande área de miocárdio irrigada pelo vaso doente. Lesões adicionais suprem regiões pequenas ou inviáveis.

3. Como o AHA/ACC classifica as características específicas da lesão?

Observe que, com os *stents*, todas as lesões têm um índice de sucesso de 90 a 95%.

As *lesões de tipo A* são de baixo risco. Suas características incluem:

Lesões discretas (< 10 mm extensão)	Contorno liso e sem calcificação
Lesões concêntricas	Não envolvem os ramos principais
Facilmente acessíveis à angioplastia	Não-ostiais
Não-anguladas	Não há trombo presente

As *lesões de tipo B* têm um risco moderado. Suas propriedades incluem:

Lesões tubulares (10 e 20 mm de extensão)	Localização ostial
Lesões excêntricas	Oclusão total recente (< 3 meses)

Angulação moderada
Contorno irregular
Tortuosidade moderada do segmento proximal à lesão
Nos pontos de bifurcação (freqüentemente requerendo dois fios)
Calcificação moderadamente severa
Alguns trombos presentes

As *lesões do tipo* C são de alto risco. Suas características incluem:

Lesões difusas (> 2 cm de extensão)
Excesso de tortuosidade do segmento proximal
Incapacidade de proteger os ramos principais
Oclusões totais crônicas (> 3 meses)
Extremamente anguladas
Enxertos de veias com lesões friáveis

4. Qual a taxa de sucesso da angioplastia eletiva?

A taxa de sucesso imediato, na ACTP eletiva, atualmente excede 90% para a maioria dos casos. Aquilo que previamente era considerado fator de risco para evolução clínica adversa (i. é, sexo feminino, lesões distais ou anatomia adversa e lesões da circunflexa) pode não sê-lo mais. Em vez disso, o sucesso é mais afetado pela presença de calcificação significativa, estenose severa e/ou trombo.

5. Quais são as principais complicações agudas da ACTP?

Isquemia, oclusão coronária aguda, infarto do miocárdio e morte. A incidência dessas complicações relaciona-se à seleção dos pacientes, tipo de lesão, habilidade do operador e tecnologia disponível.

6. O que produz essas complicações? Como são manejadas?

As causas mais comuns de *isquemia* durante a ACTP são a dissecção das coronárias e o trombo intracoronário. Quando a dissecção ocorre e a isquemia está presente, a repetição da dilatação com insuflações mais longas pode fornecer um resultado adequado.

A *reoclusão* de repetição deve ser tratada com cateteres de pára-quedas (*bailout*) e revascularização cirúrgica. As técnicas mais recentes, incluindo a colocação de *stent* intracoronário, podem se mostrar úteis, nessa situação, para reduzir a necessidade de cirurgia.

O *trombo* é uma complicação mais difícil de tratar. O uso dos agentes IIb/IIIc é bastante promissor. Por outro lado, a cirurgia de revascularização pode ser o tratamento preferido, particularmente quando é provável a ocorrência de um infarto.

O risco de morte é maior nas situações acima quando a oclusão arterial aguda ocorre e uma quantidade significativa de miocárdio está sob risco. Em vários estudos, a mortalidade por oclusão aguda é maior com:

Doença de múltiplos vasos
Sexo feminino
Pacientes acima de 70 anos
História de insuficiência cardíaca congestiva
Disfunção ventricular esquerda (fração de ejeção < 30%)

7. Qual a freqüência de reestenose após angioplastia?

Em geral, a taxa de reestenose é de aproximadamente 20 a 30% e pode ser ainda maior em lesões complexas. Esse processo depende de uma série de fatores, os quais em conjunto podem causar reestenose. O fator mais importante provavelmente é a retração elástica do vaso no local da ACTP, a qual é agravada pela adesão e agregação plaquetária, e pela formação de trombo. As plaquetas liberam fatores que agregam mais plaquetas, ativam o sistema de coagulação e causam vasoconstrição. A proliferação de músculo liso no local da lesão também contribui para essa situação.

8. Liste características específicas da lesão que promovem a reestenose após a angioplastia.

- Lesões ostiais
- Lesões na artéria descendente anterior esquerda mais do que na circunflexa e lesões na artéria coronária direita
- Lesões na ponte safena
- Doença em múltiplos vasos
- Vasos totalmente ocluídos
- Doença de múltiplas lesões
- Estenose residual pós-ACTP
- Lesões localizadas em angulações
- Lesões em pontos de bifurcação
- Lesões extensas
- Lesões calcificadas

9. Quais são os mecanismos fisiopatológicos da ACTP?

A explicação original dada por Andreas Gruentzig para o aumento da luz de um vaso pela ACTP era a compressão da placa, mas agora sabemos que esse é um efeito menor. Também contribui, em menor escala, a extrusão de alguns componentes líquidos de uma placa mole. O mais importante, porém, é que a ACTP leva à ruptura da placa na íntima com resultante estiramento da média e adventícia e expansão do diâmetro externo do vaso. Isso é aparente no exame histológico *post mortem* desses vasos.

10. Como a ACTP é realizada quando a doença ocorre em pontos de bifurcação?

Quando ambos os ramos de uma bifurcação de uma artéria coronária estão doentes, a angioplastia de uma lesão pode causar deslocamento da placa para a outra lesão, resultando em piora da estenose ou em oclusão. Assim, para evitar esse problema, o operador utiliza dois guias simultaneamente. Os guias são posicionados abaixo de cada membro da bifurcação e então dilatados um de cada vez. Em alguns casos, dois balonetes são usados e inflados simultaneamente. Isso impede o deslocamento da placa de um ramo para o outro e é conhecido como "técnica de balonetes conjuntos".

11. Descreva os fatores de risco do paciente para reestenose após angioplastia.

A taxa de reestenose é similar para homens e mulheres, embora levemente maior para homens. Outros fatores de risco tradicionais para a aterogênese parecem continuar agindo após a angioplastia. O diabete promove reestenose, como demonstrado em vários estudos. A hipertensão, porém, não foi suficientemente comprovada como causa de reestenose. O tabagismo continuado após ACTP é, claramente, um fator de risco importante, devido a seus efeitos vasoconstritores e propriedades estimulantes das plaquetas. Resultados variáveis foram relatados sobre a hipercolesterolemia e reestenose, mas isso não parece ser um fator de risco importante. A angina instável no momento da ACTP é um fator de risco independente para a reestenose quando comparado àqueles pacientes com sintomas estáveis.

12. Cite algumas das complicações menores associadas à angioplastia.

- Embolização dos constituintes da placa, trombos, cálcio e outros (felizmente rara)
- Fibrilação ventricular (usualmente devido à isquemia)
- Perda dos ramos vasculares durante a ACTP do vaso principal

- Hipotensão por sangramento, tamponamento, medicações, hipovolemia
- Complicações da artéria femoral, incluindo hematoma, pseudoaneurismas, fístulas arteriovenosas, etc.
- Aneurisma da artéria coronária no local da ACTP (raro)

13. Descreva os instrumentos de intervenção mais recentes que podem superar alguns dos problemas da ACTP convencional.

Quando a ACTP convencional resulta em fechamento abrupto, em reestenose ou em uma dilatação abaixo das expectativas, as técnicas de intervenção mais novas podem ser preferidas:

Os stents *intravasculares* são "talas" endovasculares usadas para manter a patência vascular. Diferentes tipos de *stents* têm sido usados, mas atualmente o balonete expansível é o preferido. Eles são úteis para a reversão do fechamento abrupto quando devido à dissecção. Sua complicação mais importante é a trombose, que é prevenida por um vigoroso esquema antitrombótico.

A *aterectomia coronária direcional* (ACD) aumenta a luz coronária removendo a placa por rotação em alta velocidade. É útil em casos de reestenose, doença do enxerto venoso, placa ulcerada, lesões excêntricas ou ostiais.

A angioplastia com balonete a laser aplica calor e pressão à parede arterial, em uma tentativa de dilatar a luz. Essa combinação pode resultar em dessecação do trombo e redução da retração elástica. Embora ainda esteja em seu estágio inicial, existe uma alta taxa de reestenose com essa técnica.

REFERÊNCIAS BIBLIOGRÁFICAS

1. American College of Cardiology/American Heart Association Ad Hoc Task Force on Cardiac Catheterization: ACC/AHA guidelines for cardiac catheterization and cardiac catheterization laboratories. *J Am Coll Cardiol* 81:1149-1182, 1998.
2. Ellis SG, De Cesare NB, Pinkerton CA, et al: Relation of stenosis morphology and clinical presentation to the procedural results of directional coronary atherectomy. *Circulation* 84:644-653, 1991.
3. George B, et al: Multicenter investigation of coronary stenting to treat acute or threatened closure after percutaneous transluminal coronary angioplasty: Clinical and angiographic outcomes. *J Am Coll Cardiol* 22:135-143, 1993.
4. Gibbons RJ, Holmes DR, Reeder GS, et al: Immediate angioplasty compared with the administration of a thrombolytic agent followed by conservative treatment of myocardial infarction. *N Engl J Med* 328:685691, 1993.
5. Grines CI, Browne KF, Marco J, et al: A comparison of immediate angioplasty what thrombolytic therapy for acute myocardial infarction. *N Engl J Med* 328:673-679, 1993.
6. Grossman W, Baim DS (eds): Cardiac Catheterization, Angiography, and Intervention. Philadelphia, Lea & Febiger, 1992.
7. National Heart, Lung, and Blood Institute Balloon Valvuloplasty Registry Participants: Multicenter experience with balloon mitral commissurotomy: NHLBI Balloon Valvuloplasty Registry report on immediate and 30-day follow-up results. *Circulation* 85:448-461, 1992.
8. Zijlestra F, De Boer MJ, Hoorntje KCA, et al: A comparison of immediate coronary angioplasty with intravenous streptokinase in acute myocardial infarction. *N Engl J Med 328*:680-684, 1993.

13. TOMOGRAFIA POR FEIXE ELETRÔNICO

James E. Ehrlich, M.D.

1. O que é a tecnologia de tomografia por feixe eletrônico (TFE)? Qual a sua aplicação em cardiologia?

A TFE (também chamada de tomografia computadorizada por feixe eletrônico [TCFE] ou TC ultra-rápida) utiliza transdutores de TC de quinta geração, com velocidades de aquisição ultra-rápidas, projetados especificamente para imagens cardíacas. A captura eletrônica para estudos cardíacos permite a aquisição de grandes conjuntos de dados em 3-D durante uma única inspiração, com alta resolução temporal e espacial (ver figura). As aplicações mais freqüentes da TFE incluem *imagem das artérias coronárias* para avaliação de risco individual em indivíduos assintomáticos e *angiografia de feixe eletrônico* (angiografia coronária por TC não-invasiva, intravenosa) em pacientes com sintomas. Além disso, a tecnologia pode ser usada para análise estrutural intracardíaca e funcional, incluindo imagem de perfusão miocárdica, determinação de espessura da parede, visualização valvular e exame coronário de visualização rápida.

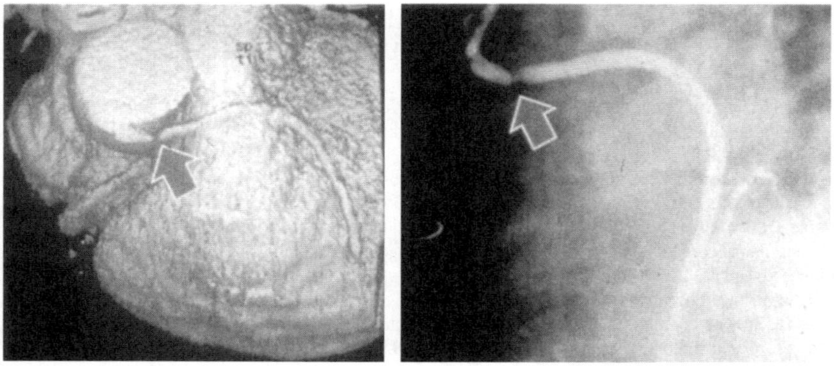

Esquerda, Angiografia por feixe eletrônico de um enxerto coronário de veia safena. *Direita,* Angiografia convencional (invasiva) do mesmo enxerto. (As imagens são cortesia do Dr. Achenbach, University of Erlangen, Germany)

2. Qual é o objetivo essencial das imagens coronárias em cardiologia preventiva?

A visualização não-invasiva das artérias coronárias por TFE representa o único método não-invasivo extensamente validado para identificar e quantificar o *cálcio coronariano,* um marcador reconhecido de aterosclerose coronariana pré-clínica. Os clínicos integram essa medida de *carga da placa* à avaliação convencional dos fatores de risco para influenciar a necessidade e a agressividade das terapias cardioprotetoras em condições de prevenção primária. O procedimento é usado para detectar a placa inicial e a doença coronariana discretamente obstrutiva, um precursor muito mais prevalente de eventos coronarianos agudos que as lesões estenóticas "significativas" detectáveis pelo teste ergométrico. Um indivíduo assintomático com um elevado escore de cálcio nas artérias coronarianas (ECAC) tem evidência de doença coronariana subclínica substancial e deve ser considerado para modificação intensa dos fatores de risco – terapia geralmente reservada para os sobreviventes de eventos cardíacos prévios (i. é, diretrizes para *National Cholesterol Education Program* [NCEP] secundário). *Ver Caso 1, na próxima página.*

3. Qual é o significado do cálcio coronariano e do escore de cálcio nas artérias coronarianas?

A deposição de cálcio nas coronárias parece ser um processo regulado ativamente, semelhante à formação óssea, que ocorre em muitas fases da aterosclerose coronariana. Ela pode representar uma tentativa de estabilizar a placa. *Estudos histopatológicos* provam que essa deposição acompanha consistentemente a aterosclerose, geralmente compreendendo cerca de 20% da carga total da placa. O cálcio aparece tipicamente primeiro na parede vascular, anos ou décadas antes das alterações luminares angiográficas serem discerníveis. Portanto, correlações com o ultra-som intravascular invasivo (mostrando anormalidades parietais e luminares) são próximas.

Caso 1: História familiar de DAC prematura em homem assintomático

Homem de 45 anos, ativo, assintomático. Pai falecido aos 53 anos com IM anterior. Sem outro fator de risco. Colesterol total = 200, LDL = 140, HDL = 34. Paciente não atende às diretrizes NCEP para terapia medicamentosa.

Visualização das artérias coronárias por TFE:

Revela calcificação coronária em 3 vasos (DAE, ACD, circunflexa) com ECAC = 530

Avaliação:

Aterosclerose pré-clínica multivascular extensa, risco elevado de DAC prematura sintomática. Risco moderado de obstrução coronária subjacente.

Plano:

a) Caracterização lipídica adicional (Lp[a], homocisteína, LDL denso pequeno, etc.)
b) Estabilização da placa (diretrizes secundárias) com coloração positiva ou niacina, dependendo do perfil de lipoproteína; AAS
c) Estudo de imagem com esforço para estratificação adicional e para excluir isquemia oculta
d) Recomendação de TFE nos irmãos
e) Reavaliação com TFE em 2 anos para evidência de estabilização/regressão da placa

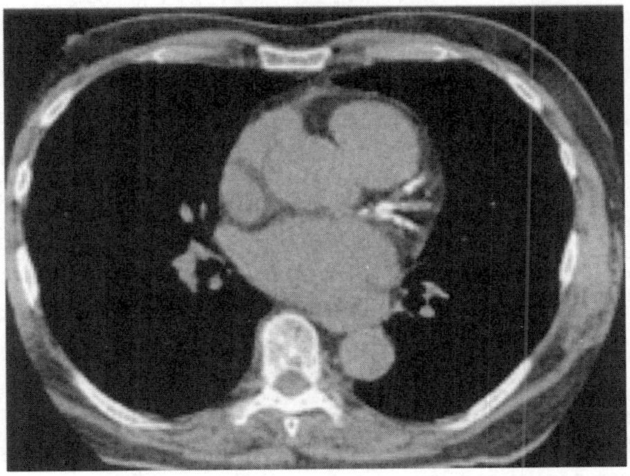

Com ECACs progressivamente maiores (ver figura, próxima página), a probabilidade de doença arterial coronariana (DAC) também aumenta não-linearmente, e podem ser melhor apreciadas correlações mais fortes com a *angiografia* invasiva examinando-se os "pontos de corte" do cálcio. Estudos de resultados representando o *significado prognóstico* de um escore coronariano absoluto alto (e um elevado escore percentual relativo à idade/sexo) demonstram, de forma impressionante, uma capacidade preditora muito potente do escore de cálcio, comparado com qualquer fator de risco convencional. Isso é compatível com a análise prévia de Gofman, demonstrando que os eventos aumentam bastante à medida que a magnitude da aterosclerose excede certos limiares.

4. Por que realizar um exame tão dispendioso? Uma clínico perspicaz não pode prever os pacientes de risco com sua experiência?

Aproximadamente 50% dos ataques cardíacos ocorrem em pessoas sem história prévia de doença coronária. Um colesterol total de < 200 ocorre em 35% das pessoas que tiveram IM. A avaliação tradicional dos fatores de risco é adequada para a análise populacional, mas freqüentemente descaracteriza o *indivíduo*, respondendo por apenas um terço da variabilidade clínica de risco. Milhões irão desenvolver doença coronariana clínica com um número insuficiente de fatores de risco (p. ex., apenas a história familiar, como no Caso 1) para atender aos critérios da NCEP para orientar a terapia. Outros serão identificados pela diretrizes como candidatos adequados para terapia a longo prazo com as estatinas, mas, de fato, não têm evidência de placa a ser estabilizada. A visualização com TFE estratifica mais precisamente o risco individual.

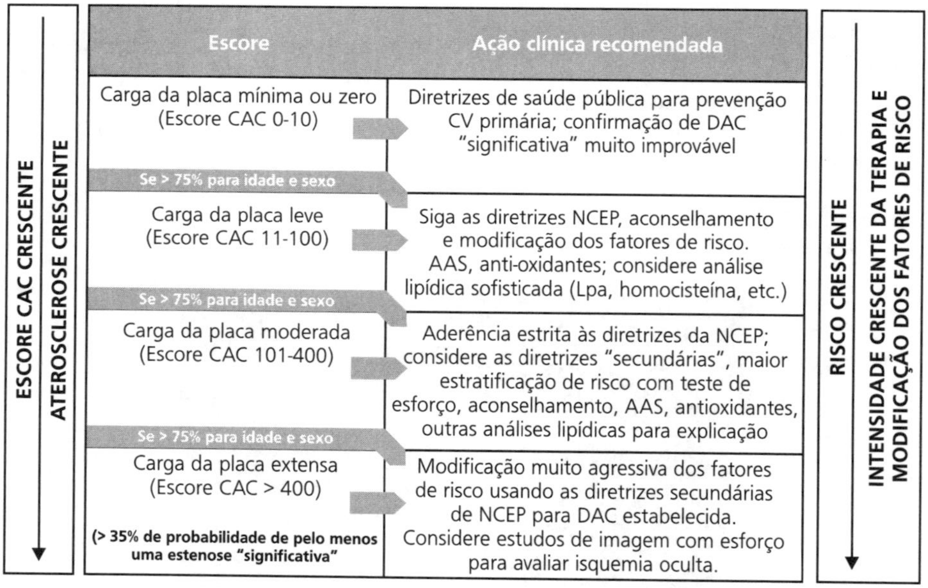

Combinando a intensidade da terapia preventiva e o risco cardíaco.

5. Um teste ergométrico não é capaz de detectar indivíduos assintomáticos de alto risco?

Ocasionalmente. Os testes ergométricos se tornam positivos quando há obstrução significativa ao fluxo sangüíneo coronariano (isquemia). Contudo, é sabido que *68% dos IMs ocorrem a partir de lesões que não são significativamente obstrutivas*. Isso é responsável pela observação comum de que eventos coronarianos súbitos ocorrem após um teste ergométrico normal. Os testes ergométricos são mais úteis em pacientes sintomáticos e podem ser úteis para avaliação funcional e da capacidade de exercício em pacientes assintomáticos.

6. Muitos pacientes têm TFEs positivos, enquanto outros exames cardíacos (p. ex., teste ergométrico, angiogramas) são normais. Os falso-positivos são comuns?

Uma varredura da artéria coronária é uma medida muito sensível e específica (quase 100%) da placa calcificada e apenas moderadamente específica (dependendo do escore e do número de vasos) de doença obstrutiva determinada pelo teste ergométrico e pela angiografia. Virtualmente não há falso-positivos para a própria placa, que é a lesão de interesse em pacientes assintomáticos. A carga da placa pela TFE tem demonstrado refletir a extensão angiográfica da doença melhor do que os testes ergométricos. Contudo, foi estabelecido que muitos indivíduos podem acomodar quantidades substanciais de placa sem mostrar obstrução significativa (fenômeno de Glagov de aumento vascular compensatório). Para um cardiologista que equipara doença coronariana "real" com obstrução significativa detectada pelos testes tradicionais, os escores coronarianos pela TFE freqüentemente parecerão ser falso-positivos.

7. Qual o valor preditivo do escore de cálcio da artéria coronariana (ECAC) pela TFE?

O ECAC deve ser examinado em termos de previsão (ou probabilidade) de eventos cardíacos futuros, obstrução angiográfica atual e presença de isquemia silenciosa demonstrada pelas imagens de esforço. Há alguma discordância sobre a magnitude da capacidade adicional "preditora de evento" de um escore de cálcio derivado da TFE além dos fatores de risco em várias populações. Contudo, tornou-se claro que a presença e a quantidade de cálcio (por escores absolutos e relativos) é mais preditiva de eventos futuros entre indivíduos aparentemente saudáveis que os fatores de risco. Além disso, até 45% dos indivíduos assintomáticos com placas extensas (ECAC > 400) podem ser demonstrados como tendo um teste de SPECT com tálio positivo (isquemia silenciosa). Finalmente, a visualização coronária pela TFE melhora a discriminação, em relação aos fatores de risco, de doença coronariana demonstrada angiograficamente.

8. Quais são as principais controvérsias e interpretações errôneas a respeito das imagens coronárias?

- *Placa instável vs. estável:* As imagens da TFE detectam a porção calcificada da placa, que pode, de fato, representar comumente a placa estável. Os proponentes da tecnologia têm um conceito avançado de que a porção calcificada representa simplesmente a "ponta do *iceberg*" aterosclerótico, levantando a preocupação sobre a "companhia" instável que ela mantém estatisticamente. Quanto maior a quantidade de placa calcificada, maior a placa total (estável ou instável) que pode estar presente. Os estudos dos resultados têm as premissas de que a TFE pode identificar o paciente vulnerável a despeito da sua incapacidade de medir diretamente a placa vulnerável.
- *Eventos podem ocorrer em pacientes com escore zero:* Os detratores da TFE indicam corretamente que um IM pode ocorrer em um paciente sem evidência de cálcio coronariano. A doença coronariana é complexa, uma vez que alguns eventos podem surgir predominantemente a partir de um mecanismo trombogênico com a presença de uma placa puramente macia. Contudo, já que uma maioria impressionante de eventos ocorre em pacientes com cálcio coronariano (especialmente quantidades acima da média), a presença de cálcio substancial é considerada como uma oportunidade de dirigir intervenções clínicas para confirmar indivíduos de alto risco.
- *Exames coronarianos como um rastreamento para auto-referidos:* Há uma preocupação disseminada a respeito de o indivíduo dever ser submetido a um exame de triagem cardíaca independentemente da recomendação médica. Além disso, a divulgação dessa disponibilidade é uma controvérsia nacional. Os defensores do auto-encaminhamento acreditam que o objetivo da triagem é proteger indivíduos de meia-idade que estão inesperadamente em risco da doença que mais mata nos Estados Unidos. A divulgação de uma triagem protetora

reflete a crença de que o exame preventivo freqüentemente é negligenciado pelos médicos no sistema de saúde gerenciado.

- *A visualização coronariana leva inevitavelmente a mais exames:* Não há atualmente nenhuma evidência dessa assertiva, que tem sido usada por alguns cardiologistas sem experiência nesse campo. À medida que os papéis e as limitações de todos os exames cardiológicos forem apreciados mais amplamente, tornar-se-á claro que os exames levam a um uso mais racional de outras modalidades de exames cardíacos. Por exemplo, pacientes assintomáticos com escores muito elevados precisarão ser submetidos a testes ergométricos para determinar o significado fisiológico da doença, e alguns terão isquemia. Por outro lado, uma visualização coronariana tem se mostrado um primeiro exame bastante custo-eficaz para pacientes com sintomas torácicos atípicos, porque a ausência de cálcio na TFE fala fortemente contra a realização de exames mais caros.

9. Além da estratificação de risco, vale a pena identificar pessoas com aterosclerose não-obstrutiva precoce?

Grandes estudos interventivos para lipídeos demonstraram de forma convincente o valor da modificação agressiva dos fatores de risco mesmo para *populações* com colesterol relativamente normal (como foi provado pelo estudo AFCAPS/TexCAPS). A aterosclerose pode ser retardada, sustada ou mesmo revertida com estratégias médicas agressivas, mas o desafio tem sido um direcionamento mais custo-eficaz de medicações de alto custo para *indivíduos* de "risco real". As estatinas reduzem os índices de eventos por mecanismos que incluem a estabilização da placa. Para indivíduos assintomáticos, o exame ajuda o clínico a decidir se simples estratégias de saúde pública (escolhas de estilos de vida) são adequadas ou se uma abordagem clínica (medicação) é necessária. Para pacientes com uma carga da placa elevada e sem explicação convencional dos fatores de risco, exames de sangue sofisticados geralmente são aconselhados para pesquisar uma causa mais nova de doença coronariana oculta. Estudos recentes verificaram que as estatinas aplicadas a indivíduos com placa comprovada pela TFE resultam em uma diminuição global na progressão da doença (com casos freqüentes de reversão), levando a um otimismo de que a imagem da TFE pode ser usada como um substituto para monitorizar o sucesso das intervenções terapêuticas.

10. Como a TFE pode ser usada em pacientes sintomáticos?

A TFE é um primeiro exame custo-eficaz em pacientes sintomáticos que têm uma probabilidade "pré-teste" baixa à moderada de obstrução coronariana (p. ex., dor torácica atípica). Como o teste é muito sensível para a placa, uma carga da placa zero (ou mínima) implica uma baixa probabilidade de obstrução fixa significativa e pode indicar rapidamente ao clínico que considere causas não-coronárias de sintomas torácicos. Contudo, o exame deve ser considerado apenas como uma peça do diagnóstico; ele não substitui o exame completo. Um paciente com angina clássica deve ser submetido aos exames mais tradicionais diretamente, sem uma TFE. Devido ao seu alto valor preditivo negativo para obstrução, um escore de cálcio zero em um paciente com um teste ergométrico duvidoso pode sinalizar para um teste ergométrico falso-positivo, enquanto um escore muito alto pode indicar maiores investigações, incluindo angiografia. O uso inteligente da TFE pode evitar angiografias desnecessárias para alguns pacientes e permite a expectativa confiante de achados anormais em outros. *Ver Caso 2,* na próxima página.

11. Quais pacientes devem ser considerados para uma visualização coronariana?

- Mulheres e homens de meia-idade *assintomáticos* com um ou mais fatores de risco adicional para ajudar o clínico a tomar uma decisão sobre a intensidade da modificação dos fatores de risco ou fornecer aconselhamento e tranqüilização. Exames seriados para examinar a progressão em intervalos apropriados.

Caso 2: Mulher sintomática de baixo risco com história de dor torácica

Uma mulher ansiosa, de 52 anos, com dois episódios de dor torácica, considerados como ataques de pânico por seu médico. Os exames laboratoriais e ECG eram normais. Admissão prévia ao hospital para excluir IM não revelou doença cardíaca. O teste ergométrico foi duvidoso. A paciente está sendo considerada para eco de esforço.

Visualização da artéria coronariana pela TFE:

ECAC = 0

Avaliação:

Sem evidência de aterosclerose coronariana calcificada. Episódios de dor torácica provavelmente não representam doença coronariana obstrutiva fixa.

Plano:

Pesquisa de causas não-cardíacas, incluindo reação de pânico.

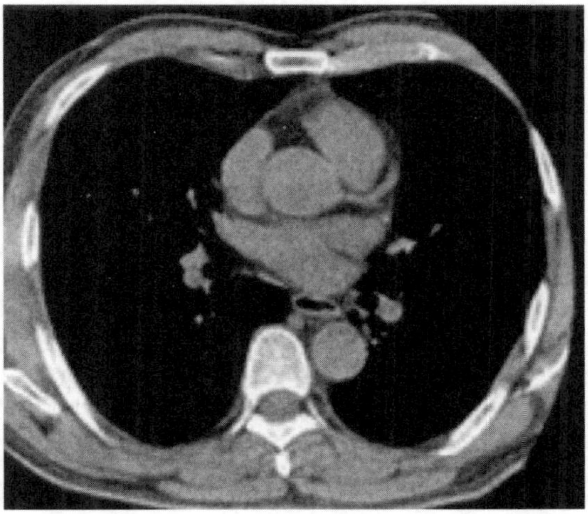

- Pacientes *sintomáticos* com apresentações atípicas ou que têm uma probabilidade pré-teste baixa ou moderada de isquemia para ajudar a decidir se a origem coronariana é provável.
- *Rastreamento* de consumidores de meia-idade com poucos ou nenhum fator de risco, para procurar doença inesperada ou para tranqüilização (não custo-eficaz, normalmente não é coberto pelos planos de saúde). (Ver ilustração da página 118.)

12. Quais são as limitações do teste? Em quais grupos a visualização pela TFE das artérias coronarianas tem menos valor?

Uma simples visualização coronariana pode determinar a anatomia – a quantidade e distribuição do cálcio coronariano, anormalidades pericárdicas, etc. –, mas não pode determinar diretamente o bloqueio coronariano nem os efeitos fisiológicos de tal bloqueio. Também há grupos nos quais o exame pode ser enganador e pode não adicionar nenhum valor a mais como:

Indicações — Grupos de pacientes	Objetivos do exame
1. Triagem em indivíduos assintomáticos de risco baixo-moderado (homens 35-65, mulheres 45-70)	1. Detectar aterosclerose oculta. Decidir sobre a redução de risco clinicamente (farmacológica) *vs* abordagem de saúde
2. Tomada de decisão em pacientes assintomáticos de alto risco (p. ex., diabéticos ou com colesterol elevado)	2. Verificar a necessidade de terapia agressiva
3. Membros da família de pacientes com DAC prematura	3. Determinar quais parentes de primeiro grau precisam de terapia preventiva e aconselhamento. Pesquisa de novos fatores de risco na família
4. Avaliação pré-operatória em pacientes de alto risco para submeter-se a cirurgia não-cardíaca	4. Determinar a adequação da cirurgia, a necessidade de medicina cardioprotetora pré-operatória e a necessidade de monitorização avançada
5. Pacientes com dor torácica ou sintomas com probabilidade pré-teste baixa a moderada de isquemia	5. Excluir DAC *vs.* causas não-cardíacas. Direcionar outros exames
6. Pacientes com teste ergométrico duvidoso	6. Ajudar a estabelecer positivos verdadeiros *vs.* falsos. Reduzir o índice de angiografias desnecessárias
7. Pacientes com doença sistêmica conhecida com potenciais efeitos coronarianos (p. ex., hipertensão, diabete)	7. Estratificação de risco, influenciar a intensidade da terapia e a modificação dos fatores de risco – monitorizar a progressão
8. Pacientes tratados com drogas redutoras de colesterol	8. Monitorizar a progressão *vs* a regressão da aterosclerose para determinar a eficácia da droga
9. Pacientes com DAC estabelecida (IM, hx de CABG ou angioplastia)	9. Sob orientação médica, TFE seriada para determinar se a doença está progredindo com a terapia. Não é útil como única visualização para estabelecer o diagnóstico de DAC
10. Pacientes com miocardiopatia – causa desconhecida	10. Ajudar a determinar etiologia isquêmica *vs.* não-isquêmica de modo simples e seguro
11. Mulher assintomática na menopausa	11. Ajudar em decisões a respeito de terapia hormonal

Seleção de pacientes para TFE.

- *Adultos jovens*, a não ser que haja uma história familiar de DAC precoce ou o paciente tenha, por exemplo, diabete ou hipercolesterolemia familiar significativa. Poucos adultos jovens mostram calcificação coronariana; portanto, a ausência de cálcio pode ser falsamente tranqüilizadora.
- *Pacientes idosos*, a não ser que o médico esteja planejando especificamente tomar uma decisão clínica com base no escore (p. ex., o paciente prefere não ser tratado com estatinas e o médico quer confirmar uma carga da placa baixa). A prevalência de aterosclerose é elevada nesse grupo, e o exame raramente altera o manuseio.
- A maioria dos pacientes com *doença coronariana estabelecida* (história de IM, angioplastia, ponte de safena). A visualização coronariana irá confirmar a presença de placa, um achado

que deve ser esperado. O valor de visualizações seriadas na determinação da progressão da doença nos vasos não está claro.

- Pacientes de risco muito alto, quando o médico decidiu tratar agressivamente, a despeito do escore coronariano. Por exemplo, alguns médicos tratam de rotina todos os diabéticos como tendo um "equivalente-DAC" e usam diretrizes secundárias de NCEP.

13. O que é a angiografia de feixe eletrônico (AFE)? Quais seus melhores usos?

A angiografia coronariana por TC (ou AFE) é uma abordagem relativamente não-invasiva ao exame cardíaco aprovada em novembro de 1999. Pela injeção de contraste corante em uma veia antecubital e seguindo protocolos específicos de varreduras, imagens das artérias coronarianas e seus lúmens são obtidas após reconstrução 3-D com equipamentos avançados. A AFE é uma grande promessa como uma alternativa ao cateterismo cardíaco invasivo para o diagnóstico de situações onde a probabilidade de intervenção cirúrgica é baixa. Além disso, muitos centros estão realizando AFE pós-CABG e pós-angioplastia em pacientes sintomáticos após esses procedimentos de revascularização.

REFERÊNCIAS BIBLIOGRÁFICAS

1. Achenbach S, Moshage W, Bachmann K: Noninvasive coronary angiography by contrast-enhanced electron beam computed tomography. *Clin Cardiology* 21:323-330, 1998.
2. Arad Y, Guerci AD, et al: Predictive value of electron beam computed tomography of the coronary arteries: 19 month follow-up of 1173 asymptomatic subjects. *Circulation* 93:1951-1953, 1996.
3. Baumgart D, Schmermund A, et al: Comparison of electron beam computed tomography with intracoronary ultrasound and coronary angiography for detection of coronary atherosclerosis. *J Am Coll Cardiol* 30:57-64, 1997.
4. Budoff MJ, Georgiou D, Brody AS, et al: Ultrafast computed tomography as a diagnostic modality in the detection of coronary artery disease: a multicenter study. *Circulation* 93:898-904, 1996.
5. Callister TQ, Raggi P, et al: Effect of HMG-CoA reductase inhibitors on coronary artery disease as assessed by electron beam computed tomography. *New Engl J Med* 339:1972-1978, 1998.
6. He, Zuo-Xiang, Roberts R, Mahmarian JJ, et al: Severity of coronary calcification by electron beam computed tomography predicts silent myocardial ischemia. *Circulation* 101:244-251, 2000.
7. Janowitz W, Agatston AS, Kaplan G, Viamonte M Jr: Differences in prevalence and extent of coronary artery calcium detected by ultrafast computed tomography in asymptomatic men and women. *Am J Cardiol* 72:247-254, 1993.
8. Kaufman R, Sheedy PF, Maher JE, et al: Quantity of coronary artery calcium detected by electron beam computed tomography in asymptomatic patients and angiographically studied patients. *Mayo Clinic Proc* 70:223-232,1995.
9. Laudon DA, Rumberger JA, Sheedy PF, et al: Use of electron beam computed tomography in the evaluation of chest pain patients in the emergency department. *Ann Emerg Med* 33:15-21, 1999.
10. Mautner GC, Mautner SL, Froehlich J, et al: Coronary artery calcification: assessment with electron beam CT and histomorphometric correlation. *Radiology* 192:619-623, 1994.
11. Raggi P, Callister TQ, et al: Evaluation of chest pain in patients with low to intermediate pretest probability of coronary artery disease by electron beam computed tomography. *Am J Cardiol* 85:283-288, 2000.
12. Raggi P, Callister TQ, et al: Identification of patients at increased risk of first unheralded acute myocardial infarction by electron beam computed tomography. *Circulation* 101:850-855, 2000.
13. Rumberger JA, Behrenbeck T, Breen JF, Sheedy PF: Coronary calcification by electron beam computed tomography and obstructive coronary disease: A model for costs and effectiveness of diagnosis as compared with conventional cardiac testing methods. *J Am Coll Cardiol* 33:453-462, 1999.
14. Rumberger JA, Brundage BH, Rader DJ, Kondos G: Electron beam computed tomographic coronary Calcium scanning: A review and guidelines for use in asymptomatic persons. *Mayo Clinic Proc* 74:243-252, 1999.
15. Rumberger JA, Sheedy PF, Breen JF, Schwartz RA: Electron beam computed tomographic coronary calcium cutpoints and severity of associated lumen stenosis. *J Am Coll Cardiol* 29:1542-1548, 1997.
16. Shavelle DM, Budoff MJ, Brundage BH, et al: Exercise testing and electron beam computed tomography in the evaluation of coronary artery disease. *J Am Coll Cardiol* 36:32-38, 2000.

III. Arritmias

14. TAQUICARDIAS SUPRAVENTRICULARES

Kimberley A. Schleman, M.D., e *Stuart W. Adler*, M.D.

1. Qual é a arritmia supraventricular mais comum?

Excluindo-se as despolarizações atriais prematuras simples, a fibrilação atrial (FA) é a arritmia supraventricular mais comumente encontrada. Sua incidência aumenta dramaticamente após a quinta década em homens e mulheres e atinge uma prevalência estimada de 5% aos 75 anos e de 15% aos 85 anos. Estima-se que cerca de 1 a 2 milhões de americanos tenham fibrilação atrial.

2. Enumere a avaliação de rotina que deve ser feita em pacientes com FA recém-descoberta.

Procure por causas precipitantes, como tireotoxicose, doença valvular, embolia pulmonar, pericardite, isquemia coronariana e consumo recente de álcool em excesso. Para a maioria dos pacientes, obtenha um ecocardiograma e níveis de TSH. As enzimas cardíacas podem ser avaliadas e deve ser feita uma cintilografia V/Q quando houver indicação clínica.

3. Quais as doenças cardiovasculares que mais provavelmente coexistem em pacientes com fibrilação atrial?

A doença cardíaca hipertensiva é a condição preexistente mais comum. Porém, a insuficiência cardíaca congestiva, a doença cardíaca reumática, a doença cardíaca valvular não-reumática, a doença pulmonar crônica, a doença arterial coronariana e a tireotoxicose são fatores de risco potentes para o desenvolvimento de fibrilação atrial. Pacientes sem doença cardiovascular identificável ou outras condições associadas à fibrilação atrial são denominados portadores de "fibrilação atrial isolada". Cerca de 3 a 25% de todos os pacientes com fibrilação atrial crônica apresentam "fibrilação atrial isolada".

4. Quais os agentes efetivos em reduzir a resposta ventricular na fibrilação atrial aguda?

Embora freqüentemente usada como droga de primeira linha, a *digoxina* é muito menos efetiva no controle agudo do ritmo cardíaco que outras drogas. O início de ação da digoxina é lento, e ela exerce seus efeitos lentificadores agudos, em grande parte, por uma atividade vagotônica indireta. O efeito da digoxina tende a desaparecer quando os pacientes aumentam seus níveis circulantes de catecolaminas durante o exercício. A digoxina, porém, continua a ser o agente de escolha para o controle do ritmo em pacientes com insuficiência cardíaca congestiva ou redução severa da função ventricular esquerda.

Em contraste à digoxina, o *diltiazem* intravenoso (bolus de 10 a 20 mg e manutenção de 5 a 15 mg/h) tem um início de ação dentro de minutos. Os β-bloqueadores intravenosos (esmolol em drip ou lopressor IV, 2,5 a 5 mg IV seguido de dose oral) também são efetivos e são o tratamento de escolha na fibrilação atrial associada a níveis elevados de catecolaminas (i. é, pacientes em pós-operatório). Observe, contudo, que os β-bloqueadores e os bloqueadores dos canais de cálcio podem precipitar hipotensão ou ICC – usar com cuidado em pacientes com disfunção de VE. O diltiazem IV tende a ser menos associado com hipotensão do que o verapamil IV, outro bloqueador dos canais de cálcio.

5. **Quais as técnicas utilizadas para avaliar o ritmo cardíaco em pacientes com fibrilação atrial crônica?**

A resposta de freqüência cardíaca pode ser avaliada por duas técnicas. O uso de *monitoração Holter por 24 horas* permite a avaliação da resposta ventricular durante as atividades da vida diária. O *teste ergométrico* formal fornece informações acerca da velocidade de aumento da resposta ventricular e da freqüência cardíaca máxima em exercício máximo. Ambas as formas de avaliação são úteis para estabelecer a eficácia do tratamento clínico crônico.

6. **O risco tromboembólico em pacientes com fibrilação atrial pode ser previsto por variáveis clínicas? E por variáveis ecocardiográficas?**

O risco de acidente vascular cerebral (AVC) em pacientes com fibrilação atrial crônica (não-valvular) é de aproximadamente 4 a 5% por ano. Os recentes estudos SPAF (Prevenção do Derrame na Fibrilação Atrial), bem como estudos anteriores (Estudo de Copenhagen sobre Fibrilação Atrial, AFASAK; Estudo Canadense de Anticoagulação na Fibrilação Atrial, CAFA; e Estudo da Área de Boston sobre Anticoagulação na Fibrilação Atrial, BAATAF) sugerem que uma história de hipertensão, de insuficiência cardíaca congestiva e de AVC prévio é preditora clínica significativa de AVC em pacientes com fibrilação atrial crônica. Fatores clínicos de risco adicionais podem incluir idade > 65 anos e diabete melito.

Nos achados ecocardiográficos do BAATAF e do SPAF e no estudo de fibrilação atrial do Veterans Affairs, foi identificada a disfunção VE como o mais importante preditor individual de acidentes vasculares. O estudo SPAF também mostrou que o tamanho do átrio esquerdo previu a ocorrência combinada de acidente vascular e embolia sistêmica. Adicionalmente, a estenose mitral, a prótese valvular mitral e a doença cardíaca reumática parecem estar associadas com um maior risco de acidente vascular.

7. **Em pacientes com fibrilação atrial crônica, o benefício da anticoagulação supera o risco de sangramento?**

Muitos estudos randomizados pesquisaram o uso de warfarina ou de aspirina como terapias para reduzir o risco de embolização sistêmica. Todos esses estudos demonstraram a eficácia da terapia com warfarina, com redução do risco de acidentes vasculares de aproximadamente 60% nos pacientes tratados. O nível de anticoagulação variou (o índice-alvo internacional normalizado [INR] foi de 1,5 a 4,2), e não houve maiores benefícios quando uma anticoagulação mais agressiva foi usada. Em dois estudos, a aspirina (80 ou 325 mg/dia) reduziu o risco de tromboembolismo em aproximadamente 35%. A warfarina também foi superior à associação de warfarina em baixas doses com aspirina (INR 1,2 a 1,5).

Em pacientes com FA isolada (ver Questão 3), isto é, aqueles que não têm história de hipertensão, diabete ou anormalidade estrutural cardíaca, que têm < 65 anos e o risco de acidente vascular é baixo o suficiente (1 a 2% ao ano), a aspirina é o tratamento de escolha.

8. **Em pacientes com FA crônica, o benefício da anticoagulação excede o risco de sangramento?**

Sim. O risco de uma complicação hemorrágica séria durante o uso de warfarina (com um INR de 2 a 3) é de 1,3 a 2,5% ao ano. Embora os idosos (maiores de 74 anos) tenham um maior risco de sangramento (4,2% ao ano no estudo de SPAF II), eles também têm um maior risco de acidentes vasculares e, portanto, se beneficiam mais com a terapia com warfarina em termos de redução dos acidentes vasculares.

9. **A FA paroxística (intermitente) tem o mesmo risco de tromboembolismo que a FA crônica?**

Sim. O estudo BAATAF mostrou índices similares de tromboembolismo com ambos os tipos de FA: ambos devem ser anticoagulados a longo prazo. Observe, contudo, que esse assunto ainda é controverso.

10. Quando se deve considerar uma cardioversão para converter um paciente de FA para ritmo sinusal?

Quando o paciente tem uma FA de recente instalação que tem < 48 h de duração. Se a duração é > 48 h, ou desconhecida, o paciente deve ser anticoagulado por três semanas antes e quatro semanas após a cardioversão para evitar tromboembolismo. Ou o paciente pode ser submetido à ecocardiografia transesofágica para excluir um trombo atrial esquerdo e, se negativo, proceder à cardioversão.

11. Quando deve ser usada uma terapia antiarrítmica a longo prazo para manter o ritmo sinusal e evitar a recorrência de FA?

A questão sobre se é preferível tratar a FA a longo prazo com medicações de controle de freqüência ou medicações antiarrítmicas para manter o ritmo sinusal ainda permanece sem resposta. A *Atrial Fibrilation Follow-up Investigation of Rhythm Management* (AFFIRM) (Investigação de manuseio de ritmo no acompanhamento da fibrilação atrial) que está sendo realizada irá abordar esse aspecto. Pacientes com insuficiência cardíaca ou freqüências ventriculares rápidas, não-controlados facilmente com medicação, podem melhorar substancialmente sua função sistólica quando mantidos em ritmo sinusal, já que eles têm o auxílio de um "impulso atrial" e uma menor freqüência cardíaca – que contribuem para melhorar o débito cardíaco.

Os antiarrítmicos usados mais comumente são os da Classe III (p. ex., solatol, amiodarona), Classe Ic, como a propafenona, e Classe Ia (p. ex., quinidina, procainamida). A quinidina e a procainamida caíram em desuso por medidas de segurança. Dois estudos sugeriram um aumento de mortalidade, potencialmente devido à morte súbita em pacientes tratados com quinidina especificamente ou com agentes classe Ia em geral. As drogas Classe Ic (p. ex., propafenona) e Classe III também têm um efeito de controle de freqüência quando o paciente está em FA.

12. O que é uma taquicardia supraventricular paroxística (TSVP)?

A TSVP é um rótulo amplo que engloba arritmias de várias causas diferentes. A mais comum é a *taquicardia de reentrada no nódulo AV*, que se manifesta como uma taquicardia com complexos QRS estreitos, regulares, com freqüências cardíacas que variam amplamente, mas geralmente ficam entre 160 e 180 bpm. Tipicamente, a onda P está "enterrada" dentro do complexo QRS e não é facilmente visualizada. Se ela *for* visível, o vetor da onda P é negativo nas derivações inferiores e geralmente segue o complexo QRS em < 80 mseg. Ondas P que acompanham os QRS em > 80 mseg são vistas tipicamente nas taquicardias de reentrada usando-se um trato alternativo.

A segunda forma mais comum de TSVP é a *taquicardia de reentrada AV*, que é devida a uma conexão acessória entre o átrio e o ventrículo. A *síndrome de Wolf-Parkinson-White* é um exemplo disso. A conexão acessória permite um circuito reentrante, que usa o nódulo AV como uma alça e a via acessória como outra alça.

13. Quais as manobras e as medicações efetivas para cessar a TSVP regular de complexos QRS estreitos?

A estimulação vagal (manobra de Valsalva ou massagem no seio carotídeo) pode afetar a taquicardia e, em alguns casos, cessá-la. Essas manobras ocasionalmente podem lentificar ou interromper transitoriamente a condução pelo nódulo AV, afetando, assim, o circuito de reentrada e interrompendo a taquicardia.

Várias medicações intravenosas também podem ser usadas para interromper as taquicardias supraventriculares sustentadas obtendo o mesmo resultado no nódulo AV. A adenosina intravenosa (6 a 12 mg), o verapamil (5 a 10 mg), o diltiazem (20 a 25 mg) e o esmolol (0,5 mg/kg) são efetivos na lentificação e/ou bloqueio da condução no nódulo AV e, assim, na cessação da taquicardia. É útil registrar o ritmo durante essas manobras ou a administração de drogas, uma vez que os traçados podem fornecer dados sobre o mecanismo da taquicardia.

14. O que é a onda delta em pacientes com a síndrome de Wolff-Parkinson-White?

A onda delta representa a porção de músculo ventricular (ventrículo esquerdo ou direito) que é ativado antes da ativação ventricular normal via sistema de His-Purkinje. Dependendo da localização da conexão acessória e da condução do nódulo AV em um dado momento, a onda delta pode ser mais ou menos aparente.

A onda delta manifesta-se na primeira porção do QRS, e o vetor pode ser positivo (para cima), negativo (pseudo-onda Q) ou isoelétrico (inaparente), dependendo da localização da conexão acessória. O vetor da onda delta no ECG de 12 derivações é freqüentemente útil para realizar uma aproximação inicial na localização da conexão acessória.

15. Existe um tratamento de escolha para pacientes com a síndrome de Wolff-Parkinson-White que se apresentam em fibrilação atrial?

Esses pacientes têm tipicamente um ECG de aspecto bizarro, com uma taquicardia irregularmente irregular de complexos largos. A largura do QRS varia, dependendo da quantidade de impulso que passa pelo nódulo AV *versus* a quantidade que passa pela via acessória. Nesses pacientes, drogas bloqueadoras do nódulo AV (bloqueadores dos canais de cálcio, adenosina, β-bloqueadores e digoxina) *não devem ser usadas*. Essas drogas podem lentificar a condução pelo nódulo AV e paradoxalmente acelerar a resposta ventricular por aumentar a condução pela conexão acessória, fazendo com que um paciente estável se torne instável. Além disso, a hipotensão induzida pela droga pode provocar um aumento da liberação de catecolaminas, o que pode aumentar diretamente a condução pela via acessória. É nessa situação que a fibrilação ventricular tem mais probabilidade de ocorrer.

Em pacientes hemodinamicamente estáveis, a procainamida intravenosa é a droga de escolha, pois lentifica a condução na via acessória e freqüentemente converte a fibrilação atrial em ritmo sinusal normal. Em pacientes hemodinamicamente comprometidos, o uso da cardioversão elétrica direta é recomendado.

16. Como deve ser feito o tratamento a longo prazo do WPW?

Se o paciente tem evidência de pré-excitação ao ECG, isto é, ondas delta, mas sem história de taquiarritmias, então não é necessário nenhum estudo eletrofisiológico ou tratamento. Se o paciente tem taquiarritmias, então deve-se iniciar a terapia farmacológica ou ser feita a ablação por radiofreqüência.

Para o manuseio a longo prazo, *podem* ser usados β-bloqueadores e bloqueadores dos canais de cálcio. Eles prolongam o tempo de condução e aumentam a refratariedade do nódulo AV. Isso deve evitar que a taquicardia atinja freqüências ventriculares muito altas e pode até evitar que a taquicardia se perpetue indefinidamente. A digoxina não deve ser usada porque ela tem efeitos variáveis na condução da via acessória.

A ablação deve ser realizada em pacientes que não respondem à terapia medicamentosa ou apresentam taquicardia com instabilidade hemodinâmica.

17. Como a TSVP com QRS aberrante é diferenciada da taquicardia ventricular (TV)?

Quando o paciente se apresentar com uma taquicardia de complexos amplos, tente obter um ECG de 12 derivações para distinguir entre os diferentes tipos de TSV e TV. Pacientes com TSV com condução aberrante têm tipicamente um complexo QRS alargado que se manifesta como um padrão de bloqueio de ramo direito ou de ramo esquerdo, com características típicas de bloqueio de ramo vistas no ECG. Se houver dissociação AV (ondas P com freqüência constante com relação variável com o QRS), o ritmo é TV.

Uma boa regra prática: se o paciente sabidamente tem disfunção de VE ou uma história de IM, o ritmo é de TV até que se prove o contrário.

18. Os sinais vitais ajudam a distinguir entre uma TSV e uma TV?

Definitivamente não. Pacientes com TSV podem ser muito hipotensos e ter síncope, enquanto pacientes com TV podem ter apenas sintomas mínimos. Mais uma vez, se um paciente idoso se apresenta com taquicardia de complexos amplos e teve um IM prévio e uma fração de ejeção ≤ 40%, mas parece confortável, não assuma que seja uma TSV.

19. O paciente com TSVP requer tratamento uma vez que um episódio é cessado?

Exceto em pacientes com a síndrome de Wolff-Parkinson-White, nos quais existe uma condução muito rápida em sua conexão acessória (manifestando-se durante a fibrilação atrial ou o estudo eletrofisiológico), a maioria dos episódios de TSVP não apresenta risco de vida. A freqüência de recidiva da arritmia e a necessidade de intervenção clínica para interromper os episódios influenciam a decisão de tratar os pacientes individuais. As terapias clínicas (digoxina, bloqueadores dos canais do cálcio, β-bloqueadores e antiarrítmicos) são todas associadas a porcentagens de fracasso relativamente altas (freqüentemente 40% no primeiro ano). Pacientes com recidivas freqüentes de arritmia ou em risco de uma arritmia mais séria devem ser avaliados por um eletrofisiologista cardíaco para uma possível ablação.

20. O que é ablação por radiofreqüência?

A ablação por radiofreqüência é o fornecimento de energia (400 e 500 Hz) por meio de um cateter para criar lesões pequenas e discretas por queimaduras. Antes da ablação, o eletrofisiologista realiza um estudo eletrofisiológico diagnóstico para determinar o mecanismo da taquicardia. Depois são usados cateteres de mapeamento para localizar com precisão a conexão elétrica anormal do paciente (i. é, a via acessória em pacientes com síndrome de WPW). O índice de sucesso na cura de WPW e de taquicardia de reentrada no nódulo AV é de > 90%.

21. Há um algoritmo simples que possa ser usado para determinar o tipo de TSV?

Sim. Observe que esse algoritmo inclui apenas os tipos mais comuns de TSV (veja o algoritmo na próxima página).

REFERÊNCIAS BIBLIOGRÁFICAS

1. Antman EM, Beamer AD, Cantillon C, et al: Therapy of refractory symptomatic AF and atrial flutter: A staged care approach with new antiarrhythmic drugs. *J Am Coll Cardiol* 15:698, 1990.
2. The Atrial Fibrillation Investigators: Echocardiographic Predictors of Stroke in Patients with Atrial Fibrillation: A Prospective Study of 1066 Patients From 3 Clinical Trials. *Arch Intern Med* 158:1316, 1998.
3. The Boston Area Anticoagulation Trial for Atrial Fibrillation Investigators: The effect of low-dose warfarin on the risk of stroke in patients with nonrheumatic atrial fibrillation. *N Engl J Med* 323:1505, 1990
4. Connelly SI, Laupacis A, Gent M, et al: Canadian Atrial Fibrillation Study (CAFA). *J Am Coll Cardiol* 18:349, 1991.

4a. Ezekowitz MD, Bridgers SL, James KE: Warfarin in the prevention of stroke associated with nonrheumatic atrial fibrillation. Veterans Affairs Stroke Prevention in Nonrheumatic Atrial Fibrillation Investigation. *N Engl J Med* 327(20):1406-1412, 1992.

5. Falk RH, Podrid PJ (eds): Atrial Fibrillation: Mechanisms and Management. New York, Raven Press, 1992.
6. Jackman WM, Wang X, Friday KJ, et al: Catheter ablation of accessory atrioventricular pathways (Wolff-Parkinson-White syndrome) by radiofrequency current. *N Engl J Med* 324:1605, 1991.
7. Jackman WM, Beckman KJ, McClelland JH, et al: Treatment of supraventricular tachycardia due to atrioventricular notal reentry by radiofrequency catheter ablation of slow pathway conduction. *N Engl J Med* 327:313, 1992.
8. Kay GN, Chong F, Epstein AE, et al: Radiofrequency ablation for treatment of primary atrial tachycardias. *J Am Coll Cardiol* 21:901, 1993.
9. Pritchett E: Management of atrial fibrillation. *N Engl J Med* 326:1264, 1992.
10. Scheinman MM, Olgin JE: Comparison of high energy direct current and radiofrequency catheter ablation of the atrioventricular junction. *J Am Coll Cardiol* 21:557, 1993.

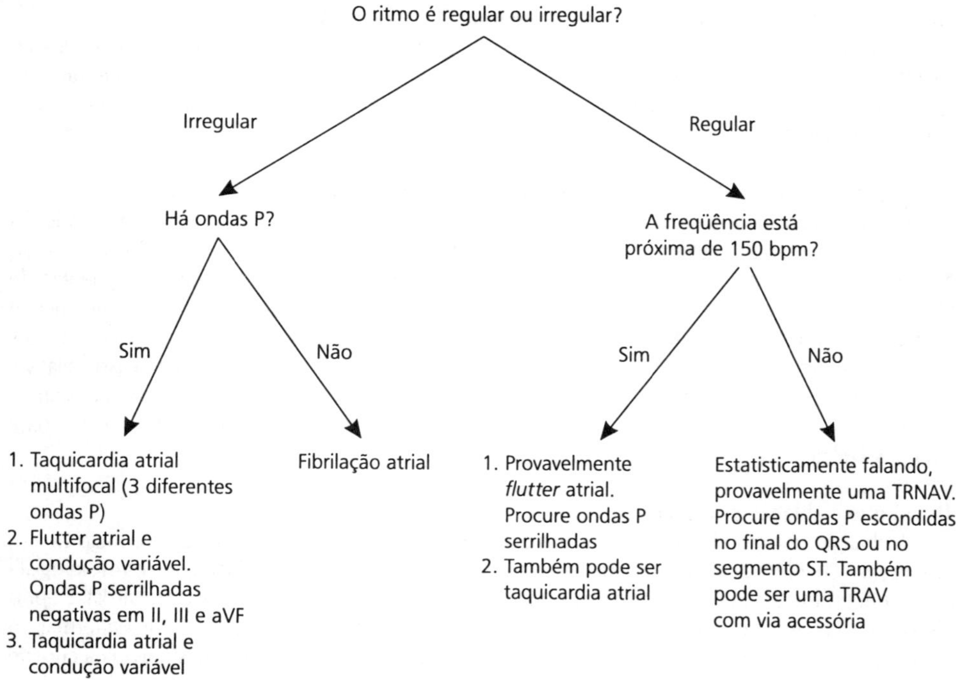

TRNAV/TRAV = taquicardia de reentrada no nódulo AV.

11. The Stroke Prevention in Atrial Fibrillation Investigators: Predictors of thromboembolism in atrial fibrillation: 1. Clinical features of patients at risk. *Ann Intern Med* 116:1, 1992.
12. The Stroke Prevention in AF Investigators: Predictors of thromboembolism in atrial fibrillation: 11. Echocardiographic features of patients at risk. *Ann Intern Med* 116:6, 1992.
13. The Stroke Prevention in Atrial Fibrillation Investigators: Warfarin versus aspirin for prevention of thromboembolism in atrial fibrillation: Stroke Prevention in Atrial Fibrillation, Study II. *Lancet* 343:687,1994.

15. TAQUICARDIA VENTRICULAR

William Bailey, M.D.

1. **Qual o diagnóstico diferencial de uma taquicardia de complexo amplo?**
   Taquicardia ventricular
   Taquicardia supraventricular aberrante
   Taquicardia supraventricular com via acessória (síndrome de Wolff-Parkinson-White)
   Hipercalemia

2. **Quais são as características clínicas de pacientes com taquicardia ventricular?**

A maioria dos pacientes com taquicardia ventricular sustentada recorrente possui uma história de doença arterial coronária isquêmica associada com infarto prévio e aneurisma. O segundo maior grupo de pacientes apresenta uma miocardiopatia congestiva ou hipertrófica subjacente. Os restantes apresentam um distúrbio elétrico primário (com ou sem um coração estruturalmente normal), distúrbio valvular, doença cardíaca congênita (corrigida ou não), distúrbio metabólico ou toxicidade por drogas.

3. **Quais os sintomas e as características no exame físico que podem auxiliar a fazer o diagnóstico de taquicardia ventricular?**

Os sintomas clínicos da taquicardia ventricular dependem em grande parte da freqüência e da extensão da doença cardíaca subjacente. Os sintomas podem ser modificados por um estreitamento das artérias coronárias, por doença vascular carotídea e periférica, por fração de ejeção e mesmo pela hidratação relativa do paciente. Medicações concomitantes também podem desempenhar um papel nos sintomas iniciais. Os sintomas variam de palpitações leves, opressão precordial e tontura à síncope franca e parada cardíaca; a maioria dos pacientes experimenta uma constelação de sintomas entre os dois extremos.

Os achados clássicos no exame físico dependem das inter-relações entre a contração atrial e ventricular. Se o paciente não é capaz de conduzir um impulso elétrico retrógrado do ventrículo para o átrio, os achados clássicos de dissociação atrioventricular (AV) estão presentes: intensidade variável do primeiro som cardíaco, relação inconsistente entre a onda a e a onda v no pulso jugular e, ocasionalmente, ondas a em canhão quando o átrio e o ventrículo se contraem simultaneamente. A condução retrógrada está associada a uma regularidade de ondas a em canhão, e os sinais de dissociação AV estão ausentes.

4. **Quais as três características do registro do ritmo de uma taquicardia de complexo amplo que a definem como taquicardia ventricular?**

As três características clássicas são batimentos de fusão, batimentos de captura e dissociação AV. Os batimentos de fusão são uma forma intermediária entre o ritmo de complexos amplos e o ritmo sinusal de complexos estreitos e representam a despolarização simultânea do ventrículo por um impulso supraventricular e um impulso originário do ventrículo. Isso é melhor compreendido combinando-se mentalmente o amplo batimento ventricular com o estreito batimento sinusal. Os *batimentos de captura* são batimentos de complexo estreito dispersos, que geralmente ocorrem em um intervalo mais curto que a taquicardia. Ondas P idênticas às ondas P observadas durante o ritmo sinusal podem precedê-los. A *dissociação AV* é o sinal de atividades atrial e ventricular independentes com freqüências diferentes. Uma medida cuidadosa com régua mostra freqüências diferentes ventriculares e atriais. Esses achados são incomuns, mas altamente específicos. A dissociação AV está presente em cerca de 25% dos pacientes com taquicardia ventricular, enquanto os batimentos de fusão e os batimentos de captura são encontrados em cerca de 5%.

5. Quais as características eletrocardiográficas que auxiliam a diferenciar a taquicardia ventricular da taquicardia supraventricular com aberrância?

Embora a freqüência tenha sido proposta como uma forma potencial de diferenciar os dois ritmos, ela é pouco confiável em determinados pacientes. Uma largura de QRS maior que 140 mseg favorece fortemente a taquicardia ventricular, especialmente no caso de um QRS normal durante um ritmo sinusal. Um eixo do QRS voltado para a esquerda favorece fortemente a taquicardia ventricular. A concordância (direção idêntica do QRS) nas derivações precordiais (V_1-V_6), especialmente a concordância negativa, é altamente específica para o diagnóstico de taquicardia ventricular. Certas características morfológicas do QRS também podem ser úteis. Um padrão de ramo direito atípico (R > R'; no bloqueio de ramo direito clássico, R < R'), um QRS monofásico ou bifásico na derivação V_1, e uma onda R pequena acoplada a uma onda S grande e profunda, ou um complexo Q-S em V_6 apóiam o diagnóstico de taquicardia ventricular com morfologia de bloqueio de ramo direito. A presença em V_1 de uma onda R > 30 mseg, o entalhamento da parte descendente da onda S, um tempo > 60 mseg do início da onda R ao fim da onda S e na derivação V_6 a presença de qualquer onda Q pequena, com uma grande onda R, favorecem fortemente o diagnóstico de taquicardia ventricular com morfologia de bloqueio de ramo esquerdo. O intervalo R-S mais longo também pode ser medido. O achado de um intervalo R-S mais longo, em qualquer derivação precordial, > 100 mseg, é altamente específico para o diagnóstico de taquicardia ventricular.

A lentificação ou interrupção de um ritmo com manobras vagais apóia fortemente o diagnóstico de taquicardia supraventricular com aberrância. Uma clara ligação entre o ritmo atrial e ventricular, a presença de um padrão clássico de bloqueio de ramo e um intervalo R-P muito curto (tempo do início do QRS até a próxima onda P) caracterizam uma taquicardia supraventricular com aberrância.

6. Quais as decisões críticas que devem ser tomadas no manuseio da taquicardia ventricular?

A decisão crítica no manuseio de um paciente com taquicardia ventricular sustentada é a urgência com a qual se deve tratar a arritmia. Em um paciente hemodinamicamente estável, o tratamento deve ser retardado até que um ECG de 12 derivações seja obtido. Durante esse período, uma breve história médica e exames laboratoriais basais podem ser obtidos. Deve-se prestar atenção especial a uma história de infarto do miocárdio e ao uso de drogas potencialmente arritmogênicas. Se você tem dúvidas sobre uma droga, pesquise-a. Níveis de potássio e de magnésio e de drogas apropriadas devem ser verificados. A triagem toxicológica deve ser obtida imediatamente no momento da chegada no departamento de emergência.

7. Por que é importante obter um eletrocardiograma de 12 derivações?

O eixo e a morfologia auxiliam a fazer o diagnóstico de taquicardia ventricular, bem como indicam o mecanismo potencial e a origem da arritmia. Por exemplo, um ritmo com uma morfologia de bloqueio de ramo direito geralmente origina-se do ventrículo esquerdo e implica que o ritmo é secundário a uma doença cardíaca isquêmica com formação de tecido cicatricial e/ou aneurisma. Ritmos com morfologia de bloqueio de ramo esquerdo geralmente são originados do ventrículo direito. Uma vez que os dados eletrocardiográficos iniciais sejam obtidos, deve-se tomar uma decisão sobre a melhor forma de interromper a arritmia. Se existe qualquer dúvida sobre a estabilidade do paciente ou se a situação clínica se deteriora, é melhor interromper a arritmia por cardioversão.

8. Após os dados basais terem sido obtidos, qual o método usado para interromper a arritmia?

Em qualquer suspeita de instabilidade hemodinâmica, a interrupção deve ser feita imediatamente com cardioversão elétrica sincronizada. A instabilidade hemodinâmica é definida como hipotensão resultando em choque; insuficiência cardíaca congestiva; isquemia miocárdica (infarto ou angina) ou sinais ou sintomas de perfusão cerebral inadequada. É importante assegurar-se, antes da cardioversão, de que a energia seja aplicada de modo sincronizado. A falha em fazê-lo pode introduzir energia em um período vulnerável (na onda T- fase 3 tardia na repolarização) e acelerar o ritmo ou induzir fibrilação ventricular.

Níveis de energia tão baixos como 10 watt-segundos podem ser bem-sucedidos, mas sob risco de fibrilação ventricular devido à desfibrilação incompleta de uma massa crítica de miocárdio suficiente para extinguir o ritmo. Assim, é aconselhável iniciar com um nível de 100 watt-segundos. Se o paciente está consciente, uma sedação intravenosa adequada deve sempre ser fornecida.

9. Como é interrompida a taquicardia ventricular hemodinamicamente estável?

A interrupção da taquicardia ventricular hemodinamicamente estável pode ser tentada clinicamente. O tratamento é iniciado com lidocaína intravenosa ou procainamida, seguido de uma infusão de manutenção se a droga é bem-sucedida. Os níveis da droga devem ser verificados e usados para guiar a velocidade de infusão na manutenção.

A amiodarona pode agora ser administrada por infusão venosa para interromper e prevenir a recorrência de arritmias ventriculares. Outra droga intravenosa, ibutilida, também está disponível, mas não está aprovada para uso em arritmias ventriculares.

10. Como é tratada a taquicardia ventricular não-responsiva clinicamente?

A taquicardia ventricular estável, refratária clinicamente, pode ser interrompida pela inserção de um cateter transvenoso temporário e um marcapasso ventricular. Esse método é mais útil para pacientes com um ritmo ventricular hemodinamicamente estável com recidivas freqüentes. Existe um risco pequeno (cerca de 5%) de aceleração da freqüência e/ou indução de fibrilação ventricular. Provisões para desfibrilação imediata devem estar disponíveis ao tentar a interrupção com o marcapasso. A interrupção com marcapasso somente deve ser feita por médicos experientes e com treinamento adequado. Há pouca experiência com o marcapasso transcutâneo para recomendar seu uso na interrupção da taquicardia ventricular sustentada. Arritmias refratárias ao tratamento clínico também podem ser eletricamente cardiovertidas com o choque sincronizado e a sedação apropriada do paciente.

11. Uma vez que o episódio agudo seja interrompido, como a recidiva é prevenida?

Qualquer causa potencialmente reversível deve ser pesquisada e tratada – especificamente, isquemia ou alterações eletrolíticas. Agentes antiarrítmicos têm sido a base da terapia preventiva. Uma farmacoterapia apropriada tem sido orientada pela monitoração com Holter ou exames eletrofisiológicos. Quando a terapia com monodroga falha, esquemas de combinação têm sido tentados. O sucesso clínico a longo prazo dos esquemas clínicos é baixo. O sotalol e a amiodarona são as medicações mais efetivas.

Avanços tecnológicos recentes deram aos pacientes a opção de um cardioversor desfibrilador implantável antitaquicardia. Esses instrumentos são capazes de monitorar o ritmo continuamente e responder com um algoritmo apropriado (marcapasso ou desfibrilação), conforme previamente programado pelo médico. A taxa de sucesso para a cessação da arritmia é alta. Estão sendo feitos estudos para determinar se, a longo prazo, esses instrumentos prolongam a sobrevida. Opções adicionais incluem a ablação do foco de arritmia com cateter ou ablação cirúrgica. A terapia de ablação e com dispositivos requer treinamento especializado por parte do médico.

12. Qual a evidência de suporte para o uso de um cardioversor desfibrilador implantável (CDI) em pacientes que apresentam taquicardia ventricular?

O benefício da sobrevida a longo prazo foi demonstrado em um estudo comparativo entre CDI e terapia com drogas antiarrítmicas. O estudo *Antiarrhythmics versus Implantable Defibrillators* (AVID)

(Antiarrítmicos vs. Desfibriladores Implantáveis) envolveu pacientes que sobreviveram a uma parada cardíaca, tiveram taquicardia ventricular sustentada sintomática ou tiveram taquicardia ventricular com fração de ejeção baixa (< 40%). Pouco mais de mil pacientes foram randomizados para receber CDI, amiodarona empírica ou sotalol guiado eletrofisiologicamente. Houve uma redução significativa no número de mortes no grupo com CDI comparado com o grupo tratado com drogas. Esse estudo traz grande suporte ao uso do CDI como terapia de primeira linha para o tratamento de pacientes que tiveram a sorte de sobreviver a uma arritmia com risco de vida.

13. É possível identificar e tratar pacientes com alto risco de morte súbita por arritmia ventricular?

O *Multicenter Automatic Defibrillator Implantation Trial* (MADIT) (Estudo Multicêntrico de Implantação de Desfibrilador Automático) demonstrou que o implante profilático de um desfibrilador implantável resultou em uma melhora da sobrevida em pacientes de alto risco comparado com a terapia antiarrítmica convencional. Os indivíduos eram triados para risco adicional por estudo eletrofisiológico, e eram identificadas três características: história de infarto do miocárdio, fração de ejeção ≤ 35% e um episódio documentado de taquicardia ventricular não-sustentada assintomática. Indivíduos que atenderam a esses critérios foram submetidos a mais testes eletrofisiológicos. Os pacientes que tinham arritmia ventricular indutível, mas não suprimível, eram considerados de alto risco. O desfibrilador implantável mostrou uma redução de 62% na mortalidade comparado com as drogas antiarrítmicas (primariamente a amiodarona).

REFERÊNCIAS BIBLIOGRÁFICAS

1. AVID Investigators: A comparison of antiarrhythmic drug therapy with implantable defibrillators in patients resuscitated from near fatal ventricular arrhythmias. *N Engl J Med* 337:1576-1583, 1997.
2. Echt D, Liebson P, Mitchell B, et al: Mortality and morbidity in patients receiving encainide, flecanide, or placebo. *N Engl J Med* 324:781-788, 1991.
3. Fogel RI, Prystowsky EN: Management of malignant ventricular arrhythmias and cardiac arrest. *Crit Care Med* 28(10 Suppl):N 165-169, 2000.
4. Mason J, ESVEM investigators: A comparison of electrophysiologic testing with Holter monitoring to predict antiarrhythmic-drug efficacy for ventricular tachyarrhythmias. *N Engl J Med* 329:445-451, 1993.
5. Moss AJ, Hall WJ, Cannom DS, et al: Improved survival with an implanted defibrillator in patients with prior myocardial infarction, low ejection fraction, and asymptomatic non-sustained ventricular tachycardia. *N Engl J Med* 335:1933-1940, 1996.
6. Pavia S, Wilkoff BL: Preventing sudden death in coronary cardiomyopathy: Implantable defibrillators lead the way. *Cleve Clin J Med* 68(2):1 13-129, 2001.
7. Shensa M, Borggrefe M, Haverkamp W, et al: Ventricular tachycardia. *Lancet* 341:1512-1519, 1993.
8. Zipes DP, Wellens HJ: What have we learned about arrhythmias? *Circulation* 102(20 Suppl 4):IV52-57. 2000.

16. MARCAPASSO CARDÍACO NO BLOQUEIO ATRIOVENTRICULAR

William Bailey, M.D.

Este capítulo trata das indicações para o marcapasso no caso de bloqueio atrioventricular (AV). As decisões sobre o marcapasso originam-se de uma de três situações: (1) bloqueio AV adquirido, (2) bloqueio AV associado a infarto do miocárdio e (3) bloqueio bifascicular e trifascicular. As indicações apresentadas são aquelas para as quais existe uma ampla concordância em que o marcapasso é indicado e para as quais espera-se um benefício em relação à sobrevida. As indicações para as quais não existe consenso são excluídas.

1. Quais são os três tipos de bloqueio AV adquirido?

Existem três graus de bloqueio AV: primeiro, segundo e terceiro (completo). Essa classificação baseia-se no eletrocardiograma.

O *bloqueio de primeiro grau* refere-se ao prolongamento do intervalo PR > 200 mseg e representa um retardo na condução do nódulo AV. Não existem indicações aceitas para marcapasso no bloqueio de primeiro grau isolado.

O *bloqueio de segundo grau* é dividido em dois tipos. O tipo I (Wenckebach) exibe prolongamento progressivo do intervalo PR antes que um impulso falhe em estimular o ventrículo. Anatomicamente, essa forma de bloqueio ocorre no nódulo AV, acima do feixe de His. O tipo II não exibe prolongamento do intervalo PR antes que um batimento falhe e, anatomicamente, ocorre em nível do feixe de His. Esse ritmo pode estar associado a um complexo QRS amplo. O bloqueio avançado de segundo grau refere-se a um bloqueio de duas ou mais ondas P consecutivas.

O *bloqueio completo ou de terceiro grau* refere-se a uma dissociação completa dos ritmos atrial e ventricular, com um ritmo ventricular menor que o atrial. A largura do QRS e a freqüência do ritmo ventricular auxiliam a inferir uma localização anatômica do bloqueio: um QRS estreito resulta em lentificação mínima do ritmo, geralmente no nódulo AV, e um QRS amplo resulta em considerável lentificação sobre ou abaixo do feixe de His.

2. Qual é a manifestação clínica mais importante que estabelece a necessidade de marcapasso cardíaco?

A manifestação clínica mais importante consiste em sintomas claramente associados com uma bradicardia secundária ao bloqueio AV. Causas reversíveis como digoxina ou β-bloqueadores devem ser pesquisadas e, quando possível, os agentes lesivos devem ser suspensos. Isso nem sempre é possível, especialmente se a medicação é necessária para o controle de uma taquiarritmia. A bradicardia sintomática é a manifestação essencial para a colocação de um marcapasso permanente no bloqueio AV adquirido em adultos. As muitas manifestações clínicas da bradicardia sintomática incluem tontura, lipotimia, síncope franca, manifestações de isquemia cerebral, dispnéia aos exercícios, tolerância diminuída ao exercício e mesmo insuficiência cardíaca congestiva.

3. Em qual situação clínica a colocação de um marcapasso está indicada no bloqueio AV adquirido?

O marcapasso está indicado para o bloqueio de terceiro grau (completo), permanente ou paroxístico, quando associado a sintomas claramente relacionados à (1) bradicardia, (2) à insuficiência cardíaca congestiva, (3) a tratamento para suprimir outras arritmias ou para controlar condições clínicas (digital para insuficiência cardíaca congestiva com agentes que suprimem o automatismo do tecido marcapasso), (4) a um ritmo de escape < 40 batimentos/min ou assistolia por > 3 segundos (pode ser assintomática), (5) à obnubilação mental que claramente se resolve com marcapasso temporário, (6) à ablação do nódulo AV e (7) à distrofia miotônica.

O marcapasso está indicado no bloqueio de segundo grau, independentemente do local, quando os sintomas estão claramente relacionados ao bloqueio cardíaco. Também está indicado nos casos de fibrilação ou *flutter* atrial, quando associados a bloqueio de terceiro grau ou bloqueio avançado de segundo grau, resultando em bradicardia e qualquer dos sete sintomas citados anteriormente.

4. A colocação de marcapasso no caso de bloqueio AV e infarto do miocárdio requer a presença de sintomas?

Não. Sintomas relacionados à forma do bloqueio não são uma necessidade. As indicações estão, em grande parte, relacionadas aos defeitos de condução intraventricular que resultam do infarto. O prognóstico dos pacientes requerendo marcapasso é influenciado mais pela extensão do infarto que pelos sintomas. O marcapasso no caso de um infarto agudo do miocárdio é mais freqüentemente temporário que de longo prazo ou permanente.

5. Quais são as indicações para um marcapasso após infarto do miocárdio?

As indicações nesse caso não requerem a presença de sintomas. O marcapasso é indicado no caso de infarto agudo do miocárdio para (1) bloqueio de terceiro grau ou bloqueio avançado de segundo grau associado com bloqueio no sistema de His-Purkinje (ritmo ventricular de complexos amplos) e (2) bloqueio AV transitório avançado (segundo ou terceiro grau) com um novo bloqueio de ramo.

6. Qual a localização anatômica do bloqueio bifascicular ou trifascicular?

O bloqueio bifascicular ou trifascicular está localizado abaixo do nódulo AV e envolve uma combinação de dois ou três dos fascículos do ramo direito ou esquerdo (dividido em fascículo esquerdo anterior e esquerdo posterior).

7. São necessários sintomas para um marcapasso permanente no caso de bloqueio bifascicular e trifascicular?

Sim. Os sintomas devem estar presentes no caso de bloqueio bifascicular e trifascicular, assim como no bloqueio AV adquirido.

8. Quais as indicações para marcapasso permanente no bloqueio bifascicular e trifascicular?

O marcapasso é indicado quando o bloqueio bifascicular ou trifascicular está associado a (1) bloqueio completo e bradicardia sintomática ou (2) bloqueio de segundo grau intermitente tipo II, com ou sem sintomas relacionados.

REFERÊNCIAS BIBLIOGRÁFICAS

1. Dreifus LS, Fisch C, Griffin JC, et al: Guidelines for implantation of cardiac pacemakers and antiarrhythmic devices. A Report of the American College of Cardiology/American Heart Association Task Force on Assessment of Diagnostic and Therapeutic Cardiovascular Procedures (Committee on Pacemaker Implantation). *J Am Coll Cardiol* 18:1-16, 1991.
2. Frye RL, Collins JJ, DeSanctis RW, et al: Guidelines for permanent cardiac pacemaker implantation. May 1984. A Report of the Joint American College of Cardiology/American Heart Association Task Ford on Assessment of Cardiovascular Procedures (Subcommittee on Pacemaker Implantation). *Circulation* 70:331 A-339A, 1984.
3. Gregoratos G, Cheitlin MD, Conill A, et al: ACC/AHA guidelines for implantation of cardiac pacemaker, and antiarrhythmic devices. A report of the American College of Cardiology/American Heart Association Task Force on Practice Guidelines (Committee on Pacemaker Implantation). *J Am Coll Cardiol* 31:1175-1209, 1998.
4. Mitrani RD, Simmons JD, Interian A, et al: Cardiac pacemakers: Current and future status. *Curr Probl Cardiol* 24(6):341-420, 1999.
5. Wolbrette DL, Naccarelli GV: Emerging indications for permanent pacing. *Curr Cardiol Rep* 2(4):353-3611, 2000.

IV. Sintomas e doenças

17. DOR PRECORDIAL

Howard D. Weinberger, M.D., FACC

1. O que é angina e qual a sua causa?

A angina é um desconforto no tórax ou em áreas adjacentes, que está associado à isquemia miocárdica sem necrose do miocárdio. Ela ocorre devido a um desequilíbrio entre o suprimento de oxigênio miocárdico e a sua demanda.

2. Que fatores contribuem para o suprimento e a demanda de oxigênio miocárdico?

O suprimento de oxigênio miocárdico pode ser diminuído pela hipoxia, vasoconstrição arterial coronária, estreitamento aterosclerótico de uma ou mais artérias coronárias, um trombo intracoronário não-oclusivo ou uma combinação de duas ou mais dessas condições. A demanda de oxigênio miocárdico pode ser aumentada pelo exercício físico, ingesta de alimentos (por desviar o sangue para o intestino, para a digestão), estresse emocional (por aumento da estimulação simpática) e demanda metabólica aumentada (febre, taquicardia, tireotoxicose, etc.). O clima frio aumenta a demanda de oxigênio miocárdico por aumentar a resistência vascular periférica, fazendo o coração trabalhar mais para manter uma perfusão periférica adequada.

3. A história pode fornecer informações úteis para estabelecer o diagnóstico de angina?

Sim. Com uma história e exame físico cuidadosos, a etiologia dos sintomas do paciente pode, na maioria dos casos, ser determinada. Os principais dados da história que podem auxiliar a fazer o diagnóstico de angina são:

- Caráter e qualidade da dor precordial
- Localização e irradiação (se houver) da dor precordial
- Fatores que precipitam, exacerbam e aliviam a dor
- Duração da dor precordial
- Sintomas associados

4. Que condições aumentam a probabilidade de uma dor torácica ser angina?

Existem cinco fatores de risco principais para a doença arterial coronária. Quanto mais fatores de risco presentes, maior a probabilidade de que os sintomas ocorram devido à isquemia miocárdica (angina). Os fatores de risco são:

1. Tabagismo
2. Hipertensão
3. Colesterol elevado
4. Diabete melito
5. História familiar de doença arterial coronária prematura (antes dos 55 anos em homens e 65 anos em mulheres)

Não só esses fatores são importantes para ajudar a estabelecer o diagnóstico de angina (e, assim, da doença arterial coronária), como também todos, exceto a história familiar, podem ser modificados para reduzir as chances de desenvolver (ou apresentar progressão) uma doença arterial coronária.

5. Além da isquemia miocárdica, existem outras condições que causam dor precordial do tipo anginoso?

Sim. Muitas entidades podem causar dor precordial, várias das quais podem produzir sintomas similares à angina. O diagnóstico diferencial da dor precordial do tipo anginoso inclui, mas não é limitado a:

Angina	Embolia pulmonar aguda
Infarto do miocárdio	Espasmo esofágico
Pericardite	Dor na parede torácica
Dissecção aórtica	Úlcera péptica
Prolapso da válvula mitral	Pancreatite
Hipertensão pulmonar	Miocardite

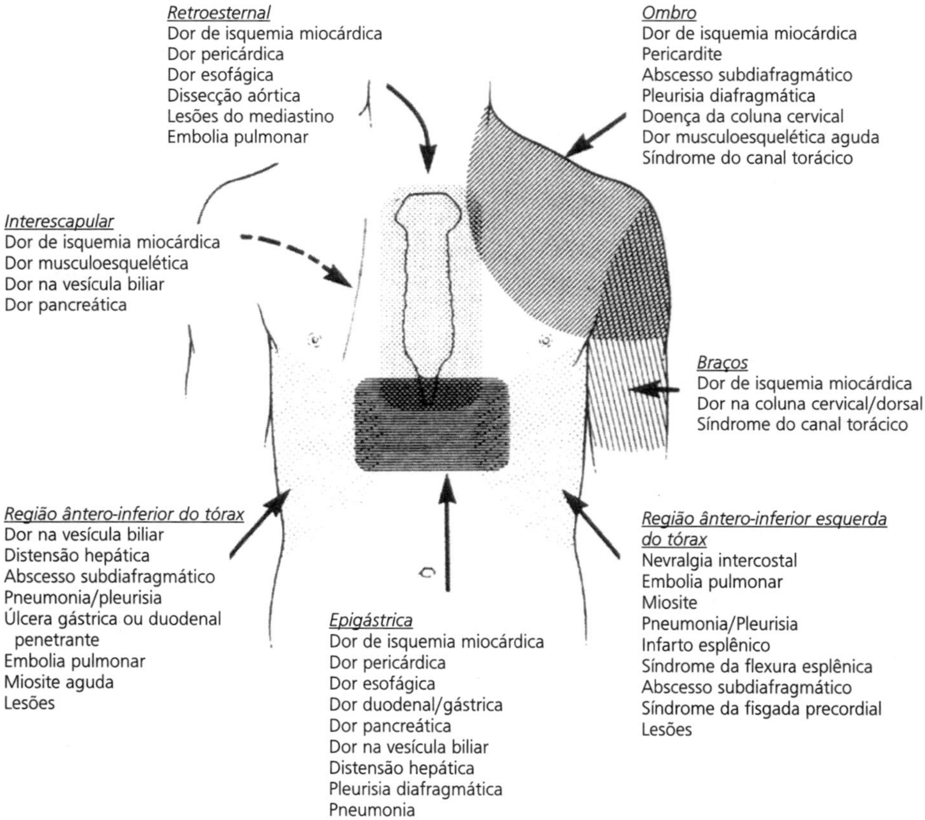

Diagnóstico diferencial da dor precordial de acordo com o local onde a dor se inicia. (De Miller AJ: Diagnosis of Chest Pain. New York, Raven Press, 1988, p. 175; com permissão.)

6. Como os pacientes descrevem a dor precordial anginosa?

Os pacientes podem não referir seus sintomas como uma "dor" verdadeira. Eles podem descrever um desconforto profundo ou sensação desagradável que é difícil de definir, freqüentemente como uma sensação de opressão, aperto ou "peso sobre o peito". A angina não é pleurítica nem se altera com a posição.

7. Qual a duração de um episódio de angina?

A angina pode durar de 2 a 5 minutos após a cessação do exercício ou o uso de nitroglicerina. Se os sintomas duram mais de 20 minutos, usualmente ocorrem devido à necrose miocárdica (infarto do miocárdio) ou possuem etiologia não-cardíaca. Dores breves e transitórias raramente são de origem cardíaca.

8. Que fatores podem induzir ou exacerbar a angina e quais a aliviam?

Qualquer coisa que aumente o trabalho cardíaco (demanda de oxigênio miocárdico) e/ou diminua o suprimento de oxigênio miocárdico pode precipitar ou piorar a angina. O repouso, reduzindo o trabalho miocárdico e aumentando o fluxo de sangue e oxigênio para o miocárdio, freqüentemente alivia a angina. A nitroglicerina, que dilata as coronárias, permitindo um aumento do fluxo de sangue e de oxigênio ao miocárdio, também alivia a angina.

9. Onde a dor anginosa é sentida e para onde pode se irradiar?

A dor precordial anginosa pode ocorrer em qualquer ponto entre o diafragma e a mandíbula, mas é mais freqüentemente subesternal ou no lado esquerdo do tórax. Ela tende a ser difusa e não-localizada em uma área pequena e discreta. Pode se irradiar para o pescoço, garganta, mandíbula, ombro ou braço (usualmente a face interna do braço e mais comumente o braço esquerdo).

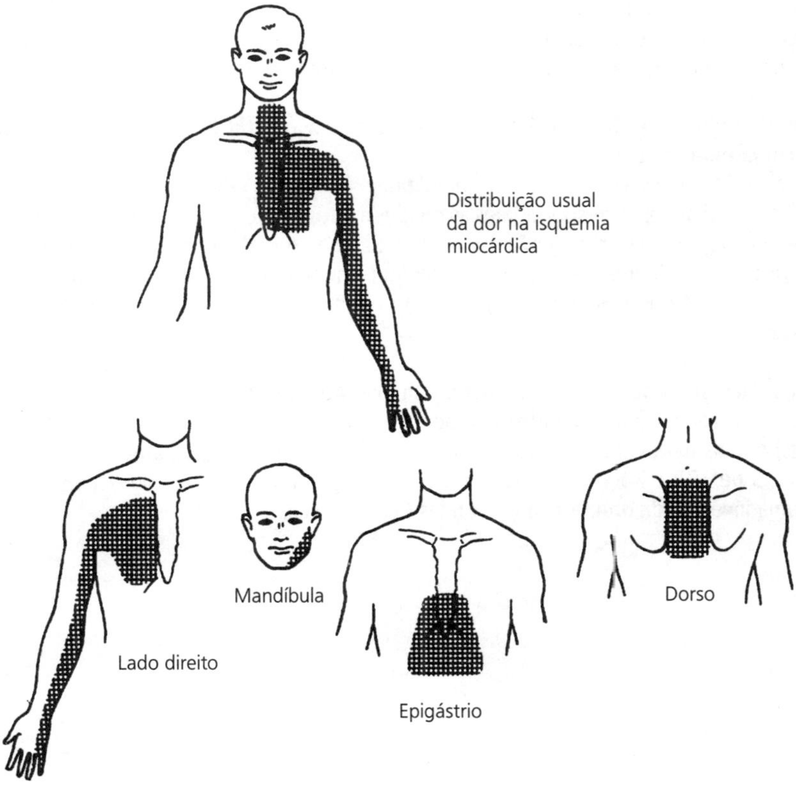

Padrões de dor na isquemia miocárdica. (De Horwitz LD: Chest pain. Em Horwitz LD, Groves BM, (eds): Signs and Symptoms in Cardiology, Philadelphia, J.B. Lippincott, 1985. p. 9; com permissão.)

10. Quais são os sintomas clássicos associados da isquemia miocárdica?

Além da dor precordial típica da angina, um ou mais dos seguintes sintomas podem ser observados:

- Falta de ar
- Diaforese
- Náuseas e vômitos

11. Que achados do exame físico podem ser observados na isquemia miocárdica?

Os achados ao exame físico podem ser normais. Um *galope de B_4* (quarta bulha cardíaca) é devido à contração atrial contra um ventrículo rígido ou não-complacente. Se um galope de B_4 é ouvido com os sintomas e desaparece à medida que os sintomas cedem, isso sugere falta de complacência ventricular transitória (por isquemia), sendo uma forte evidência de isquemia miocárdica. Um galope de B_4 pode estar presente antes do desenvolvimento dos sintomas (e então provavelmente estará presente após os sintomas desaparecerem) devido a outras causas de falta de complacência ventricular (hipertrofia ventricular esquerda, hipertensão, estenose aórtica, infarto miocárdico prévio, etc.). Evidências de *insuficiência cardíaca congestiva* podem estar presentes (pressão venosa jugular elevada, estertores pulmonares, galope de B3). Pode haver um *abaulamento discinético* visível e/ou palpável da parede torácica durante a isquemia ativa ou infarto. *Sopros*, especialmente se recentes, podem estar relacionados a processos isquêmicos. A isquemia dos músculos papilares pode levar à regurgitação mitral. A ruptura do septo interventricular irá produzir um defeito septal ventricular e seu sopro associado. A estenose aórtica e a miocardiopatia hipertrófica obstrutiva possuem sopros característicos, e podem causar isquemia miocárdica e sintomas de angina.

12. Que alterações no eletrocardiograma de 12 derivações (ECG) podem ser observadas na isquemia miocárdica?

As alterações clássicas no ECG da isquemia miocárdica são uma depressão horizontal do segmento ST nas derivações correspondentes às regiões anatômicas do coração. A depressão de ST não é 100% sensível (pode haver isquemia miocárdica e angina sem depressão de ST) nem 100% específica (nem todas as depressões de ST representam isquemia miocárdica). Alterações no ECG associadas a sintomas que desaparecem junto com os mesmos sugerem mais fortemente isquemia miocárdica.

13. Como você diferencia entre a angina e o infarto do miocárdio?

Os sintomas de um infarto agudo do miocárdio usualmente são mais intensos, de maior duração (1-8 horas) e mais freqüentemente associados a dispnéia, à diaforese, à náusea e a vômitos. Além disso, o ECG de 12 derivações mostra elevação do segmento ST em vez de depressão, podendo mostrar uma inversão da onda T e/ou de ondas Q patológicas.

Diagnóstico Diferencial da Dor Precordial Episódica Semelhante à Angina

	DURAÇÃO	QUALIDADE	PROVOCAÇÃO	ALÍVIO	LOCALIZAÇÃO	COMENTÁRIOS
Angina de esforço	5-15 min	Visceral (pressão)	Esforço ou emoção	Repouso, nitroglicerina	Subesternal com irradiação	Primeiro episódio vívido
Angina em repouso	5-15 min	Visceral (pressão)	Espontânea (? com exercício)	Nitroglicerina	Subesternal com irradiação	Freqüentemente noturna
Prolapso mitral	Minutos a horas	Superficial (raramente visceral)	Espontânea (sem padrão)	Tempo	Anterior esquerda	Sem padrão, caráter variável
Refluxo esofágico	10 min a 1 h	Visceral	Decúbito, jejum	Alimentos, antiácidos	Subesternal, epigástrica	Raramente se irradia
Espasmo esofágico	5-60 min	Visceral	Espontânea, líquidos frios, exercício	Nitroglicerina	Subesternal com irradiação	Mimetiza a angina
Úlcera péptica	Horas	Visceral, em queimação	Jejum, alimentos "ácidos"	Alimentos, antiácidos	Epigástrica, subesternal	–
Doença biliar	Horas	Visceral (surge e desaparece)	Espontânea, alimentos	Tempo, analgesia	Epigástrica, ? irradia-se	Cólica
Disco cervical	Variável (cede gradualmente)	Superficial	Movimento da cabeça e pescoço, palpação	Tempo, analgesia	Braço, pescoço	Não aliviada pelo repouso
Hiperventilação	2-3 min	Visceral	Emoção, taquipnéia	Remoção do estímulo	Subesternal	Parestesia facial
Musculoesquelética	Variável	Superficial	Movimento, palpação	Tempo, analgesia	Múltiplos	Sensibilidade local
Pulmonar	+30 min	Visceral (pressão)	Freqüentemente espontânea	Repouso, tempo, broncodilatador	Subesternal	Dispnéica

De Christie LG Jr, Conti CR: Systematic approach to the evaluation of angina-like chest pain. *Am Heart* 102:897, 1981; com permissão.

REFERÊNCIAS BIBLIOGRÁFICAS

1. Braunwald E (ed): Heart Disease: A Textbook of Cardiovascular Medicine, 5th ed. Philadelphia, WB Saunders, 1997.
2. Donat WE: Chest pain: Cardiac and noncardiac causes. *Clin Chest Med* 8:241-252, 1987.
3. Hammermeister KE: Cardiac and aortic pain. In Bonica JJ (ed): The Management of Pain. Philadelphia. Lea & Febiger, 1990, p. 1001-1042.
4. Hill B, Geraci SA: A diagnostic approach to chest pain based on history and ancillary evaluation. *Nurse Practitioner* 23:20-24, 29-30, 33-34, 1998.
5. Lee MG, Sullivan SN, Watson WC, Melendez LJ: Chest pain-esophageal, cardiac, or both? *Am J Gastroenterol* 80:320-324, 1985.
6. Mayou R: Chest pain, palpitations and panic. *J Psychosomat Res* 44:53-70, 1998.
7. Nevens F, Janssens J, Piessens J, et al: Prospective study on prevalence of esophageal chest pain in patients referred on an elective basis to a cardiac unit for suspected myocarcial ischemia. *Dig Dis Sci* 36:229-235, 1991.

18. ANGINA

Michael Staab, M.D., e *Stephen T. Crowley*, M.D.

1. Quais são as características típicas da angina?

A angina é um desconforto torácico associado à isquemia miocárdica. Tipicamente é descrita como um desconforto subesternal, pressão, peso ou sensação de opressão, que freqüentemente se irradia pela porção média do tórax, braço esquerdo (face ulnar), pescoço ou mandíbula. Também está associada à dispnéia, à diaforese e a náuseas. A angina é freqüentemente relacionada a causas precipitantes, sendo a mais comum o exercício. Outros fatores precipitantes incluem estresse, emoção e condições secundárias como anemia, taquicardia ou estenose aórtica. O desconforto anginoso usualmente dura pelo menos 30 segundos e < 15 minutos, sendo tipicamente aliviado pelo repouso ou nitroglicerina. Uma vez que a angina é uma sensação visceral, é mal-localizada, e os pacientes raramente indicam com um dedo a localização de seu desconforto.

2. Qual o diagnóstico diferencial da dor precordial?

Diagnóstico Diferencial da Dor Precordial

CONDIÇÃO	QUALIDADE DA DOR
Causas cardíacas	
Estenose aórtica	Dor torácica do tipo anginoso
Miocardiopatia hipertrófica	Dor torácica do tipo anginoso associada à dispnéia
Pericardite aguda	De qualidade mais aguda, dura horas, não é afetada pelo esforço, altera-se com a posição
Aneurisma aórtico	Localizada, irradia-se para as costas, severa
Prolapso da válvula mitral	De caráter variável
Síndrome X	Dor torácica do tipo anginoso
Causas não-cardíacas	
Distúrbios esofágicos (refluxo ou espasmo)	Freqüentemente espontânea, raramente se irradia, aliviada por alimentos ou antiácidos
Úlcera péptica ou gastrite	Mais epigástrica, dura horas, relacionada à ingesta de alimentos
Costocondrite e síndromes musculoesqueléticas	Piora com a inspiração, movimento ou palpação; superficial
Hipertensão pulmonar	Freqüentemente espontânea e associada com dispnéia

3. Qual a relação entre a apresentação clínica e a anatomia coronária em pacientes com dor precordial?

Pacientes que se apresentam com dor precordial podem ser divididos em três grupos:

- Angina típica
- Angina atípica
- Dor torácica não-anginosa

A incidência de doença arterial coronária nesses grupos de pacientes é de aproximadamente 90, 50 e 16%, respectivamente. Em muitos casos, há pouca correlação clínico-patológica, como em pacientes com doença arterial coronária avançada com isquemia silenciosa ou aqueles com angina de Prinzmetal (vasoespástica) que apresentam angina severa, mas usualmente mínima ou nenhuma aterosclerose coronária.

4. Compare os mecanismos fisiopatológicos subjacentes na angina estável e instável.

A *angina estável* é mais comumente relacionada a um aumento na demanda de oxigênio miocárdico, iniciado pela atividade física. Invariavelmente, uma obstrução fixa de artéria coronária está presente, a qual limita o fornecimento de oxigênio durante as ocasiões de demanda metabólica aumentada. A severidade da obstrução determina o limiar de isquemia cardíaca.

Recentemente, tornou-se aparente que a angina também pode ser causada por diminuição transitória no suprimento de oxigênio devido à vasoconstrição coronária. Trombos intracoronários não-oclusivos usualmente estão presentes nos pacientes com *angina instável*, e causam redução aguda no suprimento de oxigênio. Os trombos intracoronários e a agregação de plaquetas ocorrem nas placas instáveis ou "rotas" na artéria coronária. Acredita-se que a liberação local de compostos vasoativos, como serotonina e tromboxane A_2, medeie a vasoconstrição aguda em pacientes com angina instável.

5. Qual o papel do teste ergométrico no diagnóstico da doença arterial coronária (DAC)?

Em pacientes com uma síndrome de dor precordial de etiologia incerta e ECG em repouso normal, um teste ergométrico padrão é útil no diagnóstico de DAC.

1. Testes ergométricos acrescentam pouco na detecção da presença ou ausência de DAC em pacientes com uma alta probabilidade pré-teste de DAC (i. é, história de angina típica com um ou mais fatores de risco).

2. Os testes ergométricos são mais valiosos para confirmar ou excluir o diagnóstico de DAC em pacientes com uma probabilidade intermediária pré-teste de DAC. Tipicamente, estes são pacientes com algumas características atípicas de angina e um ECG normal, com ou sem fatores de risco para DAC. Em tais pacientes, se o desconforto típico da angina ocorre durante o exercício e está associado a uma depressão do segmento ST $\geq$ 1 mm (horizontal ou voltada para baixo), o valor preditivo para o diagnóstico de DAC é > 90%. Se uma depressão do segmento ST $\geq$ 2 mm ocorre com angina típica, esse achado é virtualmente diagnóstico de DAC. Um teste ergométrico associado a uma resposta hipotensiva de pressão arterial pressupõe um valor preditivo de 80% de DAC significativa.

Um teste ergométrico negativo em um paciente com uma baixa probabilidade pré-teste de DAC é altamente confiável para excluir o diagnóstico de DAC significativa.

6. Como é avaliado o prognóstico em pacientes com angina?

O prognóstico pode ser avaliado inicialmente pelas características clínicas, incluindo dor em repouso prolongada, edema pulmonar, alterações dinâmicas de ST e hipotensão.

O teste ergométrico pode estratificar ainda mais o risco pela avaliação da capacidade de exercício, sintomas, alterações ECG e hemodinâmica exercional. Isso pode ser calculado com o escore da esteira de Duke:

$$\text{Tempo de exercício em minutos} - (5 \times \text{desvio máximo de ST}) - (4 \times \text{índice de angina})$$

O índice de angina = 0 se não houver angina, 1 se há angina e 2 se angina for a causa de suspensão do exercício. Pacientes com escores menores (< -10) tiveram índices de sobrevida significativamente piores.

Parâmetros adicionais, como hipotensão de exercício, também indicam um subgrupo de alto risco. As imagens não-invasivas também contribuem para a avaliação de risco. Função de VE deprimida, anormalidades da motilidade regional da parede com o exercício na ecocardiografia de estresse ou múltiplos segmentos isquêmicos na imagem de perfusão nuclear sugerem DAC multivascular.

7. Qual a eficácia da modificação dos fatores de risco em melhorar o prognóstico de pacientes com angina?

A modificação dos fatores de risco é eficaz na redução do risco de eventos cardíacos em pacientes assintomáticos ou sem diagnóstico de DAC. Uma vez que tenham surgido sintomas de angina, a modificação dos fatores de risco deve ser intensificada.

- O controle da *hiperlipidemia*, em pacientes com infarto do miocárdio prévio, com o uso de inibidores da 3-hidroxi-3-metilglutaril coenzima A redutase (HMG CoA) reduz o risco de morte. Pode-se esperar menos recorrência de eventos coronários em pacientes com níveis lipídicos normais.
- O *tabagismo* aumenta o risco relativo de infarto do miocárdio em 2,8 vezes, e esse risco é substancialmente reduzido após os pacientes cessarem o tabagismo. A cessação do tabagismo após a revascularização coronária também melhora a patência do enxerto e o prognóstico.
- Ainda não foi bem-estudada a efetividade do *controle da pressão arterial* na prevenção da mortalidade cardíaca subseqüente em pacientes com DAC conhecida. A redução do primeiro infarto do miocárdio pode ser obtida com o controle da hipertensão, especialmente em diabéticos.

8. Qual é a conduta clínica ideal para pacientes com angina?

A *aspirina* demonstrou reduzir o risco de infarto do miocárdio em 87%, durante um acompanhamento de cinco anos em homens com angina estável crônica. Ela deve ser dada para todos os pacientes com angina que não têm contra-indicações à droga.

A aspirina e os *β-bloqueadores* demonstraram melhorar a sobrevida em pacientes com infarto do miocárdio prévio e reduzir a incidência de reinfarto. Se tolerados, os β-bloqueadores devem ser usados nesses pacientes. Uma meta-análise mostrou um benefício sobre a mortalidade com os β-bloqueadores.

A *nitroglicerina* administrada sublingualmente é a droga de escolha para o tratamento de episódios agudos de angina. Também é muito efetiva como profilaxia para impedir um ataque de angina previsto.

Devido aos problemas com variações acentuadas na concentração plasmática e tolerância à droga, os *nitratos* orais de ação longa são freqüentemente usados como terapia secundária.

Em pacientes com angina de limiar variável, nos quais os episódios anginosos podem ocorrer devido à demanda aumentada de oxigênio ou vasoconstrição coronária concomitante, um *bloqueador dos canais de cálcio* é o tratamento de escolha. Tais pacientes têm padrões anginosos que variam consideravelmente devido à vasoconstrição presumida agindo sobre uma lesão obstrutiva fixa. Os bloqueadores dos canais do cálcio também são preferíveis em pacientes com angina variante ou de Prinzmetal. Os β-bloqueadores e o verapamil devem ser evitados em pacientes com insuficiência cardíaca congestiva franca e uma fração de ejeção ventricular esquerda < 30% (embora o β-bloqueio cuidadoso com baixas doses seja benéfico em pacientes selecionados).

9. Defina angina instável.

A angina instável é uma síndrome maldefinida, mas inclui os pacientes com: (1) angina em crescendo (mais severa ou freqüente) superposta em uma angina estável crônica; (2) angina em repouso ou com atividade mínima; ou (3) angina de início recente (dentro de um mês), a qual é desencadeada por exercício mínimo. A angina instável representa uma população muito heterogênea, com doença de um ou múltiplos vasos, com ou sem infarto do miocárdio prévio e com uma evolução clínica incerta. A angina instável pode ser classificada de acordo com a severidade (angina acelerada *versus* angina em repouso, aguda), com circunstâncias clínicas (secundária a outras condições extrínsecas ou primária) e com a intensidade do tratamento.

10. Qual a abordagem no manuseio de pacientes com angina instável?

A angina instável é uma condição potencialmente perigosa, e o manuseio deve ser ajustado para prevenir evoluções adversas. Os pacientes devem ser admitidos à unidade coronariana, colocados em repouso no leito e iniciados na terapia antianginosa com β-bloqueadores ou bloqueadores dos canais do cálcio, aspirina e nitratos intravenosos. A aspirina também diminui a recorrência de isquemia em pacientes com angina instável, embora nem a aspirina nem a heparina usadas como única terapia pareçam ser melhor do que a outra. A terapia a longo prazo com aspirina deve ser dada a todos os pacientes com angina instável sem contra-indicações, porque ela reduz a incidência de infarto do miocárdio não-fatal e morte. A maioria dos pacientes com angina instável irá se estabilizar nesse esquema de terapia clínica.

Uma pequena porcentagem de pacientes irá desenvolver angina em repouso clinicamente refratária. O tratamento com balão intra-aórtico de contrapulsação é usualmente eficaz em estabilizar os pacientes com sintomas refratários ou com mau perfil hemodinâmico. Essa técnica é útil para estabilizar os pacientes antes ou durante o cateterismo cardíaco.

Embora a maioria dos pacientes com angina instável tenha trombos intracoronários não-oclusivos, até o presente o uso de agentes trombolíticos não demonstrou benefício na isquemia recorrente, no infarto do miocárdio ou na mortalidade quando comparados à heparina ou à aspirina. Os inibidores da glicoproteína IIb/IIIa (ver Questão 16) são uma ferramenta adicional no tratamento de pacientes com angina instável de alto risco.

11. Quando é usado o termo "síndrome coronariana aguda" em vez de angina instável?

No momento de início do quadro, as enzimas cardíacas podem ser negativas e, portanto, não será claro se o episódio representa angina instável ou infarto do miocárdio. O termo síndrome coronariana aguda indica que o médico acredita na ocorrência de um evento coronariano e que ele deve ser tratado como tal.

12. Qual a utilidade do ECG em repouso na avaliação de pacientes com angina?

Um ECG em repouso deve ser obtido em todos os pacientes com queixas de desconforto precordial. Em pacientes com angina estável crônica, o ECG é normal em um terço dos pacientes e, se anormal, mais freqüentemente mostra alterações inespecíficas de ST-T sem evidência de infarto do miocárdio.

A presença de bloqueio de ramo esquerdo em pacientes com angina está freqüentemente associada com disfunção ventricular esquerda significativa e pode refletir DAC de múltiplos vasos. A presença de ondas Q é usualmente um indicador específico, mas insensível de infarto do miocárdio. Os desvios isquêmicos do segmento ST (depressões ou elevações) e/ou inversões da onda T ocorrem comumente em pacientes com angina instável; essas alterações usualmente desaparecem com o alívio da dor. Uma nova e persistente inversão simétrica da onda T nas derivações precordiais anteriores é um indicador de doença severa na artéria descendente anterior esquerda ou no tronco da coronária esquerda, e deve-se reconhecer que esses pacientes possuem risco aumentado de infarto. A persistência de alterações de ST e da onda T também pode sugerir um infarto não-Q.

Existe uma correlação bastante próxima entre alterações isquêmicas do ECG e o local anatômico da obstrução coronária. Alterações isquêmicas nas derivações inferiores (II, III, aVF) indicam doença na coronária direita ou circunflexa. Anormalidades nas derivações precordiais anteriores sugerem doença na descendente anterior esquerda, e alterações nas derivações laterais esquerdas (V_2-V_4) ou laterais altas (I, aVL) implicam doença na artéria diagonal ou circunflexa.

13. Quais as indicações de cateterização cardíaca em pacientes com angina?

A cateterização cardíaca e a angiografia coronária devem ser realizadas se o diagnóstico de DAC não pode ser feito de modo confiável por testes diagnósticos não-invasivos. Existe controvérsia se todos os pacientes com angina instável necessitam de cateterização. Claramente, aqueles pacientes com angina instável que apresentam indicadores clínicos de risco elevado necessitam de angiografia coronária. Uma abordagem agressiva (cateterismo precoce) tem demonstrado ser benéfica no estudo TACTICS (TIMI 18) para pacientes com síndromes coronarianas instáveis, especialmente aqueles com níveis elevados de troponina I. Um argumento pode ser feito para avaliar aqueles pacientes com perfis clínicos de baixo risco e que respondem rapidamente à terapia clínica utilizando um exame não-invasivo como a cintilografia de esforço com tálio. A cateterização é indicada para pacientes com angina estável crônica que começam a não responder ao tratamento clínico. A idade do paciente, em si, não é uma contra-indicação ao cateterismo, mas os pacientes que não são candidatos à angioplastia ou à revascularização e que apresentam outras doenças com risco de vida usualmente não necessitam de cateterismo cardíaco.

14. Quando são usadas as troponinas séricas na avaliação da dor torácica?

As troponinas séricas I e T são indicadores sensíveis de lesão das células miocárdicas e podem estar elevadas quando a creatina quinase (CK-MB) não está. Até que ponto uma troponina sérica elevada indica um infarto do miocárdio ainda é discutível, e a elevação da troponina em níveis baixos não é 100% específica para doença coronária. Contudo, níveis elevados de troponina na angina instável identificam um grupo de maior risco, com probabilidade aumentada de eventos coronários subseqüentes. Níveis maiores de elevação de troponina geralmente confirmam as elevações da CK e da isoenzima MB.

15. O que a heparina de baixo peso molecular acrescenta ao tratamento da angina instável?

A heparina de baixo peso molecular melhorou as propriedades farmacocinéticas quando comparada com a heparina não-fracionada e permite uma anticoagulação mais rápida e mais completa. Isso se traduziu em reduções modestas nos objetivos isquêmicos, mas não na mortalidade.

16. O que são os inibidores da glicoproteína IIb/IIIa?

O receptor plaquetário de glicoproteína IIb/IIIa é parte integral da agregação plaquetária quando ligado ao fibrinogênio, levando à formação de um trombo arterial. O bloqueio desses receptores mostrou uma melhora nos resultados no tratamento de pacientes de alto risco com angina instável e na revascularização coronária percutânea.

REFERÊNCIAS BIBLIOGRÁFICAS

1. Braunwald F: Unstable angina: A classification. *Circulation* 80:410-414, 1989.
2. Braunwald E, Jones RH, Mark DB, et al: Diagnosing and managing unstable angina. *Circulation* 90:613-622, 1994.
3. Cohen M, Demers C, Gurfinkel EP, et al: A comparison of low-molecular-weight heparin with unfractionated heparin for unstable coronary artery disease. *N Engl J Med* 337:447 452, 1997.
4. Hamm CW, Ravkilde J, Gerhardt W, et al: The prognostic value of serum toponin T in unstable angina. *N Engl J Med* 327:146150, 1992.
5. Hansson L, Zanchetti A, Carruthers SG, et al: Effects of intensive blood-pressure lowering and low-dose aspirin in patients with hypertension: Principal results of the Hypertension Optimal Treatment (HOT) randomised trial. *Lancet* 351:1755-1762, 1998.
6. Mark DB, Shaw L, Harrell FE, et al: Prognostic value of a treadmill exercise score in outpatients with suspected coronary artery disease. *N Engl J Med* 325:849-853, 1991.
7. Platelet Receptor Inhibition in Ischemic Syndrome Management in Patients Limited by Unstable Signs and Symptoms (PRISMPLUS) Study Investigators: Inhibition of the platelet glycoprotein IIb/IIIa receptor with tirofiban in unstable angina and non-Q-wave myocardial infarction. *N Engl J Med* 338:1488-1497, 1998.

8. Ridker PM, Manson JE, Gaziano JM, et al: Low dose aspirin therapy for chronic stable angina: A randomized, placebo-controlled clinical trial. *Ann Intern Med* 114:835-839, 1991.
9. Sacks FM, Pfeffer MA, Moye LA, et al: The effect of pravastatin on coronary events after myocardial infarction in patients with average cholesterol levels. *N Engl J Med* 335:1001-1009, 1996.
10. Scandinavian Simvastatin Survival Study Group: Randomised trial of cholesterol lowering in 4444 patients with coronary heart disease: The Scandinavian Simvastatin Survival Study (4S). *Lancet* 344:1383-1389, 1994.
11. Vane JR, Anggard EE, Botting RM: Regulatory functions of the vascular endothelium. *N Engl J Med* 323:27-36, 1990.
12. Yasue H, Takizawa A, Nagao M, et al: Long-term prognosis for patients with variant angina and influential factors. *Circulation* 78:1-9, 1988.
13. Yehgiazarians Y, Braunstein JB, Askari A, Stone PH: Unstable angina pectoris. *N Engl J Med* 332:101-1 14, 2000.

19. INFARTO DO MIOCÁRDIO

Nelson P. Trujillo, M.D., e *JoAnn Lindenfeld,* M.D.

1. Quais são os fatores de risco conhecidos para a doença arterial coronária?

Os fatores de risco conhecidos para a doença arterial coronária incluem:

- Dislipidemias (colesterol total > 200 mg/dL, lipoproteínas de baixa densidade > 160 mg/dL, triglicerídeos aumentados e lipoproteína de alta densidade < 35 mg/dL)
- Idade
- Sexo masculino
- Tabagismo
- Hipertensão
- Vida sedentária
- Obesidade
- História familiar (primeiro infarto do miocárdio em um parente de primeiro grau com < 55 anos)
- Diabete melito

Outros fatores de risco mais controversos incluem a apoproteína a elevada, uso de álcool, estresse, hiperinsulinemia, níveis elevados de fibrinogênio, hipertrofia ventricular esquerda, personalidade tipo A, genótipo da enzima conversora da angiotensina (ECA) e uso de cocaína.

2. Qual é a fisiopatologia do infarto agudo do miocárdio?

A fisiopatologia do infarto agudo do miocárdio baseia-se correntemente em observações feitas em 1912 por Herrick, reconfirmadas em 1980 por Dewood. Eles descreveram a oclusão das artérias coronárias estenóticas por trombos na ocorrência do infarto agudo do miocárdio. A formação de trombos ocorre mais freqüentemente no local de uma placa aterosclerótica rota. O grau de obstrução de trombose é variável e deve-se a múltiplos fatores, incluindo o endotélio coronário disfuncional, a extensão da obstrução, a agregação plaquetária e o tônus vasomotor alterado. Esses mecanismos seriam responsáveis por pelo menos 85% de todos os infartos do miocárdio.

Outros mecanismos de infarto do miocárdio incluem vasculite da artéria coronária, fenômenos embólicos, espasmo da artéria coronária, anormalidades congênitas e viscosidade aumentada do sangue. Acredita-se que o infarto do miocárdio induzido pela cocaína seja multifatorial, uma vez que vasoespasmo severo e trombose aguda foram descritos em artérias coronárias estenóticas e normais.

Na maioria dos pacientes não pode ser encontrada uma causa precipitante para a ruptura das placas resultando em infarto do miocárdio. Foi descrita uma discreta relação com exercício intenso, estresse emocional, trauma e distúrbios neurológicos. A predileção pelo início da manhã para a ocorrência do infarto agudo também foi demonstrada, e pode estar relacionada a aumentos circadianos nas catecolaminas e a agregação plaquetária. Infecção por *Chlamydia pneumoniae, Helicobacter pylori* e outros agentes infecciosos tem sido ligada à ruptura aguda da placa e à IM.

3. Descreva os sinais e os sintomas típicos do infarto agudo do miocárdio.

Os sintomas clássicos de infarto do miocárdio incluem dor precordial surda subesternal, dispnéia, náusea, diaforese, palpitações ou sensação de morte iminente. A dor precordial dura tipicamente no mínimo 15 a 30 minutos e pode irradiar-se aos braços, à mandíbula ou ao dorso. O idoso freqüentemente tem apresentações atípicas, como dispnéia, confusão, vertigem, síncope e dor abdominal. Aproximadamente 25% dos infartos do miocárdio são assintomáticos ou não-reconhecidos, sendo denominados silenciosos.

Os achados no exame geral incluem palidez, diaforese e ansiedade. As anormalidades na pressão, na freqüência cardíaca e no ritmo respiratório são variáveis, dependendo do tipo e da extensão do infarto. Uma febre baixa pode estar presente. Uma quarta bulha quase sempre está presente. Pode ocorrer turgência jugular e uma terceira bulha dependendo do local e da extensão do infarto. Atrito pericárdico e edema periférico podem estar presentes tardiamente, mas não estão usualmente presentes nas primeiras horas após o infarto. No caso de disfunção ou de ruptura do músculo papilar, um sopro de regurgitação mitral pode estar presente, embora normalmente seja muito mais curto e mais suave que o esperado.

4. Como é feito o diagnóstico do infarto agudo do miocárdio?

O diagnóstico do infarto do miocárdio é feito com base na apresentação clínica, achados eletrocardiográficos (ECG) e enzimas séricas elevadas.

5. Descreva os achados ECG que podem ajudar a fazer o diagnóstico.

Os achados clássicos no ECG de *infarto agudo do miocárdio de onda Q* inicialmente incluem ondas T hiperagudas e elevação do segmento ST. A inversão da onda T e o desenvolvimento de ondas Q seguem-se após horas a dias. No *infarto não-transmural*, os achados do ECG são menos específicos e incluem a inversão da onda T e a depressão do segmento ST. É importante notar que o ECG é normal em 20% dos casos de infarto agudo do miocárdio. O *infarto ventricular direito* pode ser diagnosticado utilizando-se as derivações precordiais direitas. Uma elevação de ST de 0,5 mm ou mais em V3R-V6R é diagnóstica. A derivação precordial V4R é a mais sensível. As derivações direitas do ECG devem ser obtidas de rotina nos casos de isquemia inferior.

6. Quais enzimas séricas podem ser indicativas de um IM agudo?

A creatinina quinase, a troponina I, a troponina T, o lactato desidrogenase (LDH) e a transferase glutamicooxalacética sérica (AST, TGO) são enzimas usadas para fazer o diagnóstico de infarto. A *creatinina quinase* (CK) eleva-se dentro de 6 a 8 horas do infarto, atinge um pico em 24 horas e normaliza em 48 a 96 horas. A *CK-MB* é uma isoenzima da CK encontrada quase exclusivamente no miocárdio, sendo a base do diagnóstico enzimático. Elevações na CK-MB também foram relatadas na miocardite, na desfibrilação cardíaca, na cirurgia cardíaca, nas contusões cardíacas e na isquemia prolongada sem infarto. Ela pode estar falsamente elevada na insuficiência renal e hipotireoidismo.

As *troponinas I* e *T* se elevam dentro de três horas a partir da lesão miocárdica. A elevação dessas enzimas cardíacas prediz não só IM, mas também aumento da mortalidade cardiovascular na ausência de IM.

A *lactato desidrogenase* (LDH) e suas isoenzimas também aumentam no infarto miocárdico, iniciando em 24 a 48 horas, atingindo um pico em 3 a 5 dias e normalizando em 7 a 10 dias. Uma relação entre as isoenzimas LDH1/LDH2 > 1 é sensível para infarto do miocárdio. A LDH tem sido amplamente substituída pelas medidas de CK e troponina I.

Os níveis de *transferase glutamicooxalacética sérica* (TGO) usualmente atingem um pico em 48 a 72 horas, embora essa enzima não seja específica para o infarto do miocárdio, tendo sido substituída por medidas da CK.

7. Verdadeiro ou falso: A ecocardiografia não tem um papel no diagnóstico de IM agudo.

Falso. A ecocardiografia pode ter um papel limitado no diagnóstico do infarto do miocárdio, demonstrando novas anormalidades do movimento da parede quando o ECG não é diagnóstico. Esse exame é essencial para diagnosticar complicações mecânicas (ver Questão 21).

8. Quais as diferenças entre o infarto do miocárdio de onda Q e o infarto não-Q?

O infarto de onda Q (anteriormente denominado infarto transmural) representa 60 a 70% de todos os infartos agudos do miocárdio e geralmente ocorre quando o ECG inicialmente mostra elevação de ST e não há intervenção. O infarto não-Q (anteriormente referido como infarto subendocárdico) representa 30 a 40% de todos os infartos agudos. Patologicamente, os infartos não-Q podem exibir envolvimento transmural completo. Assim, os termos infarto transmural e subendocárdico foram substituídos pelos termos infarto de onda Q e infarto não-Q conforme o desenvolvimento de ondas Q após o infarto.

INFARTO NÃO-Q	INFARTO DE ONDA Q
Alterações inespecíficas de ST ou da onda T ou depressão de ST	Elevação do segmento ST
Oclusão total precoce em 10-20% nos vasos relacionados ao infarto	Oclusão total precoce de 90% nos vasos relacionados ao infarto
Picos menores de CK	Picos maiores de CK
Frações de ejeção maiores	Frações de ejeção menores
Menos anormalidades do movimento das paredes	Anormalidades do movimento das paredes mais freqüentes
Taxa mais elevada de reinfarto (40%)	Maior morbidade precoce (aumento de 1,5-2 vezes)

A mortalidade em três anos é a mesma nos dois grupos. Até 60% dos pacientes com infarto não-Q apresentam doença significativa em duas ou três coronárias. Com isso em mente, muitos médicos sugerem uma angiografia precoce para estratificar o risco nesses pacientes. Os bloqueadores dos canais do cálcio podem afetar a taxa de reinfarto a curto prazo no infarto não-Q, mas não demonstraram melhorar a taxa de mortalidade. No infarto não-Q, o benefício da terapia aguda de rotina com agentes trombolíticos ou angioplastja transluminal percutânea não foi comprovado definitivamente.

9. Qual é o manuseio inicial do infarto agudo do miocárdio?

A base do manuseio do infarto agudo do miocárdio é o cuidado imediato de emergência. A terapia inicial no local do primeiro atendimento deve incluir oxigênio, nitroglicerina, morfina (se não há hipotensão), transporte rápido para um departamento de emergência e avaliação para terapia trombolítica.

Na chegada ao hospital, a avaliação deve enfocar a estabilidade hemodinâmica e a elegibilidade para a terapia trombolítica ou a angioplastia de emergência. Todos os pacientes devem receber aspirina se não houver contra-indicações.

10. Que formas de terapia podem resultar em reperfusão?

- Uso imediato de agentes trombolíticos
- Angioplastia coronária transluminal percutânea (ACTP)
- Revascularização coronária (RC)

11. Explique as recomendações para a terapia trombolítica.

A terapia trombolítica deve ser considerada em todos os pacientes com infarto agudo presumido e elevação de ST ou bloqueio recente de ramo esquerdo. O benefício da terapia trombolítica nesses pacientes foi demonstrado em numerosos estudos, em que rotineiramente reduziu a mortalidade, melhorou a função ventricular esquerda, foi associada a menos arritmias e melhorou a sobrevida a longo prazo. A terapia trombolítica acelera a conversão de plasminogênio em plasmina, uma enzima que dissolve os coágulos de fibrina, aumentando a fibrinólise endógena. Cerca de 80% das artérias trombosadas podem ser abertas com a terapia trombolítica; porém, existe uma taxa de reoclusão de 15 a 20%.

12. Como é feita a escolha dos agentes trombolíticos?

A escolha dos agentes trombolíticos é controversa. Os agentes e os esquemas atualmente aprovados são mostrados na tabela a seguir. *O uso da terapia trombolítica no momento certo parece ser o fator mais importante em prever quem irá se beneficiar.* O uso dos agentes trombolíticos dentro de seis horas da apresentação confere o maior benefício em sobrevida, embora a efetividade tenha sido demonstrada até 12 horas. Dados mais recentes sugerem que a tPA acelerada pode fornecer algum benefício na sobrevida em relação a outros esquemas terapêuticos. A terapia combinada com inibidores da gliproteína IIb/IIIa e tPA tem mostrado índices aumentados de reperfusão e pode melhorar os resultados da terapia trombolítica.

A terapia adjuvante à trombólise inclui a aspirina e a heparina para prevenir a reoclusão. A heparina é necessária em conjunto com a tPA, mas provavelmente não é necessária com a estreptoquinase ou APSAC. Agentes mais específicos estão sendo desenvolvidos, incluindo inibidores específicos da trombina (hirudina) e outros inibidores plaquetários.

Esquemas Trombolíticos para o Infarto Agudo do Miocárdio

Estreptoquinase	1,5 milhão de unidades IV durante 1 hora
APSAC*	30 unidades IV durante 2-5min
Ativador do plasminogênio tecidual (tPA)†	
Padrão	IV: 10 mg em bolus, 50 mg na primeira hora, 20 mg na segunda e 20 mg na terceira (+ heparina)
Acelerado	IV: 15 mg em bolus, 0,75 mg/kg durante 30 min até 50 mg, a seguir 0,5 mg/kg até 35 mg na próxima hora (+ heparina)
Reteplase	10 unidades em 2 min, seguido em 30 min por um segundo bolus de 10 unidades

*APSAC = complexo ativador plasminogênio-estreptoquinase anisoilado.

†A heparina geralmente é recomendada em ambos os esquemas de TPA como um bolus de 5.000 U, seguido por uma infusão IV (intravenosa) de 1.000 U/h (1.200 U/h em pacientes > 80 kg), com ajustes de dose para elevar o tempo de tromboplastina parcial ativado (KTTP) para 60-85 segundos.

13. Existem contra-indicações para a terapia trombolítica?

- Contra-indicações absolutas
  - Sangramento ativo
  - Punção de um vaso não-compressível
  - Possível dissecção aórtica
  - Neoplasia maligna intracraniana ativa
  - Grande cirurgia recente (< 1 semana)
  - Pericardite aguda

Alergia medicamentosa prévia (à estreptoquinase ou ao APSAC)

- Contra-indicações relativas

  Grande trauma ou cirurgia nas últimas 6 e 8 semanas
  Hipertensão severa não-controlada
  Derrame recente ou tumor cerebral
  Gestação
  Ressuscitação cardiopulmonar prolongada
  História de diátese hemorrágica
  História de úlcera péptica
  Câncer
  Retinopatia diabética
  Severa disfunção hepática

14. Quais são as complicações possíveis?

Foram relatadas complicações maiores e menores da terapia trombolítica. Reações alérgicas foram descritas com a estreptoquinase e o APSAC, secundárias a anticorpos à estreptoquinase. A hipotensão é mais freqüente com a estreptoquinase que com a TPA. As principais complicações da terapia trombolítica estão diretamente relacionadas à disfunção da hemostasia e são muito mais comuns na presença de um procedimento vascular. Na ausência de um procedimento vascular, sangramento importante ocorre em 0,1 e 0,3% dos pacientes, e infartos cerebrais hemorrágicos ocorrem em até 0,6%.

15. Como reverter a terapia trombolítica?

Complicações por sangramento ocorrem em 5% dos pacientes recebendo terapia trombolítica e podem ser divididas em eventos severos e leves. O sangramento intracraniano é o mais severo e ocorre em 0,2 a 0,6% dos casos, com uma mortalidade de 50 a 75%. Felizmente, 70% de todas as complicações hemorrágicas ocorrem no local de um procedimento invasivo e podem ser controladas localmente. O tratamento das complicações hemorrágicas deve ser individualizado.

Na avaliação inicial do paciente com sangramento, todos os sítios vasculares devem ser inspecionados e deve ser aplicada pressão conforme necessário. O sangue deve ser enviado para provas cruzadas. Heparina e quaisquer terapias antiplaquetárias devem ser suspensas. Se necessário, protamina pode ser dada para reverter o efeito da heparina (1 mg protamina/100 U heparina, não exceder 50 mg em 10 min). Para o sangramento severo, crioprecipitado e plasma fresco congelado devem ser dados, especialmente se o nível de fibrinogênio é < 100 mg/dL. Plaquetas podem ser dadas quando o tempo de sangramento está prolongado. Se o sangramento com risco de vida persiste, drogas antifibrinolíticas podem ser consideradas.

16. Quais as indicações para o uso primário e secundário da angioplastia coronária transluminal percutânea (ACTP)?

A ACTP primária está indicada em todos os pacientes com IM agudo em que o serviço esteja disponível. O resultado depende da experiência do examinador e do centro. A ACTP deve ser realizada apenas em centros de grande volume de exames, com apoio cirúrgico, onde a mortalidade é esperada como sendo melhor que na terapia trombolítica-padrão. A ACTP deve ser considerada em pacientes com contra-indicações à terapia trombolítica, quando a terapia lítica falhou, e em pacientes de alto risco (idade > 70 anos, infarto miocárdico anterior, taquicardia sinusal persistente ou choque cardiogênico).

A ACTP primária para IM está associada com índices de patência > 90%, índices menores de sangramento sério, diminuição de isquemia recorrente e diminuição da mortalidade quando comparada com a terapia trombolítica. Em pacientes submetidos à ACTP para IM agudo, o uso adjuvante de inibidores da glicoproteína IIb/IIIa e *stents* coronários levou a uma melhora no resultado clínico quando comparado com a terapia de reperfusão com trombolíticos.

O objetivo global em pacientes com IM é a restauração imediata e segura de fluxo anterógrado eficaz na artéria ocluída – por qualquer método que estiver mais prontamente disponível. Não há papel para uma ACTP precoce/ou de rotina em pacientes que receberam terapia trombolítica bem-sucedida.

17. Deve-se considerar a cirurgia no infarto agudo do miocárdio?

A cirurgia de revascularização coronária (RC) pode ser usada no infarto agudo do miocárdio como terapia primária e secundária. Pacientes com isquemia recorrente, não-controlada por tratamento clínico, e que são inelegíveis para ACTP podem requerer RC de emergência. A mortalidade operatória está aumentada no período peri-infarto, principalmente em pacientes com más condições hemodinâmicas, insuficiência cardíaca congestiva e idade avançada.

18. Que tipos de arritmias ocorrem no infarto agudo do miocárdio?

Tanto as arritmias supraventriculares como as ventriculares são observadas no infarto agudo do miocárdio. Dentre as *arritmias supraventriculares*, a bradicardia sinusal está presente mais comumente no infarto inferior e sugere um melhor prognóstico. A taquicardia sinusal (freqüência cardíaca > 100 bpm) no infarto agudo do miocárdio pode ser causada pela dor, ansiedade, disfunção ventricular esquerda, hipovolemia, pericardite ou infarto atrial; é um indicador de mau prognóstico, porque geralmente assinala uma quantidade significativa de disfunção ventricular esquerda. Extra-sístoles atriais (ESAs) também são comuns e podem resultar da pressão atrial aumentada com insuficiência cardíaca congestiva. A fibrilação atrial ocorre em 15% dos infartos e é um indicador de mau prognóstico. Outras taquicardias supraventriculares são infreqüentes no infarto do miocárdio, mas devem ser tratadas imediatamente se sintomáticas.

As *arritmias ventriculares* são a principal causa de mortalidade pré-hospitalar no infarto agudo do miocárdio. Acredita-se que a fibrilação ventricular (FV) seja responsável por 60% da mortalidade pré-hospitalar relacionada ao infarto e ocorre predominantemente nas primeiras 12 horas. A FV primária (sem insuficiência cardíaca) deve ser distinguida da FV secundária (com insuficiência cardíaca significativa). A FV primária ocorre predominantemente nas primeiras horas após o infarto do miocárdio e raramente resulta em morte se o paciente está hospitalizado e a desfibrilação está disponível precocemente. A FV secundária pode ocorrer em qualquer tempo durante a hospitalização, e a desfibrilação nem sempre é bem-sucedida. As extra-sístoles ventriculares (ESVs) ocorrem em 90% dos pacientes com infarto agudo do miocárdio e não prevêem FV. Porém, no período imediato pós-infarto, ESVs que ocorrem freqüentemente, em pares ou em grupos de três, prevêem um risco de FV.

Embora a lidocaína profilática não seja mais recomendada para todos os pacientes com infarto agudo, pode estar indicada naqueles com ectopia muito freqüente ou complexa nas primeiras 24 horas pós-infarto. O tratamento das ESVs crônicas, mas assintomáticas, com agentes antiarrítmicos no período tardio pós-infarto, leva a uma mortalidade maior e não é recomendado. O ritmo idioventricular acelerado é um indicador inespecífico de reperfusão miocárdica e não deve ser tratado a menos que existam sintomas.

19. Como o risco de morte súbita é avaliado em pacientes pós-infarto?

O ECG de alta resolução pode ser útil para prever o risco de morte súbita em pacientes pós-infarto, bem como para orientar o manuseio clínico ou a colocação de um desfibrilador automático implantado. Estudos eletrofisiológicos podem ser úteis para avaliar o risco de morte súbita tardia pós-infarto e usualmente são realizados se o paciente tem um episódio de taquicardia ventricular ou fibrilação ventricular após as primeiras 48 horas de um infarto, ou se o ECG de alta resolução é positivo em pacientes com ectopia ventricular complexa.

20 Quando os marcapassos são úteis no infarto agudo do miocárdio?

As anormalidades da condução atrioventricular (AV) ocorrem em até 25% dos pacientes com infarto do miocárdio. Freqüentemente, isso progride para bloqueio cardíaco de terceiro grau e se associa a um aumento de 50% na mortalidade aguda. Em geral, pacientes com infarto do miocárdio inferior têm bloqueio na área nodal AV, e freqüentemente existe um ritmo junctional de escape com 40 a 60 batimentos por minuto. Esses pacientes usualmente possuem um infarto ventricular direito associado. Em pacientes com infarto anterior, o bloqueio ocorre no sistema de His-Purkinje, e freqüentemente existe um ritmo ventricular de escape, pouco confiável, com menos de 40 batimentos por minuto.

Um *marcapasso temporário* é requerido sempre que qualquer bradiarritmia ou distúrbio de condução resulte em sintomas significativos, hipotensão ou choque. Em pacientes assintomáticos, com *infarto do miocárdio inferior*, um marcapasso profilático raramente é necessário. Em pacientes assintomáticos, com *infarto do miocárdio anterior*, as indicações para o marcapasso profilático são controversas, mas geralmente incluem novos bloqueios de ramo bilaterais (bifasciculares), isto é, bloqueio de ramo direito (BRD) com bloqueio divisional anterior (HBAE) ou posterior esquerdo (HBPE) e alternando BRD e BRE. O bloqueio AV de primeiro grau aumenta esse risco. Contudo, o bloqueio recente isolado em apenas um dos três fascículos – mesmo com P-R prolongado e bloqueio bifascicular preexistente com P-R normal – traz menos risco e não indica a colocação de marcapasso. Tais pacientes devem ser monitorizados de perto, com a inserção de um marcapasso temporário realizada apenas se houver o desenvolvimento de bloqueio AV de maior grau.

A única indicação absoluta para o *marcapasso permanente* no infarto agudo do miocárdio é o bloqueio AV de alto grau persistente. Em pacientes com infarto agudo do miocárdio inferior, o bloqueio AV de alto grau quase sempre cede dentro de duas semanas, e o marcapasso permanente não está indicado. Existe controvérsia sobre o uso do marcapasso permanente profilático em pacientes com bloqueio AV de primeiro grau combinado bloqueios fasciculares, em que o bloqueio AV de alto grau já desapareceu.

21. Explique os mecanismos potenciais da hipotensão no infarto agudo do miocárdio.

O diagnóstico diferencial para hipotensão no paciente com infarto do miocárdio é importante, pois o tratamento depende da etiologia. O *choque cardiogênico* é caracterizado como hipotensão (pressão sistólica arterial < 90 mm Hg) com um índice cardíaco < 1,8 L/min/m^2 e elevação das pressões de enchimento ventricular (geralmente medidas pela pressão capilar). Sinais clínicos de hipoperfusão também estão presentes, incluindo oligúria, alterações do estado mental, edema pulmonar, taquicardia e palidez.

Comumente, uma lesão miocárdica maciça ventricular esquerda (> 40% de miocárdio ventricular esquerdo) é a etiologia do choque no infarto agudo do miocárdio. Outra etiologia potencial do choque cardiogênico é o infarto ventricular direito que ocorre em um infarto inferior. Nessa situação, o ventrículo direito pode não ser capaz de bombear sangue suficiente por meio da circulação pulmonar para manter o débito cardíaco. Isso deve ser suspeitado em pacientes com infarto inferior, hipotensão, campos pulmonares limpos e veias do pescoço elevadas, com sinal de Kussmaul. O diagnóstico pode ser confirmado com derivações direitas do ECG ou ecocardiografia. Nessa situação, as pressões atriais direitas estarão elevadas desproporcionalmente à pressão do leito capilar pulmonar, e a monitoração invasiva pode estar indicada. Hipovolemia também deve ser considerada precocemente nesses pacientes, uma vez que a reposição hídrica isolada pode reverter o choque. Embolia pulmonar, septicemia, dissecção aórtica e tamponamento também devem ser considerados.

Complicações mecânicas sintomáticas ocorrem em < 1% dos pacientes com infarto do miocárdio e resultam da ruptura do tecido cardíaco necrótico. Essas complicações usualmente ocorrem 3 a 7 dias após um infarto agudo e incluem ruptura da parede ventricular livre (freqüentemente observada no primeiro infarto anterior transmural em mulheres hipertensas), ruptura septal ventricular e ruptura aguda dos músculos papilares, causando regurgitação mitral aguda. Comumente apresentando-se com hipotensão e choque, os pacientes com essas complicações atingem 90% de mortalidade se manuseados clinicamente. O reparo cirúrgico das complicações mecânicas é a única opção se o paciente pode ser estabilizado utilizando balão intra-aórtico e terapia vasodilatadora vigorosa. O diagnóstico pode ser estabelecido com o uso de ecocardiografia e monitoração hemodinâmica invasiva. A regurgitação mitral de leve à moderada é comum no infarto agudo, sendo manuseada clinicamente.

22. Quais as indicações de monitoração hemodinâmica invasiva no infarto agudo do miocárdio?

O uso da monitoração hemodinâmica invasiva deve ser reservado para pacientes com indicações precisas, incluindo o diagnóstico de insuficiência ventricular esquerda ou direita com hipotensão e edema pulmonar, regurgitação mitral aguda, defeito septal ventricular agudo ou oligúria e azotemia persistentes, no paciente com estado volêmico incerto. A monitoração invasiva também pode ser útil ao iniciar-se o tratamento com agentes inotrópicos ou vasoativos.

23. Quais as técnicas usadas para estratificação do risco de pacientes com infarto do miocárdio?

A estratificação de risco e avaliação de prognóstico pós-infarto são importantes para planejar a terapia a longo prazo. Em pacientes com angina, insuficiência cardíaca ou arritmias tardias pós-infarto, uma angiografia urgente deve ser realizada para avaliar a necessidade de ACTP ou RC. Em pacientes com infarto do miocárdio não-complicado, métodos não-invasivos podem ser usados para avaliar a função ventricular e isquemia residual, incluindo um teste ergométrico limitado pelos sintomas e uma avaliação da função ventricular esquerda por ecocardiografia ou cintilografia.

Outros testes disponíveis para problemas especiais incluem testes ergométricos com tálio, ecocardiografia de estresse, cintilografia com tálio-dipiridamol, tomografia por emissão de pósitrons e monitoração ambulatorial por Holter. Esses testes podem ser realizados na maioria dos pacientes uma semana após o infarto do miocárdio para determinar os grupos de alto e baixo risco. Os grupos de alto risco são identificados por baixa capacidade de exercício, hipotensão, depressão do segmento ST em baixa freqüência cardíaca e angina durante a ergometria tradicional. Evidências de isquemia além do infarto, visualizadas na ecocardiografia ou na cintilografia por radioisótopos, também podem ser úteis para avaliar o risco após o infarto miocárdico.

Esses princípios devem ser aplicados àqueles que receberam terapia trombolítica bem como àqueles com infarto não-Q. Existe controvérsia sobre o uso de exames não-invasivos para a estratificação de risco após um infarto não-Q, e alguns recomendam a angiografia de rotina em todos esses pacientes.

24. Que agentes ou intervenções são usados na prevenção secundária do infarto do miocárdio?

A prevenção secundária de infarto do miocárdio deve enfocar a modificação dos fatores de risco.

- A *cessação do tabagismo* deve ser encorajada.
- Os *agentes redutores de lipídeos*, em combinação com a *modificação da dieta*, podem reduzir a mortalidade em 20% em certos grupos de pacientes
- O *exercício* deve ser estimulado e suplementado por um programa de reabilitação.
- Os *β-bloqueadores* foram extensamente estudados e, em pacientes pós-infarto com risco moderado a alto, demonstraram reduzir a mortalidade e o risco de reinfarto em até 33%.
- A *aspirina* diminui as taxas de reinfarto e deve ser usada em todos os pacientes pós-infarto.

- Os *bloqueadores dos canais do cálcio* podem ter um papel na prevenção secundária do infarto não-Q, particularmente no reinfarto, mas não foi demonstrado benefício na mortalidade.
- Os *inibidores da enzima conversora da angiotensina* (IECA) diminuem as taxas de reinfarto e a incidência de morte súbita e melhoram a mortalidade, devendo ser padronizados em pacientes pós-infarto com fração de ejeção < 40%, especialmente aqueles com sintomas de insuficiência cardíaca.

25. Existe um papel para os agentes anti-radicais livres?

Em modelos animais, os agentes anti-radicais livres demonstraram limitar a lesão de reperfusão no infarto do miocárdio. Essas drogas podem ter um papel no futuro, embora atualmente nenhuma esteja aprovada para uso clínico. Mais recentemente, sugeriu-se que o uso de vitamina E beneficiaria pacientes na prevenção primária do infarto do miocárdio, porém mais estudos são necessários. A evidência atual (estudo HOPE) *não* demonstra a utilidade da vitamina E nesse papel.

26. O que é a remodelação ventricular?

A remodelação do coração é definida como uma alteração na massa e na forma do coração em resposta ao dano causado pelo infarto do miocárdio, caracterizando-se por hipertrofia e dilatação progressiva. Dependendo da extensão da lesão, do estresse subseqüente da parede e de circunstâncias do tecido local, a remodelação pode resultar em insuficiência tardia de bomba, instabilidade da atividade elétrica e reinfarto. Os fatores que modificam favoravelmente esse processo incluem a prevenção do reinfarto, a reperfusão, a redução da pós-carga e possivelmente a prevenção da lesão de reperfusão por radicais livres. A terapia deve tentar prevenir as complicações da remodelação ventricular, diminuindo a sobrecarga ventricular com inibidores da ECA e resolvendo a isquemia crônica com ACTP ou RC.

27. Um homem de 55 anos é admitido por um aumento de falta de ar com pequenos esforços e dispnéia paroxística noturna. Ele tem uma história de IM há três anos. Ao exame físico, ele está diaforético e com ortopnéia e a sua freqüência respiratória é de 32 respirações/min. Ele tem um galope ventricular esquerdo alto. O ECG mostra ondas Q proeminentes em DII, DIII e aVF, que estão presentes desde o seu infarto prévio. Não foram detectadas novas alterações no ECG e as enzimas miocárdicas estão nos limites normais. O que é essencial na avaliação desse paciente para possível revascularização miocárdica?

Deve-se determinar o tamanho do tecido cicatricial do infarto prévio. Igualmente importante, deve-se detectar e quantificar a presença de miocárdio viável. Ambos aspectos são abordados pela IRM, que pode ser a ferramenta mais valiosa para avaliar miocárdio viável e cicatricial. (Ver figura, p. 144.)

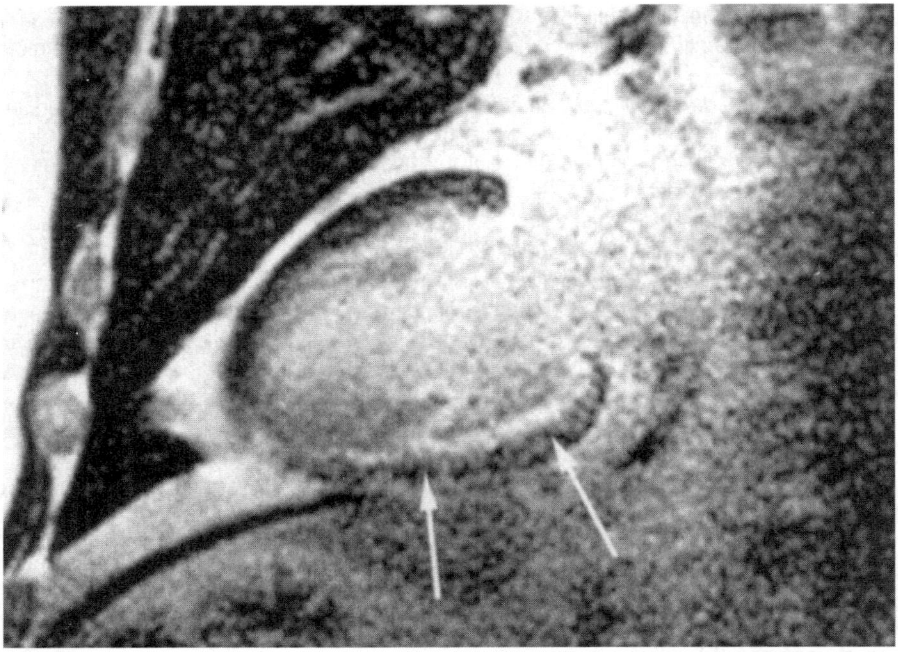

Infarto subendocárdico. A técnica de IRM de "hiperintensificação retardada" foi aplicada nesse paciente com IM prévio. A intensificação do gadolínio identifica o miocárdio danificado de forma irreversível em branco e o miocárdio viável, ileso, em escuro. O infarto subendocárdico da parede inferior é evidente nessa visão de duas câmaras, longitudinal, do ventrículo esquerdo. (Imagem cortesia de S. Flamm, M.D.)

REFERÊNCIAS BIBLIOGRÁFICAS

1. ACC/AHA guidelines for the early management of patients with acute myocardial infarction. *Circulation* 82:664-707, 1990.
2. Falk E: Why do plaques rupture? *Circulation Suppl* 3:30-42, 1992.
3. Fuster V Badiman L, Badiman JJ, Chesebro JH: The pathogenesis of coronary artery disease and the acute coronary syndromes. *N Engl J Med* 326:242-250, 310-318, 1992.
4. Grines CL, Brorone KF, Marco J, et al: A comparison of immediate angioplasty with thrombolytic therapy for acute myocardial infarction. *N Engl J Med* 328:673-679, 1993.
5. GUSTO Investigators: An international randomized trial comparing four thrombolytic strategies for acute myocardial infarction. *N Engl J Med* 329:673-682, 1993.
6. ISIS-2 (Second International Study of Infarct Survival) Collaborative Group: Randomized trial of intravenous streptokinase, oral aspirin, both, or neither among 17,187 cases of suspected acute myocardial infarction: ISIS-2. *Lancet* ii:349-360, 1988.
7. Schomig A, Kastrati A, et al: Coronary stenting plus platelet glycoprotein IIb/IIIa blockade compared with tissue plasminogen activator in acute myocardial infarction. *N Engl J Med* 343:385-391, 2(100.
8. TIMI Study Group: Comparison of invasive and conservative strategies after treatment with intravenous tissue plasminogen activator in acute myocardial infarction. *N Engl J Med* 320:618-627, 1989.
9. Vatterott PJ, Hammill SC, Bailey KR, et al: Signal-averaged electrocardiography: A new non-invasive test to identify patients at risk for ventricular arrhythmias. *Mayo Clin Proc* 63:931-942, 1 988.

20. COMPLICAÇÕES E CUIDADOS PÓS-INFARTO DO MIOCÁRDIO

Raul Mendoza, M.D., e *Nelson Trujillo,* M.D.

1. Quais são as causas de um novo sopro panssistólico após um infarto do miocárdio?

O desenvolvimento de um novo sopro sistólico após um infarto do miocárdio freqüentemente pode ser catastrófico devido à instabilidade hemodinâmica que usualmente acompanha esse sopro. As etiologias incluem:

- Ruptura e/ou disfunção de um músculo papilar esquerdo, causando regurgitação mitral severa
- Ruptura do septo interventricular
- Infarto ventricular direito e regurgitação tricúspide
- Falso aneurisma e ruptura da parede externa

2. Qual é a apresentação clínica do infarto ventricular direito?

O infarto ventricular direito (VD) é observado em 29 a 36% dos pacientes que têm infarto agudo ínfero-posterior ou posterior verdadeiro. Os infartos isolados de VD são raros. A isquemia ou o infarto do VD podem levar a uma série de distúrbios, desde anormalidades hemodinâmicas mínimas às suas apresentações mais severas, as quais incluem distensão venosa jugular, campos pulmonares claros e hipotensão, um sinal de Kussmaul positivo e terceiras e quartas bulhas do VD.

3. Como o infarto de VD é diagnosticado e qual o manuseio recomendado?

O eletrocardiograma (ECG) demonstra as características do infarto agudo do miocárdio de parede inferior (posterior direto ou lateral também podem estar presentes) e elevação de ST nas derivações V4R-V6R. As avaliações hemodinâmicas com um cateter na artéria pulmonar usualmente demonstram uma pressão diastólica final elevada no átrio direito ou VD, uma pressão normal ou minimamente elevada na artéria pulmonar e usualmente uma pressão normal ou baixa no leito capilar pulmonar.

A base da terapia é a administração de líquidos de modo a manter a pressão capilar em 18 a 20 mm Hg. O suporte inotrópico pode ser necessário e, raramente, a inserção de um balão intra-aórtico é indicada em pacientes com hipotensão refratária. Os vasodilatadores devem ser estritamente evitados. A milrinona, um inibidor da fosfodiesterase de uso parenteral, é um inotrópico de VD e pode ser útil em casos de falência de VD.

4. Qual a diferença entre aneurismas verdadeiros e falsos que se desenvolvem após um infarto do miocárdio?

Um *aneurisma ventricular verdadeiro* é uma protrusão saculiforme, não-contrátil, circunscrita do ventrículo esquerdo e se desenvolve em 8 a 14% dos pacientes que sobrevivem a um infarto do miocárdio. A parede do aneurisma verdadeiro é composta de tecido fibroso, bem como de miocárdio viável e necrótico. Por outro lado, um *pseudo-aneurisma* resulta da ruptura da parede livre do ventrículo esquerdo e é envolto pelo pericárdio adjacente. A parede do pseudo-aneurisma é composta de tecido fibroso e nenhum elemento miocárdico. A ruptura é freqüente no pseudo-aneurisma e raramente é vista no aneurisma verdadeiro.

5. A regurgitação mitral após um infarto do miocárdio tem importância clínica?

Sopros de regurgitação mitral são comuns (55 a 80%), especialmente na fase precoce do infarto do miocárdio (IM). Porém, são transitórios e estão relacionados à natureza dinâmica do processo isquêmico. Uma forma mais séria de regurgitação mitral isquêmica pode se desenvolver após o IM, embora felizmente com baixa incidência, de 0,9 a 5%. Essa complicação pode levar à regurgitação mitral severa, freqüentemente associada com edema pulmonar, hipotensão e morte. Três etiologias foram descritas: (1) disfunção do músculo papilar, (2) dilatação ventricular esquerda generalizada e (3) ruptura do músculo papilar.

A transecção completa de um músculo papilar ventricular esquerdo é geralmente fatal devido à regurgitação mitral súbita e maciça que usualmente é intolerável hemodinamicamente. A regurgitação mitral após o IM tem um amplo espectro clínico, variando de conseqüências hemodinâmicas mínimas até uma síndrome catastrófica, freqüentemente fatal, a menos que um manuseio clínico e cirúrgico agressivo seja rapidamente implementado.

6. Por que ocorre uma regurgitação mitral severa após o infarto do miocárdio?

O suprimento sangüíneo para o músculo papilar ântero-lateral é duplo, com ramos das artérias descendente anterior esquerda e circunflexa. Em contraste, o músculo papilar póstero-medial tem um único suprimento sangüíneo, os ramos posteriores da artéria coronária direita dominante ou da artéria circunflexa dominante. Assim, os IMs ínfero-posterior e póstero-lateral são os mais comumente associados à regurgitação mitral severa. A regurgitação mitral isquêmica é observada principalmente em mulheres e idosos. Seu prognóstico depende do grau de ruptura, da severidade da regurgitação mitral e da função ventricular esquerda prévia.

7. Qual a freqüência da ruptura do septo interventricular?

Essa complicação ocorre em 1 a 3% de todos os infartos e responde por aproximadamente 12% de todas as rupturas cardíacas. Ela usualmente ocorre precocemente, 2 a 6 dias após o IM, com 66% ocorrendo nos primeiros três dias. É comumente observada em pacientes com hipertensão e aqueles com IM ântero-septal (60%), o restante ocorrendo usualmente em pacientes com IM de parede inferior com ruptura do septo póstero-basilar.

8. A ruptura da parede livre ventricular é sempre fatal?

A ruptura da parede livre ventricular é uma complicação muito temida e responde por 8 a 15% de todas as mortes por infarto e até 10% das mortes hospitalares pós-IM. A maioria das rupturas (84%) ocorre na primeira semana e 32%, no primeiro dia. A apresentação mais comum é o colapso hemodinâmico súbito seguido de rápida deterioração, com ou sem sinais clínicos de tamponamento.

Essa complicação é mais comumente observada na parede anterior ou lateral do ventrículo esquerdo e usualmente é precedida por expansão do infarto. Em alguns casos, a ruptura pode ser marcada por episódios de dor pericárdica recorrente, por vezes com características de derrame pericárdico, hipotensão e tamponamento. Para que o tratamento seja bem-sucedido, o diagnóstico deve ser imediato e o manuseio agressivo. As intervenções incluem a infartectomia, o fechamento da parede miocárdica viável e a cirurgia de revascularização.

9. Uma intervenção cirúrgica é imediatamente necessária em pacientes com ruptura de músculos papilares ou ruptura septal interventricular?

Essas duas complicações pós-IM têm um início abrupto, com desenvolvimento rápido de um novo sopro sistólico, edema pulmonar e choque. O prognóstico depende do grau de ruptura, severidade da regurgitação mitral e função ventricular esquerda prévia. A terapia inicial usualmente consiste em suporte hemodinâmico, incluindo agentes inotrópicos e vasodilatadores, cateterismo guiado arterial e pulmonar e, ocasionalmente, o uso de um balão intra-aórtico. Se a estabilidade hemodinâmica não é obtida com essas medidas e o paciente permanece hipotenso, uma intervenção cirúrgica é necessária imediatamente. Porém, a mortalidade perioperatória é alta, variando de 35 a 50%. Em pacientes que atingem estabilidade hemodinâmica com o tratamento clínico, a cirurgia é usualmente retardada por 6 a 12 semanas, em um tentativa de melhorar a cicatrização em torno das margens do infarto, facilitando a cirurgia e reduzindo a mortalidade.

10. Quais são as características clínicas e hemodinâmicas do choque cardiogênico?

O choque cardiogênico é uma insuficiência circulatória profunda, usualmente devido à perda miocárdica cumulativa de 40% ou mais. O choque cardiogênico é, mais freqüentemente, secundário ao infarto agudo do miocárdio, mas existem outras etiologias, as quais incluem a doença miocárdica primária (miocardite ou miocardiopatia em estágio final).

Achados clínicos

Pressão sistólica arterial máxima < 90 mm Hg
Vasoconstrição periférica com pele fria, úmida e freqüentemente cianótica
Oligúria ou anúria
Estado mental alterado (confusão, letargia, obnubilação, coma)
Persistência do choque após a correção dos fatores contribuintes (p. ex., hipovolemia, efeito colateral ou toxicidade a drogas, arritmias, desequilíbrio ácido-básico)

Achados hemodinâmicos

Baixo índice cardíaco de < 1,8 L/min/m^2
Pressão arterial sistólica < 90 mm Hg e diastólica de 60 mm Hg
Pressão do leito capilar pulmonar elevada ≥ 18 mm Hg
Taquicardia
Resistência vascular sistêmica aumentada
Baixo índice de volume sistólico < 20 mL/m^2

11. O choque cardiogênico pode ser previsto?

Aproximadamente 7 a 9% dos pacientes admitidos com IM agudo desenvolvem choque cardiogênico. O tempo médio, da admissão ao início dessa complicação, é 3,4 ± 0,8 dias. Os seguintes fatores, presentes na admissão, estão relacionados ao desenvolvimento intra-hospitalar de choque cardiogênico:

Idade > 65 anos
Má função ventricular esquerda (fração de ejeção do VE < 35%)
Infarto de grande extensão
História de diabete melito
IM prévio
Sexo feminino

A probabilidade de desenvolvimento de choque cardiogênico depende do número desses fatores: quando três estão presentes, existe uma probabilidade de choque de 18%, e quando cinco estão presentes, a probabilidade é de 54%.

12. Que outras complicações podem se desenvolver em pacientes com choque cardiogênico?

Pacientes com choque cardiogênico têm uma incidência significativamente maior de bloqueio atrioventricular, defeitos de condução intraventricular, insuficiência cardíaca congestiva, parada cardíaca, arritmia cardíaca, ruptura septal ventricular e regurgitação mitral significativa. O índice de mortalidade intra-hospitalar entre esses indivíduos é de aproximadamente 65%. Em pacientes com maior risco para choque cardiogênico, o início precoce da terapia agressiva, incluindo uma intervenção invasiva específica, pode prevenir o dano miocárdico subseqüente.

13. Todos os pacientes que desenvolvem hipotensão pós-IM requerem suporte inotrópico e/ou um cateter na artéria pulmonar?

A hipotensão que se desenvolve após o IM tem muitas causas e não é necessariamente secundária à disfunção ventricular esquerda. O infarto de VD é uma causa comum de hipotensão pós-IM. A hipovolemia (absoluta ou relativa) é freqüente no caso de IM agudo; os pacientes podem ter depleção de líquidos devido à anorexia, vômitos, diaforese ou febre, bem como ao uso comum de muitas drogas com efeitos hipotensivos. Essas drogas incluem os analgésicos narcóticos ou tranqüilizantes, nitratos, diuréticos e a maioria dos antianginosos e antiarrítmicos que tendem a ser usados em pacientes com IM agudo. O reconhecimento e o tratamento dessas causas reversíveis de hipotensão freqüentemente melhoram o estado hemodinâmico do paciente sem necessidade de drogas inotrópicas ou de monitoração invasiva.

14. Por que os pacientes com bloqueio cardíaco completo e IM agudo têm maior mortalidade?

O bloqueio cardíaco agudo complica o IM em 5 a 8% de todos os casos. A maioria dos casos de bloqueio cardíaco completo ocorre com o IM de parede inferior; porém, a mortalidade é maior com o IM de parede anterior. Essa mortalidade aumentada ocorre devido ao fato de que o desenvolvimento de bloqueio cardíaco durante o IM significa extensão aumentada do infarto, a qual explica a maior incidência de insuficiência cardíaca congestiva, choque cardiogênico e parada cardíaca nesse grupo de pacientes.

15. Qual a implicação clínica da formação de trombo mural ventricular esquerdo pós-IM?

Trombos murais no ventrículo esquerdo são comuns, ocorrendo em 20 a 40% dos pacientes com infartos anteriores; usualmente são bem-visualizados pela ecocardiografia e observados principalmente no IM ântero-septal e apical. Infelizmente, a embolia ocorre nesses pacientes com uma incidência altamente variável de 0 a 25%, usualmente nos primeiros 10 dias pós-IM, embora a formação de trombos possa persistir durante os primeiros 1 a 3 meses. O tamanho do infarto está diretamente relacionado ao risco tromboembólico. O problema clínico é como prevenir êmbolos mais do que como tratar o "trombo ventricular esquerdo". Não está totalmente claro se a heparinização ou a terapia combinada trombólise-heparina previne os êmbolos. As recomendações para a anticoagulação variam, mas uma abordagem razoável é recomendar a anticoagulação por 3 a 6 meses com warfarina em pacientes com trombos murais demonstráveis, particularmente se o trombo é móvel, e em pacientes nos quais já ocorreu um evento embólico.

16. Diferencie os tipos de pericardite que se desenvolvem após o IM.

Dois tipos de pericardite ocorrem no período pós-IM. A *pericardite precoce* usualmente se desenvolve 24 a 72 horas após o início do IM, sendo observada em pacientes com IM transmural e insuficiência cardíaca congestiva. A *pericardite tardia* (síndrome de Dressler) é caracterizada por febre, pericardite persistente e recorrente, derrame pericárdico e pleural e usualmente surge dias a semanas após o IM.

A pericardite precoce é um indicador de dano miocárdico extenso e freqüentemente é observada no infarto anterior, que pode ser complicado pelo desenvolvimento de arritmias atriais e ventriculares. Apesar de um curso hospitalar freqüentemente tempestuoso, os pacientes com pericardite precoce usualmente não têm mortalidade precoce aumentada; porém, sua mortalidade em 12 meses é maior que a de pacientes que não desenvolvem essa complicação (18 *versus* 12%).

17. Quais as indicações para se utilizar um balão intra-aórtico pós-IM?

O balão intra-aórtico é usado como terapia adjuvante no IM agudo em vários grupos de pacientes:

- Pacientes cujas condições são hemodinamicamente instáveis e nos quais o suporte circulatório é necessário para realizar cateterização cardíaca e avaliação de lesões potencialmente corrigíveis.

- Pacientes com choque cardiogênico não-responsivo ao tratamento clínico, incluindo aqueles que desenvolvem complicações mecânicas (i. é, ruptura septal ventricular ou ruptura dos músculos papilares).
- Pacientes com dor isquêmica persistente apesar de todo o tratamento clínico, incluindo β-bloqueadores e bloqueadores dos canais do cálcio, nitratos, anticoagulação plena e oxigênio.

Observe que os balões intra-aórticos são *contra-indicados* em casos de insuficiência aórtica significativa, dissecção aórtica e doença vascular periférica severa.

18. O marcapasso temporário melhora a sobrevida em pacientes com distúrbios de condução no IM?

Pacientes que desenvolvem distúrbios significativos de condução no IM agudo usualmente têm morbidade e mortalidade aumentadas, basicamente porque esse defeito de condução ocorre em IMs extensos independentemente da artéria coronária ocluída. O marcapasso temporário não melhora o prognóstico nesses pacientes, apesar da retomada da freqüência cardíaca fisiológica, uma vez que a extensão do dano miocárdico está diretamente relacionada à mortalidade.

19. Quais as indicações de marcapasso temporário e permanente pós-IM?

O *marcapasso temporário* é recomendado em pacientes com IM que possuem bloqueio atrioventricular (AV) de alto grau (segundo ou terceiro grau) ou estão em risco de desenvolver esses distúrbios de condução.

Indicações de marcapasso temporário

- Bloqueio de segundo grau do tipo Mobitz II
- Bloqueio de segundo grau do tipo Mobitz I e instabilidade hemodinâmica
- Bloqueio cardíaco de terceiro grau
- Novo bloqueio de ramo esquerdo
- Novo bloqueio de ramo direito com hemibloqueio anterior esquerdo ou posterior esquerdo
- Assistolia

Um marcapasso raramente é necessário no IM inferior, a menos que associado à instabilidade hemodinâmica. As indicações para o marcapasso permanente permanecem controversas; o objetivo da terapia é prevenir a morte súbita, mas nem todas as mortes súbitas ocorrem devido ao bloqueio AV de alto grau. Além disso, o momento para a implantação de um marcapasso permanente é discutível.

As indicações para o marcapasso permanente incluem:

- Bloqueio AV avançado persistente (usualmente > 7-10 dias de duração), localizado no nódulo AV ou no sistema de His-Purkinje
- Bloqueio AV avançado transitório em associação com bloqueio de ramo
- Bloqueio AV paroxístico

20. Quais exames são úteis para diagnosticar as complicações do IM?

Ecocardiografia transesofágica e transtorácica são os exames primários para diagnosticar as complicações do IM agudo. O cateterismo cardíaco direito e esquerdo também pode ser útil.

REFERÊNCIAS BIBLIOGRÁFICAS

1. ACC/AHA Task Force Report: Guidelines for implantation of cardiac pacemakers and antiarrhythmia devices. *J Am Coll Cardiol* 18:1-13, 1991.
2. Berger PB, Ryan TJ: Inferior MI: High risk subgroups. *Circulation* 81:401-411, 1990.
3. Braunwald E (ed): Heart Disease: A Textbook of Cardiovascular Medicine, 4th ed. Philadelphia, WB Saunders, 1992, p. 1239-1291.
4. Goldstein TA: Right heart ischemia. *Choices in Cardiology* 7: 292-296, 1993.
5. Lehmann KG, et al: Mitral regurgitation in early myocardial infarction. *Ann Intern Med* 117:10-17, 1992.
6. Pappas DJ, et al: Ventricular free-wall rupture after myocardial infarction. *Chest* 99:892-895, 1991.
7. Tcheng JE, et al: Outcome of patients sustaining acute ischemic mitral regurgitation during myocardial infarction. *Ann Intern Med* 117:18-24, 1992.
8. Tcheng JE, et al: Managing myocardial infarction complicated by mitral regurgitation. *Prim Cardiol* 19(10):40-48, 1993.

21. FATORES DE RISCO CORONÁRIO E SUA MODIFICAÇÃO

Gumpanart Veerakul, M.D., FSCAI

1. Qual é o objetivo de identificar os fatores de risco coronários em pacientes com e sem doença arterial coronária (DAC)?

A DAC é uma doença multifatorial, com um longo período de latência. Apesar de um declínio de 24% em sua mortalidade desde 1980, ela permanece uma importante causa de morte na sociedade ocidental e tem uma alta morbidade. Uma vez que seus mecanismos fisiopatológicos permanecem indefinidos, os dados epidemiológicos detectaram uma série de fatores de risco para a DAC, os quais estão estatisticamente associados com seu desenvolvimento, embora possam não ter necessariamente uma relação causal. Assim, é desejável normalizar todos os fatores de risco potencialmente modificáveis de modo a prevenir ou retardar a progressão da doença em um subgrupo assintomático de alto risco (*prevenção primária*) ou adiar ou regredir lesões bem-estabelecidas em pacientes com DAC preexistente (*prevenção secundária*).

2. Que características indicam um maior risco de desenvolver DAC?

Devido à origem multifatorial da DAC, seu mecanismo subjacente não é totalmente compreendido. Contudo, certas características mostraram uma relação independente com a ocorrência de DAC embora elas possam não ter necessariamente uma relação causal com a DAC (ver tabela).

Fatores de Risco para Doença Arterial Coronária

FATORES DE RISCO MAIORES	FATORES DE RISCO MENORES
Não-modificáveis	
Aumento de idade	Obesidade
História familiar de DAC antes de 55 anos em homens e antes dos 65 anos em mulheres	Estilo de vida sedentário
Sexo masculino	Estresse psicológico
Pós-menopausa (mulheres)	Uso de contraceptivos orais
	Tolerância diminuída à glicose
Modificáveis	
Hipertensão	
Dislipidemia (LDL-C e Lp(a) elevados e HDL-C baixo)	
Diabete melito	
Tabagismo	

As combinações dos fatores de risco são sinérgicas e aumentam grandemente a probabilidade de DAC. Por exemplo, um homem de 50 anos de idade, não-fumante, normotenso com colesterol sérico elevado (colesterol total 7 mmol/L) terá um risco estimado de 10% de desenvolvimento de DAC nos próximos 10 anos. O risco duplica se ele for um fumante ou se tiver hipertensão. Para uma avaliação adequada, todos os fatores de risco devem ser considerados quando se aborda a população de risco.

3. **Que grupos de pacientes devem ser aconselhados sobre as medidas de redução do risco de DAC?**
   - Pacientes com DAC estabelecida ou outras doenças ateroscleróticas porque eles têm o maior risco de desenvolvimento de maiores complicações vasculares.
   - Indivíduos saudáveis que estão sob grande risco pela presença de combinações dos principais fatores de risco, incluindo diabete melito, tabagismo, hipertensão, lipoproteína-colesterol de baixa densidade (LDL-C) elevada e lipoproteína-colesterol de alta densidade (HDL-C) baixa (< 35 mg/dL).
   - Parentes próximos de pacientes com DAC e outras doenças ateroscleróticas precoces.

4. **Quando a hipercolesterolemia deve ser tratada?**

O valor desejável sugerido do colesterol total (CT) é menor que 190 mg/dL (4,9 mmol/L). A associação positiva entre o CT elevado e DAC se deve primariamente ao alto nível de LDL-C. Dados de estudos epidemiológicos e estudos clínicos recentes confirmam o papel do LDL-colesterol (LDL-C) como causa de aterosclerose. De um modo geral, um aumento de 10% no LDL-C está associado com um aumento de 20% no risco de DAC.

Diretrizes do Programa Nacional de Educação em Colesterol para o Tratamento do LDL-C na Prevenção Primária e Secundária

	NÍVEL PARA CONSIDERAÇÃO DO USO DE DROGAS		OBJETIVO TERAPÊUTICO	
	mg/dL	mmol/L	mg/dL	mmol/L
Sem DAC, < 2 fatores de risco	≥ 190	≥ 4,9	< 160	< 4,1
Sem DAC, ≥ 2 fatores de risco	≥ 160	≥ 4,1	< 130	< 3,4
DAC estabelecida	≥ 130	≥ 3,4	≤ 100	≤ 2,6

LDL-C pode ser calculado a partir de: LDL-C = CT - HDL-C - 0,2 (triglicerídeo-C).

5. **A redução no colesterol sérico auxilia na prevenção primária da DAC?**

Evidências de cinco grandes estudos randomizados, duplo-cegos, controlados com placebo, confirmam os efeitos benéficos dos agentes redutores do colesterol na redução do risco de eventos coronarianos.

1. *Estudo da OMS* (1978): Clofibrato, 1,6 g/dia, reduziu a incidência de eventos isquêmicos em 20% no grupo tratado, comparado ao grupo controle após cinco anos.
2. *Lipid Research Clinics Coronary Prevention Trial* (1984): O grupo tratado com colestiramina, 14 a 24 g/dia, mostrou uma redução de 19% na taxa de morte coronária/infarto miocárdico não-fatal em um período de sete anos. Grosseiramente, a redução do nível de colesterol em 1% resultou na redução do risco de DAC em cerca de 2%.
3. *Estudo Cardíaco de Helsinki* (1988): Gemfibrozil 600 mg duas vezes ao dia por cinco anos, resultou na redução de 34% nos eventos coronários.
4. *West of Scotland Coronary Prevention Study* (WOSCOPS) (1995): Este estudo envolveu um total de 6.595 homens com hipercolesterolemia, a maioria deles sem DAC prévia. Após um acompanhamento médio de 4,9 anos, a incidência de eventos coronarianos importantes (IM não-fatal ou morte coronariana) foi de 7,9% no grupo placebo e de 5,5% no grupo tratado com pravastatina (40 mg/dia). A redução de risco de eventos coronarianos importantes foi de 31% (p < 0,001) e a mortalidade total também foi reduzida em 22% (p = 0,051).
5. *AirForce/Texas Coronary Atherosclerosis Prevention Study* (AFCAPS/TexCAPS; 1998): Um total de 6.605 homens e mulheres saudáveis com níveis médios de TC e LDL-C e HDL-C baixo foram

randomizados em um grupo tratado com placebo e outro recebendo lovastatina, 40 mg/dia. Após 5,2 anos de tratamento com lovastatina e uma dieta pobre em gorduras saturadas e colesterol, a incidência de eventos coronarianos agudos importantes (morte súbita, IM fatal e não-fatal e angina instável) do grupo tratado foi reduzida em 37% (p < 0,001) e a necessidade de revascularização foi reduzida para 33% (p = 0,004). Contudo, não houve diferença significativa na mortalidade total nos dois grupos.

6. Qual o efeito da redução do colesterol em pacientes com DAC conhecida?

Os efeitos benéficos da prevenção secundária parecem ter sido confirmados pelos resultados bastante convincentes de estudos relatados desde 1994. A maioria dos estudos mostra uma média de 25% de redução de risco nos principais eventos coronarianos e na mortalidade total em pacientes com DAC após cinco anos de tratamento com as drogas inibidoras da HMG-CoA redutase (estatinas).

1. *Coronary Drug Project:* O ácido nicotínico reduziu eficazmente os níveis de LDL-C e VLDL-C (lipoproteína de muito baixa densidade) e aumentou os níveis de HDL-C em homens vítimas de ataque cardíaco, resultando em um índice de recorrência de IM 29% menor do que em pacientes que receberam placebo. A mortalidade global nesse estudo não foi significativa no início, mas posteriormente mostrou uma redução de 11% ao final de nove anos.

2. *Stockholm Ischemic Heart Study:* Uma combinação de clofibrato e ácido nicotínico resultou em uma redução de 36% na mortalidade por DAC na maioria das vítimas de IM em comparação com o grupo-controle.

3. *Scandinavian Simvastatin Survival Study* (4S; 1994): Um total de 4.444 homens e mulheres com DAC foram alistados nesse estudo. Após 5,4 anos, o tratamento com sinvastatina reduziu o CT plasmático em 25%, o LDL-C plasmático em 35% e aumentou o HDL-C plasmático em 8%. A mortalidade total (objetivo primário) foi de 11,5% no grupo placebo *versus* 8,2% no grupo tratado com sinvastatina (p = 0,0003). Embora os índices de mortes não-cardíacas fossem similares, o risco relativo de mortalidade total foi reduzido em 30% e o risco relativo de morte coronariana foi reduzido em 42%. Também houve uma redução nos principais eventos coronarianos (p < 0,00001).

4. *Long-term Intervention with Pravastatin in Ischemic Disease* (LIPID; 1995): Esse estudo randomizou um total de 9.014 pacientes pós-IM/angina instável com níveis de colesterol modestos (CT 155 a 271 mg/dL) em grupos tratados com placebo ou com pravastatina. No acompanhamento, após uma média de seis anos, houve uma redução de 24% no risco de morte coronariana (p = 0,0004), uma redução de 29% no número total de IM (p = 0,000006) e uma redução de 23% na mortalidade total (p = 0,00002) no grupo tratado com pravastatina comparado com o grupo placebo.

5. *The Cholesterol and Recurrent Events* (CARE) *Trial* (1996) dividiu randomicamente um total de 4.159 homens e mulheres com DAC conhecida (idade entre 65 e 75 anos) e níveis plasmáticos limítrofes (CT médio 221 ± 21 mg/dL, LDL-C médio 150 ± 17 mg/dL) em grupos com placebo e pravastatina. Após cinco anos de tratamento, a pravastatina reduziu o total de eventos coronarianos importantes em 24% (p = 0,002) e não houve diferença significativa na mortalidade global ou na mortalidade por causas não-cardiovasculares.

7. Há algum excesso de mortalidade ocorrendo junto com a redução do colesterol?

Um estudo de 1984 (o relato do Comitê dos Principais Investigadores do WHO Cooperative Trial on Primary Prevention of Ischemic Heart Disease with Clofibrate) mostrou um aumento de mortes não-cardiovasculares no grupo tratado. Ainda não se tem resposta se esse estudo necessita de mais tempo e de uma amostra maior para mostrar a redução na mortalidade total. De fato, analisando os dados do estudo epidemiológico prospectivo em um gráfico, a relação entre o CT plasmático e a mortalidade total foi uma curva em forma de J. Enquanto as causas de morte em pessoas com colesterol elevado são principalmente por morte cardiovascular, as causas de mortalidade no grupo com níveis de colesterol mais baixos são principalmente de etiologia não-cardiovascular como câncer, mortes violentas e trauma. Contudo, a relação entre redução do colesterol e morte não-cardiovascular não é vista em estudos clínicos recentes. Nenhuma morte por causa não-cardiovascular foi registrada em grupos de redução de colesterol nos estudos WOSCOPS, 4S e CARE.

8. Qual é o impacto clínico de um colesterol-lipoproteína de alta densidade?

Dados epidemiológicos têm mostrado uma associação forte porém inversa entre HDL-C e o risco de DAC. Pessoas com HDL-C baixo (< 40 mg/dL), mas que têm triglicerídeos séricos elevados (> 180 mg/dL) ou CT elevado (> 200 mg/dL) são consideradas de risco de DAC, enquanto aquelas com HDL-C elevado (proporção de CT em relação ao HDL-C < 4,5) obtiveram um efeito protetor contra aterosclerose. Embora o seu papel exato não seja bem-compreendido, acredita-se que o HDL-C proteja a parede arterial ajudando a transportar o LDL-C de volta ao fígado para mais degradação ou pela inibição da oxidação do LDL-C na parede. O nível de HDL-C é reduzido pelo fumo, pela obesidade e pelo sedentarismo. O aumento dos níveis de HDL-C pode ser obtido com a cessação do tabagismo, a redução do peso corpóreo (em pessoas obesas), o controle da hipertrigliceridemia, a prática regular de exercícios aeróbicos e o uso de suplementos estrogênicos e ácido nicotínico.

9. A hipertrigliceridemia é um fator de risco independentemente de DAC?

A relação entre hipertrigliceridemia e aterosclerose tem sido confusa há anos. Apenas uma pequena porção de triglicerídeos (TG) é encontrada no LDL-C e no HDL-C, mas as partículas mais ricas em TG, como os quilomícrons (da mucosa intestinal) e o VLDL (do fígado) não são aterogênicas. Vários estudos de casos e observação prospectiva identificaram o TG elevado como um preditor univariável de DAC. Contudo, o apoio de análises multivariadas não é convincente, especialmente após o nível de HDL-C ter sido ajustado. Recentemente, evidência crescente tem sugerido que o TG elevado é um fator de risco importante de DAC em grupos selecionados da população. No Framingham Heart Study, após um acompanhamento de 14 anos, o TG mostrou ser um fator de risco independente em mulheres entre 50 e 69 anos. Em um acompanhamento de oito anos do Copenhagen Male Study, ajustando-se os níveis de HDL-C, um nível elevado de TG de jejum é um fator de risco independente e forte de DAC em homens brancos de meia-idade e idosos. Uma metanálise de 17 estudos prospectivos também confirma que o TG é um fator de risco independente de DAC revelando um aumento de 30% no risco cardiovascular em homens e um aumento de 75% no risco em mulheres.

Embora seja difícil mostrar o benefício da redução apenas dos TG séricos e eventos coronarianos sem afetar as outras lipoproteínas, estudos recentes relatam alguns resultados interessantes. No Stockholm Ischemic Heart Disease Prevention Study (SIHDPS), após cinco anos de tratamento com niacina e clofibrato, foi observada uma redução na mortalidade total, morte por doença coronária e TG, mas não foi observada uma redução no CT. No Benzafibrato Coronary Atherosclerosis Interventional Trial (BECAIT), o benefício angiográfico observado foi relacionado com a redução na VLDL, a redução no fibrinogênio e a elevação no HDL-C, mas não na elevação no nível LDL-C. A despeito da crescente evidência que apóia conexão entre TG elevado e risco de DAC, a relação causal, na ausência de outros riscos, incluindo HDL-C, ainda não foi provada.

10. Que modificações do estilo de vida devem ser recomendadas a pessoas com risco de DAC?

As modificações no estilo de vida devem ser fortemente encorajadas e apoiadas profissionalmente antes da adoção de outras intervenções. Os médicos devem recomendar que os pacientes:

- Parem de consumir quaisquer formas de tabaco. Isso irá reduzir não só o risco de aterosclerose, mas também o risco de trombose.
- Reduzir a ingesta total de gordura para < 30% das calorias totais diárias e limitar a ingesta de colesterol a < 300 mg/dL. Substituir as gorduras saturadas por gorduras mono e

poliinsaturadas de origem vegetal e carboidratos. Aumentar a ingestão de frutas frescas, cereais e verduras.

- Reduzir a ingestão de sal e de bebidas alcoólicas, especialmente quando há hipertensão e usar medicações regularmente para manter a pressão arterial abaixo de 140/90 mm Hg.
- Aumentar a atividade física com exercícios aeróbicos regulares, 4 a 5 vezes por semana.
- Reduzir o peso corporal se o índice de massa corpórea for > 30 kg/m^2.

11. Existe uma redução na incidência de infarto do miocárdio quando a hipertensão está sob controle?

Uma metanálise de 14 estudos randomizados mostrou que uma redução de 5 mm Hg na pressão diastólica foi associada a uma redução de 42% na incidência de derrame, mas somente uma redução de 14% na incidência de infarto do miocárdio. A razão para essa diferença permanece sem definição. Dados recentes do estudo de Framingham, com pacientes tratados para hipertensão por 20 anos, mostraram uma redução no risco absoluto de mortalidade cardiovascular de 60% e uma redução de 30% na mortalidade por todas as causas. Esse resultado levanta a possibilidade de que o controle da hipertensão pode requerer um maior tempo de acompanhamento para a redução dos eventos coronarianos.

12. Em que grau a cessação do tabagismo reduz verdadeiramente a DAC e seus principais eventos cardiovasculares?

Em geral, a cessação do tabagismo resultou em uma redução de 50 a 70% no risco de DAC ao fim de cinco anos. Quando combinada com a redução do colesterol na dieta, como no estudo de Oslo, a incidência de infarto do miocárdio (fatal e não-fatal) e a taxa de morte por DAC foram 47 e 55% menores que no grupo controle. Resultados similares foram observados no Multiple Risk Factor intervention Trial (MRFIT), no qual o tratamento anti-hipertensivo foi combinado à cessação do tabagismo.

13. Níveis elevados de homocisteína e níveis baixos de folato e B_6 estão associados com risco de DAC?

A homocisteína é um aminoácido intermediário que resulta do metabolismo da metionina e é conhecido por sua ação tóxica sobre o endotélio. Vários estudos de casos-controle têm mostrado que em indivíduos com doença aterosclerótica (como infarto do miocárdio, acidente vascular, doença vascular periférica) são encontrados níveis elevados de homocisteína e níveis mais baixos de ácido fólico, B_6 e B_{12} mais freqüentemente do que nos indivíduos de controle. Contudo, o papel causal da homocisteína elevada e o risco de aterosclerose permanece inconclusivo:

1. Pacientes ateroscleróticos podem ter níveis mais altos de homocisteína porque eles têm doença inflamatória mais avançada e não porque a homocisteína causou sua doença vascular. Níveis baixos de ácido fólico (essencial para a síntese de DNA), que foi proposto por estudos retrospectivos como um fator de risco independente para DAC fatal, pode refletir o processo de reparo naqueles pacientes.

2. A medida desse aminoácido de oxidação rápida requer uma técnica-padrão que não está disponível nos relatos anteriores. Por exemplo, o armazenamento de amostras de sangue à temperatura ambiente pode causar níveis de homocisteína falsamente elevados resultantes da liberação pelos eritrócitos. A homocisteína também está aumentada em várias condições, como após uma refeição e à medida que a pessoa envelhece, e é maior em homens que em mulheres.

3. Estudos epidemiológicos mostram uma correlação significativa entre níveis de homocisteína de 11 a 16 μmol/L e doença cardiovascular, que é apenas 3 μmol/L mais elevada do que o nível no grupo-controle. De fato, a faixa normal de homocisteína não está bem-definida, embora acredite-se que

seja em torno de 5 a 15 μmol/L. Portanto, provavelmente é muito cedo para concluir que a homocisteína causa DAC. Estudos clínicos com suplementos de folato, B_6 e B_{12}, correlacionando o nível de homocisteína e DAC, são necessários em prevenção primária e secundária para provar essa hipótese.

14. Há alguma ligação entre infecção crônica e DAC?

Pelo menos 50% dos pacientes que desenvolvem IM agudo não têm fatores de risco identificáveis, sugerindo que muitos riscos permanecem desconhecidos. Estudos sorológicos recentes demonstraram uma associação entre a presença de anticorpos contra certos organismos (i. é, *Chlamydia pneumoniae, Helicobacter pylori* e citomegalovírus) e DAC humana. Enquanto os estudos clínicos e epidemiológicos que suportam o *H. pylori* e o citomegalovírus ainda são fracos e limitados, existem evidências mais fortes para a *C. pneumoniae*, uma bactéria gram-negativa que causa infecção do trato respiratório. A detecção desse micróbio no ateroma humano e nos macrófagos tissulares sugere a possibilidade de a inflamação ser causada por esse organismo. Dois pequenos estudos mostraram que a erradicação desse organismo com antibióticos macrolídinos (azitromicina e roxitromicina) resulta na redução de eventos isquêmicos. Contudo, a detecção de DNA de *C. pneumoniae* em outros locais, como válvula aórtica estenótica, vasos hepáticos e baço, sugere que esse organismo pode ser apenas um expectador inocente nos tecidos inflamados. O papel causal da infecção crônica na DAC permanece indefinido, mas leva à esperança de identificação de outro risco potencialmente tratável no futuro.

REFERÊNCIAS BIBLIOGRÁFICAS

1. Downs GR, Clearfield M, Weiss S, et al: Primary prevention of acute coronary events with lovastatin in men and women with average cholesterol levels: Results of the Air Force/Texas Coronary Atherosclerosis Study. *JAMA* 279:16151622, 1998.
2. Farmer LA, Gotto AM: Risk factors for coronary artery disease. In American Heart Association: 1991 Heart and Stroke Facts. Dallas, American Heart Association, 1991.
3. Hokanson JE, Austin MA: Plasma triglyceride level is a risk factor for cardiovascular disease independent of high-density lipoprotein cholesterol level: A meta-analysis of population-based prospective,tudies. *J Cardiovasc Risk* 3:213229, 1996.
4. Jeppesen J, et al: Triglyceride concentration and ischemic heart disease: An eight-year follow-up in the Copenhagen Male Study. *Circulation* 97:1029-1036, 1998.
5. Lipid Research Clinics Program: The Lipid Research Clinics' Coronary Primary Prevention Trial results: I. Reduction in incidence of coronary heart disease; II. The relationship of reduction in incidence of coronary heart disease to cholesterol lowering. *JAMA* 251:351-364, 1984.
6. LIPID Study Group: Design features and baseline characteristics of the Long-Term Intervention with Pravastatin in Ischemic Disease (LIPID) Study: A randomized trial in patients with previous acute myocardial infarction and/or unstable angina pectoris. *Am J Cardiol* 76:474-479, 1995.
7. Mannienn V, Elo MO, Frick L, et al: Lipid alterations and decline in the incidence of coronary heart disease in the Helsinki Heart Study. *JAMA* 260:641-651, 1988.
8. National Cholesterol Educational Program: Second report of the Expert Panel on Detection, Evaluation, and Treatment of High Blood Cholesterol in Adults (Adult Treatment Panel II). *Circulation* 89:1329-1345, 1994.
9. Scandinavian Simvastatin Survival Study Group (4S): Randomised trial of cholesterol lowering in 4444 patients with coronary heart disease. *Lancet* 344:1383-1389, 1994.
10. West of Scotland Coronary Prevention Study Group: Influence of pravastatin and plasma lipids on clinical events in the West of Scotland Coronary Prevention Study (WOSCOPS). *Circulation* 97:1440-1445, 1998.

22. INSUFICIÊNCIA CARDÍACA CONGESTIVA

Edward P. Havranek, M.D., e *Gregory R. Giugliano*, M.D.

1. O que é insuficiência cardíaca?

Acredite ou não, a insuficiência cardíaca é um pouco difícil de definir. É melhor descrita como uma condição na qual o coração não preenche as demandas da circulação periférica em todas as situações.

2. Como é diagnosticada?

Não há nenhum teste que seja diagnóstico para a insuficiência cardíaca congestiva. O diagnóstico usualmente não é difícil de ser feito, com base em uma avaliação da história, exame físico e raio X de tórax. É importante utilizar esses dados para decidir se o paciente tem *insuficiência ventricular esquerda, insuficiência ventricular direita* ou uma combinação de ambas, uma vez que as causas e os tratamentos diferem. Ocasionalmente, é necessário realizar exames mais sofisticados para fazer o diagnóstico.

3. Quais são os quatro determinantes do débito cardíaco?

Pós-carga, pré-carga, freqüência cardíaca e contratilidade miocárdica.

4. Qual desses está anormal na insuficiência cardíaca?

Na verdade, todos os quatro estão anormais. Na maioria dos casos de insuficiência cardíaca, o evento inicial é um declínio na contratilidade miocárdica por qualquer uma de inúmeras causas.

5. O que acontece com a pós-carga?

Em resposta à perfusão periférica diminuída causada pelo declínio no débito cardíaco, a resistência vascular sistêmica aumenta. Embora existam vários mecanismos para isso, os mais importantes são aumento nas catecolaminas circulantes e ativação do sistema nervoso simpático. Inicialmente, esse aumento na pós-carga auxilia a manter a perfusão dos órgãos. Quando mais avançado, mais pode se tornar contraproducente e levar a uma redução ainda maior no débito cardíaco.

6. O que acontece com a pré-carga?

Em resposta à perfusão renal diminuída, o volume intravascular aumenta. Novamente, vários mecanismos contribuem. A ativação do sistema renina-angiotensina é o mais importante. O ventrículo esquerdo dilatado e fracamente contrátil torna-se menos complacente. Isso significa que um pequeno aumento no volume produz um aumento relativamente grande na pressão. O resultado final é um aumento na pré-carga. Inicialmente, isso auxilia a manter o débito cardíaco por meio do mecanismo de Starling. Assim, como nas alterações na pós-carga, aumentos mais severos são contraproducentes e causam congestão vascular pulmonar e edema.

7. O que acontece com a freqüência cardíaca?

Ela sobe. Com o volume sistólico (VS) diminuído, causado pela contratilidade diminuída, um aumento na freqüência cardíaca auxilia a preservar o débito cardíaco. O aumento na freqüência cardíaca é parcialmente devido ao aumento do tônus simpático mencionado acima.

8. Quais são os sintomas de insuficiência cardíaca?

A característica da insuficiência cardíaca é a *intolerância ao exercício*. Essa é mais comumente sentida como dispnéia ao exercício, mas alguns pacientes relatam fadiga fácil. Quando a *insuficiência cardíaca esquerda* é mais severa, os pacientes podem se queixar de ortopnéia ou dispnéia paroxística noturna. Com esse último sintoma, os pacientes são acordados por uma sensação severa de falta de ar, freqüentemente descrita como uma sensação de "sufocação". É aliviada sentando-se na borda do leito ou caminhando; alguns pacientes obtêm alívio sentando-se junto a uma janela aberta.

Na *insuficiência cardíaca direita*, os pacientes mais freqüentemente notam edema dos pés e dos maléolos. Algumas vezes, eles apenas percebem que seus sapatos estão ficando apertados. Quando o edema envolve o fígado e o intestino, eles referem um desconforto no quadrante superior direito e plenitude abdominal.

9. Quais são os sinais da insuficiência cardíaca?

O *exame do precórdio* é de importância fundamental. O deslocamento lateral do impulso apical indica um aumento ventricular esquerdo. Com a disfunção sistólica, o impulso é aumentado de modo sustentado e não forçado. Uma onda de enchimento atrial (correspondendo a B4) ou uma onda de enchimento diastólico tardio (correspondendo a B3) é algumas vezes palpável. Na ausculta, deve-se pesquisar B3 e B4. Um sopro suave holossistólico por insuficiência mitral ou tricúspide pode ser ouvido quando o ventrículo esquerdo ou direito estão aumentados.

A *turgência jugular* é o indicador mais específico de insuficiência cardíaca direita. O exame é mais reprodutível se os pacientes são examinados sentados. A pressão venosa jugular pode então ser medida como a distância do topo da pulsação à clavícula ou manúbrio. Em quase todos os pacientes, se a pulsação jugular não pode ser observada acima da clavícula, a pressão venosa jugular é normal.

Os *estertores* estão usualmente, mas não universalmente, presentes na insuficiência cardíaca esquerda. Porém, são inespecíficos.

A *hepatomegalia* é comum na insuficiência cardíaca direita. O bordo hepático varia de macio a levemente firme, freqüentemente doloroso. A pressão sustentada sobre o fígado pode causar elevação sustentada da pressão venosa jugular (refluxo hepatojugular).

O *edema depressível* está presente nas partes mais baixas do corpo, usualmente nos pés e nos maléolos. O edema deve ser quantificado conforme a profundidade da depressão e conforme a extensão nas extremidades inferiores.

10. Existem outros diagnósticos a considerar?

A doença pulmonar e a insuficiência cardíaca congestiva compartilham muitos sinais e sintomas e podem ser difíceis de diferenciar. Pacientes com tamponamento pericárdico freqüentemente apresentam-se com dispnéia, distensão venosa jugular e coração aumentado ao raio X. A pericardite constritiva pode mimetizar muitas condições, incluindo a insuficiência cardíaca. Algumas formas de doença cardíaca valvular ou doença cardíaca congênita podem ser confundidas com a insuficiência cardíaca (ver esquema adiante).

11. Quais são os achados no raio X de tórax?

O raio X de tórax é importante para diagnosticar a insuficiência cardíaca esquerda. Ele mostra sinais de edema intersticial ou alveolar. A sombra cardíaca usualmente está aumentada. Um derrame pleural pode estar presente.

12. O que é edema pulmonar?

Esse termo se refere à presença de líquido extracelular nos espaços alveolares. Na insuficiência cardíaca, ocorre quando a pressão venosa pulmonar sobe agudamente e as forças hidrostáticas

Diagnóstico Diferencial da Insuficiência Cardíaca Congestiva

INSUFICIÊNCIA CARDÍACA DIREITA ISOLADA	INSUFICIÊNCIA ESQUERDA OU BIVENTRICULAR
Embolia pulmonar	Estenose aórtica
Estenose tricúspide	Insuficiência aórtica
Regurgitação tricúspide	Estenose mitral
Tumor atrial direito	Regurgitação mitral
Tamponamento cardíaco	A maioria das miocardiopatias
Pericardite constritiva	Miocardiopatia restritiva
Insuficiência pulmonar	Infarto agudo do miocárdio (IM)
Infarto ventricular direito	Mixoma
Doença pulmonar intrínseca	Doença cardíaca hipertensiva
Anomalia de Ebstein	Miocardite
	Arritmias supraventriculares
	Aneurisma ventricular esquerdo
	Comunicações intracardíacas
	Estados de alto débito cardíaco (anemia, fístulas sistêmicas, beribéri, doença de Paget, carcinóide, tireotoxicose, etc.)

empurram o líquido para fora dos capilares mais rápido do que pode ser removido pelo sistema linfático. Esse líquido se acumula nos alvéolos, ocorrendo o edema pulmonar.

13. Que outros exames são úteis?

Exames mais especializados podem auxiliar a estabelecer o diagnóstico ou avaliar o curso da doença. A *ecocardiografia* é o teste mais útil quando existe incerteza diagnóstica, pois pode excluir doenças cardíacas similares à insuficiência cardíaca, avaliar a contratilidade ventricular esquerda e fornecer dados fisiológicos tais como estimativas da pressão na artéria pulmonar. A *ventriculografia com radioisótopos* é melhor para quantificar a fração de ejeção. A *cateterização do coração direito* é útil para avaliar a resposta à terapia em algumas situações.

Um *teste ergométrico*, particularmente quando combinado à espirometria, é um teste funcional útil para deteminar o grau de insuficiência cardíaca e a resposta à terapia. Em casos difíceis, pode separar a doença cardíaca da doença pulmonar.

14. Defina "disfunção diastólica".

O termo disfunção diastólica refere-se a uma disfunção cardíaca causada pela rigidez excessiva do coração, resultando em uma incapacidade do coração em encher-se corretamente. Ela contrasta com a disfunção sistólica, que é uma disfunção da contratilidade. Por definição, a insuficiência cardíaca diastólica só pode ser diagnosticada quando a função sistólica é normal.

A disfunção diastólica pode causar insuficiência cardíaca congestiva por meio de dois mecanismos. Primeiro, o ventrículo esquerdo não-complacente desenvolve uma alta pressão durante a diástole, causando uma elevação na pressão do leito capilar pulmonar. Segundo, menos sangue enche o ventrículo durante a diástole, reduzindo a pré-carga, a qual, por sua vez, reduz o débito cardíaco. A insuficiência cardíaca por disfunção diastólica é observada em uma ampla variedade de doenças cardíacas.

15. Cite algumas causas de disfunção diastólica.

- Miocardiopatia hipertrófica obstrutiva familiar (também conhecida como hipertrofia septal assimétrica ou estenose subaórtica hipertrófica idiopática)
- Hipertrofia severa (como na doença cardíaca hipertensiva ou na estenose aórtica)
- Miocardiopatias restritivas (como a amiloidose ou a fibroelastose endomiocárdica)

Embora não usualmente classificada como insuficiência cardíaca diastólica, a pericardite constritiva apresenta a mesma fisiopatologia. Ocasionalmente, a doença cardíaca isquêmica pode causar insuficiência cardíaca intermitente na ausência de disfunção sistólica.

16. Como a disfunção diastólica é reconhecida clinicamente?

A insuficiência cardíaca diastólica pura é identificada quando um paciente com função sistólica normal (determinada pelo ecocardiograma ou pelo ventriculograma por radioisótopos) apresenta insuficiência cardíaca esquerda (diagnosticada pelos sintomas, exame físico e raio X de tórax). Deve-se também pesquisar os achados mais específicos para alguns estados patológicos que causam disfunção diastólica, como o sinal de Kussmaul observado na miocardiopatia restritiva, ou a diminuição característica na intensidade do sopro, durante a manobra de Valsalva, na miocardiopatia hipertrófica obstrutiva. Avanços recentes na ecocardiografia têm ajudado a fazer o diagnóstico de insuficiência cardíaca diastólica, mas ainda se discute qual parâmetro é mais útil para diagnosticar e acompanhar a disfunção diastólica. De um modo geral, contudo, o relaxamento anormal do ventrículo esquerdo é prontamente diagnosticado pelo Doppler pulsado.

17. Como é classificada a insuficiência cardíaca?

O esquema de classificação-padrão para insuficiência cardíaca foi produzido pela *New York Heart Association* (NYHA):

Classe	*Descrição do paciente*
I	Assintomático
II	Sintomas leves de ICC com atividade vigorosa
III	Sintomas moderados a severos com atividade de rotina
IV	Pacientes descompensados com sintomas em repouso; geralmente confinados à cama ou cadeira

18. Quais as drogas usadas em pacientes com insuficiência cardíaca?

Em pacientes com *disfunção sistólica*, o tratamento com inibidores da enzima conversora da angiotensina (ECA) deve ser a consideração inicial, uma vez que esses agentes diminuem a mortalidade. É importante usar a dose máxima tolerada. Em pacientes que não podem tolerar os inibidores ECA, tente os antagonistas receptores da angiotensina (ARAs). Se os inibidores da ECA e os ARAs não são tolerados, trate o paciente com uma combinação de hidralazina e nitratos.

Na maioria dos casos, as drogas supracitadas são usadas em combinação com um diurético. Em pacientes com disfunção sistólica sintomática a digoxina pode ser adicionada. Ela tem mostrado melhorar os sintomas de ICC e diminuir as internações por ICC –, mas não diminui a mortalidade. Um estudo de referência publicado recentemente mostrou um acentuado benefício sobre a mortalidade em pacientes com ICC tratados com espironolactona.

Em pacientes com *disfunção diastólica*, o tratamento é dirigido à causa subjacente, como a prótese valvular para a estenose aórtica. Na doença hipertensiva ou obstrutiva, β-bloqueadores ou verapamil devem ser a consideração inicial. Alguns dados apóiam o uso de inibidores da ECA em pacientes com disfunção diastólica devido ao seu efeito sobre a remodelação ventricular.

19. Quais pacientes com ICC devem ser internados para tratamento?

Pacientes com ICC conhecida que têm sintomas inaceitáveis a despeito do uso de doses adequadas de inibidores ECA, de diuréticos e de digitálicos devem ser internados. Adicionalmente, pacientes que não tinham o diagnóstico prévio de insuficiência cardíaca e que apresentam sinais e sintomas de insuficiência cardíaca de instalação recente devem ser internados para investigação e início da terapia.

20. Se os sintomas de um paciente com insuficiência cardíaca persistirem, apesar do uso apropriado dessas medicações, o que deve ser feito?

Pacientes com sintomas inaceitáveis, apesar do uso de doses adequadas de inibidores da ECA, de diuréticos e de digital, devem ser considerados para internação. O ajuste subseqüente da dosagem das drogas, com base em dados obtidos por um cateter na artéria pulmonar, é freqüentemente útil. A infusão de dobutamina a curto prazo, por 48 a 72 horas, apresenta benefícios que podem durar até um mês. Quando o tratamento medicamentoso falha, o transplante de coração é uma opção em pacientes selecionados.

21. Os β-bloqueadores são úteis no tratamento da insuficiência cardíaca?

Sim. Uma vez que as propriedades inotrópicas negativas dos β-bloqueadores são tão bem-conhecidas, parece estranho sugerir que eles podem ser úteis no tratamento da insuficiência cardíaca. Contudo, nos últimos 20 anos, uma série de estudos em pequena escala fizeram exatamente isso.

Os estudos laboratoriais e clínicos demonstraram que a insuficiência cardíaca progressiva é acompanhada por níveis crescentes de ativação do sistema nervoso simpático. Embora essa ativação se inicie como uma conseqüência das anormalidades fisiológicas na insuficiência cardíaca, ela leva a uma vasoconstrição periférica excessiva, que aumenta a pós-carga e produz uma regulação decrescente dos receptores. Essas duas últimas ações contribuem para uma espiral de declínio da contratilidade. Alguns especularam que essa espiral deve ser interrompida pelo bloqueio dos efeitos periféricos das catecolaminas com β-bloqueadores.

Esta questão foi apresentada sob o título de "Controvérsia" na primeira edição deste livro. Naquele momento havia poucos estudos de boa qualidade abordando o tema e nenhum dado sobre benefícios para a mortalidade. Contudo, existem agora vários estudos mostrando redução da mortalidade com o uso de β-bloqueadores em pacientes com ICC classe I-III da NYHA. O início da terapia com β-bloqueadores em pacientes com insuficiência cardíaca pode ser muito complexo e só deve ser feito por um médico com bastante experiência em seu uso.

CONTROVÉRSIA

22. A terapia com anticoagulantes melhora a morbidade ou a mortalidade de pacientes com insuficiência cardíaca?

Esse é um assunto bem-discutido por todo o mundo, embora os dados existentes sejam escassos. O estímulo para o debate está no risco teórico de acidente vascular por trombos ventriculares em pacientes com função sistólica severamente deprimida.

A favor: Alguns pequenos estudos sugerem um benefício da anticoagulação de pacientes com disfunção sistólica severa; contudo, esses resultados não foram reproduzidos em estudos randomizados controlados. Atualmente, há um estudo em andamento randomizando pacientes com função sistólica deprimida para uso de aspirina, warfarina ou clopidogrel. Esse é o primeiro grande estudo em ampla escala dessa natureza e deve ajudar a responder a essa questão. Atualmente, centros especializados em insuficiência cardíaca usam anticoagulantes em pacientes com função sistólica severamente deprimida.

Contra: Atualmente não há estudos cegos, randomizados, controlados definitivos avaliando a eficácia da anticoagulação prolongada em pacientes com função sistólica severamente deprimida. Portanto, o tratamento se baseia em fundamentos teóricos e tem um maior risco de complicações hemorrágicas.

REFERÊNCIAS BIBLIOGRÁFICAS

1. Abrams J: Essentials of Cardiac Physical Diagnosis. Philadelphia, Lea & Febiger, 1987.
2. Digitalis Investigation Group: The effect of digoxin on mortality and morbidity in patients with heart failure. *N Engl J Med* 336:525-533, 1997.
3. Grossman W: Defining diastolic dysfunction. *Circulation* 101:2020-2021, 2000.
4. Leier CV, Huss P, Lewis RP, Unverferth DV: Drug-induced conditioning in congestive heart failure. *Circulation* 65:1382-1387, 1982.
5. Packer M, Bristow M, et al: The effect of carvedilol on morbidity and mortality in patients with chronic heart failure. *N Engl J Med* 334:1349-1355, 1996.
6. Philbin EF, Rocco TA Jr: Use of angiotensin-converting enzyme inhibitors in heart failure with preserved left ventricular systolic function. *Am Heart J* 134:188-195, 1997.
7. Pitt B, Zannad P, et al: The effect of spironolactone on morbidity and mortality in patients with severe heart failure. *N Engl J Med* 341:709-717, 1999.
8. SOLVD Investigators: Effect of enalapril on survival in patients with reduced left ventricular ejection fractions and congestive heart failure. *N Engl J Med* 325:293-302, 1991.
9. SOLVD Investigators: Effect of enalapril on mortality and the development of heart failure in asymptomatic patients with reduced left ventricular ejection fractions. *N Engl J Med* 327:685-691. 1992.

23. ENDOCARDITE

Arnold Einhorn, M.D., *Olivia V. Adair*, M.D., e *Douglas Paul Voorhees*, R.R.T.

1. Discuta a incidência e a taxa de mortalidade da endocardite infecciosa (EI).

Embora a taxa de mortalidade da EI tenha declinado de quase 100% para 5 a 15% com o uso de antibióticos, a incidência provavelmente tem aumentado. A razão para esse aumento é multifatorial: o envelhecimento da população, o número aumentado de pacientes com próteses valvulares, a maior sobrevida de adultos com doença cardíaca congênita (DCC), o aumento da detecção, a recidiva em sobreviventes de endocardite, a virulência dos patógenos, o mau seguimento da terapia ou profilaxia inadequada e o uso de drogas intravenosas. A maioria de casos envolve pacientes com próteses valvulares cardíacas, usuários de drogas intravenosas ilícitas e pacientes com prolapso de válvula mitral ou outras anormalidades não-reumáticas. A anatomia subjacente, a situação clínica e o organismo infectante servem como base para o prognóstico e o manuseio.

2. Quais são os fatores de risco predisponentes à endocardite de válvulas nativas em adultos?

A endocardite em válvula nativa de pacientes que não usam drogas intravenosas está relacionada a uma lesão cardíaca predisponente, identificável em 60 a 80% dos casos, incluindo prolapso de válvula mitral, lesões degenerativas das válvulas aórtica e mitral, doença cardíaca congênita e cardiopatia reumática. A cardiopatia reumática foi a lesão subjacente mais comum no passado (37 a 76%), mas atualmente responde por aproximadamente 30% das lesões em adultos com endocardite. Outros fatores de risco importantes são idade avançada, sexo masculino e diabete melito.

3. Quais as doenças cardíacas congênitas (DCC) associadas à EI?

A DCC responde pela lesão cardíaca subjacente em 10 a 20% dos adultos com EI. As lesões mais comuns são ducto arterioso patente, defeito septal ventricular, válvula aórtica bicúspide, coarctação da aorta e estenose pulmonar. Com a melhora na tecnologia ecocardiográfica, a EI isolada da válvula pulmonar vem sendo cada vez mais reconhecida, especialmente em pacientes com defeito septal atrial e ventricular, ducto arterioso patente e tetralogia de Fallot. Fatores de risco adicionais para a EI são válvula aórtica bicúspide, especialmente em homens com mais de 60 anos, miocardiopatia hipertrófica obstrutiva, a qual responde por 5% dos adultos que desenvolvem endocardite, e síndrome de Marfan associada à insuficiência aórtica.

4. Quais os organismos associados à EI de válvulas nativas em pacientes que não são usuários de drogas intravenosas?

Em pacientes que não são usuários de drogas intravenosas, a maioria de casos de EI é devida a:

- Estreptococos (50 a 70%) (α-hemolíticos e *S. viridans* respondem pela maioria)
- Estafilococos (25%) (especialmente o *S. aureus*)
- Enterococos (10%)

As infecções de válvula nativa por *Staphylococcus epidermidis*, bacilos entéricos ou fungos são incomuns.

5. Os usuários de drogas intravenosas apresentam alto risco de EI. Descreva o curso da EI nesse subgrupo de pacientes.

Bacteremias em usuários de drogas intravenosas são comuns, e os organismos originam-se mais freqüentemente na pele. O *Staphylococcus aureus* é o organismo mais comum na EI (50 a 60%), enquanto várias espécies de estreptococos e enterococos respondem por aproximadamente 20%

dos casos; os bacilos gram-negativos, especialmente *Pseudomonas* e *Serratia* spp., por 10 a 15%; e os fungos, usualmente com culturas negativas, por aproximadamente 5% dos casos.

A infecção ainda mostra uma preferência levemente maior pela *válvula tricúspide* (44%), seguida pela mitral (43%), aórtica (40%) e pulmonar (3%); a infecção também pode envolver concomitantemente as válvulas direita e esquerda (16%) ou ambas as válvulas esquerdas (13%). A maioria dos pacientes com EI da válvula tricúspide (70 a 100%) tem pneumonia ou múltiplos êmbolos sépticos, e a maioria dos usuários de drogas intravenosas com *S. aureus* (70 a 80%) tem EI isolada da válvula tricúspide (ver figura a seguir).

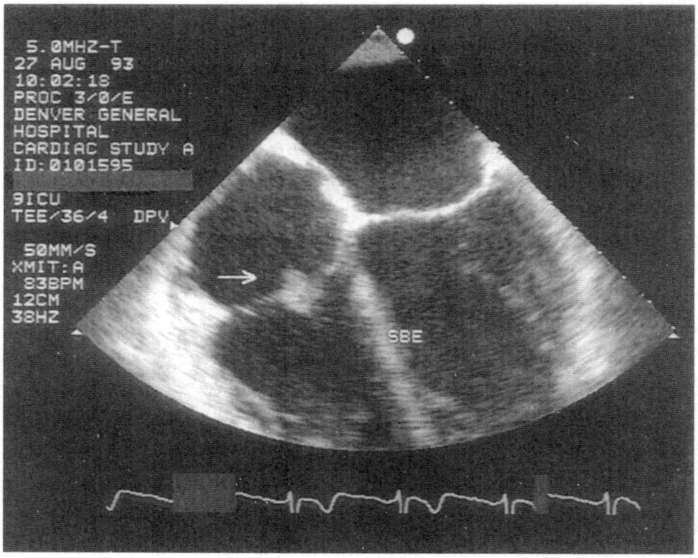

Endocardite da válvula tricúspide com grandes vegetações móveis.

6. Quais são os organismos mais comuns encontrados na endocardite de prótese valvular (EPV)?

A EPV é dividida em precoce (dentro de 60 dias da inserção da válvula) e tardia. A EPV precoce reflete a contaminação perioperatória diretamente ou por meio de cateteres (especialmente linhas centrais). A infecção estafilocócica responde por 45 a 50% dos casos, com o *S. epidermidis* sendo o agente mais comumente isolado na EPV precoce (25 a 30%), seguido pelo *S. aureus* (20 a 25%), organismos aeróbios gram-negativos (20%) e fungos (10 a 20%) A EPV tardia reflete a contaminação da válvula por bacteremia transitória, especialmente após manipulação dentária, geniturinária ou gastrintestinal; assim, o organismo assemelha-se àqueles da EI na válvula nativa, sendo o *Streptococcus viridans* o mais comumente isolado (25 a 30%), seguido pelo *Staphylococcus epidermidis* e *S. aureus* (25% e 10%, respectivamente).

7. Que tipo de prótese valvular é mais provável de adquirir EI?

A taxa de EPV é aproximadamente a mesma para válvulas mecânicas e biológicas, mas a válvula aórtica é 2 a 5 vezes mais envolvida que a válvula mitral.

8. Qual a causa mais comum de endocardite com cultura negativa?

A causa mais comum é a terapia inadequada de endocardite prévia; a EI com culturas negativas responde por 5% de todos os casos.

9. Quais são os organismos gram-negativos HACEK?

***H**aemophilus aphrophilus*
***A**ctinobacillus actinomycetemcomitans*
***C**ardiobacterium hominis*
***E**ikenella corrodens*
***K**ingella kingae*

10. Por que a ecocardiografia é importante no manuseio da EI?

Em pacientes com prótese valvular, a *ecocardiografia*, especialmente *transesofágica* (ETE), é importante tanto no diagnóstico quanto nas decisões de manuseio. Um achado positivo de vegetações constitui um critério maior para o diagnóstico, secundário somente às hemoculturas. A ecocardiografia também fornece informação importante sobre outras anormalidades valvulares, abscessos (ver figura a seguir), perfuração de folhetos, pericardite e função ventricular; estudos seriados são importantes em pacientes clinicamente não-responsivos para alterar o tratamento ou considerar uma cirurgia.

A evolução clínica é acentuadamente afetada pelas complicações. A sensibilidade em detectar vegetações é 50 a 70% por ecocardiografia transtorácica e > 95% com ETE. Um estudo negativo tem alguns indicadores prognósticos negativos, mas não exclui EI. Devido às numerosas complicações da EPV, os pacientes com suspeita de EI devem realizar ETE; a elevada taxa de mortalidade (até 50% na EPV tardia e 40 a 80% na EPV precoce) é melhor controlada com um manuseio agressivo.

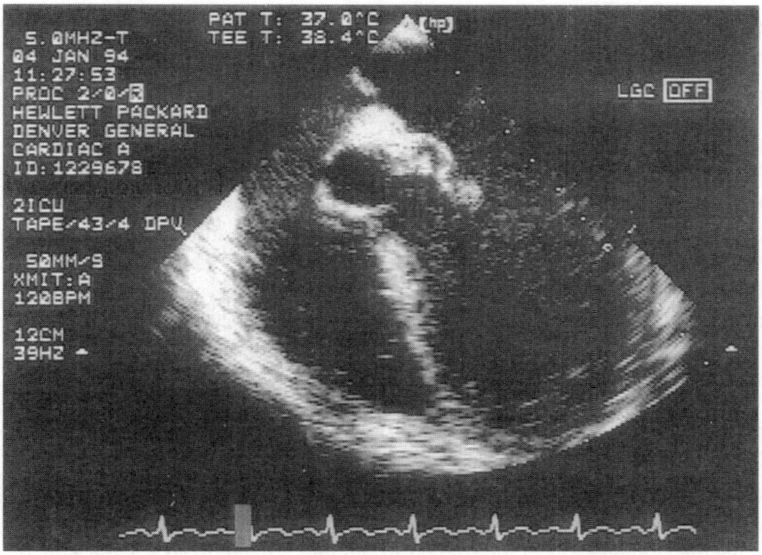

Endocardite de válvula aórtica com abscesso em anel vista na ETE.

11. Quais são as indicações precisas para a cirurgia na EI?

- Disfunção valvular aguda (i. é, regurgitação mitral severa ou insuficiência aórtica)
- Invasão miocárdica
- Organismo resistente aos antibióticos e septicemia persistente
- Insuficiência cardíaca congestiva persistente (intratável)
- Êmbolos não-fatais

12. Se um diagnóstico clínico de EI em uma válvula nativa é certo, que terapia empírica deve usada enquanto as hemoculturas estão sendo incubadas, de acordo com as modificações específicas regionais?

Vancomicina e gentamicina devem ser usadas na suspeita de uso de drogas, uma vez que o *S. aureus* é resistente aos antibióticos β-lactâmicos. Se o quadro clínico é de endocardite aguda por estafilococos sensíveis à meticilina, a nafcilina ou a oxacilina mais a gentamicina podem ser usadas.

13. Em 1997, a American Heart Association alterou suas recomendações para uso de antibióticos e a classificação de risco na prevenção da EI. Quais foram as alterações?

As recomendações da AHA e do American College of Cardiology provavelmente continuarão evoluindo. Portanto, uma cópia das recomendações mais recentes deve ser mantida disponível para referência (tel. 800/AHA-USA1). A principal alteração é no uso de antibióticos pós-procedimentos, que não são mais aconselhados para procedimentos orais, dentários, do trato respiratório e esofágico (excluindo escleroterapia das varizes esofágicas e dilatação de estenose esofágica). Uma única dose de amoxicilina (2 g) é sugerida, uma hora antes do procedimento. Do mesmo modo, enquanto a eritromicina foi recomendada anteriormente para pacientes alérgicos à penicilina, a azitromicina e a claritromicina a substituíram.

14. Qual a terapia empírica para a endocardite de prótese valvular?

Ampicilina, vancomicina e gentamicina.

15. Cite quatro estigmas periféricos de EI.

Lesões de Janeway
Manchas de Roth
Hemorragias puntiformes
Nódulos de Osler

16. O que é a tríade de Osler ou de Austrian?

A tríade de Osler ou de Austrian consiste de endocardite, pneumonia e meningite. O organismo mais comum é o *Streptococcus pneumoniae, que* é especialmente prevalente em alcoólatras (40%), idosos e diabéticos. O curso é fulminante, com destruição rápida da válvula e formação de abscesso. A válvula aórtica é mais freqüentemente envolvida, seguida pela válvula tricúspide. A infecção usualmente responde à penicilina, mas cepas resistentes que requerem vancomicina estão se tornando mais comuns. (Ver figura na página seguinte.)

17. A anticoagulação é útil no manuseio da EI?

Embora a vegetação seja basicamente uma lesão trombótica e possa embolizar, não há evidências sugerindo que a anticoagulação reduz a embolização ou previne o crescimento de vegetações. De fato, resultados negativos, incluindo taxas aumentadas de hemorragia intracerebral fatal por aneurismas micóticos, embolia cerebral e infarto, foram associados ao uso de heparina. Porém, dados recentes mostram que o uso de warfarina com antibioticoterapia é seguro em pacientes com EI de prótese valvular. O protocolo sugerido é evitar totalmente a heparina, a menos que exista uma indicação importante (p. ex., embolia pulmonar maciça) e usar a anticoagulação com warfarina conforme necessário em doses baixas (taxa internacional normalizada (2,5 a 3,5).

18. Quais são as complicações comuns da EI?

- Insuficiência cardíaca: mais comum na EI da válvula aórtica (75%) que da válvula mitral (50%) ou tricúspide (14%); é um sinal de mau prognóstico (a taxa de mortalidade com insuficiência cardíaca *versus* sem insuficiência cardíaca é de 85% *versus* 37%).

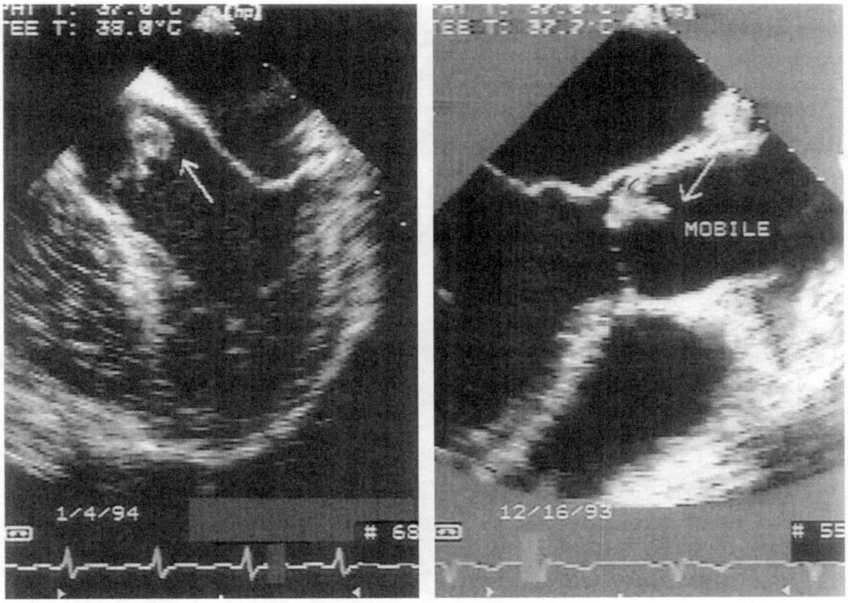

Endocardite de válvula aórtica.

- Embolia: clinicamente observada em até 35% dos pacientes; evidências patológicas em até 65%.
- Manifestações neurológicas: 40 a 50% dos pacientes.
- Aneurisma micótico: 3 a 15% dos pacientes; maior incidência na aorta proximal.
- Insuficiência renal: aproximadamente 5%; a diálise pode manter o paciente até que os antígenos bacterianos sejam eliminados.

19. Qual é o prognóstico da EI?

O prognóstico depende do organismo, do tipo de válvula, da localização, da idade do paciente e das complicações. *Indicadores prognósticos adversos* são insuficiência cardíaca, insuficiência renal, doença com culturas negativas, infecção por gram-negativos ou fungos, prótese valvular e abscesso. *Fatores favoráveis* são paciente jovem, diagnóstico e tratamento precoces, infecção estreptocócica sensível à penicilina e jovens usuários de drogas intravenosas com infecção por *S. aureus* da válvula tricúspide (90% de cura). A taxa de cura é de 90% para a infecção estreptocócica em válvula nativa, aproximadamente 75 a 90% para infecção enterocócica e 30 a 60% para infecção com *S. aureus.* O envolvimento de múltiplas válvulas também tem uma maior taxa de mortalidade, assim como a doença aórtica *versus* mitral e esquerda *versus* direita. A EI esquerda devida a *S. aureus* possui uma taxa de mortalidade de 25 a 40%. A EPV tem um pior prognóstico; a EPV precoce tem uma taxa de mortalidade de 41 a 80%, e a EPV tardia, de 20 a 50%. (Ver figura, p. 168.)

20. Quais os achados do eletrocardiograma (ECG) de pacientes com EI? Com que freqüência o ECG deve ser repetido?

Um ECG deve ser feito no momento da admissão para pacientes nos quais há suspeita de EI e repetido de acordo com a resposta ao tratamento, os achados iniciais e os dados ecocardiográficos. Os achados incluem um possível infarto silencioso do miocárdio ou isquemia secundária à embolia

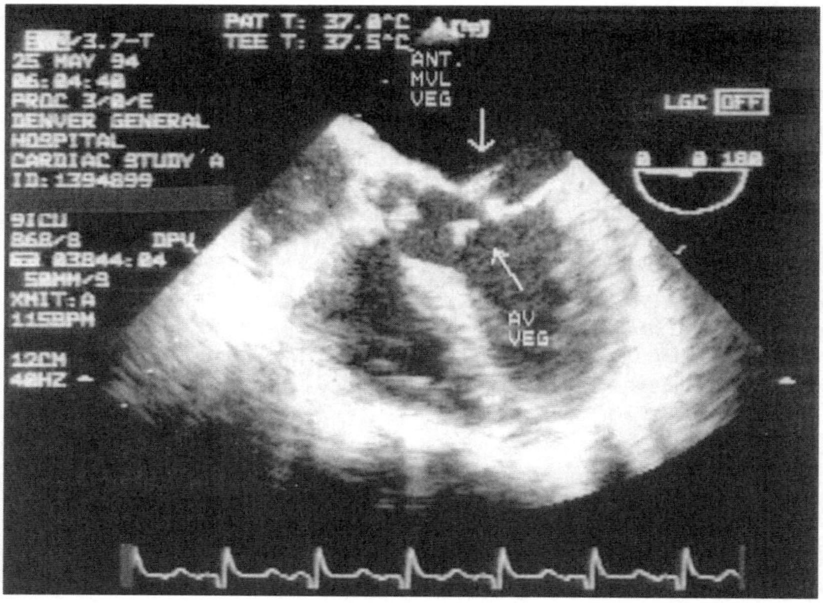

EI envolvendo as válvulas aórtica e mitral.

por vegetações envolvendo uma artéria coronária. Um intervalo P-R prolongado também pode sugerir extensão para o sistema de condução, miocardite focal ou abscesso próximo ao sistema de condução. Outros distúrbios de condução também podem envolver complicações importantes, necessidade de cirurgia e pior prognóstico.

21. O diagnóstico e o tratamento da EI freqüentemente são baseados na crença de que a maioria dos casos é associada com procedimentos dentários e que a aderência às recomendações da AHA é preventiva. Essa crença se baseia em estudos clínicos?

Realmente, há vários mitos infundados sobre a EI. Apenas uma fração dos casos está associada com procedimentos cirúrgicos ou dentários, < 20%. Cerca de 4.000 a 15.000 casos ocorrem anualmente e 75% dos pacientes têm lesões cardíacas subjacentes. A eficácia da profilaxia é desconhecida; nenhum estudo prospectivo, randomizado foi realizado. Estudos retrospectivos de pacientes de alto risco com válvula prostética sugerem um índice de sucesso de 91 a 100% com a profilaxia. Um pequeno estudo com 48 pacientes com EI após tratamento dentário não observou benefícios significativos no tratamento pré- e pós-procedimento a não ser que houvesse sangramento significativo.

22. Uma história prévia de intervenções ou procedimentos cardíacos implica a necessidade de profilaxia antibiótica?

Não. Uma história prévia de revascularização miocárdica; angioplastia coronariana transluminal percutânea; colocação de *stent*, marcapasso ou desfibrilador; bem como um período de seis meses após o reparo de um defeito septal atrial ou ventricular, forame oval patente ou ducto arterioso persistente (sem *shunt* residual) são considerados agora riscos negligenciáveis. Pacientes que foram submetidos a esses procedimentos não têm um risco maior do que a população em geral.

23. As concentrações bactericidas mínimas (CBMs) ajudam nas decisões de tratamento?

Sim. A terapia antimicrobiana deve ser estabelecida apenas após a realização de testes de sensibilidade quantitativa dos antibióticos – incluindo a avaliação da CBM. De fato, especialmente diante de uma grande vegetação (> 10 mm), uma CBM > 2 µg/mL pode indicar uma consideração cirúrgica porque o tratamento clínico é mais sujeito ao insucesso. Isso é verdade mesmo com combinações de antibióticos estabelecidas.

24. Há fatores que sugerem obrigatoriamente que uma intervenção cirúrgica deve ser seriamente considerada?

Sim. A ocorrência das seguintes complicações indica a consideração cirúrgica:

- Grandes vegetações (> 10 mm) na válvula mitral estão ligadas a uma elevada incidência de complicações tromboembólicas. Isso geralmente é indicativo de cirurgia, especialmente se, como na questão 23, a CBM da combinação ideal de antibióticos estabelecida (estimada pelos testes se sensibilidade quantitativa dos antibióticos) é elevada (> 2 µg/ml).
- Eventos embólicos cerebrais ou IM que parecem ser devidos a um embolismo
- Insuficiência miocárdica devido à incompetência da válvula ativa
- Insuficiência renal aguda
- Vegetações próximas à válvula mitral
- EI primária da válvula aórtica
- Sepse que persiste por > 48 h a despeito da terapia antibiótica adequada

Observe que há controvérsias a respeito da capacidade de prever eventos embólicos. Portanto, avalie as condições do paciente e todas as condições acima quando planejar o tratamento de cada indivíduo.

25. Que características clínicas devem ser procuradas na EI?

Febre é o sintoma e sinal mais comum em pacientes com EI (80 a 90%). Geralmente é baixa, raramente acima de 39,4°C na EI subaguda. *Calafrios* são comuns (40 a 75%), mas rigor muscular é visto com menos freqüência.

Sopros cardíacos são ouvidos em 80 a 85% dos pacientes com endocardite de válvula nativa, exceto na válvula tricúspide. Do mesmo modo, é relatado que com o *S. aureus* o sopro é ouvido em apenas 30 a 45% no exame inicial, mas atinge a faixa de 80 a 85% ao final.

Esplenomegalia está aparecendo menos freqüentemente nos últimos tempos, em 15 a 50% dos pacientes.

Manifestações periféricas são relatadas em 25 a 75% dos pacientes, mas são menos comuns e parecem estar ausentes quando há apenas EI da válvula tricúspide.

Petéquias são comuns (10 a 40%). *Lesões de Janeway, nódulos de Osler* e *hemorragia subungueal* são vistas em aproximadamente 5 a 10% dos pacientes.

26. A profilaxia ainda é recomendada para quais categorias de alto risco?

- Válvula cardíaca prostética, incluindo bioprótese e homoenxerto
- Endocardite bacteriana prévia
- Doença cardíaca congênita cianótica complexa, isto é, ventrículo único, transposição de grandes vasos, tetralogia de Fallot
- Derivações ou condutos pulmonares ou sistêmicos construídos cirurgicamente

O esquema atual é de uma única dose de antibiótico uma hora antes do procedimento: amoxicilina 2 g ou, se houver alergia à penicilina, usar azitromicina ou claritromicina.

27. Que procedimentos são de risco moderado e requerem profilaxia?

A maioria das outras malformações cardíacas, disfunção valvular adquirida (p. ex., doença cardíaca reumática), miocardiopatia hipertrófica e prolapso de válvula mitral com folhetos espessados ou regurgitação.

REFERÊNCIAS BIBLIOGRÁFICAS

1. Birmingham GD, Rahko PS, Ballantyne F III: Improved detection of infective endocarditis with transesophageal echocardiography. *Am Heart J* 123:774-781, 1992.
2. Brydie AD, Clark AL: The changing face of endocarditis: Report of a series of cases. *Hosp Med* 60(5):378-380, 1999.
3. Castillo JC, Anguita MP, et al: Long-term outcome of infective endocarditis in patients who are not drug addicts: A 10-year study. *Heart* 83(5):525-530, 2000.
4. Chang FY: Staphylococcus aureus bacteremia and endocarditis. *J Microbiol Immunol Infect* 33(2):63-68, 2000.
5. Dajani AS, et al: Prevention of bacterial endocarditis by the American Heart Association. *Circulation* 96:358, 1997 and *JAMA* 277:1794, 1997.
6. De Castro S, Adorisito R, et al: Predicting embolic events in patients with infective endocarditis. *Cardiology Review* 17(3):29-34, 2000.
7. Durack DT: Infective and noninfective endocarditis. In Hurst JW (ed): The Heart, vol. 2, 8th ed. 1994, p. 1681-1704.
8. Frontera JA, Gradon JD: Right-side endocarditis in injection drug users: Review of proposed mechanisms of pathogenesis. *Clin Infect Dis* 30(2):374-378, 2000.
9. Horstkotte D: Endocarditis: Epidemiology, diagnosis, and treatment. *Z Kardiol* 89(suppl 4):2-11, 2000.
10. Korzeniowski OM, Kay D: Infective endocarditis. In Braunwald E (ed): Heart Disease: A Textbook of Cardiovascular Medicine, 5th ed. Philadelphia, WB Saunders, 1997.
11. Netzer RO, Zollinger E, Seiler C, Cerny A: Infective endocarditis: Clinical spectrum, presentation, and outcome. An analysis of 212 cases 1980-1995. *Heart* 84(1):25-30. 2000.

24. DISSECÇÃO AÓRTICA E DOENÇAS DA AORTA

Edward A. Gill, M.D.

1. O que é dissecção aórtica?

Uma dissecção aórtica ocorre quando há uma separação dentro da camada média da aorta, levando essencialmente a parede aórtica a se dividir em um lúmen verdadeiro (original) e um falso lúmen.

2. O que causa uma dissecção aórtica?

Acredita-se que seja causada por uma ruptura na camada íntima da aorta que resulta na exposição de uma camada média doente. O sangue sob pressão (comum em pacientes com hipertensão) então penetra na camada média e começa a fluir por dentro dela.

3. Qual é a direção da dissecção aórtica (anterógrada ou retrógrada)?

Classicamente, a dissecção prossegue anterogradamente, para baixo na aorta (de proximal para distal), mas também pode progredir em direção proximal ou retrógrada.

4. Quais são os fatores de risco para o desenvolvimento de dissecção aórtica?

O fator de risco clássico é a hipertensão. Os pacientes geralmente são idosos, na 6ª ou 7ª década. A dissecção aórtica também se desenvolve em pacientes com doenças do tecido conjuntivo hereditárias, já que essas doenças freqüentemente afetam a aorta. Os exemplos são a síndrome de Marfan e a síndrome de Ehlers-Danlos. Outro fator de risco comum para dissecção aórtica é a válvula aórtica bicúspide. A válvula bicúspide foi encontrada em 7 a 14% de todas as dissecções aórticas. O risco de dissecção aórtica não parece estar relacionado com o grau de estenose da válvula bicúspide.

5. Qual é a relação entre gravidez e dissecção aórtica?

O mecanismo é inexplicado, mas freqüentemente entendido como relacionado a alterações hormonais; cerca de metade de todas as dissecções aórticas em mulheres abaixo dos 40 anos ocorre durante a gravidez. O momento é tipicamente no terceiro trimestre e ocasionalmente no início do período pós-parto.

6. Por que é importante fazer o diagnóstico de dissecção aórtica?

A dissecção aórtica, particularmente da aorta ascendente, tem um alto índice de mortalidade. Os estudos iniciais sugerem que o índice era de 1% por hora quando não-tratado. A causa de morte é a ruptura da aorta e/ou o tamponamento cardíaco.

7. Descreva o tipo característico de dor torácica em pacientes com dissecção aórtica.

A dor torácica tem sido descrita como "dilacerante", mas talvez o achado mais constante é que a dor é mais intensa no início. Isso é muito diferente da angina clássica, que começa lentamente e cresce em intensidade.

8. Enumere alguns achados físicos importantes que podem auxiliar no diagnóstico de dissecção aórtica.

A presença de regurgitação aórtica diante de uma dor torácica deve levantar a suspeita de dissecção aórtica, uma vez que a válvula aórtica freqüentemente é parte da síndrome de dissecção, diretamente ou de forma secundária, relacionada à dilatação da aorta. Outro achado físico importante é a ausência de pulsos ou déficit de pulso. Eles ocorrem em 50% das dissecções proximais e 20% das dissecções da aorta distal.

9. Quais exames complementares existem para diagnosticar dissecção aórtica?

As técnicas diagnósticas usadas comumente incluem IRM, TC, ecocardiografia transesofágica (ETE) e aortografia.

10. Qual desses métodos tem a maior sensibilidade?

A sensibilidade da IRM e da ETE foi similar nas séries de Erbel e Nienaber, ambas próximas a 99%.

11. Qual método tem a maior especificidade para o diagnóstico?

A IRM tem uma especificidade de 98%.

12. Então, se a sensibilidade e a especificidade da IRM são as melhores, porque considerar outros exames?

A IRM não pode ser realizada em todos os pacientes. As exclusões específicas incluem pacientes com marcapasso, uma situação que não é incomum em pacientes cardíacos; pacientes com grampos intracranianos e pacientes com claustrofobia. Em adição, a presença de *stents* coronarianos é uma contra-indicação relativa à IRM. Além disso, a IRM nem sempre está disponível 24 h por dia. A TC tem mais probabilidade de estar disponível.

A sensibilidade da TC melhorou com as novas máquinas de TC espiral. Embora a sensibilidade da TC na série de Nienaber tenha sido apenas 83%, a sensibilidade em séries mais recentes tem sido em valores elevados no percentil 90.

Finalmente, a ETE é muito mais portátil do que a IRM e a TC e, portanto, pode ser realizada à beira do leito de pacientes instáveis.

13. Descreva o tratamento da dissecção aórtica.

O tratamento da dissecção aórtica pode ser simplificado afirmando-se que dissecções proximais (Stanford tipo A, envolvendo a aorta ascendente) são tratadas com cirurgia de emergência. As dissecções distais (Stanford tipo B, envolvendo a aorta descendente distal até a artéria subclávia esquerda) são tratadas com controle da pressão arterial e tratamento clínico a longo prazo, a não ser que estejam envolvidos órgãos vitais, como o intestino ou os rins. Observe que o tratamento inicial da dissecção tipo A antes da cirurgia requer manuseio agressivo da pressão arterial.

14. Que medicamentos hipotensores devem ser usados no tratamento da dissecção aórtica?

A pressão arterial absoluta deve ser controlada, mas também o índice de elevação da pressão arterial com cada ciclo cardíaco precisa ser minimizado. Por esse motivo, os β-bloqueadores são indicados para o tratamento da dissecção aórtica uma vez que eles diminuem a dP/dT. Lembre-se de que parte do controle da pressão arterial é o *manuseio da dor*. Para a redução aguda da pressão arterial, o vasodilatador nitroprussiato de sódio é muito eficaz. A dose inicial é de 20 μg/min e pode ser titulada até 300 μg/min, dependendo da resposta da pressão arterial.

15. Quais são os pontos negativos do uso de nitroprussiato de sódio?

O nitroprussiato de sódio ou "nipride" pode na verdade aumentar a dP/dT, o que é perigoso pois pode levar à propagação da dissecção. Portanto, os β-bloqueadores devem ser dados antes do início do nipride. Do mesmo modo, exceto quando usado em doses baixas (< 2 μg/kg/min), a infusão de nitroprussiato de sódio pode resultar em quantidades importantes de cianeto, que pode ser tóxico. Os níveis de tiocianeto podem ser acompanhados. O nitroprussiato de sódio só deve ser utilizado por especialistas que estejam familiarizados com seus efeitos colaterais e com sua prevenção.

16. Quais são as outras opções para o controle da pressão arterial?

Pelos motivos já citados a respeito do nipride, o labetalol geralmente é um bom substituto já que tem uma boa ação de bloqueio α e β. A droga pode ser iniciada com uma infusão de 2 mg/min e titulada até 5 a 20 mg/min.

17. Qual o local mais comum para um aneurisma aterosclerótico da aorta?

A aorta abdominal (aneurisma de aorta abdominal [AAA]). Esse é um ponto importante porque o aneurisma da aorta torácica geralmente é um processo patológico diferente em relação à aorta abdominal. O primeiro geralmente se deve a uma doença do tecido conjuntivo subjacente, hipertensão, válvula aórtica bicúspide, etc. O último geralmente é causado por aterosclerose. Contudo, aneurismas ateroscleróticos ocasionalmente se originam na aorta torácica e levam a úlceras penetrantes que trazem risco de vida quando se rompem.

18. Quando os aneurismas abdominais devem ser reparados?

Todos os pacientes com AAA > 6 cm devem ser submetidos a reparo cirúrgico se forem candidatos cirúrgicos. Aneurismas menores porém sintomáticos também devem ser corrigidos. Observe que modalidades não-cirúrgicas envolvendo a colocação de *stents* intra-aórticos por meio de radiologia intervencionista e/ou cirurgia vascular estão evoluindo e melhorando. Essa terapia poderá substituir a cirurgia para AAA no futuro próximo em muitos, se não todos, casos.

REFERÊNCIAS BIBLIOGRÁFICAS

1. Cooke JP, Kazmier FJ, Orszulak TA: The penetrating aortic ulcer: Pathologic manifestations, diagnosis, and management. *Mayo Clinic Proc* 63:718-725, 1988.
2. Crawford ES: The diagnosis and management of aortic dissection. *JAMA* 264:2537-2541, 1990.
3. Erbel R, Daniel W, Visser C, et al: Echocardiography in diagnosis of aortic dissection. *Lancet* 1:457, 1989.
4. Huang KK, Aberle DR, Lufkin R, et al: Advances in medical imaging. *Ann Intern Med* 112:203-220, 1990.
5. Karalis DG, Chadnrasekaran K, Victor MF, et al: Recognition and embolic potential of intraaortic atherosclerotic debris. *J Am Coll Cardiol* 17:73-78, 1991.
6. Marsalese DL, Moodie DS, Vacante M, et al: Marfan's syndrome: Natural history and long-term follow-up of cardiovascular involvement. *J Am Coll Cardiol* 14:422, 1989.
7. Nevitt MP, Ballard DJ, Hallet JW Jr: Prognosis of abdominal aortic aneurysms: A population-based study. *N Engl J Med* 321:1009-1014, 1989.
8. Nienaber CA, von Kodolitach Y, Nicolas V, et al: Definitive diagnosis of thoracic aortic dissection. The emerging role of noninvasive imaging modalities. *N Engl J Med* 328:1, 1993.
9. Pyeritz RE: Genetic and cardiovascular disease. In Braunwald E (ed): Heart Disease, 5th ed. Philadelphia, WB Saunders, 1997.
10. Sommer T, Fehske W, Holzknecht N, et al: Aortic dissection: A comparative study of diagnosis with spiral CT, multiplanar transesophagcal echocardiography, and MR imaging [see comments]. *Radiology* 199(2):347-352. 1996.

25. DOENÇA PERICÁRDICA

Mark A. Perea, M.D., e *Paul D. Sherry*, M.D.

1. Quais são as funções normais do pericárdio?

O pericárdio consiste em duas camadas de tecido: uma camada externa fibrosa (pericárdio parietal), composta de fibras de colágeno e elastina, e uma membrana interna serosa (pericárdio visceral), composta de uma fina lâmina de células mesoteliais. O espaço entre as duas folhas de pericárdio normalmente contém 15 a 50 ml de líquido claro. As funções normais do pericárdio incluem a estabilização do coração em posição anatômica, redução da fricção entre o coração e as estruturas adjacentes, restrição ao enchimento excessivo do coração e fornecimento uma barreira contra a disseminação de infecções e processos neoplásicos para o coração. O pericárdio é clinicamente importante devido ao seu envolvimento em inúmeras patologias.

2. Quais são as causas mais comuns de pericardite aguda?

No paciente ambulatorial, a pericardite é usualmente idiopática. Acredita-se que a infecção viral provavelmente compreenda muitos dos casos classificados como idiopáticos. Os vírus coxsackie A e B são altamente cardiotrópicos e são dois dentre os vírus mais comuns que levam à pericardite e à miocardite. Outros vírus associados à pericardite incluem caxumba, varicela zóster, *influenza*, Epstein-Barr e vírus da imunodeficiência humana (HIV).

No paciente hospitalizado, algumas das etiologias mais comuns podem ser lembradas pela sigla mnemônica TUMOR.

- **T** = **T**rauma
- **U** = **U**remia
- **M** = Infarto do **M**iocárdio (agudo e pós-infarto), Medicações (p. ex., hidralazina e procainamida)
- **O** = **O**utras infecções (bacterianas, fúngicas, tuberculose)
- **R** = Artrite **R**eumatóide e outras doenças auto-imunes, **R**adiação.

"Tumor" também serve como uma lembrança útil de que o câncer metastático é uma causa freqüente de pericardite e de derrame pecárdico em pacientes hospitalizados.

3. Quais são as manifestações clínicas da pericardite aguda?

As características clínicas cardeais da pericardite aguda são dor torácica, atrito pericárdico e alterações eletrocardiográficas (ECG). A dor torácica, que está quase sempre presente, é caracterizada como pleurítica e postural e é aliviada pela posição sentada e com a inclinação para frente. A dor varia em localização, mas geralmente é subesternal com irradiação para o pescoço. O atrito pericárdico é um achado auscultatório patognomônico. Ele tem, caracteristicamente, três componentes, mas o atrito ventricular sistólico é o componente mais alto e o que geralmente está presente. O atrito pode variar em intensidade e pode ser influenciado pela posição. Portanto, é importante repetir a ausculta cardíaca em várias posições.

Febre, leucocitose, elevação leve da velocidade de sedimentação eritrocitária e derrame pericárdico freqüentemente são encontrados na pericardite aguda.

4. Quais são os achados típicos da pericardite aguda no eletrocardiograma (ECG)?

Convencionalmente, a pericardite aguda causa elevação do segmento ST na maioria das derivações do ECG, particularmente aquelas refletindo o epicárdio (uma vez que a inflamação envolve a superfície epicárdica do coração) - derivações I, II, aVL, aVF e V3-V6. A derivação aVR usualmente mostra depressão de ST. Diferentemente da elevação do infarto agudo do miocárdio, que pode ter uma concavidade voltada para baixo como o "dorso de um gato", a elevação de ST da pericardite tem a concavidade para cima. A depressão do segmento PR ocorre nos estágios iniciais da pericardite e usualmente envolve as derivações dos membros e precordiais. Outra importante característica de diferenciação da pericardite é que a inversão da onda T ocorre após o segmento ST retornar à linha basal. No infarto do miocárdio, freqüentemente existe algum grau de inversão da onda T acompanhando a elevação de ST.

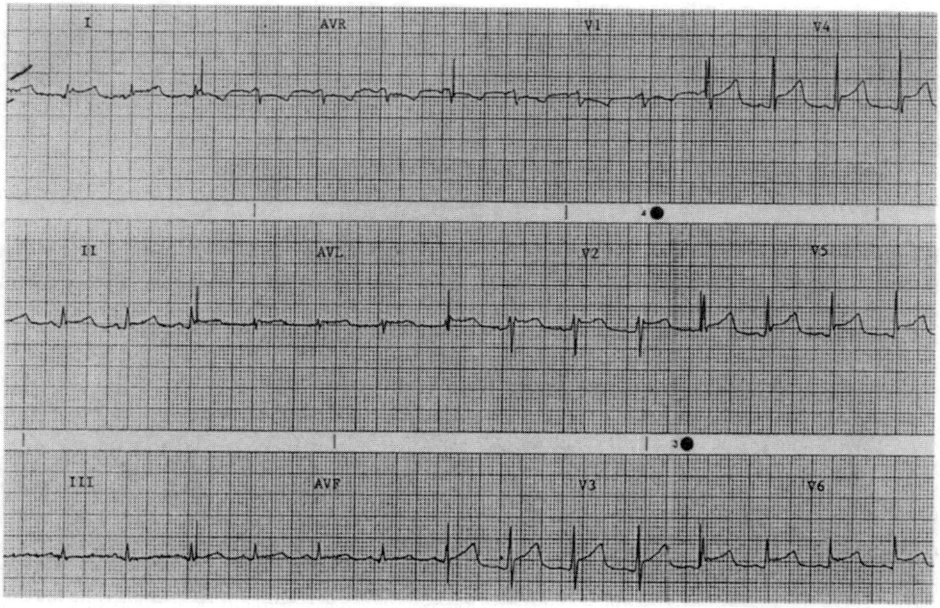

ECG de um paciente com pericardite purulenta, mostrando algumas das características clássicas.

5. Qual é o tratamento da pericardite aguda?

O tratamento mais adequado é a abordagem da causa subjacente. Contudo, o tratamento geralmente é sintomático. A aspirina e outras drogas antiinflamatórias não-esteroidais (DAINEs), como a indometacina, geralmente suprimem os sintomas em 24 a 48 h. Os corticosteróides podem ser benéficos naqueles que não respondem às DAINEs. Agentes narcóticos como a meperidina e a morfina podem ser dados para a dor. A ansiedade responde bem ao diazepam e a outros ansiolíticos.

6. Defina pulso paradoxal.

Em condições fisiológicas normais, a pressão arterial pode diminuir até 10 mm Hg durante a inspiração. Em distúrbios que restringem a complacência ventricular direita normal, como no tamponamento cardíaco, a queda na pressão arterial sistólica na inspiração é maior do que o normal. Isso se deve a uma pressão ventricular direita elevada, que leva a um abaulamento do septo interventricular para dentro do ventrículo esquerdo. Desse modo, o volume sistólico é diminuído na inspiração e se reflete em uma queda na pressão arterial.

7. Como é medido o pulso paradoxal?

O pulso paradoxal é medido da seguinte forma: com o paciente respirando normalmente, o manguito é insuflado e então desinsuflado muito lentamente até que os sons de Korotkoff sejam ouvidos intermitentemente (representando o som durante a expiração). Então, o manguito é desinsuflado mais lentamente até que todos os batimentos sejam ouvidos (representando o som durante a inspiração). A diferença entre as duas pressões é definida como pulso paradoxal. Ao exame físico, o pulso paradoxal também pode ser detectado por uma diminuição na amplitude do pulso carotídeo ou femoral palpado durante a inspiração.

8. Cite duas das alterações clássicas no ECG do derrame pericárdico.

Baixa voltagem difusa e *alternância elétrica* podem ser observadas no derrame pericárdico. As alterações na voltagem do QRS não são devidas somente à quantidade de líquido, mas também à condutividade elétrica do líquido. Em cães, solução salina introduzida no espaço pericárdico produziu uma maior redução de voltagem que o sangue.

A alternância elétrica é uma alteração repetitiva e alternante nas amplitudes da onda P, QRS e T que ocasionalmente ocorre no tamponamento cardíaco. Mais comumente, o QRS isolado mostra amplitude alternante. Acredita-se que o movimento do coração dentro de um volume relativamente grande de líquido pericárdico produza a alternância elétrica. Algumas vezes, a alternância elétrica é notada em apenas uma derivação e, assim, pode não ser observada em um monitor cardíaco à beira do leito. Deve-se notar que a alternância elétrica pode ocorrer em outras condições, como taquicardia supraventricular paroxística, hipertensão e episódios agudos de isquemia.

9. Quando ocorre o tamponamento cardíaco?

O tamponamento cardíaco ocorre quando o acúmulo de líquido no espaço pericárdico aumenta a pressão pericárdica e assim diminui o débito cardíaco. À medida que a pressão intrapericárdica sobe, existe uma elevação progressiva e, usualmente, equalização das pressões nas câmaras intracardíacas. O enchimento ventricular diastólico torna-se progressivamente limitado, levando a uma redução no volume sistólico. A ativação adrenérgica compensatória leva à taquicardia e à contratilidade miocárdica aumentada. Se o tamponamento não é aliviado, os mecanismos compensatórios são incapazes de impedir a queda da pressão arterial sistêmica, ocorrendo um colapso hemodinâmico.

10. Quais são os achados físicos no tamponamento cardíaco?

Turgência venosa jugular	Pulso paradoxal
Taquipnéia	Abafamento dos sons cardíacos
Taquicardia	Atrito pericárdico

11. O diagnóstico de tamponamento cardíaco pode ser excluído pelo raio X de tórax?

O aumento da silhueta cardíaca em adultos geralmente não se manifesta até que no mínimo 250 ml de líquido estejam presentes. Assim, um raio X de tórax normal não exclui a possibilidade de tamponamento cardíaco. A ecocardiografia é o meio mais eficaz de diagnosticar o tamponamento cardíaco porque é sensível, específico, não-invasivo e pode ser realizado rapidamente.

12. Qual é o papel da ecocardiografia no diagnóstico da pericardite e do tamponamento cardíaco?

O ecocardiograma é o teste mais sensível para a detecção do derrame pericárdico. Até 15 ml de líquido podem ser detectados pela ecocardiografia bidimensional. O líquido pericárdico aparece como um espaço livre de ecos entre as paredes do coração e o pericárdio (ver figura). No tamponamento, as câmaras cardíacas podem parecer pouco cheias e contraídas. O colapso do átrio direito e do ventrículo direito durante a diástole é virtualmente diagnóstico do tamponamento cardíaco. O colapso atrial direito tende a ocorrer precocemente e pode ser detectado em um momento no qual não há sinais clínicos de tamponamento, tornando-o menos específico para diagnosticar o tamponamento que o colapso ventricular direito. O ecocardiograma também pode ser usado para orientar a colocação da agulha usada na pericardiocentese.

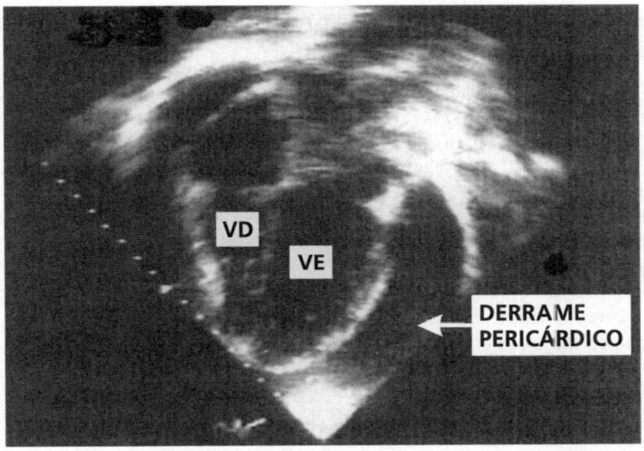

Ecocardiograma bidimensional de um paciente com derrame pericárdico (VE = ventrículo esquerdo; VD = ventrículo direito).

13. O que é a síndrome de Dressler?

Essa síndrome se desenvolve em um pequeno número de pacientes de alguns dias a várias semanas e, raramente, meses após um infarto agudo do miocárdio. Caracteriza-se por febre baixa, pericardite com atrito, pleurisia e derrame pericárdico. Os pacientes geralmente respondem bem a doses altas de aspirina.

14. Descreva a pericardite constritiva. Cite algumas de suas causas.

A pericardite constritiva ocorre quando a inflamação leva a um pericárdio espessado, fibrótico e aderente que restringe o enchimento diastólico das câmaras cardíacas.

A causa mais comum de pericardite constritiva é idiopática. Contudo, outras causas incluem radioterapia, cirurgia cardíaca e neoplasias. Algumas causas incomuns são a tuberculose e a histoplasmose.

15. Descreva os achados físicos da pericardite constritiva.

O pescoço é o ponto inicial, uma vez que o padrão venoso jugular é a parte mais importante do exame nessa condição.

Veias jugulares: As veias jugulares estão distendidas, com os colapsos X e Y proeminentes. Existe usualmente um aumento na altura da pulsação venosa jugular com a inspiração (sinal de Kussmaul).

Pulmões: Os campos pulmonares usualmente estão limpos. Algumas vezes, um derrame pleural pode estar presente e pode ser uma indicação de constrição pericárdica em pacientes que estão sendo avaliados para derrame pleural isolado de etiologia desconhecida.

Coração: O impulso apical é usualmente suave e difuso. B_1 e B_2 podem estar diminuídas em intensidade. Uma batida pericárdica diastólica pode ser ouvida junto ao bordo esternal esquerdo. A batida (knock) pericárdica é um som alto, ocorrendo precocemente na diástole (0,09 a 0,12 segundo após A_2), e algumas vezes acentuado com a inspiração. As batidas pericárdicas podem ser confundidas com uma B_3, mas podem ser diferenciadas por uma freqüência acústica maior e ocorrência mais precoce.

Abdômen: Pode estar distendido por ascite. O fígado é aumentado e pulsátil. Em casos crônicos, o baço também pode estar aumentado.

Extremidades: Edema periférico está presente.

REFERÊNCIAS BIBLIOGRÁFICAS

1. Ameli S, Shah P: Cardiac tamponade, pathophysiology, diagnoses, and management. *Cardiol Clin* 9:455-476, 1991.
2. Barach P: Pulsus paradoxus. *Hosp Physician* 36:49-50, 2000.
3. Chou T: Electrocardiography in Clinical Practice. Philadelphia. WB Saunders, 1991.
4. Diamond T: The ST segment axis: A distinguishing feature between acute pericarditis and acute myocardial infarction. *Heart Lung* 14:629-631, 1985.
5. Fauci AS, et al (eds): Harrison's Principles of Internal Medicine, 14th ed. New York, McGraw-Hill, 1998.
6. Lorell BH, Braunwald E: Pericardial disease. In Braunwald E (ed): Heart Disease: A Textbook of Cardiovascular Medicine, 5th ed. Philadelphia, WB Saunders, 1997.
7. Mehta A, Mehta M, Jain AC: Constrictive pericarditis. *Clin Cardiol* 22:334-344, 1999.
8. Soler-Soler J, Permanyer-Miralda G, Sagrista-Sauleda J: A systematic diagnostic approach to primary acute pericardial disease: The Barcelona experience. *Cardiol Clin* 8:609-620, 1990.

26. HIPERTENSÃO

Catalin Loghin, M.D.

1. Defina hipertensão. Qual a sua prevalência nos Estados Unidos?

O Comitê Nacional de Detecção, Avaliação e Tratamento da Hipertensão, no seu sexto relatório (JNC VI), definiu a hipertensão como uma média de duas ou mais leituras diastólicas > 90 mm Hg em pelo menos duas visitas consecutivas ou uma média de múltiplas leituras sistólicas > 140 mm Hg. A hipertensão sistólica é diagnosticada quando a pressão arterial sistólica (PA) é > 140 mm Hg com a PA diastólica < 90 mm Hg, em contraste com a hipertensão limítrofe: PA sistólica 140 a 149 e PA diastólica < 90 mm Hg. Também foram definidos subgrupos de hipertensão leve, moderada e severa. Com base nessas definições, até 24% da população adulta nos Estados Unidos sofre de hipertensão.

2. Qual é o significado das leituras de PA sistólica e diastólica?

As medidas de PA devem ser feitas após pelo menos cinco minutos de repouso, com pelo menos duas leituras, em ambos os braços e posição sentada e de pé. Enquanto um manguito mede acuradamente a PA sistólica, a leitura da PA diastólica é consistentemente maior que a pressão intra-arterial em cerca de 10 a 15 mm Hg, particularmente em pacientes idosos ou ateroscleróticos. Tradicionalmente, a PA diastólica tem sido responsabilizada pelas complicações cardiovasculares da hipertensão em vez da PA sistólica. Atualmente, é dada mais importância à PA sistólica, e a combinação de uma PA sistólica alta com diastólica normal (resultante de uma pressão de pulso alargada) parece ser o melhor preditor do risco cardiovascular.

Até recentemente, havia uma preocupação sobre o efeito da curva-J na redução da PA sistólica (a redução em excesso levava a um aumento no risco cardiovascular). Como um tema de controvérsia atualmente, a redução excessiva da PA diastólica é considerada um possível obstáculo terapêutico já que ela pode precipitar eventos coronarianos pela diminuição da perfusão miocárdica.

3. A monitorização ambulatorial da PA por 24 h é benéfica?

O "efeito do jaleco branco" é uma entidade bem conhecida e é a causa de leituras de PA mais altas no consultório médico quando comparada com a medida ambulatorial. O objetivo do tratamento é reduzir a PA abaixo de 140/90 mm Hg com base nas leituras do consultório. Contudo, o limite da Organização Mundial de Saúde (OMS) para o ambulatório é 125/85 mm Hg. Um princípio terapêutico emergente é reduzir a PA ao máximo tolerado pelo paciente, tendo em mente que a PA ideal para redução de risco cardiovascular é 120/80 mm Hg. Quanto mais severas as complicações da hipertensão, mais dramático o declínio da PA necessário.

As *indicações para monitorização ambulatorial da PA* atuais (JNC VI e OMS/*International Society of Hypertension*) são suspeita de hipertensão do jaleco branco, hipertensão episódica, disfunção autonômica, aparente resistência medicamentosa, sintomas hipotensivos com medicações anti-hipertensivas, hipertensão ambulatorial em pacientes com baixo risco cardiovascular e hipertensão resistente ao tratamento medicamentoso. Observe que não há evidência de que a monitorização ambulatorial da PA melhore a estratificação de risco cardiovascular, embora seja uma ferramenta preciosa para direcionar a terapêutica.

4. Você diagnosticou um novo caso de hipertensão. Qual é o seu próximo passo?

As arteríolas são os vasos que sofrem o maior dano pela elevação persistente da PA. Portanto, o primeiro passo é fazer uma "avaliação de dano" investigando os órgãos-alvo da hipertensão, tendo em mente que o seu envolvimento é uma expressão de dano arteriolar com isquemia subseqüente e alterações induzidas pela isquemia.

Rins: os sinais de envolvimento variam desde proteinúria mínima ou discreta elevação da creatinina sérica até doença renal terminal. O tamanho do rim é avaliado por uma variedade de métodos de imagem e tem um significado prognóstico. A hipertensão é a segunda causa principal de insuficiência renal nos Estados Unidos, particularmente em afro-americanos.

Cérebro: o aspecto do fundo de olho é um "espelho" da circulação cerebral. Os achados variam desde alterações ateroscleróticas mínimas até papiledema e hemorragias que são compatíveis com hipertensão maligna. Um exame neurológico cuidadoso pode revelar sinais de acidentes vasculares prévios não-diagnoticados, e a história pode revelar ataques isquêmicos transitórios prévios.

Coração: a conseqüência direta é a hipertrofia de VE (HVE) com aumento da massa de VE; isso é facilmente documentado pelo ECG, ecocardiograma 2D e modo-M ou IRM cardíaca. A HVE é fortemente associada com um aumento do risco de morte súbita e IM e constitui a base para a complacência de VE reduzida e subseqüente disfunção diastólica. É necessária uma avaliação completa para a presença de DAC, guiada por uma entrevista habilidosa. A monitorização pelo Holter pode ser necessária para avaliar arritmias associadas com HVE. O último passo na história natural da doença é a dilatação do VE e a falência da bomba, com os sinais clássicos de ICC.

5. O que é hipertensão secundária?

Até 5% de todos os casos de hipertensão são "secundários", significando que uma causa pode ser identificada. Alguns desses casos são curáveis se a fonte de hipertensão puder ser removida, por exemplo, cirurgia de um tumor adrenal, reparo de uma estenose de artéria renal, correção de uma coarctação aórtica. Dado a pequena incidência de formas secundárias, a triagem de rotina de todas as possíveis etiologias não é recomendada. Uma abordagem direcionada é muito mais custo-eficaz e os indícios clínicos e laboratoriais são preciosos para "moldar" a investigação etiológica.

6. Descreva uma abordagem direcionada à hipertensão secundária.

O seguintes cenários devem incentivar uma pesquisa por possíveis causas de hipertensão secundária:

- Instalação em idade jovem (< 35 anos).
- Fraqueza muscular inexplicada, sugerindo hipocalemia do hiperaldosteronismo primário (na ausência de tratamento com diuréticos). Uma hipocalemia exagerada após doses regulares de diuréticos tem o mesmo significado.
- Crises paroxísticas de palpitação, sudorese e cefaléia sugerem um feocromocitoma.
- Trauma abdominal/lombar pode resultar em hematoma perirrenal com subseqüente rim de pequeno tamanho unilateral.
- Um episódio transitório de edema periorbital e urina escura que não foi tratado pode indicar uma glomerulonefrite crônica.
- Episódios múltiplos de cistite ou infecção urinária não-tratados ou com tratamento incompleto podem levar a, ou sugerir, pielonefrite crônica.
- Uso de anticoncepcionais orais em mulheres jovens; laxantes em pacientes idosos. (Observe que a primeira pode não relatar o uso de pílulas a não ser que seja questionada especificamente [hipertensão induzida por drogas], e os últimos geralmente não consideram o seu laxante à base de licorice, de venda livre, como uma "medicação" [o licorice tem efeitos mineralocorticóides].)
- Uma história de dor crônica pode ser um indício de nefropatia por analgésicos.
- Cálculos renais podem ser um sinal de hiperparatireoidismo ou a causa de nefropatia obstrutiva.

- Pulsos femurais reduzidos com PA elevada apenas nas extremidades superiores sugerem coarctação aórtica (palpe a área dos espaços intercostais para a presença de pulsações exageradas devido à circulação colateral compensatória).
- Sopros abdominais (ouvidos na sístole e na diástole sem pressionar o estetoscópio) são sugestivos de estenose da artéria renal. A causa pode ser aterosclerose em pacientes idosos ou displasia fibromuscular em mulheres jovens. A estenose da artéria renal também é sugerida por uma queda acentuada na PA após o início do tratamento com inibidores da ECA ou antagonistas dos receptores da angiotensina.
- Massas abdominais bilaterais palpáveis são comumente devidas a rim policístico. Tipicamente, a história revela a presença de hipertensão com insuficiência renal em outros membros da família.
- Estrias abdominais são o sinal de doença de Cushing junto com a típica obesidade truncal.
- A resistência a um esquema terapêutico múltiplo (tipicamente duas ou três drogas) também pode apontar para uma causa secundária de hipertensão.
- O tratamento de um feocromocitoma com β-bloqueadores pode resultar em aumento paradoxal da PA (receptores α sem oposição estimulados pelas catecolaminas).

7. Qual é a investigação recomendada para um paciente com hipertensão?

Qualquer novo paciente diagnosticado com hipertensão deve ser submetido a um raio X de tórax, ECG, medida da capacidade vital (diretamente relacionada com a função cardíaca diastólica), exame do sedimento urinário e medida sérica da creatinina, sódio e potássio. Outros exames são baseados na suspeita clínica de uma forma secundária de hipertensão.

8. Que exames são realizados mais comumente na hipertensão secundária?

As causas mais comuns de hipertensão secundária são:

- Estenose de artéria renal: a triagem é feita com o teste do captopril. O diagnóstico requer um exame não-invasivo como a ultra-sonografia Doppler ou a angiografia de ressonância magnética ou ainda a angiografia seletiva convencional com contraste iodado. Lembre-se de que o diagnóstico anatômico de estenose da artéria renal, independentemente da sua etiologia, não implica que a estenose seja a causa de hipertensão. A causa pode ser confirmada pela documentação da "funcionalidade" da lesão; isso é feito medindo-se a atividade da renina em amostras de sangue das veias renais. Um índice de atividade de renina > 1,5 entre os dois lados indica a intervenção (*stent*, dilatação com balão, reconstrução cirúrgica) na lesão culpada.
- Hiperaldosteronismo primário: O primeiro passo é suspender o uso de diuréticos e dar suplementos de potássio. A hipocalemia persistente requer a medida da atividade da renina plasmática. Se estiver baixa, o nível da aldosterona é medido e se o valor for alto e não for bloqueado por uma carga salina, então é realizado um procedimento de visualização (TC ou IRM com protocolo adrenal específico).
- Hipertensão de origem renal: requer técnicas de visualização para avaliar o tamanho renal, presença de hidronefrose e nefropatia obstrutiva, cálculos, rim policístico ou malformações congênitas.
- Feocromocitoma: ver Questão 9.

9. Um homem de 32 anos queixa-se de episódios intermitentes de cefaléia, palpitação e sudorese profusa. No último ano ele foi tratado três vezes na unidade de emergência (UE) por crise hipertensiva. Ele não lembra como era sua PA, mas se sentia tonto quando ficava de pé mesmo antes de ir à UE. No seu escritório sempre tinha uma PA abaixo de 120/70 mm Hg. Notou alguns episódios de febre baixa e perdeu alguns quilos. Após examiná-lo, ele não se sente bem e você mede a PA de novo. Dessa vez a PA é 165/110 mm Hg, com uma freqüência cardíaca de 115 bpm. Exames laboratoriais mostram apenas uma discreta elevação da glicose sérica e um leucograma de 18.000/mL com uma contagem diferencial normal. Qual é o diagnóstico?

Essa é uma apresentação típica de feocromocitoma. As indicações dadas pela história do paciente são muito valiosas para o diagnóstico: muitos pacientes com feocromocitoma têm uma PA de base normal, com PA elevada apenas ocasionalmente. *Hipotensão postural* é uma característica clássica. Níveis elevados de catecolaminas séricas explicam a sudorese a as palpitações bem como a febre baixa, a glicose sérica elevada e a leucocitose. A palpação gentil do abdômem durante o exame físico pode, às vezes, desencadear uma crise. Devido às manifestações gerais e metabólicas da doença, ela pode simular uma grande variedade de condições (p. ex., vasculite, diabete) e é sempre necessário um alto nível de suspeita.

Alguns pacientes se apresentam com uma PA elevada que é constante em vez de paroxística. Uma "regra de 10" pode ser aplicada: 10% de todos os casos são familiares, 10% são bilaterais, 10% são devidos a tumor maligno da adrenal, 10% têm recorrência, 10% são extra-adrenais, 10% ocorrem em crianças, 10% são associados com uma síndrome de MEN e 10% se apresentam com um acidente vascular como primeiro sintoma.

O diagnóstico de feocromocitoma é recompensador, já que esse paciente muito doente, que é propenso a complicações com risco de vida, pode ser curado. A recomendação atual para o diagnóstico bioquímico do feocromocitoma é o exame de urina para a presença de metanefrinas e catecolaminas fracionadas. Esses exames apenas confirmam a presença de um tumor secretante de catecolaminas; portanto, o próximo passo é localizá-lo (90% estão na medula adrenal; os outros 10% estão espalhados por onde houver tecido cromafínico). O tratamento de escolha é a adrenalectomia laparoscópica.

10. Quais são as estratégias atuais para o tratamento da hipertensão?

O tratamento da hipertensão é um processo para toda a vida; portanto, obter a *aderência do paciente* é fundamental para que se tenha um bom resultado. É de importância vital que os pacientes tenham uma boa compreensão da sua condição – do risco de doenças severas dos órgãos-alvo na ausência de sinais de aviso (a hipertensão é conhecida como uma assassina silenciosa). A aderência do paciente é melhor obtida com a terapia combinada com visitas freqüentes ao médico e uma titulação agressiva da medicação.

O tratamento se baseia na avaliação da severidade da doença e na estratificação cuidadosa de risco. A presença de doença em órgão-alvo e fatores de risco cardiovasculares associados e/ou DCV ajuda na escolha da terapêutica adequada (diretrizes detalhadas para JNC VI). *Alterações no estilo de vida* estão recomendadas em todos os pacientes: redução de peso; exercícios regulares; redução da ingesta de álcool, gordura e sal; suplementos adequados de cálcio, potássio, magnésio e fibras; supressão do tabagismo. Uma dieta pobre em sal é fundamental para o tratamento da hipertensão e não pode ser substituída por uma dose maior de diuréticos.

A modificação do estilo de vida por 6 a 12 meses sem *tratamento farmacológico* é adequada se a PA é de 140 a 159/85 a 99 mm Hg; na ausência de doença em órgão-alvo, DCV e diabete e se houver apenas um fator de risco cardiovascular associado. A presença de doença em órgão-alvo, DCV ou diabete, mesmo na ausência de outros fatores de risco, indica a terapia medicamentosa. Do mesmo modo, valores de PA ≥160/≥100, mesmo na ausência de doença de órgão-alvo, DCV e fatores de risco, requerem tratamento farmacológico.

11. Como é feita a escolha da terapia medicamentosa para um paciente hipertenso?

A chave é a individualização do esquema terapêutico com base em uma estratificação de risco cuidadosa (presença de doença em órgão-alvo, patologia cardiovascular e fatores de risco cardiovascular). A recomendação clássica é começar com um diurético ou um β-bloqueador ou uma combinação de ambos. Essas são as únicas drogas anti-hipertensivas que mostraram reduzir a mortalidade em estudos controlados randomizados. Além do mais, elas são menos dispendiosas e estão associadas com uma maior aderência do que algumas outras drogas.

Pacientes idosos e afro-americanos se beneficiam especialmente dos diuréticos. Quando a creatinina sérica é > 2 mg/dl, deve-se preferir um diurético de alça em vez dos tiazídicos. Diuréticos poupadores de potássio (p. ex., a espironolactona) são evitados na insuficiência renal ou em combinação com inibidores da ECA. A espironolactona é a droga de escolha para o tratamento clínico do hiperaldosteronismo.

12. Verdadeiro ou falso: Diuréticos são mandatórios em pacientes hipertensos com DAC.

Falso. Os β-bloqueadores são mandatórios na presença de DAC e são úteis quando há ICC leve ou moderada. As contra-indicações aos β-bloqueadores devem ser pesadas cuidadosamente em relação ao seu enorme benefício terapêutico. Quando há ICC, a dose deve ser aumentada progressiva e lentamente. A retirada dos β-bloqueadores em pacientes com DAC não deve ser abrupta (aumenta a mortalidade).

13. Quando estão indicados os α-bloqueadores?

Os α-bloqueadores são uma boa escolha no tratamento dos feocromocitomas; eles reduzem o HDL e o colesterol total. São úteis para o tratamento de homens idosos com hiperplasia prostática benigna, mas podem induzir hipotensão postural significativa. Agonistas α-1 de ação central (p. ex., clonidina e metildopa) são bastante usados. A retirada abrupta causa fenômeno de rebote. Um adesivo de clonidina pode ser uma melhor escolha em relação à forma de curta ação. A metildopa é a droga de escolha na gravidez.

14. Quando estão indicados os inibidores da ECA?

A escolha da droga inicial pode se concentrar nos inibidores da ECA quando o paciente tem diabete com proteinúria (indicação obrigatória) e/ou quando há ICC. O benefício é a lentificação da deterioração da função renal e da redução da mortalidade, respectivamente. Os inibidores da ECA estão contra-indicados no segundo e no terceiro trimestres da gravidez e a sua dose deve ser reduzida na insuficiência renal. Os inibidores da ECA também evitam o remodelamento miocárdico, a falência cardíaca e a morte em pacientes pós-IM com fração de ejeção de VE reduzida. As preparações IV são úteis para o tratamento de crises hipertensivas. Os inibidores dos receptores da angiotensina têm eficácia anti-hipertensiva similar e uma excelente tolerabilidade.

15. Existem circunstâncias particulares nas quais os antagonistas do cálcio ou os vasodilatadores diretos são a droga de escolha?

Os antagonistas de cálcio na sua forma de ação prolongada são benéficos para pessoas idosas e pacientes com DAC. Deve-se dar atenção aos efeitos cronotrópicos negativos do diltiazem, em particular quando associado aos β-bloqueadores ou à clonidina. A nifedipina na sua forma de ação rápida não está mais indicada na crise hipertensiva (aumento da mortalidade).

Os vasodilatadores diretos (p. ex., hidralazina) são úteis no tratamento de emergências hipertensivas e são, geralmente, adicionados tardiamente ao esquema anti-hipertensivo. Eles podem precipitar ataques de angina em pacientes com DAC.

REFERÊNCIAS BIBLIOGRÁFICAS

1. Carretero OA, et al: Essential hypertension. Part I: Definition and etiology. *Circulation* 101:329-335, 2000.
2. Carretero OA, et al: Essential hypertension. Part II: Definition and treatment. *Circulation* 101:329-335, 2000.
3. Graves JW: Management of difficult to control hypertension. *Mayo Clin Proc* 75:278-284, 2000.
4. Guidelines Subcommittee: World Health Organization-International Society of Hypertension guidelines for the management of hypertension. *J Hypertens* 17:151-183, 1999.
5. Hogan MJ: Hypertension. In Murphy JG, et al: Mayo Clinic Cardiology Review. Philadelphia, Lippincott Williams & Wilkins, 2000, p. 1067-1082.
6. Joint National Committee on Detection, Evaluation, and Treatment of High Blood Pressure: The Sixth Report of the Joint National Committee on Detection, Evaluation and Treatment of High Blood Pressure (JNC VI). *Arch Intern Med* 157:2413-2446, 1997.
7. Julius S: Trials of antihypertensive treatment-New agenda for the millennium. *Am J Hypertens* 13:11S-17S, 2000.
8. Kannel WB: Risk stratification in hypertension: New insights from the Framingham study. *Am J Hypertens* 13:3S-10S, 2000.
9. Messerli FH: Hypertension and sudden cardiac death. *Am J Hypertens* 12:181S-188S, 1999.
10. Smulyan H, et al: The diastolic blood pressure in systolic hypertension. *Ann Intern Med* 132:233-237, 2000.
11. Verdecchio P: Prognostic value of ambulatory blood pressure: Current evidence and clinical implications. *Hypertension* 35:844-851, 2000.
12. Weber MA: Interrupting the renin-angiotensin system: The role of angiotensin-converting enzyme inhibitors and angiotensin II receptor antagonists in the treatment of hypertension. *Am J Hypertens* 12:1895-1945,1999.

27. CHOQUE E PARADA CARDÍACA

Richard E. Wolfe, M.D.

1. **Defina choque.**

Choque é a incapacidade do sistema cardiovascular de fornecer um fluxo sangüíneo adequado aos órgãos e aos tecidos. Também foi definido como uma redução do débito cardíaco ou uma má distribuição do débito até um ponto em que ocorre lesão tecidual potencialmente irreversível.

2. **Dê uma classificação fisiopatológica do choque.**

O fluxo sangüíneo é determinado por três entidades: volume sangüíneo, resistência vascular e função de bomba. Assim, existem três tipos de choque: hipovolêmico, vasogênico e cardiogênico. Exemplos de causas do *choque hipovolêmico* são sangramentos gastrintestinais, aneurisma aórtico roto e cetoacidose diabética severa. Exemplos de *choque vasogênico* incluem choque séptico, choque anafilático, choque neurogênico e choque por causas farmacológicas. Existe uma ampla variedade de causas de *choque cardiogênico*, embora o infarto agudo do miocárdio seja a mais comum. O choque cardiogênico pode ser dividido em *causas cardíacas verdadeiras*, como IM, e *causas extracardíacas* por obstrução à entrada de fluxo (pneumotórax de tensão, tamponamento cardíaco) e à saída de fluxo (embolia pulmonar).

3. **Quais os sinais clínicos úteis na classificação do choque?**

A história do paciente usualmente faz o diagnóstico, mas os pacientes podem se apresentar com choque de etiologia indeterminada. O médico deve confiar então no exame clínico para classificar o choque. A palpação das extremidades e o exame das veias jugulares fornecem informação vital.

- Uma pele aquecida é sugestiva de uma causa vasogênica; pele fria e úmida reflete uma descarga simpático-adrenal reflexa aumentada, levando à vasoconstrição cutânea, sugerindo hipovolemia ou choque cardiogênico.
- Veias jugulares distendidas, estertores ou um galope de B3 sugerem uma causa cardiogênica, mais do que hipovolemia. A medida da pressão venosa central pode auxiliar a diferenciar a hipovolemia por choque cardiogênico.

A canulação da veia subclávia deve ser evitada se existe suspeita de infarto do miocárdio, pois agentes trombolíticos podem ser necessários.

4. **Todos os pacientes com choque têm um aumento da freqüência cardíaca?**

Não. Embora a maioria dos pacientes em choque seja taquicárdica, esse achado está longe de ser consistente. Bradicardia relativa é comum em pacientes com trauma hipotensivo e pacientes com gravidez ectópica rota. Pacientes com choque espinal não têm tônus simpático e perdem o reflexo da taquicardia. Finalmente, muitas causas de choque cardiogênico se apresentam com bradicardia, incluindo bloqueio cardíaco de terceiro grau e intoxicação por β-bloqueadores e antagonistas de cálcio.

5. **Quais são os quatro determinantes da pressão venosa central?**

A pressão venosa central normal (PVC) é 5 a 12 cm H_2O. O volume intravascular, a pressão intratorácica, a função ventricular direita e o tônus venoso afetam a PVC. Para reduzir a variabilidade causada pela pressão intratorácica, a PVC deve ser medida no fim da expiração.

6. Liste 10 causas de choque cardiogênico.

Infarto agudo do miocárdio (a mais comum)
Miocardite aguda
Miocardiopatia congestiva crônica
Doença cardíaca valvular
Contusão miocárdica
Arritmias
Toxinas, drogas
Hipotermia
Hipertermia
Mixoma atrial esquerdo

7. Quais são as alterações clássicas na resistência vascular sistêmica e débito cardíaco no choque séptico?

No clássico choque séptico "aquecido", a resistência vascular sistêmica está reduzida e o débito cardíaco está aumentado. O aumento no débito cardíaco é um mecanismo compensatório para a redução na resistência vascular. Não é completamente compensatório devido a um fator depressor miocárdico circulante liberado na septicemia. A identidade desse fator ainda não foi estabelecida.

8. Como o choque séptico pode assemelhar-se ao choque cardiogênico?

No choque séptico hipodinâmico ou "frio", observado mais freqüentemente no idoso, existem duas causas para o débito cardíaco reduzido. Primeiro, o fator depressor miocárdico diminui o índice cardíaco. Segundo, na septicemia progressiva, existem aumentos na resistência capilar pulmonar. Esses fatores causam uma diminuição significativa no débito cardíaco e apresentam-se clinicamente como insuficiência cardíaca congestiva direita. O choque séptico frio tem uma mortalidade muito alta.

9. Descreva a classificação de Killip da disfunção de bomba no infarto agudo do miocárdio.

A classificação de Killip tem base em critérios clínicos, que correlacionam o grau de disfunção de bomba com a mortalidade aguda em pacientes com infarto do miocárdio.

Classe I: não tem evidência de insuficiência ventricular esquerda e tem uma mortalidade de 5%.

Classe II: tem estertores bibasais, um galope de B3 ou insuficiência cardíaca ao raio X de tórax e uma mortalidade de 15 a 20%.

Classe III: edema pulmonar e uma mortalidade de 40%.

Classe IV: choque cardiogênico, definido por (1) pressão sistólica arterial < 90 mm Hg, (2) vasoconstrição periférica, (3) oligúria e (4) congestão vascular pulmonar. Os pacientes da Classe IV têm uma mortalidade de 80%.

10. Qual o significado de um sopro holossistólico alto em um paciente com choque e infarto agudo do miocárdio?

Sopros holossistólicos altos com infarto do miocárdio indicam ruptura de músculos papilares ou um defeito septal ventricular agudo (DSV). Eles podem ser indistinguíveis, mas o DSV agudo usualmente ocorre com um infarto do miocárdio ântero-septal e tem um frêmito palpável associado. A ruptura papilar freqüentemente não apresenta frêmito, sendo usualmente observada nos infartos do miocárdio inferiores, os quais freqüentemente causam choque devido ao fluxo sangüíneo muito reduzido e podem ser diferenciados pela ecocardiografia ou pelo cateter de Swan-Ganz. Ambos requerem cirurgia cardiotorácica de emergência para o reparo precoce. Em alguns pacientes, o sopro pode ser fraco ou inaudível.

11. Quais são os sinais e os sintomas de embolia pulmonar maciça?

A embolia pulmonar maciça causa *choque* devido à área de secção transversal reduzida do trato de saída pulmonar. O choque ocorre quando a área é reduzida em 50% ou mais. Em uma situação aguda, o ventrículo direito pode aumentar sua pressão sistólica somente até um máximo de cerca de 40 mm Hg. Essa pressão é inadequada para superar a resistência aumentada, o fluxo sangüíneo é reduzido e o choque se desenvolve.

A embolia pulmonar maciça se apresenta com os seguintes sinais e sintomas: dispnéia (78%), taquicardia (90%), síncope (76%), cianose (74%), dor torácica (72%), PA sistólica < 80 mm Hg (87%) e parada cardíaca (85%).

12. Qual é o tratamento de emergência do choque cardiogênico?

Deve-se administrar oxigênio. As arritmias devem ser tratadas por meio dos protocolos especificados no livro-texto de Suporte Cardíaco Avançado da American Heart Association. Se o paciente não está com edema pulmonar, pode ser feita reposição de volume em alíquotas de 200 a 300 mL de cristalóide. Isso é particularmente verdadeiro no infarto do miocárdio inferior ou na evidência eletrocardiográfica de infarto ventricular direito.

Dopamina e dobutamina são os agentes pressores de escolha para a melhora da hemodinâmica. A dobutamina provavelmente é a melhor escolha, particularmente se existe evidência de edema pulmonar, uma vez que a dobutamina, ao contrário da dopamina, reduz a pressão diastólica final do ventrículo esquerdo. A dobutamina também é preferível em pacientes com infarto ventricular direito, embora possa ser necessária uma combinação de dobutamina e dopamina. A dobutamina sempre é preferida em vez da dopamina diante de isquemia miocárdica/infarto devido à redução do consumo de oxigênio. Uma angioplastia de emergência pode melhorar a sobrevida em pacientes com choque cardiogênico por infarto do miocárdio.

13. Que medidas terapêuticas podem melhorar a condição de um paciente com choque por embolia pulmonar?

A embolia pulmonar maciça deve ser tratada similarmente ao choque cardiogênico por infarto do miocárdio: oxigênio (intubação se necessário), volume e pressores. Os trombolíticos não foram suficientemente estudados na embolia pulmonar maciça de modo a demonstrar uma melhora na sobrevida. Porém, o uso do ativador de plasminogênio tecidual, estreptoquinase e uroquinase em pacientes com embolia pulmonar maciça demonstrou melhorar a hemodinâmica, com uma menor regurgitação tricúspide, menor dilatação ventricular direita e melhora do débito cardíaco; assim, o uso de trombolíticos deve ser considerado. A embolectomia de emergência também pode ser considerada.

14. Quais são as causas do choque cardiogênico traumático?

Perfuração cardíaca com conseqüente tamponamento pericárdico, contusão miocárdica, pneumotórax de tensão e embolia gasosa por lacerações brônquicas.

15. Em quais pacientes o clínico deve suspeitar de tamponamento pericárdico?

O tamponamento pericárdico agudo ocorre em cerca de 2% dos casos de trauma torácico penetrante e é mais comum com ferimentos a faca que com armas de fogo. O tamponamento é raro após o trauma contuso. A tríade clássica de Beck, com veias do pescoço distendidas, pressão arterial diminuída e abafamento das bulhas cardíacas ocorre somente em cerca de um terço dos pacientes. A presença de pressão venosa central elevada com taquicardia e hipotensão no trauma penetrante são sinais confiáveis de tamponamento. O exame físico e a radiografia do tórax irão excluir o pneumotórax de tensão.

16. A RCP ressuscita pacientes em parada cardíaca?

A ressuscitação cardiopulmonar (RCP) raramente ressuscita pacientes em parada cardíaca sem a instituição precoce de intervenções de suporte de vida avançado: desfibrilação, manuseio das vias aéreas e administração de drogas apropriadas. Todas as vítimas de parada cardíaca devem ter um monitor colocado logo que possível, uma vez que a desfibrilação imediata está indicada em pacientes com fibrilação ventricular.

17. Como ocorre o fluxo sangüíneo na RCP?

Dois mecanismos foram propostos para explicar o fluxo sangüíneo na massagem cardíaca externa. A *teoria da bomba torácica* sugere que o coração age como um conduto passivo, com as pressões arteriais sistólica e média e fluxo sangüíneo para a artéria carótida aumentados pelo aumento da pressão torácica. A pressão intratorácica é transmitida às artérias extratorácicas em maior extensão que às veias extratorácicas. Isso se reflete em um gradiente de pressão extratorácica arterial-venosa. A transmissão desigual da pressão intratorácica nas artérias e nas veias extratorácicas resulta da presença de válvulas venosas e da diferença na capacitância e na colapsabilidade arterial e venosa. As artérias resistem ao colapso e, assim, transmitem a pressão intratorácica ao leito arterial extratorácico.

A *teoria cardíaca* sugere que o coração em si é comprimido, criando um gradiente de pressão entre as estruturas intra e extracardíacas. Porém, não há dados suficientes no momento para determinar qual o mecanismo predominante.

18. Descreva as causas reversíveis comuns de parada cardíaca e seu tratamento específico.

A parada cardíaca pode ser ressuscitada de modo bem-sucedido em uma série de casos desde que a etiologia subjacente seja reconhecida e prontamente tratada.

Fibrilação ventricular e *taquicardia ventricular.* Deve ser realizada desfibrilação imediata *antes de outros procedimentos*, pois a taxa de sucesso diminui em 4% a cada minuto de retardo.

Pneumotórax de tensão. Esta condição deve ser suspeitada após uma ventilação com pressão positiva em um paciente com parada cardíaca e uma diminuição nos ruídos respiratórios no lado afetado, ar no tecido subcutâneo ou resistência à ventilação com ambu. O tratamento é a descompressão com agulha no quinto espaço intercostal, seguida por toracotomia.

Hipercalemia. Caracterizada por amplos complexos QRS e ausência de ondas P, a hipercalemia deve ser suspeitada como causa de parada cardíaca em pacientes com insuficiência renal. Deve-se administrar cloreto de cálcio imediatamente, seguido de bicarbonato de sódio e gotejamento de insulina e glicose.

Anafilaxia. Deve ser suspeitada sempre que uma parada cardíaca ocorre após a administração de medicação parenteral. Uma vez que asfixia ou choque é o mecanismo subjacente, uma intervenção agressiva com intubação endotraqueal, líquidos e epinefrina intravenosa deve ser realizada imediatamente.

19. Quando o cálcio intravenoso deve ser usado no paciente em parada cardíaca?

Em geral, pacientes em parada cardíaca não parecem se beneficiar do uso de cálcio intravenoso. Assim, as indicações são limitadas a três causas específicas de parada cardíaca: hipercalemia, hipocalcemia e possivelmente superdosagem de antagonistas do cálcio. O cloreto de cálcio deve ser administrado em uma dose de 24 mg/kg de uma solução a 10% intravenosamente a cada 10 minutos.

20. Pode-se prever a evolução neurológica após uma ressuscitação bem-sucedida de parada cardíaca?

Vários relatos tentaram desenvolver sinais prognósticos de recuperação cerebral após uma RCP. A *duração do coma* é o sinal prognóstico mais confiável. Porém, a recuperação da consciência tem ocorrido após 10 dias de coma. Pupilas reativas, reflexos oculocefálicos, respirações espontâneas e resposta intencional ao estímulo doloroso estão associados com uma percentagem maior de recuperação neurológica. Contudo, raramente uma evolução clínica favorável pode ocorrer em pacientes com sinais de mau prognóstico.

REFERÊNCIAS BIBLIOGRÁFICAS

1. Bresler MJ: Future role of thrombolytic therapy in emergency medicine. *Ann Emerg Med* 18:1331, 1989.
2. Dhainaut JF, et al: Right ventricular dysfunction in patients with septic shock. *Intensive Care Med* 14:488, 1988.
3. Donahue AM: Central venous pressure measurement. In Roberts JR, Hedges IR (eds): Clinical Procedures in Emergency Medicine. Philadelphia, WB Saunders, 1992, p. 332-338.
4. Ornato JP, Levine RL, Young DS, et al: The effect of applied chest compression force on systemic arterial pressure and end-tidal carbon dioxide concentration during CPR in human beings. *Ann Emerg Med* 18:732737, 1989.
5. Schmidt RD, Wolfe R: Shock. In Rosen P, et al (eds): Emergency Medicine: Concepts and Clinical Practice, 3rd ed. St. Louis, Mosby, 1992, p. 163.

28. MIOCARDITE

Richard A. Stein, M.D., e *Javier M. Gonzalez,* M.D.

1. Quais são os mecanismos de lesão ao músculo cardíaco que podem desempenhar um papel na miocardite por agentes infecciosos?

- Invasão direta do miocárdio
- Produção de toxina miocárdica
- Auto-anticorpos
- Imunidade celular (ativação dos linfócitos T auxiliares)
- Secreção de citocinas (fator-α de necrose tumoral, interleucina)

A principal causa de miocardite nos Estados Unidos é viral, e acredita-se que o mecanismo seja relacionado a processos imunológicos. Os mecanismos postulados incluem a criação, relacionada ao vírus, de novos antígenos de superfície ou a lesão celular pelo complexo antígeno-anticorpo e a ativação de linfócitos T auxiliares com produção de citocinas.

2. Quais são as principais causas de miocardite?

- Agentes infecciosos
  - Vírus
  - Riquétsias
  - Bactérias
  - Protozoários
  - Metazoários
- Reações alérgicas
- Agentes farmacológicos
- Doenças sistêmicas, como a vasculite, e doenças do tecido conjuntivo
- Estado periparto (30 dias antes a 150 dias após o término da gestação)
- Agentes tóxicos (álcool, metais tóxicos como o cobalto)

3. Descreva as queixas do paciente e os achados clínicos que freqüentemente acompanham a miocardite.

Os sintomas variam com a etiologia, porém mais comumente a miocardite é subclínica, especialmente quando acompanha um processo infeccioso generalizado. Os pacientes podem notar fadiga, dispnéia, desconforto precordial ou palpitações. Freqüentemente nota-se uma taquicardia: o primeiro som cardíaco pode ser abafado e um galope de B_4 é freqüentemente descrito.

4. Quais as alterações eletrocardiográficas (ECG) comumente observadas na miocardite?

A elevação ou a depressão do segmento ST e a inversão da onda T são as alterações mais freqüentemente notadas. Arritmias atriais são comumente observadas, e um bloqueio cardíaco transitório (de primeiro, segundo ou terceiro grau) pode estar presente.

5. Como são tratados os pacientes com uma miocardite viral presumida?

O tratamento é de suporte e conforme a apresentação clínica. Uma vez que as anormalidades da condução atrioventricular são comuns em algumas formas de miocardite, os pacientes devem ser observados cuidadosamente para evidências de distúrbios de condução. Além disso, demonstrou-se em modelos animais que o exercício aumenta a lesão celular na miocardite, de modo que o repouso é usualmente indicado. Quando a insuficiência cardíaca congestiva é notada, está indicado o tratamento usual (inibidores da enzima conversora da angiotensina, diuréticos e digoxina). A digoxina deve ser usada cuidadosamente, uma vez que pode haver incidência aumentada de arritmias por toxicidade digitálica durante a miocardite ativa. Os β-bloqueadores e os antiinflamatórios não-esteroidais (DAINEs) podem aumentar a mortalidade quando usados nos estágios iniciais da miocardite.

Há controvérisas quanto ao uso de corticosteróides e imunomoduladores. Eles não devem ser usados em todos os pacientes com diagnóstico de miocardite; contudo, devem ser considerados em pacientes com descompensação rapidamente progressiva e naqueles que não melhoram com a terapia convencional. Os esteróides devem ser usados na miocardite secundária à sarcoidose, miocardite de células gigantes, miocardite por hipersensibilidade; miocardite eosinofílica, possivelmente doença de Lyme com bloqueio AV (ver Questão 8) e miocardite lúpica. Anticoagulação, marcapasso ou cardioversor desfibrilador implantável (CDI) devem ser usados quando indicados clinicamente. Alguns pacientes com miocardite infecciosa requerem terapia com antibióticos.

6. Quais as infecções virais associadas à miocardite?

- O *vírus Coxsackie B* é a causa mais freqüente de miocardite viral. Existe uma suposta afinidade da membrana miocárdica por essas partículas virais.
- A infecção por *vírus da imunodeficiência humana* (HIV) está associada ao envolvimento miocárdico em 20 a 25% dos pacientes infectados, mas a doença clínica é notada somente em 10% dos pacientes HIV-positivos. Miocardiopatia dilatada manifestando-se como insuficiência cardíaca congestiva é a apresentação usual, embora o derrame pericárdico também seja observado com alguma freqüência. Menos comumente observados são a endocardite marântica, a arritmia ventricular e a hipertrofia ou a dilatação ventricular direita.
- A *febre lassa* é causada por um arenavírus e é uma importante causa de morte no oeste da África. O envolvimento é usualmente subclínico, com a metade dos pacientes mostrando alterações de ST e baixa voltagem no ECG.
- A miocardite é vista freqüentemente nos casos fatais de *poliomielite*, especialmente durante as epidemias no passado.

7. Liste as doenças bacterianas freqüentemente associadas com miocardite e suas apresentações características.

Clostridium perfringens: Essas infecções comumente envolvem o coração, com alterações miocárdicas devido à toxina produzida pela bactéria. O achado patológico característico é a presença de bolhas de gás no miocárdio. A formação de abscesso com ruptura resultante no pericárdio e pericardite purulenta subseqüente são observadas.

Difteria: O envolvimento miocárdico é muito comum (até 20% dos casos) sendo a causa mais comum de morte por esse organismo. A toxina produzida pela bactéria, a qual interfere com a síntese de proteínas, é a base para o dano cardíaco. No exame patológico, o coração mostra "faixas", e o exame microscópico revela infiltração gordurosa dos miócitos. Clinicamente, a miocardite usualmente se apresenta como cardiomegalia e insuficiência cardíaca congestiva severa. A antitoxina deve ser administrada assim que o diagnóstico é feito, e a antibioticoterapia deve ser instituída. Distúrbios de condução são comuns e podem requerer um marcapasso. Alguns estudos indicam que o tratamento precoce com carnitina melhora o curso da miocardite.

Meningococo: O envolvimento cardíaco é comum nas infecções fatais. Podem ocorrer insuficiência cardíaca congestiva, derrame pericárdico, tamponamento e envolvimento do nodo atrioventricular com bloqueio cardíaco resultante.

Pneumonia por Mycoplasma: Essa infecção comumente envolve o coração, com achados subclínicos como alterações de ST e da onda T notadas no ECG. Pericardite com um atrito de fricção audível é notada ocasionalmente.

Psitacose: Miocardite é um achado comum com essa infecção. O envolvimento cardíaco usualmente apresenta-se como insuficiência cardíaca congestiva e pericardite aguda (freqüentemente fibrinosa). O tratamento imediato com tetraciclina está indicado.

Doença de Whipple: A lipodistrofia intestinal está associada com organismos baciliformes no intestino e no miocárdio. O organismo e o mecanismo da lesão ao miocárdio não foram elucidados. O envolvimento cardíaco inclui lesões nas coronárias (panarterite) e fibrose valvular. A antibioticoterapia é relatada como eficaz no tratamento da doença subjacente.

Espiroquetas: Leptospirose (doença de Weil), cardite de Lyme, sífilis e, na Etiópia, febre recorrente apresentam envolvimento miocárdico.

8. Quais são os achados cardíacos na doença de Lyme?

A doença de Lyme é causada pela espiroqueta veiculada pelo carrapato, *Borrelia burgdorferi*. A infecção inicial é freqüentemente marcada por um exantema, seguido em semanas a meses pelo envolvimento de outros sistemas de órgãos, incluindo o coração, o sistema neurológico e as articulações. Cerca de 1 em 10 pacientes manifesta envolvimento cardíaco, usualmente com severo bloqueio nodal atrioventricular (AV), o qual é freqüentemente associado à síncope, uma vez que existe depressão concomitante dos ritmos de escape ventricular. Um marcapasso temporário é indicado (o bloqueio AV usualmente cede), bem como antibioticoterapia em alta dose com penicilina intravenosa ou tetraciclina oral (ver Questão 5).

9. Quanto tempo após a infecção inicial com *Trypanosoma cruzi* (doença de Chagas) ocorrem as manifestações cardíacas?

A infecção inicial com *Trypanosoma* ocorre quando adultos jovens são picados, usualmente em torno dos olhos, por um inseto triatomíneo. Poucos indivíduos (cerca de 1%) desenvolvem miocardite e pericardite aguda, a qual usualmente cede com o tempo. A principal manifestação cardíaca da doença de Chagas ocorre cerca de 20 anos após a infecção inicial, sendo evidente em 30% dos pacientes infectados. Ela envolve cardiomegalia, insuficiência cardíaca congestiva, arritmias, tromboembolismo, bloqueio de ramo direito e morte súbita.

10. Quais são algumas das características incomuns do envolvimento cardíaco na doença de Chagas?

O aspecto patológico mostra infiltração seguida de alterações fibróticas. Existe um envolvimento característico precoce do ventrículo direito no processo que explica as manifestações iniciais de insuficiência cardíaca direita e insuficiência tricúspide. Há uma predileção para o envolvimento do ramo direito com subseqüente bloqueio de ramo direito e um hemibloqueio anterior esquerdo associado. A fibrose freqüentemente estende-se ao ápice do ventrículo esquerdo, resultando em um aneurisma ventricular de paredes delgadas e cheio de trombos.

Os exames laboratoriais e não-invasivos produzem alguns achados característicos. O ECG mostra um típico bloqueio de ramo direito e hemibloqueio anterior esquerdo. Alterações de ST e da onda T podem estar presentes. Arritmias ventriculares são comuns, especialmente após exercício. Os exames eletrofisiológicos freqüentemente demonstram uma taquicardia ventricular indutível. A ecocardiografia pode demonstrar acinesia apical ou aneurisma apical franco, freqüentemente com um trombo ventricular. Essa fisiopatologia explica a alta incidência de morte súbita e fenômenos tromboembólicos (observados em 50% dos pacientes). Contudo, trombos murais foram relatados em pacientes com miocardite e motilidade normal da parede, presumivelmente secundários ao processo inflamatório das paredes miocárdicas.

11. Descreva as manifestações cardíacas de um feocromocitoma.

Os pacientes podem se apresentar com uma miocardiopatia dilatada reversível. A causa é supostamente o alto nível de catecolaminas circulantes resultantes do tumor, o que pode produzir dano celular por uma série de formas. O efeito protetor da aspirina sugere um papel para a agregação plaquetária.

12. Que infecções relacionadas à picada de carrapato estão associadas com miocardite?

Borrelia burgdorferi (doença de Lyme)
Rickettsia rickettsii (febre macular das Montanhas Rochosas)
Ehrlichia
Infecções por *Babesia*
Febre recorrente
Febre do carrapato do Colorado
Febre Q

13. Descreva o curso clínico da miocardite por citomegalovírus.

O curso clínico é autolimitado na população em geral, mas freqüentemente se torna severo quando se inicia após um transplante cardíaco. A infecção precoce pós-transplante se correlaciona com DAC do aloenxerto – a principal causa de morte após o primeiro ano de transplante cardíaco.

14. Que microrganismos estão mais freqüentemente relacionados à miocardite em pacientes com infeção por HIV?

Os patógenos mais comuns são *Toxoplasma gondii, Mycobacterium tuberculosis* e *Cryptococcus neoformans*. Relatos de outros microrganismos também implicam o complexo *M. avium-intracellulare, Aspergillus fumigatus, Candida albicans, Histoplasma capsulatum, Coccidioides immitis*, citomegalovírus, herpes simplex e HIV. Além dos agentes infecciosos, medicações anti-retrovirais têm sido correlacionadas diretamente com o desencadeamento de miocardite (zidovudine).

15. Cite as estratégias diagnósticas disponíveis e como elas ajudam o diagnóstico de miocardite.

EXAME	OBJETIVO
IgG enteroviral	Elevação de 4 vezes em um período de 4 a 6 semanas documenta a infecção aguda
Ecocardiografia/cateterismo cardíaco	Ajuda a excluir causas tratáveis de insuficiência cardíaca
Creatina fosfoquinase e troponinas	Teste positivo sugere miocardite aguda
Antimiosina ou cintilografia com ^{67}Ga	Exames negativos excluem a miocardite aguda
Biópsia endomiocárdica	Teste diagnóstico-padrão para miocardite

16. Descreva os achados comuns que indicam etiologias específicas de miocardite.

ACHADO FÍSICO	PROVÁVEL ETIOLOGIA
Miocardite pós-transplante	Citomegalovírus
Uso de drogas ilícitas	Cocaína
Linfonodos aumentados	Sarcoidose
Erupção maculopapular pruriginosa com eosinofilia	Miocardite por hipersensibilidade
Deterioração rápida e arritmias ventriculares em paciente jovem	Miocardite de célula gigante
Eritema marginatum, poliartralgia, coréia, nódulos subcutâneos	Febre reumática
Exposição endêmica (América Central e do Sul) com BRD no ECG	Doença de Chagas

REFERÊNCIAS BIBLIOGRÁFICAS

1. Maguire JH, Hoff R, Sherlock I, et al: Cardiac morbidity and mortality due to Chagas' disease: Prospective electrocardiographic study of a Brazilian community. *Circulation* 75:1 14(1-1 145, 1987.
2. Mason JW, O'Connell JB, Gerskowitz A, et al: A clinical trial of immunosuppressive therapy for myocarditis. The Myocarditis Treatment Trial Investigators. *N Engl J Med* 333:269-275, 1995.
3. McAlister HF, Klementowicz PT, Andrews C, et al: Lyme carditis: An important cause of reversible heart block. *Ann Intern Med* 110:339-345, 1989.
4. Morris SA, Tanowitz HB, Witmer M, Bilezikian JP: Pathophysiological insights into the cardiomyopathy of Chagas' disease. *Circulation* 82:1900-1909, 1990.
5. National Heart, Lung, and Blood Institute and Office of Rare Diseases (National Institutes of Health) workshop recommendations and review: Peripartum cardiomyopathy. *JAMA* 238:1 183-I 188, 2WU.
6. O'Connell JB: Diagnosis and medical treatment of inflammatory cardiomyopathies. In Topol EJ (ed): Textbook of Cardiovascular Medicine. Philadelphia, Lippincott-Raven, 1998, p. 2309-2326.
7. Rerkpattanapipat P, Wongpraparut N, Jacobs LE, Kotler MN: Cardiac manifestations of acquired immunodeficiency syndrome. *Arch Intern Med* 160:602-608, 2000.
8. Roberts WC, Berard CW: Gas gangrene of the heart in clostridial septicemia. *Am Heart J* 74:482-488, 1967.
9. Weinstein L, Shelokov A: Cardiovascular manifestations in acute poliomyelitis. *N Engl J Med* 244: 281-285,1951.

29. MIOCARDIOPATIA DILATADA

Catalin Loghin, M.D.

1. Defina miocardiopatia dilatada.

A miocardiopatia dilatada é a forma mais comum de todas as miocardiopatias. Ela é definida por câmaras dilatadas com depressão da função sistólica ventricular esquerda (VE) e pela presença de grau variável de disfunção diastólica. A presença de insuficiência cardíaca congestiva (ICC) não significa o diagnóstico de miocardiopatia dilatada, uma vez que pode existir disfunção diastólica isolada na presença de função sistólica de VE normal. A miocardiopatia dilatada é o estágio evolutivo final de muitos processos cardíacos. Portanto, embora ela seja um diagnóstico por si só, a determinação de um diagnóstico etiológico é sempre necessária já que, às vezes, o processo original que levou à dilatação cardíaca pode ser revertido.

2. Por que a miocardiopatia dilatada é uma forma importante de doença cardíaca?

Nos Estados Unidos, há 2 milhões de casos de ICC com fração de ejeção de VE reduzida, que é a forma clínica típica de apresentação da miocardiopatia dilatada. A prevalência de ICC é de 1 a 2% em pacientes adultos nos Estados Unidos, e a maioria deles atende aos critérios para miocardiopatia dilatada. A incidência atinge 7,5/100.000 na população em geral e o paciente típico é homem afro-americano de 50 anos de idade. Aproximadamente 400 mil novos casos de ICC são diagnosticados a cada ano nos Estados Unidos. Esses pacientes têm uma mortalidade global de 50% em cinco anos a despeito de todos os avanços feitos pela medicina, e 19% deles requerem uma admissão hospitalar dentro de um ano desde o diagnóstico inicial. As estatísticas de mortalidade mudaram um pouco nos últimos 40 anos. Do ponto de vista prognóstico, a ICC avançada deve ser considerada do mesmo modo das doenças malignas agressivas.

3. Qual o espectro etiológico da miocardiopatia dilatada?

Etiologias diferentes têm incidências variáveis com base na extensão dos esforços para identificação da causa. São descritas mais de 75 causas. Se a biópsia endomiocárdica for adicionada à investigação etiológica da miocardiopatia dilatada, 51% dos casos ainda são rotulados como idiopáticos. A segunda causa mais importante é miocardite (9,2%), seguida por DAC (7,7%), miocardiopatia periparto (4,5%) e hipertensão (4,2%). Amiloidose, HIV e uso crônico de álcool são responsáveis, cada um, por 2 a 3% dos casos. As drogas são responsáveis por menos de 3% dos casos, e o interferon é a mais recente adição à lista.

4. Qual é o benefício da biópsia endomiocárdica no diagnóstico etiológico da miocardiopatia dilatada?

A incidência de diagnóstico histológico específico revelado pela biópsia endomiocárdica é apenas de 16% e a miocardite é o achado mais comum. As indicações típicas incluem a monitorização da rejeição de aloenxertos cardíacos, a monitorização da toxicidade da doxorrubicina, o diagnóstico e o acompanhamento de miocardite, a diferenciação entre a miocardiopatia restritiva e pericardite constrictiva, miocardiopatia infiltrativa suspeitada e o início recente de miocardiopatia dilatada com suspeita clínica de uma causa reversível e tratamento de pacientes refratários. A biópsia endomiocárdica tem um papel no diagnóstico e no direcionamento do tratamento, mas não influencia na mortalidade a longo prazo.

5. Quais as características da miocardiopatia periparto?

A instalação deve ocorrer durante o último mês de gravidez ou dentro de cinco meses após o parto. Não deve haver outra causa de falência cardíaca diagnosticada antes ou durante esse intervalo de tempo. A miocardiopatia periparto é mais comum em gravidez gemelar, mulheres multíparas e hipertensas acima de 30 anos de idade e na gravidez toxêmica (quando são usados agentes tocolíticos em excesso).

Pode ser usada uma regra de 50%: até 50% dos casos atende os critérios patológicos de Dallas de miocardite, se a biópsia endomiocárdica for realizada e de um modo geral eles não respondem ao tratamento imunossupressor. A terapia anticoagulante é recomendada atualmente, diante da maior tendência para eventos embólicos (50%). A mortalidade geral atinge até 50%. Se a função sistólica de VE não se recuperar, uma gravidez subseqüente é considerada de risco extremamente elevado.

6. Cite as drogas mais comuns que sabidamente induzem miocardiopatia dilatada.

A "culpada" clássica é a doxorrubicina, seguida pela cocaína. Menos comuns são o interferon, o leucotrienos, o lítio e os esteróides. A miocardiopatia dilatada induzida pela doxorrubicina é tipicamente dose-dependente (em particular quando a dose cumulativa é > 500 mg/m^2), está relacionada com o estresse oxidativo miocárdico induzido pela maior formação de radicais livres e responde mal ao tratamento. A radioterapia e outros agentes quimioterápicos agravam a miocardiopatia induzida pela doxorrubicina. A miocardiopatia dilatada induzida pelo interferon tem alterações histológicas específicas.

7. Quais os fatores precipitantes/agravantes mais comuns da miocardiopatia dilatada e da insuficiência cardíaca crônica de um modo geral?

Na prática médica, obtenha uma história detalhada e faça um exame físico completo para descobrir um evento precipitante em um paciente que apresenta exacerbação de ICC. A coleta de uma boa história é fundamental. Muitos desses fatores precipitantes são reversíveis; daí a importância de identificá-los de modo acurado, preciso e oportuno.

- A *falta de aderência* à terapia médica e/ou dieta é comum. A dieta hipossódica freqüentemente não é bem compreendida por pacientes e não é bem enfatizada pelos médicos.
- Uma *arritmia aguda*, mais comumente fibrilação atrial com resposta ventricular rápida, deve ser excluída.
- Febre e qualquer infecção de um modo geral, exercício extenuante, um evento coronário (variando desde um ataque anginoso comum com depressão transitória da função de VE até um infarto transmural maciço) são fatores contribuintes.
- Algumas das terapias benéficas, bem-documentadas, como os inibidores da ECA e os β-bloqueadores, são pouco usados ou usados de forma inadequada (p. ex., rápida escalada das doses dos β-bloqueadores ou uso de doses subterapêuticas).
- Drogas inotrópicas negativas, como diltiazem ou substâncias com efeito tóxico direto sobre o miocárdio (p. ex., o etanol), sempre devem ser procurados.

8. Descreva o papel da ecocardiografia na investigação da miocardiopatia dilatada.

Um estudo ecocardiográfico completo inclui:

Modo M e 2D: fornece informação sobre a morfologia cardíaca; por exemplo, dimensões das câmaras, espessura da parede (tipicamente diminuída na miocardiopatia dilatada) e presença ou ausência de trombos intracavitários. Ele pode levantar a suspeita de uma etiologia infiltrativa (p. ex., amiloidose). Derrames pericárdicos são facilmente identificados, mas a ecocardiografia não é a primeira escolha para definir a pericardite constritiva. As funções sistólicas de VE e VD são avaliadas rápida e acuradamente. A presença de anormalidades da motilidade regional da parede geralmente sugerem DAC, mas também podem ser causadas por miocardite com envolvimento "macular".

Doppler (pulsado, contínuo e colorido): fornece informação de fluxo de um modo geral e é particularmente útil na regurgitação mitral (detecção e avaliação de severidade) e disfunção diastólica (com possível quantificação no grau de severidade). Pacientes apresentando um padrão restritivo de enchimento de VE têm um pior prognóstico, com aumento da mortalidade e da morbidade.

Ecocardiografia de estresse com dobutamina: pode revelar áreas de viabilidade miocárdica *versus* áreas cicatriciais e podem ser úteis em decisões a respeito de revascularização miocárdica em pacientes isquêmicos selecionados.

Observe que os recentes avanços na IRM cardíaca provavelmente tornarão esse método a técnica de visualização de escolha. A acurácia e a riqueza de informações oferecidas pela IRM a tornam virtualmente o melhor meio de avaliar a morfologia e a função do coração com problemas. Os fatores limitantes são o custo e a disponibilidade.

9. Enumere os fatores prognósticos reconhecidos na miocardiopatia dilatada.

- Pacientes mais velhos com capacidade funcional comprometida tendem a ter um pior prognóstico, em particular quando a isquemia é a origem da sua miocardiopatia dilatada.
- Parâmetros ecocardiográficos: fração de ejeção < 35%, padrão restritivo de enchimento diastólico de VE, paredes ventriculares finas e câmaras cardíacas severamente dilatadas têm uma influência adversa sobre o prognóstico.
- Um índice cardíaco de < 3 L/m^2 ASC e pressão diastólica final de VE de > 20 mm Hg são sinais perigosos.
- A falta de variabilidade da freqüência cardíaca na monitorização por Holter pode prever um resultado adverso.
- A presença de cardiomegalia no raio X de tórax, com aumento do índice cardiotorácico > 0,55 não é apenas um preditor de sobrevida, mas também um modo útil de acompanhar esses pacientes.
- O ECG pode detectar a presença de retardos na condução intraventricular; arritmias ventriculares (p. ex., batimentos prematuros ventriculares) e taquicardia ventricular não-sustentada são fatores prognósticos controversos.
- A presença de taquicardia sinusal e de uma pressão arterial sistólica baixa parecem estar associadas com um pior prognóstico.
- Anormalidades bioquímicas – hiponatremia e níveis séricos aumentados de catecolaminas, FNT, fator atrial natriurético, HAD e creatinina – também estão relacionadas com um pior prognóstico.

10. Qual é o mecanismo de morte mais comum na miocardiopatia dilatada?

A falta de variabilidade da freqüência cardíaca na monitorização Holter está relacionada com a morte súbita freqüente nesses pacientes.

11. Descreva as opções atuais de terapêutica clínica para a miocardiopatia dilatada.

- Os *inibidores da ECA* estão indicados em todos os pacientes com FEVE < 40% e mostraram reduzir a mortalidade. Alternativamente, os vasodilatadores como os nitratos e a hidralazina são usados.
- Os *antagonistas da angiotensina II* são úteis em combinação com os inibidores da ECA e também reduzem a mortalidade. Contudo, não são superiores aos inibidores da ECA, com base nos resultados do Estudo ELITE II.
- Os *diuréticos* são úteis nos sintomas de sobrecarga de volume.
- A *espironolactona*, usada tradicionalmente para a insuficiência cardíaca de VD com ascite, pode reduzir a mortalidade em 30% quando administrada em pacientes com FEVE < 35%.

- Os *β-bloqueadores* são agora uma terapia estabelecida para ICC. O carvedilol (aprovado pela FDA para tratamento da ICC), o metoprolol, o bisoprolol e o bucindolol são usados. Existem diretrizes para iniciar a terapia e a chave é o aumento lento da dose com monitorização cuidadosa do estado hemodinâmico. Os β-bloqueadores podem reduzir a mortalidade e a morbidade na ICC e estão indicados principalmente na falência leve à moderada.
- A *digoxina* é segura e resulta em menos admissões hospitalares quando usada em doses adequadas.
- A *amiodarona* ainda é assunto de controvérsia a respeito da sua capacidade de reduzir a mortalidade pela supressão de arritmias ventriculares, exercendo um discreto efeito β-bloqueador juntamente com uma leve dilatação das artérias coronárias. Na miocardite, a imunossupressão tipicamente não está indicada.
- *Novos compostos*, como o inibidor da endopeptidase (aumenta a atividade do ANP), os antagonistas dos receptores da endotelina (efeito vasodilatador) e os antagonistas da renina, no futuro poderão ser adicionados ao armamento terapêutico.

12. Há um papel para a anticoagulação na miocardiopatia dilatada?

A incidência de eventos embólicos na miocardiopatia dilatada é de cerca de 2% por ano. A anticoagulação é assunto de grande controvérsia e tipicamente utiliza-se a warfarina. As indicações clássicas incluem a documentação de um trombo de VE, os eventos embólicos arteriais documentados, a presença de fibrilação atrial e de miocardiopatia periparto. A presença de uma grande área de acinesia do VE pode indicar a anticoagulação a longo prazo. De um modo geral, o padrão é a anticoagulação de pacientes com FEVE < 30%.

13. O que significa o termo "feriado da dobutamina"?

Pacientes com fração de ejeção de VE severamente deprimida podem se beneficiar da administração a curto prazo de dobutamina IV contínua ou intermitente (outras drogas inotrópicas positivas com atividade β-agonista têm sido usadas). Até 21% dos pacientes dos Estados Unidos com ICC classe III-IV da NYHA recebem um "feriado de dobutamina". Contudo, mais evidência está se acumulando contra o uso de dobutamina IV já que ela pode aumentar a mortalidade. Deve ser reservada para a insuficiência cardíaca terminal em pacientes que não respondem à terapia convencional e quando a melhora da qualidade de vida é o único objetivo terapêutico.

14. Como os marcapassos são usados no tratamento de pacientes com miocardiopatia dilatada?

O marcapasso está indicado para controlar a freqüência cardíaca (com ou sem ablação/modificação preliminar do nódulo AV) e afinar a sincronia atrioventricular e o retardo AV. O marcapasso com parâmetros adequados pode ter um impacto significativo no débito cardíaco e aumentar a capacidade de exercício, mas não há um estudo comprovando que ele reduz a mortalidade. A indicação clássica de marcapasso com ablação do nódulo AV é a fibrilação atrial refratária com resposta ventricular rápida (a presença de fibrilação atrial pode reduzir o débito cardíaco em até 30%, em particular em pacientes com complacência de VE reduzida [p. ex., "coração rígido"]).

Há evidência crescente de que o marcapasso biventricular é mais benéfico do que o marcapasso de VD. Uma vez que a incidência de arritmias ventriculares (a morte súbita arrítmica) nesses pacientes é alta, uma quantidade razoável deles se torna candidata a implante de cardioversor desfibrilador automático implantável com capacidade de marcapasso biventricular juntamente com o uso de amiodarona.

Vários estudos estão sendo realizados para avaliar melhor o marcapasso/desfibrilador na insuficiência cardíaca, incluindo *Sudden Cardiac Death in Heart Failure Trial (SCD-HeFT) and Companion.* No momento da publicação deste livro, 2.112 pacientes haviam sido inscritos no SCD-HeFT, com um objetivo de 2.500. O recrutamento foi completado em maio de 2001.

15. Qual é o papel dos aparelhos de assistência ventricular esquerda (AAVEs) no tratamento de pacientes com miocardiopatia dilatada?

Os AAVEs são usados tipicamente para apoiar temporariamente o ventrículo esquerdo em falência até que um transplante cardíaco seja possível. Agora há evidências de que a recuperação da função sistólica deprimida de VE após o implante de um AAVE é possível (5 a 30% dos casos), levando a opções de usar esses aparelhos como suporte permanente ou retirá-los após algum tempo sem a necessidade de transplante cardíaco subseqüente.

Reconhecimento

O autor gostaria de agradecer ao Dr. Eddy Barasch por suas valiosas sugestões.

REFERÊNCIAS BIBLIOGRÁFICAS

1. Chuang ML, et al: Importance of imaging method over imaging modality in noninvasive determination of left ventricular volumes and ejection fraction: assessment by two- and three-dimensional echocardiography and magnetic resonance imaging. *J Am Coll Cardiol* 35:477-484, 2000.
2. Eichhorn EJ, Bristow M: Practical guidelines for initiation of beta-adrenergic blockade in patients with chronic heart failure. *Am J Cardiol* 79:794-798, 1997.
3. Felker GM, et al: The spectrum of dilated cardiomyopathy. The Johns Hopkins experience with 1278 patients. *Medicine* 78:270-283, 1999.
4. Investigators, The RESOLUD: Effects of Metoprolol CR in patients with ischemic and dilated cardiomyopathy: The randomized evaluation of strategies for left ventricular dysfunction pilot study. *Circulation* 101:378-384, 2000.
5. Manolio TA, et al: Prevalence and etiology of idiopathic dilated cardiomyopathy (summary of a National Heart, Lung and Blood Institutes Workshop). *Am J Cardiol* 69:1458, 1992.
6. O'Connor CM, et al: Managing the patient with advanced heart failure: Current and novel pharmacologic approaches in advanced heart failure. *Am Heart J* 135:S249-263, 1998.
7. Peters RW, et al: Pacing for patients with congestive heart failure and dilated cardiomyopathy. *Card Clinic* 18:55-66, 2000.
8. Pitt B, et al: The effect of spironolactone on morbidity and mortality in patients with severe heart failure. *N Engl J Med* 341:709-717, 1999.
9. Tajik AJ, et al: Dilated cardiomyopathy. In Murphy JC, et al: Mayo Clinic Cardiology Review. Philadelphia. Lippincott Williams & Wilkins, 2000, p. 445-454.
10. Wu AH, et al: Sudden death in dilated cardiomyopathy. *Clin Cardiol* 22:267-272, 1999.

30. MIOCARDIOPATIA HIPERTRÓFICA

Ashraf ElSakr, M.D., *Luther T. Clark*, M.D., e *Catalin Loghin*, M.D.

1. O que é miocardiopatia hipertrófica?

A miocardiopatia hipertrófica (CMH) é um distúrbio primário do músculo cardíaco caracterizado por hipertrofia miocárdica inapropriada de um ventrículo esquerdo não-dilatado (VE) e não-secundária a uma doença cardiovascular ou sistêmica (i. é, hipertensão ou estenose aórtica). Envolve mais freqüentemente o septo interventricular *(hipertrofia septal assimétrica)* e pode estar associada a uma obstrução dinâmica do trato de saída do VE *(miocardiopatia hipertrófica obstrutiva)*. Outro termo que tem sido usado para descrever a CMH é *estenose subaórtica idiopática*.

2. A CMH é genética ou adquirida?

A CMH é um distúrbio familiar geneticamente heterogêneo e mais da metade dos pacientes a herdam como um traço autossômico dominante. Pacientes com mutações esporádicas espontâneas (até 40% na população mais velha e significativamente menos na população mais jovem) têm uma chance de 50% de transmitir a doença a cada um de seus descendentes. Portanto, o rastreamento de membros da família desses pacientes é mandatório (a ecocardiografia é o método de escolha). São descritos múltiplos genótipos, o mais comum afeta a cadeia β-miosina pesada, com expressão fenotípica significativamente diferente, determinando a idade de instalação, os sintomas e a sobrevivência.

3. Quais são as variantes mais comuns da CMH?

O padrão e a extensão da hipertrofia de VE em pacientes com CMH varia consideravelmente, e diferentes padrões podem ocorrer na mesma família. A hipertrofia septal assimétrica, a variante mais comum, responde por 90% dos pacientes. A hipertrofia septal pode afetar somente o terço basal do septo (área subaórtica), os dois terços basais (abaixo dos músculos papilares) ou todo o septo, da base ao ápice. As outras duas variantes comuns são a hipertrofia apical (envolvendo o terço apical do ventrículo) e médio-ventricular (espessamento máximo ao nível dos músculos papilares).

4. A histologia da CMH é característica?

O quadro histológico da CMH é caracterizado por hipertrofia miocárdica e desarranjo das fibras do miocárdico. Existe desorganização dos feixes musculares, anormalidades nos arranjos intercelulares e desorganização da arquitetura miofibrilar, mas esses achados também podem ocorrer em outras condições cardíacas adquiridas e congênitas. O desarranjo da CMH é característico somente em sua ubiqüidade e freqüência, com virtualmente todos os pacientes com CMH tendo algum grau de desorganização e a maioria deles com no mínimo 5% do miocárdio afetado, enquanto em pacientes sem CMH a desorganização usualmente envolve somente cerca de 1% do miocárdio.

5. Quais são os sintomas mais freqüentes em pacientes com CMH?

A maioria dos pacientes com CMH é assintomática e é identificada durante a triagem de familiares com doença conhecida. Em pacientes sintomáticos, os sintomas mais comuns são:

Dispnéia

- Presente em até 90% dos pacientes sintomáticos
- Secundária à disfunção diastólica de VE, enchimento ventricular prejudicado e elevação das pressões atrial esquerda e venosa pulmonar

Angina pectoris

- Ocorre em até 75% dos pacientes sintomáticos
- Secundária ao desequilíbrio entre o suprimento e a demanda de oxigênio devido a uma massa miocárdica grandemente aumentada, reserva vasodilatadora coronária reduzida (devido às pequenas artérias coronárias intramurais, espessadas e estreitadas) e isquemia subendocárdica (devido à demanda aumentada de oxigênio em presença de um gradiente de fluxo de saída e pressão de enchimento aumentada)

Síncope e pré-síncope

- Devido ao débito cardíaco inadequado com o exercício ou a arritmias cardíacas
- Identifica pacientes com risco aumentado de morte súbita (especialmente em crianças e adultos jovens, a primeira apresentação clínica pode ser a morte súbita)

6. Descreva o sopro clássico da CMH obstrutiva e as manobras à beira do leito que ajudam a distingui-lo de outras etiologias.

O sopro clássico da CMH obstrutiva é um *sopro sistólico em crescendo-decrescendo*, tipicamente rude, que usualmente inicia bem antes da primeira bulha (uma vez que a ejeção não é impedida precocemente na sístole). As manobras à beira do leito que auxiliam a diferenciar esse sopro de outros são listadas na tabela a seguir.

Efeito das Manobras à Beira do Leito nos Sopros Sistólicos

	VALSALVA	APERTO DE MÃO	FICAR DE CÓCORAS	NITRITO DE AMILA	ELEVAÇÃO DA PERNA
CMH obstrutiva	↑	↓	↓	↑	↓
Estenose aórtica	↓	↓	↑↓	↑	↑
Defeito septal ventricular	↓	↑	Sem alteração	↓	↑
Regurgitação mitral	↓ (leve)	↑	Sem alteração	↓	↑

7. Como o pulso carotídeo na CMH obstrutiva difere daquele na estenose valvular aórtica?

Em pacientes com CMH, o pulso carotídeo tem um aumento brusco inicial, seguido de um declínio e então um segundo aumento. Na estenose aórtica, o aumento é lento e a amplitude é baixa (*pulsus parvus et tardus*).

8. Quais as avaliações laboratoriais não-invasivas úteis para avaliar pacientes com suspeita de CMH?

Os testes laboratoriais não-invasivos úteis incluem a eletrocardiografia (ECG), raio X de tórax e ecocardiografia. O *ECG* pode ser normal, mas usualmente é anormal em pacientes sintomáticos, mostrando alterações inespecíficas de ST e da onda T, hipertrofia de VE, ondas Q profundas e amplas nas derivações ínfero-laterais, desvio do eixo para a esquerda e aumento atrial esquerdo. Arritmias (supraventricular e ventricular) podem estar presentes na monitoração ambulatorial.

O *raio X de tórax* pode ser normal, mas usualmente mostra um aumento leve a moderado na silhueta cardíaca.

A *ecocardiografia* é a base do diagnóstico de CMH. A hipertrofia ventricular é a característica principal observada no ecocardiograma. O septo tem usualmente > 15 mm de espessura, com uma relação parede septal/parede posterior > 1,3 a 1,5. Outras características incluem o estreitamento do trato de saída do VE, formado pelo septo interventricular anteriormente e o folheto anterior da válvula mitral posteriormente (mais acentuado com a manobra de Valsalva ou nitrito de amila), uma cavidade pequena do VE e um fechamento sistólico parcial ou instabilidade (*fluttering*) da válvula aórtica. A visualização com Doppler com fluxo em cores pode revelar regurgitação mitral.

9. O que é MSA? Qual a sua causa?

MSA refere-se ao *movimento sistólico anterior* (e ocasionalmente posterior) anormal de um folheto da válvula mitral que ocorre no meio da sístole. O papel do MSA em produzir o gradiente de fluxo de saída é controverso, embora o grau de MSA e o tamanho do gradiente estejam relacionados. Três explicações foram oferecidas para o MSA:

1. Um efeito Venturi que impulsiona a válvula mitral em direção ao septo devido ao jato de sangue de alta velocidade ejetado precocemente e a pressão diminuída no trato de saída.
2. A compressão da válvula mitral contra o septo pela contração dos músculos papilares, os quais estão localizados e orientados anormalmente.
3. A compressão da válvula mitral contra o septo, talvez pela parede posterior, devido à sua posição anormal no trato de saída do VE (ver figuras da próxima página).

10. Quais os pacientes com CMH têm maior risco de morte súbita?

A morte súbita em pacientes com CMH é presumidamente (mas não comprovadamente) devido a uma arritmia ventricular. Ela pode ocorrer em pacientes assintomáticos ou nos quais o curso clínico era de certo modo estável. Os indicadores de risco aumentado de morte súbita incluem:

- Idade < 30 anos no momento do diagnóstico
- História familiar de CMH e morte súbita
- História de síncope (em crianças)
- Taquicardia ventricular não-sustentada na monitoração do ECG ambulatorial (em adultos)
- Mutação genética no gene troponina T. Resulta em alterações fenotípicas leves no coração em termos apenas de espessamento leve, mas com um risco significativo de morte súbita
- Bradiarritmias
- Morte súbita abortada

Sintomas, grau de limitação funcional e severidade do gradiente de trajeto de saída não se correlacionam com o risco de morte. Em jovens atletas competitivos que morrem subitamente, a CMH não-suspeitada é o diagnóstico mais comum na autópsia.

11. Quais as manifestações clínicas de CMH suscetíveis ao tratamento clínico ou cirúrgico?

Os objetivos do manuseio em pacientes com CMH são melhorar os sintomas, prevenir as complicações e reduzir o risco de morte súbita. As três manifestações de CMH que são suscetíveis de tratamento específico, clínico ou cirúrgico são (1) obstrução de saída ventricular (2) relaxamento ventricular reduzido durante a diástole e (3) arritmias atriais e ventriculares.

12. Quais são os efeitos de diferentes drogas sobre o gradiente do trato de saída de VE na CMH?

A *diminuição da contratilidade* afeta significativamente o gradiente do trato de saída de VE. Os bloqueadores β-adrenérgicos podem aliviar os sintomas por seu efeito inotrópico negativo bem como pela diminuição da freqüência cardíaca – resultando em um tempo de enchimento diastólico do VE mais longo. A disopiramida diminui a contratilidade, mas também tem um efeito pró-arrítmico (induz *torsade de pointes*). O verapamil pode diminuir o gradiente do trato de saída de VE ou aumentá-lo devido ao seu efeito vasodilatador. O diltiazem pode melhorar o enchimento diastólico de VE.

A *diminuição da pré-carga* (hipovolemia, diuréticos e nitratos) intensifica a obstrução dinâmica e o gradiente pelo aumento da obstrução ao trato de saída de VE. A dor torácica na CMH *não* deve ser tratada com nitroglicerina e deve-se evitar desidratação. Use diuréticos com cuidado apenas quando houver insuficiência cardíaca e em associação com β-bloqueadores.

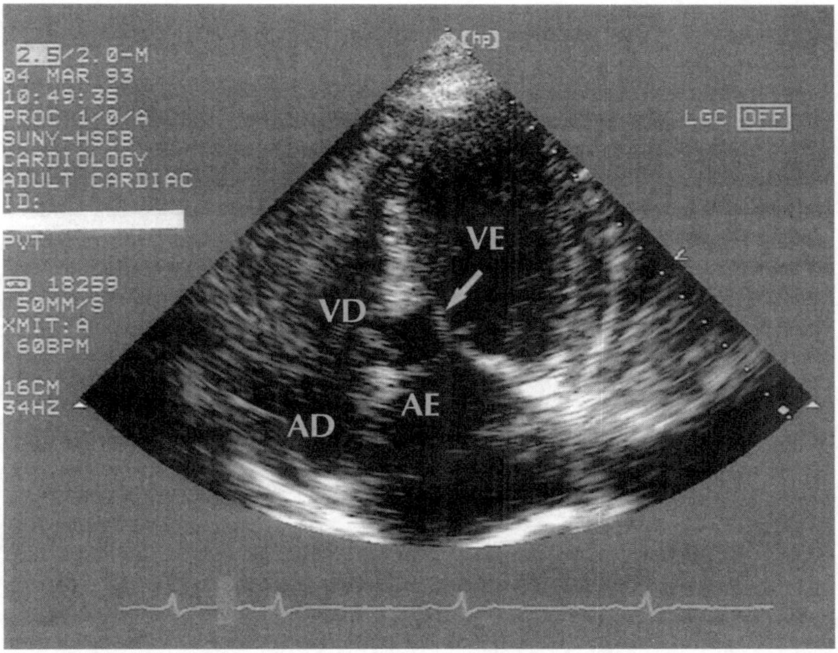

Incidência apical de quatro câmaras, mostrando MSA (seta) do folheto mitral anterior durante a mesossístole (VD = ventrículo direito, VE = ventrículo esquerdo, AD = átrio direito, AE = átrio esquerdo).

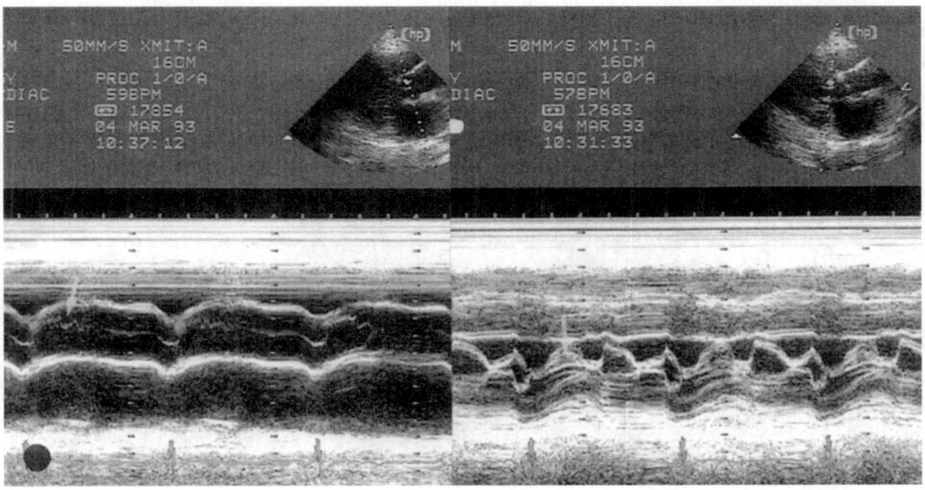

Esta figura mostra duas incidências ecocardiográficas em modo M, em um paciente com CMH. Esquerda, o modo M da raiz aórtica e átrio esquerdo. Existe um entalhamento sistólico tardio (seta) dos folhetos da válvula aórtica devido ao fechamento parcial e a reabertura da válvula aórtica. Direita, MSA da válvula mural durante a mesossístole (seta).

A *diminuição da pós-carga* (nitratos, vasodilatadores) também leva a aumento do gradiente do trato de saída de VE e à obstrução. As diidropiridinas são contra-indicadas devido ao seu pronunciado efeito vasodilatador e indução de taquicardia.

Observe que em pacientes assintomáticos não há evidência de que o tratamento farmacológico prolongue a sobrevida.

13. Que alternativas além do tratamento farmacológico podem ser oferecidas aos pacientes com CMH?

Pensou-se inicialmente que o *marcapasso de dupla câmara* aliviava os sintomas em 90% dos pacientes. Estudos adicionais cegos randomizados mostraram que até 42% melhoraram os sintomas quando o marcapasso foi inativado, assim levantando o aspecto do efeito placebo do marcapasso. O marcapasso é oferecido aos pacientes que são refratários ao tratamento farmacológico ou não são candidatos à cirurgia, mas faltam evidências de que o marcapasso prolonga a sobrevida.

Miomectomia (ressecção de um segmento do septo basal), possivelmente acompanhada por reposição da válvula mitral, é a solução radical com melhores resultados a longo prazo em termos de sintomatologia e sobrevida.

Ablação transcoronária de hipertrofia septal (TASH) é realizada pela injeção de álcool no primeiro ramo septal principal da artéria descendente anterior, levando a um infarto miocárdico limitado com espessura septal reduzida. O acompanhamento inicial dos resultados de TASH são encorajadores, mas são necessários mais estudos.

14. Qual é a história natural da CMH?

O curso clínico de pacientes com CMH é variável. Muitos pacientes permanecem assintomáticos ou apenas levemente sintomáticos durante anos. Naqueles com obstrução em repouso, aproximadamente dois terços progridem para a Classe III-IV da New York Heart Association em um período de quatro anos. O grau de hipertrofia ventricular usualmente permanece estável ao longo do tempo, mas pode aumentar. Em cerca de 10% dos pacientes, a CMH progride para dilatação do VE e uma miocardiopatia dilatada. O início da fibrilação atrial usualmente resulta em piora dos sintomas. A mortalidade tende a ser maior naqueles com obstrução de saída, que também tendem a ter a mais extensa hipertrofia e a maior incidência de arritmias atriais e ventriculares. A mortalidade anual de pacientes com CMH é cerca de 3% em adultos e 6% em crianças.

REFERÊNCIAS BIBLIOGRÁFICAS

1. De Luca M, Tak T: Hypertrophic cardiomyopathy. Tools for identifying risk and alleviating symptoms. *Postgrad Med* 107(7):127-139, 2000.
2. Erwin JP III, Nishimura RA, Lloyd MA, Tajik AJ: Dual chamber pacing for patients with hypertrophic obstructive cardiomyopathy: A clinical perspective in 2000. *Mayo Clin Proc* 75(2):173-180, 2000.
3. Fatkin D, Seidman JG, Seidman CE: Hypertrophic cardiomyopathy. In Willerson JT, Cohn JN (eds): Cardiovascular Medicine, 2nd ed. Philadelphia, Churchill Livingstone, 2000, p. 1055-1074.
4. Frank S, Braunwald E: Idiopathic hypertrophic subaortic stenosis: Clinical analysis of 126 patients with emphasis on the natural history. *Circulation* 37:759-788, 1968.
5. Maron BJ, Fananapazir L: Sudden cardiac death in hypertrophic cardiomyopathy. *Circulation* 85(Suppl 1):1-57-1-63, 1992.
6. Romeo F, Pelliccia F, Cristofan R, et al: Hypertrophic cardiomyopathy: Is a left ventricular outflow tract gradient a major prognostic determinant? Eur Heart J 11:233-240, 1990.
7. Sasson Z, Rakowski H, Wigle ED, et al: Echocardiographic and Doppler studies in hypertrophic cardiomyopathy. Cardiol Clin 8:217-232, 1990.
8. Seiler C, Hess OM, Schoenbeck M, et al: Long-term follow-up of medical versus surgical therapy for hypertrophic cardiomyopathy: A retrospective study. *J Am Coll Cardiol* 17:634-642, 1991.

9. Solomon SD, Jarcho JA, McKenna W, et al: Familial hypertrophic cardiomyopathy is a genetically heterogenous disease. *J Clin Invest* 86:993-999, 1990.
10. Takagi E, Yamakado T, Nakano T: Prognosis of completely asymptomatic adult patients with hypertrophic cardiomyopathy. *J Am Coll Cardiol* 33(1):206-211, 1999.
11. Wynne J, Braunwald E: Hypertrophic cardiomyopathy. In Braunwald E (ed): Heart Disease: A Textbook of Cardiovascular Medicine, 5th ed. Philadelphia, WB Saunders, 1997.
12. Zieman J, Fortuin N: Hypertrophic and restrictive cardiomyopathies in the elderly. *Cardiol Clin* 17(1):159-172, 1999.

31. SÍNCOPE E TONTURA

Olivia V. Adair, M.D., e *Catalin Loghin,* M.D.

1. O que é síncope? Qual a sua freqüência?

Síncope é uma perda transitória de consciência, usualmente por segundos a minutos, com perda do tônus postural e resultando em recuperação espontânea. A síncope também pode estar associada com a quase-síncope ou pré-síncope, como tontura e/ou quase apagamento. A síncope não está associada ao estupor ou coma. A condição é muito comum, observada em 30 a 50% da população adulta, e responde por aproximadamente 1 a 2% das admissões em hospital e 3% das consultas de emergência por ano.

2. Qual a freqüência da tontura?

A tontura é uma das queixas mais comuns no atendimento ambulatorial e responde por quase 8 milhões de visitas médicas/ano nos EUA; após a fadiga, é a queixa mais comum em clínicas de medicina geral. A tontura é um sintoma muito heterogêneo e inclui sensações de vertigem, pré-síncope, desequilíbrio e cabeça girando.

3. Qual o prognóstico associado à síncope ou tontura?

O prognóstico depende da causa subjacente. A síncope cardíaca apresenta o pior prognóstico. Assim, a síncope usualmente inicia uma ampla avaliação diagnóstica para excluir uma etiologia cardíaca. A tontura, por outro lado, é freqüentemente autolimitada e apenas raramente relaciona-se a eventos com risco de vida, mesmo em pacientes idosos.

4. O que causa a tontura?

Com base em uma meta-análise de 12 estudos, as causas mais comuns de tontura são:

- vertigem vestibular periférica (4 a 44%), labirintite (3 a 23%), doença de Meniere (0 a 10%); vertigem posicional benigna é o diagnóstico vestibular periférico específico mais comum.
- cerebrovascular vestibular central (0 a 20%), tumor (0 a 6%);
- distúrbios psiquiátricos (2 a 26%) e hiperventilação (0 a 24%), geralmente em pacientes jovens;
- multicausal (13%).

A tontura é responsável por 1% das visitas ambulatoriais, e o paciente pode usar o termo para descrever vertigem (a ilusão de movimento acompanhado de náusea, de vômitos, de palidez e de sudorese), pré-síncope (percepção de um episódio de desmaio a caminho acompanhado de palidez, diaforese, náusea), desequilíbrio (perda de equilíbrio sem a ilusão de movimento) ou tontura propriamente dita.

5. Descreva a investigação da tontura.

A tontura freqüentemente é autolimitada, mas, quando persiste, uma história e o exame físico dirigidos podem estabelecer um diagnóstico presuntivo na maioria dos pacientes. Os melhores testes para suplementá-los são os exames da função vestibular e a avaliação psiquiátrica. Se há suspeita de uma lesão cerebral, potenciais evocados auditivos e imagem cerebral por IRM produzem os melhores resultados.

6. Quais são as principais etiologias da síncope?

Três categorias principais respondem por aproximadamente um terço dos casos de síncope: causas não-cardíacas, cardíacas e desconhecidas. Uma vez que a síncope é um sintoma e não uma doença, suas etiologias são diversas e pode ser multicausal.

Algumas causas de *síncope cardíaca* são as taquiarritmias ou as bradiarritmias (ou uma combinação de ambas, como na doença do seio sinusal os defeitos de condução AV, a falha do marcapasso ou a taquicardia induzida por ele, o IM agudo, a embolia pulmonar maciça, a estenose aórtica (obstrução fixa em lesões valvulares e a obstrução dinâmica na miocardiopatia hipertrófica) e tamponamento cardíaco.

Nos últimos tempos, um papel mais importante é atribuído à *síncope vasovagal* (síncope neurocardiogênica); essa síndrome é considerada parte de um grande grupo de distúrbios autonômicos associados com controle defeituoso da pressão arterial e intolerância ortostática. O grupo também inclui síndrome do seio carotídeo, síndrome de Shy-Drager, neuropatia diabética, atrofia multissistêmica, tabes dorsalis, disautonomia familiar e amiloidose.

A mortalidade de 30% em um ano da síncope cardíaca é a mais elevada. Os índices para síncope não-cardíaca (12%) e síncope de etiologia indeterminada (6%) são inferiores, mas ainda representam uma mortalidade maior que na população saudável em geral. O sintoma síncope deve ser levado a sério, e uma etiologia deve ser identificada.

7. Qual é a etapa ou o teste mais importante de avaliação para identificar a etiologia da síncope?

Uma *história e o exame físico cuidadosos* formam a base para estabelecer o diagnóstico correto da síncope. Um estudo demonstrou que a história e o exame físico foram suficientes para estabelecer o diagnóstico em 85% dos pacientes. Além disso, se a resposta não é encontrada na história e no exame físico, pode nunca ser encontrada. As circunstâncias individuais são importantes – por exemplo, perda de consciência, dor precordial, palpitações, correr para pegar um ônibus ou ver TV. Além disso, outros problemas clínicos e medicações devem ser avaliados para um possível efeito. O exame físico deve incluir manobras posturais, atenção aos sopros, pulso carotídeo, massagem no seio carotídeo (a menos que contra-indicado), exame neurológico cuidadoso, bem como exame retal (para excluir sangramento gastrintestinal).

Os *exames laboratoriais de rotina*, um *raio X de tórax* e um *eletrocardiograma* (ECG) são recomendados. Se existe suspeita de doença cardíaca, um eco-Doppler deve estar incluído na investigação inicial. Infelizmente, somente cerca de metade dos pacientes terá um diagnóstico correto após a avaliação clínica de rotina.

8. Qual a utilidade da monitoração Holter de 24 horas no diagnóstico da síncope?

Não tão útil quando a monitorização de 48 h. Em um grande estudo de pacientes com síncope, inexplicada pela história ou pelo exame físico, 86 pacientes (idade média, 61 anos) realizaram três avaliações seriadas com Holter de 24 horas. O primeiro Holter demonstrou pelo menos uma anormalidade importante em 14 pacientes (16%); o segundo demonstrou uma anormalidade importante em nove (12%) dos 72 pacientes restantes; somente três pacientes (5%) tiveram anormalidades sérias no terceiro Holter. Os fatores associados às anormalidades sérias no Holter foram idade > 65 anos, sexo masculino, história de doença cardíaca e ritmo não-sinusal inicial (maior risco relativo, 3,5). Assim, em 26 pacientes identificados com anormalidades importantes, 23 deles foram identificados pela avaliação com Holter em 48 horas. Assim, estender a duração da monitoração de 24 a 48 horas quase dobrou o benefício do diagnóstico.

Talvez ainda melhor sejam os gravadores de eventos, ativados pelo paciente no início dos sintomas. Recentemente, uma versão implantável tornou-se disponível. Observe que os sintomas devem se correlacionar com os achados da monitorização Holter para estabelecer uma relação causal. Se eles não se correlacionam, os achados de ECG provavelmente não têm um papel na síncope.

9. A síncope pode ocorrer como apresentação inicial de um infarto agudo do miocárdio?

Sim. Cinco a 10% dos pacientes com infarto agudo do miocárdio têm síncope como sua apresentação inicial. Isso ocorre mais comumente em associação com infarto de parede inferior com onda Q, e pode ser fatal. O mecanismo é mais provavelmente a ativação do reflexo de Bezold-Jarisch, predominantemente uma reação vasovagal.

10. A síncope no paciente idoso deve ser avaliada de modo diferente?

Sim. A incidência de síncope está aumentada nos idosos (6 a 7% anualmente e 30% de taxa de recidiva), uma vez que o fluxo sangüíneo cerebral diminui com o envelhecimento. Além disso, a síncope no idoso pode ser a primeira manifestação de várias doenças sérias e, assim, de prognóstico mais grave. Um estudo relatou que pacientes acima de 70 anos que experimentavam síncope tinham uma mortalidade em um ano de 16 a 27%, *versus* uma mortalidade em uma população jovem de 1 a 8%. A lesão física que pode resultar de um episódio sincopal pode ser especialmente devastadora em idosos.

11. Qual a freqüência da síncope do seio carotídeo?

A hipersensibilidade à estimulação do seio carotídeo demonstrou em estudos recentes ser mais comum do que se acreditava previamente. A estimulação do seio carotídeo pode causar uma reação vasodepressora ou uma reação predominantemente vasovagal ou ambas. As drogas conhecidas por agravar a síncope sinusal carotídea são a digital, os β-bloqueadores e os bloqueadores dos canais do cálcio. A hipersensibilidade pode ser secundária a uma anormalidade do mecanismo sinusal carotídeo ou a uma doença subjacente no sistema de condução.

O diagnóstico pode ser feito pela massagem carotídea em uma posição reclinada com a cabeça para cima, com monitoração da pressão arterial e ECG. Nunca realize a massagem carotídea se houver um sopro cardíaco. Em pacientes em uso de digoxina, a massagem carotídea pode induzir arritmias fatais. Uma resposta positiva é a reprodução dos sintomas na presença de um pausa elétrica ventricular induzida > 5 segundos; uma diminuição da freqüência cardíaca em > 50%; ou hipotensão sintomática.

12. Qual é a terapia da síncope do seio carotídeo?

A terapia inclui a educação do paciente e a avaliação de suas medicações, com possível denervação sinusal carotídea e implantação de marcapasso, se os sintomas são refratários ou estão associados a bradicardias significativas. O marcapasso de câmara dupla é necessário, uma vez que o de câmara única comumente produz a síndrome do marcapasso. A terapia com marcapasso reduz a incidência de síncope, mesmo sem afetar diretamente a resposta vasodepressora.

13. Quando se deve suspeitar de uma síncope arrítmica?

A arritmia é mais provável se o paciente tem doença cardíaca subjacente, sintomas de palpitações, síncope abrupta com lesão e síncope não-associada a alterações posturais. A síncope arrítmica é usualmente resultado de uma freqüência cardíaca muito rápida ou lenta ocorrendo em um paciente com reserva cardíaca limitada (secundária à doença valvular ou miocárdica). Esses pacientes também têm mais probabilidade de ter anormalidades da condução, predispondo-os ao baixo débito cardíaco com uma arritmia.

14. Um homem de 28 anos apresenta-se na unidade de emergência (UE) com queixa de síncope relacionada com o exercício. O seu exame físico revela um galope ventricular direito. Um ECG de 12 derivações mostra inversão de ondas T em precordiais direitas, com a duração do QRS de 130 mseg. Subseqüentemente, a monitorização Holter documenta episódios múltiplos de taquicardia ventricular não-sustentada com configuração de bloqueio de ramo esquerdo. O ecocardiograma revela um ventrículo direito dilatado com fração de ejeção depri-

mida e um ventrículo esquerdo normal. Como é estabelecido o diagnóstico? Qual é o diagnóstico?

A IRM estabelece o diagnóstico de displasia arritmogênica de VD (DAVD) fornecendo informações de características tissulares.

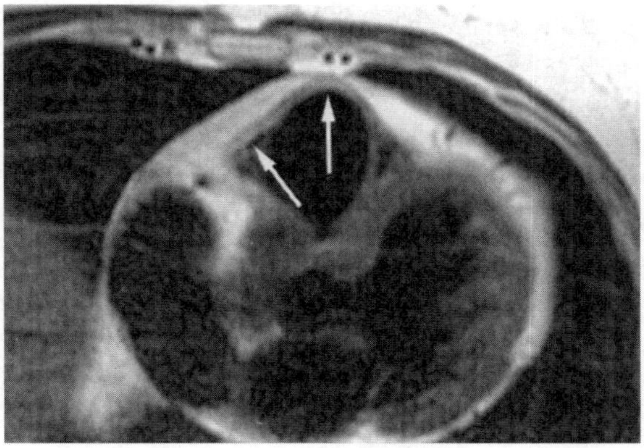

IRM spin-eco "sangue-preto" da via de saída do ventrículo direito demonstra infiltração gordurosa do miocárdio (*setas brancas*) nesse paciente com DAVD. O miocárdio infiltrado por gordura é claro nessa seqüência de spin-eco, enquanto o miocárdio normal é cinzento, como visto no VE. (Imagem cortesia de S. Flamm, M. D.)

15. Qual é a melhor abordagem para a investigação de uma suspeita de síncope arrítmica?

A investigação da síncope pode ser custosa e demorada. Assim, usualmente deve-se iniciar com os estudos mais baratos e menos invasivos, a menos que circunstâncias especiais determinem de outra forma. A tabela na próxima página mostra os testes usuais e como se enquadram na avaliação da síncope. Obviamente, se uma etiologia específica é suspeitada pela história e pelo exame físico, deve auxiliar a ditar a estratégia de investigação. Devido à importância da função ventricular esquerda no prognóstico dos pacientes, realizamos eco-Doppler como parte da avaliação de quase todos os pacientes com síncope encaminhados ao serviço de cardiologia. (Ver tabela, p. 210.)

16. Qual a utilidade do ECG de alta resolução para avaliar a síncope recorrente?

O ECG de alta resolução é especialmente útil para identificar pacientes com taquicardia ventricular com potenciais tardios. A presença de um potencial tardio prevê taquicardia ventricular como etiologia da síncope, com uma sensibilidade de 73% e uma especificidade de 89%. A combinação de doença cardíaca e potenciais tardios é altamente preditiva do diagnóstico clínico eventual de taquicardia ventricular. Além disso, combinando-se os resultados de outro exame não-invasivo, como a monitoração com Holter e o ecocardiograma, aumenta-se grandemente a utilidade do ECG de alta resolução. A ausência de um potencial tardio fornece um forte preditor negativo de taquicardia ventricular; assim, é um teste útil de triagem em pacientes com síncope.

17. Quando os estudos eletrofisiológicos (EEF) devem ser considerados na detecção da arritmia?

Os pacientes melhor avaliados pelos EEF são aqueles fortemente suspeitos de ter síncope arrítmica, como indicado pelo exame não-invasivo, e doença cardíaca subjacente. Nesses pacientes, o EEF revela um mecanismo em dois terços dos pacientes que realizam o procedimento. Além disso, pacientes com um estudo negativo têm uma mortalidade muito baixa a curto prazo, mas podem ter síncope não-arrítmica recorrente. A arritmia mais comum detectada é a taquicardia ventricular, e o mais forte preditor de EEF positivo é uma fração de ejeção < 40%. As estratégias terapêuticas formu-

Tabela da Questão 15:

Avaliação laboratorial da síncope arrítmica

EXAME	OBJETIVO
Eletrocardiograma (ECG)	Define a doença no sistema de condução, síndrome de Wolff-Parkinson-White, infarto do miocárdio, hipertrofia ventricular esquerda, ectopia atrial e ventricular e ocasionalmente arritmia.
ECG de alta resolução	Faz a triagem da taquicardia ventricular após infarto do miocárdio.
Monitoração ambulatorial	Documenta arritmias e relaciona-as aos sintomas; auxilia a definir a resposta terapêutica.
Ecocardiografia	Avalia a doença valvular, a doença miocárdica e a função ventricular esquerda.
Monitoração ativada pelo paciente	Documenta arritmias paroxísticas em subgrupos de baixo risco.
Teste ergométrico	Reproduz arritmia de esforço; avalia o papel da isquemia.
Estudo eletrofisiológico invasivo	Define a doença do sistema de condução, produz taquicardia supraventricular e ventricular e mede o efeito hemodinâmico das arritmias e a resposta às intervenções farmacológicas e marcapasso.
Teste de TILT (Teste de Inclinação)	Produz resposta vasodepressora ou hemodinâmica à arritmia.

Modificada por Weissler AM, Boudoulas HB, Lewis RP, et al.: Syncope: Pathophysiology, recognition, and treatment. In Hurst JW (ed): The Heart, 7th ed. New York, Mc Graw-Hill, 1990, p. 581.

ladas pelos testes diagnósticos são muito efetivas em prevenir síncope na maioria dos pacientes, 96%, durante um acompanhamento de 18 meses.

Um *teste de inclinação da mesa com cabeça para cima* freqüentemente acompanha os EEF e mais do que duplica a probabilidade de revelar a causa da síncope. A especificidade do teste de inclinação é próxima a 90%. A sensibilidade pode ser melhorada por uma infusão de isoproterenol em baixas doses.

18. Deve-se esperar encontrar a causa da síncope na maioria dos pacientes? O que fazer se a causa não é identificada?

Com a utilização mais comum dos EEF e dos testes de tilt (mesa inclinada), menos pacientes recebem o diagnóstico de síncope de causa desconhecida. Porém, ainda há cerca de 20% de pacientes que não têm etiologia estabelecida após extensas investigações. Essa porcentagem pode incluir pacientes com causas múltiplas, especialmente os mais idosos. O acompanhamento cuidadoso é importante, porque cerca de um terço terá recidiva. Além disso, o aconselhamento para evitar atividades potencialmente perigosas e fatores predisponentes é essencial.

19. Qual é o tratamento farmacológico da síncope neurocardiogênica?

O tratamento está indicado apenas quando os episódios são freqüentes, levam a alterações significativas no estilo de vida, impedem de trabalhar ou impõem um maior risco de lesão ao paciente ou a outros. A simples tranqüilização e medidas não-farmacológicas (p. ex., meias de suporte, aumento de sal e de líquidos) geralmente são suficientes para evitar recorrência.

Os agentes usados atualmente são *β-bloqueadores, disopiramida, vasoconstrictores* (midodrine, etilefrina), *inibidores da recaptação da serotonina* (sertralina, fluoxetina) e *drogas de retenção de volume* (fludrocortisona). Os β-bloqueadores estão indicados em pacientes com teste de inclinação positivo para bloquear os efeitos da epinefrina (que facilita a vasodilatação, aumenta a sensibilidade dos locais de gatilho para reflexos neurais aferentes e melhora a responsividade ao "antagonismo acentuado" da resposta parassimpática eferente).

A disopiramida é uma escolha controversa e provavelmente deve ser reservada para pacientes jovens, ativos, sem doença cardíaca subjacente. Tais pacientes geralmente preferem essa droga a um β-bloqueador porque esse último diminui a tolerância ao exercício.

Midodrine é um agonista α-1 que obtém um bom resultado na hipotensão ortostática e na síncope mediada neuralmente, mas a terapia a longo prazo pode ser prejudicada pela ocorrência de taquifilaxia.

Observe que as únicas terapias *bem-comprovadas* são os β-bloqueadores e os ISRSs.

REFERÊNCIAS BIBLIOGRÁFICAS

1. Bass EB, Curtiss EI, Arena VC, et al: The duration of Holter monitoring in patients with syncope. *Arch Intern Med* 150:1073-1078, 1990.
2. Benditt DG, Fabian W, Sakaguchi S: Syncope. In Willerson JT, Cohn JN (eds): Cardiovascular Medicine, 2nd ed. New York, Churchill Livingstone, 2000, p. 1055-1074.
3. Benditt DG, Fahy GJ, et al: Pharmacotherapy of neurally mediated syncope. *Circulation* 100(11):1242-1248, 1999.
4. Derebery MJ: The diagnosis and treatment of dizziness. *Med Clin North Am* 83(1):163-167, 1999.
5. Grubb BP: Pathophysiology and differential diagnosis of neurocardiogenic syncope. *Am J Cardiol* 41(4):247-254, 1999.
6. Kroenke K, Lucas CA, Rosenberg ML, et al: Causes of persistent dizziness: A prospective study of 100 patients in ambulatory care. *Ann Intern Med* 117:898-904, 1992.
7. Kroenke K, Hoffman R, Einstadter D: How common are various causes of dizziness? A critical review. *South Med J* 93(2):160-167, 2000.
8. Manolis AS, Linzer M, Salem D, Estes NA 3d: Syncope: Current diagnostic evaluation and management. *Ann Intern Med* 112:850-863, 1990.
9. Sra JS, Anderson AJ, Sheikh SH, et al: Unexplained syncope evaluated by electrophysiologic studies and head-up tilt testing. *Ann Intern Med* 114:1013-1019, 1991.
10. Wehrmacher WH: Syncope among the aging population. *Am J Geriatr Cardiol* 2:50-57, 1993.

32. DOENÇA CARDÍACA TRAUMÁTICA

Fernando Boccalandro, M.D.

1. **Qual é a causa mais comum de lesão cardíaca?**
Acidentes por veículos motores.

2. **Enumere os mecanismos físicos da lesão no trauma cardíaco.**
- Trauma penetrante (p. ex., costelas, corpos estranhos, esterno)
- Trauma não-penetrante
  - Compressão torácica maciça ou lesão de esmagamento
  - Desaceleração, tração ou torsão do coração e estruturas vasculares
  - Elevação súbita da pressão arterial devido à compressão abdominal
  - Contusão miocárdica

3. **O que é contusão miocárdica?**
A contusão miocárdica é uma lesão comum, reversível e conseqüência de um trauma não-penetrante ao miocárdio. Ela é detectada pela elevação de enzimas específicas cardíacas sem evidência de oclusão coronariana e por anormalidades reversíveis da motilidade da parede detectada pela ecocardiografia. Ela pode se manifestar no ECG por alterações do ST/T ou por arritmias mais complexas. A contusão miocárdica é caracterizada patologicamente por áreas de necrose miocárdica e infiltrados hemorrágicos que podem ser reconhecidos na necrópsia.

4. **Quais estruturas cardíacas são envolvidas mais comumente nos traumas cardíacos?**
- Contusão de ventrículo direito
- Ruptura da válvula aórtica
- Ruptura do ventrículo esquerdo ou átrio esquerdo
- Avulsão da artéria inominada
- Ruptura do istmo aórtico
- Oclusão traumática da artéria subclávia esquerda
- Ruptura da válvula tricúspide

5. **Quais achados de beira de leito devem ser procurados cuidadosamente em um paciente com suspeita de trauma cardíaco?**
Sinais clínicos óbvios nesse grupo de pacientes não são comuns, mas uma avaliação completa para detectar complicações com possível risco de vida pode ser feita em alguns minutos:

1. Observe cuidadosamente os *sinais vitais* para avaliar o estado hemodinâmico. Pseudocoarctação ou diminuição da PA no braço esquerdo pode ocorrer em pacientes com ruptura do istmo aórtico.

2. Inspecione a conjuntiva, as palmas, a cor da pele e a mucosa oral para a presença de *palidez* sugestiva de perda sangüínea importante. Hematomas cervicais e supraclaviculares são comuns na ruptura da carótida. Enfisema subcutâneo e desvio da traquéia sugestivos de pneumotórax também podem ser detectados pela *palpação.*

3. Verifique o *pulso venoso jugular* do paciente; uma pressão venosa jugular elevada na inspiração (sinal de Kussmaul) é sugestivo de tamponamento cardíaco ou de pneumotórax de tensão. Uma onda V sistólica proeminente sugere insuficiência tricúspide, que provavelmente é aguda. Observe

que esses pacientes podem ser extremamente hipovolêmicos e a distensão venosa jugular pode ser difícil de interpretar, mesmo na presença de tamponamento cardíaco.

4. Um *ápex não-palpável* e/ou *sons cardíacos abafados* são sugestivos de derrame pericárdico em um paciente não-obeso. Verifique cuidadosamente a presença de *atritos pericárdicos, sopros cardíacos* e *frêmitos*, que podem sugerir pericardite, válvulas regurgitantes, defeitos do septo ventricular ou fístulas arteriovenosas. Palpe os pulsos em todas as extremidades, incluindo a localização subclávia.

5. Sempre confirme *sons respiratórios bilaterais* e realize *percussão* e *frêmito tátil* para excluir pneumotórax ou hemotórax, quando houver suspeita clínica. Sempre verifique se há *pulso paradoxal* quando o tamponamento cardíaco for considerado, já que a sua presença indica um tamponamento cardíaco iminente.

6. Um IM agudo pode complicar um trauma cardíaco?

Sim, o trauma cardíaco pode lesar uma artéria coronária, levando a um IM por espasmo coronariano, trombose da coronária ou dissecção da parede arterial. Pacientes com DAC severa estabelecida têm condições patológicas perfeitas para um evento miocárdico agudo durante um trauma significativo devido a uma reserva de fluxo coronariano limitada, excesso de catecolaminas circulantes e hipovolemia quando houver perda sangüínea significativa. Sempre considere a possibilidade de que quando um paciente tem um IM agudo e trauma, o IM pode ser a causa primária do evento traumático devido a uma síncope cardíaca. O trauma torácico pode elevar as enzimas cardíacas específicas sem estenose coronariana significativa; portanto, interprete esses indicadores cuidadosamente nessa situação.

7. Qual é o tratamento preferido do IM agudo diante de um trauma cardíaco?

O tratamento de escolha é a angioplastia coronariana de emergência. Trombolíticos e anticoagulantes estão contra-indicados. Também não utilize os nitratos, os inibidores da ECA e os β-bloqueadores até que o paciente esteja hemodinamicamente estável. A aspirina pode ser considerada em pacientes sem evidência de sangramento severo. O balão intra-aórtico está contra-indicado em pacientes com IM agudo, choque cardiogênico com regurgitação aórtica traumática ou qualquer suspeita de lesão aórtica.

8. Enumere as causas de choque em pacientes com trauma cardíaco.

A primeira causa a ser abordada é o *choque hipovolêmico* devido à perda aguda de sangue, geralmente de origem abdominal. Se o choque persistir a despeito da reposição de fluidos ou o grau de comprometimento hemodinâmico não for proporcional ao grau de perda sangüínea, considere causas cardiogênicas.

Duas outras causas importantes são *tamponamento cardíaco* e *acinesia ventricular*. A ruptura de qualquer vaso ou estrutura cardíaca intrapericárdica (p. ex., artérias coronárias, aorta proximal, grandes veias, ventrículo) produz um rápido estado de choque devido ao tamponamento cardíaco, a não ser que haja ruptura concomitante do pericárdio.

Acinesia cardíaca ou *hipocinesia severa* com atordoamento temporário do miocárdio pode ser uma conseqüência do trauma cardíaco e pode levar a choque cardiogênico ou insuficiência cardíaca aguda.

O tamponamento pericárdico requer tratamento imediato com abordagem cirúrgica subxifóide como opção preferencial, ou com abordagem percutânea. A acinesia cardíaca requer reposição de volume para aumentar a pré-carga cardíaca e apoio inotrópico até a recuperação da contratilidade.

9. Que tipo de investigação deve ser considerada em um paciente com suspeita de trauma cardíaco?

Laboratorial: hemoglobina, hematócrito, bioquímica, enzimas cardíacas, tipo sangüíneo e perfil de coagulação são feitos de rotina.

Raio X de tórax: para avaliar a silhueta cardíaca, mediastino e campos pulmonares.

Eletrocardiograma: não é uma ferramenta sensível nem específica, mas pode revelar alterações inespecíficas de ST/T, anormalidades de condução, taquicardia sinusal, contrações atriais prematuras, batimentos prematuros ventriculares ou arritmias mais complexas sugestivas de contusão miocárdica. Uma baixa voltagem é sugestiva de derrame pericárdico, enquanto a presença de alternância elétrica indica uma alta suspeita de tamponamento cardíaco iminente.

Se o paciente está estável, nenhuma investigação adicional é necessária.

Se há suspeita de lesões cardíacas mais complexas, incluindo qualquer envolvimento pericárdico, o exame de escolha é o *ecocardiograma com Doppler*. Este exame é rápido, barato e prontamente disponível para fornecer uma grande quantidade de informação a respeito do espaço pericárdico, da motilidade da parede, do dano valvular, da ruptura miocárdica, de fístulas e da aorta proximal. Preste atenção especial ao VD, devido à sua localização anterior e à possível presença de trombo ventricular.

O eco transtorácico pode ter limitações importantes em pacientes com trauma complicado (p. ex., tórax instável, pacientes ventilados, drenos torácicos) devido à janela limitada. Novos agentes de contraste ecocardiográficos e o eco transesofágico podem ter um papel importante neste grupo de pacientes. O eco transesofágico pode não ser possível naqueles com um pescoço instável ou trauma facial. Na suspeita de envolvimento aórtico, a TC com contraste é o exame de escolha.

10. Quais são os mecanismos de lesão dos grandes vasos torácicos?

A desaceleração e a tração são os mecanismos mais comuns de lesão das artérias torácicas. A *desaceleração* horizontal súbita cria forças de estresse acentuadas no istmo aórtico (i. é, a junção entre o arco aórtico móvel e a aorta descendente fixa), enquanto a desaceleração vertical desloca o coração caudalmente e puxa a aorta ascendente e a artéria inominada. A extensão rápida do pescoço ou *tração* sobre o ombro também pode estirar os vasos do arco e produzir laceração da íntima, ruptura da média ou ruptura completa da parede vascular, levando a sangramento, à dissecção, à trombose ou à formação de pseudoaneurisma. A ruptura aórtica leva a choque hipovolêmico imediato e morte na grande maioria dos casos (90%).

11. Descreva o manuseio das lesões arteriais torácicas.

Geralmente, todas as lesões arteriais requerem reparo cirúrgico, exceto as lesões benignas como os hematomas de parede e as dissecções limitadas. Deve ser feito um esforço para controlar a pressão sangüínea com β-bloqueadores em todas as lesões arteriais se o paciente estiver hemodinamicamente estável. As lesões venosas devidas à baixa pressão geralmente não levam a um comprometimento hemodinâmico rápido a não ser que o vaso implicado drene para o pericárdio, levando possivelmente a tamponamento cardíaco.

12. Quais são as complicações tardias potenciais do trauma cardíaco?

- Fístulas entre as diferentes estruturas
- Pericardite constrictiva como conseqüência tardia de hemopericárdio
- Embolia por trombos murais
- Formação de aneurismas ventriculares
- Insuficiência valvular
- Síndrome pós-pericardiotomia

13. O que é comoção cardíaca?

A morte súbita após um traumatismo fechado ao tórax é um fenômeno raro conhecido como comoção cardíaca. A teoria diz que ela é causada por fibrilação ventricular secundária a uma transmissão de energia induzida pelo impacto da parede torácica para o miocárdio durante o período vulnerável de repolarização. Isso pode causar arritmias letais resultando em morte súbita.

14. Descreva as complicações cardíacas das lesões elétricas ou por raios.

Os pacientes nos quais uma corrente elétrica tem uma via vertical possuem um elevado risco de lesão cardíaca. Arritmias são vistas com freqüência. O dano ao miocárdio é incomum e ocorre principalmente devido à lesão por calor ou espasmo coronariano, causando isquemia miocárdica. A corrente DC e a corrente AC de alta tensão são mais propensas a causar assistolia ventricular, enquanto a corrente AC de baixa tensão produz fibrilação ventricular. As anormalidades ECG mais comuns são a taquicardia sinusal e alterações inespecíficas de ST/T.

O efeito de raios sobre o coração tem sido chamado de "cardioversão cósmica" e resulta em parada ventricular e, em alguns relatos, fibrilação ventricular. A parada geralmente retorna ao ritmo sinusal, mas freqüentemente com uma parada respiratória persistente que causa deterioração do ritmo. Se as alterações ECG iniciais não são vistas, é improvável que ocorram arritmias significativas mais tarde.

REFERÊNCIAS BIBLIOGRÁFICAS

1. Biffl WL, Moore FA, Moore EE, et al: Cardiac enzymes are irrelevant in the patient with suspected myocardial contusion. *Am J Surg* 168:523-528, 1994.
2. Chapelle JP: Cardiac troponin I and troponin T: Recent players in the field of myocardial markers. *Clin Chem Lab Med* 37(1):11-20, 1999.
3. Eddy AC, Rusch V W, Marchioro T, et al: Treatment of traumatic rupture of the thoracic aorta: A 15-year experience. *Arch Surg* 125:1351-1356, 1990.
4. Feliciano DV, Rozycki GS: Advances in the diagnosis and treatment of thoracic trauma. *Surg Clin North Am* 79(6):1417-1429, 1999.
5. Fish RM: Electric injury, part I: treatment priorities, subtle diagnostic factors, and burns. *J Emerg Med* 17(6):977-983, 1999.
6. Fulda G, Brathwaite CEM, Rodriguez A, et al: Blunt traumatic rupture of the heart and pericardium: a ten-year experience (1979-1989). *J Trauma* 31:167-173, 1991.
7. Galan G, Penalver JC, Paris F, et al: Blunt chest injuries in 1696 patients. *Eur J Cardiothorac Surg* 6:284-287,1992.
8. Jain S, Bandi V: Electrical and lightning injuries. *Crit Care Clin* 15(2):319-331, 1999.
9. LeBlang SD, Dolich MO: Imaging of penetrating thoracic trauma. *J Thorac Imaging* 15(2):128-135, 2000.
10. May AK, Patterson MA, Rue LW 3rd, et al: Combined blunt cardiac and pericardial rupture: review of the literature and report of a new diagnostic algorithm. *Am Surg* 65(6):568-574, 1999.
11. Pretre R, Chilcott M: Blunt trauma to the heart and great vessels. *N Engl J Med* 336(9):626-632, 1997.
12. Pretre R, LaHarpe R, Cheretakis K, et al: Blunt injury to the ascending aorta: Three patterns of presentation. *Surgery* 119:603-610, 1996.
13. Shorr RM, Crittenden M, Indeck M, et al: Blunt thoracic trauma: analysis of 515 patients. *Ann Surg* 206:200-205, 1987.
14. Smith DC, Bansal RC: Transesophageal echocardiography in the diagnosis of traumatic rupture of the aorta. *N Engl J Med* 333:457-458. 1995.
15. Wang J, Tsai Y, Chen S, et al: Dangerous impact – commotio cordis. *Cardiology* 93(1-2):124-126, 2000.

33. TUMORES CARDÍACOS

Karen Cooper, M.D.

1. Uma mulher de 45 anos com história de câncer de mama metastático desenvolve dispnéia, cardiomegalia e turgência jugular. Quais achados são compatíveis com envolvimento pericárdico por tumor?

Geralmente, os sinais de tamponamento pericárdico incluem a equalização das pressões no espaço pericárdico, átrio direito, capilares arteriais pulmonares, ventrículo direito e artéria pulmonar durante a diástole. No tamponamento, existe um colapso "x" proeminente com um colapso "y" pequeno na pressão venosa jugular. O ecocardiograma caracteristicamente mostra um colapso diastólico na parede ventricular direita livre.

2. Qual é o tipo mais comum de tumor cardíaco primário?

O mixoma benigno. Mais freqüentemente, origina-se no átrio esquerdo, onde a ausculta pode revelar um ruído (*plop* tumoral) na diástole, pois o tumor bate na parede ventricular. Os mixomas usualmente são esporádicos, mas podem ser familiares com herança autossômica dominante. As características das síndromes familiares incluem nevos pigmentados, doença nodular do córtex adrenal, fibroadenomas mamários e tumores testiculares ou pituitários.

3. Os mixomas recorrentes são o resultado de disseminação ou são uma doença multifocal?

Após a ressecção completa dos mixomas atriais, 85% das recorrências aparecem no local original ou próximo a ele. A regeneração geralmente ocorre entre três meses e vários anos após, com uma média de 3,9 anos. A revisão da literatura indica que essas recorrências não são devidas a ressecções inadequadas ou disseminação, mas sim à doença multifocal. O exame pós-*mortem* de um paciente revelou não menos que seis diferentes mixomas no átrio esquerdo, embora o paciente tenha sofrido duas ressecções enquanto vivo.

4. Que tumor maligno cardíaco primário é observado mais freqüentemente em adultos?

O sarcoma, ocorrendo mais freqüentemente no átrio direito. Os subtipos morfológicos mais comuns incluem o angiossarcoma, o rabdomiossarcoma, o mesotelioma e o fibrossarcoma. Em geral, esses tumores são fatais, e o intervalo entre o diagnóstico e a morte é muito curto. Esses sarcomas infiltram o coração extensamente, de modo que a ressecção não é possível, e tendem a estender-se localmente para o pericárdio, pulmão e outras estruturas circunvizinhas. Oitenta por cento desses tumores têm metástases distantes no momento da descoberta. Os sintomas podem variar desde inespecíficos, como anemia e perda de peso, a insuficiência cardíaca congestiva franca. Ocasionalmente, o primeiro sinal pode ser de uma metástase sintomática.

5. Cite o tumor cardíaco benigno mais comum observado em crianças.

O rabdomioma. Esses tumores originam-se das superfícies ventriculares e afetam o lado direito e esquerdo igualmente. Eles variam em tamanho e causam sintomas por obstrução do fluxo sangüíneo intracardíaco ou por interferir com a condução cardíaca normal. Uma alta percentagem (30%) desses tumores está associada à esclerose tuberosa, a qual finalmente determina seu prognóstico. Eles são congênitos. A ressecção tem sido realizada de modo bem-sucedido.

6. Qual o melhor método de visualização para detectar tumores cardíacos primários?

É possível argumentar que a maioria dos tumores cardíacos é diagnosticada inicialmente pela ecocardiografia. Nesse momento, a imagem de ressonância magnética (IRM) do tórax é superior à tomografia computadorizada (TC). Se a tomografia por emissão de pósitron (PET) será melhor no futuro, isso ainda precisa ser determinado. Se você suspeitar de um feocromocitoma raro no coração, a cintilografia de captação do ^{111}In octreotide é mais útil.

7. Qual o tumor com maior propensão a metástases cardíacas?

O melanoma maligno, com 50 a 65% dos pacientes apresentando metástases cardíacas.

8. Quais os quatro tumores comumente associados à maioria das metástases cardíacas?

1. Leucemias
2. Carcinoma broncogênico
3. Carcinoma de mama
4. Linfomas (Hodgkin e não-Hodgkin)

Os tumores disseminam-se ao coração por extensão direta a partir de estruturas intratorácicas circunjacentes ou por via hematógena ou linfática. A extensão direta é observada mais freqüentemente no carcinoma broncogênico que se estende pelo pericárdio ao átrio esquerdo. Os derrames pericárdicos malignos, por neoplasias não-cardíacas, podem levar à implantação de células viáveis na superfície epicárdica.

9. Como as metástases cardíacas são detectadas?

A maioria das metástases miocárdicas é sintomática. Embora as metástases possam interferir com a condução, a função valvular ou o fluxo sangüíneo intracardíaco, mais comumente são relativamente pequenas e não afetam a função cardíaca global. À medida que o tumor cresce, os sintomas podem ocorrer. Arritmias atriais, fibrilação ou *flutter* ocorrem com freqüência, e esses achados em um paciente com carcinoma conhecido devem levantar a suspeita de metástase cardíaca. O diagnóstico pode ser feito por ecocardiografia bidimensional ou exame citológico do líquido pericárdico.

10. Qual a classe de drogas anticâncer mais freqüentemente associada com anormalidades eletrocardiográficas (ECG) e arritmias?

Os antibióticos antraciclinas. As alterações no ECG podem ocorrer com uma ampla faixa de doses e desenvolver-se como um efeito cumulativo. As anormalidades mais freqüentes são alterações inespecíficas de ST e da onda T, voltagem do QRS diminuída, taquicardia sinusal, taquiarritmias supraventriculares, contrações prematuras ventriculares e atriais, anormalidades da onda T e prolongamento do intervalo QT. As alterações ocorrem durante ou dentro de poucos dias da administração da droga, mas são reversíveis dentro de poucas horas após a suspensão do tratamento. A maioria das anormalidades do ECG comumente encontradas com a doxorrubicina ou a daunorrubicina são benignas e, usualmente, não é necessário interromper a terapia, embora morte súbita e taquiarritmias ventriculares com risco de vida tenham sido relatadas.

11. Descreva a pericardite observada após o tratamento da doença de Hodgkin.

A pericardite por radiação ocorre após uma radioterapia, e seus efeitos estão relacionados à dose de radiação administrada. A pericardite aguda usualmente ocorre dentro de 12 meses do início da radioterapia, mas pode manifestar-se anos após. O curso clínico pode ser leve, mas, em 50% dos pacientes, um tamponamento de leve a severo pode desenvolver-se, requerendo pericardiocentese ou uma janela pericárdica. A pericardite crônica geralmente é benigna, com muitos pacientes apresentando um aumento assintomático da silhueta pericárdica ao raio X de tórax. Um derrame pode desenvolver-se 2 a 5 anos após o tratamento e desaparecer espontaneamente. Uma pericardite constritiva pode ocorrer com pericardite aguda ou derrame crônico, surgindo 30 meses após a radioterapia. Outras doenças cardíacas clínicas, induzidas pela radiação, incluem fibrose miocárdica, doença cardíaca coronária acelerada e disfunção valvular.

12. Cite quatro fontes potenciais de isquemia/infarto cerebrovascular ou cardíaca.

1. Êmbolos de fontes cardíacas
2. Trombose *in-situ* de um vaso cerebral principal
3. Atero-êmbolo de um vaso central
4. Tumor cardíaco primário. Fibroelastoma papilar é o terceiro tumor mais comum cardíaco.

Oitenta por cento são encontrados no endocárdio valvular. Esses tumores são vistos mais comumente em idosos com doença cardíaca prolongada. Ataques isquêmicos transitórios ou acidentes vasculares são os sintomas de apresentação mais comuns. Esses tumores são melhor diagnosticados pela ecocardiografia e geralmente são excisados com sucesso.

13. Quais as drogas anticâncer associadas à isquemia miocárdica e ao infarto?

Embora sejam achados raros, a isquemia e o infarto induzidos por drogas são mais comumente associados ao *5-fluorouracil*, a *doxorrubicina* e aos *alcalóides da vinca* (vinblastina e vincristina). Raramente os pacientes que sofrem infarto do miocárdio induzido pelo 5-fluorouracil apresentam doença arterial coronária preexistente. A dor precordial ocorre após três dias de administração consecutiva. Com a daunorrubicina e a doxorrubicina, poucos casos de isquemia miocárdica e infarto foram relatados, com episódios ocorrendo dentro de algumas horas após a administração da droga. Os alcalóides da vinca foram associados com efeitos tóxicos relacionados com a artéria coronária, que incluem aterosclerose acelerada, vasoespasmo coronário, angina e infarto do miocárdio. O tratamento profilático com nitratos e com bloqueadores dos canais do cálcio pode ser útil para abolir a dor e permitir a continuação do tratamento quando necessário.

14. Qual é o fator mais importante no desenvolvimento de miocardiopatia secundária à quimioterapia com antraciclina?

A dose total de droga recebida. A incidência geral da miocardiopatia clínica por doxorrubicina é baixa, de 1 a 2%, mas é dependente da dose. É rara em doses < 450 mg/m^2 de superfície corporal, mas aumenta continuadamente, com uma incidência média de 7% com 550 mg/m^2, 15% com 600 mg/m^2 – e 30 a 40% com 700 mg/m^2. A insuficiência cardíaca congestiva geralmente ocorre 30 a 60 dias após a última dose, mas pode ocorrer durante o tratamento ou anos depois.

15. Como o estado cardíaco de um paciente deve ser acompanhado durante o tratamento com antraciclinas?

As orientações recomendadas para a monitoração de pacientes baseiam-se na sua função cardíaca, medida pela fração de ejeção ventricular esquerda (FEVE):

FEVE basal normal (≥ 50%)

- Uma segunda FEVE deve ser determinada após a administração de 250 a 300 mg/ml de antraciclina.
- Em pacientes com fatores de risco (doença cardíaca, irradiação, ecocardiograma anormal, ciclofosfamida), a FEVE deve ser medida novamente com 400 mg/ml; naqueles sem fatores de risco, com 450 mg/ml.
- Estudos seqüenciais devem ser realizados antes de cada dose.
- O tratamento deve ser suspenso se a FEVE mostrar uma diminuição absoluta de 10% ou mais ou um declínio para 50% ou menos.

FEVE basal anormal (< 5 0%, mas > 30%)

- Estudos seqüenciais devem ser realizados antes de cada dose.

- O tratamento deve ser suspenso se a FEVE mostrar uma diminuição absoluta de 10% ou mais e/ou uma FEVE final de 30% ou menos.

16. Qual é o método mais preciso para detectar lesões cardíacas induzidas por antraciclinas?

O método mais preciso é a biópsia endomiocárdica. As principais desvantagens da biópsia são seu caráter invasivo, a disponibilidade limitada e o custo.

17. Como a miocardiopatia por antraciclinas é tratada?

O tratamento da insuficiência cardíaca congestiva ou miocardiopatia secundária às antraciclinas é com digoxina, diuréticos, vasodilatadores e/ou captopril. A disfunção cardíaca pode melhorar com a terapia-padrão em alguns casos, como evidenciado pela melhora da avaliação a longo prazo.

REFERÊNCIAS BIBLIOGRÁFICAS

1. Haq MM, Legha SS, Choksi J, et al: Doxorubicin-induced heart failure in adults. *Cancer* 56:1361-1365, 1985.
2. Howard RA, Aldea GS, Shapira OM, et al: Papillary fibroelastoma: Increasing recognition of a surgical disease. *Ann Thorac Surg* 68:1881-1885, 1999.
3. Labianca R, Beretta G, Clerici M, et al: Cardiac toxiciti of 5FU: A study on 1083 patients. *Tumori* 68:505-510, 1982.
4. Lin JC, Palafox BA, Jackson HA, et al: Cardiac pheochromocytoma: Resection after diagnosis by one one one-indium octreotide scan. *Ann Thorac Surg* 67:555-558, 1999.
5. McAllister HA: Primary tumors and cysts of the heart and pericardium. *Curr Probl Cardiol* 4(May):1-51, 1979.
6. Piehler JM, Lie JT, Giuliani ER: Tumors of the heart. In Brandenbury RO, et al (eds): Cardiology: Fundamental and Practices. Chicago, Year Book, 1987, p. 1671-1689.
7. Prichard RW: Tumors of the heart: Review of the subject and report of one hundred and fifty cases. *Arch Pathol* 51:98-128, 1951.
8. Ritchie JL, Singer JW, Thorning D, et al: Anthracycline cardiotoxicity: Clinical and pathologic outcomes assessed by radionuclide ejection fraction. *Cancer* 46:1109-1116, 1980.
9. Schwartz RG, McKenzie WB, Alexander J, et al: Congestive heart failure and left ventricular dysfunction-complicated doxorubicin therapy: Seven years' experience using radionuclide angiocardiopathy. *Am J Med* 82:1109-1118, 1987.
10. Shinefeld A, Katsumata T, Westaby S: Recurrent cardiac myxoma: Seeding or multifocal disease? *Ann Thorac Surg* 66:285-288, 1998.
11. Stewart JR, Fajardo LF: Radiation-induced heart diseases: Clinical and experimental aspects. *Radiol Clin North Am* 9:511-531, 1971.
12. Tori FM, Lum BL: Cardiac toxicity. In DeVita VT Jr, Hellman S, Rosenberg SA (eds): Cancer: Principles and Practice of Oncology, 3rd ed. Philadelphia, J.B. Lippincott, 1989, p. 2153-2161.
13. Van Hoff DD, Layard MW, Basa P, et al: Risk factors for doxorubicin-induced congestive heart faiulure. *Ann Intern Med* 91:710-717, 1979.

34. DOENÇA CARDÍACA CONGÊNITA DO ADULTO

Ira M. Dauber, M.D.

1. Quais são as doenças cardíacas congênitas mais comuns de adultos?

O espectro da doença cardíaca congênita em adultos é bem diferente que em lactentes e em crianças. A *válvula aórtica bicúspide* e o *defeito septal atrial* são as lesões cardíacas congênitas mais comumente encontradas em adultos. A *coarctação da aorta* e a *estenose pulmonar* são consideravelmente menos freqüentes. Em crianças, os defeitos septais ventriculares são as malformações mais comuns, mas a maioria das crianças que sobrevive até a vida adulta, sem correção cirúrgica, terá fechamento espontâneo do defeito. Os adultos têm muito menos probabilidade que crianças de apresentar lesões congênitas complexas: ou as lesões são corrigidas na infância ou causam a morte antes da vida adulta. Os adultos com doença cardíaca congênita corrigida são cada vez mais comuns.

2. Qual é a lesão congênita mais comum que escapa de detecção até a idade adulta? A detecção precoce é importante?

O *defeito septal atrial* é o defeito cardíaco congênito não detectado mais comum. Freqüentemente ele é um achado isolado que permite a sobrevivência até a idade adulta com poucos ou nenhum sinal ou sintoma. A detecção é importante porque o desvio de sangue esquerda-direita por meio do defeito septal causa hiperfluxo pulmonar, que eventualmente resulta em hipertensão pulmonar irreversível e sobrecarga ventricular direita (síndrome de Eisenmenger). Isso pode ser prevenido pela detecção precoce e pelo fechamento do defeito septal.

3. A doença cardíaca congênita cianótica pode ocorrer em adultos?

Sim. Em adultos, assim como nas crianças, a cardiopatia cianótica é causada pelo desvio do fluxo sangüíneo da direita para a esquerda. Em adultos, o desvio de fluxo é mais freqüentemente devido à resistência vascular pulmonar aumentada, mas lesões obstrutivas causando fluxo sangüíneo pulmonar reduzido (as quais são mais comuns em crianças) também são observadas. Os defeitos septais atrial e ventricular e o ducto arterioso patente envolvem desvios de fluxo acianóticos da esquerda para a direita. O fluxo sangüíneo pulmonar aumentado por essas lesões pode aumentar a resistência vascular pulmonar, com subseqüente inversão do fluxo sangüíneo cianótico da direita para a esquerda (síndrome de Eisenmenger). Alguns pacientes com obstrução do fluxo sangüíneo pulmonar e um desvio de fluxo associado, da direita para a esquerda, sobrevivem até a vida adulta. A anomalia mais comum com obstrução pulmonar é a *tetralogia de Fallot.*

4. A válvula aórtica bicúspide produz sintomas?

A válvula aórtica bicúspide pode ser funcionalmente normal ao nascimento e, assim, não ser detectada. Embora exista algum sopro, algumas válvulas bicúspides permanecem funcionalmente normais. A maioria das válvulas bicúspides eventualmente desenvolve *estenose aórtica, regurgitação aórtica* ou ambas. O espessamento progressivo por fibrocalcificação de uma válvula bicúspide é uma causa comum de estenose aórtica, respondendo por quase a metade dos casos adultos que requerem cirurgia valvular. As válvulas bicúspides são a causa mais comum de regurgitação valvular aórtica isolada. O desenvolvimento de estenose e de regurgitação aórtica é usualmente gradual. A regurgitação aórtica súbita pode ocorrer devido a uma endocardite infecciosa, uma vez que as válvulas bicúspides apresentam risco aumentado de endocardite.

5. Descreva os sinais e os sintomas dos defeitos septais atriais.

Muitos defeitos septais atriais são detectados somente na autópsia, porque os sinais físicos podem ser sutis e os sintomas ausentes. A expectativa de vida é encurtada, mas usualmente existe uma longa fase assintomática, e a maioria dos pacientes não desenvolve sintomas antes dos 40 anos. Um fluxo aumentado da esquerda para a direita, associado a uma complacência ventricular esquerda reduzida relacionada à idade, pode levar à *dispnéia com o exercício e fadiga. Arritmias atriais* de início recente, especialmente fibrilação atrial, ocorrem e muitas precipitam a insuficiência cardíaca congestiva. Os pacientes com *hipertensão pulmonar* por desvios de fluxo da esquerda para a direita de longa duração também podem ter sintomas de cianose relacionada aos esforços, hemoptise e dor precordial.

6. Quais são as características "clássicas" dos defeitos septais atriais?

- Desdobramento amplo e fixo da segunda bulha cardíaca (devido ao fluxo sangüíneo pulmonar aumentado)
- Sopro sistólico pulmonar (devido ao fluxo aumentado pela válvula pulmonar)
- Achados eletrocardiográficos (ECG) de desvio do eixo para a direita, com evidência de forças direitas aumentadas (especialmente na derivação V_1) e bloqueio incompleto do ramo direito. Esses são os achados clássicos de um DSA do óstio *secundum*, o tipo de DSA mais comum, sendo responsável por 70%.
- Desvio do eixo para a esquerda e fissura da válvula mitral, que estão associados com DSA de óstio *primum* – um defeito no septo interatrial distal próximo às válvulas atrioventriculares.

A hipertensão pulmonar secundária ao defeito septal atrial pode causar cianose, baqueteamento digital, componente pulmonar de B_2 acentuado e sopros regurgitantes direitos. Uma vez que existe uma associação entre o defeito septal atrial no óstio *secundum* e o prolapso de válvula mitral, achados de um clique na válvula mitral ou sopro de regurgitação mitral podem ocorrer. Um ritmo atrial ectópico pode estar presente em pacientes com defeito septal atrial no seio venoso.

7. A ecocardiografia é útil na avaliação dos defeitos septais atriais?

A ecocardiografia pode sugerir a presença de um defeito do septo atrial, identificando um septo atrial fino ou ausente, aumento do átrio ou ventrículo direito associado, ou hipertensão pulmonar a parir de um desvio de fluxo da direita para a esquerda. A ecocardiografia transesofágica pode fornecer uma visualização do septo atrial melhor do que os estudos transtorácicos-padrão. O estudo com o eco-Doppler pode localizar um fluxo de alta velocidade por meio do septo atrial. A ecocardiografia com contraste pode ser diagnóstica de um defeito septal atrial, especialmente com um *shunt* direita-esquerda. A injeção de uma solução salina com microbolhas em uma veia periférica pode demonstrar o trânsito de contraste da direita para a esquerda no nível atrial. Em pacientes com *shunt* esquerda-direita, uma imagem negativa de sangue sem contraste pode ser vista no átrio direito devido à eliminação do contraste pelo sangue limpo do átrio esquerdo.

8. Os defeitos septais atriais devem ser corrigidos cirurgicamente?

Os defeitos septais atriais sintomáticos devem ser corrigidos, quer os sintomas ocorram devido a um desvio de fluxo da esquerda para a direita ou da direita para a esquerda. Em pacientes assintomáticos, as recomendações para o fechamento do defeito destinam-se a prevenir o desenvolvimento de hipertensão pulmonar, a qual pode se desenvolver por fluxo sangüíneo pulmonar persistentemente aumentado pelo desvio de fluxo da esquerda para a direita. O fechamento é recomendado para pacientes com relação entre o fluxo pulmonar-sistêmico de 1,5:1,0 ou maior. Em pacientes < 45 anos de idade, o risco cirúrgico é < 1%. O fechamento é feito comumente por cirurgia aberta, mas técnicas de reparo por meio de cateter estão evoluindo rapidamente, embora ainda estejam amplamente sob protocolos investigativos. Imagina-se que o fechamento por cateter tornar-se-á amplamente disponível nos próximos dois anos. Além do mais, espera-se que essa técnica amplie as indicações de fechamento dos defeitos septais atriais.

9. Quais lesões cardíacas congênitas têm um maior risco de desenvolver endocardite?

- Válvula aórtica bicúspide
- Coarctação da aorta
- Defeito septal ventricular
- Tetralogia de Fallot
- Estenose pulmonar (moderada ou severa)
- Regurgitação mitral ou tricúspide (severa – mesmo se a anatomia valvular é normal)
- Ducto arterial persistente

Pacientes com doença cardíaca congênita corrigida cirurgicamente envolvendo a colocação de uma prótese valvular ou um conduto prostético têm um risco ainda maior. A profilaxia antibiótica é recomendada nesses pacientes. Infelizmente, < 20% dos casos de endocardite de lesões cardíacas congênitas estão associadas com eventos identificáveis ou procedimentos médicos.

10. Qual a importância das anomalias congênitas das artérias coronárias?

As anomalias congênitas das artérias coronárias têm sido descritas com uma freqüência crescente, devido à maior utilização da angiografia coronária, porém a maioria delas é assintomática. A formação de *pontes miocárdicas* devido a um percurso intramuscular de uma porção da artéria coronária (usualmente a descendente anterior esquerda) é a anomalia mais comum. Em alguns pacientes, ocorre uma compressão sistólica da artéria, suficiente para produzir sintomas de doença cardíaca isquêmica (angina, infarto do miocárdio ou morte súbita). A *origem aórtica ectópica* da artéria coronária direita ou esquerda é assintomática, a menos que seu curso esteja alterado para passar entre a aorta e o trato de saída ventricular direito, o que causa obstrução proximal da artéria e sintomas isquêmicos resultantes. A origem anômala da artéria pulmonar e fístulas arteriovenosas coronárias congênitas usualmente tornam-se sintomáticas no lactente e na criança.

11. As arritmias são um problema na doença cardíaca congênita?

Aproximadamente um quarto dos pacientes com doença cardíaca congênita tem arritmias, especialmente aqueles que realizaram cirurgia intracardíaca corretiva. Mais de 50% dos pacientes com transposição corrigida, 30% com tetralogia de Fallot, 25% com reparo de Fontan e 10% com defeito septal ventricular ou atrial apresentam arritmias pós-operatórias. As arritmias supraventriculares são mais comuns, mas acredita-se que a morte súbita por arritmias ventriculares ocorra em 5 a 10% desses pacientes. O bloqueio AV completo é um risco em particular para os pacientes que foram submetidos à correção de tetralogia de Fallot, e indubitavelmente uma causa de morte súbita.

12. As arritmias ventriculares são mais comuns após o reparo da tetralogia de Fallot. Quais são os fatores de risco para morte súbita nesses pacientes?

- Maior idade no momento do reparo
- Recuperação prolongada no pós-operatório
- Pressão sistólica ventricular direita final > 60 mm Hg
- Pressão diastólica ventricular direita final > 10 mm Hg
- Função sistólica ventricular deprimida
- Regurgitação significativa tricúspide ou pulmonar

Quinze por cento dos pacientes em pós-operatório apresentam taquicardia ventricular indutível durante os exames eletrofisiológicos.

13. O que é coarctação da aorta?

Coarctação da aorta é um estreitamento congênito da aorta descendente, torácica ou abdominal. Ela usualmente ocorre imediatamente distal à origem da artéria subclávia esquerda. A coarctação ocorre cinco vezes mais freqüentemente em homens. Existe uma associação significativa com válvula aórtica bicúspide e síndrome de Turner (disgenesia gonadal).

14. A coarctação aórtica tem algum achado "clássico"?

A indicação física de coarctação são os *pulsos diferenciais* nos braços (fortes) *versus* as pernas (fracos e retardados). Existe freqüentemente um sopro sistólico de coarctação, mais audível na parte posterior esquerda do tórax. O raio X de tórax pode mostrar entalhes nas costelas, devido ao aumento das artérias intercostais. A coarctação é uma das causas de hipertensão cirurgicamente corrigível no adulto. Os sintomas tardios incluem insuficiência cardíaca e endocardite.

15. Descreva as características da síndrome de Eisenmenger. O que é o complexo de Eisenmenger?

A *síndrome de Eisenmenger* é um termo amplo, aplicado para qualquer anomalia na qual o processo fisiopatológico (p. ex., fluxo sangüíneo pulmonar aumentado) leve a uma doença vascular pulmonar obliterativa com resultante hipertensão pulmonar, quer existam ou não desvio de fluxo da direita para a esquerda e cianose associadas. O *complexo de Eisenmenger* refere-se a pacientes com doença cardíaca congênita envolvendo desvios de fluxo com hipertensão pulmonar severa o suficiente para causar a reversão de um fluxo da esquerda para a direita, com fluxo resultante da direita para a esquerda pelo defeito. Eisenmenger originalmente descreveu pacientes com defeitos septais ventriculares. A hipertensão pulmonar devido a uma fisiopatologia do tipo Eisenmenger usualmente é irreversível, mas pode melhorar após uma cirurgia corretiva se as alterações anatômicas vasculares pulmonares associadas não são muito severas.

16. Quem foram Blalock e Taussig?

Helen B. Taussig e Alfred Blalock colaboraram para estabelecer o procedimento de Blalock-Taussig em 1945. Essa anastomose subclávia-artéria pulmonar criou uma comunicação sistêmica-pulmonar. Esse procedimento estabeleceu o primeiro tratamento cirúrgico para os "bebês azuis", sofrendo de estenose ou de atresia pulmonar, uma condição previamente fatal.

17. Cite as quatro características da tetralogia de Fallot.

1. Defeito septal ventricular
2. Obstrução ao fluxo de saída ventricular direito.
3. Dextroposição da aorta, a qual "cavalga" o septo
4. Hipertrofia ventricular direita.

A tetralogia de Fallot responde por aproximadamente 10% de todas as cardiopatias congênitas (incluindo pediátricas) e é a causa mais comum de apresentação de doença cianótica após um ano de idade. O grau de obstrução ao fluxo sangüíneo pulmonar é o principal fator na apresentação clínica.

18. O prolapso de válvula mitral é uma doença cardíaca congênita?

Embora alguns casos de prolapso de válvula mitral estejam associados com doenças cardíacas congênitas, o prolapso de válvula mitral em si não é devido a uma malformação congênita da válvula. O prolapso de válvula mitral resulta de vários mecanismos patogenéticos afetando a válvula mitral, dos quais a degeneração mixomatosa é a causa mais freqüente.

19. Como são manuseados os pacientes adultos com doença cardíaca congênita que necessitam de cirurgia não-cardíaca?

Eles são manuseados do mesmo modo que outros adultos com doença cardíaca submetidos à cirurgia não-cardíaca. A avaliação pré-operatória do risco cardíaco e o manuseio intraoperatório são baseados no estado clínico subjacente do paciente e no processo da doença cardíaca, bem como no tipo de cirurgia planejada e no estresse hemodinâmico associado. Não há dados disponíveis suficientes para fazer recomendações específicas para pacientes com doença cardíaca congênita. Contudo, a presença de doença cardíaca cianótica, hipertensão pulmonar, eritrocitose secundária ou *shunts* intracardíacos provavelmente aumentam ainda mais o risco operatório.

CONTROVÉRSIAS

20. Os pacientes com doença cardíaca congênita podem participar de atletismo?

Em geral, sim. Porém, como não existem orientações formais, as recomendações são baseadas no julgamento dos médicos individuais. Os riscos da atividade atlética variam com o tipo de doença, o estado cardíaco funcional do paciente e o tipo de atividade. A intensidade e a duração do exercício, o risco de colisão corporal ou trauma, o condicionamento necessário e o risco de lesão (para o atleta e os espectadores) se o atleta desenvolver uma síncope também são fatores na avaliação do risco.

Estenose aórtica congênita leve (gradiente de repouso < 20 mm Hg) não requer restrição das atividades se o ECG e o teste ergométrico são normais e a avaliação da função ventricular esquerda e a monitorização Holter são benignas. Pacientes com estenose aórtica moderada ou severa devem ser aconselhados a evitar atividades extenuantes até a correção cirúrgica (ou por cateter). Eles têm um maior risco não apenas de angina e de síncope, mas também de morte súbita. Do mesmo modo, pacientes com *estenose pulmonar* leve (gradiente < 25 mm Hg) podem participar em atividades físicas sem restrição, mas não quando há obstrução moderada ou severa, a não ser que a estenose seja corrigida. Os pacientes com *tetralogia de Fallot* podem ter um aumento do *shunt* direita-esquerda com exercícios causando falta de ar, cianose e risco de arritmias induzidas pelo exercício. Eles requerem avaliação cuidadosa antes de participar em atletismo. A *origem anômala da artéria coronária esquerda*, que cursa entre a aorta e o trato de saída do ventrículo direito, está associada com obstrução da artéria. Sintomas isquêmicos como angina, infarto do miocárdio ou morte súbita podem ocorrer com o exercício. Esses pacientes devem ser aconselhados a não participar de atividades intensas até que o defeito seja corrigido. Felizmente, se não houver lesão miocárdica, a cirurgia pode ser curativa e permitir uma atividade física normal. A presença de doença vascular pulmonar, especialmente *hipertensão pulmonar*, está associada com síncope induzida pelo exercício, com um alto risco de morte súbita. As atividades atléticas que requerem exercício intenso ou súbito devem ser evitadas. Os riscos do *defeito septal atrial* não são devidos ao defeito propriamente dito, mas relacionados com a suas conseqüências funcionais. A limitação de exercício e os riscos de atividade atlética dependem do grau de desvio de fluxo, de qualquer comprometimento associado da função ventricular e da presença de hipertensão pulmonar. Os pacientes que requerem terapia anticoagulante para malformações nativas ou corrigidas precisam considerar o risco de sangramento induzido por trauma nas suas atividades físicas.

21. A doença cardíaca congênita é uma contra-indicação para a gestação?

As malformações congênitas mais comuns em mulheres que sobrevivem até a idade fértil são o defeito septal atrial (*ostium secundum*), o ducto arterioso patente, a estenose valvular pulmonar, a coarctação aórtica, a doença valvular aórtica e a tetralogia de Fallot. Poucas lesões cardíacas congênitas interferem no início da gravidez. A mortalidade materna está relacionada à classe funcional e varia de 0,4% para as Classes I e II da New York Heart Association a 6,8% para as Classes III e IV. A mortalidade fetal varia de essencialmente 0% na Classe I a 30% na Classe IV.

Os efeitos da gravidez nos defeitos congênitos comuns também estão relacionados ao estado clínico. Os defeitos septais atriais assintomáticos, válvulas aórticas bicúspides e a coarctação aórtica requerem atenção especial para riscos de embolia e de endocardite, mas têm baixa taxa de mortalidade. Em contraste, as elevações da resistência vascular pulmonar aumentam significativamente os riscos da gestação, e o complexo de Eisenmenger está associado a taxas de mortalidade materna cumulativas de 30 a 70% durante e após a gestação. Os riscos da gestação são menores em pacientes com doença cirurgicamente corrigida, mas ainda são determinados pelo grau de reserva cardíaca e vascular e pelos defeitos residuais após a cirurgia. Os principais riscos para o feto originam-se da classe funcional da mãe, da presença de cianose materna e do uso de anticoagulantes (especialmente com próteses valvulares).

REFERÊNCIAS BIBLIOGRÁFICAS

1. Dajani AS, Taubert KA, Wilson W, et al: Prevention of bacterial endocarditis: Recommendations by the American Heart Association. *Circulation* 96:358-366, 1997.
2. Eagle KA, Brundage BH, Chaitman BR, et al: Guidelines for perioperative management for noncardiac surgery: Report of the American College of Cardiology/American Heart Association Task Force on Practice Guidelines. *J Am Coll Cardiol* 27:910-948, 1996.
3. Foster E, Webb G, Human D, et al: The adult with tetralogy of Fallot. *Am Coll Cardiol Curr J Rev* March/April:62-66, 1998.
4. Graham TP, Bricker JT, James FW, Strong WB: Twenty-sixth Bethesda Conference: Recommendations for determining eligibility for competition in athletes with cardiovascular abnormalities. *J Am Coll Cardiol* 24:867-873, 1994.
5. Liberthson RR: Congenital Heart Disease: Diagnosis and Management in Children and Adults. Boston, Little, Brown, 1989.
6. Maron BJ, Thompson PD, Puffer JC, et al: Cardiovascular preparticipation screening of competitive athletes. *Circulation* 94:850-856, 1996.
7. Perloff JK, Child JS: Congenital Heart Disease in Adults. Philadelphia, WB Saunders, 1991.
8. Perloff JK: Congenital heart disease in the adult. In Braunwald E (ed): Heart Disease, 5th ed. Philadelphia, WB Saunders, 1997, p. 963-987.
9. Pitkin RM, Perloff JK, Koos BJ, Beall MH: Pregnancy and congenital heart disease. *Ann Intern Med* 112:445-454, 1990.
10. Zuppiroli A, Rinaldi M, Kramer-Fox R, et al: Natural history of mitral valve prolapse. *Am J Cardiol* 75:1028-1032, 1995.

35. DOENÇA CARDÍACA EM MULHERES

Olivia V. Adair, M.D.

1. A cardiopatia isquêmica é um problema em mulheres?

Sim. A cardiopatia isquêmica causa 250 mil mortes/ano em mulheres nos EUA. Isso representa 23% das mortes em mulheres, tornando a doença cardíaca isquêmica a principal causa de morte em mulheres acima de 50 anos.

2. Quais são os fatores de risco para a doença arterial coronária (DAC) em mulheres?

Os efeitos dos fatores de risco não estão bem-estudados, mas a idade, o tabagismo, a hipertensão, o perfil de lipoproteínas, a obesidade, o diabete e a história familiar prevêem a DAC em mulheres. Além disso, os contraceptivos orais e a menopausa aumentam o risco, enquanto a reposição hormonal pós-menopausa diminui o risco.

3. A história natural da DAC aterosclerótica difere em mulheres e em homens?

Sim. O Estudo de Framingham demonstrou que 23% de toda a mortalidade feminina e 52% de toda a mortalidade cardiovascular feminina ocorrem devido à DAC aterosclerótica, enquanto os dados para homens são de 34% e 64%, respectivamente. A morte súbita cardíaca é menos comum em mulheres, e elas manifestam sintomas aproximadamente 10 anos mais tarde que os homens.

4. As mulheres e os homens apresentam-se com os mesmos sintomas quando têm DAC?

Manifestações Comuns de Apresentação da DAC

	HOMENS	MULHERES
Angina	33%	50%
Infarto do miocárdio	33%	33%
Morte súbita	33%	17%

5. Quais os testes usados para diagnosticar DAC em mulheres?

O *teste ergométrico* é de valor limitado no diagnóstico de DAC em mulheres, com uma sensibilidade e especificidade de 70%; porém, a adição de tálio aumenta a especificidade para 90%. A *ventriculografia radionuclear* com exercício também tem sido desapontadora para diagnosticar DAC em mulheres. A acurácia diagnóstica para a presença de DAC é aumentada com exames de estresse em mulheres se dois ou mais fatores de risco cardíacos estão presentes; se o prolapso da válvula mitral é excluído; se o segmento ST normaliza após > 6 minutos em recuperação; se um ritmo cardíaco alvo é obtido ou se a duração do exercício é < 5 minutos em um protocolo completo de Bruce.

6. Por que a visualização com tálio é menos sensível para diagnosticar DAC em mulheres?

Embora estudos feitos predominantemente em homens mostrem que a perfusão com tálio em exercício melhora a sensibilidade do teste de estresse para o diagnóstico de DAC, em mulheres com doença de um único vaso e de múltiplos vasos a sensibilidade é inferior. Isso pode ser influenciado pela incapacidade das mulheres em atingir a freqüência cardíaca alvo, baixos níveis de exercício ou artefatos de visualização por atenuação das mamas.

7. Existe outro teste para diagnosticar DAC em mulheres antes de realizar a angiografia?

A *ecocardiografia em exercício* demonstrou ter excelente acurácia, independentemente da dor precordial ser típica ou atípica e da prevalência de DAC em mulheres. Além disso, a ecocardiografia em exercício pode detectar causas não-coronarianas de dor precordial, como o prolapso de válvula mitral, o derrame pericárdico, a hipertensão pulmonar, a miocardiopatia hipertrófica e a doença valvular.

A *angiografia coronária* deve ser usada quando os exames não-invasivos de estratificação de risco sugerem uma alta probabilidade de DAC significativa. Mulheres que, apesar do tratamento clínico, são sintomáticas durante um baixo nível de exercício em sua rotina diária, ou que realizam freqüentes exames não-invasivos para múltiplos surtos de dor precordial (mesmo com fatores de risco mínimos) devem ser consideradas para angiografia coronária.

8. Existe diferença na extensão da DAC em mulheres, comparada aos homens?

Sim. Como um subgrupo de estudo CASS, Chaitman e colaboradores demonstraram DAC com lesão menos extensa do tronco esquerdo e de três vasos em mulheres, comparada aos homens em angiografias coronárias. As mulheres também retiveram a função sistólica angiográfica em maior extensão, sugerindo uma resistência para desenvolver disfunção ventricular esquerda crônica e insuficiência cardíaca.

9. As mulheres evoluem tão bem quanto os homens após um transplante de coração?

Embora esse aspecto não tenha sido bem estudado, o Italian Multicenter Study Group acompanhou 65 mulheres e 238 homens com miocardiopatia idiopática documentada. Embora as mulheres tivessem se apresentado em uma fase mais avançada da doença – isto é, ventrículos esquerdos mais dilatados, parede ventricular esquerda mais delgada, duração menor do exercício e sintomas piores –, o acompanhamento em 18 meses da sobrevida sem transplante não foi significativamente diferente por sexo, e não houve diferença no prognóstico. Assim, embora as mulheres se apresentassem com doença mais sintomática após o transplante, elas evoluíram tão bem quanto os homens.

10. As mulheres devem ser tratadas para DAC diferentemente dos homens?

Existem poucas informações disponíveis comparando a eficácia do manuseio clínico da DAC por sexo. Em dois estudos, os efeitos protetores dos β-bloqueadores e da aspirina como prevenção secundária de DAC demonstraram não se estender às mulheres, enquanto um estudo demonstrou que um esquema de 1 a 6 aspirinas/semana diminuiu o risco do primeiro infarto do miocárdio em mulheres. Estudos recentes mostraram que o sucesso da angioplastia coronária transluminal percutânea não é mais influenciado adversamente pelo sexo feminino. A revascularização coronária em mulheres está associada a uma mortalidade operatória aumentada, talvez relacionada a vasos menores e a patência do enxerto (incluindo a artéria mamária interna) é menor em cinco anos (87 a 97% de sobrevida em mulheres *versus* 90 a 94% em homens). Essas diferenças pós-revascularização, porém, desaparecem em estudos de acompanhamento por 10 anos.

11. O diabete é um importante fator de risco para DAC. Existem diferenças de risco quanto ao sexo quando o diabete e a DAC coexistem?

Em um estudo de 585 homens e 389 mulheres com DAC avaliada por angiografia, as mulheres diabéticas tiveram um aumento de mais de duas vezes no risco relativo de morte em um acompanhamento de 4 a 6 anos por todas as causas de morte, bem como de morte cardíaca, enquanto em pacientes não-diabéticos a morte foi significativamente inferior em mulheres. Assim, o diabete confere um risco substancialmente maior de mortalidade em mulheres, quando coexiste com a DAC, que em homens, e o perfil favorável de risco cardíaco em mulheres pré-menopausa comparado aos homens desaparece em presença do diabete. A hipertrigliceridemia também pode ser um risco maior para mulheres que para homens.

12. Como a reposição de estrogênio afeta o risco de aterosclerose e do infarto do miocárdio em mulheres pós-menopausa?

O estrogênio reduz o risco de aterosclerose e de infarto do miocárdio em mulheres pós-menopausa. Existe uma redução de até 50% no infarto do miocárdio e derrame, além de uma redução na incidência de hipertensão.

13. A reabilitação cardíaca mostra resultados similares para mulheres e para homens?

Um estudo recente demonstrou que as mulheres idosas tiveram menos probabilidade de entrar em programas de reabilitação cardíaca que os homens idosos, devido primariamente às recomendações mais intensas feitas aos homens por seus médicos. Embora antes de entrar nos programas as mulheres tivessem pior condicionamento físico que os homens (pico de consumo de oxigênio 18% inferior em mulheres), ambos os grupos melhoraram a capacidade aeróbica de modo similar, em resposta a um programa de condicionamento aeróbico de 12 semanas.

14. Existem outras características específicas relacionadas ao sexo no infarto do miocárdio em mulheres com DAC?

O infarto do miocárdio não-Q, as arritmias supraventriculares e a extensão do infarto são todos mais comuns em mulheres, enquanto a pericardite e as arritmias ventriculares são mais comuns em homens.

15. Há novas diretrizes sugerindo um melhor tratamento para hiperlipidemia em mulheres?

Sim. As mulheres não estavam recebendo terapia preventiva agressiva; portanto, foram publicadas diretrizes combinadas pela American Heart Association e o American College of Cardiology (AHA/ACC). O primeiro evento cardiovascular em mulheres freqüentemente é fatal, e a modificação dos fatores de risco deve ser agressiva.

O recente estudo Heart and Estrogen/Progestin Replacement (HERS) observou que a reposição hormonal isolada não é adequada para mulheres com DAC e hiperlipidemia. O uso das *estatinas* está recomendado. Esse uso também é importante na terapia primária com apresentação inicial de IM ou morte súbita em mulheres com DAC.

O manuseio do peso, incluindo atividade física, dieta adequada e suplementos vitamínicos também precisam fazer parte do manuseio dos fatores de risco. Os níveis de lipoproteína de alta densidade (HDL) e dos triglicerídeos (TG) são preditores potentes de eventos em mulheres. A AHA/ACC recomenda HDL-C > 45 mg/dL e TG < 150 mg/dL. Esses níveis são melhor obtidos com as estatinas quando um curto período de esforço de modificação do estilo de vida não for *totalmente* bem-sucedido na abordagem da lipoproteína de baixa densidade, TG e HDL.

O recente estudo do Women's Health Initiative (WHI) mostrou realmente um discreto aumento em IM e trombos vasculares no grupo com terapia de reposição hormonal, possivelmente relacionado com o efeito pró-trombótico e novas recomendações para reposição inicial com baixas doses.

16. Discuta as diferenças descobertas recentemente entre os sexos que encorajam um manuseio agressivo dos fatores de risco em mulheres.

Finalmente somos capazes de ver estudos que incluem uma população adequada de mulheres, abordar a reversão do declínio da DCV identificada em mulheres – que provavelmente se deve à falta de diagnóstico e ao tratamento inadequado. Um estudo recente demonstrou que em um grupo de mil mulheres, 203 irão morrer de DCV e apenas 33 de câncer de mama até os 85 anos. Outro estudo mostrou que mulheres < 50 anos de idade são duas vezes mais propensas a morrer durante a internação por IM que homens da mesma idade. De fato, quanto mais jovens, maior o risco de morte entre as mulheres em relação aos homens. Essa diferença relacionada à idade é nivelada após os 74 anos. As mulheres têm mais complicações que os homens hospitalizados por angina e IM e têm uma maior mortalidade em 30 dias.

O diabete anula qualquer vantagem que as mulheres tenham contra DCV: o risco entre as mulheres aumenta de 3 a 7 vezes *versus* um aumento de 2 a 3 vezes para os homens. Também parece que o HDL-C não é tão sensível em mulheres com risco similar de DCV que em homens. Os níveis de TG são mais preditivos em mulheres que em homens para identificar DCV.

17. Qual é a nova controvérsia a respeito da terapia de reposição hormonal (TRH)?

Novos dados sugerem que na prevenção primária da DCV ainda não há respostas claras a respeito da TRH. O estudo WHI mostrou um discreto aumento em IM, acidentes vasculares e trombose venosa profunda, mas o índice de eventos foi de 4% – não-significativo estatisticamente. De fato, esse índice pode ter ocorrido por acaso. Do mesmo modo, esses resultados são preliminares e não pararam o estudo.

O estudo de prevenção secundária HERS e Estrogen Replacement and Atherosclerosis sugerem doses menores no primeiro ano de TRH já que esse é o período de risco elevado. Após 4 a 5 anos, o índice máximo de benefício/risco começa a aumentar.

REFERÊNCIAS BIBLIOGRÁFICAS

1. American Heart Association/American College of Cardiology: Guide to preventive cardiology for women. *Circulation* 99:2480-2484. 1999.
2. Becker RC, Alpert JS: Cardiovascular disease in women. *Cardiology* 77(suppl 2):1-39, 1990.
3. De Maria R, Gavazzi A, Recalcati F, et al: Comparison of clinical findings in idiopathic dilated cardiomyopathy in women versus men: The Italian Multicenter Cardiomyopathy Study Group (SPIC). *Am J Cardiol* 72:580-585, 1993.
4. Liao Y, Cooper RS, Ghali JK, et al: Sex differences in the impact of coexistence of diabetes on survival in patients with coronary heart disease. *Diabetic Care* 16:708-713, 1993.
5. Rehnquist N, Hartford M, Schenck-Gustafsson K, et al: Coronary artery disease in women. *J Myocard Ischemia* 5:29-35, 1993.
6. Salvage MP, et al: Clinical and angiographic determinants of primary coronary angioplasty success. *J Am Coll Cardiol* 17:22-28, 1991.
7. Shlipak MG, Simon JA, et al: Estrogen and progestin, lipoprotein (a), and the risk of recurrent coronary heart disease events after menopause. *JAMA* 283:1845-1852, 2000.
8. Superko HR, Hecht HS, et al: Small LDL, IDL, and HDL: Should cardiologists use these measures? [abstract] American College of Cardiology 49th Annual Scientific Session, March 2000.
9. Vaccarino V, Parsons L, et al: Sex-based differences in early mortality after myocardial infarction. *New Engl J Med* 341:217-225, 1999.
10. Wren BG: The effect of estrogen on the female cardiovascular system. *Med J Aust* 157:204-208, 1992.

36. DOENÇA CARDÍACA NO IDOSO

Evelyn Hutt, M.D.

1. Que alterações cardiovasculares são parte do envelhecimento normal?

Esta questão é difícil de responder porque a doença arterial coronária tem uma alta prevalência entre os idosos, afetando 50% dos americanos entre 65 a 74 anos e 60% daqueles com > 75 anos. Virtualmente, não existem estudos que avaliem essa questão nos indivíduos mais velhos, acima de 80 anos. Os estudos que foram cuidadosos em triar a doença aterosclerótica subjacente indicam o seguinte:

O coração envelhece bem.

- A morfologia normal varia pouco, exceto por um leve aumento na espessura da parede ventricular esquerda.
- A função contrátil está bem preservada.
- A diminuição no enchimento diastólico precoce resulta da complacência miocárdica reduzida, do tempo de relaxamento isovolumétrico aumentado e da esclerose da válvula mitral.

A freqüência cardíaca em repouso não se altera.

- A freqüência cardíaca máxima declina (cerca de um batimento/ano devido à resposta β-adrenérgica reduzida)
- O débito cardíaco no repouso e no exercício está preservado.
- O volume diastólico final e o volume sistólico aumentam.

Artérias e veias não evoluem tão bem.

- A camada média arterial torna-se espessada e menos elástica.
- A resistência vascular aumenta.
- O sistema nervoso autônomo torna-se menos eficiente.
- A pressão arterial cai significativamente ao levantar-se (reflexo baroceptor atenuado).

2. O que é disfunção diastólica?

A disfunção diastólica é uma resistência aumentada ao enchimento de um ou de ambos os ventrículos cardíacos e é particularmente prevalente em pacientes idosos, especialmente em associação com hipertensão e amiloidose senil, e em mulheres e negros. Acredita-se que o mecanismo celular seja um declínio na capacidade das células em seqüestrar o cálcio após a contração, mediada pelo AMP cíclico. Uma queda no AMP cíclico pode estar relacionada à resposta β-adrenérgica diminuída do envelhecimento normal.

Uma disfunção diastólica deve ser suspeitada quando um paciente apresenta-se com dispnéia e com fadiga sem os achados radiológicos clássicos de insuficiência cardíaca congestiva ou de doença pulmonar óbvia. O diagnóstico é importante, pois essa doença é tratada diferentemente da insuficiência sistólica, respondendo melhor a agentes que aumentam o tempo de enchimento diastólico, como os β-bloqueadores e os bloqueadores dos canais do cálcio.

3. Os infartos do miocárdio são mais difíceis de serem reconhecidos clinicamente em pacientes mais idosos?

Sim. Quanto mais idoso é um paciente, mais provavelmente apresentar-se-á com dispnéia, síncope, *delirium* ou derrame e menos provavelmente terá dor precordial. Essa alteração novamente pode estar relacionada à resposta adrenérgica reduzida. Dada a prevalência de doença aterosclerótica em homens e em mulheres idosos, o clínico deve ter o infarto em alta consideração no diagnóstico diferencial de qualquer paciente idoso agudamente doente.

4. As pessoas acima de 70 anos beneficiam-se da revascularização e da angioplastia da mesma forma que as pessoas mais jovens?

Dados limitados sugerem que, em pacientes bem-selecionados, uma baixa mortalidade operatória e bom alívio sintomático podem ser obtidos em pacientes com 75 anos ou mais por meio da revascularização coronária. Os fatores pré-operatórios que prevêem a mortalidade incluem cirurgia de emergência, caquexia, classe funcional IV da New York Heart Association e infarto do miocárdio prévio. O principal fator de risco perioperatório para morte é um tempo prolongado de circulação extracorpórea e clampeamento da aorta. Os problemas pós-operatórios incluem fibrilação atrial, *delirium*, depressão, anorexia e atraso em iniciar a deambulação.

Várias séries de casos pesquisaram as taxas de sucesso e de complicações da *angioplastia transluminal percutânea* em idosos. As taxas de sucesso clínico e arteriográfico são similares para a meia-idade, não tão idosos (60 a 69 anos), idosos (70 a 79 anos) e muito idosos (> 80 anos), mas as taxas de complicação são maiores em pacientes muito idosos (que apresentavam doença aterosclerótica mais extensa e uma prevalência maior de insuficiência cardíaca pré-operatória). A mortalidade por ambos os procedimentos está diminuindo em pacientes > 65 anos, a despeito de aumento concomitante na comorbidade.

5. A idade > 75 anos é uma contra-indicação forte para a terapia trombolítica no infarto agudo do miocárdio?

Esta é uma questão controversa. Por um lado, o risco de complicações hemorrágicas sérias durante a trombólise aumenta claramente com a idade. Porém, a mortalidade associada ao infarto do miocárdio também aumenta com a idade. As análises de subgrupos de estudos extensos (o ISIS-2 em particular) mostram uma redução na mortalidade de 37 a 20% em pacientes > 80 anos que receberam terapia trombolítica.

A decisão de usar trombólise no idoso deve ser individualizada. Os pacientes vigorosos, com sinais e sintomas clássicos e uma grande área de miocárdio envolvido, que são atendidos precocemente no curso de seu evento, provavelmente não devem deixar de receber terapia trombolítica unicamente devido à sua idade.

6. Qual é a doença cardíaca valvular mais comum em pacientes idosos?

A estenose aórtica. Estudos em autópsias mostram que ela ocorre em 4 a 6% das pessoas > 65 anos. Na ausência de sintomas, é muito difícil distinguir a estenose verdadeira do sopro da esclerose aórtica, muito mais comum, o qual ocorre em cerca de um terço dos pacientes > 65 anos. A dúvida sobre esse sopro deve ser esclarecida com uma ecocardiografia com Doppler. Várias séries de casos indicam que a válvula aórtica pode ser substituída com índices de mortalidade aceitáveis em octagenários saudáveis em outros aspectos.

7. Como a hipotensão ortostática afeta o idoso?

A hipotensão ortostática, uma queda na pressão arterial ≥ 20 mm Hg ao levantar-se após ficar um período deitado, causada por uma resposta adrenérgica diminuída, é uma causa comum de síncope. Ela pode ser pior pela manhã e após as refeições, e afeta especialmente os pacientes com hipertensão sistólica, podendo ser exacerbada pelo tratamento anti-hipertensivo. A pressão arterial deve ser verificada com o paciente deitando-se por um minuto, imediatamente após levantar-se, e 1 e 5 minutos após levantar-se.

8. Como a hipotensão ortostática é manuseada no idoso?

Em pacientes sem hipertensão, o controle de sintomas pode ser obtido sem medicação. Os pacientes devem levantar-se mais lentamente, aumentar a ingesta de sal e de cafeína e elevar a cabeceira do leito à noite (diminui as trocas hídricas diurnas). Os casos mais refratários, que produzem a queda do paciente, podem ser tratados com uma dose muito baixa de mineralocorticóides, observando-se cuidadosamente os sinais de sobrecarga de volume.

Os pacientes com hipertensão arterial e hipotensão ortostática necessitam de uma seleção cuidadosa das drogas anti-hipertensivas para minimizar os sintomas. Evitar diuréticos e vasodilatadores.

9. Em que idade pode-se parar de verificar o colesterol?

Sabe-se que aproximadamente 10 anos de tratamento dos níveis de colesterol elevados são necessários para efetuar uma alteração no risco de infarto do miocárdio. Dada a expectativa de vida média de 80 anos para homens e de 85 anos para mulheres, provavelmente é razoável interromper a triagem na população geral em torno de 70 anos de idade. Isso não se refere ao manuseio do colesterol em pacientes com doença cardíaca aterosclerótica sintomática, nos quais a redução do colesterol obtém benefícios muito mais rápidos.

10. A terapia de reposição de estrogênio afeta a incidência de doença cardíaca nas mulheres idosas?

A resposta para essa questão não é conhecida. As evidências epidemiológicas e bioquímicas sugerem que deve diminuir o risco de infarto do miocárdio. Epidemiologicamente, a incidência de doença aterosclerótica sobe dramaticamente após a menopausa, sendo a principal causa de morte nas mulheres mais idosas. Bioquimicamente, o estrogênio eleva a lipoproteína de alta densidade (HDL) e reduz a lipoproteína de baixa densidade (LDL), o que deve melhorar o risco cardíaco. Um estudo recente, grande, randomizado, duplo-cego, controlado com placebo do uso de estrogênio e de progesterona em mulheres com DAC conhecida, contudo, não revelou efeito da terapia de reposição hormonal sobre outros eventos cardíacos ou sobre a mortalidade em quatro anos.

11. Quais são os objetivos e os esquemas de tratamento apropriados para controlar o colesterol no idoso?

Ao tentar reduzir o colesterol, um objetivo razoável é manter o colesterol LDL abaixo de 100 mais a idade do paciente. Assim como em pessoas mais jovens, o primeiro passo é uma tentativa adequada com dieta, exercício e, para as mulheres, reposição de estrogênio. Uma vez que a constipação é comum no idoso, o psyllium pode ser adicionado precocemente e geralmente é bem-tolerado se o paciente bebe água suficiente.

A escolha de um esquema clínico envolve balancear os efeitos colaterais e o custo. Os agentes ligantes de ácidos biliares a niacina geralmente são maltolerados. O gemfibrozil é mais barato que os inibidores da HMG-CoA redutase, é o único agente redutor do colesterol que eleva a HDL e geralmente é eficaz e bem-tolerado. Os inibidores da HMGCoA redutase têm a vantagem de dose diária única e maior eficácia.

12. Quais os efeitos colaterais comuns das medicações cardíacas aos quais os idosos são mais vulneráveis?

Os efeitos colaterais das medicações cardíacas que apresentam um perigo real para o idoso podem ser divididos em quatro grandes categorias:

1. *Alterações do estado mental*
   - Anti-hipertensivos
   - Antianginosos
   - Antiarrítmicos
   - Drogas com efeitos anticolinérgicos (p. ex., atropina)
   - Agonistas α de ação central (p. ex., clonidina)
   - β-bloqueadores lipofílicos (p. ex., propranolol)

2. *Hipotensão ortostática*
    Anti-hipertensivos
    Antianginosos (p. ex., isossorbida, nitroglicerina)
3. *Retardo na condução cardíaca*
    Drogas com efeitos anticolinérgicos
    Antidepressivos tricíclicos e os principais tranqüilizantes
    Antiarrítmicos
    Bloqueadores dos canais do cálcio (p. ex., verapamil)
    β-bloqueadores
4. *Problemas gastrintestinais*
    Náusea e anorexia
        Digoxina (mesmo abaixo dos níveis tóxicos)
        Inibidores da enzima conversora da angiotensina
        Bloqueadores dos canais do cálcio de ação periférica (p. ex., nifedipina)
    Constipação
        Bloqueadores dos canais do cálcio de ação central (p. ex., verapamil)
        Drogas com efeitos anticolinérgicos

13. Qual a freqüência da fibrilação atrial no idoso?

A fibrilação atrial afeta 5 a 10% dos idosos atendidos ambulatorialmente. A incidência entre idosos hospitalizados é provavelmente duas vezes maior. Ao contrário de pessoas mais jovens, a fibrilação atrial é um prenúncio de doença cardíaca subjacente no idoso. A taxa de acidentes vasculares é 10 vezes maior em idosos que em pacientes mais jovens com fibrilação atrial.

14. A terapia com anticoagulação é mais arriscada em um paciente idoso com fibrilação atrial que em pacientes mais jovens?

Evidências sólidas demonstram que o risco de sangramento por warfarina apropriadamente dosada e monitorada não aumenta apenas com a idade. Em vez disso, o risco aumentado de sangramento está associado à fragilidade, a uma tendência à queda, a história de úlcera péptica ou à neoplasia maligna subjacente.

15. Quem é velho demais para um marcapasso?

Ninguém. A disfunção nodal sinusal e a atrioventricular são mais comuns no idoso e são uma causa comum de síncope e de queda. Tanto a qualidade quanto a extensão da vida podem ser melhoradas pelo uso adequado de marcapassos.

16. Qual papel o bloqueio β-adrenérgico deveria ter no manuseio da insuficiência cardíaca congestiva nos idosos?

Há evidências crescentes de que os β-bloqueadores melhoram a mortalidade em todos os pacientes com insuficiência cardíaca, mas nenhum estudo abordou o tema diretamente no idoso. Há uma melhor evidência que o β-bloqueio após um IM beneficia o idoso e aqueles com insuficiência cardíaca e está sendo subutilizado nessas circunstâncias. Assim como no início de qualquer terapia em idosos, é aconselhável começar "com doses menores e aumentar lentamente", observando cuidadosamente sinais de descompensação cardíaca ou hipotensão ortostática.

REFERÊNCIAS BIBLIOGRÁFICAS

1. Aranki SF, Rizzo RJ, Cooper GS, et al: Aortic valve replacement in the elderly. *Circulation* 88:17-23, 1993.
2. Bayer AJ. Chadha JS, Farag RR, Pathy MSJ: Changing presentation of myocardial infarction with increasing old age. *J Am Geriatr Soc* 34:263-266, 1986.
3. Ezekowitz MD, Bridgers SL, James KE, et al: Warfarin in the prevention of stroke associated with nonrheumatic atrial fibrillation. *N Engl J Med* 327:1406-1412. 1992.
4. Forman DE, Berman AD, McCabe CH, et al: PTCA in the elderly: The 'young old' versus the 'old-old.' *J Am Geriatr Soc* 40:19-22, 1992.
5. Gottlieb SS, McCarter RJ, Vogel RA: Effect of beta-blockade on mortality among high-risk and low-risk patients after myocardial infarction. *N Engl J Med* 339:551-553, 1998.
6. Grossman W: Diastolic dysfunction in congestive heart failure. *N Engl J Med* 325:1557-1564, 1991.
7. Heidenreich PA, Lee TT, Massie BM: Effect of beta-blockade on mortality in patients with heart failure: A meta-analysis of randomized clinical trials. *J Am Coll Cardiol* 30:27-34, 1997.
8. Hulley S, Grady D, Bush T, et al: Randomized trial of estrogen plus progestin for secondary prevention of coronary heart disease in postmenopausal women. *JAMA* 280:605-613, 1998.
9. Krumholz HM, Pasternak RC, Weinstein MC, et al: Cost effectiveness of thrombolytic therapy with streptokinase in elderly patients with suspected acute myocardial infarction. *N Engl J Med* 327:7-13, 1992.
10. Muller DWM, Topol EJ: Selection of patients with acute myocardial infarction for thrombolytic therapy. *Ann Intern Med* 113:949-960, 1990.
11. Peterson ED, Jollis JG, Bebchuk JD, et al: Changes in mortality after myocardial revascularization in the elderly. *Ann Intern Med* 121:919-927, 1994.
12. Pritchett ELC: Management of atrial fibrillation. *N Engl J Med* 326:1264-1271. 1992.
13. Topol EJ, Traill TA, Fortiun NJ: Hypertensive hypertrophic cardiomyopathy of the elderly. *N Engl J Med* 312:277-283, 1985.

37. TRANSPLANTE DE CORAÇÃO

Sumant Lamba, M.D., *William T. Abraham,* M.D., *Brian D. Lowes,* M.D.,
e *JoAnn Lindenfeld,* M.D.

1. Qual a freqüência de insuficiência cardíaca?

Estima-se que pelo menos 500 mil novos casos de insuficiência cardíaca sejam diagnosticados anualmente nos USA. A despeito dos avanços na terapia clínica, a insuficiência cardíaca é a principal causa de 40 mil mortes e um fator de contribuição de outras 250 mil mortes a cada ano. Nos USA mais de 38 bilhões de dólares são gastos anualmente para cuidados diretos de pessoas com insuficiência cardíaca. A falta de doadores, que limita os transplantes cardíacos a cerca de 2.500 procedimentos por ano, evidencia a alarmante discrepância entre o número de pacientes com insuficiência cardíaca que se beneficiariam de um transplante (aproximadamente 40 mil) e aqueles afortunados que recebem um órgão adequado.

2. Quem deve ser considerado para um transplante cardíaco?

Pacientes adultos são considerados candidatos para transplante quando há uma deterioração progressiva da função ventricular ou do estado clínico funcional a despeito de uma ótima terapia, incluindo o uso de inibidores ECA, de β-bloqueadores, de diuréticos, da digoxina e de antagonistas da aldosterona. Os pacientes com arritmias malignas ou isquemia miocárdica refratária, aqueles que não respondem ao tratamento convencional e aqueles com necessidade de um suporte inotrópico intravenoso contínuo também beneficiam-se de um transplante. Objetivamente, pacientes com um consumo máximo de oxigênio miocárdico < 14 mL/kg/min e uma fração de ejeção ventricular < 20% beneficiam-se mais de um transplante.

3. Existem pacientes que não podem ser considerados para um transplante cardíaco?

As contra-indicações ao transplante incluem doença sistêmica coexistente que limite a sobrevida do paciente:

- Doença pulmonar, renal ou hepática severa e irreversível
- Hipertensão pulmonar irreversível (resistência vascular pulmonar > 6 unidades Wood)
- Infecção ativa
- História de neoplasia maligna recente
- Diabete melito insulino dependente com lesão de órgãos-alvo
- Embolia pulmonar aguda
- Doença vascular periférica severa
- Instabilidade psicossocial

4. Que qualidade de vida os pacientes podem esperar racionalmente após o transplante?

Cerca de 30 a 50% dos pacientes retornam ao trabalho após o transplante, e 80 a 85% consideram a si mesmos fisicamente ativos. A sobrevida em um ano após o transplante é de cerca de 90% nos melhores centros e em *cinco* anos é de cerca de 75%.

A função de um coração transplantado não é completamente normal. Ele permanece de maneira ampla, mas não completamente, denervado por toda a vida do receptor. A resposta cardíaca ao exercício ou ao esforço está abaixo do normal, mas é adequada à maioria das atividades. A freqüência cardíaca de repouso é maior devido à ausência de tônus vagal. Outros fatores que contribuem para uma redução da função cardíaca são a alteração da atividade neuro-hormonal, a lesão do órgão pela preservação e as diferenças no tamanho corporal entre o doador e o receptor. Assim, embora os receptores de transplantes tenham uma capacidade funcional melhor que antes do transplante, eles em geral são comprometidos quando comparados com indivíduos normais.

5. Que medicamentos são comumente usados para a imunossupressão em pacientes de transplante cardíaco?

Atualmente, a maioria dos centros de transplante utiliza uma terapia combinada tríplice com *ciclosporina, azatioprina* (ou o agente mais novo micofenolato) e *prednisona* como terapia imunossupressora-padrão. A ciclosporina geralmente é titulada para um nível plasmático específico, dependendo da função renal e de manifestações de toxicidade. A azatioprina costuma ser ajustada para manter uma contagem de leucócitos de 4.000 e 6.000/mL. Imediatamente após o transplante, os pacientes recebem metilprednisolona, que depois é trocada para prednisona em uma dose aproximada de 1 mg/kg/dia, que é reduzida gradualmente para uma dose de manutenção de 0,1 mg/kg/dia durante os próximos seis meses. Alguns centros retiram totalmente os corticosteróides em cerca de metade dos pacientes; outros mantêm os pacientes em uma dose baixa de prednisona, sem tempo definido.

Dois novos agentes imunossupressores estão sendo cada vez mais usados para a prevenção de rejeição em pacientes com transplante cardíaco. O *Micofenolato mofetil* age pela inibição de novas vias da síntese da purina (guanina). Ele é um substituto da azatioprina e reduz a incidência de rejeição aguda precoce após o transplante cardíaco sem afetar a subpopulação de linfócitos quando comparado com a azatioprina. *Tacrolimos*, um antibiótico macrolídino, é um novo agente imunossupressor mais potente que a ciclosporina. Ele previne a amplificação das células auxiliares pelo bloqueio da síntese da interleucina-2 e é usado como um agente de resgate quando a ciclosporina é indesejável ou ineficaz.

6. Quais os efeitos colaterais dos agentes imunossupressores comumente usados?

Ciclosporina: nefrotoxicidade, que pode ser secundária à vasoconstricção arterial renal ou por efeito vasoconstrictor direto; hipertensão em até 90% dos pacientes; também hipercalemia, hiperuricemia, colelitíase, hirsutismo, hiperplasia gengival, rubor facial, disfunção sexual e tremores essenciais. Muitos dos efeitos colaterais da ciclosporina podem ser evitados pela monitorização cuidadosa dos níveis de vale-pico, com ajuste das doses para manter níveis seguros.

Azatioprina: supressão da medula óssea relacionada à dose, geralmente responsiva à diminuição da dose; colelitíase ou hepatite induzida pela droga.

Esteróides (em altas doses): os inúmeros efeitos colaterais incluem osteoporose, necrose avascular da cabeça femural, hiperlipidemia, intolerância à glicose.

Tacrolimos: nefrotoxicidade; hipertensão; trombocitopenia.

Micofenolato: trombocitopenia; leucopenia; desconforto gastrintestinal.

7. Cite as infecções comuns em pacientes com transplante cardíaco. Quando elas ocorrem?

As infecções permanecem a principal causa de morte na população transplantada. A incidência global de infecções é de 41 a 71% em várias séries. Em uma análise multicêntrica de 814 pacientes consecutivos submetidos a transplante cardíaco, aproximadamente metade sofreu uma infecção aguda dentro de seis meses.

Dentro dos primeiros meses pós-transplante, as infecções bacterianas nosocomiais com estafilococos e organismos gram-negativos tendem a predominar. Outras infecções bacterianas precoces envolvem *Legionella, Pseudomonas aeruginosa, Proteus, Klebsiella* e *Escherichia coli*.

As infecções mucocutâneas por herpes simples tendem a ocorrer dentro dos primeiros meses após o transplante.

As infecções pós-transplante tardias são mais diversificadas e incluem uma variedade de organismos oportunísticos: vírus (citomegalovírus [CMV], herpes), *Pneumocystis carinii* (PCP) e fungos (*Candida* e *aspergillus*).

A terapia profilática regular com sulfametoxazol-trimetoprima três vezes por semana em uso prolongado é recomendada de rotina na maioria dos programas de transplante para prevenir a infecção por PCP e toxoplasma.

8. Qual é a infecção mais comum? Qual o local de infecção mais comum em pacientes transplantados?

O CMV permanece a infecção isolada mais comum. Os pulmões tendem a ser o local mais freqüente de infecção em pacientes com transplante cardíaco.

9. Quais as neoplasias malignas comuns em pacientes de transplante cardíaco, e o que predispõe os pacientes a elas?

O câncer é uma conseqüência infeliz da imunossupressão crônica. De um modo geral, os receptores de transplante têm um aumento de três vezes na incidência de vários tipos de câncer quando comparados com controles da mesma idade. Talvez as neoplasias mais importante sejam os *tumores linfoproliferativos* que ocorrem precocemente após o transplante, mais freqüentemente em receptores mais jovens. A maioria desses tumores parece ser o resultado de uma infecção viral por Epstein-Barr e consistem na proliferação de células-B devido à supressão ou à depleção de células-T. Os pacientes com essa doença geralmente respondem a níveis menores de imunossupressão e possivelmente de terapia anti-viral. O uso de OKT3 e de outros anticorpos antilinfócitos também pode aumentar o risco de distúrbios linfoproliferativos.

O *câncer de pele e dos lábios* são os neoplasmas mais comuns pós-transplante. Tumores de células escamosas são mais freqüentes que os tumores de células basais em uma proporção de 2:1. Outros tumores comuns são: linfoma não-Hodgkin, sarcoma de Kaposi e tumores uterinos, cervicais, vulvares e perineais.

10. Qual é a principal causa de morte no transplante de coração após o primeiro ano?

A doença arterial coronária (aterosclerose do órgão recebido) permanece a principal causa de morte em pacientes após o primeiro ano de transplante. A aterosclerose do órgão recebido pode desenvolver-se dentro de meses do transplante, mas usualmente surge gradualmente, de modo que, cinco anos após o transplante, 30 a 50% dos pacientes têm evidência angiográfica de DAC.

A causa de aterosclerose do enxerto é controversa e provavelmente multifatorial. Acredita-se que seja secundária à lesão endotelial mediada imunologicamente.

11. Como é detectada a DAC em pacientes de transplante cardíaco? Como ela é tratada?

A detecção da aterosclerose do enxerto é um problema clínico difícil, uma vez que os pacientes de transplante cardíaco usualmente não têm angina, devido à denervação cardíaca do procedimento cirúrgico. Além disso, exames não-invasivos como os testes de exercício e as cintilografias com radioisótopos são menos confiáveis no paciente de transplante. Assim, a angiografia coronária anual ainda é empregada rotineiramente nesses pacientes. Os pacientes com doença grave usualmente apresentam-se com morte súbita ou insuficiência cardíaca congestiva secundária a um infarto do miocárdio. Devido ao envolvimento difuso das artérias coronárias em vez de doença focal, alguns centros utilizam rotineiramente o ultra-som intravascular para diagnosticar a aterosclerose do enxerto.

A natureza difusa da DAC em pacientes com transplante cardíaco torna-os maus candidatos à revascularização por angioplastia ou cirurgia e deixa o retransplante como a única terapia definitiva para esse processo com risco de vida.

12. O que predispõe os pacientes transplantados cardíacos à doença arterial coronária?

Vários estudos tentaram identificar fatores de risco de aterosclerose do enxerto. Rejeição humoral, anticorpos HLA circulantes, não-correspondência HLA no local DR, hiperlipidemia e infecção CMV, todos foram associados invariavelmente com o seu desenvolvimento. Novos fatores de risco como hiperomocisteinemia e lipoproteína (a) elevada parecem ter um papel importante. As tentativas clínicas de prevenir ou de reduzir esse processo, como o exercício, a terapia hipolipemiante e o controle da pressão arterial não obtiveram sucesso. A adição do diltiazem ao esquema terapêutico pós-transplante tem retardado a progressão da doença coronária do aloenxerto e o seu efeito de poupar a ciclosporina também reduziu os custos do tratamento.

13. Quais exames não-invasivos são úteis para o diagnóstico de doença arterial coronária em pacientes transplantados cardíacos?

Infelizmente, os testes ergométricos de rotina, as cintilografias miocárdicas com tálio e sestamibi, bem como a ecocardiografia de estresse com dobutamina, não possuem a sensibilidade necessária para serem testes úteis na triagem para a aterosclerose do órgão transplantado. A razão é provavelmente a natureza difusa da doença arterial coronária do transplante, a qual complica a interpretação dos resultados. A *angiografia de investigação* é o exame ideal para a triagem da aterosclerose do transplante, e exames não-invasivos são usados predominantemente para avaliar a capacidade funcional, bem como para esclarecer o significado de certas lesões.

14. Quais são alguns dos sinais e dos sintomas da rejeição?

O diagnóstico clínico da rejeição freqüentemente é difícil. Muitas vezes, os pacientes têm rejeição na biópsia, sem apresentarem sintomas. Menos freqüentemente, os pacientes podem ter queixas inespecíficas de fadiga ou mal-estar como sintoma inicial. Se não é tratado, um paciente pode progredir para dispnéia ao exercício, ortopnéia e dispnéia paroxística noturna compatível com insuficiência cardíaca franca. Os sinais ao exame físico freqüentemente alertam o médico para a presença de rejeição antes que o paciente esteja criticamente doente. Turgência jugular, regurgitação tricúspide e terceira bulha são todos muito sugestivos, embora não-diagnósticos, de rejeição. Febre sem uma causa, arritmias de qualquer tipo e hipotensão também podem ser apresentações da rejeição cardíaca.

15. Como é feito o diagnóstico de rejeição?

A biópsia endomiocárdica permanece o exame ideal para o diagnóstico de rejeição. É extremamente sensível e específica. A International Society of Heart and Lung Transplantation desenvolveu uma escala para graduação da severidade da rejeição celular, que agora é amplamente usada, que se baseia na quantidade de infiltrado linfocítico e grau de dano ao miócito, (ver tabela adiante).

16. Os exames não-invasivos como a ecocardiografia cardíaca são úteis no diagnóstico da rejeição?

Em geral, os estudos de imagem cardíaca não possuem a sensibilidade e a especificidade necessárias para serem úteis no diagnóstico de rejeição. No momento em que a função ventricular esquerda se deteriora, o nível de rejeição usualmente está muito avançado, sendo mais difícil de tratar. A ecocardiografia, porém, tem alguma utilidade no manuseio dos receptores de transplantes de coração. A avaliação ecocardiográfica com Doppler dos pacientes, para avaliar a função diastólica, é uma técnica bastante sensível para acompanhar as alterações que ocorrem na rejeição. Outros achados ecocardiográficos, como a espessura aumentada da parede ou edema, podem fornecer indicações sobre a rejeição humoral que não são rotineiramente detectadas por técnicas-padrão de coloração das biópsias. A ecocardiografia também pode fornecer evidências de anormalidades do movi-

Escala de Rejeição Cardíaca da Sociedade Internacional de Transplante Cardíaco e Pulmonar

GRAU	ACHADOS PATOLÓGICOS NA BIÓPSIA
0	Sem rejeição
1	1A – infiltrado focal (perivascular ou intersticial) sem necrose
	1B – Infiltrado difuso porém escasso, sem necrose
2	Um único foco, com infiltração agressiva ou dano focal ao miócito
3	3A – Infiltrados multifocais ou dano ao miócito
	3B – Processo inflamatório difuso com necrose
4	Infiltrado agressivo difuso com necrose, edema, vasculite e hemorragia

mento da parede, sugerindo doença isquêmica, e auxiliar na avaliação da disfunção valvular, a qual pode explicar a piora da função cardíaca.

17. Quais são os diferentes tipos de rejeição?

A rejeição atualmente responde por uma minoria das mortes em pacientes transplantados (menos de 15 a 20%). A rejeição hiperaguda, a celular e a humoral são as principais formas reconhecidas atualmente.

A *rejeição hiperaguda* usualmente apresenta-se imediatamente após o transplante como disfunção severa do enxerto e tem um prognóstico extremamente reservado. Ela ocorre quando o receptor tem anticorpos pré-formados para antígenos HLA no coração do doador. Esses anticorpos podem ser formados quando existe exposição prévia aos antígenos HLA comuns ao doador, como pode ocorrer com transfusões de sangue, gestação ou transplante prévio de órgãos, um novo transplante imediato é necessário. A maioria dos casos de rejeição hiperaguda pode ser prevenida por triagem dos receptores para anticorpos anti-HLA prévios ao transplante. Pacientes com um amplo espectro de anticorpos anti-HLA usualmente necessitam realizar provas cruzadas antes do transplante.

A *rejeição celular* é a forma mais comum de rejeição. Os linfócitos "T" medeiam esse processo, o qual envolve infiltrados linfocíticos perivasculares e perimiocíticos. Essa forma de rejeição é diagnosticada por coloração H&E das biópsias e usualmente responde muito bem a níveis aumentados de imunossupressão. A rejeição celular ocorre mais freqüentemente e mais agressivamente nos primeiros meses após um transplante. É rara após os primeiros seis meses, a menos que o receptor tenha uma infecção concorrente, uma redução recente na imunossupressão ou episódios prévios freqüentes de rejeição.

A *rejeição humoral (vascular)* é muito menos comum que a rejeição celular, embora possa ocorrer em até 20% dos pacientes recebendo preparações antilinfócitos, mas envolve um prognóstico muito pior. Os pacientes com esse tipo de rejeição caracteristicamente têm deposição de imunoglobina e complemento em um padrão vascular por coloração imunofluorescente. Eles também apresentam edema celular endotelial generalizado à microscopia ótica. A rejeição vascular é observada mais comumente em pacientes com sensibilização ao OKT3.

18. Como a rejeição é tratada?

O tratamento da rejeição depende do tipo e da severidade do grau patológico, bem como dos sintomas clínicos e da presença de alterações hemodinâmicas (ver tabela na Questão 15). Pacientes com rejeição de grau 1, sem alterações hemodinâmicas, freqüentemente não são tratados, mas acompanha-se cuidadosamente a sua progressão. A rejeição em geral cede espontaneamente, evitando-se os riscos de imunossupressão adicional. A rejeição grau 2 é tratada com esteróides orais. A rejeição de grau 3 e 4, usualmente é tratada com altas doses de esteróides intravenosos ou orais por três dias, seguidas de uma retirada gradual. Os episódios resistentes aos estereóides são tratados com OKT3, um anticorpo monoclonal de camundongo para a molécula CD3, que é parte de um complexo multimolecular encontrado em linfócitos maduros. As doses iniciais de OKT3 podem causar hipotensão, broncospasmo, febre ou diarréia mediada por linfocinas. Esses efeitos colaterais podem ser minimizados pelo pré-tratamento com esteróides e anti-histamínicos.

19. Quem deve ser considerado como doador em potencial?

Devido à escassez de doadores de órgãos e ao mau prognóstico dos pacientes que aguardam transplante cardíaco, a triagem inicial de doadores deve ser muito liberal. A etapa inicial envolve o reconhecimento e a declaração de morte cerebral no doador. Após o consentimento ser obtido, o doador é triado para aceitabilidade pelo sistema de recuperação de órgãos designado. As contra-indicações relativas poderiam complicar potencialmente um transplante, mas isso deve ser pesado em relação à situação clínica do receptor e à sobrevida a curto prazo.

Contra-Indicações à Doação de Órgãos

CONTRA-INDICAÇÕES ABSOLUTAS	CONTRA-INDICAÇÕES RELATIVAS
Estado HIV-positivo	Sepse
Morte devido a intoxicação por CO	Suporte inotrópico prolongado ou RCP
Doença cardíaca estrutural	Hipotensão prolongada
Infarto do miocárdio prévio	Doença arterial coronária não-crítica
Arritmias ventriculares intratáveis	Positividade para hepatite B ou C
Doença arterial coronária oclusiva severa	História de câncer metastático
	Evidência de contusão cardíaca
	História de uso de drogas intravenosas

REFERÊNCIAS BIBLIOGRÁFICAS

1. Baldwin J, Anderson JL, Boucek M, et al: Donor Guidelines. *J Am Coll Cardiol* 22:15-20, 1993.
2. Baumgartner WA, Reitz BA, Achuff SA: Heart and Heart-Lung Transplantation. Philadelphia, WB Saunders Company, 1990.
3. Boyd D, Mego N, Khan B, et al: Doppler echocardiography in cardiac transplant patients: allograft rejection and its relationship to diastolic function. *J Am Soc Echocardiography* 10:526-531, 1997.
4. Brann WM, Bennett LE, Keck BM, Hosenpud JD: Morbidity, functional status, and immunosuppressive therapy after heart transplantation: an analysis of the joint International Society for Heart and Lung Transplantation/United Network for Organ Sharing Thoracic Registry. *J Heart Lung Transplant* 17:374-382, 1998.
5. Constanzo MR, Augustine S, Bourge R, Bristow M: Selection and treatment of candidates for heart transplantation. *Circulation* 92:3593-3612, 1995.
6. Gao SZ, Hunt SA, Schroeder JS, et al: Early development of accelerated graft coronary artery disease: risk factors and course. *J Am Coll Cardiol* 28:673-679, 1996.
7. Gill EA, Borrego C, Bray BE, et al: Left ventricular mass increases during vascular rejection: Comparison with cellular rejection. *J Am Coll Cardiol* 15:922-926, 1995.
8. Hammond EH, Taylor DO, Yowell RL, et al: The repetitive histologic pattern of vascular cardiac allograft rejection. *Transplantation* 62:205-210, 1996.

9. Hosenpud JD, Bennett LE, Keck BM, et al: The Registry of the International Society for Heart and Lung Transplantation: Sixteenth Official Report-1999. *J Heart Lung Transplant* 18:611-626, 1999.
10. Mudge G, Goldstein S, Addonizio LJ, et al: Recipient guidelines/prioritization. *J Am Coll Cardiol* 22:21-30, 1993.
11. United Network for Organ Sharing: 1997 Report of Center-Specific Graft and Patient Survival Rates. Rockville, Maryland, Department of Health and Human Services, 1997.
12. Weis M, von Scheidt W: Cardiac allograft vasculopathy: a review. *Circulation* 96:2069-2077, 1997.
13. Young JB: Cardiac Transplantation: Three Decades of Experience Define Our Challenge. *Transplant Proc* 30:1885-1888, 1998.

38. DOENÇA VASCULAR PERIFÉRICA OCLUSIVA

Eric S. Weinstein, M.D., e *David Tanaka*, M.D.

1. O que é doença vascular periférica oclusiva (DVPO)?

Esse termo refere-se a um subgrupo de doenças ateroscleróticas; o outro subgrupo é o da doença aneurismática. A DVPO é caracterizada por estenoses e oclusões que afetam artérias em todo o corpo, exceto no coração. Ela é chamada comumente de "endurecimento das artérias".

2. Descreva os tipos de sintomas produzidos pela DVPO.

Os sintomas produzidos pela DVPO são determinados pelo leito vascular suprido pelas artérias afetadas. Por exemplo, a DVPO que afeta as carótidas pode produzir acidentes vasculares ou ataques isquêmicos transitórios. A DVPO que afeta a circulação visceral pode produzir sintomas de isquemia intestinal crônica, como dor pós-prandial e perda de peso. O envolvimento das artérias renais pode produzir hipertensão ou insuficiência renal. O envolvimento das artérias das extremidades inferiores pode produzir sintomas como claudicação, dor isquêmica em repouso ou perda tissular.

3. O que é claudicação?

O termo claudicação é derivado do latim *claudical*, que significa "mancar". A claudicação é a dor intermitente experimentada em um grupo muscular (geralmente imediatamente abaixo da área de estenose ou oclusão) e resulta de perfusão inadequada durante o exercício. Ela é muito reprodutível e é aliviada pelo repouso. O sintoma pode ser caracterizado pelo paciente como dor, cãibra, dormência ou fadiga muscular.

4. Existem outras causas de doença vascular além da DVPO?

Sim. Sintomas similares de dor nas extremidades inferiores com o exercício podem ser produzidos pela compressão ou irritação das raízes nervosas espinais, que pode ser vista na síndrome da cauda eqüina ou na doença degenerativa do disco/espinha lombossacral. Isso é chamado de *claudicação neurogênica*. Às vezes pode ser diferenciada da claudicação vasculogênica pela história, quando o paciente observa ter de sentar para aliviar os sintomas (o que elimina o estiramento do nervo afetado) e pelo exame físico na presença de pulsos normais em repouso e após o exercício.

5. O que causa sintomas de claudicação em pacientes jovens?

A *aterosclerose* tende a ser uma doença que afeta primariamente pacientes mais velhos; contudo, pode manifestar-se em pacientes mais jovens que têm síndromes hiperlipidêmicas familiares, doença de Buerger (tromboangeíte obliterante) ou distúrbios de hipercoagulabilidade. Adicionalmente, várias condições anatômicas podem apresentar-se como claudicação em pacientes jovens. A *síndrome de aprisionamento poplíteo* é uma anormalidade anatômica na qual a artéria poplítea é comprimida por uma banda muscular anormal ou por ter tomado um curso anormal (medial) por trás do joelho e é comprimida por um músculo gastrocnêmio normal. A *doença cística poplítea adventicial* também está no diagnóstico diferencial da claudicação em pacientes jovens; ela produz uma estenose poplítea que aparece como um "sinal de cimitarra" clássico no angiograma. A *síndrome de compartimento induzida pelo exercício* pode produzir sintomas similares de dor na perna com o exercício que é aliviada pelo repouso.

6. O que é uma isquemia com risco ao membro?

Enquanto a claudicação é produzida pela redução da perfusão muscular com o exercício, a isquemia com risco do membro refere-se à perfusão tissular inadequada *em repouso*. Ela se manifesta caracteristicamente como dor em repouso ou perda tissular. A dor em repouso refere-se ao sintoma específico de uma sensação de dor ou de queimação, geralmente experimentada nos artelhos ou nos calcanhares, que ocorre à noite quando o pé está elevado, aliviada pela posição pendente. Os pacientes geralmente dizem ao examinador que eles têm que dormir em uma cadeira, devido à dor. A perda tissular pode ser vista na isquemia com risco do membro como uma úlcera que não cicatriza (presente por mais de quatro semanas) ou gangrena. Úlceras de insuficiência arterial geralmente são distais ao maléolo e dolorosas (ao contrário da ulceração venosa, que tende a ser acima do maléolo e geralmente não são dolorosas, a não ser quando estão infectadas).

7. Os pacientes com claudicação progridem invariavelmente para isquemia com risco ao membro?

Não. Em 80% desses pacientes, os sintomas estabilizam-se ou melhoram com a cessação do tabagismo e com um programa de exercícios. Aproximadamente 10% requer vascularização devido à isquemia progressiva e 10% requer amputação subseqüente.

8. Os fatores de risco da doença arterial coronária e DVP são os mesmos?

Sim e não. Os fatores de risco gerais são os mesmos, mas existem algumas diferenças:

- O *tabagismo* é mais difundido em pacientes com DVP (80%). O grau de tabagismo influencia no prognóstico do membro, na patência dos vasos após a cirurgia ou angioplastia e na mortalidade.
- O *diabete* aumenta o risco de progressão da doença. Os diabéticos também apresentam maior incidência de doença vascular distal na artéria poplítea.
- A *hiperlipidemia* é um fator de risco para DVP, mas o perfil de risco é diferente do que para a doença arterial coronária. Baixos níveis de lipoproteína de alta densidade (HDL) e triglicerídios elevados são fatores de risco independentes para a DVP, mas a lipoproteína de baixa densidade (LDL) elevada não é.
- A *hipertensão* é um fator de risco para DVP, mas não existe evidência de que o tratamento da hipertensão influencie no prognóstico da DVP. A maioria dos pacientes com claudicação pode ser tratada para hipertensão sem piorar sua claudicação, embora em alguns pacientes com doença severa possa ocorrer uma piora dos sintomas. Em geral, os β-bloqueadores podem ser usados com segurança para tratar a hipertensão ou angina em presença de claudicação.

9. Quais os estudos vasculares não-invasivos úteis na DVP?

- O *índice maleolobraquial* (IMB) é a pressão sistólica do maléolo, determinada por Doppler, dividida pela pressão sistólica braquial. Um índice é considerado anormal abaixo de 0,90. A sensibilidade é de aproximadamente 90% para o diagnóstico da DVP.
- A *pletismografia* mede as alterações no volume dos artelhos, dos dedos ou das partes dos membros que ocorrem a cada batimento de pulso, à medida que o fluxo sangüíneo entra ou sai da extremidade. Esse método pode ser usado para determinar as pressões nos artelhos e os registros de volume de pulso, os quais são úteis quando as pressões no maléolo estão falsamente elevadas devido à calcificação nos vasos das extremidades inferiores. Um índice artelhobraquial < 0,6 é anormal, e valores < 0,15 são observados em pacientes com dor em repouso (pressões nos artelhos < 20 mm Hg).
- O *ultra-som com a medida da velocidade por eco-Doppler, duplex* e *Doppler com fluxo colorido* são métodos para avaliar a estenose arterial e o fluxo sangüíneo. Esses métodos podem

localizar e quantificar o grau de estenose. Eles dependem da habilidade do operador e não são tão sensíveis como o índice maleolobraquial para fins de triagem.

- As *medidas de tensão de oxigênio transcutâneas* são úteis para avaliar a viabilidade do tecido para a cicatrização de feridas. Medidas acima de 55 mm Hg são consideradas normais, e aquelas abaixo de 20 mm Hg estão associadas com úlceras que não cicatrizam.
- Os *testes ergométricos* medem o tempo de caminhada na esteira e os índices maleolobraquiais pré-exercício e pós-exercício. Naqueles sem DVP significativa, o IMB não se altera após o exercício. Em pacientes com DVP, o IMB cai após o exercício. Esses exames são mais sensíveis para detectar doença que um IMB em repouso isolado.

10. Qual é a abordagem geral para o manuseio ambulatorial da DVP?

Primeiro, tratar outras condições que possam afetar adversamente o suprimento de oxigênio aos tecidos, como a insuficiência cardíaca congestiva, a anemia e a hipoxia. Modificar os fatores de risco. A cessação do tabagismo demonstrou melhorar a morbidade e a mortalidade em pacientes com DVP. Apesar da falta de evidências consistentes, é prudente tratar a hipertensão, controlar a hiperglicemia e reduzir o colesterol. Em casos severos, especialmente em diabéticos, é necessário um meticuloso cuidado local da pele, dos pés e das unhas para prevenir a infecção e a perda do membro. Faça seus pacientes retirarem os sapatos e as meias durante o exame.

11. A claudicação pode ser melhorada?

O exercício demonstrou melhorar o tempo de caminhada sem dor. A magnitude da melhora foi de até 190%, com uma média de aproximadamente 134%. Os pacientes devem ser encorajados a caminhar até o ponto da claudicação e então repousar até cessar a dor; a seguir, caminhar novamente.

A pentoxifilina era inicialmente a única medicação para claudicação. Acredita-se que ela melhorava a deformabilidade do eritrócito, a reatividade das plaquetas e a viscosidade sangüínea. Recentemente, o cilostazol mostrou ser significativamente melhor que a pentoxifilina ou placebo para aumentar as distâncias percorridas. O cilostazol tem efeitos antiagregantes sobre as plaquetas, efeitos benéficos sobre os lipídeos séricos e efeitos vasodilatadores.

12. E quanto à anticoagulação, à aspirina e aos vasodilatadores?

Nenhuma dessas medicações comprovou reduzir a claudicação ou prevenir a progressão da aterosclerose em pacientes com DVP. A aspirina deve ser prescrita rotineiramente, pois reduz a incidência de infarto do miocárdio e de acidentes vasculares em pacientes com DVP.

13. Quando a cirurgia ou angioplastia estão indicadas?

- Isquemia com risco ao membro
    - Dor em repouso
    - Úlcera que não cicatriza
    - Gangrena
- Claudicação com limitações ao estilo de vida

14. A angioplastia é preferível à cirurgia?

A resposta a essa pergunta é complexa. Em certas situações, a angioplastia pode estar recomendada por ser menos invasiva e não necessariamente impedir uma cirurgia futura. Uma vez determinado que a intervenção é necessária para tratar a DVP, os fatores de risco do paciente para a cirurgia devem ser comparados com o índice de sucesso inicial do procedimento, bem como com o índice de patência a longo-prazo associado com angioplastia.

15. Quais são as lesões apropriadas para angioplastia?

A angioplastia é mais eficaz para a doença localizada, especialmente das artérias ilíacas e femorais. A doença extensa (lesão > 10 cm de extensão) ou doença em múltiplos locais freqüentemente é melhor tratada cirurgicamente. Essas decisões são melhor tomadas em consultoria com um cirurgião vascular e um radiologista invasivo.

16. Como você avalia o risco operatório em um paciente agendado para cirurgia vascular?

A principal preocupação para pacientes com DVP é avaliar o risco de uma complicação cardíaca perioperatória. Esta é a causa mais comum de mortalidade na cirurgia vascular, porque aproximadamente metade desses pacientes tem doença arterial coronária significativa. Muitos desses pacientes não têm angina e não podem exercitar-se devido à sua DVP.

A avaliação pré-operatória correta do paciente de cirurgia vascular foi extensamente estudada, mas permanece controversa. Uma abordagem baseia-se na avaliação clínica e inicia-se com a avaliação do paciente para os seguintes fatores de risco: idade > 70, diabete, infarto do miocárdio prévio, angina ou história de ectopia ventricular.

Se o paciente *não tem fatores de risco* e pode caminhar aproximadamente duas quadras, apresenta baixo risco e pode realizar a cirurgia.

Se o paciente tem *três ou mais fatores de risco*, então apresenta alto risco para a cirurgia. Deve-se tentar realizar um procedimento de menor risco, como o *bypass* axilofemoral ou angioplastia ou adiar a cirurgia. A angiografia coronária também deve ser considerada, mas o risco de qualquer intervenção com base na angiografia coronária deve ser considerado em adição ao risco da cirurgia vascular. A monitoração invasiva com cateteres Swan-Ganz e arterial, o uso perioperatório de β-bloqueadores e de nitratos e a monitoração cuidadosa para depressão perioperatória de ST (até 48 horas do pós-operatório) podem diminuir o risco de complicações cardiológicas.

Se o paciente tem *um ou dois fatores de risco* ou é incapaz de caminhar duas quadras, apresenta risco intermediário. Deve ser feita uma cintilografia com dipiridamol-tálio. Se o estudo é negativo, o paciente tem baixo risco e pode sofrer a cirurgia. Se o estudo é positivo, o paciente tem alto risco e é abordado conforme acima descrito.

REFERÊNCIAS BIBLIOGRÁFICAS

1. Consensus Document: Chronic Critical Leg Ischemia. *Eur J Vasc Surg* 6(suppl A):1-32, 1992.
2. Criqui MH, Fronek A, Kjauber MR, et al: The sensitivity, specificity and predictive value of tradicional clinical evaluation of peripheral arterial diseases: Results from noninvasive testing in a defined population. *Circulation* 71:516-522, 1985.
3. DeWeese JA, Leather R, Porter J: Practice guidelines: Lower extremity revascularization. *J Vasc Surg* 18:280-294, 1993.
4. Eagle KA, Coley CM, Newell JB, et al: Combining clinical and thallium data optimizes preoperative assessment of cardiac risk before major vascular surgery. *Ann Intem Med* 110:859-866, 1989.
5. Hertzer NR, et al: Coronary artery disease in peripheral vascular patients. *Ann Surg* 199:223-233, 1984.
6. Hiatt WR, Regensteiner JG: The value of exercise programs and risk factors modifications in claudicators. *Semin Vasc Surg* 4:188-194, 1991.
7. Mannick JA: Evaluation of chronic lower extremity ischemia. *N Engl J Med* 309:841-843, 1983.
8. Turnipseed W, Metmer DE, Girdley F: Chronic compartment syndrome: An unusual cause for claudication. *Ann Surg* 210:557-563, 1989.
9. Wilt TJ: Current strategies in the diagnosis and management of lower extremity peripheral vascular disease. *Gen Intern Med* 7:87-101, 1992.
10. Dawson DL, Cutler BS, et al: A comparison of Cilostazol and Pentoxifyline for treating intermittent claudication. *Am J Med* 109:523-530, 2000.

39. EMBOLIA PULMONAR

Michael E. Hanley, M.D.

1. Quais os três fatores primários que promovem o tromboembolismo?

O desenvolvimento de trombose venosa é promovido por (1) estase do sangue venoso, (2) lesão à camada íntima da vasculatura venosa e (3) anormalidades na coagulação e/ou fibrinólise.

2. Quais são os fatores de risco para o tromboembolismo?

História prévia de tromboembolismo
Obesidade
Gestação
Imobilização prolongada
Trauma ou cirurgia nas extremidades inferiores ou na pelve
Cirurgia com mais de 30 minutos de anestesia geral
Insuficiência cardíaca congestiva
Síndrome nefrótica
Câncer
Compostos contendo estrógenos
Idade avançada

3. Qual é a história natural da trombose venosa?

A resolução de trombos frescos ocorre por fibrinólise e organização. A *fibrinólise* resulta na dissolução verdadeira do coágulo. A *organização* reestabelece o fluxo sangüíneo venoso por reendotelização e incorporação na parede venosa do coágulo residual não-dissolvido pela fibrinólise. Na ausência de nova formação de coágulos, os dois processos geralmente estão completos em 7 a 10 dias.

4. Os pacientes com trombose venosa profunda podem ser diagnosticados clinicamente de modo acurado?

Não. O diagnóstico clínico da trombose venosa profunda não é sensível nem específico. Menos de 50% dos pacientes com trombose venosa profunda confirmada apresentam-se com os sintomas clássicos de dor, eritema e edema. Similarmente, os testes radiológicos confirmam o diagnóstico em apenas 50% dos pacientes com alta suspeita clínica de trombose venosa profunda.

5. Como o diagnóstico de trombose venosa profunda da extremidade inferior é confirmado?

O teste de escolha depende da localização provável da trombose venosa profunda. A venografia com contraste permanece o exame ideal, mas está associada a uma incidência maior de efeitos adversos, principalmente flebite. A cintilografia com fibrinogênio acentuado radioativamente é altamente sensível para a trombose venosa profunda na panturrilha e na parte inferior da coxa, mas perde a sensibilidade acima da porção média da coxa, porque o radiofibrinogênio acumulado no grande volume de sangue pélvico interfere na visualização. Em contraste, a pletismografia por impedância é sensível acima do joelho, mas não abaixo. Similarmente, a eco-Doppler tem sensibilidade e especificidade de 90 a 95% para coágulos proximais, localizados cefalicamente à veia poplítea. Sua acurácia para tromboses venosas na panturrilha não está bem definida.

6. Quando a profilaxia da trombose venosa profunda deve ser considerada?

Dois fatores devem ser pesados ao decidir iniciar a profilaxia da trombose venosa profunda: o grau de risco para a trombose (ver Questões 1 e 2) e o risco da profilaxia. Os fatores de risco para trombose venosa profunda são cumulativos. O risco primário da profilaxia farmacológica é a hemorragia, a qual geralmente é incomum se não existem defeitos de coagulação ou lesões com potencial de sangramento.

7. Quais as medidas profiláticas disponíveis?

As abordagens à profilaxia da trombose venosa profunda incluem drogas antitrombóticas e instrumentos de compressão pneumática. A *heparina, a heparina de baixo peso molecular (BPM)* e a *warfarina* são eficazes em prevenir a trombose venosa profunda. A heparina subcutânea tem baixo risco de sangramento e início rápido de profilaxia, mas é ineficaz em pacientes submetidos à cirurgia de próstata ou de quadril. A warfarina em baixas doses (com prolongamento do tempo de protrombina em 1,2 a 1,3 vezes o normal) também tem baixo risco de sangramento e é eficaz em pacientes com trauma, queimaduras e cirurgia do quadril. Entretanto, ela leva vários dias para desenvolver um efeito antitrombótico pleno. As drogas antiplaquetárias como a aspirina e o dipiridamol não são eficazes na profilaxia.

Os dispositivos de compressão pneumática intermitente realizam a profilaxia mantendo o fluxo venoso nas extremidades inferiores e são especialmente eficazes em pacientes que não podem receber medicações anticoagulantes. As modalidades disponíveis incluem instrumentos compressivos aplicados somente aos pés, cobrindo as panturrilhas ou estendendo-se às coxas. Nenhuma versão demonstrou fornecer uma profilaxia superior.

8. Todas as tromboses venosas profundas devem ser tratadas com anticoagulação?

Não. As tromboses venosas profundas são tratadas primariamente para prevenir embolia pulmonar fatal. Uma vez que o risco de embolia fatal é baixo nas tromboses venosas profundas limitadas às veias da panturrilha, muitos não recomendam a anticoagulação nesse caso. A ausência de extensão ao sistema poplíteo deve ser confirmada e acompanhada (por 14 dias) pela pletismografia de impedância. Se esse ou outros testes confiáveis para extensão poplítea não estiverem disponíveis, as tromboses venosas da panturrilha devem ser tratadas.

9. A trombose venosa profunda pode ser tratada com segurança em pacientes ambulatoriais?

Sim. Os compostos de heparina de BPM revolucionaram o manuseio da TVP simples. Em relação à segurança e eficácia, esses agentes são pelo menos equivalentes à heparina não-fracionada. Contudo, o seu maior custo, comparativamente, limitou o seu uso no manuseio de pacientes com TVP hospitalizados. A heparina de BPM pode ser administrada em dose única ou duas vezes ao dia e não requer monitorização diária do tempo parcial de tromboplastina ativada para garantir o efeito terapêutico. Essas vantagens levaram ao desenvolvimento de protocolos de tratamento de pacientes ambulatoriais em *pacientes selecionados.* A economia feita evitando-se a internação prolongada e exames laboratoriais diários são enormes.

10. Onde se origina a maioria dos êmbolos pulmonares?

As tromboses nas veias profundas das extremidades inferiores respondem por 90 a 95% dos êmbolos pulmonares. Locais de origem menos freqüentes incluem tromboses no ventrículo direito; nas veias das extremidades superiores, prostáticas, uterinas e renais e, raramente, em veias superficiais.

11. Os termos embolia pulmonar e infarto pulmonar são sinônimos?

Não. O parênquima pulmonar é suprido pelas circulações pulmonar e brônquica (sistêmica). O infarto pulmonar ocorre quando o parênquima pulmonar embolizado é inadequadamente perfundido pela circulação brônquica. O infarto complica somente 10% das embolias pulmonares. As duas condições são tratadas da mesma forma.

12. Quais são os achados mais comuns no raio X de tórax e no eletrocardiograma (ECG) em pacientes com êmbolos pulmonares?

A maioria dos pacientes com embolia pulmonar possui um raio X de tórax normal. Quando o raio X de tórax é anormal, os achados são inespecíficos e incluem um hemidiafragma elevado, infiltrados focais ou multifocais, derrame pleural, atelectasias planas, artérias pulmonares aumentadas, oligoemia focal (sinal de Westermark) e aumento do ventrículo direito.

A maioria dos pacientes com embolia pulmonar apresenta-se com taquicardia sinusal. Outros achados no ECG incluem arritmias (extra-sístoles atrial e ventricular, bloqueio atrioventricular [AV] de primeiro grau, arritmia supraventricular); sobrecarga ventricular direita (desvio do eixo para a direita, hipertrofia ventricular direita); onda "p" pulmonale; bloqueio de ramo direito; padrão em S_1 S_2S_3 e S_1 Q_3T_3; e depressão, elevação ou inversão de S-T e das ondas T. As alterações ST-T, quando presentes, geralmente são mais acentuadas nas precordiais direitas.

13. Qual é o diagnóstico diferencial do paciente com suspeita de embolia pulmonar?

Pneumonite infecciosa
Pleurite viral
Atelectasia
Colapso cardiovascular secundário à sepse e hemorragia
Edema pulmonar
Asma brônquica
Síndrome de hiperventilação
Dor torácica isquêmica
Pericardite

14. Como é confirmado o diagnóstico de embolia pulmonar?

O diagnóstico da embolia pulmonar requer confirmação por exames complementares, porque o diagnóstico clínico é relativamente pouco confiável. Testes diagnósticos úteis incluem a pesquisa de trombose venosa profunda de extremidade inferior (ver Questão 5), cintilografia pulmonar de ventilação/perfusão e angiografia pulmonar. A *angiografia pulmonar* permanece o exame ideal. Embora a angiografia seja segura quando realizada por um angiografista experiente, a morbidade e a mortalidade estão aumentadas em pacientes com hipertensão pulmonar, cor pulmonale ou sobrecarga ventricular direita aguda. A cintilografia pulmonar de ventilação/perfusão é mais segura e menos invasiva que a angiografia, mas também menos específica. A especificidade é melhorada quando somente os defeitos de perfusão segmentares ou maiores são considerados significativos. Quando a cintilografia pulmonar de ventilação/perfusão não é diagnóstica, alguns defendem a avaliação para evidências de trombose venosa profunda de extremidades inferiores antes de realizar a angiografia. Embora a evidência definitiva de trombose venosa profunda não comprove a embolia pulmonar, isso torna-se irrelevante, porque a anticoagulação geralmente é indicada para ambas as condições.

15. Qual é o papel dos dímeros-D no diagnóstico de embolia pulmonar?

Os testes quantitativos dos dímeros-D podem ser úteis para excluir o diagnóstico de doença pulmonar tromboembólica. O teste mede os produtos cruzados de degradação da fibrina e – quando positivo – indica ativação da cascata de coagulação e fibrinólise. Níveis elevados de dímeros-D são inespecíficos, mas um nível < 500 µg/L tem uma sensibilidade de 98 a 100% para excluir o diagnóstico de doença tromboembólica.

Alguns autores sugeriram a incorporação desse teste em algoritmos de diagnóstico para êmbolos pulmonares. Contudo, essa abordagem não foi validada adequadamente para justificar a ampla aplicação desse teste.

16. Qual é o papel da tomografia computadorizada espiral (helicoidal) do tórax no diagnóstico de embolia pulmonar?

Os angiogramas TC helicoidais estão ganhando popularidade para o diagnóstico de embolia pulmonar. A sensibilidade e a especificidade geralmente excedem 90%, especialmente quando há um coágulo nos grandes vasos centrais. Contudo, a sensibilidade e a especificidade são altamente dependentes da experiência do radiologista que está interpretando o exame e a quantidade de tempo dedicado à interpretação.

Um resultado negativo não anula a necessidade de um angiograma pulmonar formal (*especialmente* diante de uma suspeita clínica moderada ou alta), já que ele apenas exclui coágulos nos grandes vasos. Por esse motivo, o papel primário da TC helicoidal no diagnóstico da EP é semelhante ao da cintilografia V/P; ela é um *teste de rastreamento* que pode confirmar o diagnóstico. Em instituições bem-capacitadas em seu uso, ela pode ser o exame de escolha.

Observe que a TC helicoidal provavelmente é superior à cintilografia V/P em pacientes com doença pulmonar subjacente significativa; há uma elevada incidência de V/P não-diagnóstica.

17. Qual é o tratamento da embolia pulmonar?

O tratamento da embolia pulmonar inclui medidas de suporte cardiopulmonar (líquidos e vasopressores para suporte hemodinâmico, oxigênio) e medidas específicas para tromboembolismo, como anticoagulação, colocação de um filtro na veia cava ou terapia trombolítica. A *anticoagulação* permanece o tratamento de escolha para a maioria dos pacientes. O debate principal diz respeito à duração da terapia.

O objetivo da terapia é prevenir a formação de novos coágulos e/ou o crescimento de trombos, enquanto os coágulos existentes tornam-se organizados ou resolvem-se. Uma vez que a organização e a resolução requerem 7 a 10 dias, todos os pacientes devem ser anticoagulados durante esse período. Embora a maioria dos especialistas recomende anticoagulação por três meses para tromboses venosas profundas e seis meses para embolia pulmonar comprovada, alguns defendem a anticoagulação além de 7 a 10 dias somente em pacientes de alto risco para recidiva (fatores de risco tromboembólico continuado [ver Questões 1 e 2] e/ou obstrução venosa persistente, avaliada por pletismografia de impedância).

Tanto a warfarina oral quanto a heparina subcutânea ou a heparina de BPM são eficazes se há indicação de anticoagulação crônica.

18. Quais são as indicações para filtros intracava?

As indicações absolutas para interrupção da veia cava inferior pela inserção de um filtro incluem *insuficiência da anticoagulação e/ou uma contra-indicação para a anticoagulação*. Além disso, alguns defendem a colocação de um filtro intracava na embolia pulmonar maciça, pois a insuficiência de anticoagulação nesse caso freqüentemente tem uma evolução clínica fatal.

19. Quando a terapia trombolítica está indicada para a embolia pulmonar?

Embora a terapia trombolítica para a embolia pulmonar em geral esteja associada a uma dissolução de coágulo mais rápida que a anticoagulação (heparina) isolada, nenhum estudo bem-controlado demonstrou diferença na morbidade ou na mortalidade entre as duas modalidades terapêuticas. Assim, a terapia trombolítica é indicada somente na *embolia pulmonar maciça, caracterizada por hipotensão refratária e/ou hipoxemia refratária*. Em situações de insuficiência ventricular direita com base em critérios ecocardiográficos, pode-se considerar o uso de trombolíticos.

CONTROVÉRSIAS

20. A cirurgia está indicada na embolia pulmonar maciça?

A embolia pulmonar maciça é uma situação com risco de vida com morbidade e mortalidade significativas. A embolectomia cirúrgica (via toracotomia, cateter de sucção ou cateter com balonete) é um procedimento com potencial de salvar vidas. As tentativas de tratamento clínico podem perder um tempo precioso e, se não forem bem-sucedidas, quase certamente resultam em uma evolução clínica fatal.

Por outro lado, muitos pacientes com embolia pulmonar maciça morrem nas primeiras horas de apresentação (antes que os serviços cirúrgicos possam ser mobilizados); o tratamento clínico é altamente eficaz se instituído rapidamente; os resultados da embolectomia cirúrgica não são impressionantes.

Assim, a embolectomia cirúrgica deve ser reservada para casos raros, quando o diagnóstico é irrefutável, o tratamento clínico falhou ou é contra-indicado e a intervenção cirúrgica pode ser realizada imediatamente.

21. Os filtros intracavais são contra-indicados em pacientes com doença tromboembólica?

Um estudo recente questiona a segurança dos filtros da veia cava inferior em pacientes recebendo terapia profilática para EP. Pacientes com TVP proximal foram designados randomicamente a pelo menos três meses de terapia anticoagulante com ou sem colocação de filtro. Embora houvesse menos EP a curto prazo (12 dias) no grupo com filtros, não houve diferença na mortalidade em dois anos entre os dois grupos. O acompanhamento a longo prazo revelou que uma vez descontinuada a terapia anticoagulante, os pacientes com filtros tinham uma incidência significativamente maior de TVP sintomática.

Contudo, nesse estudo as indicações para colocação de filtros não eram aquelas enumeradas na Questão 18. De fato, os pacientes nos quais a terapia anticoagulante era contra-indicada ou havia falhado anteriormente eram excluídos do estudo. Além do mais, TVPs que complicaram no grupo com filtro podem ter resultado de estase venosa devido à obstrução do filtro por êmbolos aprisionados, o que sugeriu que os filtros estavam agindo eficazmente. Por fim, embora os autores não tenham oferecido uma análise estatística, a incidência de EP fatal em dois anos era menor no grupo com filtros que no grupo sem filtro (um *versus* cinco).

As conclusões desse estudo são controversas, mas no mínimo elas sugerem que os médicos devem:

Ser cuidadosos ao indicar a colocação de filtros.

Reexaminar a validade das contra-indicações à anticoagulação aceitas tradicionalmente.

Continuar a anticoagulação por toda a vida em pacientes com filtros, se possível (incluindo reiniciar a terapia após a resolução do processo que a contra-indicou).

REFERÊNCIAS BIBLIOGRÁFICAS

1. Clagett GP, Anderson FA, Heit J, et al: Prevention of venous thromboembolism. *Chest* 108:312S-334S, 1995.
2. Cross JL, Kemp PM, Walsh CG, et al: A randomized trial of spiral CT and ventilation perfusion scintigraphy for the diagnosis of pulmonary embolism. *Clin Radiol* 53:177-182, 1998.
3. Decousus H, Leizorovicz A, Parent F, et al: A clinical trial of vena caval filters in the prevention of pulmonary embolism in patients with proximal deep-vein thrombosis. *New Engl J Med* 338:409-415, 1998.
4. Heijboer H, Buller HR, Lensing AWA, et al: A comparison of real-time compression ultrasonography with impedance plethysmography for the diagnosis of deep-vein thrombosis in symptomatic outpatients. *New Engl J Med* 329:1365-1369, 1993.
5. Hyers TM: Venous thromboembolism. *Am J Respir Crit Care Med* 159:1-14, 1999.

6. Levine M, Gent M, Hirsh J: A comparison of low-molecular-weight heparin administered primarily at home with unfractionated heparin administered in the hospital for proximal deep-vein thrombosis. *N Engl J Med* 334:677-681, 1996.
7. Perrier A, Desmarais S, Goehring C, et al: D-dieter testing for suspected pulmonary embolism in outpatients. *Am J Respir Crit Care Med* 156:492-496, 1997.
8. PIOPED Investigators: Value of the ventilation/perfusion scan in acute pulmonary embolism: Results of the prospective investigation of pulmonary embolism diagnosis (PIOPED). *JAMA* 263:2753-2795, 1990.
9. Rathbun SW, Raskob GE, Whitsett TL: Sensitivity and specificity of helical computed tomography in the diagnosis of pulmonary embolism: A systematic review. *Ann Intern Med* 132:227-232, 2000.
10. Ryu JH, Swensen SJ, Olson EJ, Pellikka PA: Diagnosis of pulmonary embolism with use of computed tomographic angiography. *Mayo Clin Proc* 76:59-65, 2001.
11. Stein PD, Terrin ML, Hales CA, et al: Clinical, laboratory, roentgenographic, and electrocardiographic findings in patients with acute pulmonary embolism and no pre-existing cardiac or pulmonary disease. *Chest* 100:598-603, 1991.
12. Wells PS, Ginsberg JS, Anderson DR, et al: Use of a clinical model for safe management of patients with suspected pulmonary embolism. *Ann Intern Med* 129:997-1005, 1998.
13. Yusen RD, Haraden BM, Gage BF, et al: Criteria for outpatient management of proximal lower extremity deep venous thrombosis. *Chest* 115:972-979, 1999.

40. HIPERTENSÃO PULMONAR

Karen A. Fagan, M.D., e *David B. Badesch,* M.D.

1. Quais são os sintomas típicos de apresentação em pacientes com hipertensão pulmonar?

A dispnéia ao exercício é o mais comum. Uma vez que esse sintoma é inespecífico, os pacientes são freqüentemente diagnosticados com outros distúrbios respiratórios ou cardíacos. Outros sintomas incluem dor precordial, pré-síncope ou síncope, edema e ascite.

2. Quais são os achados físicos usuais em pacientes com hipertensão pulmonar?

No momento em que a maioria dos pacientes se torna sintomática, a hipertensão pulmonar já é severa. Os achados ao exame físico podem incluir:

Som alto de fechamento da válvula pulmonar (P_2)
Impulso do ventrículo direito
Sopro de regurgitação tricúspide (um sopro sistólico acima do bordo esternal inferior esquerdo)
Sopro de insuficiência pulmonar (um sopro diastólico acima do bordo esternal esquerdo)
Distensão venosa jugular (indicando pressão venosa central elevada)
Edema periférico
Hepatomegalia
Refluxo hepatojugular
Ascite
Cianose
Baqueteamento digital

3. Como a hipertensão pulmonar é classificada?

Etiologia: primária versus *secundária.* A hipertensão pulmonar primária não está associada com qualquer das causas conhecidas de hipertensão pulmonar. A hipertensão pulmonar secundária ocorre devido a uma doença subjacente.

Localização: pré-capilar versus *pós-capilar.* A hipertensão pulmonar pré-capilar é causada pela resistência aumentada ao fluxo nas artérias e arteríolas pulmonares. A hipertensão pós-pulmonar é causada pela pressão retrógrada do coração esquerdo e/ou resistência aumentada ao fluxo nas veias pulmonares.

Duração: aguda versus *crônica.* A hipertensão pulmonar aguda é causada por fatores como o tromboembolismo ou a síndrome da angústia respiratória do adulto. A maioria das outras formas de hipertensão pulmonar é crônica.

Histopatologia: plexiforme versus *trombótica.* A lesão plexiforme é caracterizada por ruptura medial focal e dilatação aneurismática, com formação de um tufo proliferativo complexo de células da íntima e canais. A histopatologia trombótica é caracterizada por trombo intravascular.

4. A hipertensão pulmonar é uma doença genética?

Cerca de 6% dos pacientes com hipertensão pulmonar primária (HPP) têm um parente próximo com HPP. Recentemente, mutações no gene que codifica o receptor morfogenético ósseo 2 (RMFO2) foram encontradas em famílias com hipertensão pulmonar familiar. Não é conhecido como as mutações nesse gene são responsáveis pela hipertensão pulmonar.

5. O que deve estar incluído na avaliação clínica de uma possível hipertensão pulmonar?

Como sempre, a avaliação inicia-se com uma história e um exame físico completos. As possíveis causas de hipertensão pulmonar secundária, como as listadas na figura a seguir, devem ser verificadas na história. Além disso, uma viagem ou residência em uma área endêmica para esquistossomose deve ser considerada. Todos os pacientes devem receber uma avaliação inicial básica de triagem, consistindo de raio X de tórax, eletrocardiograma e ecocardiograma.

Pacientes sem indicações da possível etiologia na história ou no exame físico recebem uma avaliação extensa e "detalhada"; pacientes com suspeita de uma causa secundária recebem uma avaliação "dirigida" para verificar aquela etiologia, seguida de uma avaliação ampla, se necessário. Em adição a esses testes, a gasometria arterial e a angiografia pulmonar podem estar indicadas. Se requerida, a angiografia pulmonar deve ser realizada por alguém experiente no manuseio de pacientes com hipertensão pulmonar.

6. Liste algumas causas de hipertensão pulmonar secundária:

Embolia pulmonar recorrente
Exposição crônica a grandes altitudes
Doenças pulmonares crônicas, especialmente DPOC e fibrose pulmonar
Apnéia do sono
Obesidade com hipoventilação
Doença falciforme
Esquistossomose
Insuficiência cardíaca esquerda
Doença da válvula mitral, especialmente estenose
Doença pulmonar venooclusiva
Colagenoses

7. Quais as doenças do tecido conjuntivo que causam mais comumente hipertensão pulmonar?

Esclerodermia (especialmente síndrome CREST)
Doença mista do tecido conjuntivo
Lúpus eritematoso sistêmico
Artrite reumatóide
Dermatomiosite

8. O que ocorre mais freqüentemente, hipertensão pulmonar primária ou secundária?

A hipertensão pulmonar primária (inexplicada) é um distúrbio raro. A hipertensão pulmonar secundária é consideravelmente mais freqüente na prática.

9. Qual grupo populacional é mais freqüentemente afetado pela hipertensão pulmonar primária?

Embora a hipertensão pulmonar primária ocorra em ambos os sexos e em virtualmente todos os grupos etários, tem uma tendência para afetar mulheres jovens. A predominância de mulheres sobre homens é 1,7:1, e a idade média é de 36 anos.

10. O tratamento cirúrgico é atualmente uma opção para os pacientes com hipertensão pulmonar secundária ao tromboembolismo recorrente crônico?

A prevenção apropriada do tromboembolismo recorrente continua a ser extremamente importante. Além dessa prevenção, agora é possível remover cirurgicamente um trombo organizado das artérias pulmonares proximais de pacientes com hipertensão pulmonar secundária ao tromboembolismo recorrente crônico. A mortalidade operatória foi 8,7% em um estudo recente de um centro mais experiente. A anticoagulação permanente é essencial em todos esses pacientes.

11. Qual é a sobrevida média do paciente com hipertensão pulmonar primária?

De acordo com o National Institutes of Health Registry on Primary Pulmonar Hypertension, a sobrevida média é de aproximadamente 2,8 anos a contar do diagnóstico. Deve-se notar, porém, que existe grande variabilidade interindividual. Embora alguns pacientes progridam rapidamente para a morte em um período de meses, outros vivem durante anos com pouca alteração nos sintomas ou na hemodinâmica. Uma melhora da expectativa de vida tem sido relatada com o uso de vasodilatadores (oral e IV).

12. O que é considerado atualmente "terapia convencional" para os pacientes com hipertensão pulmonar primária?

A "terapia convencional" inclui a *suplementação de oxigênio* conforme necessário para manter uma saturação de oxigênio de no mínimo 91%, os *diuréticos* se o paciente tem edema ou ascite clinicamente significativos, os *vasodilatadores* (orais e venosos), a *anticoagulação* na ausência de contra-indicações e, ocasionalmente, *digital.*

13. Como os vasodilatadores são usados no tratamento da hipertensão pulmonar primária?

Até recentemente, apenas vasodilatadores ativos oralmente (geralmente bloqueadores dos canais de cálcio) estavam disponíveis para uso em pacientes com HPP. Cerca de 25% dos pacientes com HPP têm uma resposta favorável aos bloqueadores dos canais de cálcio, levando a um melhor prognóstico. Contudo, a despeito de uma melhora inicial, esses pacientes podem deteriorar posteriormente, necessitando de tratamento adicional e um acompanhamento de perto.

Atualmente, os vasodilatadores administrados IV são usados com sucesso no tratamento da HPP. A despeito da complexidade da administração da droga, a infusão contínua da prostaciclina levou à melhora no estado funcional e na sobrevida.

14. Como se determina qual vasodilatador é melhor para pacientes com hipertensão pulmonar?

Uma vez que apenas 25% dos pacientes com HPP respondem favoravelmente aos vasodilatadores orais, é importante tentar prever quem são esses indivíduos, uma vez que o tratamento alternativo é o uso de terapia IV complicada. Para determinar a probabilidade de resposta aos vasodilatadores orais, a resposta aguda aos vasodilatadores é determinada com monitorização hemodinâmica invasiva no laboratório de cateterismo cardíaco ou na unidade de terapia intensiva. Nessas condições, os pacientes recebem vasodilatadores pulmonares de ação curta e são feitas medidas hemodinâmicas para determinar se há melhora significativa. Uma ampla variedade de vasodilatadores é usada na prática clínica incluindo óxido nítrico, prostaciclina e adenosina. Se o paciente tem uma resposta favorável aos vasodilatadores administrados agudamente, espera-se uma resposta aos bloqueadores dos canais de cálcio. Se o paciente não responder favoravelmente aos vasodilatadores administrados agudamente, então considere o tratamento com prostaciclina intravenosa.

15. O que é considerado uma resposta favorável aos vasodilatadores administrados agudamente?

Uma diminuição na pressão média da artéria pulmonar de 10 mm Hg, um aumento no débito cardíaco de 25% e uma diminuição da resistência vascular pulmonar de 25% são indicativos de uma resposta favorável aos vasodilatadores administrados agudamente.

16. Quais são as complicações da terapia com vasodilatadores?

Nenhum dos vasodilatadores é seletivo para a circulação pulmonar (exceto, possivelmente, o óxido nítrico inalado); então, uma complicação comum é a hipotensão sistêmica. Outros efeitos colaterais do tratamento relatados freqüentemente, especialmente com a prostaciclina, incluem rubor, cefaléia, náusea, diarréia e dor no queixo. Como a administração IV de prostaciclina requer um acesso venoso central, infecções do cateter IV e trombose associada com o cateter são comuns. Um cuidado especial com o cateter e a anticoagulação ajudam a reduzir o risco, mas ainda há chance de complicações significativas com risco de vida.

17. Como se trata as formas secundárias de hipertensão pulmonar?

Quando possível, trate a doença subjacente. Assim, para hipertensão pulmonar associada com doença pulmonar, a chave é manter uma saturação de oxigênio adequada. Nos pacientes com síndrome de apnéia do sono, é necessário tratamento eficaz com CPAP. Se a causa da hipertensão pulmonar for doença cardíaca congênita, deve ser feito o reparo definitivo. Os vasodilatadores têm sido usados com sucesso variável para o tratamento de hipertensão pulmonar secundária, mas deve-se ter muito cuidado ao considerar esse tratamento, uma vez que em pacientes com doença pulmonar subjacente tem sido relatada, ocasionalmente, uma piora clínica.

18. Como deve ser feito o tratamento da hipertensão pulmonar associada com a síndrome CREST?

A hipertensão pulmonar é uma complicação comum e com risco de vida da síndrome CREST e é responsável pela significativa morbi-mortalidade dessa doença. Os vasodilatadores orais disponíveis têm sido notadamente ineficazes no tratamento da hipertensão pulmonar associada com a síndrome CREST. Recentemente, a infusão de prostaciclina tem mostrado melhorar o estado funcional de pacientes com síndrome CREST e hipertensão pulmonar e está sendo usada nessa condição clínica mais freqüentemente.

19. É possível o transplante em pacientes com HPP?

Sim. O transplante pulmonar é uma opção adicional, especialmente em pacientes que não respondem ao tratamento agressivo. Um transplante combinado de coração-pulmão não parece mais ser necessário, uma vez que o ventrículo direito parece recuperar a função após o transplante pulmonar. Ocasionalmente, é necessário um transplante coração-pulmão em pacientes com defeito cardíaco congênito incorrigível com síndrome de Eisenmenger.

REFERÊNCIAS BIBLIOGRÁFICAS

1. Badesch DB, Tapson VF, McGoon MD, et al: Continuous intravenous epoprostenol for pulmonary hypertension due to the scleroderma spectrum of disease. A randomized, controlled trial. *Ann Intern Med* 132(6):425-434, 2000.
2. Barst RJ, Rubin LJ, Long WA, et al: A comparison of continuous intravenous epoprostenol (prostacyclin with conventional therapy for primary pulmonary hypertension. *New Engl J Med* 334:296-301, 1996.
3. D'Alonzo GE, Barst RJ, Ayres SM, et al: Survival in patients with primary pulmonary hypertension: Results from a national prospective registry. *Ann Intern Med* 115:343-349, 1991.
4. International PPH Consortium-Lane KB, Machado RD, et al: Heterozygous germline mutation, in BMPR2, encoding a TGF-b receptor cause familial primary pulmonary hypertension. Published electronically, Nature Genetics July 28, 2000.
5. Jamieson SW, Auger WR, Fidulo PF, et al: Experience and results with 150 pulmonary thromboen darterectomy operations over a 29 month period. *J Thoracic Cardiovasc Surg* 106:116-127, 1993.
6. Rich S, Kaufman E, Levy PS: The effect of high doses of calcium-channel blockers on survival in primary pulmonary hypertension. *N Engl J Med* 327:76-81, 1992.

41. DOENÇA PULMONAR E O CORAÇÃO

David A. Kaminsky, M.D., e *Olivia V. Adair*, M.D.*

1. Como as doenças do coração esquerdo afetam os pulmões?

O coração e os pulmões estão intimamente ligados pela vasculatura pulmonar; assim, não surpreende que a vasculatura pulmonar seja mais comumente afetada pela doença cardíaca esquerda. Qualquer processo que eleve a pressão diastólica final ventricular esquerda (VE) ou atrial esquerda resultará em uma pressão venosa pulmonar (PVP) elevada. Esses processos incluem as doenças que reduzem a contratilidade do VE, como a doença cardíaca isquêmica, a regurgitação mitral ou a miocardiopatia, bem como processos que diminuem a complacência do VE, como a doença cardíaca isquêmica, estenose aórtica e hipertensão. A estenose mitral resulta em pressões elevadas no átrio esquerdo. Em todas essas circunstâncias, a PVP está aumentada e ocasiona elevações das pressões capilar pulmonar e arterial pulmonar.

2. Quais são os efeitos mecânicos do coração sobre os pulmões?

O coração e os pulmões ocupam um espaço fechado na cavidade torácica. Qualquer processo que resulte em alterações no tamanho ou na posição do coração pode alterar a função pulmonar. A cardiomegalia pode produzir sintomas pulmonares como tosse, dispnéia e sibilos por compressão das estruturas mediastinais como a traquéia ou os brônquios. Um tronco da artéria pulmonar dilatado ou átrio esquerdo aumentado podem causar represamento de gás e hiper-insuflação por oclusão dos brônquios. Uma cardiomegalia maciça ou um derrame pericárdico podem causar atelectasia do lobo inferior esquerdo.

3. Descreva as conseqüências vasculares pulmonares das elevações na PVP.

As pressões capilares pulmonares estão elevadas no caso de PVP aumentada. As forças de Starling normais no interstício alveolar levam a uma força de filtração final de 4 mm Hg dos capilares pulmonares em direção ao interstício. Porém, o acúmulo real de líquido não ocorre devido à capacidade absortiva dos linfáticos pulmonares, os quais podem aumentar o transporte líquido de 5 a 10 vezes em resposta à formação aumentada de líquidos. Eventualmente, os linfáticos atingem seu limite, e ocorre formação de edema intersticial, usualmente com pressões capilares > 20 mm Hg. O extravasamento alveolar, ou edema pulmonar, pode ser observado com elevações na pressão > 25 mm Hg.

Enquanto esses limites de pressão aplicam-se ao edema pulmonar agudo, em situações nas quais a PVP está cronicamente elevada, como na estenose mitral, pode haver pressões muito maiores antes que ocorra edema alveolar.

4. Quais são os dois diagnósticos primários a considerar quando as linhas B de Kerley são vistas no raio X de tórax?

A doença cardíaca esquerda (insuficiência cardíaca congestiva ou estenose mitral) e a carcinomatose linfangítica. Radiograficamente, a congestão pulmonar com redistribuição de fluxo para as zonas superiores do pulmão é tipicamente observada com pressões capilares pulmonares de 18 a 20 mm Hg. À medida que a pressão aumenta ainda mais, o edema intersticial ocorre com

---

*Os autores agradecem a Thomas A. Neff, M.D., cujo texto da 1ª edição está incorporado neste capítulo.

aspecto de opacidade peri-hilar, com espessamento peribronquial e linhas B de Kerley. As assim denominadas rosetas periacinares, ou agrupamentos em forma de cachos radiotransparentes cercados por líquido radiodenso, podem parecer coleções líquidas no espaço alveolar. Com uma pressão de 25 a 30 mm Hg, ocorre edema pulmonar franco, com infiltrados alveolares densos em uma distribuição peri-hilar. Podem ser feitas avaliações bastante precisas das verdadeiras pressões capilares pulmonares, medidas por cateter de Swan-Ganz, ao se pesquisar cuidadosamente a radiografia de tórax.

5. **Descreva as anormalidades da função pulmonar associadas com elevações na PVP devido à doença cardíaca.**

Pacientes com PVP elevada, como observado na insuficiência cardíaca congestiva crônica, podem mostrar um defeito ventilatório combinado, restritivo e obstrutivo, nos testes de função pulmonar. A restrição ocorre como resultado da perda de volume pulmonar, devido ao sangue e ao líquido aumentados dentro dos espaços intersticial e alveolar; a complacência está reduzida.

A limitação ao fluxo de ar evidencia-se como uma queda no *volume expiratório forçado* no primeiro segundo (VEF1) e *capacidade vital forçada* (CVF). Uma vez que o VEF1 e o CVF caem, a relação VEF1/CVF pode estar normal. Uma relação muito baixa usualmente implica a concorrência de doença adicional das vias aéreas, como a doença pulmonar obstrutiva crônica (DPOC). Uma resistência aumentada das vias aéreas devido a elevações da PVP ocorre predominantemente na periferia do pulmão.

A *capacidade de difusão do monóxido de carbono* (DLCO) pode estar aumentada precocemente devido ao aumento do volume sangüíneo pulmonar, mas com a piora do edema intersticial e a lesão definitiva aos vasos pulmonares a DLCO normaliza-se e é então reduzida.

6. **O que é "asma cardíaca"?**

Pacientes com elevações na PVP, como na insuficiência cardíaca congestiva ou estenose mitral, possuem limitação ao fluxo de ar devido à resistência aumentada das vias aéreas. Ao exame físico, isso pode se manifestar como sibilos. Embora acredite-se que a ingurgitação dos vasos sangüíneos e o edema sejam responsáveis por esse processo, a constrição do músculo liso também pode estar envolvida. A hiper-responsividade brônquica à metacolina e à acetilcolina foi demonstrada na asma cardíaca.

Obviamente, é importante distinguir os sibilos por insuficiência cardíaca dos sibilos por uma doença intrínseca das vias aéreas, pois o tratamento é substancialmente diferente. Uma história e um exame físico cuidadosos, seguidos de um teste terapêutico com diuréticos ou com broncodilatadores, responderá a questão.

7. **Além dos sibilos, os pacientes com insuficiência cardíaca congestiva freqüentemente têm estertores grosseiros. Que outras doenças pulmonares podem causar estertores?**

- Bronquiectasia
- Doença pulmonar obstrutiva crônica (DPOC, especialmente bronquite crônica)
- Pneumonia
- Doença pulmonar intersticial

Como na asma cardíaca, uma história cuidadosa é a melhor abordagem inicial ao diagnóstico. A análise sofisticada dos estertores em diferentes tipos de doença tem demonstrado que os estertores cardíacos são tipicamente mais rudes e prolongados do que os estertores finos, inspiratórios tardios e de curta duração da doença pulmonar intersticial. Os estertores da DPOC também tendem a ser de curta duração, mas são precoces na inspiração e relativamente infreqüentes e escassos. A diferenciação dos estertores da insuficiência cardíaca congestiva daqueles da pneumonia e da bronquiectasia é mais difícil.

8. Que modalidade de cuidados respiratórios pode ser usada para tratar o edema pulmonar cardiogênico e a insuficiência cardíaca congestiva?

A pressão positiva contínua sobre as vias aéreas (CPAP). A CPAP é aplicada por máscara bem-ajustada sobre a boca e o nariz ou apenas sobre o nariz. Usualmente, é utilizada para tratar a insuficiência respiratória devido à apnéia obstrutiva do sono ou DPOC severa. Porém, a CPAP também demonstrou ser eficaz para melhorar os sintomas do edema pulmonar agudo e para ganhar tempo quando se está tentando evitar a intubação enquanto se aguarda que a terapia farmacológica surta efeito.

9. Quais são as conseqüências a longo prazo das elevações na PVP?

Hipertensão pulmonar. As alterações patológicas típicas associadas com a hipertensão pulmonar relacionada ao coração esquerdo são o espessamento medial devido à hipertrofia e/ou hiperplasia do músculo liso vascular. Anormalidades do parênquima pulmonar também podem ser observadas, especialmente na estenose mitral avançada. Incluem espessamento da parede alveolar, fibrose, hemossiderose e também calcificação parenquimatosa.

10. Outras classes de doença cardíaca podem alterar a vasculatura pulmonar?

A doença cardíaca congênita com fluxo da esquerda para a direita irá afetar a vasculatura pulmonar por causar um grande aumento no volume sangüíneo e no fluxo pulmonar. Essas doenças incluem o defeito septal atrial, o defeito septal ventricular, o ducto arterioso patente e o retorno venoso pulmonar anômalo. O fluxo aumentado observado com essas lesões pode resultar em hipertensão pulmonar. Por fim, os pacientes podem desenvolver uma resistência vascular pulmonar suficientemente alta de modo que o fluxo pela comunicação iguale-se ou reverta para um fluxo da direita para a esquerda (síndrome de Eisenmenger).

11. Quais são as manifestações pleurais da doença cardíaca?

Normalmente, existe uma fina camada de líquido entre a pleura visceral e a parietal. A filtração líquida é favorecida por forças de Starling para dentro do espaço pleural a partir da pleura parietal, mas a pleura visceral absorve o líquido, prevenindo seu acúmulo. Porém, uma pressão hidrostática aumentada, como na insuficiência cardíaca, resulta em um derrame pleural transudativo. A pleura parietal é suprida pela circulação sistêmica, de modo que qualquer aumento na pressão venosa sistêmica, como na insuficiência cardíaca direita, promove o aumento da formação de líquido. A pleura visceral é suprida pela circulação pulmonar, de modo que um aumento na pressão pulmonar, como na insuficiência cardíaca esquerda, impede a reabsorção de líquido.

Os derrames por insuficiência cardíaca usualmente são bilaterais, mas, quando unilaterais, ocorrem mais freqüentemente no lado direito.

12. Como a doença cardíaca pode causar um derrame pleural exsudativo?

Após muitas formas de lesão cardíaca, incluindo o infarto do miocárdio, a cirurgia ou o trauma, uma síndrome de pericardite, pleurite e, raramente, pneumonite pode desenvolver-se nas próximas 1 a 12 semanas. Esse processo é denominado *síndrome de Dressler* e pode ser observado em 1 a 3% dos pacientes após um infarto do miocárdio e até 30% dos pacientes de cirurgia cardíaca. Os sintomas incluem dor pericárdica e dor precordial pleurítica, sinais de febre, atrito pericárdico ou pleural, e leucocitose e VSG elevada são achados típicos. Os derrames pleurais ocorrem em 60 a 80% dos casos, e 50% têm uma silhueta cardíaca aumentada devido ao derrame pericárdico. O derrame pleural é exsudativo, com elevação das proteínas (usualmente > 3 g/100 mL), do pH (> 7,40), da desidrogenase lática e da contagem de hemácias.

A etiologia da síndrome de Dressler é desconhecida, mas acredita-se que ocorra devido a uma resposta mediada por anticorpos aos antígenos miocárdicos expostos pela lesão. O tratamento é de suporte, com antiinflamatórios não-esteróides ou corticosteróides.

13. Um paciente apresenta-se com febre, hemoptise e múltiplos infiltrados pulmonares com radiotransparências centrais ao raio X de tórax. Qual é o diagnóstico?

Endocardite direita com embolia pulmonar séptica. A doença cardíaca pode levar à embolia pulmonar no caso de endocardite direita afetando a válvula tricúspide. Raramente, êmbolos sépticos podem originar-se de cateteres instalados na veia cava superior. A endocardite direita responde por 5 a 10% de todos os casos de endocardite, sendo mais freqüentemente observada em usuários de drogas intravenosas. O organismo infectante mais comum é o *Staphylococcus aureus*, embora espécies de *Streptococcus*, gram-negativos e *Candida* também possam estar envolvidas.

O aspecto radiográfico é muito característico, e inclui múltiplas densidades maldefinidas dispersas pelos campos pulmonares, especialmente na periferia. Elas podem parecer alterar-se em número e em tamanho nos raios X seriados, refletindo a progressiva chegada dos êmbolos aos pulmões. A presença de cavitação é observada em 25% dos pacientes.

14. Quais são os efeitos pulmonares de várias drogas cardiovasculares?

Os *inibidores da enzima conversora da angiotensina* causam tosse em aproximadamente 15% dos pacientes, mas duas vezes mais freqüentemente em mulheres do que em homens. O mecanismo não é conhecido. Os β-bloqueadores são bem-conhecidos por sua capacidade de precipitar broncoespasmo em pacientes com asma e ocasionalmente bronquite. As drogas *procainamida* e *hidralazina* podem causar uma síndrome lúpica em indivíduos suscetíveis. Com a procainamida, a reação é muito mais comum e envolve um teste positivo para anticorpo antineutrófilos em 50 a 80% dos pacientes, com 30 a 40% desenvolvendo infiltrados pulmonares e 40 a 50% tendo doença pleuropericárdica. As manifestações tardias são raras com a hidralazina. A *amiodarona* causa toxicidade pulmonar, com 5 a 15% dos pacientes tratados desenvolvendo uma pneumonite severa, a qual é fatal em 5 a 10%. Esse efeito colateral é dose-dependente, usualmente ocorrendo apenas em pacientes que foram tratados com > 400 mg/dia por > 4 meses.

15. Quais são as principais complicações pulmonares da cirurgia cardíaca?

Atelectasia, pneumonia e exacerbação da DPOC. A atelectasia e a pneumonia usualmente ocorrem devido à incapacidade do paciente em tossir adequadamente ou inspirar profundamente após a cirurgia, freqüentemente devido à dor da toracotomia e ao uso intenso de analgésicos e de sedativos. Essas complicações são menos comuns após uma esternotomia mediana que após uma toracotomia lateral. A atelectasia do lobo inferior esquerdo também pode ser devida a uma disfunção concomitante do nervo frênico, a qual pode resultar de uma lesão mecânica ou do resfriamento associado à cardioplegia. A função do nervo frênico usualmente recupera-se nos primeiros 30 dias a um ano, mas pode levar até dois anos. O broncoespasmo pode piorar. Os derrames pleurais também são comuns. Alguns aspectos pulmonares especiais na cirurgia de transplante cardíaco, em adição, incluem elevações na resistência vascular pulmonar no pós-operatório e as numerosas complicações infecciosas associadas à imunossupressão.

16. Diferencie a dispnéia devido à doença cardíaca daquela por doença pulmonar.

Esse é um problema clínico comum, uma vez que muitos pacientes têm doença cardíaca e pulmonar concomitantes, freqüentemente em associação ao tabagismo. A característica mais importante para diferenciar essas duas etiologias é a indicação de doença subjacente. Assim, uma história de angina, de hipertensão ou de infarto do miocárdio prévio, junto com sinais de insuficiência cardíaca ao exame, tornam a doença cardíaca mais provável, enquanto uma história de bronquite e de tabagismo intenso, com ruídos respiratórios reduzidos ao exame, e uma silhueta cardíaca normal com pulmões hiperinsuflados ao raio X de tórax, sugerem doença pulmonar primária. Em muitos casos, porém, são necessários exames subseqüentes incluindo testes de função pulmonar, gasometria arterial e a uma avaliação da função cardíaca com ecocardiografia ou cintilografia com radioisótopos. A ergometria com medida dos gases expirados pode ser útil em casos difíceis.

17. O padrão de dispnéia pode auxiliar a distinguir entre causas cardíacas e pulmonares?

Sim e não. Acredita-se que a dispnéia paroxística noturna (DPN) seja específica da insuficiência cardíaca, mas pacientes com DPOC também podem queixar-se de DPN devido ao desenvolvimento de secreções aumentadas ao deitar. Asmáticos também podem ter DPN devido a uma piora noturna do broncoespasmo. A ortopnéia é da mesma forma inespecífica para a insuficiência cardíaca congestiva, porque os pacientes com DPOC algumas vezes queixam-se de ortopnéia devido a uma perda parcial da função dos músculos diafragmáticos e acessórios quando em posição supina. A apnéia do sono é freqüentemente associada com hipertensão ou insuficiência cardíaca esquerda, mas uma hipertensão pulmonar secundária pode resultar de anos de hipoxia. A respiração de Cheyne-Stokes ou respiração periódica é característica da disfunção ventricular esquerda e raramente está associada à doença pulmonar *per se*. Um estudo recente de pacientes com insuficiência cardíaca congestiva e respiração de Cheyne-Stokes encontrou que esses pacientes tinham mais probabilidade de ter hipocapnia em vigília devido à hiperventilação. Tais pacientes podem queixar-se de DPN durante períodos de hiperpnéia.

18. Qual causa oculta de hipoxia é comumente negligenciada?

A Apnéia Obstrutiva do Sono (AOS). A hipoxia crônica é uma causa importante de hipertensão pulmonar e pode levar à vasoconstricção pulmonar.

19. Quais as conseqüências cardiovasculares da apnéia obstrutiva do sono?

Além de causar hipertensão pulmonar e cor pulmonale, a AOS está associada com hipertensão sistêmica. Grote e colaboradores mostraram recentemente que o risco relativo de hipertensão sistêmica aumenta com a severidade do distúrbio respiratório do sono, especialmente em pacientes com menos de 50 anos de idade. Os mecanismos postulados incluem aumento da atividade simpática no distúrbio respiratório relacionado ao sono e a possibilidade de um traço genético compartilhado entre obesidade, hipertensão e AOS.

20. A função pulmonar pode prever a morbidade e a mortalidade cardiovascular?

Sim. Estudos recentes demonstraram uma relação inversa entre a função pulmonar, medida por VEF1 ou CVF, e a incidência de doença arterial coronária e insuficiência cardíaca congestiva, independentemente do tabagismo. Uma explicação para esses achados é que o decréscimo na função pulmonar é um indicador de obesidade centrípeta e atividade física diminuída, a qual em si está relacionada à resistência aumentada à insulina, à baixa lipoproteína de alta densidade e a triglicerídeos elevados. A hiperinsulinemia está associada a uma atividade nervosa simpática aumentada e, assim, pode resultar em risco aumentado de hipertensão e de infarto do miocárdio.

21. A idade é um fator de contribuição para o aumento da arritmias em altitudes elevadas?

Um homem de 75 anos subindo 5.100 m no Monte Kilimanjaro foi observado por monitorização Holter. Os achados foram comparados com os estudos de 10 anos antes do mesmo indivíduo subindo 5.895. Também foi registrada a saturação de oxigênio por meio de oxímetro digital e exame ao nível do mar para excluir qualquer evidência de tamponamento cardíaco. Aos 75 anos, a saturação de oxigênio caiu a 70% em 4.710 a 5.100 m, a freqüência cardíaca subiu e as arritmias de VE foram mais freqüentes e complexas. Foi observada taquicardia ventricular, incluindo seqüências de 14 a 250 bpm.

Esses achados sugerem que o envelhecimento pode aumentar a resposta simpática ou talvez a sensibilidade à hipoxia. Essa estimulação simpática aumentada pode ter um papel importante nas arritmias de grande altitude, significando que a hipertensão pulmonar não pode mais ser considerada a única causa provável.

22. Qual é a estratégia para diagnóstico e tratamento da embolia pulmonar (EP)?

Os avanços no diagnóstico de EP são vistos na nova geração de TC helicoidal e IRM. A escolha do exame de visualização baseia-se na qualidade do local do exame.

O tratamento inclui fibrinolíticos de terceira geração e anticoagulantes mais seguros, como a heparina de BPM. As indicações para a fibrinólise incluem hipotensão e disfunção de VD e/ou sintomas severos. O International Cooperative Pulmonary Embolism Registry relatou que a disfunção de VD duplicava o risco de morte aos três meses.

23. A hipotensão é um sinal que deve ser pesquisado para iniciar a terapia fibrinolítica na EP?

Não. Goldhaber e colaboradores observaram que 40% dos seus pacientes estudados tinham uma disfunção de VD no ecocardiograma de base, mas eram normotensos. A função de VD mostrou uma melhora impressionante com o tPa e a heparina (89%) *versus* a heparina isoladamente (44%). Adicionalmente, a morbidade e a mortalidade eram muito mais altas no grupo de apenas heparina (28% *vs.* 6%).

Outros pacientes que podem se beneficiar da fibrinólise são aqueles com trombose venosa profunda maciça; o tratamento pode prevenir a recorrência.

Fibrinólise na EP

	NOÇÕES PRÉVIAS	TEORIA ATUAL
Diagnóstico de EP	Angiograma pulmonar mandatório	Cintilografia pulmonar de alta probabilidade ou ecocardiograma sugestivo (se hipotenso, ou angiograma) ou TC tórax
Indicações de fibrinólise	Hipotensão arterial sistêmica	Hipotensão ou normotensão com hipocinesia ventricular direita moderada ou severa associada
Janela de tempo	≤ 5 dias	14 dias ou menos
Agentes fibrinolíticos	SK ou UK*	tPA, rPA, SK ou UK*
Esquema de dose	24 h para SK; 12-24 h para UK*	100 mg/2 h tPA; 10 U + 10 U rPA (bolus duplo separado por 30 min)
Via de administração	Catéter de artéria pulmonar	Veia periférica
Exames de coagulação	Triagem de CID a cada 4 a 6 h durante a infusão	TTP na conclusão da fibrinólise para ajudar a dosar a heparina
Localização	Unidade de terapia intensiva	Unidade de cuidados intermediários

*UK = não está mais disponível nos Estados Unidos.
SK = estreptoquinase; UK = uroquinse; tPA = alteplase; rPA = reteplase; CID = coagulação intravascular disseminada; TTP = tempo de tromboplastina parcial.
Adaptada de Goldhaber SZ: Thrombolytic therapy. *Adv Intern Med* 44:311-325, 1999.

24. Um paciente é internado por EP. No dia seguinte, o ecocardiograma mostra disfunção de VD. Deve-se adicionar algum tratamento à heparina IV?

Sim, a fibrinólise deve ser iniciada. Daniels e colaboradores observaram que a fibrinólise foi benéfica por até 14 dias em pacientes sintomáticos.

25. A EP é bastante comum. É preciso haver preocupação com uma má evolução?

Sim. A EP permanece a terceira causa mais comum de morte cardiovascular, com 50 mil mortes no USA anualmente. O índice de mortalidade é > 15%. Espera-se que o amplo uso da fibrinólise diminua não apenas esse índice, mas também a EP recorrente. Além do mais, deve-se esperar uma melhora impressionante na função de VD, na prevenção de hipertensão pulmonar (prevenindo a liberação de serotonina e outros fatores neuroumorais) e no tratamento da fonte de trombo na TVP.

REFERÊNCIAS BIBLIOGRÁFICAS

1. Alexander JK: Cardiac arrhythmia at high altitude: The progressive effect of aging. *Tex Heart Inst J* 26:258-263, 1999.
2. Badgett RG, Tanaka DJ, Hunt DK, et al: Can moderate chronic obstructive pulmonary disease be diagnosed by historical and physical findings alone? *Am J Med* 94:188-196, 1993.
3. Baratz DM, Westbrook PR, Shah PK, Mohsenifar Z: Effect of nasal continuous positive airway pressure on cardiac output and oxygen delivery in patients with congestive heart failure. *Chest* 102: 1397-14(11. 1992.
4. Brunnee T, Graf K, Kastens B, et al: Bronchial hyperreactivity in patients with moderate pulmonary circulation overload. *Chest* 103:1477-1481, 1993.
5. Daniels LB, Parker JA, et al: Relation of duration of symptoms with response to thrombolytic therapy in pulmonary embolism. *Am J Cardiol* 80:184-188, 1997.
6. Ettinger NA, Trulock EP: Pulmonary considerations of organ transplantation: State of the art. *Am Rev Respir Dis* 144:433-451, 1991.
7. Goldhaber SZ: Thrombolytic therapy. *Adv Intern Med* 44:311-325, 1999.
8. Goldhaber SZ, Visani I, De Rosa M: Acute pulmonary embolism: Clinical outcomes in the International Cooperative Pulmonary Embolism Registry. *Lancet* 353:1386-1389, 1999.
9. Grote L, et al: Sleep-related breathing disorder is an independent risk factor for systemic hypertenstion *Am J Respir Crit Care Med* 160:1875-1882, 1999.
10. Hanly P, Zuberi N, Gray R: Pathogenesis of Cheyne-Stokes respiration in patients with congestive heart failure. *Chest* 104:1079-1084, 1993.
11. Higgins M, Keller JB, Wagenknecht LE, et al: Pulmonary function and cardiovascular risk factor relationships in black and in white young men and women: The CARDIA Study. *Chest* 99:315-322. 1991.
12. Krowka MJ: Pulmonary hypertension: Diagnostics and therapeutics. *Mayo Clin Proc* 75:625-630, 2000.
13. McParland C, Krishnan B, Wang Y, Gallagher CG: Inspiratory muscle weakness and dyspnea in chronic heart failure. *Am Rev Respir Dis* 146:467-472, 1992.
14. Messner-Pellenc P, Ximenes C, Brasileiro CE, et al: Cardiopulmonary exercise testing: Determinants of dyspnea due to cardiac or pulmonary limitation. *Chest* 106:354-360, 1994.
15. Piirila P, Sovijarvi ARA, Kaisla T, et al: Crackles in patients with fibrosing alveolitis, bronchiectasis, COPD and heart failure. *Chest* 99:1076-1083, 1991.
16. Rosenow EC III, Myers JL, Swenson SJ, Pisani RJ: Drug-induced pulmonary disease: An update. *Chest* 103:239-250. 1991.

42. AVALIAÇÃO PRÉ-OPERATÓRIA DO RISCO CARDÍACO

David Van Pelt, M.D., e *Jeffrey Pickard*, M.D.

1. O que é morbidade cardíaca perioperatória?

A morbidade perioperatória é definida como a instalação de IM, de angina instável, de ICC, de arritmias sérias ou de morte cardíaca durante o período perioperatório ou pós-operatório intra-hospitalar. Ela afeta mais de 1 milhão dos 30 milhões de pacientes que são submetidos à cirurgia não-cardíaca anualmente no USA. A isquemia e o infarto miocárdico na primeira semana pós-operatória são os fatores de risco mais graves da morbimortalidade cardiovascular.

2. Quais procedimentos não-cardíacos têm o maior risco cardíaco?

A Força Tarefa do American College of Cardiologia/American Heart Association (ACC/AHA) divide os procedimentos em categorias de risco alto, intermediário e baixo (ver tabela). Os procedimentos de alto risco (> 5% de risco cardíaco) são operações de grande porte de emergência (particularmente em idosos), procedimentos cirúrgicos envolvendo a aorta e outros vasos principais e periféricos e procedimentos cirúrgicos prolongados associados com grandes desvios de fluxo e/ou com perda sangüínea.

Categorias de Risco para Procedimentos Cirúrgicos Não-Cardíacos*

Alto Risco (> 5%)

- Grandes cirurgias de emergência, particularmente em idosos
- Cirurgia aórtica ou de outros importantes vasos
- Cirurgia vascular periférica
- Procedimentos cirúrgicos prolongados antecipados, associados com grandes desvios de fluidos e/ou com perda sangüínea

Risco Intermediário (< 5%)

- Endarterectomia carotídea
- Cabeça e pescoço
- Intraperitoneal e intratorácica
- Ortopédica
- Próstata

Baixo Risco (< 1%)†

- Procedimentos endoscópicos
- Procedimentos superficiais
- Catarata
- Mama

*Incidência combinada de morte cardíaca e infarto miocárdico não-fatal.

†Geralmente não requer exames cardíacos adicionais pré-operatório.

Adaptada de ACC/AHA Task Force Report: Guidelines for Perioperative Cardiovascular Evaluation for Noncardiac Surgery. *Circulation* 93(6): 1278-1317, 1996.

3. Por que o risco de complicações cardíacas é maior na cirurgia vascular que em outros tipos de cirurgia?

Muitos pacientes de cirurgia vascular têm isquemia miocárdica assintomática; como eles se tornam sedentários devido à claudicação, não são ativos o suficiente para evidenciar angina e, portanto, a sua DAC não é diagnosticada. Em um estudo da Cleveland Clinic, uma série de mil pacientes foi submetida a cateterismo cardíaco antes de cirurgia vascular. Apenas 8% tinha artérias coronárias normais: 13% tinha doença de tronco ou de três vasos; 19% tinha doença de dois vasos e 27% tinha doença de um único vaso. O maior risco cardíaco também é devido à maior idade da população de pacientes e às alterações hemodinâmicas adversas associadas com clampeamento da aorta e tração do mesentério.

4. Qual é o índice de reinfarto perioperatório?

O risco de reinfarto é maior nos três primeiros meses após um IM. O risco é menor após seis meses.

Um estudo da Mayo Clinic em 1974 mostrou que pacientes com uma história de IM prévio tinham um risco de 27% de reinfarto quando a cirurgia era realizada nos três primeiros meses pós-IM, 11% em 3 a 6 meses pós-IM e 4 a 5% quando a cirurgia era mais de seis meses após um IM. Um estudo mais recente mostra um melhor resultado. Rao e colaboradores, em 1983, observaram que o re-infarto global ocorreu em apenas 1,9% dos pacientes com IM prévio. Em pacientes com menos de três meses de um IM, o risco foi 5,7% e com 4 a 6 meses o risco foi de 2,3%. O uso de uma melhor monitorização hemodinâmica e um manuseio mais cuidadoso de problemas com eletrólitos, anemia e oxigenação são explicações para o melhor resultado dos pacientes. Os pacientes nesse estudo tiveram internações prolongadas na unidade de terapia intensiva.

5. Quais são os preditores clínicos da morbidade cardíaca perioperatória?

Vários autores estabeleceram sistemas de pontuação para calcular o índice de risco cardíaco. Estes incluem a classificação da Dripps-American Society Of Anesthesiologists (1963), o índice de risco cardíaco de Goldman (1977) e o índice de risco modificado (1986). Tais índices fornecem informações úteis para identificar padrões de alto risco (ver tabela abaixo e tabelas das páginas 267 e 268).

*Classificação do Estado Físico da Dripps-American Society Of Anesthesiologists**

1:	Paciente normal saudável
2:	Paciente com doença sistêmica leve
3:	Paciente com doença sistêmica severa que limita a atividade, mas não é incapacitante
4:	Paciente com doença sistêmica incapacitante que é uma ameaça constante à vida
5:	Paciente moribundo com expectativa de vida $\leq$ 24 h, com ou sem cirurgia

*No evento de uma cirurgia de emergência, preceder o número com "E".

Adaptada da American Society of Anesthesiologists: New Classification of Physical status. *Anesthesiology* 24:111, 1963.

As diretrizes mais recentes da Força Tarefa do ACC/AHA apresentam um critério mais simples, agrupando os preditores em categorias maiores, intermediários e menores. (Ver tabela, p. 265.)

6. Descreva as limitações do uso de um índice de risco cardíaco.

Para usar um índice de risco de modo adequado, o clínico deve definir o IM perioperatório usando o mesmo método que os autores que desenvolveram o índice. Do mesmo modo, esses índices predizem apenas a morbidade cardíaca e não a morbidade global. Um problema mais signi-

Tabela da Questão 5:

Índice Multifatorial de Risco Cardíaco de Goldman

CRITÉRIOS	COEFICIENTE DISCRIMINANTE-FUNÇÃO MULTIVARIÁVEL	"PONTOS"
• História:		
Idade > 70	0,191	5
IM nos 6 meses prévios	0,384	10
• Exame físico:		
Galope de B3 ou TVJ	0,451	11
EAV importante	0,119	3
• Eletrocardiograma:		
Outro ritmo que não o sinusal ou BPAs no último ECG pré-operatório	0,283	7
> 5 ESVs documentadas em qualquer momento antes da operação	0,278	7
• Estado geral:		
$PO_2 < 60$ ou $PCO_2 > 50$ mm Hg, K< 3,0 ou $HCO_3^- < 20$ mEq/L, uréia (BUN) > 50 ou Cr > 3,0 mg/dL, TGO anormal, sinais de doença hepática crônica ou paciente restrito ao leito por causas não-cardíacas	0,132	3
• Cirurgia:		
Intraperitoneal, intratorácica ou aórtica	0,123	3
Cirurgia de emergência	0,167	4
Total possível		53

IM = significa infarto do miocárdio, TVJ = turgência venosa jugular, EAV = estenose aórtica valvular, BPAs = batimentos atriais prematuros, ECG = eletrocardiograma, ESVs = extrassístoles ventriculares, PO_2 = pressão parcial de oxigênio, PCO_2 = pressão parcial de dióxido de carbono, K = potássio, HCO_3 = bicarbonato, BUN = uréia, Cr = creatinina e TGO = transaminase glutâmico-oxalacética sérica.

Adaptada de Goldman L, Caldera DL, Nussbaum SR, et al: Multifatorial index of cardiac risk in noncardiac surgical procedures. *N Engl J. Med* 297:845-850, 1977.

ficativo, contudo, é a sua sensibilidade limitada para identificar DAC significativa em pacientes com baixo risco cardíaco.

7. Quais pacientes devem ser submetidos a exames cardíacos pré-operatórios?

A Força Tarefa do ACC/AHA propôs um algoritmo para avaliação cardíaca. Uma série de perguntas é usada como um guia para a avaliação (ver figura, p. 268):

Etapa 1. Qual é a urgência da cirurgia não-cardíaca?

Etapa 2. O paciente foi submetido à revascularização miocárdica nos últimos cinco anos?

Etapa 3. O paciente foi submetido à avaliação coronariana nos últimos dois anos?

Etapa 4. O paciente tem uma síndrome coronariana instável ou um preditor clínico maior de risco?

Etapa 5. O paciente tem preditores clínicos intermediários de risco?

Etapa 6. O paciente sem preditores maiores, mas com preditores intermediários de risco clínico e capacidade funcional moderada ou excelente, geralmente pode ser submetido à cirurgia de risco intermediário com pouca probabilidade de morte ou IM perioperatório.

Tabela da Questão 5:

Índice de Risco Cardíaco Multifatorial Modificado

VARIÁVEIS	PONTOS
DAC	
IM dentro de 6 meses	10
IM prévio > 6 meses	
Angina - Soc. Cardiovascular Canadense	
Classe 3	10
Classe 4	20
Angina Instável dentro de 3 meses	10
Edema pulmonar alveolar	
Dentro de 1 semana	10
Qualquer tempo	5
Doença valvular	
Suspeita de estenose aórtica crítica	20
Arritmia	
Sinusal com extra-sístoles atriais ou ritmo não-sinusal no último ECG pré-operatório	5
Mais de 5 extra-sístoles ventriculares antes da cirurgia (qualquer tempo)	5
Estado clínico deficiente*	5
Idade acima 70 anos	5
Cirurgia de emergência	10

*Pressão de oxigênio < 60 mm Hg; pressão do dióxido de carbono > 50 mm Hg; potássio sérico < 3,0 mEq/L (< 3 mmol/L); bicarbonato sérico < 20 mEq/L (< 20 mmol/L); uréia sérica > 50 mg/dL (> 18 mmol/L); creatinina sérica > 3 mg/dL (> 260 mmol/L); aspartame aminotransferase, anormal; sinais de doença hepática crônica e/ou confinamento ao leito por causas não-cardíacas.

Adaptada de Detsky AS, Abrams HB, Forbath N, et al: Cardiac Assessment for patients undergoing noncardiac surgery. *Arch Intern Med* 146:2131-2134, 1986.

Por outro lado, os exames invasivos adicionais geralmente são considerados em paciente com uma capacidade funcional comprometida ou capacidade funcional moderada, mas cirurgia de alto risco, especialmente em pacientes com dois ou mais preditores intermediários.

Etapa 7. A cirurgia cardíaca geralmente é segura em paciente sem preditores maiores ou intermediários de risco clínico e capacidade funcional moderada ou excelente (4 METs ou mais). Exames adicionais podem ser considerados com bases individuais em pacientes sem marcadores clínicos, mas com capacidade funcional deficiente, que estão diante de uma cirurgia de maior risco, particularmente aqueles com vários preditores clínicos menores de risco que devem ser submetidos à cirurgia vascular.

Etapa 8. Os resultados de exames não-invasivos podem ser usados para determinar manuseios pré-operatórios adicionais.

8. Quando uma investigação cardíaca prévia deve ser repetida?

Após dois anos; ou diante de sintomas cardíacos mais freqüentes ou mais severos; ou se forem observados novos achados clínicos no ECG.

Tabela da Questão 5:

Preditores Clínicos de Aumento de Risco Cardiovascular Perioperatório (IM, ICC, Morte)

Maiores

Síndromes coronarianas instáveis
- IM* recente com evidência de risco isquêmico importante devido a sintomas clínicos ou estudo não-invasivo
- Angina instável ou severa† (Canadian Class III ou IV)

ICC descompensada

Arritmias significativas
- Bloqueio atrioventricular de alto grau
- Arritmias ventriculares sintomáticas na presença de doença cardíaca subjacente
- Arritmias supraventriculares com freqüência ventricular não-controlada

Doença valvular severa

Intermediário

Angina pectoris leve (Canadian Class I ou II)
IM prévio pela história ou ondas Q patológicas
ICC prévia ou compensada
Diabete melito

Menores

Idade avançada
ECG anormal (hipertrofia ventricular esquerda, bloqueio de ramo esquerdo, anormalidades ST/T)
Ritmo não-sinusal (p. ex., fibrilação atrial)
Baixa capacidade funcional (p. ex., incapacidade de subir um lance de escadas com um pacote de supermercado)
História de acidente vascular
Hipertensão sistêmica não controlada

ECG = eletrocardiograma.
*O American College of Cardiology National Database Library define IM recente como > 7 dias, mas ≤ 1 mês (30 dias).
†Pode incluir angina "estável" em pacientes que são extraordinariamente sedentários.
Adaptada de ACC/AHA Task Force Report: Guidelines for Perioperative Cardiovascular Evaluation for Noncardiac Surgery. *Circulation* 93(6): 1278-1317, 1996.

9. Qual é o valor da história na avaliação do estado funcional?

Os pacientes sem preditores clínicos maiores, que podem realizar tarefas que requerem mais de 4 METs, podem ser submetidos a procedimentos de risco intermediário ou baixo sem exames adicionais (ver tabela, p. 269).

10. Quem necessita de ECG pré-operatório?

Um ECG pré-operatório está indicado em todos os pacientes acima de 40 anos e em pacientes mais jovens com fatores de risco cardiovascular. Indicações especiais incluem cirurgias de emergência, condições que afetam a função cardíaca, medicações que podem alterar o ECG, risco de distúrbios eletrolíticos maiores e neurocirurgia, cirurgia intratorácica e cirurgia aórtica.

O ECG pré-operatório é útil para comparação pós-operatória diante de complicações. O IM não-diagnosticado é encontrado em até 4% dos ECGs. Outros achados importantes incluem hipertrofia ventricular, anormalidades de condução e alterações inespecíficas de ST-T.

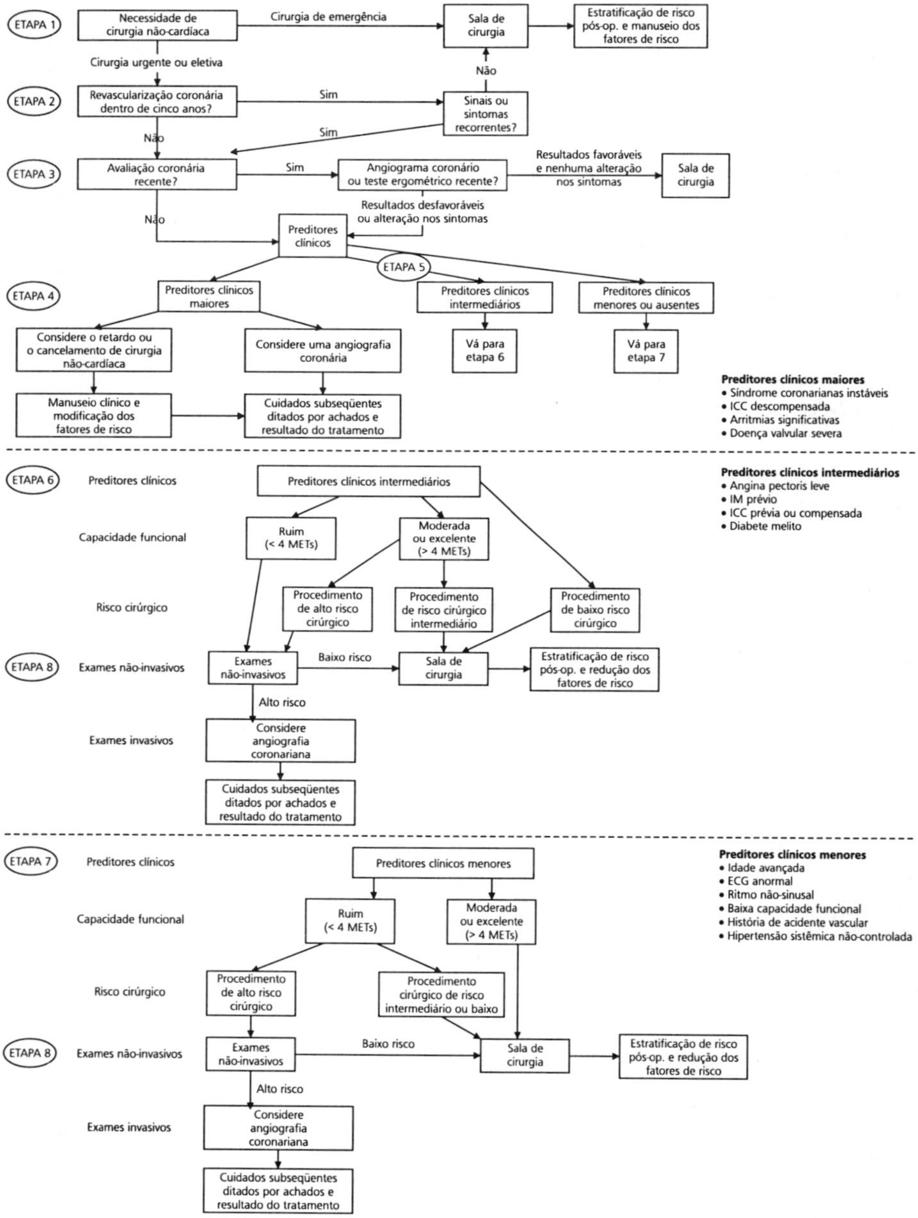

Algoritmo do ACC/AHA para avaliação cardíaca. (De ACC/AHA Task Force Report: Guidelines for Perioperative Cardiovascular Evaluation for Noncardiac Surgery. *Circulation* 93(6): 1278-1317, 1996; com permissão.)

Estimativa das Necessidades Energéticas de Várias Atividades

1 MET ↓ 4 METs	Você pode se cuidar sozinho? Comer, vestir, usar o toalete? Andar dentro de casa? Andar um quarteirão ou dois no plano a 3,2 a 4,8 km/h? Fazer trabalhos leves em casa, como espanar, lavar louça?	4 METs ↓ > 10 METs	Subir um lance de escadas ou subir uma ladeira? Andar no plano a 6,4 km/h? Fazer uma corrida curta? Fazer trabalhos pesados em casa, como esfregar o chão ou mover mobília pesada? Participar em atividades recreativas moderadas como golfe, boliche, dança, tênis em dupla, arremessar beisebol ou futebol? Participar em esportes extenuantes como natação, tênis simples, futebol, basquete ou esqui?

MET = equivalente metabólico.

Adaptada de ACC/AHA Task Force Report: Guidelines for Perioperative Cardiovascular Evaluation for Noncardiac Surgery. *Circulation* 93(6): 1278-1317, 1996.

11. Quais exames pré-operatórios são preferidos para a avaliação do risco cardíaco?

O exame ideal depende de características individuais do paciente. Uma meta-análise comparando a cintilografia com dipiridamol-tálio, ecocardiografia de estresse com dobutamina, ventriculografia com radionuclídeos e ECG ambulatorial para avaliar o risco cardíaco na cirurgia vascular mostrou que eles tinham um valor preditivo similar.

Em pacientes ambulatoriais o exame de escolha é o teste ergométrico. Ele pode fornecer informação sobre a capacidade funcional e o risco de IM. Aqueles com anormalidades no ECG de repouso (p. ex., bloqueio de ramo esquerdo ou hipertrofia ventricular esquerda [HVE] com padrão de esforço) devem ser submetidos a exames adicionais por imagem como ecocardiograma de esforço ou um estudo de perfusão miocárdica.

Pacientes incapazes de se exercitar são testados com imagem de dipiridamol-tálio ou ecocardiografia com dobutamina. O dipiridamol deve ser evitado em pacientes com broncoespasmo significativo, naqueles que requerem o uso de teofilina e em pacientes com estenose crítica da carótida. A dobutamina deve ser evitada em pacientes com arritmias, hipertensão severa ou hipotensão.

12. Como é realizada a cintilografia miocárdica com vasodilatador?

A técnica envolve a administração de um vasodilatador (usualmente dipiridamol) e um agente de contraste (^{201}Tl), seguido por uma cintilografia de perfusão miocárdica. O *dipiridamol* intravenoso dilata as artérias coronárias normais, aumentando sua sensibilidade à adenosina, um potente dilatador das artérias coronárias. Os vasos estenóticos ou ocluídos não são afetados. Após o dipiridamol ser infundido, o ^{201}Tl é injetado e a cintilografia miocárdica é feita imediatamente e quatro horas depois. Os pacientes com perfusão miocárdica adequada têm cintilografias normais. Pacientes com defeitos na cintilografia inicial e sem defeitos após quatro horas têm miocárdio isquêmico. Os defeitos de perfusão que não se alteram após quatro horas usualmente indicam infarto antigo.

A cintilografia com *adenosina-tálio* parece ser igualmente precisa em prever o risco perioperatório. Ela pode ter uma vantagem sobre a cintilografia com dipiridamol-tálio, porque a adenosina é rapidamente metabolizada e assim os efeitos colaterais são transitórios. Porém, a adenosina causa maior incidência de dor precordial.

13. Quando está indicada a revascularização miocárdica pré-operatória?

A cirurgia de revascularização miocárdica (CABG) deve ser realizada apenas quando os sintomas do paciente ou a anatomia coronária forem beneficiados pela cirurgia. Isso inclui pacientes com doença de tronco de coronária esquerda, doença de três vasos com disfunção de VE, doença de dois vasos envolvendo obstrução proximal da DA e pacientes com angina intratável a despeito de terapia máxima.

A mortalidade operatória de pacientes com DAC significativa submetidos à cirurgia não-cardíaca é de 2,4%. Isso é comparável com os 2,3% de risco combinado da revascularização miocárdica seguida de cirurgia não-cardíaca. Portanto, a CABG profilática *não* é indicada como rotina antes de cirurgia não-cardíaca.

14. Por quanto tempo a revascularização miocárdica protege contra IM ou morte perioperatória?

Os dados de acompanhamento do Coronary Artery Surgery Study mostram que a revascularização protege por pelo menos seis meses.

15. Qual é o valor das medicações cardiovasculares perioperatórias?

O *atenolol* usado no pré-operatório e continuado por até sete dias de pós-operatório tem mostrado reduzir a incidência de complicações cardiovasculares por até dois anos após a cirurgia. A *nitroglicerina* e os *bloqueadores dos canais de cálcio* também têm sido estudados, mas os estudos são menores e não tão convincentes. A nitroglicerina intraoperatória está indicada em pacientes de alto risco que usavam a nitroglicerina anteriormente, que têm evidência de isquemia miocárdica e não estão hipotensos.

16. Como um paciente portador de prótese valvular é manuseado no pré-operatório?

Se a função cardíaca for relativamente normal, há dois riscos principais aos quais os pacientes com próteses valvulares estão expostos: endocardite infecciosa e tromboembolismo.

Os indivíduos com uma prótese valvular (incluindo bioprótese e homoenxerto) estão em uma categoria de alto risco para o desenvolvimento de endocardite bacteriana. (Para informação sobre os procedimentos para os quais a profilaxia da endocardite está recomendada e os esquemas profiláticos, ver tabelas das páginas 271, 272 e 273.)

Pacientes em uso de anticoagulação oral para prótese valvular ou fibrilação atrial devem ter quatro doses suspensas se o INR é de 2 a 3 ou mais doses se o INR > 3. Geralmente, um INR de 1,5 é aceitável para cirurgia. Vitamina K 1 mg SC está recomendada para um INR de 1,8 ou mais.

Em pacientes com história recente de embolia arterial, a cirurgia eletiva deve ser evitada no primeiro mês após o evento. O risco de embolia arterial aguda um mês após o evento inicial é de 15%. Se a cirurgia não puder ser adiada, então deve ser iniciada heparina IV quando o INR é < 2. A anticoagulação é revertida usando sulfato de protamina imediatamente antes da cirurgia. A heparina IV também está recomendada para pacientes com prótese valvular que têm um alto risco de trombose, como a válvula de bola.

17. Que tipo de anestesia é o mais seguro?

Há um conceito errôneo de que a anestesia espinal é mais segura e melhor tolerada que a anestesia geral. Ambas têm um risco igual de IM fatal e não-fatal no pós-operatório. A anestesia local ou regional pode ser menos arriscada do que o mesmo procedimento feito com anestesia geral ou espinal. O tipo de anestesia é determinado pelo anestesiologista.

Procedimentos Não-Dentários

PROFILAXIA DE ENDOCARDITE RECOMENDADA	PROFILAXIA DE ENDOCARDITE NÃO RECOMENDADA
• Trato respiratório Amigdalectomia e adenoidectomia Cirurgia da mucosa respiratória Broncoscopia com broncoscópio rígido • Trato gastrintestinal* Escleroterapia para varizes esofágicas Dilatação de estenose esofágica Colangiografia endoscópica retrógrada com obstrução biliar Cirurgia trato biliar Cirurgia da mucosa intestinal • Trato geniturinário Cirurgia de próstata Cistoscopia Dilatação uretral	• Trato respiratório Entubação endotraqueal Broncoscopia com broncoscópio flexível, com ou sem biópsia† Inserção de tubo de timpanostomia • Trato gastrintestinal Ecocardiografia transesofágica† Endoscopia com ou sem biópsia gastrintestinal† • Trato geniturinário Histerectomia vaginal† Parto vaginal† Parto cesariano Em tecido não-infectado Cateterismo uretral Dilatação e curetagem uterina Aborto terapêutico Procedimento de esterilização Inserção ou remoção de DIU • Outros Cateterismo cardíaco, incluindo angioplastia com balão Implante de marcapasso cardíaco, desfibriladores e *stents* coronarianos Incisão ou biópsia de pele esterilizada Circuncisão

*A profilaxia está recomendada para pacientes de alto risco; opcional para pacientes de risco médio.

†A profilaxia é opcional para pacientes de alto risco.

Adaptada de Dajani AS, Taubert KA, Wilson W, et al: Prevention of bacterial endocarditis: Recomendations by the American Heart Association. *JAMA* 277(2): 1794-1801, 1997.

18. Como se apresenta o IM pós-operatório?

A incidência de IM pós-operatório após cirurgia não-cardíaca na população em geral é de 0 a 0,7% e 1,1% em pacientes portadores de DAC. A maior parte dos IMs pós-operatórios ocorre nos primeiros quatro dias pós-operatório e freqüentemente são clinicamente silenciosos. Estudos têm mostrado uma tendência a IM não-Q ocorrer nas primeiras 48 horas. Infartos de onda Q tendem a ocorrer mais tarde, em 3 a 5 dias, quando o paciente está em um estado hipercoagulável. Um estudo de Hollenberg e colaboradores identificou cinco fatores de risco pré-operatórios principais em homens, associados com isquemia pré-operatória: evidência ECG de HVE, história de hipertensão, diabete melito, DAC definitiva e uso de digoxina.

Esquemas Profiláticos para Procedimentos Dentário, Oral, do Trato Respiratório ou Esofágico

	DROGA	ESQUEMA*
Profilaxia geral padrão	Amoxicilina	Adultos: 2 g; crianças: 50 mg/kg VO 1 h antes procedimento
Incapacidade de tomar medicações VO	Ampicilina	Adultos: 2 g IM ou IV; crianças: 50 mg/kg IM ou IV dentro de 30 min antes do procedimento
Alergia à penicilina	Clindamicina ou	Adultos: 600 mg; crianças: 20 mg/kg VO 1 h antes procedimento
	Cefalexina† ou cefadroxil† ou	Adultos: 2 g; crianças: 50 mg/kg VO 1 h antes procedimento
	Azitromicina ou claritromicina	Adultos: 500 mg; Crianças: 15 mg/kg VO 1 h antes procedimento
Alergia à penicilina e incapacidade de tomar medicações VO	Clindamicina ou	Adultos: 600 mg; crianças: 20 mg/kg IV 30 min antes do procedimento
	Cefazolin†	Adultos: 1 g; crianças: 25 mg/kg IM ou IV 30 min antes procedimento

*A dose total infantil não deve exceder a dose de adultos.

†As cefalosporinas não devem ser usadas em indivíduos com reação de hipersensibilidade imediata (urticária, angioedema ou anafilaxia) à penicilina.

Adaptada de Dajani AS, Taubert KA, Wilson W, et al.: Prevention of bacterial endocarditis: Recomendations by the American Heart Association. *JAMA* 277(2): 1794-1801, 1997.

REFERÊNCIAS BIBLIOGRÁFICAS

1. American Society of Anesthesiologists: New classification of physical status. *Anesthesiology* 24:111, 1963.
2. Dajani AS, et al: Prevention of bacterial endocarditis: Recommendations by the American Heart Association. *JAMA* 277:1794-1801, 1997.
3. Detsky AS, Abrams HB, Forbath N, et al: Cardiac assessment for patients undergoing noncardiac surgery. *Arch Intern Med* 146:2131-2134, 1986.
4. Eagle KA, Charanjit SR, et al: Cardiac risk of noncardiac surgery: Influence of coronary disease and type of surgery in 3368 operations. *Circulation* 96:1882-1887, 1997.

4a. Foster ED, Davis KB, Carpenter JA, et al: Risk of noncardiac operation in patients with defined coronary disease: The Coronary Artery Surgery Study (CASS) registry experience. *Ann Thorac Surg* 42-50, 1986.

5. Goldman L, Caldera DL, Nussbaum SR, et al: Multifactorial index of cardiac risk in noncardiac surgical procedures. *N Engl J Med* 297:845-850, 1977.
6. Granieri R, MacPherson DS: Perioperative care of the vascular surgery patient: The perspective of the internist. *J Gen Intern Med* 7:102-113, 1992.
7. Kearon C, Hirsch J: Management of anticoagulation before and after elective surgery. *N Engl J Med* 336:1506-1511, 1997.
8. Mangano DT: Perioperative cardiac morbidity. *Anesthesiology* 72:153-184, 1990.
9. Mangano DT, Layug EL, et al: Effect of atenolol on mortality and cardiovascular morbidity after noncardiac surgery. *N Engl J Med* 335:1713-1720. 1996.
10. Massie BM, Mangano DT: Assessment of perioperative risk: Have we put the cart before the horse? *J Am Coll Cardiol* 21:1353-1356, 1993.
11. Massie BM, Mangano DT: Risk stratification for noncardiac surgery: How and why? *Circulation* 87:1752-1755, 1993.

Esquemas Profiláticos para Procedimentos Geniturinário e Gastrintestinal (Excluindo Esofágicos)

	DROGAS*	ESQUEMAS†
Pacientes de alto risco	Ampicilina mais gentamicina	Adultos: ampicilina 2 g IM ou IV mais gentamicina 1,5 mg/kg (não exceder 120 mg) 30 min antes do início do procedimento; 6 h depois, ampicilina 1 g IM/IV ou amoxicilina 1 g VO Crianças: ampicilina 50 mg/kg IM ou IV (não exceder 2 g) mais gentamicina 1,5 mg/kg 30 min antes do início do procedimento; 6 h depois, ampicilina 25 mg/kg IM ou IV ou amoxicilina 25 mg/kg VO
Pacientes de alto risco alérgicos à ampicilina/amoxicilina	Vancomicina mais gentamicina	Adultos: vancomicina 1 g IV em 1 a 2 h mais gentamicina 1,5 mg/kg IV ou IM (não exceder 120 mg); injeção/infusão completa 30 min antes do início do procedimento Crianças: vancomicina 20 mg/kg IV em 1 a 2 h mais gentamicina 1,5 mg/kg IV/IM; injeção/infusão completa 30 min antes do início do procedimento
Pacientes de risco moderado	Amoxicilina ou ampicilina	Adultos: amoxicilina 2 g VO 1 h antes procedimento ou ampicilina 2 g IM/IV 30 min antes início do procedimento Crianças: amoxicilina 50 mg/kg VO 1 h antes procedimento ou ampicilina 50 mg/kg IM/IV 30 min antes início procedimento
Pacientes de risco moderado alérgicos à ampicilina/amoxicilina	Vancomicina	Adultos: vancomicina 1 g IV em 1 a 2 h; infusão completa antes de 30 min início do procedimento Crianças: vancomicina 20 mg/kg IV em 1 a 2 h; infusão completa 30 min antes início do procedimento

*A dose total infantil não deve exceder a dose de adulto.

†Não é recomendada uma segunda dose de vancomicina ou gentamicina.

Adaptado de Dajani AS, Taubert KA, Wilson W, et al.: Prevenção de endocardite bacteriana: Recomendações da American Heart Association. JAMA 277(2): 1794-1801, 1997.

12. Report of the American College of Cardiology/American Heart Association Task Force on Practical Guidelines (Committee on Perioperative Cardiovascular Evaluation for Noncardiac Surgery): Guidelines for perioperative cardiovascular evaluation for noncardiac surgery. *J Am Coll Cardiol* 27:910-948, 1996 and *Circulation* 93:1278-1317, 1996.
13. Schlant RC, Eagle KA: Perioperative evaluation and management of patients with known or suspected cardiovascular disease who undergo noncardiac surgery. In Alexander RW, Schlant RC, Fuster V (eds): Hurst's The Heart: Arteries and Veins, 9th ed. New York, McGraw-Hill, 1998, p. 2243-2255.

43. DOENÇA CARDÍACA REUMÁTICA E ESTENOSE MITRAL

Rajesh Bhola, M.D., e *Edward A. Gill*, M.D.

1. O que causa a maioria dos casos de estenose mitral?

Doença cardíaca reumática.

2. O que é febre reumática?

A febre reumática é uma doença aguda, sistêmica, inflamatória que ocorre como uma reação à uma infecção estreptocócica recente de tecidos moles, mais comumente faringite.

3. Quanto tempo leva desde o início da febre reumática até o desenvolvimento da estenose mitral?

Esse período pode ser tão breve quanto dois anos. A progressão parece ser particularmente rápida em países em desenvolvimento, por razões que não são totalmente compreendidas, mas que poderiam estar relacionadas à falta de um tratamento apropriado da febre reumática com penicilina ou a fatores nutricionais.

4. Liste os critérios de Jones.

Os critérios de Jones são orientações para fazer o diagnóstico de um ataque inicial de febre reumática. Existe uma alta probabilidade de que a doença esteja presente se há evidências de infecção antecedente por estreptococo do grupo A (cultura de garganta positiva, antígeno estreptocócico rápido positivo, títulos de anticorpo antiestreptococo elevados ou em elevação), bem como duas manifestações maiores ou uma maior mais duas menores.

Manifestações maiores	*Manifestações menores*
Cardite	Artralgia
Poliartrite	Febre
Coréia	VSG elevada
Eritema marginado	Proteína C-reativa elevada
Nódulos subcutâneos	Intervalo PR prolongado

5. Além da estenose mitral, como a doença reumática afeta o coração?

A regurgitação aórtica é a segunda lesão mais comum, seguida pela regurgitação mitral e estenose aórtica. A válvula tricúspide é menos comumente envolvida, com estenose ou regurgitação. O envolvimento da válvula pulmonar é raro. Acredita-se que a pericardite constritiva não seja uma seqüela da febre reumática.

6. Quais são os sintomas típicos da estenose mitral?

A estenose mitral apresenta-se classicamente com dispnéia de esforço. Porém, pode também apresentar-se com uma arritmia, como a fibrilação atrial, ou um evento embólico sistêmico, uma vez que os trombos atriais são comuns na estenose mitral.

7. Quais são as apresentações menos típicas?

A estenose mitral severa pode apresentar-se como edema pulmonar ou insuficiência cardíaca direita severa, se as pressões pulmonares tornarem-se muito elevadas. Aproximadamente 15% dos pacientes com estenose mitral experimentam angina. Embora esse sintoma possa originar-se da hipertensão ventricular direita, da aterosclerose concomitante ou da embolização de um trombo atrial esquerdo para a artéria coronária, em muitos casos a explicação para a dor precordial na estenose mitral não pode ser determinada.

8. Quais são os achados do exame físico na estenose mitral?

Os mais notáveis são uma B_1 alta, um ruído de abertura precoce na diástole, seguido por um sopro diastólico, o qual ocorre principalmente em decrescendo. Pelo fonocardiograma, o sopro, na verdade, tem dois breves períodos em crescendo, o primeiro logo após o ruído de abertura e o segundo na contração atrial. Esses períodos de sopro em crescendo correspondem aos dois períodos do maior gradiente transvalvular na diástole.

9. Por que o primeiro som cardíaco (B_1) é acentuado?

A explicação para isso é incerta. McCall e outros sugeriram que os folhetos da válvula mitral devem estar complacentes para que a B_1 esteja acentuada. Então, a B_1 acentuada é causada em parte pela rapidez da elevação da pressão ventricular esquerda no momento do fechamento da válvula mitral. Além disso, a ampla excursão ou deslocamento dos folhetos da válvula mitral antes do fechamento parecem desempenhar um papel na B_1 acentuada. A calcificação ou o espessamento acentuados da válvula mitral reduz a amplitude de B_1. Finalmente, a acentuação pré-sistólica do fluxo sangüíneo mitral pela contração atrial confunde-se com a B_1 e pode contribuir para a acentuação percebida.

10. Quais são os achados hemodinâmicos na estenose mitral?

O achado mais importante é a presença de um gradiente de pressão por meio da válvula mitral. Isso é, durante a diástole, a pressão no átrio esquerdo é maior do que a pressão no ventrículo esquerdo. Esse gradiente é medido pelo registro da pressão diastólica ventricular esquerda simultaneamente com a pressão do leito capilar pulmonar *(PCP)*. A PCP é usada como uma aproximação cuidadosa da pressão atrial esquerda. O gradiente médio por meio da válvula mitral pode então ser determinado e, com a fórmula de Gorlin, a área da válvula (em cm²) pode ser calculada:

$$\text{Área da válvula} = \frac{\text{Débito cardíaco} / (\text{freqüência cardíaca} \times \text{período diastólico médio})}{37{,}7 \times \sqrt{\text{gradiente médio}}}$$

(Nota: 37,7 é uma constante derivada empiricamente da válvula mitral.)

11. Descreva os achados ecocardiográficos na estenose mitral.

Ecocardiografia em modo M. O achado mais específico na ecocardiografia em modo M é o folheto posterior da válvula mitral movendo-se em uma direção anterior com o folheto anterior da válvula mitral na diástole. Isso demonstra o acoplamento dos folhetos das válvulas causado pela fusão das comissuras (Figura 43.1). Outros achados menos específicos incluem ecos aumentados da válvula mitral devido ao espessamento e/ou calcificação e uma rampa E-F diminuída devido ao baixo fluxo por meio da válvula mitral (Figura 43.1). A rampa E-F diminuída é um achado freqüente na insuficiência cardíaca severa e pode ser confundido com a estenose mitral nessa situação.

Ecocardiografia bidimensional. Os achados da estenose mitral incluem protrusão diastólica (em "bastão de hockey") do folheto mitral anterior (Figuras 43.2 e 43.3), espessamento e ecogenicidade aumentada dos folhetos da válvula mitral, do anel e do aparato subvalvular (Figura 43.4); e orifício da válvula estreitado, medido pelo eixo curto. A área real da válvula pode ser medida por ecocardiografia bidimensional na incidência de eixo curto (Figura 43.5). Ela também permite uma estimativa do tamanho das câmaras e da pressão da artéria pulmonar, bem como uma indicação da presença ou ausência de anormalidades valvulares associadas.

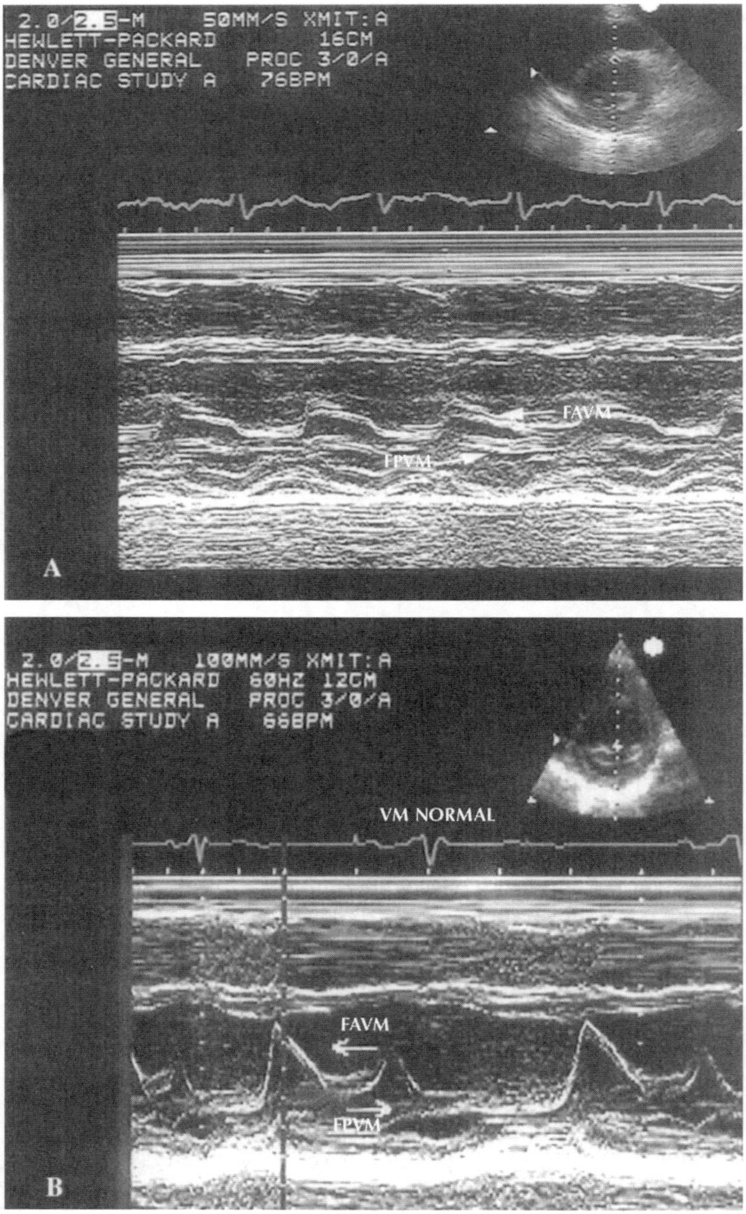

FIGURA 43.1 Ecocardiograma modo-M obtido de uma visão longitudinal paraesternal ao nível da válvula mitral. A, Os folhetos anterior e posterior da válvula mitral (FAVM, FPVM) podem ser vistos movendo-se juntos. O folheto posterior move-se anteriormente (em direção ao topo da figura) durante a diástole. Ordinariamente, o folheto posterior deveria mover-se posteriormente ao abrir. Observe que a rampa E-F está acentuadamente reduzida comparada com aquela vista em B, um exemplo da válvula mitral normal. Isso é uma medida semiquanitativa para mostrar que a válvula mitral não se abre rapidamente durante a diástole.

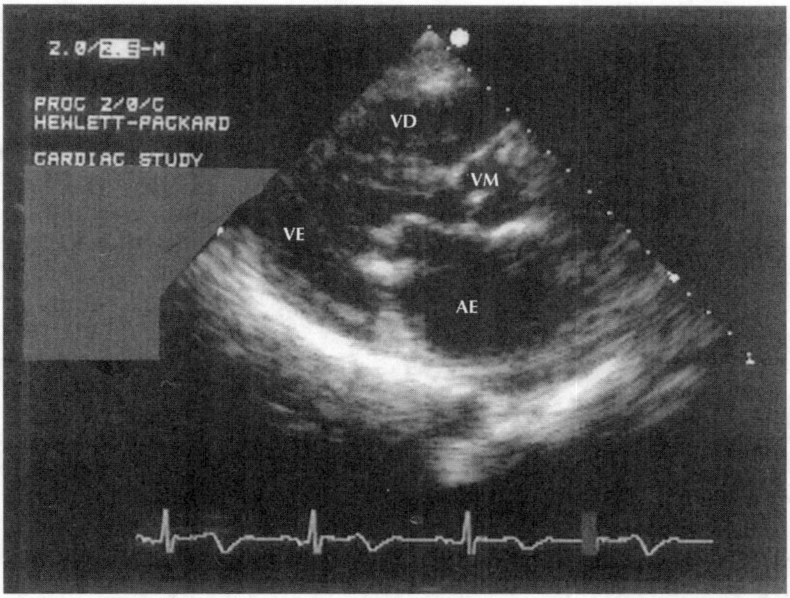

FIGURA 43.2 Incidência longitudinal paraesternal do átrio esquerdo (AE), do ventrículo esquerdo (VE) e da válvula mitral (VM). Observe o arqueamento diastólico do folheto anterior da válvula mitral (seta).

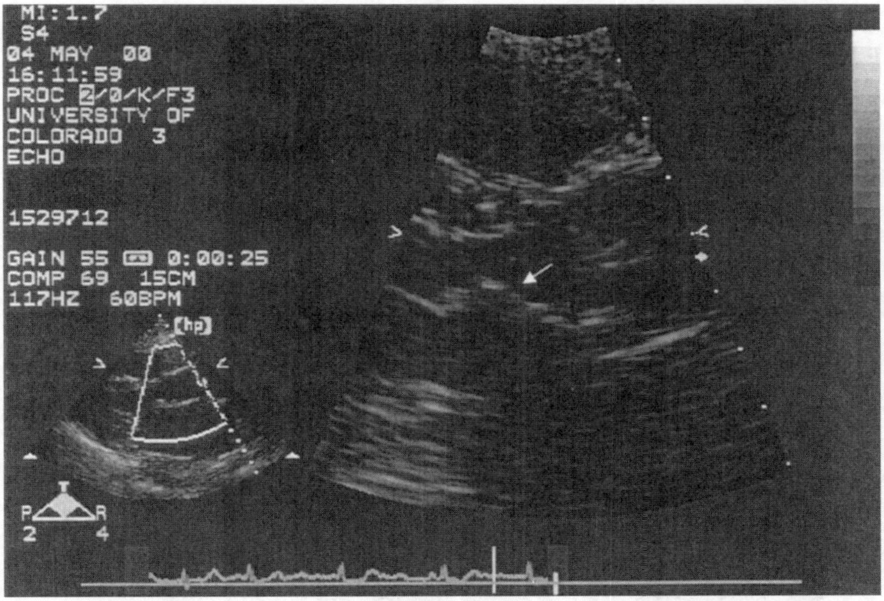

FIGURA 43.3 Incidência ampliada da válvula mitral (mesmo paciente da Figura 3), com a seta mostrando o arqueamento (aspecto de bastão de hockey) do folheto anterior da válvula mitral.

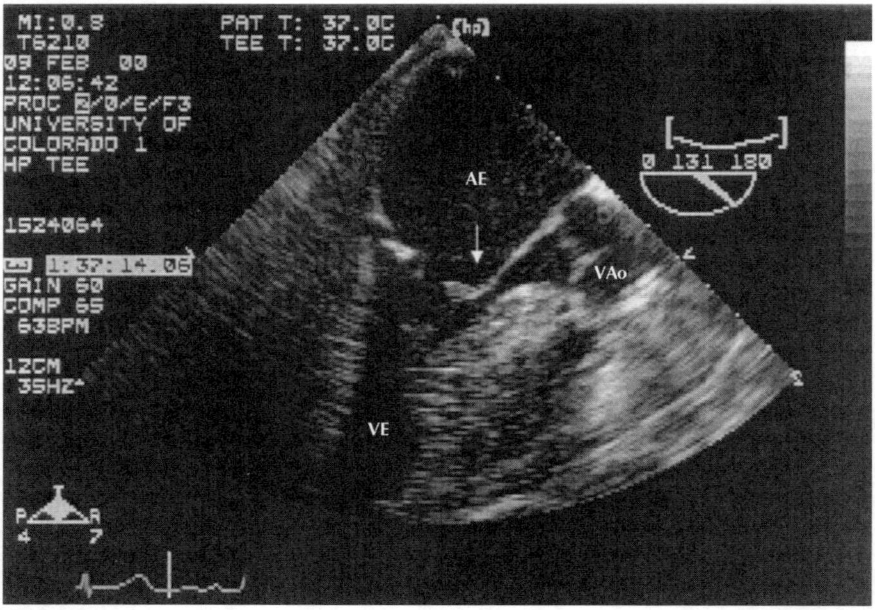

FIGURA 43.4 Incidência transesofágica de um paciente com estenose mitral. Observe que ambos os folhetos da válvula mitral estão espessados e novamente há um arqueamento do folheto anterior (seta). AE = átrio esquerdo, VE = ventrículo esquerdo, VAo = válvula aórtica.

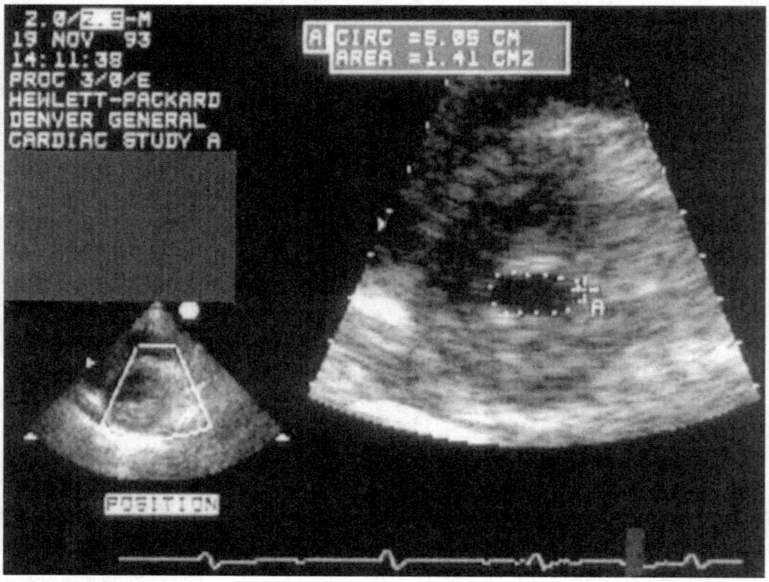

FIGURA 43.5 Incidência transversal do ventrículo esquerdo ao nível da válvula mitral. O orifício da válvula mitral pode ser medido pela planimetria.

Ecocardiografia com Doppler. Os achados na estenose mitral incluem uma velocidade elevada através da válvula mitral (> 1,3 m/s ou 130 cm/s), indicando um gradiente transvalvular anormalmente alto e um meio-tempo de pressão prolongado.

12. Como o meio tempo de pressão é calculado pela ecocardiografia com Doppler?

O meio tempo de pressão é o tempo necessário para que o pico do gradiente de pressão transvalvular seja reduzido a metade e é quantitativamente relacionado ao grau de estenose mitral. O gradiente de pressão é medido calculando-se a velocidade de fluxo por meio da válvula mitral e convertendo a velocidade em pressão, usando a equação de Bernoulli modificada: $P = 4V^2$, onde P= pressão e V = velocidade de fluxo. A Figura 43.6 mostra um típico envelope de velocidade através da válvula mitral. *A* velocidade máxima é 207 cm/s. Um meio tempo de pressão normal é de cerca de 70 ms. Na estenose mitral severa, o meio tempo de pressão é maior que > 200 ms. A área da válvula mitral pode ser calculada utilizando-se a fórmula MVA = 220/meio-tempo de pressão. Por exemplo, em um paciente com estenose mitral severa, o meio-tempo de pressão pode ser 250 ms e o MVA = 220/250, ou 0,7 cm^2.

13. Como as lesões regurgitantes afetam o cálculo das áreas valvulares?

A presença de regurgitação aórtica severa causa uma leve subestimação da severidade da estenose mitral (superestimação da área da válvula) determinada pelo meio tempo de pressão por Doppler, porque o gradiente entre o átrio esquerdo e o ventrículo esquerdo diminui mais rápido devido à regurgitação aórtica (levando a um meio tempo de pressão mais curto). Por outro lado, a área da

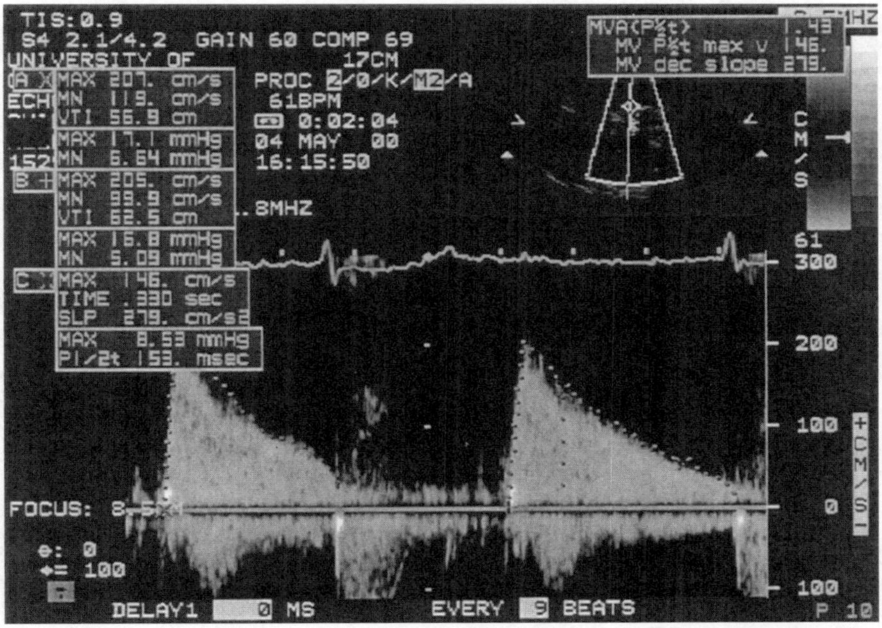

FIGURA 43.6 Medida pelo Doppler de onda contínua da velocidade média e de pico (207 cm/seg e 119 cm/seg, respectivamente), gradiente de pressão médio e de pico (17,1 mm Hg e 6,6 mm Hg, respectivamente) e meio-tempo de pressão (tempo P½) de 153 mseg resultando em uma área valvular (220/P½) de 1,43 cm^2.

válvula determinada por cateterização cardíaca tenderá a superestimar a severidade da estenose mitral (subestimar a área da válvula), porque o débito cardíaco está no numerador da equação de Corlin. O débito cardíaco usado na fórmula é o débito cardíaco para diante medido pela equação de Fick e, assim, não leva em conta o volume regurgitante, subestimando o fluxo por meio da válvula. Do mesmo modo, o gradiente médio através da válvula será superestimado quando houver regurgitação significativa porque o fluxo através da válvula aumenta. Como o gradiente médio é o denominador da equação de Gorlin, a área valvular será subestimada e, novamente, a severidade da estenose valvular será superestimada. A regurgitação mitral não afeta o meio-tempo de pressão significativamente, mas afeta a área de Gorlin, como na regurgitação aórtica.

14. Qual é a área normal da válvula mitral? Quando o orifício da válvula mitral é pequeno o suficiente para requerer algum tipo de intervenção?

Um orifício normal da válvula mitral tem 4 a 6 cm^2, e a intervenção é usualmente considerada necessária quando ele mede ≤ 1 cm^2. Porém, alguns pacientes com áreas valvulares de 1,0 a 1,5 cm^2 podem ter hipertensão pulmonar ou dispnéia ao exercício, requerendo intervenção.

15. Quais opções de tratamento estão disponíveis?

- Comissurotomia cirúrgica (aberta), onde as comissuras fundidas são separadas cirurgicamente.
- Valvotomia mitral por balão (isso é, feita com técnica de balão percutânea) (Figuras 43.7, 43.8 e 43.9).
- Substituição cirúrgica da válvula com prótese metálica ou bioprótese.

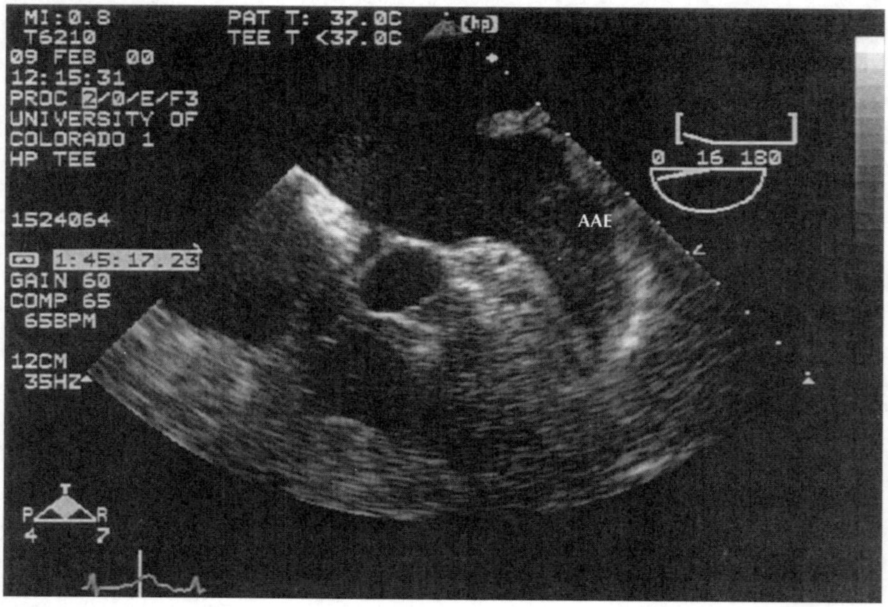

FIGURA 43.7 Incidência transesofágica do apêndice auricular esquerdo (AAE) mostrando contraste ecocardiográfico espontâneo ("fumaça") no AAE, mas sem trombos. A ecocardiografia transesofágica para excluir a presença de trombos no AE/AAE é mandatória antes da VMP.

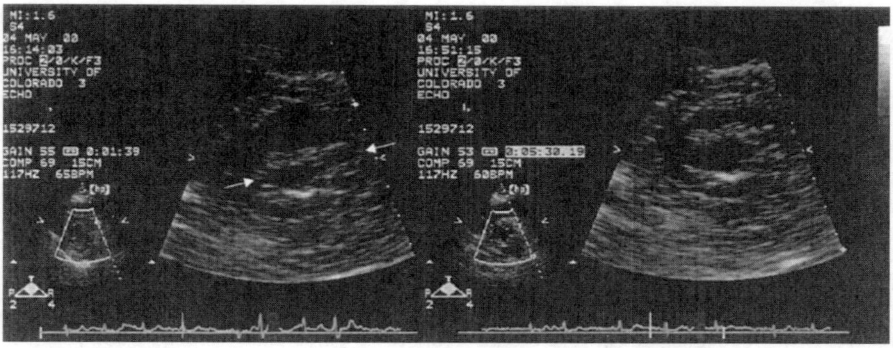

FIGURA 43.8 Incidência transversal do VE ao nível da válvula mitral mostrando a válvula mitral estenótica antes (esquerda) e após (direita) da valvotomia por balão. As setas mostram as comissuras fundidas.

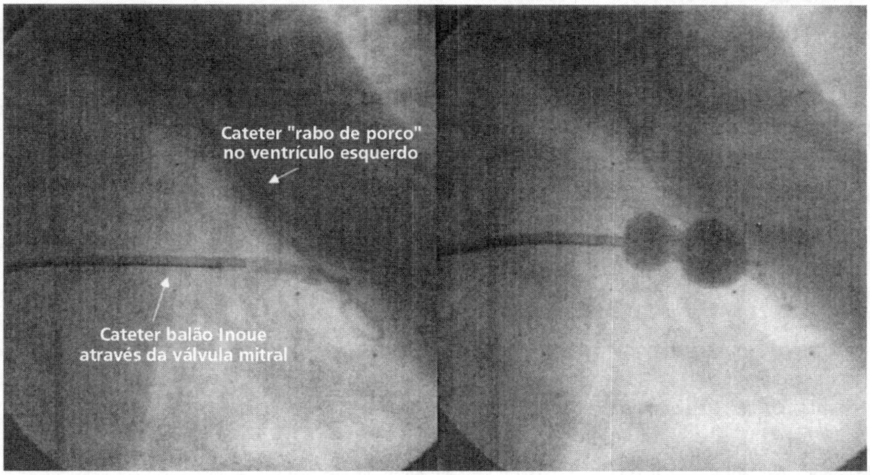

FIGURA 43.9 Exemplo de radiografia de um único balão Inoue antes (esquerda) e durante (direita) insuflação. Observe o aspecto de "osso de cachorro" do balão à medida que ele é insuflado com a válvula mitral estenótica em torno dele.

A valvotomia mitral percutânea (VMP) é o método de escolha na maioria dos casos de estenose mitral. A VMP é vantajosa devido ao baixo custo, eliminação da toracotomia e circulação extracorpórea durante a cirurgia e resultados imediatos e a longo prazo comparáveis à comissurotomia cirúrgica. A VMP tem uma vantagem definida em casos onde o risco cirúrgico é alto.

Os pacientes com espessamento ou fusão subvalvular severos, calcificação intensa e pouca mobilidade da válvula mitral (isso é, escore valvular alto) são melhor tratados com substituição valvular cirúrgica.

16. Enumere as complicações da VMP.

- A VMP resultou em regurgitação mitral severa em 4 a 6% dos casos em uma grande série de pacientes.

- Um *shunt* interatrial esquerda-direita é detectável pelo ecco-Doppler em 10% dos pacientes, mas isso raramente é clinicamente significativo e resolve-se em meses após o procedimento.
- Reestenose clínica da válvula mitral pode ocorrer, mas é bastante incomum, particularmente se a área valvular pós-procedimento é > 1,8 cm^2.
- Eventos embólicos cerebrais também podem ocorrer, mas são excessivamente raros. A ecocardiografia transesofágica (ETE) pré-procedimento identifica aqueles com trombose atrial esquerda que não devem ser submetidos ao procedimento até que o trombo se resolva, tipicamente após três meses de tratamento com anticoagulantes.

17. Quando a VMP está contra-indicada?

- Trombo atrial esquerdo. A maioria dos pacientes (na instituição dos autores) é submetida à ETE de rotina antes de comissurotomia cirúrgica ou percutânea (ver Figura 43.7).
- Regurgitação mitral moderada à severa (> 2+ angiograficamente).
- Necessidade de outra cirurgia cardíaca, como estenose aórtica severa, regurgitação tricúspide severa e DAC severa (estenose de tronco ou equivalente).

18. Quais são os preditores de um resultado clínico tardio após a VMP?

A VMP tem se tornado um tratamento não-cirúrgico estabelecido para a estenose mitral. Portanto, é importante ser capaz de detectar fatores que podem identificar pacientes que provavelmente beneficiar-se-ão desse procedimento. O benefício (isso é, o sucesso do procedimento) pode ser estratificado pela sobrevida precoce (1 a 5 anos) ou tardia, livre de eventos (ausência de reparo da mitral, sem morte).

Preditores do Resultado da VMP

ANTES DO PROCEDIMENTO*	APÓS O PROCEDIMENTO
Idade	Área valvular
Fibrilação atrial	Gradiente valvular médio
Classificação funcional da NYHA	Regurgitação mitral
Escore ecocardiográfico (baseado no grau de deformidade da válvula)	
Comissurotomia cirúrgica ou percutânea prévia	

*Observe que nenhum desses preditores é forte, particularmente de resultados imediatos. O escore ecocardiográfico correlaciona-se apenas discretamente com a sobrevida em cinco anos sem eventos.

19. Quais são as indicações para realizar VMP?

- Paciente sintomático
- Escore ecocardiográfico de Wilkens ≤ 8 sem trombo de AE
- Estenose hemodinamicamente severa
- Pacientes idosos com outros fatores de risco
- Doença cardíaca isquêmica associada
- Gravidez com estenose mitral sintomática
- Pacientes assintomáticos que têm (1) estenose mitral pelo menos moderada, (2) morfologia valvular adequada para VMP e que deverão ser submetidos à estresse fisiológico importante (gravidez, cirurgia não-cardíaca de grande porte) ou (3) evidência fisiológica de estenose mitral importante (p. ex., hipertensão pulmonar)

20. Que parâmetros ecocardiográficos são usados para prever o sucesso da valvuloplastia mitral?

A válvula mitral é mais suscetível à valvuloplastia se a válvula é flexível e a válvula e o aparato subvalvular não estão severamente calcificados ou espessados. Um sistema de gradação ecocardiográfica foi desenvolvido por Weyman e colaboradores com base na mobilidade da válvula, no espessamento ou na calcificação e no espessamento subvalvular. Cada uma dessas quatro variáveis recebe um escore de 1 a 4 (quatro sendo o mais severo), com um escore máximo de 16. Em geral, um escore de oito ou menos sugere que a válvula responderia bem à valvuloplastia. A presença de uma regurgitação mitral moderada impede a valvuloplastia, porque na maioria dos casos esse procedimento aumenta o grau de regurgitação mitral.

21. Qual é o papel da avaliação em exercício em um paciente com estenose mitral?

Uma das aplicações clínicas mais comuns das medidas simultâneas em exercício e hemodinâmicas é no paciente com estenose mitral e dados limítrofes em repouso. Exercitar esse paciente até o nível do aparecimento de sintomas, com medida simultânea com Doppler do gradiente de pressão da válvula mitral e da artéria pulmonar (ou medidas similares feitas no laboratório de cateterização), pode elucidar a severidade fisiológica da doença valvular mitral. Em relação às medidas pelo Doppler da pressão de artéria pulmonar e gradiente mitral com o exercício, a realização do exercício com um cicloergômetro é útil para obter medidas no pico real do exercício (ao contrário da caminhada pós-esteira).

22. Qual é o papel emergente da ecocardiografia tridimensional no diagnóstico e no manuseio da estenose mitral?

- Melhor visualização e avaliação do grau e do comprimento da fusão comissural
- Avaliação da válvula mitral *in situ* usando a visão do cirurgião da válvula mitral a partir do átrio esquerdo
- ? Preditor equivalente ou o melhor dos resultados da VMP – ainda a ser resolvido
- ? Quantificação da regurgitação mitral pelo volume regurgitante

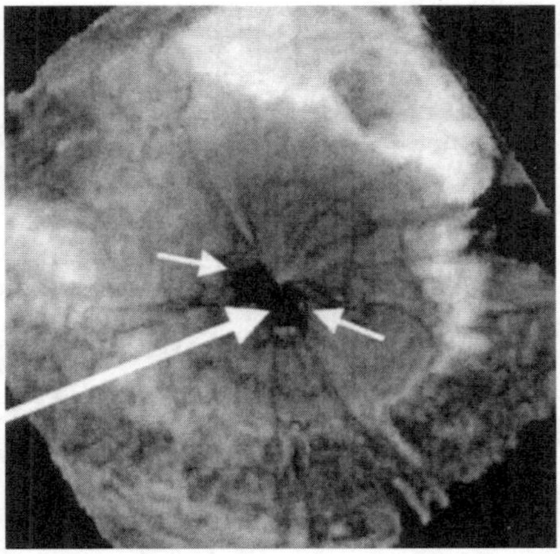

FIGURA 43.10 Ecocardiografia tridimensional mostrando uma válvula mitral estenótica, vista a partir do AE. A seta grande mostra as comissuras fundidas.

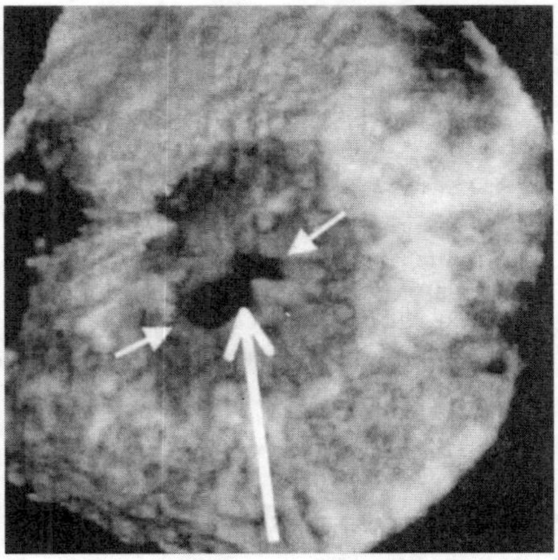

FIGURA 43.11 Ecocardiografia tridimensional mostrando a válvula mitral estenótica vista do lado de VE. A seta grande mostra o orifício valvular e a seta menor mostra as comissuras fundidas.

23. Quais são as outras causas de estenose mitral, além da doença cardíaca reumática?

A estenose mitral congênita é a segunda causa mais comum de estenose mitral e é bem menos freqüente que a febre reumática. Raramente a estenose mitral pode ser uma complicação de carcinóide maligno, de lúpus eritematoso sistêmico, de artrite reumatóide e das mucopolissacaridoses do fenótipo Hunter-Hurler. Duas causas obscuras de estenose mitral são a fibroelastose eosinofílica e a droga metissergida (um vasodilatador usado para cefaléias), a qual agora é raramente usada. A calcificação anular mitral degenerativa também pode causar estenose.

24. Qual o tumor miocárdico que pode mimetizar a estenose mitral?

O mixoma atrial, especificamente o mixoma atrial esquerdo, pode apresentar-se com achados similares ao exame físico, incluindo um ruflar diastólico e uma B_1 alta. O ruído de abertura é caracteristicamente ausente. A presença de sintomas sistêmicos, como febre, artralgia, mal-estar, caquexia, exantema e fenômeno de Raynaud, pode indicar a presença de mixoma.

25. O que é a síndrome NAME?

Essa síndrome é uma associação de:

N = **N**evos
A = Mixoma **A**trial
M = Neurofibromas **M**ixóides
E = **E**félides (sardas)

A síndrome é herdada com um padrão autossômico dominante. Sete por cento de todos os mixomas atriais são hereditários.

26. O que é a síndrome de Ortner?

Rouquidão causada por um átrio esquerdo dilatado comprimindo o nervo laríngeo recorrente esquerdo.

27. O que é a síndrome de Lutembacher?

É a combinação da estenose mitral e do defeito septal atrial. A importância dessa lesão é a presença de um fluxo da esquerda para a direita, que é aumentado pela piora na severidade da estenose mitral. Além disso, o gradiente da válvula mitral e o meio tempo de pressão serão imprecisos devido à deterioração rápida do gradiente de pressão, pelo fluxo sangüíneo atrial da esquerda para a direita.

Agradecimentos

O autor agradece a Doug Voorhees e Sue Rainguet pelo preparo das figuras de ecocardiografia e ao Dr. John Carroll pela revisão do manuscrito.

REFERÊNCIAS BIBLIOGRÁFICAS

1. Ben Farhat M, Ayari M, Maatouk F, et al: Percutaneous balloon versus surgical closed and open mitral commissurotomy: Seven-year follow-up results of a randomized trial. *Circulation* 97:245-250, 1998.
2. Gorlin R, Gorlin G: Hydraulic formula for calculation of area of stenotic mitral valve, other cardiac valves and central circulatory shunts. *Am Heart J* 41:1, 1951.
3. Hernandez R, Banuelos C, Alfonso F, et al: Long-term clinical and echocardiographic follow-up after percutaneous mitral valvuloplasty with the Inoue balloon. *Circulation* 99:1580-1586, 1999.

4. Iung B, Garbarz E, Michaud P, et al: Late result of percutaneous mitral coimmissurotomy in a series of 1024 patients: Analysis of late clinical deterioration: Frequency, anatomic findings, and predictive factors. *Circulation* 99:3272-3278, 1999.
5. Narula J, Chandrasekhar Y, Rahimtoola S: Diagnosis of active rheumatic carditis: The echoes of change. *Circulation* 100:1576-1581, 1999.
6. Reyes VP, Raju BS, Wynne J, et al: Percutaneous balloon valvuloplasty compared with open surgical commissurotomy for mitral stenosis. *N Engl J Med* 331:961-966, 1994.

V. Doença cardíaca valvular

44. ESTENOSE E REGURGITAÇÃO AÓRTICA

Edward P. Havranek, M.D., e *Olivia V. Adair*, M.D.

1. Qual é a tríade clássica de sintomas na estenose aórtica significativa?
Dispnéia, síncope e angina.

2. Quais são os achados físicos usuais na estenose aórtica?
A marca registrada da estenose aórtica é um *sopro sistólico em crescendo-decrescendo*. Esse sopro é ouvido melhor no bordo esternal superior direito ou esquerdo, irradia-se para as carótidas e é rude. O sopro da estenose aórtica significativa tem tipicamente pelo menos intensidade III/IV; na estenose severa com insuficiência ventricular esquerda sistólica, o sopro pode ser menos intenso.

O *pulso carotídeo* oferece importantes indicações no diagnóstico da estenose aórtica. À medida que a doença valvular progride, a ascensão carotídea torna-se lentificada, o contorno sustentado e a amplitude reduzida. Em pacientes idosos, porém, artérias relativamente sem elasticidade podem fazer o pulso parecer normal mesmo na doença severa.

A *palpação do precórdio* pode demonstrar os achados de hipertrofia ventricular esquerda – um impulso apical sustentado, forte e uma onda de enchimento atrial palpável.

A *segunda bulha* (na verdade, o componente aórtico de B_2) é reduzida em intensidade. Na estenose aórtica causada por válvula bicúspide congênita, um ruído de ejeção pode ser ouvido.

Na doença avançada, quando ocorre disfunção sistólica, os achados de *insuficiência cardíaca congestiva* estão presentes: um impulso apical deslocado, estertores, turgência jugular, hepatomegalia e assim por diante.

3. Que exames não-invasivos são úteis para avaliar a suspeita de estenose aórtica significativa?
O teste isolado mais útil é a *ecocardiografia com Doppler*, a qual permite medir a velocidade do fluxo sangüíneo por meio da válvula estenótica: quanto mais severa a estenose, maior a velocidade. Uma fórmula simples relaciona a velocidade ao gradiente de pressão estimado pela válvula:

$$\Delta P = 4V^2$$

onde ΔP é o gradiente de pressão (em mm Hg), e V é a velocidade máxima no trajeto de saída (em m/s). Quando a função ventricular é normal, um gradiente de pressão de > 50 a 60 mm Hg provavelmente está associado a uma estenose hemodinamicamente significativa. O restante do ecocardiograma deve demonstrar uma válvula aórtica calcificada, pouco móvel e uma hipertrofia ventricular esquerda.

Um *eletrocardiograma* deve ser analisado. A presença de hipertrofia ventricular esquerda e de aumento atrial esquerdo sugerem estenose significativa. A *radiografia de tórax* pode mostrar evidências de uma válvula aórtica calcificada, cardiomegalia e insuficiência cardíaca congestiva.

4. Quais são as causas da estenose aórtica?
Em pacientes acima de 70 anos, a causa mais comum é a degeneração calcificada senil. Em pacientes mais jovens, a causa mais comum é a degeneração calcificada de uma válvula bicúspide congênita. A doença cardíaca reumática está perdendo a importância como causa de estenose

aórtica. Em crianças e em adultos jovens, a estenose congênita é mais comum. A metissergida, um vasodilatador usado para enxaquecas, é uma causa rara de estenose aórtica.

5. **Qual o valor do cateterismo cardíaco?**

O maior valor da cateterização é definir acuradamente o grau de estenose. Isso é feito estimando-se a área do orifício valvular, pelo uso de uma equação, relacionando a área ao débito cardíaco, o gradiente de pressão pela válvula e a duração da sístole, todos os quais são medidos durante o cateterismo. O procedimento também é útil para definir a função ventricular esquerda e avaliar a doença arterial coronária em pacientes acima de 40 anos. Uma estenose coronária significativa deve sofrer *bypass* por ocasião da reposição da válvula.

6. **Descreva a história natural da estenose aórtica.**

Em pacientes com estenose leve à moderada (área da válvula > 1 cm^2), o prognóstico é excelente. O tempo médio entre o diagnóstico e a cirurgia é bem mais de uma década. Em pacientes com estenose severa, o prognóstico não é tão bom. Em um estudo de pacientes que recusaram a cirurgia, as taxas de sobrevida dependeram dos sintomas. A sobrevida média foi de 45 meses para aqueles com angina, 27 meses para aqueles com síncope e somente 11 meses para aqueles após o início da insuficiência cardíaca esquerda. Os pacientes com estenose severa raramente morrem subitamente antes do início dos sintomas.

7. **O mau prognóstico clínico da estenose aórtica está estabelecido, mas qual é a importância clínica de um grau mais leve de doença valvular aórtica?**

Um estudo de cinco anos com pacientes com esclerose da válvula aórtica (VAo) – espessamento e calcificação da válvula aórtica sem obstrução significativa ao fluxo – mostrou um risco aumentado de eventos cardíacos (IM, ICC). A morte por causas cardiovasculares mostrou ser 50% mais alta em pacientes com esclerose da válvula aórtica que em pacientes com válvula aórtica normal. A esclerose da válvula aórtica é um achado comum em idosos: aproximadamente 21 a 26% naqueles com mais de 65 anos. Contudo, a *estenose* aórtica afeta apenas 2 a 9% dessa mesma população. Portanto, parece que a esclerose da válvula aórtica não é um achado totalmente benigno, mas pode representar um espectro da doença valvular aórtica associado com aumento dos problemas clínicos.

A esclerose da válvula aórtica não é totalmente benigna e pode representar um espectro de doença da VAo.

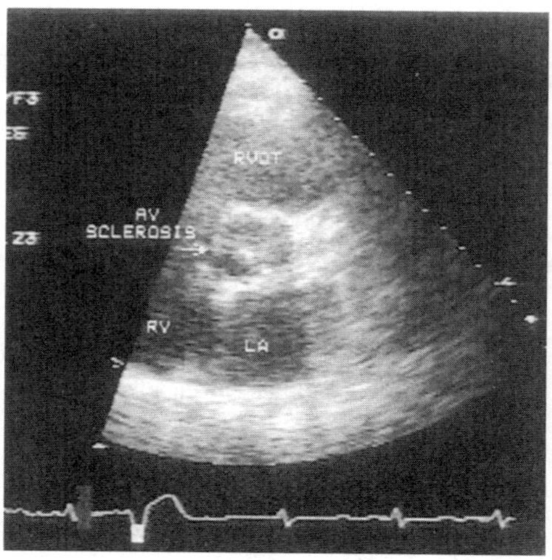

8. Quando a cirurgia de válvula aórtica deve ser considerada?

A maioria concorda que a substituição da válvula aórtica deve ser realizada somente quando a estenose causa sintomas. Alguns acreditam que a valvuloplastia deve ser realizada em pacientes assintomáticos quando a válvula atinge um grau crítico de estreitamento, usualmente definido como uma área valvular < 0,8 cm^2, determinado pelo cateterismo. Entretanto, não há evidências firmes de que essa última abordagem melhore a evolução clínica.

9. Quando a valvuloplastia com balonete é um procedimento útil?

Esse procedimento não substitui a valvuloplastia cirúrgica devido às altas taxas de reestenose e complicações. Ele pode ser útil em pacientes com sintomas severos cuja expectativa de vida é limitada por outras doenças como o câncer. Ele também pode "ganhar tempo" em pacientes com insuficiência cardíaca severa ou doença intercorrente, como pneumonia, de modo a melhorar o risco cirúrgico. O procedimento pode ser mais útil em crianças ou em adultos jovens com estenose congênita.

10. A regurgitação aórtica crônica pode causar insuficiência cardíaca?

Sim. Embora a regurgitação aórtica geralmente seja melhor tolerada do que a estenose, pode levar à disfunção ventricular esquerda irreversível. Isso pode ocorrer *antes do desenvolvimento dos sintomas.* Assim, pacientes com insuficiência aórtica severa devem ser acompanhados cuidadosamente.

11. Que sintoma é encontrado na regurgitação aórtica?

Dispnéia.

12. Quais são os principais achados físicos?

Os achados físicos na regurgitação aórtica variam com a severidade da doença. O sopro é diastólico, em decrescendo e ouvido junto ao bordo esternal esquerdo. Freqüentemente não é percebido, porque é muito similar aos ruídos respiratórios normais. A ausculta durante uma expiração sustentada melhora as chances de se identificar corretamente o sopro.

Uma *terceira bulha* é comum. Um *sopro de Austin-Flint* pode estar presente. Esse sopro soa exatamente como o da estenose mitral. Sua patogênese não está completamente compreendida, mas resulta da interação entre o jato regurgitante e o fluxo pela válvula mitral. Uma regurgitação aórtica significativa é usualmente acompanhada por uma *ampla pressão de pulso.* Essa pressão de pulso é, tipicamente, pelo menos 60 mm Hg, e a pressão diastólica é, tipicamente, < 70 mm Hg.

13. Quais são os achados do pulso periférico?

A ampla pressão de pulso pode produzir muitas anormalidades nos pulsos periféricos:

- Pulso carotídeo bífido
- Pulsações carotídeas visíveis (pulso de Corrigan)
- Balanço da cabeça (sinal de Musset)
- Balanço da úvula (sinal de Müller)
- Sopro na artéria femoral induzido por pressão leve sobre a artéria (sopro de Duroziez)
- Som de "tiro de pistola" sobre a artéria femoral (ruído de Traube)
- Pulsações visíveis nos leitos ungueais (pulsos de Quincke)

14. A fração de ejeção é um índice confiável para acompanhar a regurgitação aórtica?

Não. A avaliação da função de VE na regurgitação aórtica é problemática, uma vez que os índices de ejeção (incluindo a fração de ejeção) são dependentes da pré-carga e da pós-carga. Assim, eles não são confiáveis para avaliar a contratilidade quando as condições de carga estão alteradas. Foram feitas tentativas de desenvolver índices corrigidos usando outros parâmetros de VE como o volume sistólico mitral e aórtico (área transversa calculada × integral da velocidade por tempo). As vantagens desse tipo de avaliação são que ela não é invasiva e é capaz de prever o curso clínico pós-operatório imediato.

15. Qual a utilidade dos exames não-invasivos?

Na regurgitação severa, o *eletrocardiograma* geralmente mostra hipertrofia ventricular esquerda, e a *radiografia de tórax* mostra cardiomegalia. A *ecocardiografia com Doppler* pode confirmar o diagnóstico e classificar a severidade da regurgitação. Uma vez que a disfunção ventricular esquerda irreversível pode ocorrer antes do início dos sintomas, os exames não-invasivos fornecem indicações da descompensação precoce, como um aumento progressivo no diâmetro sistólico final ventricular esquerdo e uma diminuição nas medidas de contratilidade. Assim, a ecocardiografia seriada é útil no acompanhamento de pacientes com regurgitação severa. Alguns cardiologistas acreditam que a *ventriculografia com radioisótopos* seriada seja útil para o mesmo fim.

16. A visualização com Doppler colorido pode avaliar a severidade da estenose aórtica?

Um estudo prospectivo avaliou as imagens por Doppler colorido da veia contraída, a menor área de fluxo regurgitante. Houve uma boa correlação com medidas quantitativas simultâneas e pareceu ser uma técnica simples e confiável. Um aspecto especialmente impressionante é que não há perda de acurácia com o jato excêntrico.

17. Quais são as causas da regurgitação aórtica?

Causas de Regurgitação Aórtica

Hipertensão de longa duração (mais comum)
Doença inflamatória da válvula e raiz aórtica (febre reumática, artrite reumatóide, espondilite anquilosante, sífilis terciária)
Doenças do tecido conjuntivo (síndrome de Marfan, síndrome de Ehlers-Danlos)
Doença congênita (válvula aórtica congenitamente malformada, prolapso por defeito septal ventricular de longa duração)
Insuficiência aórtica
Ruptura de cúspide (trauma torácico contuso, aneurisma aórtico dissecante, endocardite infecciosa)

18. Quais são as causas de regurgitação aórtica *aguda*?

Ao contrário da regurgitação aórtica crônica, a regurgitação aguda geralmente é mal tolerada. Uma vez que o ventrículo não tem tempo suficiente para se dilatar, o volume de fluxo sangüíneo que retorna ao ventrículo produz um aumento dramático na pressão diastólica final, o qual por sua vez produz sinais e sintomas de insuficiência cardíaca. A regurgitação aórtica aguda geralmente requer tratamento cirúrgico precoce.

REFERÊNCIAS BIBLIOGRÁFICAS

1. Abd-El-Aziz TA, Frerer AE, et al: Study of the value of corrected ejection fraction in the evaluation of left ventricular function in patients with mitral aortic regurgitation. *Angiology* 51(7):55-64, 2000.
2. Otto CM, Lind DK, Kitzman D, et al: Association of aortic valve sclerosis with cardiovascular mortality and morbidity in the elderly. *New Engl J Med* 341:142-147, 1999.
3. Tribouilloy CM, Enriquez-Sarano M, et al: Assessment of severity of aortic rcgurgitation using the width of the vena contracta: A clinical color Doppler imaging study. *Circulation* 102(5):558-564, 2000.

45. PROLAPSO DE VÁLVULA MITRAL E REGURGITAÇÃO MITRAL

Howard D. Weinberger, M.D., FACC

1. Descreva o prolapso de válvula mitral (PVM) e a síndrome do prolapso de válvula mitral.

O PVM refere-se à protrusão ou prolapso de parte da válvula mitral para dentro do átrio esquerdo durante a sístole, quando a válvula mitral deveria estar fechada. A síndrome do prolapso de válvula mitral, também chamada de síndrome do sopro-clique sistólico e síndrome de Barlow (entre outros termos), é uma síndrome clínica que inclui o PVM e pode incluir regurgitação mitral e/ou uma válvula mitral mixomatosa ou espessada. As manifestações clínicas da síndrome de prolapso de válvula mitral podem ser bastante variáveis.

2. Qual a freqüência do prolapso de válvula mitral? Quem está mais propenso a ser afetado?

O prolapso de válvula mitral é uma das anormalidades das válvulas cardíacas mais comuns. A maioria da fontes relata uma incidência de 3 a 5%, com uma predominância feminina de 2:1. Um estudo recente de 3.491 indivíduos em um subconjunto do Framingham Heart Study feito por Freed revelou uma incidência de 2,4% usando critérios diagnósticos estritos para prolapso de válvula mitral. Não houve diferença na freqüência de prolapso de válvula mitral entre homens e mulheres nesse estudo.

3. Quais achados do exame físico sugerem a presença de prolapso de válvula mitral?

Um clique mesossistólico, geralmente melhor ouvido sobre o ápex, é o achado auscultatório clássico do prolapso de válvula mitral. Um sopro sistólico acompanha o clique quando há regurgitação mitral.

4. Descreva manobras que podem intensificar o clique e o sopro sistólico do prolapso de válvula mitral ao exame físico.

As manobras que diminuem o enchimento ou o volume ventricular esquerdo tendem a mover o clique para mais perto da primeira bulha cardíaca (ocorre mais cedo na sístole) e a aumentar a intensidade do sopro de regurgitação mitral. Do mesmo modo, as manobras que aumentam o enchimento ou o volume ventricular esquerdo tendem a mover o clique para mais perto da segunda bulha cardíaca (ocorre mais tardiamente na sístole) e a diminuir a intensidade do sopro de regurgitação mitral.

Uma manobra relativamente simples é ouvir o coração do paciente enquanto ele se movimenta de uma posição de pé para de cócoras e depois volta à posição de pé. A posição de cócoras aumenta o enchimento ou o volume ventricular esquerdo, retardando o clique e diminuindo a intensidade do sopro de regurgitação mitral. A medida que o paciente retorna à posição de pé, o enchimento e o volume ventricular esquerdo diminuem, levando a um clique mais precoce e a um sopro de regurgitação mitral mais alto.

5. Quais são os achados ecocardiográficos do prolapso de válvula mitral?

Os folhetos da válvula mitral podem ser mixomatosos e espessados. Durante a sístole, um ou ambos folhetos da válvula mitral projetam-se superiormente para o átrio esquerdo. Isso pode ser visto na ecocardiografia bidimensional e modo-M. A ecocardiografia Doppler pode identificar a regurgitação mitral quando presente.

6. Quais os sintomas do prolapso de válvula mitral?

Muitos pacientes com prolapso de válvula mitral são assintomáticos. Os pacientes com síndrome de prolapso de válvula mitral "clássica" podem demonstrar uma variedade de sintomas inespecíficos, como fadiga, palpitações, ansiedade, dor torácica e/ou sintomas de disfunção autonômica. A dor torácica geralmente é atípica para isquemia miocárdica e tende a ser em pontada, prolongada e não-relacionada com o exercício.

7. Descreva o manuseio de pacientes com prolapso de válvula mitral.

- Pacientes assintomáticos sem regurgitação mitral, arritmias ou alterações ECG podem ser tranqüilizados a respeito do seu prognóstico favorável e a cada 3 a 5 anos devem ser reavaliados com um ecocardiograma.
- Pacientes com prolapso de válvula mitral e regurgitação mitral devem ser acompanhados a cada 6 a 12 meses e aconselhados sobre a necessidade de profilaxia antibiótica para diminuir a possibilidade de desenvolvimento de endocardite bacteriana.
- Pacientes com palpitação ou dor torácica podem beneficiar-se do tratamento com bloqueadores β-drenérgicos.
- Pacientes com tontura, síncope, aumento do intervalo T no ECG ou arritmias devem ser submetidos à avaliação eletrofisiológica.

8. Enumere as causas comuns de regurgitação mitral.

A regurgitação mitral pode ser causada por problemas com uma ou mais das seguintes estruturas: folhetos da válvula mitral, anel mitral, cordas tendíneas, músculos papilares ou miocárdio do VE. Anormalidades dos folhetos mitrais podem resultar de doença valvular reumática, do lúpus eritematoso sistêmico, de endocardite infecciosa ou de prolapso de válvula mitral. Isquemia miocárdica ou infarto podem romper os músculos papilares levando à regurgitação mitral, assim como podem romper as cordas tendíneas. O aumento do VE pode dilatar o anel mitral e levar à regurgitação mitral.

9. Quais são os achados comuns da regurgitação mitral ao exame físico?

O sopro da regurgitação mitral é holossitólico (começa com a primeira bulha cardíaca e termina na segunda bulha cardíaca) e é melhor ouvido sobre o ápex. O sopro geralmente irradia-se em direção à axila esquerda e pode ser melhor apreciado com o paciente examinado em decúbito lateral esquerdo. A intensidade do sopro nem sempre correlaciona-se com a severidade da regurgitação.

CONTROVÉRSIA

10. Quando um paciente deve ser submetido à cirurgia para regurgitação mitral?

O momento da cirurgia para regurgitação mitral é controverso. Há um consenso de que os pacientes com regurgitação mitral aguda e severa requerem cirurgia urgente. O momento da cirurgia da regurgitação mitral crônica é menos bem-definido. A maioria acha que o aumento do VE ou sintomas significativos ou progressivos a despeito da terapia clínica indicam a necessidade de cirurgia. Quando ocorre disfunção sistólica do VE, a melhora cirúrgica pode ser reduzida. Quando possível, deve ser feito o *reparo* da válvula mitral em vez da substituição, porque isso ajuda a manter uma geometria ventricular normal, bem como manter a relação dos músculos papilares nativos das cordas tendíneas e do anel mitral.

REFERÊNCIAS BIBLIOGRÁFICAS

1. Anwar A, Kohn SR, Dunn JF, et al: Altered beta adrenergic receptor function in subjects with symptomatic mitral valve prolapse. *Am J Med Sci* 302:89-97, 1991.
2. Bouknight DP, O'Rourke RA: Current management of mitral valve prolapse. *Am Fam Physician* 61(11): 3343-3350, 3353-3354, 2000.
3. Braunwald E: Valvular heart disease. In Braunwald E (ed): Heart Disease, 5th ed. Philadelphia, WB Saunders, 1997.
4. Devereux RB, Kramer-Fox R, Kligfield P: Mitral valve prolapse: Causes, clinical manifestations, and management. *Ann Intern Med* 111:305-317, 1989.
5. Farb A, Tang AL, Atkinson JB, et al: Comparison of cardiac findings in patients with mitral valve prolapse who die suddenly to those who have congestive heart failure from mitral valve regurgitation to those with fatal noncardiac conditions. *Am J Cardiol* 70:234-239, 1992.
6. Freed LA, Levy D, Levine RA, et al: Prevalence and clinical outcome of mitral valve prolapse. *N Eng J Med* 341:1-7, 1999.
7. Galloway AC, Colvin SB, Bauman G, et al: Long-term results of mitral valve reconstruction with Carpentier techniques in 148 patients with mitral insufficiency. *Circulation* 78(Suppl I):I-97-I-105, 1988.
8. Weyman AE (ed): Principles and Practice of Echocardiography, 2nd ed, Philadelphia, Lea & Febiger, 1994.
9. Wooley CF, Baker PB, Kolibash AJ, et al: The floppy, myxomatous mitral valve, mitral valve prolapse, and mitral regurgitation. *Prog Cardiovasc Dis* 33:397-433, 1991.

46. PRÓTESES VALVULARES

Michael Staab, M.D., e *Norman Krasnow*, M.D.

1. Quando uma prótese mecânica é preferida em relação a uma prótese valvular biológica?

As biopróteses na posição aórtica podem não requerer anticoagulação, enquanto as válvulas mecânicas sempre requerem essa terapia. Assim, as *biopróteses valvulares* são preferidas em pacientes para os quais a anticoagulação acrescenta riscos ou problemas adicionais: pacientes jovens e vigorosos cujas ocupações ou atividades esportivas apresentam riscos de trauma, pacientes com distúrbios da coagulação ou com problemas de sangramento (p. ex., úlcera péptica) e pacientes incapazes de seguir instruções ou ter monitoração apropriada dos fatores de coagulação. Contudo, as biopróteses têm índices de falência a longo prazo muito maiores do que as próteses mecânicas, o que deve ser levado em consideração quando se escolhe a válvula. Os índices de falência das biopróteses podem diminuir com alterações nas técnicas de preservação. As *próteses mecânicas* podem ser preferidas em pacientes jovens com expectativa de longevidade considerável, naqueles para os quais a anticoagulação não é difícil de manusear, naqueles que podem calcificar o tecido excessivamente (p. ex., pacientes com insuficiência renal) e naqueles que já fracassaram com uma prótese biológica.

2. Que tipo de válvula tem uma incidência menor de endocardite bacteriana? Que tipo tem uma taxa menor de complicações?

A endocardite bacteriana (ou, mais amplamente, endocardite infecciosa para incluir organismos fúngicos) ocorre em cerca de 1% das próteses valvulares por ano de implante. A incidência é aproximadamente a mesma para biopróteses e válvulas mecânicas. Quando ocorre infecção em uma bioprótese valvular, a cura com antibióticos isolados é possível em muitos casos, especialmente quando a infecção é no folheto. Quando a infecção está presente em próteses mecânicas, o anel da válvula está sempre envolvido e, assim, a cura clínica é extremamente difícil (embora não impossível). O tratamento cirúrgico usualmente é necessário, com substituição da válvula.

A taxa de complicações é um pouco menor com biopróteses que com válvulas mecânicas, mas quando é considerada a sobrevida diminuída a longo prazo das biopróteses, a sobrevida geral do paciente e a necessidade de reoperação são quase as mesmas para ambos os tipos.

3. Quando a substituição está indicada na regurgitação aórtica em um paciente sem sintomas?

Quando a insuficiência cardíaca congestiva ocorre em associação com regurgitação aórtica, geralmente é consenso que a valvuloplastia cirúrgica é o tratamento de escolha. Em pacientes com regurgitação aórtica severa definida, mas que são assintomáticos e que podem ser completamente funcionais, mede-se um ou mais parâmetros da função ventricular esquerda (VE), usualmente por ecocardiografia, e acompanha-se de modo seriado. Um diâmetro sistólico final de 5,5 cm foi sugerido por alguns como o limite superior além do qual a cirurgia leva a melhores resultados funcionais e à sobrevida. Similarmente, uma diminuição na fração de ejeção do normal ao limítrofe (p. ex., 45 a 50%) também é usada. O diâmetro diastólico final absoluto do VE é um parâmetro menos confiável na indicação da cirurgia, embora corações acentuadamente aumentados (p. ex., diâmetros de 8 cm pela ecocardiografia) talvez tenham menos probabilidade de retornar totalmente ao normal, mesmo se a cirurgia for realizada; diâmetros diastólicos finais crescentes servem para alertar o médico da necessidade de cirurgia em um futuro próximo.

4. A ecocardiografia por Doppler é precisa em diagnosticar a estenose da prótese aórtica?

Quando os folhetos da bioprótese ficam espessados e calcificam, podem tornar-se estenóticos. A ecocardiografia com Doppler pode definir acuradamente o gradiente de pressão nesses casos, assim como na estenose de válvulas nativas. Porém, as próteses mecânicas têm uma variedade de orifícios, dependendo do tipo de válvula. Nesses casos, o registro espectral do Doppler pode ter erros significativos, particularmente superestimando o gradiente.

As válvulas do tipo St. Jude, por exemplo, têm um estreito orifício central entre os dois folhetos. A velocidade do fluxo sangüíneo por meio dessa fenda pode ser muito alta, levando a um falso diagnóstico de estenose de prótese. Esse erro de interpretação pode ser evitado usando o gradiente (ou velocidade) médio em vez do gradiente (ou a velocidade) de pico. Em adição, a avaliação do coeficiente da velocidade do TSVE em relação à velocidade através da válvula aórtica

(velocidade TSVE)/(velocidade através da válvula aórtica)

é útil (o coeficiente normal das válvulas St. Jude é 0,35 a 0,50).

Quando existe dúvida sobre a severidade da obstrução da prótese, a ecocardiografia transesofágica ou a cateterização cardíaca com registro hemodinâmico da pressão é extremamente útil.

5. Quando a substituição da válvula está indicada na estenose aórtica?

Quando a insuficiência cardíaca congestiva, a *angina pectoris* e a síncope ocorrem. Usualmente, a área de válvula aórtica associada com esses sintomas é cerca de 0,7 a 1,0 cm^2 ou menos. Uma vez que a estenose aórtica ocorre mais freqüentemente em pacientes idosos, o conhecimento da anatomia das artérias coronárias e de sua contribuição para a angina e para a insuficiência cardíaca congestiva são necessários. Os pacientes com estenose aórtica significativa, mas assintomáticos, podem ser acompanhados cuidadosamente sem cirurgia. Ocasionalmente, uma hipertrofia severa de VE pode estar presente, causando disfunção diastólica do VE com sintomas de congestão pulmonar, mas com função sistólica bem-preservada; nesses casos, a cirurgia é freqüentemente justificada.

6. Como a prótese de válvula mitral pode ser avaliada para estenose?

Quando um paciente com prótese de válvula mitral começa a desenvolver sintomas novos ou aumentados de congestão pulmonar, a possibilidade de estenose da prótese devido à formação de trombos, de fibrose com restrição do folheto ou de disfunção da válvula deve ser considerada. O aspecto dos folhetos na imagem ecocardiográfica bidimensional, tanto de biopróteses quanto mecânicos, é de utilidade considerável, especialmente se os folhetos são bem-visualizados e observados movimentando-se bem. Uma vez que essa visualização nem sempre é obtida, abordagens alternativas são necessárias. As biopróteses valvulares podem ser avaliadas razoavelmente bem com registros espectrais de Doppler. O pico da velocidade de fluxo de entrada e o meio tempo de pressão da fase de desaceleração do fluxo de entrada podem ser usados para computar a área da válvula mitral. Esses parâmetros não são precisos nas próteses mecânicas, embora valores anormais possam ser indicações úteis de disfunção. Nesses casos, a ecocardiografia transesofágica e o estudo hemodinâmico por cateterização cardíaca podem ser necessários.

7. Quando a substituição da válvula está indicada na regurgitação mitral?

Quando a regurgitação mitral é severa (ou no mínimo moderada), pode estar associada com insuficiência de VE e sintomas de dispnéia ao exercício, ortopnéia e edema. Quando a função do VE está bem preservada apesar da sobrecarga de volume mas causa sintomas, uma correção cirúrgica está indicada. Dependendo da causa da regurgitação – por exemplo, doença valvular reumática, prolapso ou ruptura de cordas tendíneas – o cirurgião pode preferir reparar a válvula sem substituição. Esse reparo está sendo bastante utilizado, uma vez que leva à melhor preservação da função ventricular. Quando o reparo não é possível, a substituição da válvula oferece uma boa alternativa.

Porém, quando a função de VE já está deteriorada devido à sobrecarga crônica de volume e a fração de ejeção é cerca de 30% ou menos, a mortalidade cirúrgica e os resultados tardios são menos favoráveis. Isso ocorre porque o implante de uma válvula competente, onde havia previamente um "fluxo" regurgitante ao átrio esquerdo de baixa resistência, com efeito impõe uma pós-carga significativa ao ventrículo; se a função já é ruim, pode diminuir ainda mais.

Os pacientes assintomáticos, mas com evidência de regurgitação mitral severa, apresentam um problema difícil no momento da cirurgia. Por analogia com a regurgitação aórtica, alguns recomendam a cirurgia com base na deterioração dos parâmetros ecocardiográficos de tamanho do VE e/ou função do VE. Uma fração de ejeção < 60% já é causa de preocupação. Além disso, as evidências de deterioração da função ventricular direita e de desenvolvimento de hipertensão pulmonar são usadas como guias. Com válvulas mitrais que têm uma alta probabilidade de reparo (especialmente prolapso do folheto posterior) a intervenção cirúrgica precoce melhora o resultado.

8. Como é diagnosticada a regurgitação mitral em uma prótese valvular?

A deiscência da válvula, a obstrução trombótica de folhetos ou a endocardite estão entre as causas comuns de disfunção da prótese valvular com regurgitação. Ordinariamente, a regurgitação mitral pode ser bem-avaliada por Doppler com fluxo a cores e por uma estimativa semiquantitativa com base em vários parâmetros do jato visualizado. Porém, a prótese de válvula mitral, especialmente do tipo mecânico, causa artefatos de sombreamento severos na imagem de fluxo a cores, levando a uma subestimação significativa do grau de regurgitação. Nesses casos, a visualização por via transesofágica elimina os artefatos, permitindo uma visualização mais precisa do jato regurgitante. A seguir, a angiografia é usada para definir um pouco mais quantitativamente o grau de regurgitação.

9. Os anticoagulantes são necessários na bioprótese de válvula mitral?

As próteses mitrais mecânicas requerem anticoagulação. As próteses mecânicas em posição aórtica geralmente requerem anticoagulação, embora o risco de trombose seja menor que em posição mitral. As biopróteses podem requerer anticoagulação na presença de condições que necessitam de anticoagulação como fibrilação atrial e embolismo sistêmico prévio. Muitos cirurgiões fazem a anticoagulação por um mês, enquanto ocorre a epitelização do anel valvar.

10. Como uma prótese mitral, de funcionamento aparentemente normal, causa sintomas recorrentes?

O implante de uma prótese no anel mitral algumas vezes faz a prótese projetar-se no trajeto de saída do VE, causando obstrução ao fluxo de saída. Isso era mais comum no passado, quando as próteses eram maiores e mais volumosas. Com as válvulas de baixo perfil modernas de vários tipos (p. ex., Carpentier-Edwards, St. Jude), o problema é menos comum, mas, ocasionalmente, responde pela falha na apresentação de uma melhora clínica – quer agudamente no momento da cirurgia ou no pós-operatório. Uma ecocardiografia com Doppler cuidadosa pode documentar a presença de um gradiente pelo trajeto de saída, apesar de uma válvula aórtica e uma espessura septal normais. A incompatibilidade paciente-prótese ocorre quando uma válvula é muito pequena para o tamanho do corpo do paciente e pode resultar em gradientes elevados e na persistência dos sintomas.

11. O que é um homoenxerto/aloenxerto?

Um homoenxerto, ou aloenxerto, é uma válvula removida de um cadáver ou coração transplantado, usada freqüentemente como substituição da válvula aórtica. O benefício primário é que não é necessário anticoagulação; ele também tem um papel no tratamento da endocardite infecciosa.

Com as alterações nas técnicas de preservação, como a criopreservação, tem havido um renascimento no uso dessas válvulas.

12. O que é o procedimento de Ross?

O procedimento de Ross vincula o transplante da válvula pulmonar do próprio paciente para posição aórtica com um homoenxerto implantado em posição pulmonar. Em centros com grande experiência, este tem sido o procedimento de escolha para pacientes jovens.

13. Quais características tornam uma válvula mitral estenótica imprópria para valvuloplastia percutânea?

Uma válvula mitral com folhetos calcificados, especialmente nas comissuras, não têm um resultado tão bom quanto os folhetos flexíveis, não-calcificados. A regurgitação mitral um pouco mais do que leve também é uma contra-indicação à valvuloplastia. A valvuloplastia aórtica está fora de uso porque os folhetos calcificados característicos da estenose aórtica tendem a romper-se e levam à regurgitação.

REFERÊNCIAS BIBLIOGRÁFICAS

1. American College of Cardiology/American Heart Association Committee on Management of Patients with Valvular Heart Disease: Guidelines for the management of patients with valvular heart disease. *Circulation* 98:1949-1984, 1998.
2. Baumgartner H, Khan S, DeRobertis M, et al: Discrepancies between Doppler and catheter gradients in aortic prosthetic valves in vitro: A manifestation of localized gradients and pressure recovery. *Circulation* 82:1467-1475, 1990.
3. Bloomfield P, Wheatley DJ, Prescott RJ, Miller HC: Twelve-year comparison of a Bjork-Shiley mechanical heart valve with porcine bioprostheses. *N Engl J Med* 324:573-579, 1991.
4. Bonow RO: Asymptomatic aortic regurgitation: Indications for operation. *J Cardiol Surg* 9(Suppl):170-173, 1994.
5. Enriquez-Sarano M, Schaff HV, Orszulak TA, et al: Valve repair improves the outcome of surgery for mitral regurgitation. *Circulation* 91:1022-1028, 1995.
6. Rahimtoola SH: The problem of valve prosthesis-patient mismatch. *Circulation* 58:2024, 1978.
7. Staab ME, Nishimura RA, Dearani JA, Orszulak TA: Aortic valve homografts in adults: A clinical perspective. *Mayo Clin Proc* 73:231-238, 1998.

VI. *Farmacologia cardiovascular*

47. TERAPIA ANTIARRÍTMICA

Olivia V. Adair, M.D., e *Charles E. Fuenzalida,* M.D.

1. Quais os principais estudos clínicos que influenciaram o manuseio das arritmias?

Estudos em evolução sobre β-bloqueadores, amiodarona e sotalol, oral e IV, e seus efeitos sobre as arritmias em pacientes pós-IM (n = 20), têm mostrado uma redução média de, aproximadamente, 20% nos índices de mortalidade.

Avaliação da Terapia Farmacológica das Arritmias

ESTUDO	OBJETIVO/PROJETO	ACHADOS CLÍNICOS
CAMIAT (Canadian Amiodarone Myocardial Infarction Arrhythmia Trial)	Avaliar a eficácia da amiodarona na redução das arritmias pós-IM.	1. A amiodarona não afetou a mortalidade cardíaca total quer pela análise da droga ou da intenção de tratar (6,3% *versus* 8,5%, p> 0,05 com a droga, 7,3% *versus* 9,6%, p = 0,1 na inteção de tratar). 2. Amiodarona reduziu MS ou FV recorrente comparado com placebo (3,3% *versus* 6%, p< 0,05 com droga e 4,9% *versus* 6,0%, p < 0,5 intenção de tratar). 3. Houve concordância entre supressão de ESV e redução de MS e FV recorrente 4. A descontinuação precoce da droga devido à intolerância ou efeitos colaterais foi comum (42,3% para o grupo da amiodarona; 28,5% no grupo placebo). Nesse estudo pós-IM, a amiodarona não melhorou a mortalidade global, mas reduziu MS ou FV recorrente. A melhora foi concordante com a supressão de ESV.

(continua)

Avaliação da Terapia Farmacológica das Arritmias (continuação)

ESTUDO	OBJETIVO/PROJETO	ACHADOS CLÍNICOS
CHF STAT (Congestive heart Failure – Survival Trial of Antiarrhythmic Therapy) 1995	Avaliar a eficácia da amiodarona na redução da mortalidade de pacientes com ICC e arritmias ventriculares assintomáticas.	O grupo da amiodarona teve a mesma mortalidade global do grupo placebo (39% *versus* 42%, p = NS). A sobrevida atuarial em dois anos foi a mesma nos dois grupos (69,4 *versus* 70,8%). Houve uma tendência a favor da amiodarona em pacientes com doença cardíaca não-isquêmica (p = 0,07). A amiodarona suprimiu as ESVs e melhorou a FEVE. Esse estudo mostrou uma disparidade entre a supressão das ESVs e a melhora na mortalidade (como ocorreu no CAST). Nesse grupo misto de pacientes, a amiodarona não mostrou nenhum efeito sobre a mortalidade global ou MS a despeito da supressão das ESVs. Houve uma tendência favorável vista em pacientes com miocardiopatia não-isquêmica
EMIAT (European Myocardial Infarction Amiodarone Trial)	Avaliar a eficácia da terapia antiarrítmica profilática em pacientes pós-IM com ectopia ventricular assintomática.	1. Não houve diferença na mortalidade global entre os dois grupos. 2. Houve uma redução nas mortes por arritmia no grupo da amiodarona (p = 0,052 na análise da intenção de tratar, p < 0,01 pela análise no tratamento). 3. A descontinuação da droga devida a efeitos colaterais ou à intolerância foi alta no grupo da amiodarona (45% em dois anos). Nesse estudo de pacientes com função de VE deprimida e doença cardíaca isquêmica, a amiodarona não diminuiu a mortalidade global, mas reduziu a MS, vista particularmente na análise "em tratamento".
AVID (Antiarrhythmics *Versus* Implantable Desfibrillators) 1997	Comparar a sobrevida global em pacientes com TV/FV tratados inicialmente com CDI *versus* aqueles tratados com amiodarona empírica ou sotalol guiado por EEF.	1. 507 pacientes randomizados para o grupo de CDI e 509 para o grupo de tratamento com drogas. 2. No grupo CDI: 93% CDI sem toracotomia, 5% CDI epicárdicos, 2% sem implante. 3. No grupo tratado com drogas: 356 amiodarona empírica, 153 designados randomicamente – 79 para amiodarona, 74 para sotalol – 13 (2,6%) suprimidos com sotalol. O restante recebeu amiodarona (58), outro antiarrítmico (1) ou CDI (2).

Avaliação da Terapia Farmacológica das Arritmias (continuação)

ESTUDO	OBJETIVO/PROJETO	ACHADOS CLÍNICOS
		4. Ocorreram menos mortes nos grupos com CDI em 18 meses = 15,8 ± 3,2% para CDI *versus* 24,0 ± 3,7% para drogas ($p < 0,02$). 5. Reduções de RR com CDI foram 39 ± 20% em um ano, 27 ± 21% em dois anos e 31 ± 21% em três anos. Esse estudo fornece fortes evidências de que os CDIs prolongam a vida comparados com a terapia medicamentosa em pacientes que sobreviveram a arritmias quase fatais. O prolongamento absoluto da vida foi modesto – apenas um pouco mais de três meses. O custo estimado por ano de vida salvo foi de U$ 114917.[49]
CIDS (Canadian Implantable Defribrillator Study) 1998	Determinar se o CDI. era superior à amiodarona em pacientes que sobreviveram à parada cardíaca ou TV.	1. Uma redução de risco em três anos de 19,6% foi vista no grupo de CDI; p = NS. 2. 22% do grupo-controle passou para o grupo de CDIs. 3. 30% do grupo de CDI recebeu choques apropriados em cinco anos. O benefício do CDI foi marginal, mas os resultados podem ter sido mascarados pelo alto índice de cruzamentos. A inclusão de grupo de síncope não-monitorado pode ter introduzido um grupo de pacientes de menor risco.
MADIT (Multicenter Automatic Defibrillator Implantation Trial) 1996	Determinar se o CDI reduziria a morte comparado com a terapia farmacológica convencional em pacientes de alto risco com DAC e arritmias ventriculares potencialmente fatais.	1. Terapia com CDI demonstrou uma redução de 54% na mortalidade global comparado com o grupo de terapia convencional. 2. Mais pacientes no grupo de terapia convencional receberam amiodarona do que no grupo de CDI (80% *versus* 2%). 3. Mais pacientes no grupo de CDI receberam β-bloqueadores do que no grupo de terapia convencional (28% *versus* 9%). 4. A mortalidade global em pacientes considerados não-indutíveis pela procainamida IV foi 30%.

CDI = cardiversor desfibrilador implantável; FEVE = fração de ejeção de VE; ESV = extra-sístole ventricular; MS = Morte súbita; FV = Fibrilação ventricular; TV = taquicardia ventricular; ICC = insuficiência cardíaca congestiva; EEF = estudo eletrofisiológico.

2. Quais as informações que devem ser coletadas para determinar se uma arritmia é a causa dos sintomas de um paciente?

O primeiro elemento essencial na avaliação de uma possível arritmia é uma boa *história*. De interesse especial são a freqüência, a duração, o modo de início e o modo de cessação, junto com os sintomas associados e qualquer história de uso de medicações.

O *exame físico* enfoca a pressão arterial, os pulsos periféricos, a pulsação venosa jugular, a ausculta cardíaca para medida dos galopes e das variações da primeira bulha e a evidência de cardiomegalia, a insuficiência cardíaca congestiva ou a disfunção da tireóide.

Os *exames laboratoriais* devem incluir eletrólitos, especialmente cálcio e magnésio; nível de antiarrítmico; função da tireóide; radiografia de tórax e ECG com uma derivação longa e monitorização com registro de eventos (gravador de alça ou de pulso) se o paciente tem sintomas pela arritmia ou monitorização Holter para sintomas que são diários (pode ser usado um gravador implantável, que pode permanecer por até um ano ou até que a arritmia seja gravada).

3. Em vista dos efeitos colaterais mostrados em estudos recentes, que opções permanecem no manuseio das arritmias?

- Não tratar
- Farmacoterapia
- Eletroterapia
    - Cardioversão direta
    - Desfibrilador implantável
    - Ablação por radiofreqüência
- Tratamento cirúrgico

4. Como deve ser determinado o tratamento de um paciente com arritmia?

A decisão de tratar um paciente com arritmia deve ser individualizada, levando-se em conta:

Análise eletrocardiográfica da arritmia com avaliação da ativação atrial e ventricular e do padrão de condução atrioventricular; se a arritmia está ativando arritmias adicionais e se as arritmias são sustentadas.

Avaliação da situação clínica, incluindo a caracterização da arritmia como aguda ou crônica e como transitória, persistente ou recorrente. O substrato anatômico e fisiológico também deve ser avaliado.

Definição dos objetivos da terapia, que dependem de uma prévia avaliação. Os instrumentos diagnósticos apropriados, além da história, do exame físico, dos exames laboratoriais de rotina e do eletrocardiograma, incluem (1) derivações especiais para identificar as ondas P (derivação esofágica, eletrodo intratrial ou derivações de Lewis); (2) monitoração por Holter; (3) ecocardiografia; (4) testes ergométricos; (5) tilt test (teste de inclinação); (6) eletrocardiografia de alta resolução; (7) estudos eletrofisiológicos e (8) análise da variabilidade cardíaca. Observe que a supressão da ectopia ventricular (p. ex., no estudo ESVEM – Eletrophysiologic Study *Versus* Electrocardiographic Monitoring) requer uma redução de 100% da taquicardia ventricular sustentada e não-sustentada; 90% de redução das ESVs e 80% de redução nas ESVs em um período de 24 horas.

5. Discuta as categorias de pacientes que não requerem terapia antiarrítmica.

Devido ao risco de pró-arritmia ou exacerbação de arritmia preexistente pelas drogas antiarrítmicas, a tendência vigente na década de 70, de suprimir a ectopia ventricular, tem diminuído. Embora ainda exista controvérsia sobre a terapia antiarrítmica, em circunstâncias específicas, por concordância geral, essa terapia não está indicada:

- Ectopia atrial assintomática e taquicardia supraventricular não-sustentada (TSV)
- Ectopia ventricular assintomática sem séries de taquicardia ventricular (TV)

- Ectopia ventricular simples no infarto agudo do miocárdio, não-associada com comprometimento hemodinâmico
- TV assintomática, não-sustentada, sem doença cardíaca estrutural ou outros indicadores de risco
- Síndrome de Wolff-Parkinson-White (WPW) assintomática, sem taquicardia superventricular conhecida
- Ectopia simples atrial ou ventricular levemente sintomática

6. O que é estimulação elétrica programada (EEP)?

Os estudos de EEP utilizam eletrodos percutâneos colocados por cateter nos átrios e nos ventrículos (geralmente direito) para registrar eletrogramas intracardíacos e avaliar TSV, arritmias ventriculares, incluindo TF e FV e bradicardia sem critérios clínicos e de Holter para a colocação de marcapasso.

7. Quando a estimulação elétrica programada (EEP) deve ser usada no manuseio de uma suspeita de arritmia?

As indicações primárias da EEP são:

1. Identificar a taquicardia e seus mecanismos
2. Selecionar a terapia apropriada
3. Mapear o substrato da arritmia para ablação ou (raramente) intervenção cirúrgica.

A taxa de complicações é pequena: morte, 0,06%; perfuração, 0,2%; hemorragia intensa, 0,05%; lesão atrial, 0,1% e trombose venosa importante, 0,2%. A EEP é espec almente precisa na avaliação da TSV com indução em 90 a 95% dos pacientes com taquicardia de reentrada nodal atroventricular ou WPW. A ablação é usada após o mecanismo ser definido, com emissão de uma corrente de radiofreqüência pelo cateter posicionado no local da via.

A EEP é amplamente usada na avaliação da TV; a TV/FV sustentada é reprodutível em 75% dos sobreviventes de parada cardíaca súbita e 95% dos pacientes com TV monomórfica sustentada. A eficácia da terapia antiarrítmica também pode ser avaliada com a EEP; uma taxa de recidiva de 10% é esperada em dois anos, comparada com uma recidiva de 50% sem terapia identificada. Observe que um cardioversor desfibrilador implantável é recomendado para a maioria dos pacientes com TV *sustentada*, com base nos achados do estudo MADIT, do estudo CHF STAT e do estudo AVID.

8. Compare a EEP e a monitoração com Holter na avaliação da eficácia da terapia antiarrítmica.

A recente pesquisa Electrophysiologic Study *Versus* Electrocardiographic Monitoring (ESVEM) (Estudo Eletrofisiológico *versus* Monitorização Eletrocardiográfica) examinou essa questão em pacientes com TV. O Holter previu eficácia em 77% dos casos; a EEP, em apenas 45%. Além disso, o Holter necessitou somente de cerca de metade dos dias de hospitalização. Assim, a EEP não oferece vantagem sobre o Holter na avaliação adequada da eficácia das drogas. O valor preditivo negativo da EEP é bom (aproximadamente 90%), mas o valor preditivo positivo é fraco (25%). Assim, o Holter pode oferecer uma alternativa à PES na avaliação dos agentes antiarrítmicos.

Observe que, em geral, as arritmias ventriculares malignas agora são tratadas predominantemente com CDI.

9. As drogas antiarrítmicas ainda são classificadas de acordo com seus efeitos eletrofisiológicos?

Sim. A classificação de Vaughn Williams dos agentes antiarrítmicos ainda é usada, apesar de múltiplas tentativas de desenvolver um sistema mais orientado clinicamente, baseado, por exemplo, nos canais, nas bombas e nos receptores. O sistema de Vaughn Williams serve como um meio útil de comunicação:

Classe 1 – atividade local estabilizadora da membrana; bloqueia o canal rápido de sódio
Classe 2 – bloqueia os receptores β-adrenérgicos

Classe 3 – prolonga a duração do potencial de ação cardíaco e repolarização; bloqueia os canais de potássio

Classe 4 – bloqueia o canal lento de cálcio

Essa classificação tem base na curva de repolarização/despolarização do potencial de ação.

10. A lidocaína deve ser iniciada em todos os pacientes com infarto agudo do miocárdio (IM)?

Embora alguns dados sugiram que a lidocaína diminui a FV em pacientes admitidos dentro das primeiras seis horas de início dos sintomas de IM, o grupo não-tratado não teve risco aumentado de morte, e todos os pacientes foram ressuscitados. Da mesma forma, duas meta-análises em mais de 9 mil pacientes demonstraram uma redução na FV primária, mas nenhum benefício na sobrevida, talvez porque os efeitos tóxicos da lidocaína produzam anormalidades de condução e aumento da assistolia, o que se contrapõe ao benefício da FV diminuída.

Não há evidência sugerindo que o uso de rotina ou profilático de lidocaína no IM é benéfico. O uso de lidocaína no IM é recomendado (1) para ectopia ventricular freqüente, multiforme, especialmente o fenômeno R sobre T ou breves séries de TV não-sustentada; (2) após um episódio de TV ou FV requerendo conversão elétrica ou após ressuscitação cardiopulmonar e (3) para ectopia ventricular tão freqüente que prejudique significativamente a hemodinâmica. O tratamento da insuficiência ventricular esquerda é essencial no tratamento das arritmias em pacientes com IM. A isquemia, a qual também pode contribuir para a ectopia, deve ser tratada agressivamente. A possibilidade de TV induzida por drogas ou hipocalemia deve sempre ser considerada.

Observe que estudos recentes dão forte suporte ao uso dos β-bloqueadores nas síndromes isquêmicas agudas, especialmente na tempestade de TV.

11. Quando a cardioversão está indicada?

Uma cardioversão imediata deve ser tentada se uma arritmia causa angina, hipotensão ou insuficiência cardíaca. A cardioversão deve ser tentada com o menor nível de energia possível, para reduzir as complicações. As complicações mais sérias são raras, e o sucesso é observado em aproximadamente 90% das arritmias de início recente.

A fibrilação atrial, a arritmia mais comumente cardiovertida, requer no mínimo 100 joules (J) e tem uma taxa maior de êmbolos sistêmicos se a arritmia tem duração de mais de três dias. O *flutter* atrial é o ritmo mais fácil de converter para sinusal; requer baixa energia (aproximadamente 50 J), mas pode ser convertido em fibrilação atrial se for usada energia muito baixa (5 a 10 J); a TSV reentrante por via nodal atrioventricular pode ser convertida com 25 a 100 J. A TV pode ser convertida com baixa energia, mas, em presença de comprometimento hemodinâmico, 200 J devem ser administrados imediatamente, seguidos de 360 J se a primeira tentativa não for bem-sucedida.

12. Quais são as contra-indicações à cardioversão?

As contra-indicações relativas à cardioversão incluem (1) intoxicação pela digoxina (em emergências, a cardioversão deve ser iniciada com baixos níveis de energia; aumente progressivamente a lidocaína profilática e o nível de energia); (2) séries curtas e repetitivas de TV; (3) taquicardia atrial multifocal; (4) imediatamente antes ou após a cirurgia em pacientes com fibrilação atrial estável; (5) TSV e hipertireoidismo; (6) TSV com bloqueio cardíaco completo; (7) anticoagulação inadequada em pacientes com fibrilação atrial acrônica.

13. A amiodarona é freqüentemente usada em pacientes com história de taquicardia ventricular. Por que ela é tão popular? Quais são seus efeitos colaterais?

A amiodarona tem atividade de classe 3, com prolongamento da refratariedade e da duração do potencial de ação cardíaco, bem como efeitos antiarrítmicos, β-bloqueadores e vasodilatadores. Muitos especialistas acreditam que a amiodarona é o agente isolado mais eficaz para muitas arritmias, incluindo a TSV e TV. Sua capacidade de prolongar a sobrevida foi estudada em vários estados patológicos, como o infarto do miocárdio e a insuficiência cardíaca congestiva (ICC). A amiodarona é aprovada pelo FDA para tratamento de arritmias ventriculares com risco de vida quando outras drogas são ineficazes ou não-toleradas.

A amiodarona é relativamente eficaz em muitos casos de TSV, conversão e controle do ritmo na fibrilação atrial, reentrada nodal atrioventricular e WPW. A terapia a longo prazo é bem-tolerada hemodinamicamente em pacientes com insuficiência cardíaca congestiva (ICC) e miocardiopatias severas. Dois estudos controlados recentes demonstraram uma melhora na longevidade entre sobreviventes de infarto do miocárdio. Outros estudos sugerem que a terapia com amiodarona prolonga a vida em pacientes com ICC e arritmias, mas um estudo recente, a curto prazo, não demonstrou benefício em pacientes com ICC e ectopia ventricular.

A principal desvantagem da amiodarona são suas reações adversas, as quais incluem a pneumonite intersticial potencialmente letal.

14. Quais são as indicações e os efeitos colaterais do sotalol?

O sotalol é uma droga de classe 3 e um β-bloqueador incomum, que prolonga o potencial de ação e aumenta a refratariedade. Ele é eficaz para muitas arritmias superventriculares e venticulares, incluindo a TV sustentada indutível. No estudo ESVEM, o sotalol foi mais eficaz que outros agentes antiarrítmicos avaliados (31 *versus* 12%).

Os principais efeitos colaterais são prolongamento do QT, o qual pode resultar em "torsade de pointes" (2%); eventos pró-arrítmicos (4,5% em doses maiores que 640 mg/dia) e piora da insuficiência cardíaca (3%).

15. A procainamida e quinidina são agentes da classe 1A que costumavam ser populares. Eles ainda são usados como antes?

Não. Como resultado do estudo CAST, os agentes da classe 1 caíram em desuso. A procainamida e a quinidina são eficazes contra arritmias supraventriculares ou ventriculares. A *procainamida* tem uma alta taxa de efeitos colaterais intoleráveis; 40% dos pacientes interrompem a droga nos primeiros seis meses. Como agente da classe 1A, ela prolonga o QT e pode produzir "torsade de pointes", bem como síndrome lúpica em 20% dos pacientes; a agranulocitose é outro efeito colateral possível. A *quinidina* demonstrou, em duas meta-análises, aumentar a mortalidade, comparada aos pacientes não-tratados e a outros agentes, mas ainda é um dos agentes antiarrítmicos mais amplamente usados. A maioria dos médicos, porém, é cautelosa e estratifica o risco para justificar o uso de antiarrítmicos, bem como individualizar a terapia.

16. Qual é o papel dos agentes da classe 1C na terapia antiarrítmica?

Os agentes classe 1C são bastante úteis na fibrilação atrial sem doença cardíaca estrutural. Eles são o tratamento de escolha. A eficácia global em um ano, contudo, é de apenas 5 a 60%, para manter os pacientes em ritmo sinusal. Além disso, a realização de um teste ergométrico em esteira 7 a 10 dias após o início do tratamento com agentes antiarrítmicos do tipo 1C é necessária para estabelecer se o paciente terá alguma pró-arritmia (alargamento do QRS) ou TV sustentada com freqüência cardíaca máxima.

17. Como os cardioversores desfibriladores implantáveis (CDI) são usados no tratamento das arritmias?

Os sistemas de monitoração demonstraram que a principal causa de morte súbita cardíaca em pacientes ambulatoriais é a FV, com > 80% de mortes devido à progressão de uma TV ou FV de início abrupto. A taxa de mortalidade da parada cardíaca fora do hospital é alta (> 75%), principalmente devido ao retardo em uma terapia eficaz. O CDI é capaz de emitir um contrachoque elétrico inicial dentro de 10 a 20 segundos do início da arritmia, um retardo no qual o potencial de reversão da arritmia aproxima-se de 100%. Devido a essa resposta imediata, os CDIs são o método mais eficaz para abortar a morte súbita devido a arritmias ventriculares com risco de vida.

As indicações para CDIs continuam a ampliar, e alteram-se com as novas tecnologias e maior experiência. Existem basicamente três categorias de pacientes para os quais os CDIs estão indicados:

- Sobreviventes de parada cardíaca com FV ou TV documentada
- Pacientes com TV sustentada, clínica e indutível, refratária a drogas
- Pacientes sem arritmias ventriculares sustentadas documentadas, com alto risco para futuros eventos arrítmicos com risco de vida, devido a arritmias indutíveis no estudo eletrofisiológico.
- Pacientes com TV não-sustentada e/ou assintomática, mas indutível, arritmias ventriculares que não são suprimidas com procainamida (critério do MADIT)
- Pacientes com história familiar de doença cardíaca estrutural que têm um risco muito alto de morte súbita cardíaca (história familiar de morte súbita cardíaca recorrente, intervalo QT longo ou miocardiopatia hipertrófica com síncope).

18. Um homem de 34 anos é encaminhado por palpitações recorrentes. Uma monitorização Holter documenta taquicardia atrial paroxística, que degenera-se em fibrilação atrial. O ecocardiograma mostra desempenho e dimensões normais de VE e VD e não há evidência de doença cardíaca valvular. Após um interrogatório mais profundo, o paciente admite que bebe excessivamente. Qual é a recomendação ou a terapia mais adequada?

Inúmeros agentes antiarrítmicos estão disponíveis para o tratamento da fibrilação atrial paroxística. Uma recomendação inicial de abstenção total de álcool, de cafeína e de chocolate é absolutamente necessária. A monitorização da pressão arterial do paciente pode ser necessária porque muitos pacientes que abusam de álcool têm hipertensão/hipertrofia de VE associadas (não-evidente nesse caso).

A terapia antiarrítmica inicial depende da aceitação e da idade do paciente. A ausência de doença cardíaca estrutural nesse paciente sugere que a flecainida ou a propafenona poderiam ser usadas. A flacainida é talvez o mais bem-tolerado dos agentes antiarrítmicos de primeira linha atuais.

Flecainida 100 mg VO 2x/dia foi o tratamento escolhido nesse caso. O verapamil também foi prescrito, para manter a resposta ventricular e a taquicardia atrial controladas pelo bloqueio do nódulo AV. Um teste ergométrico em esteira realizado 4 a 5 dias mais tarde não mostrou evidência de prolongamento do QRS ou TV induzida pelo exercício.

19. O paciente acima ficou bem por cinco anos. Ele então apresentou fibrilação atrial recorrente a despeito da abstenção de álcool. A sua pressão arterial era normal. Que terapia antiarrítmica adicional ou exame é necessário nesse momento?

A repetição do ecocardiogama pode reavaliar a presença de doença cardíaca estrutural, que pode ser evidente agora devido à eventual progressão. Outro teste ergométrico pode revelar isquemia reversível. Nenhum desses distúrbios foi encontrado nesse paciente e, embora ele seja de meia-idade, não tem sintomas sugestivos de DAC. A flecainida foi aumentada para 150 mg VO 2x/dia.

20. Os sintomas do paciente persistiram e a flecainida foi aumentada para 200 mg VO 2x/dia. Nessa dose, o paciente queixou-se de parestesias. Quais agentes antiarrítmicos alternativos devem ser considerados?

Se a flecainida falha, então deve-se considerar a propafenona, sotalol e dofetilide. A amiodarona não seria um agente ideal em um paciente jovem, devido ao potencial de efeitos colaterais sérios (pulmão, tireóide, retinal, fígado, neurológico).

21. Sotalol, disopiramida e propafenona falharam nesse paciente. A dofetilida não estava disponível. Que terapia alternativa pode ser considerada?

A terapia não-farmacológica foi eleita nesse paciente. Os estudos eletrofisiológicos com mapeamento revelaram que a taquicardia atrial estava localizada no átrio direito, na junção da veia cava superior. A *ablação transcateter por radiofreqüência* foi realizada com sucesso e foi estabelecida a cura, no acompanhamento nove meses depois.

22. Descreva novas terapias antiarrítmicas agudas para uso por paramédicos no atendimento primário de campo.

Dados do estudo ARREST (Amiodarona in Out of the Hospital Resuscitation of Refractory Sustained Ventricular Tachyarrhythmias) apresentados na 72ª sessão da AHA em novembro de 1999, mostraram que a sobrevida de pacientes admitidos ao hospital melhorou em 29% com a administração da amiodarona. Esse estudo fornece um grande avanço na ressuscitação de parada cardíaca. Os pacientes eram triados e tratados por paramédicos (504 pacientes, a maioria homens com doença cardíaca, na faixa de 60 anos): aqueles que não responderam aos três esforços de ressuscitação (cardioversão, intubação, epinefrina e administração de um agente antiarrítmico inicial [por ex., lidocaína, magnésio] recebiam amiodarona, 300 mg IV. Os efeitos colaterais mais freqüentes foram hipotensão e bradicardia.

Espera-se que as diretrizes de suporte à vida sejam alteradas para incluir a amiodarona *antes* da intubação, e o uso de vasopressina em vez de epinefrina IV, de modo que a condição do paciente não continue a se desestabilizar.

REFERÊNCIAS BIBLIOGRÁFICAS

1. Bansch D, Castrucci M, et al: Ventricular tachycardia above the initially programmed tachycardia detection intervals in patients with implantable cardioverter defibrillators: Incidence, prediction, and significance. *J Am Coll Cardiol* 36:557-565, 2000.
2. Cairns JA, et al: Randomized trial of outcome after myocardial infarction in patients with frequent or repetitive ventricular premature depolarization: CAMIAT. *Lancet* 349:675-682, 1997.
3. Echr DS, Liebson PR, Mitchell LB, et al: Mortality and morbidity in patients receiving encainide, flecainide, or placebo. The Cardiac Arrhythmia Suppression Trial. *N Engl J Med* 324:781-788, 1991.
4. Fonarow GC, Feliciano Z, et al: Improved survival in patients with nonischemic advanced heart failure and syncope with an implantable cardioverter debrillator. *Am J Cardiol* 85:981-985, 2000.
5. Jackman WM, Wang XZ, Friday KJ, et al: Catheter ablation of accessory atrioventricular pathways (Wolff-Parkinson-White syndrome) by radiofrequency current. *N Engl J Med* 324:1605-161 I, 1991.
6. Jideus L, Blomstrom P, et al: Tachyarrhythmias and triggering factors for atria] fibrillation after coronary artery bypass operations. *Ann Thorac Surg* 69:1064-1069, 2000.
7. Julian DG, et al: Randomized trial of effect of amiodarone on mortality in patients with left ventricular dysfunction after recent myocardial infarction: EMIAT. *Lancet* 349:667-674, 1997.
7a. Kudenchuk PJ, Cobb LA, Copass MK, et al: Amiodarone for resuscitation after out-of-hospital cardiac arrest due to ventricular fibrillation: ARREST [see comments]. *N Engl J Med* 341(12):871-878, 1999.
8. Lau C, Camm AJ: Rate-responsive pacing: Technical and clinical aspects. In El-Sherif N, Samet P (eds): Cardiac Pacing and Electrophysiology. Philadelphia, WB Saunders. 1991, p. 534-544.
9. Malik M, Camm AJ, et al: Depressed heart rate variability identifies postinfarction patients who might benefit from prophylactic treatment with amiodarone: A substudy of EMIAT (The European Myocardial Infarct Amiodarone Trial). *J Am Coll Cardiol* 35:1263-1275, 2000.
10. Mass AJ, et al: Improved survival with an implanted defibrillator in patients with coronary disease at high risk for ventricular arrhythmias: MADIT. *N Engl J Med* 335:1933-1940, 1996.
11. Myerburg RJ, Kessler KM, Castellanos A: Recognition, clinical assessment, and management of arrhythmias and conduction disturbances. In Schlant RC, Alexander RW (eds): The Heart Arteries and Veins, 8th ed. New York, McGraw-Hill, 1994, p. 705-758.

12. Opie LH: In Drugs of the Heart, 3rd ed. Philadelphia, WB Saunders, 1991.
13. Richards DA, Byth K, Ross DL, Uther JB: What is the best predictor of spontaneous ventricular tachycardia and sudden death after myocardial infarction? *Circulation* 83:756-763, 1991.
14. Roy D, Talajic M, et al: Amiodarone to prevent recurrence of atrial fibrillation. *N Engl J Med* 342:913-920, 2000.
15. Sobel RM, Dhruva NN: Termination of acute wide QRS complex atrial fibrillation with ibutilide. *Am J Emerg Med* 18:462-464, 2000.
16. Woosley RL: Antiarrhythmic Drugs. In Schlant RC, Alexander RW (eds): The Heart Arteries and Veins, 8th ed. New York, McGraw-Hill, 1994, p. 775-805.

48. BLOQUEADORES DOS RECEPTORES β-ADRENÉRGICOS

Olivia V. Adair, M.D., *John T. Madonna,* M.D., *Mark E. Dorogy,* M.D., e *Richard C. Davis,* M.D., Ph.D.

1. Cite alguns dos bloqueadores de receptores β-adrenérgicos (β-bloqueadores) e suas importantes propriedades farmacológicas.

Propriedades Farmacológicas dos β-Bloqueadores Comumente Usados

	DOSE MÉDIA DIÁRIA (mg)	CARDIOSSE-LETIVIDADE	LIPOSSO-LUBILIDADE	ASI*	ATIVIDADE ESTABILIZADORA DE MEMBRANA
Acebutolol	400-1200	Sim	Moderada	Sim	Sim
Atenolol	50-200	Sim	Fraca	Não	Não
Esmolol	50-150†	Sim	Fraca	Não	Não
Labetalol	400-800	Não	Fraca	Possível	Não
Metoprolol	100-200	Sim	Moderada	Não	Não
Nadolol	40-80	Não	Fraca	Não	Não
Pindolol	5-30	Não	Moderada	Sim	Sim
Propranolol	40-160	Não	Alta	Não	Sim
Sotalol	80-320	Não	Fraca	Não	Não

*Atividade simpaticomimética intrínseca.
†Dose em μg/kg/min, parenteral.

2. Quais são os mecanismos de ação dos β-bloqueadores?

Os β-bloqueadores são antagonistas competitivos dos receptores β-adrenérgicos. Existem duas classes de receptores. Os *receptores β-1*, localizados no coração, levam a aumentos na freqüência cardíaca, na contratilidade e na condução atrioventricular quando estimulados. O bloqueio dos receptores β-1 atenua esses aumentos, particularmente durante o exercício ou o estresse, mas também durante o repouso, se o tônus adrenérgico em repouso está aumentado. Vários β-bloqueadores produzem estimulação de baixo nível dos receptores, superando os efeitos do bloqueio dos receptores no estado de repouso, enquanto mantêm o antagonismo durante o exercício ou o estresse – isso é denominado *atividade simpaticomimética intrínseca* (ASJ).

Os *receptores β-2* são mais disseminados que os β-1. A ativação desses receptores resulta em ações tão diversas como a broncodilatação, a vasodilatação periférica e a lipólise. Muitos efeitos adversos dos β-bloqueadores, como o broncoespasmo, ocorrem devido ao bloqueio dos receptores β-2. Agentes específicos β-1, ou *cardiosseletivos*, foram desenvolvidos para minimizar esses efeitos adversos. Porém, esse bloqueio preferencial não é completo, e algum antagonismo aos receptores β-2 pode ser observado em doses farmacológicas padrão.

3. Quais são as indicações cardiovasculares dos β-bloqueadores, além da hipertensão e da angina pectoris?

Infarto agudo do miocárdio (IM)	Miocardiopatia hipertrófica
Pós-infarto	Prolapso de válvula mitral
Arritmias supraventriculares	Síndrome do QT prolongado
Arritmias ventriculares	Insuficiência cardíaca
Dissecção aórtica	Arritmias ventriculares induzidas por digital

4. Quando o uso dos β-bloqueadores está contra-indicado?

Contra-indicações:

- Hipotensão
- Asma
- Doença pulmonar obstrutiva crônica

Contra-indicações relativas:

- Bradiarritmias
- Distúrbios de condução atrioventricular
- Insuficiência cardíaca congestiva (função sistólica do VE)
- Fenômeno de Raynaud

5. Quais são os sinais e os sintomas de intoxicação por β-bloqueadores? Como ela é melhor tratada?

A intoxicação por β-bloqueadores, embora rara, deve ser considerada em qualquer paciente com início súbito de bradicardia e de hipotensão. Convulsões generalizadas também podem ocorrer, especialmente com o uso de agentes lipofílicos e com efeitos estabilizadores de membrana. Outros sintomas relatados incluem cianose periférica e coma. Uma história de hipertensão, de doença arterial coronária ou de terapia crônica com β-bloqueadores deve aumentar a suspeita para esse diagnóstico.

O *glucagon* é o agente mais eficaz para tratar os distúrbios hemodinâmicos devido aos β-bloqueadores; a epinefrina deve ser considerada uma terapia de segunda linha, e a atropina e isoproterenol são freqüentemente ineficazes. O glucagon exerce efeitos inotrópico e cronotrópico positivos no coração. Os efeitos inotrópicos não são afetados pelo β-bloqueio, mas o aumento na freqüência cardíaca com o glucagon pode ser mascarado pelo β-bloqueio, e um marcapasso transvenoso temporário pode ser necessário. A dose inicial de glucagon é 3 mg ou 0,05 mg/kg intravenosamente durante 30 segundos, seguido por uma infusão contínua de 5 mg/h ou 0,07 mg/kg/h. A infusão é descontinuada lentamente à medida que o paciente melhora.

6. Como os β-bloqueadores são usados após o infarto do miocárdio?

Os β-bloqueadores diminuem o risco de morte em aproximadamente 20% dos pacientes após um infarto do miocárdio. Esse benefício é devido quase inteiramente a uma redução nas mortes cardiovasculares, tanto súbitas quanto não-súbitas, independente do momento da administração da droga. A administração do β-bloqueador dentro de horas após o infarto fornece os benefícios adicionais de limitar o tamanho do infarto e reduzir os riscos de reinfarto não-fatal e de isquemia recorrente.

As vantagens da terapia a longo prazo podem ser reduzidas em subgrupos de baixo risco, mas não existem dados que permitam que os pacientes deixem a terapia. Por exemplo, um homem de 45 anos com seu primeiro infarto do miocárdio tratado de modo bem-sucedido com trombólise, com uma fração de ejeção normal, localização inferior e doença coronária em vaso único, apresenta baixo risco e pode não se beneficiar do β-bloqueio a longo prazo. As características dos sobreviventes pós-infarto, que provavelmente terão benefício máximo com a administração a longo prazo, incluem:

- Função reduzida do VE
- Isquemia persistente (angina, teste ergométrico pós-infarto anormal, doença coronária significativa suprindo miocárdio viável)
- Ectopia ventricular complexa
- Doença coexistente tratável com β-bloqueio (hipertensão, taquicardia supraventricular, ansiedade, etc.)

7. Uma mulher de 19 anos é encaminhada por desmaios recorrentes. Um teste de inclinação (tilt test) desencadeia hipotensão e bradicardia, e seus sintomas são reprodutíveis. Por que a terapia com β-bloqueadores deve ser apropriada?

A síncope neurocardiogênica (desmaio comum) é freqüentemente uma causa de perda temporária de consciência em pessoas jovens. À síncope segue-se a uma vasodilatação profunda, bradicardia ou uma combinação dessas respostas. Postula-se que, em resposta a um retorno venoso reduzido ao coração, como ao ficar de pé por muito tempo, o tônus adrenérgico é aumentado. Isso resulta em vigorosa contração miocárdica, a qual estimula os mecanorreceptores intramiocárdicos (fibras C). A ativação dessas fibras pode superar o reflexo baroceptor normal e produzir bradicardia e vasodilatação, que levam à hipotensão e à síncope.

Parece paradoxal que os β-bloqueadores sejam eficazes em tratar esse distúrbio. Contudo, os efeitos inotrópicos negativos dos β-bloqueadores podem diminuir a ativação das fibras C, permitindo que a fisiologia reflexa normal prevaleça.

Um teste de inclinação de acompanhamento da terapia nesses pacientes deve ser tentado para reproduzir seus sintomas e assegurar a efetividade da terapia.

8. Os β-bloqueadores demonstraram eficácia no tratamento de quais arritmias ventriculares?

Os β-bloqueadores são eficazes em prevenir a fibrilação ventricular durante o infarto agudo do miocárdio e morte súbita cardíaca no período pós-infarto, em tratar arritmias ventriculares induzidas por digital, suprimir a "torsade de pointes" na síndrome do QT longo, tratar a taquicardia ventricular induzida por exercício e suprimir as extra-sístoles ventriculares e ectopia ventricular complexa. Alguns estudos recentes sugerem que também podem ser eficazes como agentes únicos em pacientes selecionados, com taquicardia ventricular sustentada ou fibrilação ventricular primária.

9. Uma mulher de meia-idade, com hipertensão de longa duração, está atualmente sob um esquema anti-hipertensivo de clonidina e de propranolol. Ela queixa-se de sintomas atribuídos à clonidina. Que considerações especiais são necessárias antes de suspender a clonidina?

A suspensão rápida da clonidina pode provocar um rebote hipertensivo secundário à liberação aumentada de catecolaminas. O uso concomitante de β-bloqueadores pode aumentar grandemente a hipertensão como resultado de estimulação dos receptores α-adrenérgicos sem oposição. Uma redução lenta da clonidina ou cessação do β-bloqueador antes de reduzi-la deve ser considerada.

10. Um homem de 39 anos com hipertensão apresenta-se na emergência com opressão torácica em repouso e uma elevação de 4 mm do segmento ST nas derivações inferiores do ECG. A opressão torácica e as alterações no ECG são aliviadas por nitroglicerina. A cateterização cardíaca demonstra coronárias normais, e um espasmo da coronária direita é subseqüentemente provocado com ergonovina. Atualmente, ele toma nadolol e um diurético para hipertensão. Como seu esquema clínico deveria ser alterado?

Esta apresentação é típica do vasoespasmo coronário (angina de Prinzmetal). O uso de um β-bloqueador nesse distúrbio foi associado a uma freqüência e à severidade aumentadas de angina. A descontinuação do β-bloqueador e o início de um bloqueador dos canais de cálcio ou de um nitrato são recomendados. Quando o vasoespasmo coronário ocorre em um caso de doença coronária obstrutiva, a administração de β-bloqueadores pode ser desejável, em combinação com um bloqueador dos canais do cálcio.

11. Um homem de 43 anos, encaminhado para tratamento de hipertensão severa, apresentou na visita inicial uma pressão arterial de 190/120 mm Hg e taquicardia. Ele foi acompanhado por um psiquiatra local por vários anos por ansiedade episódica, com crises recorrentes de apreensão, diaforese, náuseas e cefaléia. A terapia anti-hipertensiva com β-bloqueador foi iniciada. Vários dias depois, retornou com edema pulmonar, confusão e uma pressão arterial de 260/140 mm Hg. Qual é o diagnóstico mais provável? A hipertensão acelerada poderia estar relacionada à terapia com β-bloqueador?

Esta é uma apresentação clássica de feocromocitoma. A precipitação de crise hipertensiva é diretamente relacionada ao início do β-bloqueio. A estimulação α-adrenérgica resultante, sem oposição, pode causar intensa vasoconstrição periférica. Embora os β-bloqueadores possam ser benéficos para tratar esse distúrbio, devem ser suspensos até que a terapia com α-bloqueadores seja iniciada. O diagnóstico de feocromocitoma, embora não-estabelecido definitivamente nesse exemplo, deve ser suspeitado e a terapia com β-bloqueador evitada até que os exames diagnósticos apropriados sejam realizados.

12. Uma mulher de 29 anos com história de prolapso de válvula mitral queixa-se de palpitações e de tontura. Uma derivação longa registrada durante seus sintomas é mostrada abaixo. Os β-bloqueadores seriam eficazes para tratar esse distúrbio?

Sim. Esse caso é um exemplo de taquicardia reentrante nodal atrioventricular (AV). Os β-bloqueadores interrompem o circuito reentrante prolongando a refratariedade e a condução nodal AV e fornecendo tratamento e prevenção eficazes dessa arritmia. Os β-bloqueadores também são eficazes em tratar outras arritmias supraventriculares, incluindo a taquicardia reentrante sinoatrial, taquicardia recíproca AV, fibrilação e flutter atriais.

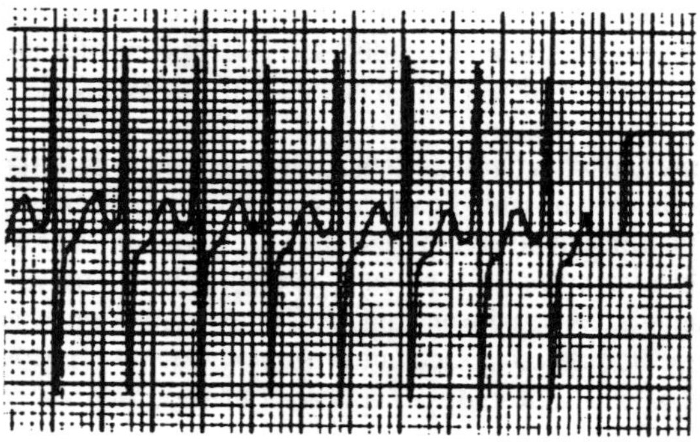

13. Qual é o mecanismo de ação proposto dos β-bloqueadores no tratamento da insuficiência cardíaca?

A atividade adrenérgica aumentada em pacientes com insuficiência cardíaca congestiva pode regular para baixo os receptores cardíacos β-adrenérgicos e causar vasoconstrição periférica. Os β-bloqueadores podem atenuar esses efeitos deletérios da estimulação crônica por catecolaminas. Clinicamente, isso traduz-se em melhora na hemodinâmica, nos sintomas, na tolerância ao exercício e na função ventricular esquerda. Os β-bloqueadores, porém, não demonstraram diminuir a mortalidade nesse caso.

14. Em pacientes com hipertrofia ventricular esquerda (VE) induzida por hipertensão, os β-bloqueadores reduzem a massa do VE? Como eles se comparam com outros agentes?

Os β-bloqueadores demonstraram causar regressão da massa do VE em pacientes hipertensos com hipertrofia de VE. Em uma meta-análise, a massa do VE foi reduzida em média 8%, comparada a 15% para os inibidores da enzima conversora da angiotensina (ECA) e 8,5% para os bloqueadores dos canais do cálcio. Os diuréticos diminuíram a massa do VE em média 11,3%, mas isso foi atribuído a uma redução no volume do VE, e não a uma reversão da hipertrofia da parede, como observado nas outras classes de drogas.

15. Um paciente hipertenso apresenta-se com uma dissecção aórtica aguda. O que deveria incluir o manuseio correto na emergência?

Enquanto a redução imediata da pressão arterial é essencial na terapia aguda da dissecção aórtica, o uso inicial de nitroprussiato pode aumentar a força e a velocidade (dP/dT) da contração ventricular, o que pode aumentar as forças de ruptura aórtica e acelerar a propagação da dissecção. Por reduzir dP/dT, os β-bloqueadores diminuem as forças de laceração aórtica e permitem a introdução mais segura do nitroprussiato. O labetalol, com seu bloqueio combinado β e α-adrenérgico, pode ser administrado intravenosamente e é uma alternativa de agente único para a terapia mais tradicional.

16. O que é uma "tempestade elétrica" (TE)?

É um fenômeno de episódios rápidos e recorrentes de fibrilação ventricular (FV) que requer cardioversões múltiplas para manter um ritmo estável. A TE é um fator de risco independentemente de morte súbita, especialmente nos três meses após o episódio.

17. Qual condição está associada ou é causa de tempestade elétrica?

Geralmente o paciente teve um infarto do miocárdio recente, em um período de três meses. Também pode ser visto nesse paciente uma miocardiopatia com depressão da função sistólica. O prognóstico é ruim se tratado apenas na apresentação com as diretrizes atuais.

18. Que tratamento melhora o resultado a curto e a longo prazo da tempestade elétrica?

Em um estudo recente, após o paciente em TE ter recebido o protocolo usual de suporte cardíaco avançado (SCA), também recebeu β-bloqueadores IV (esmolol ou propranolol) ou bloqueio do gânglio estrelado esquerdo para bloqueio simpático. A *curto prazo* (uma semana), 24 de 49 pacientes morreram. O índice de mortalidade foi de 82% nos pacientes tratados apenas com o protocolo SCA e de 72% nos que receberam bloqueio simpático. A *longo prazo* (um ano), 20 dos 27 pacientes com bloqueio sobreviveram, mas apenas dois dos 22 pacientes que não foram tratados com bloqueio simpático sobreviveram.

Novos dados mostram um benefício ainda maior com a amiodarona e β-bloqueadores combinados.

19. Como os β-bloqueadores comparam-se com os CDI para sobreviventes de parada cardíaca?

No estudo CASH recente, uma comparação entre amiodarona, metoprolol e CDI mostrou uma redução da mortalidade em sobreviventes de parada cardíaca no grupo dos CDIs. Não houve diferença na redução da mortalidade entre o metoprolol e a amiodarona. Do mesmo modo, o benefício da terapia com CDIs foi mais eficaz nos primeiros cinco anos de acompanhamento. Isso pode indicar a necessidade de adição de terapia medicamentosa ao CDI, por exemplo, amiodarona e/ou metoprolol.

20. Os β-bloqueadores devem ser retirados de pacientes com miocardiopatia dilatada (CMD)?

Não. Morimoto e colaboradores pesquisaram a influência da redução e depois suspensão do metoprolol em pacientes com CMD. Os pacientes estavam recebendo o metoprolol há ≥ 30 meses. Quatro de 13 pacientes morreram subitamente, e outros três tiveram severa deterioração e piora da insuficiência cardíaca.

21. No manuseio agudo da fibrilação ou *flutter* atrial, quais opções de tratamento estão sendo sugeridas atualmente?

Os *bloqueadores dos canais de cálcio* IV e os *β-bloqueadores* IV ainda estão sendo bastante usados e com boa resposta. Contudo, o tempo até a conversão pode ser prolongado ou não ocorrer; o controle da freqüência geralmente é bem-sucedido. Igualmente, 1 a 2 g de infusão de magnésio IV deve ser administrado. *Ibutilide* IV é eficaz na conversão da fibrilação atrial (80%) e *flutter* atrial (78%) e mais de 90% de conversão em uma hora. O Ibutilide é uma droga antiarrítmica da classe III, dada em infusão IV prolongada (10 minutos); pode ser repetida uma segunda vez após 10 min de espera entre as doses.

A farmacodinâmica envolve um prolongamento do potencial de ação miocárdico e refratariedade efetiva. Isso é atingido rapidamente por um mecanismo iônico duplo envolvendo a ativação de uma corrente de entrada lenta de sódio e bloqueio de uma corrente retificadora de potássio. (Ver também figura da página 315.)

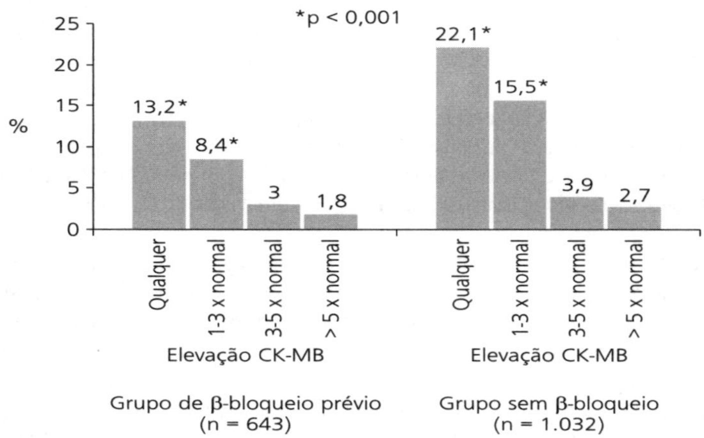

Incidência e magnitude da elevação de CK-MB em grupos com terapia prévia com β-bloqueador *versus* ausência de terapia com β-bloqueador. (De Sharma SK, Kini A, Marmur JD, Fuster V: Cardioprotective effect of prior β-blocker therapy in reduzing creatine kinase-MB elevation after coronary intervention. *Circulation* 102:166-172, 2000, com permissão.)

22. Se um paciente apresenta uma ameaça de infarto (angina), mas sofre uma intervenção que abre a artéria, há algum benefício pós-IM?

Embora os estudos tenham mostrado um aumento da sobrevida e redução de reinfarto em pacientes com infarto, o benefício e o valor protetor da intervenção não foi examinado. Sharma e colaboradores analisaram esse aspecto usando terapia com β-bloqueadores antes do procedimento. O grupo que recebeu pré-terapia teve uma incidência significativamente menor de elevação da CK-MB (2,2%) *versus* não-tratados (13,2%). O grupo anterior também teve freqüência cardíaca e pressão arterial mais baixas e menor ocorrência de dor torácica.

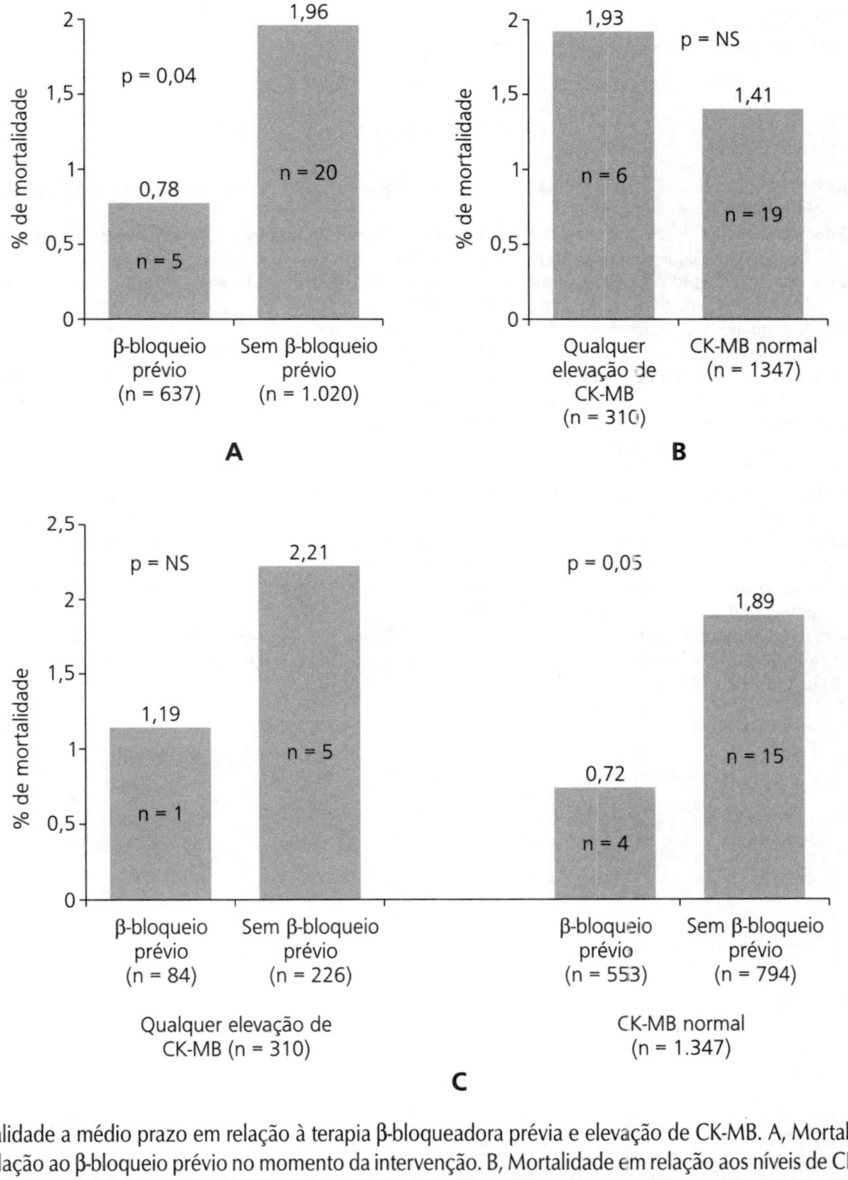

Mortalidade a médio prazo em relação à terapia β-bloqueadora prévia e elevação de CK-MB. A, Mortalidade em relação ao β-bloqueio prévio no momento da intervenção. B, Mortalidade em relação aos níveis de CK-MB. C, Mortalidade em relação ao β-bloqueio prévio e níveis de CK-MB. (De Sharma SK, Kini A, Marmur JD, Fuster V: Cardioprotective effect of prior β-blocker therapy in reduzing creatine kinase-MB elevation after coronary intervention. *Circulation* 102:166-172, 2000, com permissão.)

Em um acompanhamento do resultado a médio prazo (15 meses), o grupo tratado com β-bloqueadores pré-intervenção teve menores índices de mortalidade, 0,78% *versus* 1,96%. Esses benefícios são vistos também em pacientes com pequena elevação da CK-MB e uma artéria aberta.

Observação: As opiniões e assertivas contidas aqui são emitidas pelos autores e não se destinam a ser consideradas oficiais ou refletir os pontos de vista do Departamento do Exército e da Defesa dos Estados Unidos.

REFERÊNCIAS BIBLIOGRÁFICAS

1. Bocker D, Breithardt G: Evaluating AVID, CASH, CIDS, CABG-patch, and MADIT: Are they concordant? *J Interv Card Electrophysiol* 4JanSuppl, 2000.
2. Dahlof B, Pennert K, Hansson L: Reversal of left ventricular hypertrophy in hypertensive patients: A meta-analysis of 109 treatment Studies. *Am J Hypertens* 5:95-110, 1992.
3. Eagle KA, DeSanctis RW: Diseases of the aorta. In Braunwald E (ed): Heart Disease: A Textbook of Cardiovascular Medicine, 5th ed. Philadelphia, WB Saunders, 1997.
4. Kuck K, Cappato R, et al: Randomized comparison of antiarrhythmic drug therapy with transplantable defibrillators in cardiac arrest. The Cardiac Arrest Study-Hamburg (CASH). *Circulation* 102:748-754, 2000.
5. Landsberg L, Young JB: Pheochromocytoma. In Wilson JD, Braunwald E, Isselbacher KJ (eds): Harrison's Principles of Internal Medicine, 13th ed. New York, McGraw-Hill, 1994, p. 1976-1979.
6. Morimoto S, Shimizu K, Yamada K, et al: Can beta-blocker therapy be withdrawn from patients with dilated cardiomyopathy? *Am Heart J* 138(3 pt 1):456-459, 1999.
7. Nademanee K, Taylor R, Bailey W, et al: Treating electrical storm. *Circulation* 102:742-747, 2000.
8. Pinski SL, Yao Q, Epstein AE, et al: Determinants of outcome in patients with sustained ventricular tachyarrhythmias: The antiarrhythmics versus implantable defibrillators (AVID) study registry. *Am Heart J* 139(5):804-813, 2000.
9. Sharma S, Kimi A, et al: Cardioprotective effect of prior b-blocker therapy in reducing creatine kinaseMB elevation after coronary intervention. *Circulation* 102:166-172, 2000.
10. Sra JS, Anderson AJ, Sheikh SH, et al: Unexplained syncope evaluated by electrophysiologic studies and head-up tilt testing. *Ann Intern Med* 114:1013-1019, 1991.
11. Steinbeck G, Andresen D, Bach P, et al: A comparison of electrophysiologically guided antiarrhythmic drug therapy with beta-blocker therapy in patients with symptomatic, sustained ventricular tachyarrhythmias. *N Engl J Med* 327:987-992, 1992.

49. DROGAS ANTICOAGULANTES E ANTIPLAQUETÁRIAS

Madeline Jean White, M.D.

1. Quais os anticoagulantes e os agentes antiplaquetários comumente usados em cardiologia?

Os principais anticoagulantes usados são a warfarina, por via oral, e a heparina, intravenosa ou subcutaneamente. A heparina de baixo peso molecular (HBPM) mostrou-se benéfica na angina instável, mas a falta de reversibilidade levantou alguma preocupação sobre o seu uso em pacientes que podem ser submetidos a uma intervenção. Esse problema pode ser resolvido tão logo um rápido exame laboratorial para atividade do fator Xa torne-se disponível.

As drogas antiplaquetárias incluem a aspirina, as tienopiridinas e os antagonistas da glicoproteína IIb/IIIa. Os antagonistas da glicoproteína IIb/IIIa são atualmente o tratamento-padrão durante intervenções coronarianas e têm benefício comprovado em pacientes de alto risco com angina instável.

O ACC e a AHA publicaram diretrizes para a interação de vários agentes.

2. Como funciona a warfarina?

A síntese de vários fatores de coagulação (protrombina, fatores VII, IX e X) depende da disponibilidade da forma hidroquinona da vitamina K para a carboxilação final. Sem carboxilação, os fatores são biologicamente inativos. A warfarina é capaz de inibir as enzimas no processo de reciclagem da vitamina K, reduzindo assim os níveis da forma hidroquinona requerida. O efeito anticoagulante da warfarina resulta do declínio e da depleção dos fatores carboxilados da coagulação. Como a síntese e a depuração têm um papel, leva-se de 4 a 5 dias para obter-se um nível terapêutico, em contraste ao efeito instantâneo da heparina.

3. O que é o valor INR?

No passado, a terapia com warfarina era monitorada com o tempo de protrombina (TP). Os problemas com a padronização da intensidade dos anticoagulantes surgiram porque a tromboplastina usada no teste TP variava entre os lotes em sua capacidade de facilitar a coagulação. Agora, os produtores comerciais dão a cada lote um ISI (Índice de Sensibilidade Internacional), o qual relaciona a atividade da preparação ao de uma tromboplastina de referência internacional. Os laboratórios individuais calculam então um valor INR (*International Normalized Ratio*) para relacionar o TP do paciente à intensidade real da anticoagulação:

$$\text{INR} = \left(\frac{\text{TP do paciente}}{\text{TP Normal Médio}}\right)^{\text{ISI}}$$

Os resultados são relatados no TP (em segundos) e no valor INR. O INR é variável nos estágios iniciais do tratamento e mais útil, uma vez que uma dose estável é obtida.

4. Que nível de fator cai mais rápido com a terapia com warfarina?

O fator VII tem a meia-vida mais curta (seis horas) e cai mais rápido. Os fatores X e IX têm meias-vidas de aproximadamente 24 horas. Assim, o TP/INR pode prolongar-se antes que todos os fatores críticos da coagulação tenham caído e antes que uma anticoagulação plena seja obtida.

5. Liste as diretrizes para o início e o acompanhamento da terapia com warfarina.

Muitas indicações para anticoagulação crônica estão sendo desenvolvidas. Mantenha a sanidade atendo-se a poucas regras:

1. Inicie com 5 mg VO por dia.
2. Grandes doses de ataque não são recomendadas. Use 10 mg por 1 a 2 dias, se existe urgência.
3. Verifique o TP/INR diariamente até que um nível terapêutico seja atingido para aquela situação clínica.
4. Após 4 a 6 dias, a dosagem pode necessitar de ajuste, à medida que a sensibilidade individual para a warfarina é estabelecida.
5. Monitore o TP/INR duas vezes por semana por duas semanas e a seguir semanalmente por dois meses.
6. Uma vez que a dose se estabilize, verifique o TP/INR a cada 4 a 6 semanas.
7. Nunca leve mais de oito semanas para verificar o TP/INR para doses terapêuticas. Muitos fatores podem influenciar a intensidade anticoagulante e aumentar o risco de sangramento de modo imprevisível.
8. Para conveniência do paciente, se ele necessita < 1 comprimido em um dado dia da semana, prescreva $\frac{1}{2}$ ou 0 comprimidos e não $\frac{1}{4}$.
9. Se o paciente está com uma dose "x" em certos dias da semana e dose "y" nos demais, sempre usar a dose "x" nos mesmos dias. Por exemplo:

   Dose "x mg" uma vez por semana – segundas-feiras
   Dose "x mg" duas vezes por semana – segundas e sextas-feiras
   Dose "x mg" três vezes por semana – segundas, quartas e sextas-feiras
10. Para fazer ajustes, verifique a dose total semanal de warfarina. Aumente ou diminua em $\frac{1}{7}$ da dose total semanal distribuídos ao longo da semana. Por exemplo, se a dose semanal será diminuída em 1 comprimido, reduza a dose nas segundas e nas sextas em $\frac{1}{2}$ comprimido, em vez de eliminar 1 comprimido nas segundas-feiras.
11. Se a dose é ajustada, verificar o TP/INR em 2 a 3 semanas, dependendo da magnitude da alteração.

6. Como evitar o possível desenvolvimento de uma deficiência relativa de proteína C?

Uma vez que a proteína C, uma proteína inibidora da coagulação, tem uma meia-vida curta, uma deficiência relativa pode ocorrer nos primeiros dias de uso da warfarina. A maior parte da warfarina é iniciada concomitantemente com a heparina intravenosa, de modo que a preocupação sobre a deficiência relativa de proteína C seja abordada. Se o uso de warfarina é planejado sem anticoagulação plena com heparina (isso é, na fibrilação atrial), os primeiros 5 a 7 dias devem ser cobertos com heparina subcutânea ou HBPM.

7. Liste algumas drogas que alteram o TP.

Ver tabela na página 321.

8. Quais as condições clínicas que podem alterar os efeitos da warfarina?

A alta ingesta de vitamina K, com dietas ricas em vegetais verdes ou suplementos alimentares, pode antagonizar a ação da warfarina. As situações que diminuem a disponibilidade de vitamina K, como a má absorção de gorduras e o jejum, podem aumentar o efeito da droga. O catabolismo aumentado com febre ou hipertireoidismo causa depuração aumentada dos fatores da coagulação, e a disfunção hepática pode reduzir a síntese – ambas as situações aumentam a sensibilidade à warfarina. Os idosos podem ser mais sensíveis aos efeitos da warfarina que os indivíduos jovens.

Drogas que Alteram o Tempo de Protrombina por Interagir com a Warfarina

FARMACOCINÉTICA (Drogas que alteram os níveis de warfarina)	FARMACODINÂMICA (Drogas que não alteram os níveis de warfarina)	MECANISMO DESCONHECIDO (Drogas cujo efeito nos níveis de warfarina é desconhecido)
Prolonga o tempo de protrombina Inibição estereosseletiva da eliminação do isômero S[*] Fenilbutazona Metronidazol Sulfinpirazona Trimetoprima-sulfametoxazol Dissulfiram Inibição estereosseletiva da eliminação do isômero R Cimetidinata[†] Omeprazol[†] Inibições não-estereosseletivas da eliminação dos isômeros R e S Amiodarona	*Prolonga o tempo de protrombina* Inibe a interconversão cíclica da vitamina K (cefalosporinas de 2ª e 3ª geração) Outros mecanismos Clofibrate Inibe a coagulação do sangue Heparina Aumenta o metabolismo dos fatores de coagulação Tiroxina	*Prolonga o tempo de protrombina* Evidência convincente de interação Eritromicina Esteróides anabólicos Evidência de interação menos convincente Cetoconazol Fluconazol Isoniazida Piroxicam Tamoxifeno Quinidina Vitamina E (megadose) Fenitoína
Reduz o tempo de protrombina Reduz a absorção Colestiramina	*Inibe a função plaquetária* Aspirina Outros antiinflamatórios não-esteróides Ticlopidina Moxalactame Carbenicilina e altas doses de outras penicilinas	*Reduz o tempo de protrombina* Penicilinas Griseofulvina[‡]
Aumenta a depuração metabólica Barbitúricos Rifampicina Griseofulvina Carbamazepina		

[*] A warfarina é uma mistura racêmica de isômeros S e R, os quais têm metabolismos diferentes.

[†] Causa prolongamento mínimo do tempo de protrombina.

[‡] Pode causar depuração metabólica aumentada.

Adaptada de Hirsh J: Oral anticoagulant drugs. *N Engl J Med* 324:1865-1875, 1991.

9. Quais são as faixas de INR recomendadas?

Uma vez que o TP/INR tenha atingido níveis terapêuticos para uma situação clínica específica, a dose de warfarina deve ser ajustada para manter-se dentro da faixa de INR recomendada. Para a maioria das condições de anticoagulação, valores de INR de 2,0 a 3,0 são adequados. As situações de alto risco podem requerer maior intensidade:

INR 3,0 a 4,5:

Prótese valvular mecânica (alto risco)[9]

Prevenção de infarto do miocárdio recorrente

10. Por quanto tempo deve ser mantida a anticoagulação?

Em situações nas quais o risco de embolização é *crônico*, como em válvulas mecânicas, fibrilação atrial, miocardiopatia dilatada com insuficiência cardíaca e trombose venosa profunda recorrente, a anticoagulação deve perdurar por toda a vida, a menos que existam contra-indicações.

A duração após *eventos agudos* (embolia pulmonar, trombose venosa profunda, infarto do miocárdio anterior agudo) é controversa, mas a maioria dos clínicos mantém a terapia por seis meses. O uso *profilático* usualmente cobre apenas o período de risco.

11. Que fatores aumentam o risco de sangramento durante a terapia com warfarina?

Intensidade de dose: Valores de INR > 3,0 têm risco aumentado.

Idade: O risco aumenta com a idade, mas alguns acreditam que a idade não é um fator de risco independente.

Duração da terapia: O risco de sangramento é maior nas primeiras semanas de terapia: 3% de risco no primeiro mês, 0,8% de risco por mês no primeiro ano e 0,3% de risco mensalmente nos anos subseqüentes. O risco cumulativo aumenta com a duração da terapia.

Patologias associadas: Doenças cerebrovascular, renal, cardíaca e hepática estão associadas com mais complicações hemorrágicas.

Medicações concorrentes: Algumas drogas podem previsivelmente alterar o TP/INR, mas a variabilidade é a norma. Quando adicionar qualquer nova medicação crônica, aumentar a monitoração de TP/INR até que um estado estável seja obtido.

Adesão à terapia: O uso ambulatorial seguro e eficaz da warfarina requer monitoração regular e ajustes de dose sistemáticos. A adesão do paciente é crítica.

12. Como funciona a heparina?

A heparina é um glicosaminoglicano natural altamente sulfatado. As preparações comerciais são derivadas do intestino de porco ou do pulmão bovino. Seu efeito anticoagulante é mediado por meio da antitrombina III, a qual tem uma capacidade nativa de inibir a trombina, o Fator X ativado (Xa) e o Fator IX ativado (IXa). Uma vez que a heparina liga-se à antitrombina III, essa inibição é aumentada até mil vezes. A anticoagulação é quase instantânea. A HBPM, com seu menor tamanho, tem menos capacidade de ligação com a trombina, com as plaquetas, com as proteínas plasmáticas e com as células endoteliais. Ela inativa o fator Xa, tem boa biodisponibilidade, demonstra aumento da meia-vida plasmática e é eliminada pelo rim.

13. Antes de iniciar a terapia com heparina, que testes basais você deve obter?

Hematócrito, contagem de plaquetas, tempo de tromboplastina parcial ativada (aTTP) e tempo de protrombina (TP- com INR). O aTTP serve como um valor basal para avaliar a dose terapêutica de heparina; o TP/INR é o guia para uma terapia prevista com warfarina. O hematócrito e a contagem de plaquetas fornecem valores pré-tratamento se surgirem complicações. Para a HBPM a realização de um perfil de coagulação basal é uma boa precaução, embora um aTTP não seja usado para monitorizar a terapia.

14. Como você atinge e monitora o nível terapêutico da heparina?

A terapia com heparina é muito empírica, e existem muitos padrões para iniciá-la e monitorá-la. A maioria dos clínicos dá um bolus *intravenoso* de 80 U/kg, e então inicia uma infusão contínua de 18 U/kg/h. O aTTP é verificado em 4 a 6 horas. Se não está dentro dos objetivos de 1,5 a 2,3 vezes o basal, a velocidade é aumentada ou reduzida (2 a 4 U/kg/h). Um aTTP minimamente prolongado pode requerer um novo bolo de 80 U/kg e um aumento na velocidade de 4 U/kg/h. Se o aTTP é acentuadamente prolongado, a infusão é suspensa por uma hora e então retomada em uma velocidade reduzida. O aTTP é verificado novamente em 4 a 6 horas.

O esquema de dose por peso corporal atinge o limiar terapêutico (aTTP 1,5 vezes o controle) em mais casos (90% *versus* 77%) que o esquema de dose padrão. Em situações com risco de vida, atingir prontamente um nível terapêutico é muito importante. Com a variabilidade interpaciente, o clínico deve estar alerta e não assumir que a dose selecionada está correta sem confirmação laboratorial. Uma vez que uma velocidade adequada é obtida, o aTTP deve ser verificado todos os dias.

Brill-Edwards e colaboradores indicaram uma variação considerável entre os reagentes de aTTP. Uma faixa terapêutica utilizando níveis de heparina titulados com protamina de 0,2 a 0,4 U/mL seria mais precisa que confiar no prolongamento do aTTP em relação ao controle.

A heparina subcutânea, usada profilaticamente, é iniciada em 5.000 U a cada 8 a 12 horas. Ela não é monitorada, porque os objetivos terapêuticos são obtidos em níveis que podem não prolongar o aTTP.

A dose de HBPM relacionada ao peso não necessita de monitorização laboratorial, mas a atividade antifator X_a pode ser medida em casos de falência renal.

15. Quais são as complicações da terapia com heparina?

Em qualquer terapia com anticoagulantes, o principal risco é o sangramento. As estimativas variam de 0,8% por dia para cerca de 5%, em geral, em estudos recentes. A dose parece ser o fator mais importante, daí a vigilância sobre o aTTP. O risco de sangramento também aumenta com o uso subcutâneo intermitente, com a duração da terapia e com o uso concomitante de aspirina e de agentes trombolíticos.

A heparina pode causar *trombocitopenia* leve ou severa. A forma leve ocorre devido a uma agregação plaquetária induzida pela heparina e manifesta-se de dois dias a duas semanas de dose plena de heparina em cerca de 15 a 25% dos casos. A contagem de plaquetas usualmente estabiliza-se acima de 100.000/μL, mesmo com a terapia continuada com heparina. Na forma severa, mecanismos imunes causam uma queda acentuada na contagem de plaquetas (< 50.000/μL) e podem ocorrer trombos arteriais. A heparina bovina é mais comumente envolvida que a porcina. A contagem de plaquetas deve ser verificada diariamente; se cair abaixo de cem mil, a heparina deve ser suspensa. A terapia anticoagulante continuada pode incluir agentes como danaparoide, hirudina e argatroban. Plamaferese ou imunoglobulina IV também podem ser usadas como adjuntos ao tratamento. As HBPMs têm reação cruzada com a heparina e não são substitutos seguros.

Em 5 a 10 dias de terapia, anormalidades transitórias dos testes de *função hepática* podem ocorrer. Raramente são observadas anafilaxia, necrose cutânea, urticária local ou hipercalemia. O uso de heparina a longo prazo pode causar osteoporose. A HBPM pode causar menos osteoporose e trombocitopenia induzidas pela heparina.

16. Quais são algumas contra-indicações à terapia com heparina?

Contra-indicações absolutas

Sangramento ativo severo
Reações alérgicas
Trombocitopenia e trombose induzidas pela heparina

Contra-indicações relativas

Hemorragia no sistema nervoso central
Metástases intracranianas
Hipertensão severa
Retinopatia
Pericardite
Endocardite
Cirurgia recente
Trauma

17. A "resistência" à heparina é real?

A embolia pulmonar maciça pode estar associada a uma depuração aumentada de heparina, originando um quadro de resistência relativa. A antitrombina III, a qual é necessária para a ação da heparina, pode ser a chave para a "resistência" à heparina. A deficiência congênita de antitrombina III usualmente reduz os níveis de antitrombina III a 40 a 60%, o suficiente para a anticoagulação com heparina. Em deficiências adquiridas por cirrose hepática, síndrome nefrótica ou coagulação intravascular disseminada, os níveis de antitrombina III podem cair ainda mais (< 25%), quando a atividade da heparina é prejudicada.

18. Se está prevista uma anticoagulação a longo prazo, como você combina a heparina e a warfarina?

Iniciar a warfarina no primeiro dia da terapia com heparina. Isso permite a depleção dos fatores dependentes da vitamina K, enquanto o paciente está plenamente anticoagulado com heparina. Após 5 a 6 dias de heparina e com pelo menos dois dias de um TP/INR terapêutico, a heparina pode ser suspensa. Uma leve diminuição no TP/INR pode ser observada à medida que o efeito da heparina desaparece. A superposição da terapia também é necessária se for usada HBPM.

19. Como agem a aspirina e as tienopiridinas?

A aspirina acetila irreversivelmente a ciclo-oxigenase das plaquetas, inibindo assim a formação do tromboxano A_2. A reatividade das plaquetas é reduzida. A aspirina também inibe a produção endotelial de prostaglandina I_2, o que diminui a agregação plaquetária e induz a vasodilatação. As tienopiridinas agem como antagonistas do difosfato de adenosina (ADP), que inibe a ativação do complexo da glicoproteína IIb/IIIa mediada pelo ADP. A agregação plaquetária é comprometida.

20. São necessários estudos basais antes de iniciar a terapia com aspirina e tienopiridinas?

Uma boa história é necessária para avaliar possíveis alergias, tendências para úlcera, distúrbios da coagulação e interações medicamentosas. O aspecto do risco/benefício guia a decisão clínica sobre o seu uso, a dose e o revestimento entérico. Exames laboratoriais específicos não são rotineiramente necessários.

21. O efeito da terapia com aspirina ou com a tienopiridina deve ser monitorado?

Para a aspirina não. Os estudos clínicos têm usado a evolução (morbidade e mortalidade) para avaliar o benefício da aspirina em populações. Os testes de função plaquetária não são acompanhados no paciente individual. Há um risco de neutropenia severa e púrpura trombocitopênica trombótica com as tienopiridinas portanto, alguns médicos monitorizam o hemograma e a contagem de plaquetas.

22. Como os inibidores dos receptores da glicoproteína IIb/IIIa interferem com a função plaquetária?

O "ligante" [ligand] primário do receptor da glicoproteína IIb/IIIa na membrana plaquetária é o fibrinogênio. O fibrinogênio liga simultaneamente receptores em duas plaquetas separadas. Ocorre a ligação cruzada entre as plaquetas levando à agregação. O antagonista ocupa o local de ligação e bloqueia a via comum final de agregação plaquetária.

REFERÊNCIAS BIBLIOGRÁFICAS

1. Braunwald E, Antman EM, Beasley JW, et al: ACC/AHA guidelines for the management of patients with unstable angina and non-ST-segment elevation myocardial infarction. Executive summary and recommendations: A report of the American College of Cardiology/American Heart Association Task Force on Practice Guidelines (Committee on Management of Patients With Unstable Angina). *Circulation* 102:1193-1209, 2000.
2. Chew DP, Moliterno DJ: A critical appraisal of platelet glycoprotein IIb/IIIa inhibition. *J Am Coll Cardiol* 36:2028-2035, 2000.
3. Clinical Practice Statement: The use of oral anticoagulants (warfarin) in older people. *J Am Geriatr Soc* 44:1112,1996.
4. Hirsh J: Oral anticoagulant drugs. *N Engl J Med* 324:1865-1875, 1991.
5. Hirsh J, Dalen JE, Anderson D, et al: Oral anticoagulants: Mechanism of action, clinical effectiveness, and optimal therapeutic range. *Chest* 114(5 Suppl):445S-469S, 1998.
6. Hirsh J, Warkentin TE, Raschke R, et al: Heparin and low-molecular-weight heparin: Mechanisms of action, pharmacokinetics, dosing considerations, monitoring, efficacy. and safety. *Chest* 114(5 Suppl):489S-510S, 1998.
7. Hoffman R, Benz EJ, Shattil SJ, et al (eds): Hematology: Basic Principles and Practice. New York. Churchill Livingstone, 1999.
8. Levine M, Raskob GE, Landefeld S, et al: Hemorrhagic complications of anticoagulant treatment. *Chest* 114 (5 Suppl):511S-523S, 1998.
9. Miescher PA, Jaffé ER, BCFIS P, Young NS: Heparin-induced thrombocytopenia: Pathophysiology anal clinical management. *Semin Hematol* 36:1S, 1999.
10. Patrono C, Coller BAS, Dalen JE, et al: Platelet-active drugs: The relationship among dose, effectiveness, and side effects. *Chest* 114(5 Suppl):470S-488S, 1998.
11. Stein PD, Alpert JS, Dalen JE, et al: Antithrombotic therapy in patients with mechanical and biological prosthetic heart valves. *Chest* 114(5 Suppl):602S-610S, 1998.
12. Vorchheimer DA, Badimon JJ, Fuster V: Platelet glycoprotein IIb/IIIa receptor antagonists in cardiovascular disease. *JAMA* 281:1407-1414, 1999.

50. DIURÉTICOS E NITRATOS

Jennifer L. Calagan, M.D., *David T. Schachter*, M.D., *Mitchel Kruger*, M.D., *Robert W. Cameron*, M.D., e *Catalin Loghin*, M.D.

1. Discuta o mecanismo de ação dos cinco grupos de diuréticos.

Todos os diuréticos interferem na reabsorção do cloreto de sódio, mas cada classe de diuréticos tem um local distinto de ação no néfron. O local de inibição da reabsorção do cloreto de sódio determina parcialmente a eficácia e os efeitos colaterais de cada classe.

Mecanismo de Ação dos Diuréticos

CLASSE	DROGAS	LOCAL DE AÇÃO
Diuréticos tiazídicos	Hidroclorotiazida Indapamida Clortalidona	Alça de Henle cortical ascendente grossa Segmento de diluição cortical
Diuréticos de alça	Furosemida Bumetanida Ácido etacrínico	Porções medulares e corticais do ramo grosso ascendente da alça de Henle
Diuréticos osmóticos	Manitol	Túbulo proximal Alça de Henle Túbulo distal Túbulo coletor
Diuréticos poupadores de potássio	Espironolactona Triamtereno Amilorida	Túbulo distal
Inibidores da anidrase carbônica	Acetazolamida	Túbulo proximal

2. Um paciente apresentou-se à emergência com edema pulmonar e foi tratado com furosemida intravenosa e oxigênio, com melhora clínica. Os sintomas congestivos pulmonares foram aliviados sem um aumento significativo no débito urinário. Você pode explicar por que esse paciente melhorou?

Acredita-se que esse efeito precoce da furosemida seja devido à dilatação venosa pulmonar direta. Ela também pode redistribuir o fluxo sangüíneo pulmonar para longe dos alvéolos cheios de líquido, em direção aos alvéolos bem-aerados. Isso melhora a saturação de oxigênio no sangue e alivia os sintomas de insuficiência cardíaca congestiva. Ingerida VO, a furosemida tem um início de ação dentro de 1 hora, e seu efeito diurético dura 6 a 8 horas. Administrada intravenosamente, tem um efeito diurético iniciando-se dentro de minutos e durando aproximadamente duas horas.

3. Quais são alguns efeitos metabólicos adversos dos diuréticos?

As tiazidas e os diuréticos de alça causam *hiperglicemia*. O mecanismo exato é desconhecido, mas duas teorias são propostas. Uma diz que a hipocalemia induzida pelos diuréticos impede a liberação de insulina pelo pâncreas. A correção da hipocalemia em alguns pacientes melhora a tolerância aos carboidratos. A outra teoria é a de que os diuréticos causam resistência periférica à insulina. Isso pode explicar por que os níveis séricos de insulina estão aumentados em pacientes utilizando diuréticos.

Os diuréticos elevam o *colesterol* e os *triglicerídeos* séricos. Esse mecanismo também é desconhecido. A elevação é leve e pode ser superada mantendo uma dieta pobre em gorduras saturadas e colesterol. Os antagonistas α como o prazosin parecem bloquear ou reverter os efeitos hiperlipidêmicos das tiazidas. Contudo, a evidência atual apóia a descoberta de que doses pequenas de diuréticos tiazídicos, mesmo em associação com β-bloqueadores, resultam em alterações mínimas no perfil lipídico. Essas alterações não se sobrepõem aos efeitos benéficos dessas drogas no tratamento da hipertensão.

Todos os diuréticos causam *hiperuricemia* por inibição da via secretória dos ácidos orgânicos no túbulo proximal e por reabsorção aumentada de ácido úrico nos túbulos proximal e distal.

4. Os diuréticos têm efeito sobre a excreção do cálcio?

Sim. Os diuréticos tiazídicos aumentam as concentrações de cálcio sérico promovendo a reabsorção tubular de cálcio. Eles estão contra-indicados nos estados hipercalcêmicos agudos. As tiazidas são úteis para prevenir a nefrolitíase ou a urolitíase com cálculos de cálcio, uma vez que diminuem o cálcio urinário. As tiazidas podem causar hipercalcemia em pacientes com insuficiência renal que utilizam medicações contendo cálcio ou vitamina D.

5. Que complicações do uso de diuréticos são potencialmente fatais?

Os diuréticos tiazídicos e diuréticos de alça podem causar *pancreatite*. Com diuréticos de alça, o mecanismo é desconhecido, mas pode envolver secreção pancreática excessiva devido à liberação aumentada de secretina. Com as tiazidas, acredita-se que o fator envolvido seja a hipercalcemia causada pela medicação. A pancreatite induzida por diuréticos é incomum.

Em pacientes com tendência a *arritmias ventriculares*, como aqueles com insuficiência cardíaca congestiva, a hipocalemia pode auxiliar a precipitar taquicardia ventricular ou fibrilação ventricular. Isso é especialmente importante quando a digoxina está sendo usada concomitantemente.

6. O diabete insípido é caracterizado por um aumento inapropriado na produção de urina. Por que os diuréticos são usados para tratar esse distúrbio?

As tiazidas, por induzir uma leve depleção de sódio e volume extracelular, evocam um aumento compensatório na reabsorção de sódio e de água no túbulo proximal. Assim, a quantidade de filtrado liberado ao segmento dilucional distal é reduzida e o débito urinário é diminuído.

7. Um paciente está de férias no Colorado para esquiar. Em viagens prévias, ele teve cefaléia, náuseas e insônia. Seus médicos aconselharam-no a ingerir uma "pílula de água" antes de esquiar, mas ele esqueceu a medicação e não pode lembrar seu nome. Que medicação você prescreveria?

A história e os sintomas desse paciente são compatíveis com a doença das altitudes elevadas. A acetazolamida, um inibidor da anidrase carbônica, tem sido usada para tratar essa condição. Seu mecanismo de ação é a indução de uma acidose metabólica, a qual estimula o impulso respiratório e diminui a hipoxemia induzida pela altitude. Não se pode confiar nela, porém, para prevenir as complicações com risco de vida como o edema pulmonar ou cerebral ou reduzir a incidência de hemorragia retiniana. A descida para altitudes menores é o único tratamento eficaz para esses problemas.

8. Qual é o papel dos diuréticos no tratamento da hipertensão?

Freqüentemente as tiazidas são ainda a terapia de primeira escolha da hipertensão, especialmente quando o custo e a adesão ao tratamento são importantes. Elas também são eficazes no idoso com hipertensão sistólica isolada. Os diuréticos freqüentemente ainda são necessários no controle da hipertensão severa, quando múltiplas classes de drogas em doses máximas estão sendo usadas sem sucesso completo. Os diuréticos de alça são eficazes em pacientes com insuficiência renal e naqueles com insuficiência cardíaca congestiva ou outros nos quais o edema é uma queixa importante. O efeito global deve-se principalmente à redução a longo prazo da resistência vascular periférica e traduz-se em uma redução do risco de complicações da hipertensão: acidentes vasculares, IM e ICC.

9. Qual é o papel dos diuréticos no tratamento da insuficiência cardíaca?

A sua principal indicação é para os estágios avançados da insuficiência cardíaca, diminuindo a pré-carga e trazendo uma melhora nos sintomas, com diminuição na freqüência de internação. Em pacientes edematosos e naqueles com comprometimento da função renal, um diurético de alça, administrado em duas doses diárias, é a primeira escolha, quer isolado ou em associação com a espironolactona, a metolazona ou os tiazídicos. Entre os diuréticos de alça para pacientes com falência de VD, a torsemida oral é preferida. A metolazona é reservada para o edema refratário, uma ou duas vezes semanalmente, com monitorização cuidadosa dos eletrólitos.

Recentemente, um grande estudo analisou os efeitos da espironolactona sobre a morbidade e a mortalidade de pacientes com insuficiência cardíaca severa. Os resultados indicaram claramente que essa droga, administrada junto à terapia-padrão, reduz a mortalidade (em 30%) e a morbidade (em 35%) nessa categoria de pacientes. A espironolactona pode ser usada junto com os inibidores da ECA que não suprimem toda a produção de aldosterona. Bloqueadores seletivos dos receptores da aldosterona, como a eplerenona, ainda precisam ser avaliados.

10. Quais são as indicações para a terapia crônica com nitratos?

Os nitratos são usados para tratar a angina relacionada à doença coronária aterosclerótica e espasmo coronário. Eles também reduzem os sintomas de insuficiência cardíaca congestiva crônica e, em combinação com a hidralazina, melhoram a sobrevida e retardam a progressão da disfunção ventricular esquerda (embora não tão bem como os inibidores da enzima conversora da angiotensina).

11. Como os nitratos obtêm seus efeitos antianginosos?

Os nitratos dilatam as artérias coronárias epicárdicas e os vasos de resistência coronária. As artérias coronárias ateroscleróticas respondem à nitroglicerina mesmo em áreas de estenose significativa. Os vasos colaterais também dilatam-se. Ambos resultam em um aumento na disponibilidade de O_2, ao miocárdio isquêmico. Não há o "fenômeno de roubo" descrito com os nitratos uma vez que eles dilatam as artérias coronarianas não-estenóticas e os vasos estenosados sem calcificação circunferencial.

Os nitratos também afetam as artérias e as veias sistêmicas. A venodilatação, por reduzir a pré-carga, diminui o volume diastólico, o estresse da parede e o consumo de 0_2. A dilatação das artérias sistêmicas reduz o consumo miocárdico de O_2, por reduzir a pós-carga. A angina é aliviada à medida que a oferta de 0_2 às regiões isquêmicas é aumentada e o consumo de O_2, é diminuído. No espasmo coronário, os nitratos aliviam a angina por sua capacidade direta de dilatar os vasos epicárdicos nos locais de espasmo.

De um modo geral, os nitratos melhoram o suprimento de oxigênio miocárdico e diminuem a demanda de oxigênio, resultando no seu significativo efeito antiisquêmico.

12. Por meio de quais mecanismos adicionais os nitratos podem ser benéficos na angina instável ou no infarto agudo do miocárdio?

A nitroglicerina tem efeitos antiplaquetários, os quais inibem a formação de trombos. Esses efeitos antiplaquetários podem contribuir para a melhora da sobrevida observada quando a nitroglicerina intravenosa é usada durante o infarto do miocárdio e podem diminuir os episódios isquêmicos recorrentes em pacientes com angina instável.

13. Que tipos de terapia com nitrato estão disponíveis?

A *nitroglicerina* está disponível como comprimido sublingual ou *spray*, preparação bucal, comprimidos orais de ação longa, preparações tópicas (pomada ou curativo transdérmico) e intravenosas. O *dinitrato de isossorbida* pode ser usado via sublingual ou VO. O *mononitrato de 5-isossorbida* existe somente para administração oral.

14. Quais são os mecanismos de ação dos nitratos orgânicos em nível celular?

Os nitratos orgânicos agem como pró-drogas, as quais devem ser convertidas dentro das células de músculo liso vascular em óxido nítrico (também conhecido como fator de relaxamento derivado do endotélio). Essa conversão é obtida por uma reação de redução utilizando os grupos sulfidrila da cisteína dentro do citosol, como segue:

$$NO_2 + 2\ SH \rightarrow NO + S = S + H_2O$$

(nitrato + cisteína → óxido nítrico)

O óxido nítrico (NO) estimula diretamente a guanilato ciclase (GC), resultando em níveis aumentados de GMP cíclico intracelular. O GMP age pela fosforilação das proteínas celulares via proteíno-quinases, para diminuir a disponibilidade de cálcio para as proteínas contráteis. Isso resulta em relaxamento. O óxido nítrico (NO) também está envolvido nos mecanismos de controle do crescimento vascular e na função endotelial e tem um papel na contratilidade miocárdica. O conceito atual de disfunção endotelial envolve uma redução da disponibilidade de NO.

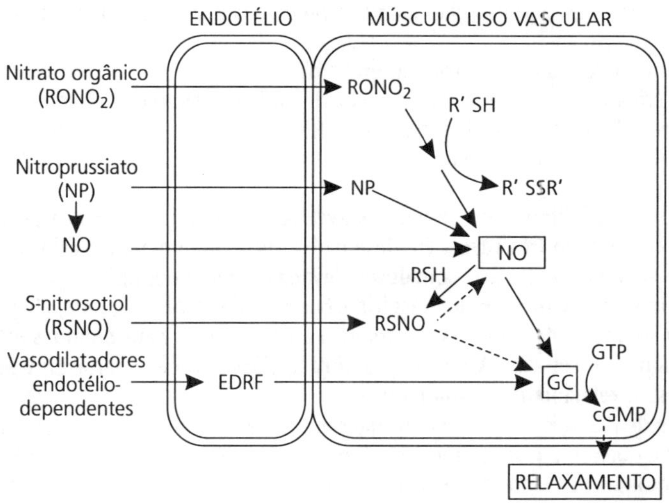

15. Como se manifesta a tolerância aos nitratos?

A tolerância foi inicialmente notada quase cem anos atrás em trabalhadores de munições, que sofriam de cefaléia, de fadiga e de sintomas ortostáticos ao voltar a trabalhar após breves feriados. Seus sintomas cessavam após horas a dias de exposição continuada.

Hoje em dia, a tolerância manifesta-se por perda da eficácia em tratar os sintomas de angina ou de insuficiência cardíaca congestiva com preparações de ação longa, usadas sem um intervalo livre de nitratos. A tolerância também é observada quando doses crescentes de nitroglicerina intravenosa são necessárias ao longo do tempo para obter uma resposta hemodinâmica específica ou um efeito antianginoso. O mecanismo molecular de tolerância é desconhecido. Esse fenômeno pode ser evitado pela incorporação de um intervalo sem nitrato, preferivelmente durante a noite. Esse intervalo é obtido usando-se uma fórmula de liberação lenta ou doses assimétricas duas vezes ao dia para os nitratos de ação curta.

16. Um homem de 64 anos com angina estável aos exercícios vinha bem com dinitrato de isossorbida, 20 mg duas vezes ao dia. Recentemente, aumentou sua dose para quatro vezes ao dia, pensando que "mais é melhor". Logo após, ele notou piora da angina. Por que isso ocorreu?

Este paciente pode ter piora da angina secundária à progressão de sua doença arterial coronária ou pode ter desenvolvido tolerância aos nitratos. Estudos em pacientes com angina estável demonstraram efeitos antianginosos persistentes quando é feito um intervalo livre de nitratos de 10 a 12 horas. Muitos pacientes experimentam uma atenuação ou a perda completa dos efeitos antianginosos quando agentes de ação longa são usados três ou quatro vezes por dia. Similarmente, os curativos transdérmicos de nitroglicerina de ação longa devem ser removidos por 10 a 12 horas diariamente.

17. Cite alguns mecanismos possíveis de tolerância aos nitratos.

- Depleção de sulfidrilas – geração inadequada de grupos sulfidrila necessários para a transformação dos nitratos orgânicos em óxido nítrico.
- Estimulação crônica pelo óxido nítrico causa dessensibilização da guanilato ciclase.
- Ativação de mecanismos neuroumorais contra-regulatórios – aumento das catecolaminas, arginina vasopressina, renina plasmática, aldosterona e angiotensina II.
- Volume intravascular aumentado – as forças de Starling favorecem o movimento de líquidos dos tecidos ao espaço vascular quando a pressão capilar é reduzida pela vasodilatação.

18. Como a nitroglicerina e a heparina interagem?

A nitroglicerina pode interferir com a atividade anticoagulante da heparina, necessitando aumentar as doses de heparina para obter resultados terapêuticos. Quando a nitroglicerina é suspensa, pode haver anticoagulação excessiva.

19. Um paciente é admitido com angina instável. A cateterização cardíaca demonstra doença arterial coronária em três vasos. Ele desenvolve subseqüentemente vários episódios de dor precordial em repouso, tratada com doses elevadas e crescentes de nitroglicerina intravenosa, bloqueadores do cálcio, heparina e aspirina. Na visita da manhã seguinte, ele parece cianótico e também se queixa de fraqueza, de cefaléia e de dispnéia. Seus pulmões estão limpos, ele não tem sopros e seu raio X de tórax é normal. Como você trataria essa síndrome? Esses achados estão relacionados a sua terapia?

Altas doses de nitroglicerina podem resultar em metemoglobinemia clinicamente significativa. A cianose ocorre quando o nível de metemoglobina ($HbFe^{+3}$) excede 10%. Quando o nível excede 35% surgem sintomas de dispnéia, de cefaléia e de fraqueza. O tratamento da metemoglobinemia tóxica é com o azul de metileno intravenoso a 2 mg/kg. Os níveis de metemoglobina tornam-se significativamente reduzidos, e os sintomas melhoram substancialmente dentro de uma hora.

20. Qual é a melhor preparação para fornecimento de nitratos: a pílula sublingual, o *spray*, o ungüento ou o adesivo transdérmico?

A escolha dos nitratos depende da situação clínica. Para alívio *agudo*, um *comprimido sublingual* fornece a absorção e resposta mais rápida. Os tabletes devem ser mantidos em um frasco escuro e devem ser substituídos a cada três meses. Se forem necessários mais de três comprimidos para controlar um ataque de angina, é melhor indicar cuidados médicos imediatos.

O *spray oral* é uma alternativa viável para o tratamento dos ataques agudos de angina, mas o seu início de ação é mais lento. O *spray* tem a vantagem de permanecer ativo por até três anos.

O *ungüento* também pode ser usado em situações agudas. Comparado com o comprimido sublingual, a dose é mais difícil de ser controlada e o início de ação é mais lento. Há poucas evidências apoiando o uso prolongado do ungüento.

O *adesivo* tem sido usado nos últimos 20 anos para tratamento *crônico* da angina pectoris. Vários estudos têm demonstrado que a tolerância pode ser evitada usando um horário de 12 horas com e 12 horas sem o adesivo.

As opiniões e as assertivas contidas aqui são emitidas pelos autores e não se destinam a ser consideradas oficiais ou refletir os pontos de vista do Departmento do Exército e da Defesa dos Estados Unidos.

REFERÊNCIAS BIBLIOGRÁFICAS

1. Abrams J: Use of nitrates in ischemic heart disease. *Curr Probl Cardiol* 17:483-542, 1992.
2. Amsterdam, EA: Rationale for intermittent nitrate therapy. *Am J Cardiol* 70:556-606, 1992.
3. Bell D: Insulin resistance. *Postgrad Med* 93:99-107, 1993.
4. Elkayam U, Mehra A, Avraham S, Osprzega E: Possible mechanisms of nitrate tolerance. *Am J Cardiol* 70:496-546, 1992.
5. Folts JD: Inhibition of platelet function in vivo or in vitro by organic nitrates. *J Am Coll Cardiol* 18:1537-1538, 1991.
6. Fung H, Chung S, Bauer J, et al: Biochemical mechanism of organic nitrate action. *Am J Cardiol* 70:4B-10B, 1992.
7. Gheorghiade M, et al: Current medical therapy for advanced heart failure. *Heart Lung* 29(1):16-32. 2000.
8. Greene MK, et al: Acetazolamide in prevention of acute mountain sickness: Double-blind controlled crossover study. *BMJ* 283:811-813, 1991.
9. Pitt B, et al: The effect of spironolactone on morbidity and mortality in patients with severe heart failure. *New Engl J Med* 341(10):709-717, 1999.
10. Smith TW, Braunwald E, Kelly R: The management of heart failure. In Braunwald E (ed): Heart Disease: A Textbook of Cardiovascular Medicine, 5th ed. Philadelphia, WB Saunders, 1997.
11. Weir MR, Moser M: Diuretics and beta-blockers: Is there a risk for dyslipidemia? *Am Heart J* 139(1):174-184, 2000.
12. Wood AJJ: Nitrate therapy for stable angina pectoris. *New Engl J Med* 338(8):520-531, 1998

51. INIBIDORES DA ENZIMA CONVERSORA DA ANGIOTENSINA E OUTROS VASODILATADORES

Talley F. Culclasure, M.D., *Christopher M. Kozlowski,* M.D., *William T. Highfill,* M.D., e *Catalin Loghin,* M.D.

1. Quais os vasodilatadores em uso clínico comum?

Vasodilatadores em Uso Clínico

MECANISMO	DROGAS
Inibidores da enzima conversora da angiotensina (IECA)	Captopril, enalapril, lisinopil, quinapril, ramipril, benazepril, fosinopril
Antagonistas dos receptores da angiotensina II (ARA)	Losartan, irbesartan, candesartan, telmisartan, valsartan, eprosartan
Relaxantes diretos dos músculos lisos	Nitroprussiato, nitratos, hidralazina, minoxidil
Bloqueadores α-adrenérgicos	Prazosin, terazosin, doxazosin
Bloqueadores dos canais de cálcio	Nifedipina, isradipina, amlodipina, felodipina, nimodipina, verapamil

2. Por que os vasodilatadores são úteis na insuficiência cardíaca congestiva por disfunção sistólica ventricular esquerda?

Em pacientes com baixo débito cardíaco, os leitos arterial e venoso estão inapropriadamente contraídos. Essa é a resposta orgânica a um estado hipovolêmico, de modo a manter um fluxo sangüíneo adequado aos órgãos vitais. Alguns *mecanismos compensatórios* responsáveis por essa constrição são níveis aumentados de catecolaminas, tônus simpático aumentado e atividade aumentada do sistema renina-angiotensina-aldosterona. Esses mecanismos compensatórios trabalham contra o coração insuficiente, causando um círculo vicioso de redução do débito cardíaco e um aumento da vasoconstrição. Os vasodilatadores interrompem esse ciclo reduzindo a resistência vascular, melhorando, assim, o débito cardíaco. Junto com os β-bloqueadores, os vasodilatadores constituem a principal terapia para insuficiência cardíaca congestiva leve e moderada.

3. Quais são os efeitos fisiológicos das diferentes classes de vasodilatadores sobre os rins e o sistema renina-angiotensina-aldosterona (RAA)?

Os *vasodilatadores não-inibidores da ECA* são potentes estimuladores do sistema renina-angiotensina-aldosterona. Essa resposta é o resultado da redução da pressão arterial sistêmica média e da redução da perfusão renal. A ativação do sistema RAA aumenta os níveis de aldosterona, a qual, por sua vez, age nos túbulos distais causando reabsorção de sódio e a retenção de água. O resultado desse processo é o aumento do volume intravascular e edema progressivo.

Os *inibidores da ECA*, por outro lado, exercem um efeito direto no sistema renina-angiotensina-aldosterona bloqueando a conversão de angiotensina I em angiotensina II. Uma vez que a angiotensina II estimula a produção de aldosterona, os níveis circulantes de aldosterona são reduzidos. A redução dos níveis de aldosterona diminui a reabsorção de sódio e a secreção de potássio no túbulo distal. Assim, o volume intravascular aumentado e o edema não são efeitos colaterais da inibição da ECA.

A hipercalemia pode ocorrer, e deve-se ter cautela quando os inibidores da ECA são usados em conjunto com diuréticos poupadores de potássio ou suplementos de potássio.

Os *antagonistas dos receptores da angiotensina II* (ARA) não têm influência sobre as taxas de filtração glomerular, aumentam o fluxo sangüíneo renal, levam a um efeito natriurético, reduzem a excreção de proteína urinária, diminuem a fração de filtração e reduzem a excreção de albumina urinária.

Os efeitos do bloqueio do sistema RAA são complexos: antiproliferação e antimigração em nível das células de músculo liso arterial, neutrófilos e células mononucleares; melhora da função endotelial; possível proteção contra ruptura da placa aterosclerótica (ver referências), fibrinólise, efeitos antiplaquetários e antiaterogênico; redução da massa de VE na hipertrofia de VE; melhora do equilíbrio entre a demanda e a oferta de oxigênio miocárdico (pela diminuição da pós-carga e da pré-carga) e aumento da sensibilidade à insulina.

De um modo geral, os inibidores da ECA e os ARA têm um efeito cardioprotetor e vasculoprotetor e podem diminuir a velocidade de progressão da insuficiência renal. Em contraste com os inibidores da ECA, os ARA não influenciam a bradicinina, a prostaglandina e o ativador tissular plasminogênio. Em adição, eles têm uma baixa incidência de angioedema, não produzem tosse e podem ter menos efeito protetor renal.

4. Quais são alguns dos outros efeitos clínicos benéficos dos inibidores da ECA?

- Em pacientes com fração de ejeção reduzida (< 40%) após um infarto do miocárdio, o captopril reduz a mortalidade por alterar favoravelmente a remodelação ventricular esquerda, reduzindo assim a dilatação e a hipertrofia ventricular esquerda.
- Muitos clínicos acreditam que os inibidores da ECA são mais eficazes que outros agentes em reduzir a massa ventricular e melhorar a disfunção diastólica em pacientes com hipertrofia ventricular esquerda devido à hipertensão.
- O captopril fornece mais proteção contra o declínio na função renal em diabéticos insulinodependentes do que outros anti-hipertensivos.
- Os inibidores da ECA que contêm um grupo sulfidrila, como o captopril, podem ter um leve efeito antiplaquetário e aumentar a sensibilidade dos receptores da insulina.

5. Há um papel para a associação entre os ARA e os inibidores da ECA?

Sim. Os IECA não impedem a produção de angiotensina II por outras enzimas que não a ECA. A angiotensina II produzida desse modo pode então ser bloqueada pelos ARA no receptor. Usando apenas um inibidor da ECA deixaria livre a angiotensina II circulante, capaz de competir com os ARA pelo receptor. Portanto, a combinação das duas drogas fornece, teoricamente, uma proteção máxima contra a angiotensina II.

As evidências mostram que a adição de um ARA em pacientes com insuficiência cardíaca que estão usando um IECA leva a uma melhora na hemodinâmica cardiovascular e na sintomatologia. Contudo, os efeitos a longo prazo dessa associação ainda estão sendo discutidos. O estudo ELITE II *não* mostrou benefício na mortalidade de indivíduos tratados com IECA e ARA comparados com IECA isoladamente. Isso é o *oposto* do que o estudo ELITE II sugeriu. Definitivamente, há espaço para especulação. A combinação de ARA e IECA mostrou-se benéfica para reduzir a proteinúria em alguns pacientes com nefropatias de diferentes etiologias. É possível que a combinação das duas drogas também seja benéfica no IM agudo.

6. **Dez dias após o início de um inibidor da ECA para hipertensão, um paciente de 71 anos com história de doença coronária retorna queixando-se de mal-estar, edema progressivo, débito urinário reduzido e ganho de peso de 6 kg. Sua creatinina sérica, subiu para 4,8 mg/dL. O que aconteceu?**

Os inibidores da ECA podem causar insuficiência renal aguda em pacientes com estenose bilateral das artérias renais. A inibição da ECA causa dilatação das arteríolas glomerulares eferentes, resultando em filtração glomerular diminuída e insuficiência renal aguda. Devido a essa complicação potencial, a função renal deve ser avaliada antes e monitorada 1 a 2 semanas após o início de inibidores da ECA em pacientes de alto risco. Nesse paciente, o inibidor da ECA deve ser suspenso.

7. **No mesmo paciente, o inibidor ECA foi suspenso e a função renal retornou ao basal. Que esquema de vasodilatador pode ser usado agora?**

Hidralazina em combinação com dinitrato de isossorbida. Observe que os ARAs não devem ser tentados nessa situação, já que seu efeito renal é muito semelhante ao dos IECAs.

8. **Um paciente com insuficiência cardíaca congestiva, devido a uma miocardiopatia dilatada, retorna um mês após o início de um inibidor da ECA, queixando-se de uma tosse seca persistente. O inibidor da ECA deve ser interrompido?**

A tosse é um efeito colateral problemático em 10 a 20% dos pacientes que iniciam o uso de inibidores da ECA. A tosse é quase invariavelmente não-produtiva, e usualmente começa dentro de uma semana após o início da terapia. É observada mais freqüentemente com preparações de ação mais longa. A troca para outro inibidor da ECA raramente é útil, embora um teste com antitussígeno possa permitir a continuação em pacientes onde a inibição da ECA é essencial. Ocasionalmente, a tosse é uma manifestação de piora da insuficiência cardíaca. A troca para um ARA pode ser a melhor opção.

9. **Que outros efeitos colaterais são observados com os inibidores da ECA?**

Outros efeitos colaterais menos comuns dos inibidores da ECA, mais freqüentemente observados com o captopril, incluem exantema, disgeusia, angioedema e neutropenia reversível.

10. **Em pacientes assintomáticos, com lesões severas de sobrecarga crônica de volume ventricular esquerdo, insuficiência aórtica e regurgitação mitral, os inibidores da ECA e outros vasodilatadores têm sido utilizados para tentar lentificar ou reverter a dilatação ventricular esquerda e a disfunção sistólica. Porém alguns cardiologistas têm expressado preocupação sobre o uso de rotina desses agentes nessas condições. Por quê?**

As lesões de sobrecarga crônica de volume ventricular esquerdo são tipicamente bem-toleradas por muitos anos, embora cerca de um quarto dos pacientes desenvolva disfunção ventricular esquerda antes do início dos sintomas. Uma vez que o ventrículo começa a falhar, 20 a 30% dos pacientes continuam a deteriorar-se apesar do reparo da válvula. A função ventricular esquerda é um importante marcador usado para indicar o momento do reparo da válvula. Os vasodilatadores melhoram a função ventricular esquerda, mas existem poucos dados clínicos sobre como os vasodilatadores podem afetar o momento da indicação da cirurgia. Por exemplo, se um paciente assintomático, com insuficiência aórtica crônica severa, normalmente faz substituição da válvula quando a fração de ejeção ventricular esquerda cai para 50%, em qual fração de ejeção a válvula deve ser substituída no mesmo paciente, sendo manuseado com hidralazina? Inversamente, a vasodilatação agressiva pode melhorar o coração o suficiente para permitir o reparo da válvula em pacientes que anteriormente eram tidos como inoperáveis. Os vasodilatadores podem ser usados em outros candidatos não-cirúrgicos para aliviar os sintomas e adiar a cirurgia indefinidamente.

11. Cite algumas doenças cardiovasculares nas quais os vasodilatadores arteriais podem estar contra-indicados.

A maioria das contra-indicações para o uso de vasodilatadores arteriais é relativa. Por exemplo, na *estenose aórtica severa*, a pressão arterial pode depender da vasoconstrição arterial devido a um volume sistólico relativamente fixo; assim, os vasodilatadores arteriais devem ser usados com cautela. Porém, em pacientes com estenose aórtica severa e insuficiência cardíaca congestiva, que não foram considerados candidatos para valvuloplastia aórtica, o uso cuidadoso de vasodilatadores arteriais fornece melhora sintomática. Preocupações similares aplicam-se à *miocardiopatia hipertrófica* e *hipertensão pulmonar severa*. Muitos pacientes com disfunção ventricular esquerda são relativamente hipotensos (pressão sistólica arterial < 100 mm Hg); porém, uma vez que esse grupo de pacientes obtém benefícios sintomáticos e de sobrevida da inibição da ECA, o uso cauteloso de seus inibidores ainda está indicado em tais circunstâncias.

12. Em que condições agudas o início imediato da terapia com vasodilatador pode salvar a vida?

Os vasodilatadores podem salvar vidas em várias situações que requerem redução aguda da pós-carga e/ou redução da pressão arterial sistêmica.

A *regurgitação mitral aguda severa* de qualquer causa resulta em um aumento súbito na pressão atrial esquerda e na pressão venosa pulmonar, levando ao edema pulmonar. O uso emergencial de nitroprussiato de sódio reduz a pressão arterial sistêmica e a pós-carga, o que favorece a ejeção do volume ventricular esquerdo, reduz o volume regurgitante e reduz a pressão venosa pulmonar. Uma *insuficiência aórtica aguda severa* causa uma elevação súbita na pressão diastólica ventricular esquerda, levando à congestão pulmonar e à hipoperfusão sistêmica. Como na regurgitação mitral aguda, o volume regurgitante pode ser reduzido baixando-se a pressão arterial sistêmica por vasodilatação aguda com nitroprussiato: A vasodilatação agressiva, nesses casos, pode estabilizar um número significativo de pacientes e permitir a substituição da válvula em circunstâncias menos emergenciais. A *emergência hipertensiva* e a *dissecção aórtica* são outros dois exemplos.

13. Como os vasodilatadores são usados no tratamento da crise hipertensiva?

A *crise hipertensiva* requer redução rápida da pressão arterial sistólica e diastólica para prevenir a lesão progressiva aos órgãos-alvo. O nitroprussiato, uma droga intravenosa de ação rápida com meia-vida curta, é a droga mais eficaz e facilmente titulada para o tratamento desse processo. A dose inicial é 0,5 μg/kg/min, sendo aumentada até obter-se o controle da pressão arterial, usualmente a um nível de pressão arterial sistólica de 140 a 160 mm Hg. Se ocorrer hipotensão, a dose deve ser diminuída ou suspensa, e o paciente deve ser colocado em posição de Trendelenburg. O uso prolongado de altas doses de nitroprussiato pode produzir altos níveis de tiocianato, o qual interfere com o transporte de oxigênio. Uma vez que a pressão arterial é controlada, anti-hipertensivos orais devem ser iniciados.

14. Qual o vasodilatador que foi abandonado devido a um efeito colateral específico, que mais tarde provou ser sua principal indicação clínica?

O minoxidil (Regaine) é um potente vasodilatador arterial eficaz em pacientes com hipertensão refratária. O minoxidil demonstrou ter um efeito colateral único, o hirsutismo, o qual causou seu desuso, especialmente entre pacientes femininas. Subseqüentemente, o minoxidil foi introduzido em forma tópica para promover o crescimento de cabelos.

15. Qual é a sua estratégia inicial de manuseio para um paciente com dissecção da aorta torácica descendente?

Embora a terapia definitiva para muitos tipos de dissecção aórtica permaneça controversa, a maioria concorda que a terapia inicial de uma dissecção não-complicada da aorta descendente deve ser clínica. As dissecções aórticas são propagadas pela pressão arterial absoluta e velocidade de aumento da pressão (dP/dt) na aorta. O nitroprussiato de sódio intravenoso permite a redução rápida da pressão arterial sistólica ao nível desejado de 100 a 120 mm Hg. Os vasodilatadores diminuem a pressão arterial, mas causam um aumento significativo na dP/dt; assim, recomenda-se o uso concomitante de β-bloqueadores, inicialmente por via IV, uma vez que os β-bloqueadores reduzem a dP/dt na aorta.

16. O que é necessário avisar ao paciente ao iniciar-se a terapia com o terazosin?

O terazosin e o prazosin são vasodilatadores arteriais que produzem seu efeito anti-hipertensivo pelo bloqueio periférico dos receptores α. Seu uso é complicado por uma hipotensão significativa e síncope com a primeira dose, mais comumente no idoso. Pacientes usando essa medicação devem ser alertados sobre essa possibilidade, instruídos para tomar a dose inicial no leito e para ter extremo cuidado se necessitarem sair do leito à noite. Essas drogas *não* são a primeira escolha para o tratamento da hipertensão e são tipicamente melhor e usadas como 3ª ou 4ª droga anti-hipertensiva na hipertensão refratária.

As opiniões e as assertivas contidas aqui são emitidas pelos autores e não se destinam a ser consideradas oficiais ou refletir os pontos de vista do Departmento do Exército e da Defesa dos Estados Unidos.

REFERÊNCIAS BIBLIOGRÁFICAS

1. Braunwald E: Aortic dissection. In Braunwald E (ed): Heart Disease: A Textbook of Cardiovascular Medicine, 5th ed. Philadelphia, WB Saunders, 1997.
2. Braunwald E: Vasodilators. In Braunwald E (ed): Heart Disease: A Textbook of Cardiovascular Medicine, 5th ed. Philadelphia, WB Saunders, 1997.
3. Burntet M, Brunner HR: Angiotensin II receptor antagonists. *Lancet* 355:637-645, 2000.
4. Califf RM, Colin JN: Cardiac protection: Evolving role of angiotensin receptor blockers. *Am Heart J* 139(1):S15-S22, 2000.
5. Cohn JN, Johnson G, Ziesche S, et al: A comparison of enalapril with hydralazine-isosorbide dinitrate in the treatment of chronic congestive heart failure. *N Engl J Med* 325:303-310, 1991.
6. Grossman J, Messerh FH, Nentel JM: Angiotensin II receptor blockers: Equal of preferred substitutes for ACE inhibitors? *Arch Intern Med* 160:1905-1911, 2000.
7. Lewis EJ, Hunsicker LG, Bain RP, et al: The effect of angiotensin-converting-enzyme inhibition on diabetic nephropathy. *N Engl J Med* 329:1456-1462, 1993.
8. Pfeffer MA, Braunwald E, Moyé LA, et al: Effect of captopril on mortality and morbidity in patients with left ventricular dysfunction after myocardial infarction: Results of the survival and ventricular enlargement trail. *N Engl J Med* 327:669-677, 1992.
9. Pratt RE: Angiotensin II and the control of cardiovascular structure. *Am Heart J* 132(1), 1996.
10. Schieffer B, Schieffer E, Hilfiker-Kleiner D, et al: Expression of angiotensin II and interleukin 6 in human coronary atherosclerotic plaques. *Circulation* 101:1372, 2000.
11. Schmieder RE, Schlaich MP: Comparison of therapeutic studies on regression of left ventricular hypertrophy. *Adv Exp Med Biol* 432:191-198, 1997.
12. Schmieder RE, Schlaich MP, Klingbeil AU, et al: Update on reversal of left ventricular hypertrophy in essential hypertension (a meta-analysis of all randomized double-blind studies until December 1996). *Nephrol Dial Transplant* 13(3):564-569, 1998.
13. Simon SR, Black HR, Moser M, Berland WE: Cough and ACE inhibitors. *Arch Intern Med* 152:1698-1700, 1992.
14. The SOLVD Investigators: Effect of enalapril on mortality and the development of heart failure in asymptomatic patients with reduced left ventricular ejection fractions. *N Engl J Med* 327:685-691, 1992.
15. Vaughan DE: AT(1) receptor blockade and atherosclerosis: Hopeful insights into vascular protection. *Circulation* 101(13):1496-1497, 2000.

52. DIGOXINA E OUTRAS DROGAS INOTRÓPICAS POSITIVAS

Mohamed Chebaclo, M.D., e *Catalin Loghin*, M.D.

1. Quantas classes de agentes inotrópicos estão disponíveis clinicamente?

Existem duas classes de agentes inotrópicos:

1. Os *glicosídeos*, que incluem a digoxina e os agentes similares.
2. Os *não-glicosídeos*, que são divididos em dois grandes grupos:
   - As *aminas simpaticomiméticas*, as quais incluem a dopamina, a dobutamina, a epinefrina, a norepinefrina, o isoproterenol e a metoxamina.
   - Os *inibidores da fosfodiesterase*, que compreendem a amrinona e a milrinona.

2. As classes de agentes inotrópicos diferem em seu efeito final?

Não. Ambas aumentam a disponibilidade de Ca^{2+} para o elemento contrátil no momento do acoplamento da excitação-contração, embora o efeito final seja atingido por mecanismos diferentes.

3. Qual é o mecanismo de ação dos glicosídeos em nível celular?

A digoxina e outros glicosídeos aumentam o inotropismo em nível celular inibindo a bomba de Na^+-K^+ ATPase. Os glicosídeos ligam-se à bomba de Na^+-K^+ ATPase, a qual é responsável pelo transporte ativo de Na^+ por meio da membrana celular miocárdica. Esse bloqueio leva a um aumento no Na+ intracelular, o qual, por sua vez, aumenta as trocas de Na^+-Ca^{2+}. Isso conduz a um aumento no Ca^{2+} intracelular, o qual contribui para um aumento no inotropismo.

4. Por qual mecanismo as drogas simpaticomiméticas β-adrenérgicas aumentam o cálcio, levando a um inotropismo aumentado?

Os agentes β-adrenérgicos estimulam a adenil-cidase, o que resulta em um aumento no AMP cíclico. O AMPc fosforila a proteíno-quinase, a qual, por sua vez, aumenta o influxo de Ca^{2+} pelo canal de cálcio.

5. A ação inotrópica positiva da digoxina persiste em presença de um bloqueio β-adrenérgico completo?

Sim. As funções inotrópicas da digoxina não são mediadas por liberação de catecolaminas ou pela sensibilidade aumentada às catecolaminas. A atividade da adenil-ciclase, que é responsável pelos efeitos inotrópicos positivos dos agentes β-adrenoceptores, não é influenciada pela digoxina.

6. No coração insuficiente, ocorre o mesmo aumento no consumo de oxigênio durante o uso de um agente inotrópico como a digoxina?

Não. A digoxina, quando administrada a um paciente com insuficiência cardíaca congestiva, diminui a área cardíaca. Existe uma redução no consumo de oxigênio, no tamanho do coração e na tensão da parede, conforme explicado pela lei de Laplace.

7. Como a digoxina é excretada?

A digoxina é excretada pelo rim. Sua meia-vida é de 35 a 48 horas com um rim normalmente funcionante, de modo que um terço dos depósitos é excretado diariamente. A excreção renal é proporcional à taxa de filtração glomerular.

8. Os pacientes com intoxicação pela digoxina beneficiam-se da diálise?

A diálise não é eficaz devido à alta ligação tecidual da digoxina.

9. A dose de manutenção da digoxina deve ser alterada se você adicionar amiodarona?

Sim. A administração da amiodarona aumenta a concentração sérica da digoxina; portanto, a dose de digoxina deve ser reduzida (para a metade) quando se inicia a administração da amiodarona.

10. O que acontece ao efeito inotrópico da digoxina em doses acima de sua faixa terapêutica?

A faixa terapêutica para a digoxina é de 1,5 a 2 ng/ml, mas usualmente a titulamos em nossos pacientes. O efeito inotrópico da digoxina aumenta de modo gradual com doses crescentes; contudo, acima de 2 ng/ml, o risco de toxicidade torna-se muito maior do que o benefício terapêutico adicional para pacientes com insuficiência cardíaca congestiva e ritmo sinusal.

Lembre-se que os níveis da digoxina não se correlacionam necessariamente com a toxicidade. A intoxicação pode ocorrer com níveis "terapêuticos" de digoxina. Fatores associados com aumento da incidência de arritmias incluem hipoxia, acidose e corações dilatados com função sistólica severamente deprimida. Portanto, os níveis de digoxina devem ser interpretados dentro do contexto clínico de cada paciente em particular. O ECG pode ser, às vezes, uma ferramenta melhor para avaliar a intoxicação digitálica. A digoxina permanece uma droga com uma estreita faixa terapêutica; portanto, deve ser usada com os cuidados adequados.

11. A digoxina está indicada em todos os pacientes com insuficiência cardíaca?

Não. Os pacientes com insuficiência cardíaca congestiva com ventrículo esquerdo dilatado, função sistólica diminuída e um galope B_3 são os melhores candidatos. Pacientes com insuficiência cardíaca congestiva devido à disfunção diastólica com a função sistólica preservada não são candidatos, a menos que uma fibrilação atrial seja um problema concomitante. O efeito da digoxina é cumulativo com o efeito dos inibidores da enzima conversora da angiotensina (ECA) e dos diuréticos; assim, um benefício adicional pode ser observado com essa combinação. A digoxina está contra-indicada em pacientes com miocardiopatia hipertrófica que apresentam ICC.

Um estudo recente abordou a antiga controvérsia do risco *versus* benefício do uso da digoxina na ICC. Os resultados indicaram uma redução significativa no risco de hospitalização e uma tendência à redução na morte por insuficiência cardíaca, em particular em pacientes com fração de ejeção < 25%. Contudo, como a base da terapia parece ser os β-bloqueadores, é difícil chegar a uma conclusão definitiva sobre o papel da digoxina no futuro.

12. A digoxina está indicada e é segura no infarto agudo do miocárdio?

Esse aspecto foi muito debatido. Parece não haver evidência convincente de uma incidência aumentada de arritmias complicando o uso da digital em pacientes com infarto agudo do miocárdio quando os níveis séricos não excedem a faixa terapêutica convencional. A indicação mais clara para a digoxina ainda é a fibrilação atrial com resposta rápida. A cardioversão elétrica é preferida para outras arritmias supraventriculares ou na fibrilação atrial em pacientes hemodinamicamente instáveis. Os dados disponíveis não suportam a asserção de que a terapia com digoxina é excessivamente perigosa após o infarto. Porém, não existe um estudo randomizado para confirmar essa crença. Em resumo, o uso da digoxina não tem lugar no infarto do miocárdio sem insuficiência cardíaca congestiva ou arritmias supraventriculares.

13. Quais são os achados eletrocardiográficos (ECG) na intoxicação digitálica?

Um conjunto de arritmias ventriculares e supraventriculares e bloqueios pode resultar da intoxicação digitálica – por exemplo, arritmias atriais, ventriculares, atrioventriculares (AV), escape juncional AV, taquicardia juncional AV não-paroxística, taquicardia atrial paroxística, taquicardia ventricular, parada sinusal, bloqueio Mobitz tipo I e II. Mais comumente observam-se extra-sístoles ventriculares.

Um ritmo no ECG combinando automaticidade aumentada e marcapassos ectópicos de escape, com condução diminuída, sugere intoxicação pela digoxina. Um exemplo típico é a taquicardia atrial paroxística com bloqueio.

Observe que a administração IV de cálcio em pacientes saturados com digoxina podem provocar arritmias ventriculares letais na ausência de qualquer sinal de intoxicação digitálica.

14. Quais são alguns dos sintomas clínicos da intoxicação pela digoxina?

- Sintomas gastrintestinais: náuseas e vômitos
- Sintomas neurológicos: cefaléia, fadiga, confusão
- Sintomas visuais: escotomas, halos, alteração na percepção das cores

15. Como você trata a intoxicação pela digoxina?

- Não existe papel para a diálise no tratamento da intoxicação digitálica.
- Para arritmias ventriculares, a fenitoína e lidocaína são úteis.
- A correção da hipocalemia é vital.
- Os β-bloqueadores são úteis para arritmias ventriculares ou supraventriculares, especialmente os β-bloqueadores de ação curta como o esmolol, os quais são fáceis de titular.
- A cardioversão direta ocasionalmente é necessária em arritmias hemodinamicamente instáveis.
- Para arritmias com risco de vida potencial, pode-se usar o Digibind, um anticorpo Fab-específico contra a digoxina.

16. O que você faria em um nível de digoxina de 56 ng/ml após Digibind?

Nada. O caso típico é um paciente com séries de taquicardia ventricular e episódios de bloqueio AV de alto grau com um nível de digoxina de 56. O uso de Digibind controlaria de modo bem-sucedido as arritmias e o bloqueio AV, mas uma nova medida da digoxina permaneceria acima de 50. Não é necessária terapia, porque os níveis de digoxina usualmente estão elevados após o Digibind, devido à ligação do Fab à digoxina dos depósitos corporais, os quais ainda não foram excretados pelo rim. A digoxina não é ativa no estado ligado. Os níveis de digoxina medidos após o Digibind não são clinicamente úteis e não devem ser coletados.

17. Em quais receptores as aminas simpaticomiméticas são ativas e qual o seu efeito?

As aminas simpáticas exercem seus efeitos em quatro receptores diferentes:

1. Os *receptores α*, que provocam vasoconstrição das artérias periféricas quando estimulados.

2. Os *receptores β*, que aumentam a contração atrial e ventricular, aumentam a freqüência cardíaca, por estimular o nodo sinusal, e aumentam a condução AV.

3. Os *receptores β_2*, que promovem a broncodilatação e vasodilatação.

4. Os *receptores dopaminérgicos*, encontrados em vários tecidos, incluindo os vasos sangüíneos e o sistema nervoso, são de dois tipos: a ativação dos receptores de dopamina tipo 1 causa vasodilatação nos leitos vasculares coronário, renal, mesentérico e cerebral por estimular a adenil-ciclase e aumentar o AMPc. A ativação dos receptores de dopamina tipo 2 causa vasodilatação, mas por inibir a transmissão nos terminais nervosos simpáticos.

18. Que aminas são α ou β-seletivas?

O *isoproterenol* praticamente não tem efeito estimulante α, com uma estimulação β relativamente pura. Ele é clinicamente valioso para estimular o nódulo sinusal e aumentar a condução AV nas bradiarritmias. Sua limitação nesse caso é o seu efeito hipotensivo devido a suas propriedades β_2.

A *metoxamina* é um estimulante α praticamente puro, útil na hipotensão no laboratório de cateterismo cardíaco.

A *norepinefrina* é predominantemente α e β-estimulante, sendo valiosa no choque cardiogênico após uma cirurgia de revascularização miocárdica e na hipotensão.

19. Quais são os efeitos da dopamina em diferentes doses?

A dopamina tem diferentes efeitos em diferentes doses, fato esse que, se não for conhecido, pode criar uma resposta clínica conflitante.

≤ 2 μg/kg/min: Estimula os receptores de dopamina; promove a perfusão renal e a circulação cerebral, coronária e mesentérica.

2 a 5 μg/kg/min: Tem um efeito inotrópico predominantemente positivo manifestado por um aumento no débito cardíaco e na contratilidade cardíaca, com pouca alteração na freqüência cardíaca.

5 a 10 μg/kg/min: Aumento na pressão arterial, na resistência vascular periférica e na freqüência cardíaca e uma diminuição no fluxo sangüíneo renal.

20. Como você reduz o efeito vasoconstritor da dopamina em altas doses em pacientes com choque?

Quando altas doses de dopamina são necessárias para efeitos inotrópicos, ela pode ser infundida junto com nitroprussiato e/ou nitroglicerina para conter a ação vasconstritora.

21. Como a administração prolongada de drogas simpaticomiméticas afeta o miocárdio insuficiente?

O estudo de ventrículos obtidos de pacientes com insuficiência cardíaca congestiva demonstrou acentuada redução na densidade dos β-adrenorreceptores e na contratilidade miocárdica. Isso é compatível com um aumento na norepinefrina, que regula os β-receptores para baixo (downregulation). A diminuição na densidade dos receptores é proporcional à severidade da insuficiência cardíaca e envolve os receptores β_1, mas não os β_2. Isso pode ser a base para o uso de baixas doses de β-bloqueadores para reverter a regulação dos β-receptores e restaurar a responsividade à estimulação inotrópica adrenérgica. Em suma, o miocárdio insuficiente torna-se tolerante à exposição prolongada às catecolaminas.

22. Qual é o mecanismo de ação do inibidor da fosfodiesterase?

Esse agente inotrópico positivo aumenta a disponibilidade de Ca^{2+} para o compartimento intracelular. As drogas β-adrenergicomiméticas estimulam a adenil-ciclase, que então aumenta o AMPc. O AMPc fosforila a proteíno-quinase, a qual, em seu turno, aumenta o influxo de Ca^{2+} pelo canal de cálcio. Os inibidores da fosfodiesterase inibem a degradação do AMPc, limitando assim o influxo de Ca^{2+} pelo canal de cálcio.

23. Quais são as indicações para o uso de agentes cardiotônicos intravenosos?

As infusões intravenosas estão indicadas para o tratamento da ICC refratária à digoxina e furosemida e para a depressão pós-miocárdica, para a falência de VE no IM e em pacientes esperando transplante cardíaco.

Além dos agentes cardiotônicos intravenosos, várias drogas *orais* foram estudadas. A despeito do enorme entusiasmo inicial, estudos posteriores mostraram um aumento dos índices de mortalidade associado com essas drogas.

24. Quais são os dois agentes cardiotônicos intravenosos em uso atualmente?

A *amrinona* causa um aumento dose-dependente no débito cardíaco e uma diminuição na pressão de enchimento direita e esquerda e na resistência vascular sistêmica. Seus efeitos são similares, em alguns aspectos, a uma combinação de simpaticomiméticos e de vasodilatadores. O efeito da amrinona é aditivo ao efeito da digoxina e outros agentes miméticos, e não existe problema de tolerância como observado em outras aminas.

A *milrinona* aumenta o índice cardíaco sem uma alteração significativa na freqüência cardíaca ou um aumento no consumo de oxigênio miocárdico: isso pode representar uma vantagem significativa em relação à amrinona. A milrinona está sendo avaliada em um novo estudo, OPTIME CHF, e está incluída atualmente nas diretrizes da ACC/AHA como uma terapia combinada junto com a dobutamina para pacientes com insuficiência cardíaca refratária. A dose de milrinona precisa ser ajustada de acordo com o *clearance* renal.

25. Há algum risco no uso a longo prazo dos agentes cardiotônicos?

Sim. A evidência atual sugere que o uso a longo prazo da amrinona ou da milrinona, em preparações orais, está associado a um aumento da mortalidade. Esse fenômeno pode ser devido à presença de miocárdio atordoado ou hibernante. A estimulação crônica de áreas isquêmicas de miocárdio pode induzir necrose por desencadear apoptose dos miócitos. Avalie a presença de miocárdio isquêmico (atordoado ou hibernante) antes de começar a terapia com essas drogas. Os resultados do OPTIME CHF irão esclarecer se a administração a curto prazo da milrinona IV levará a um aumento do risco clínico a curto prazo.

REFERÊNCIAS BIBLIOGRÁFICAS

1. Akerman GL, et al: Peritoneal dialysis and hemodialysis of tritiated digoxin. *Ann Intern Med* 67:718; 1967.
2. Braunwald E: Effects of digitalis on the normal and the failing heart. *J Am Coll Cardiol* 5(5 Suppl A):51A-59A, 1985.
3. Braunwald E: A symposium: Amrinone. Introduction. *Am J Cardiol* 56:1B-2B, 1985.
4. Cuffe SM, et al: Rationale and design of the OPTIME CHF trial. Outcomes of a prospective trial of intravenous mihinone for exacerbations of chronic heart failure. *Am Heart J* 139:15-22, 2000.
5. Gheorghiade M, et al: Current medical therapy for advanced heart failure. *Heart Lung* 29(1):16-32, 2000.
6. Hauptman PJ, Kelly RA: Digitalis. *Circulation* 99(9):1265-1270, 1999.
7. Heilbrunn S, Shah P, Bristow MR, et al: Increased β-receptor density and improved hemodynamic response to catecholamine stimulation during long-term metoprolol: Therapy in heart failure from dilated cardiomyopathy. *Circulation* 79:483-490, 1989.
8. Maskin CS, Ocken S, Chadwick B, LeJemtel TH: Comparative systemic and renal effects of dopamine and angiotensin converting enzyme inhibition with enalapril in patients with heart failure. *Circulation* 72:846-852,1985.
9. Muller JF, Turi ZG, Stone PH, et al: Digoxin therapy and mortality after myocardial infarction: Experience in the Millis study. *N Engl J Med* 314:265, 1986.

53. ANTAGONISTAS DOS CANAIS DE CÁLCIO

Querubin P. Mendoza, M.D., e *Catalin Loghin,* M.D.*

1. Quais são algumas das importantes propriedades farmacológicas dos antagonistas dos canais de cálcio?

Existem importantes diferenças farmacológicas entre os antagonistas dos canais de cálcio. O conhecimento dessas propriedades é útil ao selecionar-se uma droga para um dado paciente e para evitar toxicidades potenciais.

Propriedades Farmacológicas dos Antagonistas dos Canais de Cálcio

	VERAPAMIL	NIFEDIPINA (E OUTRAS DIIDROPIRIDINAS)	DILTIAZEM
Freqüência cardíaca	↓↓	↑	↓
Condução nodal AV	↓↓	–	↓
Contratilidade miocárdica	↓↓	↓	↓
Vasodilatação arterial	↑↑	↑↑↑	↑

2. Os antagonistas dos canais de cálcio são intercambiáveis?

Não. Embora pertençam a uma mesma ampla categoria, existem subclassificações distintas. As principais indicações aprovadas para esses agentes estão resumidas na tabela abaixo. As preparações de liberação lenta freqüentemente não têm as mesmas indicações que as preparações de ação mais curta.

Usos Terapêuticos dos Bloqueadores dos Canais do Cálcio

CLASSE QUÍMICA E DROGA	VASOESPASMO	ANGINA ESTÁVEL	INSTÁVEL	HIPERTENSÃO	FIBRILAÇÃO OU *FLUTTER* ATRIAL	TSVP
Difenilalquilamina						
Verapamil	+	+	+	+	+	+
Benzotiazepina						
Diltiazem	+	+	+	+	+	+
Diidropiridina	+	+	+	+		
Nifedipina						
Amlodipina	+	+	+	+		
Nicardipina	+	+	+	+		
Outras						
Bepridil			+			

TSVP= taquicardia supraventricular paroxística.

*Os autores agradecem a Arvo J. Oopik, M.D., cujo texto da 1ª edição foi incorporado a este capítulo.

3. Cite algumas contra-indicações ao uso de antagonistas dos canais de cálcio.

Além de reações de hipersensibilidade conhecidas, as contra-indicações estão relacionadas às propriedades farmacológicas das várias subclasses, incluindo hipotensão, insuficiência cardíaca congestiva, doença do nodo sinusal e bloqueio atrioventricular (AV) de segundo ou de terceiro grau. Devido à significativa vasodilatação e redução da resistência vascular, a subclasse diidropiridina é evitada em pacientes com estenose aórtica severa e miocardiopatia hipertrófica. O bepridil prolonga os intervalos QT, é contra-indicado em pacientes com história de arritmias ventriculares sérias e está reservado para pacientes com angina que não respondem a outras medicações.

4. Qual é o papel dos antagonistas de cálcio no tratamento da angina pectoris?

Nos USA, os antagonistas de cálcio amlodipina, diltiazem, nicardipina, nifedipina e verapamil estão aprovados para o tratamento da angina clássica e variante em combinação com nitratos e β-bloqueadores. Os antagonistas dos canais de cálcio não devem ser usados isoladamente para tratar angina, a não ser que haja uma contra-indicação clara aos β-bloqueadores ou nitratos. As preparações de ação rápida, que podem piorar a angina, devem ser evitadas. Mais freqüentemente, as diidropiridinas são usadas junto com um β-bloqueador, para compensar a taquicardia induzida. Como eles podem induzir bradicardia significativa, o verapamil e o diltiazem devem ser usados com cuidado quando um β-bloqueador é parte do esquema; eles se associam melhor com os nitratos.

5. Por que a nifedipina é potencialmente deletéria quando usada na angina instável?

Por reduzir a pressão arterial causando uma subseqüente taquicardia reflexa, a nifedipina pode agravar a angina. Esse problema pode ser evitado com o uso simultâneo de β-bloqueadores. A suspensão do β-bloqueio em alguns pacientes utilizando nifedipina pode piorar a angina.

6. Quais são algumas das importantes interações medicamentosas dos antagonistas dos canais de cálcio?

Interações Medicamentosas dos Antagonistas dos Canais de Cálcio

INTERAÇÕES COM	RESULTADO
Bloqueadores β-adrenérgicos	Efeitos inotrópicos e cronotrópicos negativos; bloqueio cardíaco
Digoxina	Níveis plasmáticos aumentados de digoxina
Bloqueadores α (prazosin)	Hipotensão excessiva
Quinidina	Hipotensão, bradicardia, nível diminuído de quinidina
Carbamazepina	Níveis aumentados de carbamazepina
Cimetidina	Nível plasmático aumentado dos antagonistas dos canais de cálcio
Ciclosporina	Níveis aumentados de ciclosporina
Indutores enzimáticos (rifampicina, sulfinpirazona, fenobarbital)	Efeitos diminuídos dos antagonistas dos canais de cálcio

7. Quais são os sinais e os sintomas da intoxicação por antagonistas dos canais de cálcio?

Os efeitos tóxicos mais comuns são hipotensão e bradiarritmias. Dentre as últimas, as mais comuns são o bloqueio AV e a bradicardia sinusal com ritmo juncional de escape. Raramente, pode-se ver um ritmo idioventricular lento e duração prolongada do QRS.

8. Como essas intoxicações são tratadas, além da suspensão da droga?

O tratamento é primariamente de suporte. Para a cardiotoxicidade severa, como observado em grandes ingestões em tentativas de suicídio, as catecolaminas com atividade cronotrópica (dopamina, epinefrina, norepinefrina) devem ser usadas. O isoproterenol é eficaz nesse caso, mas pode potencializar a vasodilatação. A atropina é inconsistentemente eficaz. Deve-se considerar o implante de um marcapasso temporário. Embora a administração intravenosa de cálcio possa melhorar a contratilidade, essa manobra é menos eficaz em manusear o bloqueio cardíaco ou a vasodilatação excessiva. O carvão oral deve ser dado para a ingestão aguda. A hemoperfusão, contudo, é ineficaz em eliminar essas drogas, devido ao seu grande volume de distribuição e alta depuração endógena. O glucagon parece ser útil em poucos casos. Acredita-se que o mecanismo seja a melhora na contratilidade miocárdica pelo aumento do AMPc nas células miocárdicas.

9. Os antagonistas dos canais de cálcio estão indicados em pacientes com infarto agudo do miocárdio com onda Q?

Não. A maioria dos estudos com antagonistas dos canais de cálcio não demonstrou qualquer benefício definitivo em pacientes com infarto agudo do miocárdio. Em uma meta-análise de 22 estudos, não foi documentada melhora na mortalidade, redução de tamanho do infarto ou redução na incidência de reinfarto. Um estudo explorou a administração de verapamil iniciando uma semana após o evento agudo, e demonstrou uma redução significativa na mortalidade. Em outro, a nifedipina foi associada a uma mortalidade e taxa de reinfarto aumentadas.

10. Os antagonistas do cálcio estão indicados no infarto do miocárdio não-Q?

Os antagonistas dos canais de cálcio podem ter um papel em pacientes sem evidência de insuficiência ventricular esquerda. O diltiazem diminui a taxa de reinfarto a curto prazo e a incidência de angina pós-infarto, mas não melhora a sobrevida geral. Em pacientes com congestão pulmonar, porém, o uso de diltiazem foi associado à mortalidade aumentada.

11. Existe um papel para os antagonistas dos canais de cálcio no tratamento da insuficiência cardíaca por disfunção sistólica ventricular esquerda?

A diidropiridinas, em administração a curto prazo (três meses) têm efeitos benéficos pela elevação do débito cardíaco e diminuição da resistência vascular. Contudo, no tratamento a longo prazo (12 meses), esses efeitos não são aparentes ou o perfil hemodinâmico piora (V-HeFT III). Esses resultados são negados por outros estudos.

Do mesmo modo, a avaliação da tolerância ao exercício e da qualidade de vida global de pacientes com ICC tratados com antagonistas dos canais de cálcio produziram resultados conflitantes. A sobrevida melhora em pacientes não-isquêmicos, mas não é influenciada significativamente em casos de insuficiência cardíaca isquêmica. Não há redução no número de hospitalizações e na incidência de piora da ICC – nem mesmo em pacientes tratados com diidropiridinas de segunda geração.

A consideração acima diz respeito a pacientes com disfunção sistólica de VE. Os antagonistas dos canais de cálcio são aceitáveis para o tratamento da disfunção diastólica, mas a sua eficácia em termos de efeito clínico relevante ainda precisa ser avaliada. Globalmente, o papel dessas drogas no tratamento da ICC é limitado; elas podem ser muito úteis como terapia auxiliar, particularmente em pacientes com angina pectoris da hipertensão.

12. Os pacientes com miocardiopatia hipertrófica beneficiam-se dos antagonistas dos canais de cálcio?

Sim. A maior experiência tem sido com o verapamil. Por deprimir a contratilidade miocárdica, o verapamil pode diminuir o gradiente de fluxo de saída ventricular esquerdo. Ele também melhora o enchimento diastólico por aumentar o relaxamento miocárdico. A capacidade de exercício e os sintomas gerais são freqüentemente melhorados.

13. Os bloqueadores dos canais do cálcio são úteis na redução da hipertrofia ventricular esquerda causada pela hipertensão?

Sim. Numerosos estudos demonstraram que os antagonistas dos canais de cálcio reduzem a massa ventricular esquerda e melhoram as seqüelas fisiopatológicas, como arritmias ventriculares, enchimento ventricular diminuído e reserva coronária, enquanto mantêm a função de bomba ventricular esquerda. Ainda não foi observado, porém, se uma redução no grau de hipertrofia ventricular esquerda finalmente reduz o risco de morte súbita, de infarto agudo do miocárdio e de insuficiência cardíaca congestiva associados à doença cardíaca hipertensiva.

14. Por que os antagonistas dos canais de cálcio freqüentemente são usados em pacientes que realizam angioplastia coronária transluminal percutânea (ACTP)?

Os antagonistas dos canais de cálcio podem prevenir o espasmo coronário, o qual é freqüentemente observado durante e logo após a ACTP e outras intervenções coronárias percutâneas. Eles não demonstraram, porém, reduzir a incidência de reestenose, a qual usualmente ocorre nos primeiros seis meses após a ACTP.

15. Existem quaisquer estudos sugerindo um benefício dos antagonistas dos canais de cálcio na prevenção da aterosclerose coronária?

Sim. Algumas informações preliminares sugerem que os bloqueadores do cálcio podem afetar o processo aterosclerótico. O Montreal Heart Institute Trial, com nicardipina, demonstrou menor progressão das lesões estenóticas que têm ≤ 20% de severidade. No International Nifedipine Trial on Antiatherosclerotic Therapy (INTACT), a nifedipina reduziu a taxa de surgimento de novas lesões coronárias. Em ambos os estudos, porém, não foi observado efeito na progressão geral ou regressão da aterosclerose. Outros dados preliminares também sugerem que o diltiazem pode lentificar o desenvolvimento da aterosclerose coronária acelerada, freqüentemente observada em receptores de transplante cardíaco. Até o momento, não existe concordância geral sobre o uso de bloqueadores dos canais do cálcio para essa indicação.

16. Os antagonistas dos canais de cálcio têm benefícios a longo prazo em pacientes com hipertensão pulmonar primária (inexplicada)?

Talvez. Altas doses de nifedipina ou diltiazem produzem reduções na pressão da artéria pulmonar e resistência vascular pulmonar em alguns pacientes. Porém, nenhum estudo clínico dos antagonistas dos canais de cálcio na hipertensão pulmonar primária demonstrou um benefício na sobrevida.

17. Um paciente com síndrome de Wolf-Parkinson-White conhecida apresenta-se com fibrilação atrial com resposta ventricular rápida. Ele recebe verapamil intravenoso, mas a seguir torna-se hipotenso e desenvolve fibrilação ventricular. Qual é o mecanismo provável para essa deterioração?

Este caso ilustra o perigo potencial de utilizar antagonistas dos canais de cálcio em pacientes com feixes acessórios que se apresentam com fibrilação atrial. Os antagonistas dos canais de cálcio podem deprimir a condução por meio do nodo AV e aumentar a condução por feixes acessórios, resultando em uma aceleração da resposta ventricular. Ritmos ventriculares muito rápidos podem levar à hipotensão e à síncope e podem causar uma degeneração do ritmo para fibrilação ventricular.

As opiniões e as assertivas contidas aqui são emitidas pelos autores e não se destinam a ser consideradas oficiais ou refletir os pontos de vista do Departamento do Exército e da Defesa dos Estados Unidos.

REFERÊNCIAS BIBLIOGRÁFICAS

1. Abernathy DR, Schwartz JB: Drug therapy: Calcium antagonist drugs. *New Engl J Med* 341(19):1447-1457, 1999.
2. Cohn BA, Ziesche SM, Smith R: Effect of the calcium antagonist felodipine as supplementary vasodilator therapy in patients with chronic heart failure treated with enalapril: V-HeFTIII. *Circulation* 96:856-863, 1997.
3. Hermans WRM, Rensing BJ, Strauss BH, Serruys PW: Prevention of restenosis after percutaneous transluminal coronary angioplasty: The search for a "magic bullet." *Am Heart J* 122:171-187, 1991.
4. Messerli FH, Aristizabal D, Soria F: Reduction of left ventricular hypertrophy: How beneficial? *Am Heart J* 125:1520-1524, 1993.
5. Morris AD, Meredith PA, Reid JL: Pharmacokinetics of calcium antagonists: Implications for therapy. In Epstein M (ed): Calcium Antagonists in Clinical Medicine. Philadelphia, Hanley & Belfus, 1992, p. 49-67.
6. Multicenter Diltiazem Postinfarction Trial Research Group: The effect of diltiazem on mortality and reinfarction after myocardial infarction. *N Engl J Med* 319:385-392, 1988.
7. Pentel PR, Salerno DM: Cardiac drug toxicity: Digitalis glycosides and calcium-channel and beta-blocking agents. *Med J Aust* 152:88-94, 1990.
8. Rutherford JD, Braunwald E: Chronic Ischemic heart disease. In Braunwald E (ed): Heart Disease: A Textbook of Cardiovascular Medicine, 4th ed. Philadelphia, WB Saunders, 1992, p. 1310-1316.
9. deVries RM, et al: Efficacy and safety of calcium channel blockers in heart failure: Focus on recent trials with second-generation dihydropyridines. *Am Heart J* 139(2):185-194, 2000.
10. Waters D, Lesperance J: Interventions that beneficially influence the evolution of coronary atherosclerosis: The case for calcium channel blockers. *Circulation* 86(Suppl III):III-111-III-116, 1992.

54. AGENTES TROMBOLÍTICOS

George M. Pachello, M.D., *James C. Lafferty,* M.D., *Donald A. McCord,* M.D., e *Ali R. Homayuni,* M.D.

1. **Descreva a patogênese usual do infarto agudo do miocárdio.**
   A maioria dos infartos agudos do miocárdio é causada pela oclusão de uma artéria coronária por um trombo no local de uma placa ateromatosa rota. A oclusão total de uma artéria relacionada ao infarto foi observada em até 87% dos pacientes no quais foi realizada a cateterização cardíaca dentro de 4 a 6 horas após o infarto agudo do miocárdio.

2. **Qual é a via final comum no desenvolvimento da trombose?**
   Qualquer que seja a causa desencadeante, a rota final envolve a conversão de protrombina em trombina. A trombina subseqüentemente converte o fibrinogênio em fibrina, a qual, junto com hemácias, plaquetas e plasminogênio, pode produzir um trombo.

3. **Descreva a via final comum na trombólise.**
   O sistema trombolítico endógeno pode ser ativado por trombos e ativadores do plasminogênio endógenos ou exógenos. A ativação prossegue convertendo o plasminogênio em plasmina. A plasmina, por sua vez, lisa os coágulos estáveis de fibrina e degrada o fibrinogênio circulante, o que resulta na formação de produtos de degradação do fibrinogênio, os quais inibem ainda mais a formação de fibrina. Esse processo também pode ser denominado *fibrinólise.*

4. **Por que lisar um trombo potencialmente alivia o efeito de um infarto do miocárdio?**
   Um infarto do miocárdio não é um fenômeno "tudo-ou-nada". Em vez disso, é um processo dinâmico, conhecido como um fenômeno em "frente de onda" que, geralmente, progride por várias horas. Assim, existe um período de oportunidade para lisar o trombo e restaurar o fluxo ao miocárdio ameaçado, potencialmente limitando o tamanho do infarto.

5. **O sistema fibrinolítico endógeno tem um papel na fibrinólise espontânea para produzir reperfusão?**
   Sim. Isso foi demonstrado por DeWood e outros, que notaram que a incidência de oclusão total de uma artéria relacionada ao infarto tende a diminuir quanto mais longo o tempo entre o desenvolvimento de um infarto do miocárdio e o momento do cateterismo. Esse processo espontâneo geralmente parece ficar fora do período de oportunidade para o resgate miocárdico. Por essa razão, agentes de ativação têm sido desenvolvidos para acelerar o curso da trombólise.

6. **Quais são os agentes trombolíticos disponíveis e como eles diferem entre si?**
   Ver tabela no topo da página 346.

   A *estreptoquinase* age indiretamente combinando-se com o plasminogênio para formar um complexo de ativação, o qual, por sua vez, converte o plasminogênio em plasmina, tanto no local da trombose quanto sistemicamente. A estreptoquinase é antigênica e pode causar uma reação anafilática precoce ou um quadro tardio do tipo doença do soro. Ela tem uma taxa de patência da artéria do infarto de 50 a 60%, quando usada intravenosamente. É o mais barato agente disponível e tem a menor incidência de hemorragia intracerebral.

   O *tPA* converte diretamente o plasminogênio em plasmina, mas somente na presença de fibrina. Isso permite uma especificidade ao coágulo aumentada, mas não absoluta. É o agente mais caro,

Agentes Trombolíticos

	FONTE	VIA
Ativador do plasminogênio tecidual (tPA)	Endógena (humana)	Intravenosa
Uroquinase	Endógena (humana)	Intracoronária
Estreptoquinase	Exógena	Intravenosa, intracoronária
APSAC*	Exógena	Intravenosa
Retavase (reteplase)	Forma alterada do tPA	Intravenosa, bolus
Tenecreplase (TNKase)	Forma alterada do tPA	Intravenosa, bolus

*APSAC = complexo ativador do plasminogênio-estreptoquinase anisoilado.

mas tem as maiores taxas de patência (75 a 85%). Ele também apresenta um risco aumentado de sangramento intracerebral.

O *APSAC* é inativo (devido ao grupo acila) até ser exposto à fibrina, quando ocorre desacilação e culmina em uma atividade similar à da estreptoquinase. As taxas de patência e atividade antigênica são similares às da estreptoquinase. O grupo acila melhora apenas levemente a atividade específica ao coágulo. O APSAC é muito similar à estreptoquinase, mas também é mais caro.

7. O uso de agentes trombolíticos traduz-se em melhores resultados clínicos?

Sim. A mortalidade precoce (nas primeiras semanas) após um infarto do miocárdio de onda Q foi reduzida em 33%, de 10 a 15% para aproximadamente 5 a 10%. Os agentes trombolíticos freqüentemente levam a uma melhor recuperação da função ventricular esquerda, menos dilatação ventricular ou remodelamento, menos arritmias e presumivelmente melhora da sobrevida a longo prazo.

8. Quais são as indicações para os agentes trombolíticos intravenosos?

Eles são usados para tratar, dentro de seis horas do início, uma dor precordial recentemente desenvolvida compatível com *infarto agudo do miocárdio*, junto com elevações de ST > 0,1 mV em no mínimo duas derivações contíguas ou o desenvolvimento de um novo bloqueio de ramo esquerdo. A administração entre 6 e 12 horas após o início pode mostrar menos benefícios, mas ainda é considerada importante. Tempos > 12 horas, mas < 24 horas levam a menores benefícios, mas podem ser úteis em certas situações.

Os agentes trombolíticos também podem ser considerados na depressão do segmento ST nas derivações V_2 e V_3, junto com o desenvolvimento de uma onda R em derivações similares, os quais se acredita representarem um *infarto do miocárdio de parede posterior* e não uma angina instável.

9. Quais são as contra-indicações à trombólise?

Ver tabelas adiante.

10. Como são manuseadas as complicações hemorrágicas?

O sangramento é um problema importante na terapia trombolítica. É usualmente leve e facilmente tratável, mas ocasionalmente pode ser devastador, especialmente o sangramento intracerebral, o qual ocorre em 0,2 a 0,6% dos casos. A idade, a hipertensão, o AVC prévio e o uso prévio de tPA podem predispor ao sangramento.

A maioria dos sangramentos ocorre em locais de punção vascular, de modo que o manuseio inicial é a compressão do ferimento. Se o sangramento não pode ser controlado ou se envolve um

Contra-Indicações Absolutas
Sangramento interno ativo
Suspeita de dissecção aórtica
Neoplasia intracraniana conhecida
História de qualquer AVC hemorrágico em qualquer tempo ou outro evento cerebrovascular há < 1 ano
Contra-Indicações Relativas
RCP prolongada ou traumática (> 10 min)
Hipertensão severa na apresentação (PA > 180/110)
História de hipertensão crônica severa
História de AVC prévio ou outra patologia intracraniana
Trauma recente (< 2 a 4 semanas) ou cirurgia de grande porte (< três semanas)
Punção vascular não-compressível
Sangramento interno recente (< 2 a 4 semanas)
Para SK/APSAC, exposição prévia ou alergia (use tPA)
Diátese hemorrágica conhecida ou INR atual > 2 a 3

Diretrizes da AHA/ACC para Tratamento do Infarto do Miocárdio, atualizada em 1996.

local intracraniano, todos os agentes trombolíticos, heparina e aspirina devem ser suspensos. A protamina pode ser dada para reverter os efeitos da heparina. Uma vez que os agentes trombolíticos causam uma depleção dos fatores de coagulação, uma infusão de crioprecipitado pode repor o fibrinogênio, e o plasma fresco congelado pode repor os fatores V e VIII. A aspirina causa disfunção plaquetária, e uma infusão de plaquetas pode ser considerada. Agentes antifibrinolíticos adicionais, como o ácido ε-amino capróico, que previnem a ligação da tPA e da plasmina à fibrina, podem ser úteis. Mesmo com este manuseio, o sangramento intracerebral ainda envolve um mau prognóstico.

11. Quais são os indicadores da reperfusão?

O exame ideal para avaliar a reperfusão ou a patência da artéria coronária é a angiografia coronária. Os indicadores de reperfusão, à beira do leito, incluem a resolução da dor precordial, a redução na elevação do segmento ST, a arritmia de reperfusão e o pico precoce no nível de creatina fosfoquinase. Esses indicadores, porém, são extremamente insensíveis e não têm especificidade, a menos que todos ocorram juntos. Outros testes disponíveis incluem o pico precoce de mioglobina, redistribuição com tálio ou sestamibi, a melhora da anormalidade do movimento da parede na ecocardiografia, cintilografia ou ressonância nuclear magnética, bem como parâmetros de alta resolução e ecografia. Esses testes têm diferentes disponibilidades, várias vantagens e desvantagens. Sua utilidade pode depender da instituição, bem como do caso clínico.

12. Algum agente trombolítico confere melhor sobrevida em relação aos outros?

Embora o tPA tenha maiores taxas de patência que a estreptoquinase ou o APSAC, não foi observada diferença na sobrevida até o recente estudo GUSTO. Esse estudo utilizou um esquema de dose de tPA acelerado, junto com heparina intravenosa, oferecendo um benefício de aproximadamente 14% na sobrevida, quando comparado à estreptoquinase combinada com heparina subcutânea, heparina intravenosa ou tPA. Um risco aumentado de sangramento intracerebral também foi notado no grupo tPA.

13. Que terapias adjuvantes são usadas para prevenir a reoclusão e potencializar a trombólise?

A terapia antiplaquetária com aspirina é um adjuvante essencial, e tem sido recomendada desde que o ISIS II demonstrou sua eficácia, com ou sem um agente trombolítico. Agentes que se ligam ou inibem competitivamente os receptores de glicoproteínas (glicoproteína IIB-IIIA) e previnem a ligação cruzada das plaquetas estão sob investigação. Os inibidores do local de ligação do fator de von Willebrand também estão sob investigação. A heparina acelera a formação de complexos de antitrombina III, o que, por sua vez, impede a atividade da trombina. A hirudina é um inibidor direto mais específico da trombina e está atualmente sendo avaliado no estudo GUSTO II.

14. Os agentes trombolíticos funcionam na angina instável?

Uma vez que a trombose coronária desempenha um papel na angina instável, seria de se esperar que os agentes líticos fossem úteis na angina instável. Embora faça sentido intuitivamente, os agentes trombolíticos não melhoram a evolução da angina instável. De fato, há evidência de que eles podem *piorar* a angina instável. Há vários motivos postulados por que isso pode ser verdade. Um é que na angina instável, o trombo pode estar amplamente abaixo da cápsula fibrosa da lesão ateromatosa, dificultando a penetração do agente trombolítico no trombo. Outro é que os agentes trombolíticos promovem a produção da trombina, que ao final pode levar ao desenvolvimento de um trombo. Isto também é um problema no IM, já que se sabe, com base em achados angiográficos, que as artérias abertas inicialmente pelos agentes trombolíticos podem fechar-se posteriormente.

15. Compare o benefício da angioplastia imediata *versus* terapia trombolítica intravenosa.

As contra-indicações podem impedir o uso da terapia trombolítica intravenosa em 60 a 70% dos pacientes com infarto agudo do miocárdio. Claramente, nesse grupo, a angioplastia direta apresenta-se como uma opção terapêutica.

Muitos estudos têm comparado a angioplastia direta com os agentes trombolíticos observando que a angioplastia direta tem melhores resultados. Isso também é verdade na era dos *stents*. Recentemente, um estudo comparando o *stent* coronariano com a inibição da glicoproteína IIb/IIIa (usando abciximab) mostrou uma melhora no salvamento miocárdico e uma melhor evolução usando medidas combinadas de morte, re-infarto ou acidente vascular em seis meses. No grupo de *stent*, esse resultado combinado ocorreu em 8,5% *versus* 23,5% no grupo tratado com trombólise (p = 0,02). Observe que o esquema trombolítico foi o tPA acelerado.

16. O que são os receptores da glicoproteína IIb/IIIa?

O receptor GP2B-3A é a proteína mais abundante na superfície da plaqueta. Ele é o receptor primário na mediação da agregação plaquetária, um processo central da trombose arterial aguda e da hemostasia. Esse receptor é bem-compactado na superfície plaquetária, com aproximadamente 80 mil receptores por plaqueta.

17. O que são os inibidores dos receptores GP2B-3A?

Antagonistas que bloqueiam a ligação das proteínas aderentes ao receptor GP2B-3A, evitando assim a agregação plaquetária e a conseqüente formação de trombos. Atualmente há três disponíveis:

Marca	*Tipo*
Reopro (abciximab)	anticorpo monoclonal
Aggrastat (tirofiban)	não-peptídeo
Integrilin (eptifibitide)	peptídeo

18. Quando os GP2B-3A são usados na prática clínica?

Intervenção coronária percutânea (ICP)

Stents coronários

Angina instável pré-ICP
Angina instável com estabilização clínica

19. Como os inibidores da GP2B-3A são usados em combinação com a fibrinólise?

Há vários estudos defendendo o uso combinado:

Estudo piloto do GUSTO IV

Conclusão: A adição de reteplase ao tratamento com abciximab do IM agudo *versus* reteplase isolado melhora a incidência de reperfusão completa precoce após o início da terapia na unidade de emergência.

TIMI 14

Conclusão: A terapia combinada com abciximab e dose reduzida de tPA melhora a reperfusão miocárdica, refletida em uma maior resolução do segmento-ST, em adição ao fluxo epicárdico. Esse achado pode traduzir-se em melhora da evolução clínica, aumentando o salvamento miocárdico.

GUSTO IV-AMI:

Conclusão: A terapia combinada com abciximab mais meia-dose de rPA (retavase) resultou em índices de reperfusão similares ao obtido com o tPA isolado. O risco de hemorragia intracerebral tendeu a ser menor comparado com o tPA isolado.

20. Como os trombolíticos são classificados? Como são administrados?

1ª geração:

- Estreptoquinase
- Eminase (anistreplase – derivado da estreptoquinase)

2ª geração:

- Retavase (reteplase) – *não-baseado no peso,* 10 + 10 U, injeção de bolus duplo, separados por 30 minutos (ativador do plasminogênio recombinante não-glicosilado)
- Tenecreplase (TNKase) – baseado no peso, injeção de único bolus (ativador do plasminogênio tissular recombinante)

21. Como os trombolíticos foram comparados?

Custo 1: Comparou os efeitos do tPA e da estreptoquinase ou de ambos na redução da mortalidade em pacientes com IM agudo.

Resultados: A dose acelerada de tPA e a heparina IV resultou em uma redução relativa significativa de 14% na mortalidade em 30 dias comparado com a SK e heparina IV ou SC. O tPA acelerado foi associado com uma incidência significativamente maior de acidente vascular hemorrágico comparado com a SK. O tPA levou a um benefício real na sobrevida de 10 vidas salvas por mil pacientes tratados quando comparado com a SK.

Custo 3: Comparou os efeitos da Retavase não-ajustada ao peso com a Alteplase ajustada ao peso na redução do índice de mortalidade em 30 dias após o IM agudo.

Resultados: A eficácia e a segurança foram similares aos da terapia com Alteplase, em termos de mortalidade em 30 dias, de acidente vascular hemorrágico, de objetivo combinado de morte e acidente vascular e de complicações de sangramento.

Assent 2: Comparou os índices de mortalidade em 30 dias de uma dose IV em bolo de TNKase ou infusão acelerada de Alteplase.

Resultados: Tenecteplase e alteplase foram equivalentes na mortalidade em 30 dias.

REFERÊNCIAS BIBLIOGRÁFICAS

1. Anderson HV, Willerson JT: Thrombolysis in acute myocardial infarction. *N Engl J Med* 329:703-709, 1993.
2. Arnold AZ, Topol EJ: Assessment of reperfusion after thrombolytic therapy for myocardial infarction. *Am Heart J* 124:441-447, 1992.
3. Bar FW, Verheught FW, Col J, et al: Thrombolysis in patients with unstable angina improves the angiographic but not clinical outcome. *Circulation* 86:131-137, 1992.
4. de Lemos, et al: TIMI 14. *Circulation* 101:239-242, 2000.
5. Fry TA, Sobel BE: Coronary thrombolysis. In Zipes DP (ed): Progress in Cardiology. Philadelphia, Lea & Febiger, 1990.
6. Fuster V: Coronary thrombolysis-A perspective for the practicing physician. *N Engl J Med* 329:723-725, 1993.
7. Grimes CL, et al: A comparison of immediate angioplasty with thrombolytic therapy for acute myocardial infarction. *N Engl J Med* 328:673-691, 1993.
8. GUSTO Investigators: An international randomized trial comparing four thrombolytic strategies for acute myocardial infarction. *N Engl J Med* 329:673-682, 1993.
9. Handin RI, Loscalzo J: Thrombolytic therapy. In Braunwald E (ed): Heart Disease: A Textbook of Cardiovascular Disease. Philadelphia, WB Saunders, 1992.
10. Lincoff, Topol: Platelet GP2B/3A inhibitors in cardiovascular disease. *Contemp Cardiol* 1999.
11. Ohman, et al.: SPEED Trial-The Gusto IV Pilot Trial. *Circulation* 101:2788-2794, 20tH).
12. Pasternak RC, Braunwald E: Coronary thrombolysis. In Braunwald E (ed): Heart Disease, 5th ed. Philadelphia, WB Saunders, 1997.
13. Schomig A, Kastrati A, Dirschinger J, et al: Coronary stenting plus platelet glycoprotein IIb/IIIa blockade compared with tissue plasminogen activator in acute myocardial infarction. *N Engl J Med* 343:385-391, 2000.

VII. Outras condições clínicas com comprometimento cardíaco associado

55. DOENÇA CARDÍACA NA GESTAÇÃO

Kimberley A. Schleman, M.D., e *Jeffrey Pickard*, M.D.

1. Quais as alterações na fisiologia cardiovascular durante a gestação normal?

O débito cardíaco começa a aumentar com cerca de 10 semanas de gestação e atinge um platô em cerca de 40% acima do basal durante o segundo trimestre. O volume sangüíneo aumenta para quase 50% acima do basal por volta de 32 semanas, enquanto a massa eritrocitária aumenta para cerca de 30% acima do basal. Essas alterações correspondem à "anemia fisiológica" da gestação. Apesar do aumento significativo no débito cardíaco, a pressão arterial cai devido a uma diminuição acentuada na resistência vascular sistêmica. A resistência vascular pulmonar também diminui. No momento do parto, o débito cardíaco pode ser até 180% dos níveis pré-gravidez.

2. Como o aumento no débito cardíaco é distribuído aos vários órgãos?

O aumento mais dramático no fluxo sangüíneo é para o útero, o qual recebe cerca de 10 vezes o fluxo normal. Porém, isso ainda responde por uma pequena proporção do aumento geral. O fluxo para o rim aumenta 20 a 30% acima do basal, a pele recebe 2 a 3 vezes seu fluxo normal e as mamas recebem 3 a 5 vezes seu fluxo sangüíneo normal.

3. Quais são alguns dos sinais cardíacos e sintomas físicos vistos durante uma gravidez normal?

Ao exame físico, mulheres grávidas normais podem ter aumento da pressão venosa jugular, uma primeira bulha cardíaca proeminente e desdobramento da segunda bulha cardíaca. Uma B_3 está presente na maioria das vezes. Um sopro protosistólico quase sempre está presente (90%) e geralmente representa um sopro da via de saída da artéria pulmonar.

Outros sintomas são dispnéia, dor torácica, fadiga, palpitações, tontura e até mesmo síncope. De fato, mulheres jovens que desconhecem estar grávidas e que apresentam síncope devem ter a β-HCG dosada. Dependendo do quadro clínico, a avaliação da síncope pode requerer maiores investigações, incluindo a monitorização Holter e o ecocardiograma.

4. O que é miocardiopatia periparto?

A miocardiopatia periparto é um quadro de ICC com disfunção sistólica de VE que ocorre durante o último trimestre de gravidez ou dentro de seis meses após o parto. Ela se caracteriza por sintomas de insuficiência cardíaca como fadiga, dispnéia, edema, tosse ou distensão venosa jugular. Ela é diagnosticada mais comumente durante o primeiro mês pós-parto. A causa é desconhecida. O prognóstico é variável; 50% das mulheres recupera a função de VE dentro de seis meses. A recorrência em uma gravidez subseqüente é comum. Devido ao risco de recorrência ser maior em mulheres com disfunção persistente de VE, uma nova gravidez está contra-indicada nesse subgrupo. O tratamento é o esquema-padrão para insuficiência cardíaca, incluindo diuréticos para redução dos sintomas de sobrecarga, provavelmente digoxina e terapia com β-bloqueadores.

5. Quais medicações cardiovasculares podem ser usadas durante a gravidez?

Diuréticos (as tiazidas são classe B): Essa classe atravessa a placenta. Não foram relatados efeitos teratogênicos, mas há relatos de casos de recém-nascidos com trombocitopenia, icterícia e hiponatremia. Devido ao possível comprometimento do fluxo sangüíneo uterino e hipoperfusão placentária, os diuréticos geralmente não são iniciados durante a gravidez, mas freqüentemente são mantidos em pacientes que já usavam anteriormente.

Bloqueadores dos canais de cálcio (a maioria é classe C): Há pouca experiência com essa classe de modo que os efeitos sobre o feto não são conhecidos. Contudo, essa classe tem sido usada para tratar taquiarritmias em mulheres grávidas e taquicardia fetal *in utero* sem efeitos adversos.[1]

β-bloqueadores (a maioria é classe C, embora o atenolol seja classe D): Essa classe, com exceção do atenolol, é relativamente segura. Esses agentes podem causar contrações uterinas, retardo do crescimento intra-uterino, bradicardia e hipoglicemia.

Inibidores da ECA (a maioria é classe D para o 2º e o 3º trimestres): essa classe deve ser evitada na gravidez. Ela está associada com oligoidrâmnio, insuficiência renal neonatal e parto prematuro. Os antagonistas dos receptores da angiotensina também estão contra-indicados.

Hidralazina (classe C): Não há relato de efeito adverso fetal. Usado freqüentemente em pacientes hipertensos.

Metildopa (classe B): Usado freqüentemente para tratar hipertensão em mulheres grávidas. Não foi relatado efeito adverso fetal significativo.

6. Qual é a forma mais comum de doença cardíaca em mulheres grávidas nos Estados Unidos?

A doença cardíaca congênita ultrapassou a doença cardíaca reumática. Isso inclui o DSA, DSV, PDA, estenose aórtica bicúspide, coarctação aórtica, tetralogia de Fallot e transposição dos grandes vasos. Do mesmo modo, como as mulheres tendem a engravidar mais tardiamente, a incidência de doença cardíaca isquêmica está aumentando.

O risco global de doença cardíaca congênita nas crianças, filhas dessas pacientes, é de cerca de 5% (*versus* 1% na população em geral). Portanto, a ecocardiografia fetal está recomendada nessas mulheres para diagnosticar a doença cardíaca congênita no pré-natal.

7. Quais lesões cardíacas são bem-toleradas durante a gravidez?

- O *prolapso de válvula mitral (PVM)* não é afetado adversamente. A profilaxia da endocardite não é necessária no parto vaginal, a não ser que haja evidência de infecção ou uma história de endocardite.
- Lesões regurgitantes como a *insuficiência aórtica* ou *regurgitação mitral*, especialmente se os sintomas são leves no estado basal antes da gravidez.
- *Regurgitação tricúspide* e *insuficiência pulmonar*.
- *Defeito do septo atrial, defeito do septo ventricular* e *persistência do ducto arterial* quando corrigidos, sem evidência de grande *shunt* esquerda-direita ou hipertensão pulmonar.

8. Quais condições cardíacas são uma contra-indicação à gravidez?

- Hipertensão pulmonar (pressão AP > 75% da pressão sistêmica)
- Síndrome de Eisenmenger
- Miocardiopatia com classe III-IV da NYHA
- Doença valvular obstrutiva severa; estenose mitral, estenose aórtica, estenose pulmonar, coarctação, miocardiopatia hipertrófica obstrutiva
- Síndrome de Marfan com raiz aórtica > 40 mm
- Cianose severa
- Uma história de miocardiopatia periparto com disfunção persistente de VE

9. Como é feita a avaliação de mortalidade materna em pacientes grávidas com doença cardíaca?

A mortalidade está relacionada com a lesão cardíaca subjacente e com a classe funcional NYHA da paciente antes da gravidez. A investigação deve incluir um ecocardiograma, saturação de oxigênio arterial e hematócrito para verificar eritrocitose. *Shunt* direita-esquerda, cianose e um hematócrito > 65% têm uma elevada mortalidade materna e fetal (25 a 50%). Estenose mitral ou aórtica classe III-IV da NYHA têm um risco moderado (10 a 15%).

10. Quais são os riscos da estenose mitral durante a gestação?

O ideal é que a estenose mitral seja corrigida antes da gravidez.

A estenose mitral responde por quase 90% da doença cardíaca reumática durante a gestação. Aproximadamente 25% das mulheres com estenose mitral têm seus primeiros sintomas durante a gestação. À medida que o volume sangüíneo, a freqüência cardíaca e o débito cardíaco aumentam durante a gestação, o aumento da obstrução relativa ao fluxo pela válvula mitral estenosada causa uma congestão venosa pulmonar aumentada, a qual, por sua vez, pode levar a um edema pulmonar franco.

O tratamento clínico inclui diuréticos de alça quando necessário, possivelmente β-bloqueadores quando taquicárdicas e repouso no leito. Se a paciente está em fibrilação atrial, a digoxina pode ser usada para reduzir a freqüência ventricular, ou a cardioversão pode ser usada com segurança para trazer de volta ao ritmo sinusal.

Se a terapia clínica falhar, pode ser considerada uma valvuloplastia com balão. Se ela falhar, a substituição valvular tem sido feita com baixa mortalidade fetal.

Durante o parto, a paciente pode necessitar de um cateter Swan-Ganz para monitorização a hemodinâmica. (A pressão capilar pulmonar nesse caso não reflete a pressão de enchimento ventricular; portanto, o débito cardíaco deve ser medido.) Durante o parto, a circulação materna recebe 500 ml adicionais de "autotransfusão" da placenta, o que pode causar edema pulmonar agudo. Do mesmo modo, uma manobra de Valsalva pode reduzir a pré-carga causando uma queda no débito cardíaco.

11. Quais lesões cardíacas necessitam de profilaxia para endocardite durante o parto?

O consenso da AHA não recomenda a profilaxia antibiótica de rotina em pacientes com doença cardíaca valvular submetidas a parto vaginal não-complicado ou parto cesareano, a não ser que haja suspeita de infecção. Contudo, os antibióticos são opcionais e freqüentemente usados em pacientes com válvula prostética, com uma história prévia de endocardite, com doença cardíaca congênita complexa ou com um *shunt* sistêmico-pulmonar construído cirurgicamente.

12. Como se manuseia a anticoagulação de pacientes com próteses valvulares?

Os riscos maternos estão aumentados devido a eventos tromboembólicos ou complicações hemorrágicas pela anticoagulação. A profilaxia contra trombose valvular deve ser mantida durante a gravidez. Embora as diretrizes da ACC/AHA afirmem que a warfarina pode ser usada durante as semanas 13 a 35 de gestação, isso é controverso devido ao risco substancial de embriopatia, de aborto espontâneo e de natimortalidade. A maioria defende a terapia com heparina com um TTP 2 a 3 vezes o normal. Os níveis de antifator Xa devem ser mantidos entre 0,2 a 0,4 UI/mL. Embora alguns defendam a colocação de válvulas heterólogas porcinas em mulheres que querem engravidar, a gravidez parece aumentar o risco de falência prematura da bioprótese.

13. A mulher pode amamentar enquanto utiliza uma medicação cardíaca?

Em quase todos os casos, as nutrizes devem ser encorajadas a continuar a amamentação. Somente cerca de 2% da dose materna de uma droga são ingeridos pelo bebê, e isso raramente tem significado clínico. Se necessário, os níveis de droga podem ser monitorados nos lactentes.

A heparina não passa para o leite materno, e a quantidade de warfarina ingerida pelo bebê é muito pequena para afetar a coagulação. Assim, as mulheres utilizando warfarina podem amamentar sem preocupação.

Continue a evitar os inibidores ECA durante a amamentação.

REFERÊNCIAS BIBLIOGRÁFICAS

1. American College of Cardiology/American Heart Association: ACC/AHA guidelines for the management of patients with valvular heart disease. *J Am Coll Cardiol* 32:1486-1588, 1998.
2. Carson MP, Rosene-Montella KR: Managing the pregnant patient with heart disease. *IM* 19:14-27, 1998.
3. Lubbe WF: Use of diltiazem during pregnancy. *N Z Med J* 100:121, 1987.
4. Mariani P: Pharmacotherapy of pregnancy-related supraventricular tachycardia. *Ann Emerg Med* 21:229-230, 1992.
5. Sibai BM: Treatment of hypertension in pregnant women. *N Engl J Med* 335:257-265, 1996.

56. DOENÇA CARDÍACA E QUIMIOTERAPIA DO CÂNCER

Astrid Andreescu, M.D., e *Marie Wood,* M.D.

1. **Que condições necessitam ser consideradas quando um paciente com câncer apresenta-se com insuficiência cardíaca?**
   As possíveis etiologias da insuficiência cardíaca congestiva (ICC) nesses indivíduos incluem:
   - Obstrução da veia cava superior ou hipertensão porta
   - Disseminação linfangítica do tumor primário para o pulmão
   - Miocardiopatia, intrínseca ou induzida por drogas
   - Doença pericárdica: derrame ou pericardite restritiva/constritiva
   - Doença infecciosa, como a pericardite induzida por tuberculose ou coxsackie B
   - Doenças auto-imunes, uremia ou hipotireoidismo

2. **Quais os quimioterápicos que mais freqüentemente causam ICC?**

A droga mais comumente associada à ICC é a doxorrubicina. A daunorrubicina, outra antraciclina, também causa ICC, mas é usada menos freqüentemente. As antraciclinas mais novas, mitoxantrona e idarrubicina, são menos cardiotóxicas, mas, em doses totais elevadas, podem causar ICC. O 5-fluorouracil e o interferon também causam ICC. A herceptina, um novo anticorpo monoclonal contra o receptor HER-2/neu que é usado no tratamento do câncer de mama avançado, também mostrou causar ICC por mecanismos desconhecidos. A cardiotoxicidade da Herceptina é exacerbada pelo tratamento prévio ou concomitante com a doxorrubicina.

3. **Como as antraciclinas causam ICC?**

As antraciclinas (doxorrubicina em modelos experimentais) ligam-se à cardiolipina nos miócitos. Essa ligação parece ter duas conseqüências: (1) a síntese do trifosfato de adenosina (ATP) é interrompida, levando à contratilidade diminuída e (2) radicais livres são gerados pelo complexo antraciclina-cardiolipina. Ocorre a peroxidação dos radicais livres lipídicos, a qual se acredita cause o dano aos miócitos.

Em adição, a administração da doxorrubicina está associada com uma diminuição na quantidade de antioxidantes endógenos que elimina os radicais livres. A diminuição nos antioxidantes e o aumento dos radicais livres (oxidantes) causam um aumento no estresse oxidativo que leva à miocardiopatia e à ICC.

4. **O que aumenta a lesão pela antraciclina?**

O fator mais importante é a *dose*. Trinta por cento dos indivíduos tratados com > 450 a 550 mg/m^2 desenvolvem ICC. Também é importante a *via de administração*. Quando o *esquema de doses* foi alterado de grandes doses dadas uma vez a cada três semanas para uma dose semanal ou infusão contínua durante 24 a 72 horas, a incidência de toxicidade diminuiu. Assim, menor número de pessoas desenvolveu ICC ao receber doses menores mais freqüentemente.

Outros fatores que contribuem para a ICC induzida por antraciclina incluem idade avançada, drogas concomitantes (a mitomicina C pode aumentar o risco), radioterapia cardíaca prévia ou subseqüente, condições cardíacas preexistentes (p. ex., hipertensão ou infarto do miocárdio), hipertensão, doença hepática e hipertemia do corpo inteiro. O estado férrico do indivíduo pode ser importante, com indivíduos com deficiência de ferro tolerando maior quantidade de antraciclina.

5. Como você pode monitorar ou diagnosticar a miocardiopatia induzida por antraciclina?

O exame ideal é a *biópsia endomiocárdica*, a qual pode identificar o dano miocárdico anteriormente à presença de sintomas clínicos. Essa técnica é uma forma muito cara e invasiva de diagnosticar a miocardiopatia. Outros estudos que podem ser úteis incluem o *ecocardiograma* e a *angiografia cardíaca com radioisótopos* (MUGA). Geralmente, a antraciclina deve ser suspensa se a fração de ejeção ventricular esquerda (FEVE) cair abaixo de 50% ou diminuir em 10% durante a terapia. Isso geralmente é avaliado pela cintilografia de repouso com radioisótopos. Ainda há alguns casos onde também deve ser usada a cintilografia de esforço.

6. Como é tratada a miocardiopatia induzida por antraciclina?

Essencialmente da mesma forma que qualquer outro tipo de ICC: suporte inotrópico e redução da pós-carga. Além de interromper a antraciclina, não existem métodos especiais para tratar esse tipo de ICC.

7. Descreva a história natural da miocardiopatia induzida por antraciclina.

A miocardiopatia induzida por antraciclina pode apresentar-se aguda (dentro de dias), subaguda (até 30 meses após a última dose) ou tardiamente (6 a 20 anos após a última dose). A maioria dos pacientes mostra melhora sintomática com o tratamento convencional. Se diagnosticada precocemente, os sintomas podem resolver-se completamente.

8. Como a miocardiopatia induzida por antraciclina pode ser prevenida?

Atualmente, a monitoração da dose total e da FEVE são os meios primários de prevenção. A droga deve ser interrompida se a FEVE diminui 10% ou cai a menos de 50% durante o curso da terapia. A monitorização da dose total e da FEVE é crítica. A compreensão dos fatores que aumentam a incidência da cardiotoxicidade como idade e condições co-mórbidas é importante. O uso de uma infusão prolongada irá reduzir a probabilidade de cardiotoxicidade pela diminuição das concentrações de plasma. Os estudos clínicos estão abordando atualmente o uso da doxorrubicina lipossomal, que altera as propriedades farmacocinéticas da doxorrubicina, como uma diminuição da concentração de droga livre no plasma e circulação prolongada da droga. A cardioproteção contra o dano oxidativo com a dexrazoxane, um quelante férrico, está sendo usada em certos esquemas, mas tem sido associada com efeitos colaterais e não está bem-definida para a prevenção da toxicidade cardíaca tardia.

9. Além da ICC, que outros problemas cardíacos são causados pela quimioterapia?

1. Isquemia miocárdica (de alterações ST- T a infarto)
2. Arritmias (atriais e ventriculares)
3. Derrame pericárdico
4. Hemorragia miocárdica (muito raramente)

10. Quando a dor precordial deve ser considerada uma complicação da quimioterapia?

Dor precordial e lesão miocárdica não são comuns na quimioterapia, mas podem ser observadas com os alcalóides da vinca (vincristina, vinblastina e vinorelbine), bem como com o 5-fluouracil e paclitaxel. Porém os pacientes com câncer podem ter infarto do miocárdio, assim como outros indivíduos com fatores de risco. A lesão miocárdica devido ao estado de hipercoagulabilidade da síndrome de Trousseau é um diagnóstico importante a considerar, pois o tratamento difere do de outras causas de lesão miocárdica (p. ex., heparinização crônica). O derrame pericárdico, geralmente secundário ao câncer ou à infecção, também deve ser considerado e um ecocardiograma deve ser feito para excluí-lo. A pericardite também é parte do diagnóstico diferencial.

11. Que agentes quimioterápicos causam derrame pericárdico?

A ciclofosfamida pode causar um derrame pericárdico serosanguinolento. Isso é observado em doses muito altas quando ocorre hemorragia cardíaca aguda. O ácido retinóico, interleucina-2 (IL-2) e outros agentes biológicos podem causar derrame pericárdico, como parte de uma síndrome de febre, dispnéia, edema e derrame pleural.

12. A radioterapia lesa o coração?

Sim. O desenvolvimento de técnicas de proteção tem reduzido grandemente a toxicidade cardíaca associada à irradiação mediastinal ou pulmonar. Contudo, a toxicidade ainda ocorre, especialmente quando a radiação é dada junto com certos agentes quimioterápicos. Entre uma série de anormalidades cardíacas destacam-se a doença pericárdica, a doença valvular, a doença arterial coronária, as anormalidades da condução e disfunção miocárdica. Antes do desenvolvimento das técnicas de proteção, a pericardite e o derrame pleural eram as complicações mais comuns. Agora, a doença arterial coronária é o problema mais comum.

13. Como a radioterapia causa doença arterial coronária?

A radiação parece causar lesões ateroscleróticas, bem como um aumento no espasmo coronário. As placas ateroscleróticas desenvolvem-se sem os fatores de risco cardíacos usuais e histologicamente têm mais fibrose. A artéria circunflexa tende a ser poupada na doença coronariana induzida pela radioterapia.

CONTROVÉRSIAS

14. Todos os pacientes recebendo antraciclinas devem ter sua FEVE determinada antes da quimioterapia?

A favor: Qualquer indivíduo corre o risco de diminuir a FEVE com as antraciclinas e, se diagnosticada precocemente, a toxicidade severa pode ser prevenida.

Contra: A determinação da FEVE pode ser um custo desnecessário para os pacientes, especialmente se são jovens ou irão receber < 450 mg/m^2 de doxorrubicina.

15. Os pacientes devem ser submetidos à biópsia endomiocárdica para diagnosticar a miocardiopatia induzida por antraciclina?

A favor: É o melhor teste. A biópsia endomiocárdica é muito mais sensível e específica que a ecocardiografia ou MUGA.

Contra: A biópsia endomiocárdica é cara. É um procedimento invasivo, com risco de perfuração miocárdica, a qual pode ser uma complicação mórbida.

16. Todos os pacientes em uso de quimioterapia com antraciclina também devem receber o agente cardioprotetor dexrazoxane?

A favor: Ele protege o coração, especialmente da toxicidade inicial da antraciclina.

Contra: Ele também pode "proteger" o tumor, tornando a terapia menos eficaz. Ele também tem efeitos colaterais como mielossupressão.

REFERÊNCIAS BIBLIOGRÁFICAS

1. Arsenian MA: Heart disease after mediastinal radiotherapy. *Post-grad Med* 91:211, 1992.
2. Braverman AC, Antin JH, Plappert MT, et al: Cyclophosphamide cardiotoxicity in bone marrow transplantation: A prospective evaluation of new dosing regimens. *J Clin Oncol* 9:1215-1223, 1991.
3. Freeman NJ, Costanza ME: 5-Fluorouracil-associated cardiotoxicity. *Cancer* 61:36-45,1988.
4. Hancock SL, Tucker MA, Hoppe RT: Factors affecting late mortality from heart disease after treatment of Hodgkin's disease. *JAMA* 270:1949-1959, 1993.
5. Klein P, Muggia FM: Cytoprotection: Shelter from the storm. *Oncologist* 4:112-121, 1999.
6. Naschitz JE, Yeshurun D, Abrahamson J, et al: Ischemic heart disease preciptitated by ocult cancer. *Cancer* 69:2712, 1992.
7. Rowinsky EK, McGuire WP, Guarnieri T, et al: Cardiac disturbances during the administration of taxol. *J Clin Oncol* 9:1704-1712, 1991.
8. Singal PK, Iliskovik N: Doxorubicin-induced cardiomyopathy. *N Engl J Med* 339:900-905, 1998.
9. Sonnenblick M, Rosin A: Cardiotoxicity of interferon: A review of 44 cases. *Chest* 99:557, 1991.

57. DOENÇA RENAL E O CORAÇÃO

June Y. Scott, M.D., e *Harmeet Singh*, M.D.

1. Que complicações renais podem ocorrer pelo cateterismo cardíaco?

- *Nefrotoxicidade pelo contraste:* insuficiência renal aguda que ocorre dentro de 2 a 5 dias do procedimento, devido a efeitos nefrotóxicos dos materiais de contraste. É especialmente comum em pacientes com insuficiência renal crônica e diabete melito preexistentes (> 60% de incidência quando foram usados ≥ 30 mL de contraste).
- *Doença renal ateroembólica:* ruptura mecânica de ateroma aórtico pelo cateter e microembolização subseqüente nos rins. Clinicamente, é caracterizada por um aumento súbito ou lento na creatinina sérica, o qual usualmente não é completamente reversível e ocasionalmente pode estar associado à eosinofilia, à trombocitopenia e à diminuição transitória nos níveis séricos de complemento. As anormalidades urinárias podem variar de um sedimento normal a hematúria, proteinúria, eosinofilúria ou cilindros hemáticos. Pode haver embolização para outros órgãos (p. ex., livedo reticular, cianose periférica, isquemia intestinal).

2. Que precauções podem ser tomadas para prevenir ou minimizar a nefrotoxicidade pelo contraste?

Reconhecer os *indivíduos de alto risco* com tendência a essa complicação (i. é, aqueles com diabete melito e insuficiência renal crônica).

Repor volume, porque os pacientes hipovolêmicos têm risco muito maior. Em pacientes sem insuficiência cardíaca congestiva ou sinais francos de excesso de volume, os diuréticos devem ser suspensos no mínimo 1 a 2 dias antes do procedimento, e líquidos intravenosos iniciados várias horas antes do teste.

O conceito de administrar manitol (ou furosemida) antes e depois de um procedimento para prevenir a nefropatia induzida pelo contraste está fora de uso e mostrou-se ineficaz em um estudo randomizado. A única intervenção que reduz a nefropatia induzida pelo contraste é a hidratação com soro fisiológico.

3. Os meios de contraste não-iônicos, de baixa osmolalidade, causam menos nefrotoxicidade do que os meios de contraste convencionais de alta osmolalidade?

Os agentes de baixa osmolalidade têm um menor perfil adverso; em particular, causam menos reações alérgicas. Se a nefrotoxicidade é menor ainda é uma controvérsia, mas uma meta-análise mostrou um menor risco de nefrotoxicidade. A maioria concordaria que os pacientes com maior risco de nefrotoxicidade, particularmente diabéticos, deveriam receber agentes de baixa osmolalidade.

4. Quais são as anormalidades lipídicas associadas à doença renal?

Na *síndrome nefrótica*, a elevação do colesterol total e da lipoproteína de baixa densidade (LDL) resulta da síntese hepática aumentada da lipoproteína B, mais provavelmente devido à hipoalbuminemia. A hipercolesterolemia é usualmente severa.

Na *insuficiência renal crônica*, a hipertrigliceridemia é observada em 30% dos pacientes. O defeito pode ser devido à lipólise reduzida das lipoproteínas ricas em triglicerídeos (principalmente as lipoproteínas de muito baixa densidade, VLDL).

5. Essas anormalidades lipídicas devem ser tratadas?

O pensamento racional de se reduzir os níveis lipídicos é a redução do risco de doença arterial coronária (DAC). A evidência do papel independente dos lipídeos em causar progressão da doença renal é grandemente experimental e *não* um motivo racional para reduzir os níveis lipídicos na doença renal.

A *hipercolesterolemia da síndrome nefrótica* deve ser tratada e, devido a sua severidade, a dieta isolada não é suficiente. As drogas de escolha são os inibidores da HMG-CoA redutase, que podem reduzir os níveis de LDL em 40 a 80 mg/dL. Se outra droga for necessária, um seqüestrante dos ácidos biliares (colestiramina) é a melhor escolha para a terapia combinada.

Na *hipertrigliceridemia da insuficiência renal crônica* não existe evidência científica para suportar o uso de agentes redutores dos triglicerídeos para diminuir o risco de doença arterial coronária, mas existe ampla evidência de uma incidência maior de reações adversas desses agentes nessa população.

6. Quais as complicações cardíacas observadas após o transplante renal?

A DAC é uma importante causa de morbidade e de mortalidade no período pós-transplante renal. Uma aterosclerose acelerada ocorre após o transplante renal, com base multifatorial. Esses pacientes já têm uma alta incidência de DAC assintomática (diabete melito e insuficiência renal), e o uso de esteróides e ciclosporina, os quais causam anormalidades lipídicas, acelera a aterosclerose. Esses pacientes podem ter hipercolesterolemia, hipertrigliceridemia ou hiperlipidemia mista.

Outros fatores que contribuem para o risco aterosclerótico e risco independente de doença arterial coronária são a hipertensão pós-transplante, a qual é muito comum, e possivelmente a eritrocitose pós-transplante, a qual pode predispor à trombose vascular.

7. O que deve ser feito para prevenir a doença arterial coronária pós-transplante?

A DAC preexistente é um importante preditor de eventos isquêmicos pós-transplante, e tentativas agressivas devem ser feitas para identificar e tratar (clínica e cirurgicamente) os pacientes com doença arterial coronária pré-transplante. Em pacientes diabéticos, existe uma alta incidência de isquemia silenciosa e devem ser feitos testes de esforço pré-transplante. O tratamento agressivo pré-transplante melhora a sobrevida do paciente nesse grupo.

Após o transplante, os pacientes com DAC conhecida devem ter acompanhamento regular, e uma avaliação diagnóstica deve ser instituída ao surgimento do primeiro sintoma relacionado à isquemia coronária. Outros modos de tratamento incluem:

Redução dos níveis lipídicos:

- Atingir um peso corporal ideal.
- Eliminar medicações que alteram os lipídeos (p. ex., β-bloqueadores, diuréticos).
- Diminuir a dose de prednisona e ciclosporina, se possível.
- Usar agentes redutores do colesterol. Os inibidores da HMG-CoA devem ser usados com cautela devido ao seu alto risco de complicações na população pós-transplante.

Modificação de outros fatores de risco:

- Cessação do tabagismo
- Controle da pressão arterial
- Exercício
- Melhora do controle glicêmico

8. Descreva as causas comuns da azotemia observada na insuficiência cardíaca congestiva.

Existe freqüentemente uma elevação do nitrogênio ureico (BUN) e creatinina (Cr) em pacientes com insuficiência cardíaca congestiva.

A *azotemia pré-renal* é a causa mais importante de aumento agudo na BUN e na Cr em pacientes com insuficiência cardíaca congestiva e é secundária à perfusão renal reduzida, resultando de uma verdadeira contração de volume pelo uso de diuréticos ou de um débito cardíaco diminuído. É manifestada por uma relação aumentada BUN/Cr (normalmente < 10:1), sedimento urinário benigno, baixo sódio urinário (< 20 mEq/L) e baixa excreção fracional de sódio (< 1%).

A *necrose tubular aguda* resulta de um estado pré-renal prolongado, levando a lesão tubular renal isquêmica com BUN e Cr elevados, uma relação normal BUN/Cr, cilindros granulares e células epiteliais renais na urina, alto sódio urinário (> 20 mEq/L) e excreção fracional de sódio elevada (> 1%). Esta é uma lesão reversível.

A *nefropatia isquêmica* é caracterizada por deterioração subaguda ou crônica da função renal em pacientes com insuficiência cardíaca congestiva e doença aterosclerótica com ou sem hipertensão. A lesão renal subjacente é uma estenose bilateral da artéria renal.

9. O uso de inibidores da enzima conversora da angiotensina (ECA) na insuficiência cardíaca apresenta riscos associados?

Sim. Claramente, os inibidores da ECA são os agentes de escolha em pacientes com insuficiência cardíaca congestiva porque melhoram a sobrevida. Porém, os inibidores da ECA também podem causar insuficiência renal na insuficiência cardíaca congestiva severa.

Na ICC, a hipoperfusão renal resulta em níveis elevados de renina e de angiotensina II. A angiotensina II causa mais vasoconstrição eferente do que aferente e auxilia a manter a taxa de filtração glomerular. Uma vez que os inibidores da ECA bloqueiam a síntese da angiotensina II, o efeito protetor da angiotensina II para manter a taxa de filtração glomerular (TFG) é perdido, como resultado da vasodilatação eferente. Esse é um fenômeno reversível.

Em algumas situações, existe um pequeno aumento na creatinina com o uso de inibidores da ECA, o qual então se estabiliza; nesses pacientes, os inibidores da ECA podem ser continuados. Os benefícios de sobrevida dos inibidores da ECA superam o leve aumento na creatinina sérica.

10. Quais são as anormalidades eletrocardiográficas (ECG) observadas em vários distúrbios eletrolíticos?

- Hipocalemia: Ondas T achatadas, presença de ondas U, depressão de ST, arritmias (atriais e ventriculares), intervalo QT prolongado
- Hipercalemia: Ondas T altas e apiculadas em derivações precordiais, seguidas por amplitude diminuída das ondas R, complexo QRS alargado, intervalo PR prolongado e amplitude diminuída e desaparecimento da onda P; arritmias
- Hipocalcemia: Intervalo QT prolongado, arritmias
- Hipercalcemia: Intervalo QT encurtado, arritmias
- Hipermagnesemia: Bradicardia, bloqueio cardíaco (vários graus)
- Hipomagnesemia: Arritmias, intervalo QT prolongado

11. Existem riscos ao utilizar drogas antiinflamatórias não-esteróides (DAINE) em pacientes com ICC?

Sim. Na insuficiência cardíaca congestiva, o fluxo sangüíneo renal diminuído resulta do baixo débito cardíaco. Existem tentativas de adaptação para manter o fluxo sangüíneo renal e a TFG por meio de vários mecanismos, intrínsecos e extrínsecos ao rim (como hormônios circulantes, p. ex., sistema adrenérgico, sistema renina-angiotensina). Uma importante adaptação intrínseca pelo rim é a liberação de prostaglandinas vasodilatadoras (PGE_2, PGI_2), as quais mantêm o fluxo sangüíneo renal e a TFG por vasodilatação arteriolar aferente. Assim, o uso de DAINE nesse caso contraria essa adaptação fisiológica inibindo a produção de prostaglandinas vasodilatadoras, reduzindo assim a TFG.

12. O que é pericardite urêmica?

Na doença renal em estágio final, existem dois tipos de pericardite: a *pericardite urêmica* ocorre antes do início da diálise; a *pericardite de diálise* é vista em pacientes em hemodiálise estável de manutenção. A patogênese da pericardite urêmica parece estar relacionada às toxinas urêmicas, uma vez que melhora com a diálise. A sobrecarga hídrica pode contribuir para ambas as formas de pericardite.

13. Quais são as características clínicas da pericardite urêmica?

Achados físicos	*Anormalidades laboratoriais*
Dor precordial (60 a 70%)	Alterações no ECG
Atrito pericárdico (> 90%)	Leucocitose
Febre (60 a 90%)	Raio X de tórax anormal
Hipotensão	Demonstração de líquido pericárdico no ecocardiograma

As alterações sistêmicas e o tamponamento cardíaco são mais comuns na pericardite de diálise. O líquido pericárdico pode variar de seroso, serossanguinolento a hemorrágico.

14. Como a pericardite urêmica é tratada?

A presença de pericardite urêmica em pacientes com doença renal terminal é uma indicação absoluta para *iniciar diálise.* Mesmo na pericardite por diálise, o aumento da intensidade da diálise (freqüência e duração) deve ser o primeiro passo, pois resulta em resolução da doença em muitos pacientes. A pericardiocentese é reservada para pacientes com comprometimento hemodinâmico secundário ao tamponamento cardíaco. Esses pacientes eventualmente necessitam de pericardiotomia ou pericardiectomia. Os DAINEs e os esteróides geralmente não são benéficos para tratar a pericardite urêmica.

15. O que é miocardiopatia urêmica?

Miocardiopatia urêmica é um termo amplo, definido como função ventricular esquerda anormal, observada em pacientes com doença renal terminal. A etiologia da insuficiência cardíaca nesses pacientes é multifatorial. Hipertensão, doença arterial coronária e sobrecarga de volume parecem ser os principais fatores causais. Outros fatores incluem anemia, fístula arteriovenosa, anormalidades ácido-básicas e de eletrólitos, hiperparatireoidismo secundário, deficiências nutricionais, β2-microglobulina e toxinas urêmicas.

16. Cite as conseqüências cardiovasculares da hemodiálise.

- Hipotensão: Este é o efeito colateral mais comum da hemodiálise, e a etiologia é multifatorial.
- Distúrbio eletrolítico: Ocorrem alterações rápidas do sódio, do potássio, do cálcio, do magnésio e do pH, as quais afetam o potencial de membrana e podem levar a arritmias cardíacas.
- Fístula arteriovenosa: Uma fístula é uma área de baixa resistência que leva a um débito cardíaco e a um trabalho cardíaco aumentados, o que pode causar insuficiência cardíaca.

17. Liste as doenças renais observadas na endocardite infecciosa.

Embolia renal
Necrose tubular aguda (secundária à isquemia renal)
Nefrite intersticial (uma complicação dos antibióticos usados)
Glomerulonefrite imunológica (devido à deposição de complexos imunes no rim)

18. Descreva os distúrbios eletrolíticos comuns observados na insuficiência cardíaca congestiva.

Hiponatremia: A hiponatremia *hiper*volêmica ocorre no caso de excesso de sódio corporal total e reflete a retenção excessiva de água. A hiponatremia *hipo*volêmica ocorre em pacientes tratados agressivamente com diuréticos, devido a uma depleção verdadeira de volume por diurese excessiva, levando a uma liberação de hormônio antidiurético (ADH). A análise urinária em ambos os tipos de hiponatremia mostra baixo sódio urinário (< 20 mEq/L), baixa excreção fracional de sódio (< 1%) e elevada osmolalidade urinária.

Hipocalemia: As perdas urinárias excessivas de K são resultado de concentrações elevadas de aldosterona, devido à má perfusão renal ou uso de diuréticos.

Hipercalemia: Pode ocorrer por baixa excreção urinária de K ou uso de inibidores da ECA.

Hipomagnesemia: Resulta do uso de diuréticos, especialmente diuréticos de alça, os quais causam perdas urinárias de magnésio.

19. Quais os desequilíbrios ácido-básicos observados na insuficiência cardíaca congestiva?

- Alcalose respiratória (devido à hiperventilação por hipoxemia)
- Acidose metabólica (má perfusão tecidual resultando em metabolismo anaeróbico)
- Alcalose metabólica (uso excessivo de diuréticos e hipovolemia)
- Acidose respiratória (rara, exceto na insuficiência cardíaca congestiva severa, quando, após hiperventilação prolongada, existe fadiga dos músculos respiratórios e elevação da PCO_2.

20. Os antagonistas dos receptores da angiotensina (ARA) têm os mesmos riscos que os inibidores da ECA?

Talvez não. Os ARAs parecem ter os mesmos efeitos benéficos dos inibidores da ECA, mas alguns estudos mostram uma menor incidência de insuficiência renal aguda e hipercalemia com os ARAs.

21. Como a ICC modifica a morbi-mortalidade de pacientes com doença renal terminal?

Em um estudo recente, 37% dos pacientes iniciando a terapia para doença renal terminal tinham uma história de ICC. A sobrevida média dos pacientes com ICC antes ou no início da terapia era de 36 meses, comparado com 62 meses em pacientes sem ICC. Os preditores independentes significativos de ICC naqueles pacientes iniciando a terapia eram: idade avançada, diabete, doença cardíaca isquêmica, disfunção sistólica no ecocardiograma e hipoalbuminemia.

REFERÊNCIAS BIBLIOGRÁFICAS

1. Barret BJ, Pârfrey PS: Prevention of nephrotoxicity induced by radiocontrast agents. *N Engl J Med* 331:1449-1450, 1994.

1a. Barrett BJ, Carlisle EJ: Meta-analysis of the relative nephrotoxicity of high- and low-osmolality iodinated contrast media. *Radiology* 188:171-178, 1993.

2. Case records of the Massachusetts General Hospital (case #34-1991). *N Engl J Med* 325:563, 1991.
3. Daugirdas JT: Dialysis hypotension: A hemodynamic analysis. *Kidney Int* 33:233, 1991.
4. Harnett JD, et al: Congestive heart failure in dialysis patients: Prevalence, incidence, prognosis, and risk factors. *Kidney International* 47:884, 1995.
5. Hirshfield JW: Low osmolality contrast agents: Who needs them? *N Engl J Med* 326:482, 1992.
6. Manske CL, Sprafka MJ, Strony JT, Wang Y: Contrast nephrography in azotemic diabetic patients undergoing coronary angiography. *Am J Med* 89:615, 1990.
7. Pastan SO, Braunwald E: Renal disorders and heart disease. In Braunwald E: Heart Disease, 5th ed. Philadelphia, WB Saunders, 1997.
8. Schrier RW, Gottschalk CW. Diseases of the Kidney, 6th ed. Boston, Little, Brown, 1997.
9. Solomon R, Werner C, Mann D, et al: The effects of saline, mannitol, and furosemide on acute decreases in renal function induced by radiocontrast agents. *N Engl J Med* 331:1416-1420, 1994.
10. Veelken R, Hilgers KF, Mann JF: The acute renal effects of angiotensin II receptor blockers. *Nephrology, Dialysis, and Transplantation* 13(8):1928-1929, 1998.

58. DISTÚRBIOS ENDÓCRINOS E NUTRICIONAIS

Olivia V. Adair, M.D., *Jane Reusch,* M.D., e *Fred D. Hofeldt,* M.D.

1. Na acromegalia, que doenças cardíacas associadas podem ser observadas?

Doenças cardiovasculares coexistentes são comuns na acromegalia e são a causa mais comum de morte em indivíduos acromegálicos não-tratados. Evidências de aumento da área cardíaca, hipertrofia, anormalidades do enchimento diastólico, insuficiência cardíaca congestiva, arritmias, miocardiopatia, hipertensão arterial, doença valvular aórtica e mitral e doença aterosclerótica avançada (incluindo doença arterial coronária) são observadas. O diabete melito com hiper-insulinismo associado contribui para a ocorrência aumentada de aterosclerose, de morbidade e de mortalidade.

2. Que alterações hemodinâmicas podem ser observadas no hipertireoidismo?

Os pacientes com hipertireoidismo têm um estado de alto débito cardíaco, caracterizado por volume sistólico aumentado e freqüência de pulso aumentada. Existe uma resistência vascular periférica diminuída, volume sangüíneo aumentado, pressão de pulso aumentada e um precórdio hiperdinâmico, resultante da maior contratilidade cardíaca.

3. Que manifestações cardíacas podem ser observadas no hipotireoidismo?

- Hipertensão (particularmente hipertensão sistólica isolada)
- Taquicardia sinusal
- Extra-sístoles atriais
- Taquicardia atrial paroxística
- Fibrilação atrial
- Distúrbios de condução (graus variáveis)
- Insuficiência cardíaca de alto débito (com miocardiopatia)
- Insuficiência de baixo débito (com comprometimento subjacente da função ventricular esquerda)
- Prolapso da válvula mitral
- Cardiopatia isquêmica com angina e insuficiência coronária

4. Como a fibrilação atrial é manuseada no hipertireoidismo?

Os pacientes hipertireóideos com fibrilação atrial possuem risco aumentado de tromboembolismo periférico; portanto, a anticoagulação é recomendada. Esses pacientes podem ser resistentes à dose usual de digital. Os β-bloqueadores são freqüentemente úteis.

5. Quais são as alterações hemodinâmicas cardíacas no hipotireoidismo?

O paciente hipotireóideo tem contratilidade cardíaca diminuída e apresenta-se com resistência vascular periférica aumentada, volume sangüíneo diminuído, débito cardíaco diminuído, freqüência cardíaca e pressão de pulso reduzidas.

6. Quais são as manifestações cardiovasculares do hipotireoidismo?

As manifestações cardiovasculares do hipotireoidismo podem incluir bradicardia, um precórdio calmo, hipertensão diastólica e uma silhueta cardíaca dilatada ao raio X de tórax. Os pacientes podem ter derrame pericárdico responsável pelo aumento da área cardíaca. Porém, ocorre uma piora da insuficiência cardíaca congestiva no estado hipotireóideo à medida que a deficiência de hormônio da tireóide leva a uma diminuição da contratilidade miocárdica. Alguns pacientes podem apresentar-se com dor precordial não-cardíaca e elevações na creatinina quinase, com elevação da fração MM excluindo infarto do miocárdio. As anormalidades eletrocardiográficas (ECG) associadas incluem bradicardia sinusal, anormalidades inespecíficas de ST-T e baixa voltagem. O hipotireoidismo foi observado em associação com arritmias ventriculares, incluindo a "torsade de pointes". Os pacientes hipotireóideos têm prevalência aumentada de doença cardíaca aterosclerótica, a qual pode estar relacionada à dislipidemia que acompanha o hipotireoidismo.

7. Que consideração é necessária em pacientes hipertensos com potássio baixo?

O excesso de mineralocorticóides adrenais causa hipertensão em < 1% da população. Porém, pode estar implicado quando a hipertensão está associada à hipocalemia, particularmente no paciente com elevada ingesta de sal ou que pode não estar tomando diuréticos.

8. Quais os mineralocorticóides que causam hipertensão?

Aldosterona, 11-desoxicorticosterona (DOC) e corticosterona.

9. Quais exames laboratoriais excluem o diagnóstico da síndrome de Cushing?

Freqüentemente, um simples *teste de supressão da dexametasona* durante uma noite auxilia a avaliar o paciente com suspeita de síndrome de Cushing. O paciente recebe 1 mg de dexametasona às 23 horas, e o cortisol plasmático é medido às oito horas do dia seguinte. Valores menores que 5 µg/dL indicam supressão normal, valores entre 5 e 10 µg/dL são limítrofes e valores > 10 µg/dL são anormais.

Um teste igualmente útil é a medida do *cortisol livre* na urina de 24 horas. Pacientes com cortisol livre urinário elevado ou valores não-supressíveis de cortisol devem ser avaliados para síndrome de Cushing.

10. Que exame laboratorial é usado para caracterizar a doença de Cushing?

Uma falha de supressão com 1 mg de *dexametasona durante a noite* (ou seu teste equivalente, 0,5 mg de dexametasona administrada a cada seis horas por dois dias) ou um *cortisol livre elevado na urina de 24 horas* são observados nos pacientes com *síndrome* de Cushing. A *doença* de Cushing (Cushing hipotalâmico-pituitária) é diferenciada das outras causas da síndrome de Cushing por uma redução de 50% no valor do cortisol plasmático após uma supressão de dexametasona de 8 mg durante a noite, ou uma supressão similar de 50% nos metabólitos urinários do cortisol (17-hidroxicorticosteróides ou cortisol livre) com o teste de supressão longa de 2 mg de dexametasona a cada seis horas por dois dias.

Pacientes com doença de Cushing pituitária têm níveis plasmáticos de ACTH de normais a levemente elevados. Eles mostram responsividade aumentada ao teste com o *fator liberador de corticotropina* (CRF), o que auxilia a distingui-los dos pacientes com formas adrenais da síndrome de Cushing e síndrome de Cushing ectópica, onde usualmente não existe resposta do ACTH ao teste com CRF. A localização da doença de Cushing pituitária é obtida por amostragem do seio petroso inferior para análise do ACTH durante a infusão de CRF.

11. Que características clínicas em um paciente hipertenso sugerem a presença de feocromocitoma?

- Cefaléia, a qual é caracteristicamente latejante e severa, embora nem sempre o seja
- Palpitações com ou sem taquicardia
- Sudorese excessiva e inapropriada

12. Como o feocromocitoma é melhor diagnosticado?

Para fins de triagem, uma coleta de urina de 24 horas para pesquisa de ácido vanilmandélico (VMA), catecolaminas totais (epinefrina, norepinefrina) e metanefrina, normetanefrina e creatinina freqüentemente estabelecem o diagnóstico no paciente hipertenso. Ocasionalmente, as catecolaminas urinárias e seus metabólitos, coletados durante uma "crise típica", são úteis para diagnosticar o paciente com doença episódica.

Em pacientes requerendo mais avaliação, as catecolaminas plasmáticas podem ser medidas sob condições padronizadas; pacientes com feocromocitoma têm catecolaminas plasmáticas > 950 pg/mL (5,62 nmol/L). Esses valores não causarão supressão no teste de supressão da clonidina.

Os testes de estimulação provocativa para o feocromocitoma, como o glucagon, a histamina e a tiramina, são considerados perigosos e devem ser evitados.

13. O que é a síndrome X?

Essa síndrome *multimetabólica* descreve a associação de certas características clínicas com fatores de risco preditivos de doença arterial coronária: obesidade abdominal (índice cintura/quadril > 0,85), hipertensão, intolerância aos carboidratos ou diabete melito tipo II e dislipidemia (hipertrigliceridemia e baixos níveis de lipoproteína de alta densidade). As associações que unificam esses estados clínicos são hiper-insulinemia e resistência à insulina. Outros achados relacionados nesses pacientes incluem hiperuricemia, inatividade física e envelhecimento.

Em contraste a essa síndrome X metabólica, existe uma síndrome X *cardíaca* na qual os pacientes têm sintomas anginosos, coronárias normais nos estudos de cateterização, mas doença oclusiva pequena e mais distal (angina microvascular). Ambas as síndromes podem coexistir no mesmo paciente.

14. Qual a freqüência da doença arterial coronária em pacientes com diabete melito?

A doença arterial coronária é a causa mais comum de morbidade e mortalidade em indivíduos diabéticos, sendo 1,2 a 6,6 vezes mais prevalente que na população não-diabética. Sua predominância é ainda maior em indivíduos com diabete não-insulinodependente e em mulheres diabéticas. Setenta e sete por cento de todas as hospitalizações de diabéticos estão relacionadas à doença arterial coronária.

15. Quais são os fatores de risco para doença arterial coronária em pacientes diabéticos?

O diabete em si é um fator de risco cardiovascular independente, junto com os fatores de risco cardíaco clássicos de idade avançada, sexo masculino, mulheres pós-menopausa, tabagismo, hipertensão, história familiar de doença arterial coronária e dislipidemia. Observou-se que o diabete intensifica os efeitos desses fatores de risco clássicos para doença arterial coronária. Em pacientes com diabete melito insulinodependente, hipertensão e proteinúria são os fatores de risco mais fortes associados a doença arterial coronária. Em indivíduos com diabete não-insulinodependente, a hipertrigliceridemia e a proteinúria são os fatores de risco mais potentes.

16. Como a proteinúria está implicada?

A proteinúria é o preditor mais forte de mortalidade cardiovascular em todos os indivíduos com diabete melito. Está freqüentemente associada à hipertensão e é um indicador de doença renal. Também está associada com fibrinogênio aumentado e agregabilidade aumentada das plaquetas, bem como anormalidades no perfil lipídico.

17. Qual é o papel da fibrinólise?

Uma fibrinólise anormalmente lenta é um fator de risco independente, recentemente estabelecido, para doença arterial coronária. Em indivíduos com diabete melito não-insulinodependente, existe um aumento na atividade do inibidor da ativação plasmática (atividade PAI-1). Essa atividade foi associada com resistência à insulina, e existe uma correlação direta entre a hiper-insulinemia e um aumento na atividade PAI-1.

18. É verdade que, em pacientes diabéticos, a doença aterosclerótica é mais difusa e raramente operável?

Não. Por muito tempo presumiu-se que a aterosclerose coronária difusa estivesse associada ao diabete melito, implicando que esses pacientes teriam uma doença inoperável. Dados recentes falharam em demonstrar qualquer incidência real de doença arterial coronária mais difusa em indivíduos diabéticos, comparado com não-diabéticos. Essa observação é importante quando se considera a revascularização coronária. Os vasos parecem ser similarmente operáveis em ambos os grupos.

19. Existe diferença na taxa de sucesso da revascularização coronária em pacientes diabéticos *versus* não-diabéticos?

Não. Embora os diabéticos tenham um risco maior de infecções perioperatórias nas feridas inguinais e esternais, bem como de insuficiência renal, o acompanhamento tardio após a cirurgia mostra uma sobrevida e um intervalo livre de sintomas similares para os diabéticos comparados aos não-diabéticos. Um estudo sugeriu um fluxo levemente menor nos enxertos de indivíduos com diabete, mas isso não foi confirmado em estudos subseqüentes. Em geral, os dois grupos comportam-se similarmente.

20. O que é miocardiopatia diabética?

A miocardiopatia diabética é uma função cardíaca anormal, levando a sintomas de insuficiência cardíaca congestiva, em indivíduos sem doença arterial coronária, doença valvular, febre reumática ou outras doenças cardíacas conhecidas. Assim, os indivíduos com miocardiopatia diabética têm sintomas clássicos de insuficiência cardíaca congestiva (p. ex., dispnéia paroxística noturna, ortopnéia, edema, dispnéia ao exercício) na ausência de qualquer causa óbvia para sua miocardiopatia além do diabete melito. Patologicamente, esses indivíduos têm uma cardiomegalia dilatada e fibrose intersticial. Alguns relatos têm descrito um depósito intersticial de um material positivo para o ácido periódico de Schiff.

Acreditava-se que aproximadamente 15% dos indivíduos com diabete e insuficiência cardíaca congestiva, no estudo de Framingham, tinham miocardiopatia diabética. Assim, essa é uma entidade clínica comum.

21. A angina é um indicador confiável da doença isquêmica em diabéticos?

Não. Classicamente, acredita-se que muitos indivíduos com diabete tenham isquemia silenciosa. Indivíduos com neuropatia autonômica diabética têm claramente uma incidência aumentada de infarto do miocárdio silencioso, secundário à inervação anormal do coração. Porém, apesar de uma pletora de estudos, não se demonstrou conclusivamente se a isquemia silenciosa é mais comum em diabéticos sem neuropatia autônomica.

Uma vez que existe uma incidência significativa de neuropatia autônomica, a qual poderia diminuir a angina ou o equivalente anginoso em indivíduos com diabete, é importante realizar uma investigação agressiva dos sintomas inespecíficos ou aqueles da insuficiência cardíaca congestiva precoce, especialmente em indivíduos com diabete de longa duração.

22. No infarto agudo do miocárdio, quais são as implicações da presença de diabete concomitante?

Em geral, os indivíduos com diabete evoluem significativamente pior que os não-diabéticos no caso de infarto agudo do miocárdio. Eles apresentam uma freqüência aumentada de eventos durante sua hospitalização inicial, bem como a longo prazo.

Na situação aguda, indivíduos com diabete tendem a desenvolver mais choque, insuficiência cardíaca congestiva, ruptura miocárdica e reinfarto, todos os quais estão associados à mortalidade aumentada. Devido às catecolaminas aumentadas associadas ao infarto agudo do miocárdio, freqüentemente se desenvolve um aumento transitório na concentração de glicose.

As complicações tardias do infarto agudo do miocárdio também são mais comuns entre os diabéticos. A sobrevida após um infarto do miocárdio em 1, 2 e 5 anos é de 82, 78 e 58% em diabéticos, comparado a 94, 92 e 82% em não-diabéticos. Embora os β-bloqueadores estejam relativamente contra-indicados no diabete, eles possuem benefício após o infarto do miocárdio e devem ser utilizados. Uma hipoglicemia assintomática associada pode estar presente, requerendo monitoração freqüente em pacientes utilizando insulina e agentes hipoglicemiantes orais.

23. O que é beribéri? Quem o adquire?

O beribéri é uma deficiência de tiamina, a qual é relativamente incomum nos Estados Unidos. No Oriente Médio e na Ásia, é observada entre pessoas que lavam o arroz antes de ingeri-lo. Eles desenvolvem uma deficiência de tiamina enquanto mantêm-se em repleção de outras vitaminas (beribéri úmido). É caracterizada por mal-estar e fadiga, um débito cardíaco aumentado secundário à resistência vascular sistêmica diminuída e retorno venoso aumentado e edema com silhueta cardíaca aumentada e derrames pulmonares. Eles respondem muito bem à reposição de tiamina.

O *beribéri seco* é uma deficiência de tiamina na desnutrição protéico-calórica generalizada, sendo mais comumente observada nos Estados Unidos. Indivíduos com má ingesta calórica, a qual é relativamente rica em carboidratos, por exemplo, alcoólatras, estão sob risco. O quadro clínico usual é de uma freqüência cardíaca elevada com mãos aquecidas (representando a resistência vascular sistêmica diminuída) e uma neuropatia generalizada (incluindo déficits motores e reflexos diminuídos). Isso pode estar associado com uma cirrose nutricional ou parestesias das extremidades. O tratamento é com reposição de tiamina, mas pode incluir digitalização precoce e diuréticos.

24. Existe algum efeito cardíaco das doenças da paratireóide ou aumento do hormônio da paratireóide (PTH)?

As arritmias cardíacas e a hipertensão estão associadas com aumento do PTH. Do mesmo modo, hipertrofia de VE é mais freqüente em pacientes com hiperparatireoidismo – mesmo sem hipertensão. A causa é, mais provavelmente, uma alteração no cálcio extracelular, mas o PTH também tem um efeito inotrópico e cronotrópico positivos diretos, provavelmente relacionados com aumento da entrada de cálcio nas células cardíacas e o PTH aumentando a liberação miocárdica de norepinefrina endógena. A hipercalcemia crônica com aumento da deposição de cálcio pode ser um fator de risco de aterosclerose.

25. Os diabéticos têm um maior risco de eventos cardíacos?

A DAC é um fator importante responsável por aumento da mortalidade, risco 30% maior aos 55 anos e risco 50% maior de morte súbita cardíaca em homens diabéticos. O risco de morte súbita cardíaca é 300% maior em mulheres diabéticas do que em homens e mulheres não-diabéticos da mesma faixa etária.

26. Por que há diferença na mortalidade e na morbidade pós-IM em diabéticos?

A DAC multivascular e uma maior quantidade de doença por vaso foram responsabilizadas pela diferença na evolução. Estudos recentes corrigidos para a extensão da DAC ainda mostram mais eventos coronarianos agudos em diabéticos. Há um aumento da agregação plaquetária, comprometimento da fibrinólise e aumento da coagulabilidade, todos eles contribuindo para um aumento na probabilidade de trombose. Do mesmo modo, a disfunção do sistema nervoso autônomo presente nos diabéticos pode contribuir para a ruptura da placa e trombose. A disfunção parassimpática pode levar à taquicardia e à hipertensão resultando em aumento da demanda miocárdica de oxigênio.

REFERÊNCIAS BIBLIOGRÁFICAS

1. Donahue RP, Orchard TJ: Diabetes mellitus and macrovascular complications: an epidemiological perspective. *Diabetes Care* 15:1141-1155, 1992.
2. Fuh MM, Jeng C, Young M, et al: Insulin resistance, glucose intolerance and hyperinsulinemia in a patient with microvascular angina. *Metabolism* 42:1090-1092,1993.
3. Ganda OP, Arkin CF: Hyperfibrinogenemia: An important risk factor for vascular complications in diabetes. *Diabetes Care* 15:1245-1250, 1992.
4. Garratt KN, et al: Sulfonylurea drugs increase early mortality in patients with diabetes mellitus after direct angioplasty for acute myocardial infarction. *J Am Coll Cardiology* 38(1):119, 1999.
5. Jarrett RJ: Risk factors for coronary heart disease in diabetes mellitus. *Diabetes* 41 1-3, 1992.
6. Koskinen P, Mänttäri M, Manninen V, et al: Coronary heart disease incidence in NIDDM patients in the Helsinki Heart Study. *Diabetes Care* 15:820-825, 1992.
7. Liao Y, Cooper RS, Ghah JK, Lansky D, Cao G, Lee J: Sex differences in the impact of coexistent diabetes on survival in patients with coronary heart disease. *Diabetes Care* 16:708-713, 1993.
8. Malmberg K, Norhammer A, et al: Glycometabolic state at admission: Important risk marker of mortality in conventionally treated patients with diabetes mellitus and acute myocardial infarction. Long term results from Diabetes and Insulin-Glucose Infusion in Acute Myocardial Infarction (DIGAMI) study. *Circulation* 99(20):2626, 1999.
9. Nesto RW, Benzaquen L: Optimizing the treatment of coronary artery disease and myocardial infarction. Diabetes Update. *Intern Med* 21(3):21-28, 2000.
10. Nesto RW, Zarich S: Acute myocardial infarction in diabetes mellitus: Lessons to be learned from ACE inhibitors. *Circulation* 97(1):12, 1998.
11. Schneider DJ, Nordt TK, Sobel BE: Attenuated fibrinolysis and accelerated atherogenesis in Type II diabetic patients. *Diabetes* 42:1-7, 1993.
12. Sniderman A, Michel C, Racine N: Heart disease in patients with diabetes mellitus. In Draznin B, Eckel R (eds): Diabetes and Atherosclerosis: Molecular Basis and Clinical Aspects. New York, Elsevier, 1993, p. 255-274.
13. Stamler J, Vaccaro O, Neaton JD, Wentworth D: Diabetes, other risk factors, and 12-yr cardiovascular mortality for men screened in the Multiple Risk Factor Intervention Trial. *Diabetes Care* 16:434-444, 1993.
14. Williams GH, Braunwald E: Endocrine and nutritional disorders and heart disease. In Braunwald E (ed): Heart Disease: A Textbook of Cardiovascular Medicine, 5h ed. Philadelphia, WB Saunders, 1997.

59. MANIFESTAÇÕES CARDÍACAS DE DISTÚRBIOS REUMATOLÓGICOS

Richard W. Erickson, M.D., *Mark Malyak,* M.D., e *David H. Collier,* M.D.

1. O que é a síndrome de Marfan?

A síndrome de Marfan é um exemplo de um distúrbio hereditário do tecido conjuntivo que pode ter manifestações cardiovasculares. É uma doença autossômica dominante que em muitos casos parece ocorrer devido a uma mutação no gene que codifica a fibrilina, um componente do tecido conjuntivo microfibrilar. As anormalidades esqueléticas características da forma clássica da síndrome de Marfan incluem extensão aumentada dos membros, *pectus excavatum* ou *carinatum*, deformidades espinais e aracnodactilia. A altura excessiva é devido a extremidades inferiores longas; assim, a proporção entre o segmento superior (alto da cabeça ao púbis) e o segmento inferior (púbis ao calcanhar) é anormalmente baixa. As anormalidades oculares incluem subluxação do cristalino e miopia.

2. Descreva as manifestações cardiovasculares da síndrome de Marfan.

As anormalidades cardiovasculares, particularmente as seqüelas da dilatação da aorta ascendente, são responsáveis pela maioria das mortes excessivas na síndrome de Marfan. A insuficiência aórtica resulta primariamente da dilatação do anel e da aorta ascendente. Comparada com a válvula mitral, a degeneração mixomatosa dos folhetos da válvula aórtica provavelmente desempenha somente um papel discreto.

A complicação mais temida da síndrome de Marfan é a dissecção ou ruptura aguda da aorta, a qual freqüentemente resulta na morte do paciente. O *grau de dilatação da aorta ascendente* parece correlacionar-se com o risco de regurgitação, dissecção e ruptura aórticas.

O prolapso da válvula mitral, possivelmente levando à regurgitação mitral severa, também é comumente observado em pacientes com síndrome de Marfan. Em oposição à insuficiência aórtica, o processo patológico primário ocorre dentro dos folhetos da válvula mitral em si, denominado degeneração mixomatosa.

3. Como é avaliada a dilatação da aorta?

O simples exame à beira do leito, a radiografia de tórax e a eletrocardiografia são insuficientemente sensíveis para diagnosticar e avaliar o grau de dilatação aórtica, o melhor preditor de dissecção aórtica iminente ou a ruptura aguda. Assim, uma *ecocardiografia* anual é recomendada em todos os pacientes com síndrome de Marfan. Uma vez que o diâmetro da raiz aórtica atinja 45 a 50 mm, é razoável avaliar o paciente a cada três meses.

4. Resuma as opções de tratamento dos distúrbios cardiovasculares resultantes da síndrome de Marfan.

Uma vez que o diâmetro atinja 50 mm, a cirurgia profilática deve ser considerada. O antagonismo farmacológico β-adrenérgico pode ser benéfico em pacientes com raiz aórtica dilatada que ainda não são candidatos à cirurgia. O exercício isométrico deve ser evitado. Além da avaliação da aorta e válvula aórtica, a ecocardiografia também permite a avaliação da válvula mitral. Finalmente, a profilaxia antibiótica para endocardite infecciosa é necessária em pacientes com regurgitação mitral ou aórtica.

5. Que outros distúrbios hereditários do tecido conjuntivo podem resultar em anormalidades cardiovasculares?

Síndrome de Ehlers-Danlos
Osteogênese imperfeita
Homocistinúria

6. O que é poliarterite nodosa?

A poliarterite nodosa (PAN) é uma síndrome vasculítica primária que resulta em vasculite necrotizante das artérias musculares de tamanho médio e pequeno. Embora não esteja bem-definido, a deposição de imunocomplexos dentro das paredes do vaso é provavelmente responsável pela doença. Em certos pacientes, o antígeno foi identificado e, nesses casos, é mais comumente o antígeno de superfície da hepatite B (HBsAg).

7. Quais anormalidades cardíacas são causadas pela poliarterite nodosa?

As manifestações da doença resultam da inflamação sistêmica (sintomas constitucionais como fadiga, mal-estar, anorexia e perda de peso, que são prováveis manifestações das citocinas circulantes) e isquemia tecidual focal e infarto como conseqüência do comprometimento vascular resultante do processo vasculítico. Aneurismas focais de vasos podem ocorrer e ocasionalmente sofrer ruptura.

O envolvimento da vasculatura renal comumente resulta em hipertensão hiper-reninêmica, a qual pode levar à doença cardiovascular secundária. O envolvimento primário do coração também é comum na PAN, usualmente devido à vasculite das artérias musculares de tamanho médio e pequeno. Os vasos envolvidos usualmente são menores e mais distais que aqueles envolvidos na doença cardíaca aterosclerótica. A oclusão desses vasos pela vasculite pode resultar em infartos do miocárdio recorrentes e usualmente pequenos, levando a uma fibrose miocárdica dispersa no exame patológico. Isso pode manifestar-se clinicamente como *angina pectoris*, infarto agudo do miocárdio, morte súbita, arritmias ou insuficiência cardíaca congestiva.

Pericardite fibrinosa, devido à doença inflamatória subjacente, pode ocorrer, mais comumente devido à uremia. Finalmente, defeitos de condução podem ocorrer como resultado de isquemia/infarto ou inflamação, estendendo-se além dos vasos aos nodos SA e AV.

8. Qual é o tratamento da poliarterite nodosa?

O tratamento da PAN inclui altas doses de glicocorticóides e freqüentemente terapia citotóxica, particularmente a administração diária de ciclofosfamida oral. Um subgrupo de pacientes com PAN associada com hepatite B pode beneficiar-se da terapia com α-interferon e ribavirina.

9. Que outras síndromes vasculíticas primárias podem afetar o sistema cardiovascular?

Angeíte alérgica e granulomatose (síndrome de Churg-Strauss)
Síndromes vasculíticas de hipersensibilidade
Granulomatose de Wegener
Arterite de células gigantes (arterite temporal)
Arterite de Takayasu
Doença de Behçet
Doença de Kawasaki

10. A endocardite bacteriana subaguda pode mimetizar uma condição artrítica primária?

Sim. As manifestações extracardíacas da endocardite bacteriana subaguda (EBS) podem ser devidas a citocinas circulantes, deposição de imunocomplexos ou fenômenos embólicos. Uma vez que a EBS é um processo inflamatório, as citocinas podem ser elaboradas na circulação e resultar em sintomas como febre, fadiga, mal-estar, anorexia e perda de peso, achados comuns nos distúrbios reumatológicos primários. Os imunocomplexos circulantes, devido à antigenemia crônica, são comuns; eles podem depositar-se em uma variedade de órgãos-alvo como o rim, onde podem levar à glomerulonefrite aguda, também um achado comum em uma série de distúrbios reumatológicos.

Esse mecanismo provavelmente também contribui para a artrite, a qual pode estar presente na EBS. Adicionalmente, a infecção direta das articulações (artrite séptica) pode ocorrer secundariamente à bacteremia crônica. A embolia pode resultar no infarto de uma série de órgãos-alvo, incluindo o cérebro e o coração. Para confundir ainda mais a situação, 24 a 50% dos pacientes com EBS são positivos para o fator reumatóide devido à antigenemia crônica. Assim, hemoculturas devem ser obtidas em todos os pacientes com febre e artrite, para excluir a possibilidade de EBS.

11. O que é artrite reumatóide?

A artrite reumatóide (AR) é uma doença auto-imune sistêmica, de etiologia desconhecida, que se manifesta predominantemente como uma sinovite crônica, simétrica e inflamatória das articulações periféricas. As manifestações extra-articulares são relativamente variáveis e usualmente leves, mas ocasionalmente severas e com risco de vida. As manifestações extra-articulares ocorrem usualmente devido à vasculite de pequenos vasos ou à infiltração granulomatosa em órgãos-alvo.

12. Verdadeiro ou Falso: A artrite reumatóide raramente afeta o coração.

Falso. Embora somente 2% dos pacientes com AR manifestem sintomas de pericardite, a avaliação de pacientes por ecocardiografia ou durante o exame *post-mortem* revela evidência de inflamação pericárdica em aproximadamente 30% dos pacientes. A maioria dos pacientes com pericardite sintomática responde ao tratamento com antiinflamatórios não-esteróides (DAINE). O tamponamento pericárdico e a pericardite constritiva são complicações incomuns, mas bem-descritas.

Assim como a pericardite, a infiltração granulomatosa focal ou difusa do miocárdio, endocárdio e válvulas é um achado patológico relativamente comum que raramente manifesta-se clinicamente. Microscopicamente, esse achado lembra o nódulo reumatóide, com o qual provavelmente compartilha uma origem patológica comum. As manifestações clínicas, quando ocorrem, incluem insuficiência cardíaca congestiva, disfunção valvular e arritmias.

A inflamação das artérias coronárias é demonstrável em aproximadamente 20% dos pacientes no exame *post-mortem*, mas, como as outras manifestações cardíacas da AR, raramente manifesta-se clinicamente como isquemia miocárdica.

13. Defina o lúpus eritematoso sistêmico.

O lúpus eritematoso sistêmico (LES) é uma doença sistêmica auto-imune de etiologia desconhecida, caracterizada pela produção de vários auto-anticorpos, incluindo anticorpos dirigidos aos ácidos nucléicos e (desoxi)ribonucleoproteínas, epítopes da membrana celular (células do sangue, neurônios) e fosfolipídeos. As manifestações clínicas resultam da deposição de imunocomplexos ou da interação dos anticorpos que interferem diretamente com a função celular ou com a coagulação.

14. Como o lúpus eritematoso sistêmico pode afetar o coração?

A manifestação cardíaca mais comum do LES é a *pericardite*, a qual é encontrada em até 80% dos exames *post-mortem*. As manifestações clínicas da pericardite, quer uma dor característica ou um atrito audível na ausculta, podem estar presentes em algum momento em até 50% dos pacientes. O LES tende a ser um distúrbio episódico, caracterizado por remissões e exacerbações: a pericardite associada ao LES tende a acompanhar essa regra geral. A compressão cardíaca devido a grandes derrames ou a pericardite constritiva foi relatada, mas é incomum.

A *insuficiência cardíaca congestiva* no paciente com LES pode ser secundária a várias causas extracardíacas, incluindo a insuficiência renal e a hipertensão. Ocasionalmente, a miocardite devida à infiltração do miocárdio por células inflamatórias pode manifestar-se clinicamente como insuficiência cardíaca congestiva ou arritmias.

A *endocardite* causada pelas vegetações de Libman-Sacks está presente em até 75% dos pacientes com LES no exame *post-mortem*. Essas pequenas lesões, de 1 a 4 mm, são mais comumente encontradas nos bordos das válvulas mitral e aórtica, mas ocasionalmente envolvem as válvulas do coração direito, anéis valvulares, músculos papilares e endocárdio. Elas são usualmente clinicamente silenciosas, mas ocasionalmente podem levar ao comprometimento valvular, a fenômenos embólicos e endocardite bacteriana.

A *doença arterial coronária prematura* devida à aterosclerose está se tornando um problema comum, à medida que aumenta a sobrevida dos pacientes com LES. As causas prováveis dessa aterosclerose prematura incluem hipertensão, terapia com glicocorticóides e deposição crônica de imunocomplexos dentro das paredes das artérias coronárias.

Finalmente, pacientes com LES e *anticorpos antifosfolipídeos* podem ter as mesmas manifestações que pacientes com doença primária do anticorpo antifosfolipídeo (ver Questões 20 e 21).

15. O que é a síndrome lúpica neonatal?

A síndrome lúpica neonatal é uma doença do feto e do neonato, que provavelmente resulta da transferência materna de auto-anticorpos anti-Ro (SS-A) e/ou anti-La (SS-B) para a circulação fetal. As manifestações clínicas são variáveis e incluem dermatite, hepatite, anemia hemolítica e trombocitopenia. A manifestação cardíaca mais comum da síndrome lúpica neonatal é o bloqueio cardíaco completo congênito; essa lesão é responsável pela grande morbidade e mortalidade desse distúrbio. Muitos pacientes requerem terapia com marcapasso permanente.

16. Descreva a polimiosite e a dermatomiosite.

A polimiosite e a dermatomiosite são distúrbios auto-imunes de etiologia desconhecida; suas manifestações clínicas primárias são a fraqueza devido à inflamação e a necrose do músculo esquelético. Os achados clínicos úteis incluem fraqueza muscular proximal, enzimas séricas elevadas (como a creatina fosfoquinase) e anormalidades características eletromiográficas e na biópsia. A dermatomiosite é caracterizada por achados dermatológicos em adição à miosite.

17. O músculo cardíaco é envolvido na polimiosite e na dermatomiosite?

Até 40% dos pacientes com polimiosite e dermatomiosite podem ter anormalidades cardíacas. As taquiarritmias supraventriculares são mais comuns. Vários graus de defeitos de condução e taquiarritmias ventriculares também têm sido notados. Uma miopatia inflamatória do músculo cardíaco, resultando em insuficiência cardíaca congestiva, tem sido observada ocasionalmente. Finalmente, pode ocorrer pericardite com graus variáveis de derrame. A arterite coronária e as lesões valvulares são raras.

18. O que é esclerose sistêmica?

A esclerose sistêmica é um distúrbio auto-imune, de etiologia desconhecida, que resulta em uma vasculopatia branda, difusa e com fibrose variável da pele e de vários órgãos-alvo, particularmente o coração, os pulmões, os rins e o trato gastrintestinal. A vasculopatia difusa pode levar a vários graus de isquemia e infarto na pele e nos órgãos-alvo; a conseqüência desses eventos isquêmicos difusos pode ser a fibrose característica da doença.

Duas subcategorias principais são freqüentemente reconhecidas. A primeira é a esclerose sistêmica, com esclerodermia cutânea limitada, ou síndrome CREST (calcinose, fenômeno de Raynaud, dismotilidade esofágica, esclerodactilia e telangiectasia). A outra é a esclerose sistêmica com esclerodermia cutânea difusa.

19. Quais são as manifestações cardíacas da esclerodermia (esclerose sistêmica)?

O coração na esclerose sistêmica pode estar envolvido diretamente, na forma de fibrose miocárdica, ou indiretamente, como resultado de envolvimento pulmonar ou renal. As características clínicas incluem insuficiência cardíaca congestiva, taquiarritmias supraventriculares e ventriculares, distúrbios de condução e síndromes de isquemia miocárdica, incluindo angina, infarto agudo do miocárdio e morte súbita. A pericardite também pode estar presente, como uma manifestação primária ou secundariamente à uremia.

A hipertensão pulmonar é vista em 10 a 20% dos pacientes com esclerose sistêmica limitada. Esses pacientes podem apresentar-se com dispnéia de esforço e/ou edema pedial. Eles freqüentemente têm regurgitação tricúspide e podem eventualmente desenvolver insuficiência de VD.

20. Descreva as anormalidades cardíacas que podem ocorrer na espondilite anquilosante.

Podem ocorrer anormalidades cardíacas em pacientes com espondilite anquilosante severa e de longa duração. Podem desenvolver-se aortite da aorta ascendente, causando dilatação do anel aórtico, e incompetência da válvula aórtica. As anormalidades da condução cardíaca ocorrem a partir do envolvimento do feixe de His ou do nódulo AV. Alguns pacientes apresentam bloqueio cardíaco completo, causando episódios de Stokes-Adams – esse quadro necessita da colocação de um marcapasso. Raramente, o folheto anterior da válvula mitral está envolvido, causando insuficiência da válvula mitral.

21. O que é a síndrome do anticorpo antifosfolipídeo?

A síndrome do anticorpo antifosfolipídeo (APS) é um distúrbio caracterizado por anticorpos circulantes antifosfolipídeos e manifesta-se clinicamente como graus variáveis de trombose recorrente arterial e venosa, abortos espontâneos recorrentes e trombocitopenia. A doença pode ser primária ou associada a outros distúrbios, como o LES. Não se sabe como os anticorpos antifosfolipídeos resultam em expressão clínica.

Os anticorpos antifosfolipídeos podem ser reconhecidos pela presença do anticoagulante lúpico (tempo de tromboplastina parcial elevado, não-corrigido pela adição de soro normal e não-devido a anticorpos contra fatores de coagulação específicos), de um teste sorológico falso-positivo para sífilis ou a presença de anticorpos anticardiolipina determinados por ensaio de enzima ligado a um imuno-sorvente.

22. Descreva as manifestações cardíacas da síndrome do anticorpo antifosfolipídeo.

As manifestações cardíacas da APS incluem tromboses das artérias coronárias que levam à isquemia miocárdica e/ou ao infarto. Anormalidades cardíacas valvulares também podem estar presentes, incluindo vegetações estéreis e regurgitação aórtica e mitral. Essas lesões podem ocorrer em pacientes com APS primária, bem como na APS associada ao LES.

23. O que é o lúpus induzido por drogas? Como ele difere do lúpus eritematoso sistêmico (LES)?

O lúpus induzido por drogas é uma constelação de problemas, incluindo febre, mialgias, artralgias/artrite e pleurite. Cerca de um terço dos pacientes têm infiltrados pulmonares. Todos os pacientes são positivos para anticorpos anti-nucleares (ANA) e muitos têm anticorpos anti-histona.

Pacientes com LES têm mais erupções, como erupções malares ou lesões discóides, muito mais nefrite (cerca de 40 a 50% dos pacientes com LES) e envolvimento do sistema nervoso central (convulsões, acidentes vasculares, síndrome cerebral orgânica ou psicose) e menos infiltrados pulmonares. Pacientes com LES podem ter anticorpos contra DNA-cadeia dupla ou antígeno Smith, que não é visto no lúpus induzido por drogas.

24. Quais drogas cardiovasculares estão associadas com o lúpus induzido por drogas?

As drogas que estão associadas *definitivamente* com ANA positivo e doença tipo lúpica: são a procainamida, a hidralazina e a metildopa.

As drogas *possivelmente* associadas com ANA positivo e doença lúpica: são os β-bloqueadores, a quinidina, a sinvastatina e o captopril.

Observe que apenas uma lista seleta de drogas pode induzir esse distúrbio e muitas são drogas cardíacas.

25. As drogas que induzem lúpus estão contra-indicadas no LES? Elas podem exacerbar a atividade da doença em um paciente com LES?

Não e não. As duas populações de risco parecem ser bem diferentes em idade, raça e antecedentes genéticos. Não há evidência de que o uso de droga que pode induzir lúpus exacerbe a atividade da doença em pacientes que já têm LES. Contudo, é prudente usar uma droga alternativa quando possível, de modo que uma exacerbação do LES não seja confundida com a doença induzida pela droga.

26. Os inibidores seletivos da ciclo-oxigenase-2 (COX-2) oferecem alguma vantagem sobre as DAINEs tradicionais em pacientes com doença cardiovascular?

Sim. As DAINEs tradicionais inibem a ciclo-oxigenase-1 (COX-1) e a COX-2. Existem agora inibidores seletivos da COX-2 disponíveis, Celecoxib e Rofecoxib, com mais drogas sendo desenvolvidas. Eles têm vantagens significativas sobre as DAINEs tradicionais na redução do efeitos gastrintestinais (GI). Os produtos da *COX-1*, especificamente prostaglandina E2 no intestino, induzem a produção de muco e de bicarbonato e aumentam o fluxo sangüíneo nas células da mucosa estomacal. Isso protege o estômago contra gastrite e úlcera. A inibição da COX-1 pelas DAINEs tradicionais aumenta a incidência de gastrite e de úlcera gástrica.

Os inibidores seletivos da *COX-2* não induzem gastrite ou úlcera gástrica mais do que nos pacientes que usaram placebo. Mais recentemente, os inibidores seletivos da COX-2 mostraram significativamente menos sangramentos, perfurações e obstruções do TGI quando comparados com as DAINEs tradicionais. Os inibidores seletivos da COX-2 podem até ser mais toleráveis pelo TGI do que as DAINEs tradicionais. Pacientes com doenças sistêmicas correm uma maior risco de sangramentos GI e um inibidor seletivo da COX-2 seria mais vantajoso para eles.

27. Que outras vantagens os inibidores seletivos da COX-2 oferecem?

Os inibidores seletivos da COX-2 não inibem a agregação plaquetária e podem ser usados com anticoagulantes como a warfarina. Há *controvérsias* se os inibidores seletivos da COX-2 têm menos efeitos renais. As DAINEs tradicionais podem bloquear a excreção de sódio, induzir edema e aumentar a hipertensão em pacientes com insuficiência cardíaca limítrofe, hipovolemia ou insuficiência renal crônica. Elas podem bloquear os efeitos hipotensores dos diuréticos, dos inibidores da ECA e dos β-bloqueadores. A COX-2 foi encontrada nos podócitos glomerulares e arteríolas aferentes do rim humano.

De um modo geral, o uso dos inibidores seletivos da COX-2 causa a mesma incidência de edema e aumento da pressão arterial que as DAINEs tradicionais. Contudo, dados recentes do Celecoxib Long-Term Arthritis Safety Study (CLASS) demonstraram aumentos pequenos, porém significativos estatisticamente, da pressão arterial com as DAINEs tradicionais quando comparados com o Celecoxib. O uso ao longo do tempo dirá se isso é um efeito clinicamente útil.

28. Como os inibidores da COX-2 e as DAINEs diferem em relação ao infarto do miocárdio?

De um modo geral, não há diferença no IM em pacientes em uso de inibidores seletivos da COX-2 *versus* as DAINEs tradicionais. Contudo, um grande estudo recente do refecoxib demonstrou um discreto aumento nos IMs de pacientes utilizando essa droga, quando comparado com pacientes em uso de naproxeno. Como os inibidores seletivos da COX-2 não afetam as plaquetas, pacientes com DAC significativa utilizando inibidores da COX-2 devem tomar aspirina ou inibidores das plaquetas profilaticamente – desde que não haja contra-indicação ao seu uso. Contudo, a aspirina aumenta o risco do paciente de efeitos colaterais GI.

REFERÊNCIAS BIBLIOGRÁFICAS

1. Bombardier C, Laine L, Rekin A, et al: Comparison of upper gastrointestinal toxicity of rofecoxib and naproxen in patients with rheumatoid arthritis. *N Engl J Med* 343:1520-1528, 2000.
2. Follansbee WP: Organ involvement: Cardiac. In Clements PJ, Furst DE (eds): Systemic Sclerosis. Baltimore, Williams & Wilkins, 1996, p. 333-364.
3. Godfrey M: The Marfan syndrome. In Breighton P (ed): McKusick's Heritable Disorders of Connective Tissue, 5th ed. St. Louis, Mosby, 1993, p. 51-135.
4. Khan MA: Ankylosing spondylitis: Clinical Aspect. In Calin A, Taurog JD (eds): The Spondylarthritides. Oxford, Oxford University Press, 1998, p. 27-40.
5. Klippel JH, Dieppe PA (eds): Rheumatology. St. Louis, Mosby, 1994.
6. Le Goff P, Saraux A: Drug induced lupus. *Rev Rhum Engl Ed* 66:40-45, 1999.
7. Quismorio FP: Cardiac abnormalities in systemic lupus erythematosus. In Wallace DJ, Hahn BH (eds): Dubois' Lupus Erythematosus, 5th ed. Baltimore, Williams & Wilkins, 1997, p. 653-671.
8. Rubin RL: Etiology and mechanism of drug-induced lupus. *Curr Opin Rheumatolol* 11:357-363, 1999.
9. Schlant RC, Alexander RW (eds): Hurst's The Heart: Arteries and Veins, 8th ed. New York, McGrawHill, 1994.
10. Swan SK, Rudy DW, Lasseter KC, et al: Effect of cyclooxygenase-2 inhibition on renal function in elderly persons receiving a low-salt diet. A randomized control trial. *Ann Intern Med* 133:1-9, 2000.
11. Whelton A: Nephrotoxicity of nonstcroidal anti-inflammatory drugs: Physiologic foundations and clinical implications. *Am J Med* 106:13S-24S, 1999.

60. ABUSO DE DROGAS E O CORAÇÃO

Olivia V. Adair, M.D.

1. Quando suspeitar de miocardiopatia alcoólica?

Todos os pacientes com miocardiopatia dilatada devem ser indagados sobre o consumo de álcool. Além disso, a macrocitose é um bom indicador de abuso crônico de álcool, mesmo quando os testes de função hepática são normais. A suscetibilidade aos efeitos adversos do álcool no coração é aparentemente individual. A suscetibilidade é demonstrada pela presença de imunoglobina A no sarcolema e no músculo dos pequenos vasos sangüíneos na biópsia de pacientes com miocardiopatia alcoólica.

2. O tipo de bebida alcoólica influencia o efeito sobre o coração?

Não. Os estudos não mostram diferença nas anormalidades observadas em pacientes utilizando predominantemente vinho, cerveja ou uísque. Além disso, nenhum padrão consistente de bebida está associado à insuficiência cardíaca. Possíveis aditivos na cerveja caseira e/ou substâncias alcoólicas podem causar toxicidade adicional.

3. Descreva a apresentação dos pacientes que desenvolvem dano miocárdico secundário ao alcoolismo crônico.

O abuso de álcool causa um dano miocárdico difuso observado em outras doenças miocárdicas primárias. Porém, menos da metade dos pacientes apresenta-se com sintomas de insuficiência cardíaca congestiva (ICC), enquanto em outras doenças miocárdicas primárias a ICC é a característica predominante. Um número significativo de pacientes com miocardiopatia alcoólica apresenta-se com arritmias e dor precordial.

4. Existem alterações eletrocardiográficas (ECG) específicas associadas à miocardiopatia alcoólica?

O ECG dos pacientes com miocardiopatia alcoólica pode ser normal ou com alterações inespecíficas. À medida que a doença do ventrículo evolui, uma má progressão da onda R é comum, refletindo o retardo de condução. Além disso, o aumento do ventrículo esquerdo e átrio esquerdo e/ou direito é comum, enquanto o bloqueio de ramo esquerdo ou direito é observado em 10% dos pacientes.

5. Que arritmias comuns estão associadas à ingestão de álcool?

As arritmias supraventriculares predominam em pacientes sem miocardiopatia franca e em pacientes com intoxicação aguda; a fibrilação atrial é a mais proeminente. A etiologia parece ser retardos moderados na condução, os quais causam arritmias agudas ou "coração de fim-de-semana". As arritmias agudas são observadas no uso intenso, em surtos de ingestão severa, no abuso crônico ou em circunstâncias especiais (p. ex., insônia prolongada) sem abuso crônico. O risco de arritmias supraventriculares com seis ou mais drinques/dia é aumentado em 2,6 vezes. O *flutter* atrial também é comum.

O tratamento inclui hidratação, magnésio IV e β-bloqueadores. Verifique os eletrólitos e a função tireoideana. A conversão geralmente ocorre em 24 horas. Os anticoagulantes geralmente não são necessários, mas o paciente pode precisar de tiamina e de folato.

6. As arritmias observadas durante a abstinência são as mesmas que na intoxicação aguda?

Durante a abstinência, as concentrações de catecolaminas plasmáticas estão elevadas, e os pacientes podem ter ectopia ventricular freqüente. A ectopia ventricular pode auxiliar a explicar mortes súbitas, em alcoólatras jovens e de meia-idade, sem doença arterial coronária. O limiar para fibrilação ventricular é reduzido, e níveis moderados de álcool sugerem um nível sangüíneo em declínio no momento da parada cardíaca.

7. Qual é o prognóstico da miocardiopatia alcoólica?

O prognóstico é variável, depende da extensão do envolvimento cardíaco. Se o paciente continua a beber, o prognóstico é particularmente grave. Em um estudo, os pacientes que permaneceram abstinentes em um período de quatro anos experimentaram uma taxa de mortalidade de 9%, enquanto naqueles que continuaram a beber, > 50% morreram durante os mesmos quatro anos. Infelizmente, a taxa de recuperação com a abstinência não é tão grande como previamente relatado; os estudos iniciais provavelmente observaram e relataram casos de envolvimento cardíaco leve. Somente uma minoria dos pacientes, com miocardiopatia alcoólica moderada a severa, mostra melhora clínica com a abstinência; após um certo estágio da doença, o prognóstico mais provável continua a ser ruim, independentemente da abstinência ou terapia.

8. O consumo de álcool pode causar síncope?

Sim. Um estudo recente sobre álcool e síncope observou que o consumo de álcool a curto prazo produz hipotensão com o estresse ortostático devido ao comprometimento da vasoconstricção. Como resultado, a diminuição na pressão sistólica duplica, comparada com a ingestão de placebo. No estado típico de desidratação do bebedor, essa cadeia de eventos pode estar intensificada.

9. A miocardiopatia alcóolica é reversível?

Sim, se a miocardiopatia é um efeito genuíno do alcoolismo. A cessação do uso de álcool, uma boa nutrição e a tiamina são eficazes. Um estudo recente sugere que a miocardiopatia alcóolica crônica pode estar relacionada com uma miocardite viral: ratos que receberam um vírus miotrópico mais álcool desenvolveram miocardiopatia dilatada mais freqüente e mais severa do que os ratos que receberam o vírus miotrópico, mas não o álcool. Esses resultados indicam que deve ser feito um exame adicional das miocardiopatias alcoólicas. Observe que mesmo que o álcool seja apenas um componente, a terapia com a tiamina deve ser iniciada.

10. Há algum risco de acidente vascular associado com o consumo de álcool?

Sim. O consumo intenso de álcool mostrou ser um fator de risco independente em pacientes de 16 a 60 anos de idade que foram avaliados para a etiologia de acidente vascular. O consumo de 150 a 300 g de álcool por semana antes do acidente vascular aumentou acentuadamente os fatores cardioembólicos e criptogênicos em aproximadamente cinco vezes. Pacientes com aterosclerose de grandes artérias e ingestão aguda de álcool em quantidades intoxicantes têm um risco 7,7% maior. Concluiu-se que a ingestão severa de álcool pode desencadear a instalação de acidente vascular embólico em pacientes com uma fonte de trombos no coração ou grandes artérias (p. ex., aorta).

11. Qual a freqüência do uso de cocaína nos Estados Unidos? Por que é importante nos problemas cardíacos?

Cerca de 8 milhões de pessoas utilizam regularmente cocaína nos Estados Unidos por inalação, com fumo ou injeção intravenosa. Pesquisas recentes mostram que o número de usuários pesados de cocaína tem aumentado. A idade média dos usuários pesados de cocaína está elevando-se à medida que os adeptos envelhecem. Os usuários de cocaína mais velhos ou idosos apresentam uma maior incidência de anormalidades cardíacas.

12. Como o uso de cocaína é diagnosticado como causa de um problema cardíaco específico?

Todos os pacientes apresentando-se com síndrome de doença arterial coronária, arritmias cardíacas, disfunção miocárdica, miocardite ou endocardite devem ser questionados sobre o uso de cocaína e outras drogas. A idade, o sexo e o estado social do paciente *não* são fatores determinantes; avós, executivos e todos os tipos de pessoas usam drogas ilícitas. Os pacientes devem ser examinados para marcas de uso intravenoso, vermelhidão nasal, irritação do septo nasal ou outros sinais físicos de uso. A urina deve ser analisada para metabólitos de cocaína, se existe dúvida, pois permanece positiva por 1 a 2 dias ou algumas vezes vários dias, enquanto a meia-vida plasmática é de aproximadamente 50 a 90 minutos.

13. Como a cocaína afeta o coração?

Os efeitos cardiovasculares da cocaína são multifatoriais e complexos. A cocaína demonstrou causar ou estar associada com miocardiopatia, miocardite, endocardite, arritmias ventriculares, infarto do miocárdio, espasmo das artérias coronárias e da angina e morte súbita. A cocaína inibe a recaptação neuronal ou pré-sináptica de norepinefrina e a captação neuronal de hormônios catecolaminas. Essa ação farmacológica aumenta a concentração na fenda sináptica de norepinefrina e os níveis circulantes da norepinefrina e da epinefrina.

Complicações Cardiovasculares da Cocaína

- Morte súbita
- Infarto agudo do miocárdio
- Dor precordial sem infarto do miocárdio
- Miocardite aguda, reversível
- Doença irreversível do músculo cardíaco
- Hipertensão aguda, severa
- Dissecção aórtica aguda, ruptura
- Alterações eletrocardiográficas: taquicardia sinusal, complexos ventriculares prematuros, arritmias de Wolff-Parkinson-White, taquicardia ventricular, "torsade de pointes", fibrilação ventricular, prolongamento de QTc e alterações de repolarização precoce (segmento ST)
- Pneumopericárdio
- Acidentes vasculares
- Hemorragia subaracnóide
- Aterosclerose coronária acelerada
- Hiperplasia da íntima dos vasos coronários

De Crawley IS, Schlant RC: Effect of noncardiac drugs, electricity, poisons, and radiation on the heart. In Schlant RC, Alexander RW (eds): Hurst's The Heart, 8th. ed. New York, McGraw-Hill, 1994, com permissão.

14. Qual é a apresentação clínica mais comum no abuso de cocaína?

Dor precordial é o sintoma mais comum, enquanto o infarto agudo do miocárdio (IM) é a apresentação clínica mais comum.

15. Como a cocaína causa IM agudo?

A cocaína afeta o coração de múltiplas formas, tanto direta quanto indiretamente. O abuso de cocaína pode resultar em infarto do miocárdio em pacientes com artérias coronárias normais, espasmo coronário ou doença arterial coronária prévia. Os *mecanismos incluem* (1) demanda aumentada de oxigênio (secundária ao aumento na freqüência cardíaca e pressão arterial), (2) fluxo sangüíneo diminuído nas coronárias (secundário ao vasoespasmo ou trombose com aumento da agregação de plaquetas) e (3) miocardite (secundária ao efeito tóxico ou hipersensibilidade). O uso de cocaína também promove proliferação da íntima nas artérias coronárias.

16. A miocardiopatia associada ao uso de cocaína é significativa?

A ligação entre a cocaína e o desenvolvimento de miocardiopatia foi apoiada por estudos em animais, que mostraram o efeito depressor da droga sobre a função cardíaca. A dilatação e a disfunção ventricular esquerda aguda e crônica podem levar a uma depressão significativa da função cardíaca. Outras causas de miocardiopatia devem ser excluídas, como isquemia e miocardiopatia associada à síndrome de imunodeficiência adquirida (AIDS). Os pacientes podem apresentar-se com miocardiopatia significativa e insuficiência cardíaca; em um grande estudo na Universidade do Colorado, 13% de uma população jovem (idade média: 36 anos) de usuários de cocaína tinham disfunção ventricular esquerda ou fração de ejeção < 50%.

Com sintomas de dispnéia e fadiga, o diagnóstico pode ser enganoso. Todos os usuários de cocaína com sintomas sugestivos de insuficiência cardíaca congestiva devem ser avaliados por ecocardiograma para miocardiopatia induzida por cocaína. Em um número significativo de pacientes (7%, de acordo com um estudo) a miocardiopatia assintomática pode promover arritmias.

17. Quais as anormalidades eletrofisiológicas observadas em usuários de cocaína?

A cocaína bloqueia os canais rápidos de sódio no miocárdio, produzindo assim uma depressão da despolarização e lentificando a velocidade de condução. A refratariedade do músculo atrial e ventricular também é prolongada. A cocaína é similar em suas propriedades eletrofisiológicoas aos agentes antiarrítmicos da classe 1, ocorrendo prolongamento do QT e arritmias ventriculares, incluindo a "torsade de pointes". Um bloqueio cardíaco transitório de segundo e de terceiro graus também foi relatado. O bloqueio cardíaco e as arritmias podem responder à correção da acidose, hipocalemia e hipomagnesemia.

18. Quais as alterações no ECG observadas em usuários de cocaína?

Um estudo de usuários de cocaína apresentando-se na unidade de emergência (UE) encontrou anormalidades significativas no ECG em 50% dos pacientes. As principais anormalidades incluíram prolongamento do PR, QRS e intervalo QT (com um aumento na refratariedade atrial e ventricular), taquicardias ou bradicardias, aumento da voltagem do QRS, má progressão da onda R, alterações inespecíficas de ST-T, repolarização precoce e elevação de ST (com possível isquemia) e arritmias ventriculares e atriais. Outro estudo de usuários assintomáticos de cocaína encontrou ECGs anormais em até 29%. Durante as primeiras semanas de abstinência de cocaína os usuários freqüentemente desenvolvem isquemia miocárdica silenciosa, manifestada como elevação de ST, durante a monitoração ambulatorial do ECG. Acredita-se que essas alterações estejam associadas ao vasoespasmo coronário.

19. Como os pacientes com dor precordial induzida pela cocaína devem ser avaliados? Devem ser hospitalizados?

A etiologia da dor precordial após uso de cocaína é mais provavelmente multifatorial; a isquemia miocárdica, o infarto e a dissecção aórtica não devem ser ignorados. Uma *radiografia de tórax* deve ser considerada para excluir pneumomediastino, pneumotórax e mediastino alargado induzidos pela cocaína. Um *ECG imediato* é importante para avaliar os pacientes com isquemia devido à ocorrência comum de repolarização precoce. O nível de creatinina quinase pode estar elevado como resultado da rabdomiólise; embora o padrão seja diferente do IM agudo, a distinção não é útil no DE.

Em um estudo, a angina foi excluída em 101 usuários de cocaína consecutivos apresentando-se à UE com dor precordial sugestiva, mas não houve investigação para o risco cardíaco. Outro estudo pesquisou a estratificação de risco em usuários de cocaína (idade média: 37 anos) com dor precordial e encontrou uma quantidade significativa de doença arterial coronária (40% com > 70% de estenose e 21% com ≤ 70% estenose). Jovens usuários de cocaína, assim, parecem estar predispostos à isquemia miocárdica, doença arterial coronária ou infarto. Como resultado, muitos autores recomendam a internação de usuários de cocaína com dor precordial típica ou atípica a uma unidade coronariana ou leito monitorado se existe suspeita de infarto. Mesmo horas após o uso de cocaína, podem ocorrer espasmo coronário e arritmias.

20. A endocardite é observada freqüentemente em usuários de cocaína?

Sim. O abuso de cocaína intravenosa tem forte associação com a endocardite; o *Staphylococcus aureus* é o organismo mais comumente isolado. Infelizmente, uma vez que os estafilococos podem ser resistentes, a sensibilidade à droga deve ser estabelecida. E mais, organismos raros podem ser os culpados. Em usuários intravenosos, a válvula tricúspide é mais comumente envolvida na endocardite, e os pacientes tendem a desenvolver abscesso paravalvular, o qual pode requerer ecocardiografia transesofágica.

21. Quais as arritmias mais comumente observadas no abuso de cocaína?

As arritmias mais comuns são a taquicardia e batimentos ventriculares prematuros, que usualmente são transitórios e não requerem tratamento. A taquicardia supraventricular, a taquicardia ventricular e a fibrilação ventricular induzidas pela cocaína também são observadas; o manuseio depende da etiologia e do estado hemodinâmico do paciente. Os problemas subjacentes podem ser infarto do miocárdio ou isquemia, prolongamento do intervalo QT, reperfusão após espasmo coronário ou desequilíbrio eletrolítico. Bradicardia também foi relatada na ausência de infarto, mas é transitória.

22. Qual a arritmia mais provável em um paciente usuário de cocaína que chega à unidade de emergência com um quadro de síncope?

Embora as arritmias ventriculares sejam induzidas pela cocaína, as bradiarritmias também podem ocorrer, especialmente em pacientes jovens (ver Castro e Nacht).

23. Descreva os problemas, entre doadores cardíacos potenciais, relacionados à grande demanda de doadores cardíacos e à prevalência do uso de cocaína.

Recentemente, um receptor de transplante cardíaco morreu de falência aguda de VD. O doador tinha uma história de consumo de álcool e de cocaína. O doador morreu de traumatismo craniano e o sangue foi positivo para cocaína antes do transplante. A autópsia do paciente que recebeu o transplante revelou achados compatíveis com miocardiopatia por cocaína.

Esse caso (e outros) está levando a um maior esforço para obtenção de exames toxicológicos de rastreamento e histórias detalhadas dos doadores. Os usuários de cocaína não podem mais ser considerados doadores, especialmente nas mortes por traumatismo craniano.

24. Um fisiculturista de 24 anos de idade apresenta-se à unidade de emergência com fibrilação atrial sintomática. O que deve ser incluído na investigação?

Uma história completa sobre o uso de qualquer droga ou estimulante, um ECG e um ecocardiograma para avaliar a presença de hipertrofia associada com o fisiculturismo. Pode ser necessário um exame toxicológico para excluir uso de substâncias ilícitas. Esse paciente admitiu a ingestão de grandes doses de anabolizantes esteróides. O ecocardiograma revelou leve hipertrofia concêntrica sem obstrução.

Os anabolizantes esteróides têm sido associados com hipertensão, doença cardíaca isquêmica, miocardiopatia hipertrófica e morte súbita.

REFERÊNCIAS BIBLIOGRÁFICAS

1. Adair OV, Rainguet S, Pearson T, et al: Echocardiography abnormalities in chronic cocaine users [abstract]. *Circulation* 23 (Suppl):150A, 1994.
2. Balfour D, Benowitz N, et al: Diagnosis and treatment of nicotine dependence with emphasis on nicotine replacement therapy. A status report. *Fur Heart J* 21(6):438-445, 2000.
3. Baumann BM, Perrone J, et al: Cardiac and hemodynamic assessment of patients with cocaine-associated chest pain syndromes. *J Toxicol Clin Toxicol* 38(3):283-290, 2000.
4. Bertolet BD, Freund G, Martin CA, et al: Unrecognized left ventricular dysfunction in an apparent healthy cocaine abuse population. *Clin Cardiol* 13:323-328, 1990.
5. Castro VJ, Nacht R: Cocaine-induced bradyarrhythmia: An unsuspected cause of syncope. *Chest* 117(1):275-277, 2000.
6. Chakko S, Fernandez A, Mellman TA, et al: Cardiac manifestations of cocaine abuse: A cross-sectional study of asymptomatic men with history of long-term abuse of "crack" cocaine. *J Am Coll Cardiol* 20:1168-1174, 1992.
7. Cregler LL: Cocaine: The newest risk factor for cardiovascular disease. *Clin Cardiol* 14:449-456, 1991.
8. Hillbom M, Numminen H, Juvela S: Recent heavy drinking of alcohol and embolic stroke. *Stroke* 30(11):2307-2312, 1999.
9. Houser SL, MacGillivray T, Aretz HT: The impact of cocaine on the donor heart: A case report. *J Heat Lung Transplant* 19(6):609, 2000.
10. Kupari M, Koskinen P, Suokas A, Ventila M: Left ventricular filling impairment in asymptomatic chronic alcoholics. *Am J Cardiol* 661:1473-1477, 1990.
11. Lange RA, Cigarroa RG, Yancy CW, et al: Cocaine-induced coronary artery vasoconstriction. *N Engl J Med* 321:1577, 1989.
12. Nademanee K, Adair O, Havranek E, et al: A prospective study of cocaine related cardiovascular morbidity and mortality: Chronic cocaine users vs. post-angioplasty patients. *Circulation* (abstract) 1994.
13. Nademanee K: The cardiovascular toxicity of cocaine. *Primary Cardiol* 17(3):40-49, 1991.
14. Narkiewicz K, Cooley RL, Somers VK: Alcohol potentiates orthostatic hypotension: Implication for alcohol-related syncope. *Circulation* 101(4):398-402, 2000.
15. Om A: Cardiovascular compliations of cocaine. *Am J Med Sci* 303:333-339, 1992.
16. Om A, Ellaham S, DiSciascio G: Management of cocaine-induced cardiovascular complications. *Am Heart J* 125:471, 1993.
17. Patel R, McArdle JJ, Regan TJ: Increased ventricular vulnerability in a chronic ethanol model despite reduced electrophysiologic responses to catecholamines. *Alcohol Clin Exp Res* 15:785-789, 1991.
18. Sullivan ML, Martinez CM, Gallagher EJ: Atrial fibrillation and anabolic steroids. *J Emerg Med* 17(5):851-857, 1999.

61. MANIFESTAÇÕES CARDÍACAS DA AIDS

Olivia V. Adair, M.D.

1. Com que freqüência o coração é afetado em pacientes com AIDS?

O envolvimento cardíaco foi relatado em um quarto à metade dos pacientes com AIDS, definido pela ecocardiografia, pela biópsia endomiocárdica ou por achados de autópsia. Esse envolvimento pode causar manifestações clinicamente aparentes em apenas 10 a 25% dos pacientes, dependendo do estágio da doença e de se os pacientes são hospitalizados.

2. Liste as lesões comuns no envolvimento cardíaco na AIDS.

- Envolvimento metastático ou primário pelo sarcoma de Kaposi ou outros linfomas malignos, envolvendo o miocárdio, o epicárdio ou o pericárdio
- Miocardite (infecciosa, viral, linfocítica, não-infecciosa), endocardite ou pericardite
- Derrames pericárdicos
- Miocardiopatia (direita, esquerda ou biventricular)
- Vasculite
- Efeitos tóxicos de drogas usadas contra as infecções ou drogas anti-HIV

3. Quais são as manifestações clínicas mais comuns da AIDS quando existe envolvimento cardíaco?

- Miocardite (40 a 52%)
- Pericardite (em até 15% dos casos, com derrame em 18 a 40%)
- Insuficiência cardíaca congestiva devido à dilatação e à disfunção ventricular esquerda (10 a 42%)

Essas lesões podem apresentar-se como angina, dispnéia, fadiga e dispnéia ao exercício. Também as arritmias ventriculares, a endocardite e a insuficiência cardíaca direita podem ser formas anormais de apresentação. Anderson e Virman propuseram o uso de quatro categorias clínicas de doença cardíaca na AIDS: (1) doença endocárdica, (2) doença miocárdica, (3) doença pericárdica e (4) neoplasias.

4. Quando um paciente com infecção por HIV apresenta-se com dispnéia, deve-se suspeitar de uma etiologia cardíaca?

Sim. Pacientes com AIDS têm múltiplos sintomas para os quais os sistemas envolvidos podem ser obscuros. Por exemplo, dor precordial, dispnéia, fadiga, edema e palpitações são sintomas gerais que podem ter etiologias multissistêmicas. Uma vez que esses pacientes podem não ter evidência clínica franca de doença cardíaca, somente por meio de uma consciência aumentada do envolvimento freqüente do coração o diagnóstico correto será feito e o manuseio será iniciado.

5. Descreva a investigação diagnóstica para o paciente com AIDS e dispnéia.

O exame físico pode auxiliar a definir uma etiologia pulmonar ou cardíaca. Porém, usualmente isso não é suficiente. Um raio X de tórax pode ser inconclusivo, uma vez que infiltrados pulmonares antigos e/ou novos não excluem um problema cardíaco. Um estudo eco-Doppler, contudo, pode ser muito útil para avaliar um paciente para a presença de derrame pericárdico, tamponamento, miocardiopatia, doença valvular (especialmente regurgitação tricúspide secundária à hipertensão pulmonar) ou anormalidades segmentares do movimento da parede. Muitos desses pacientes também podem ter fatores de risco para doença arterial coronária (p. ex., homens tabagistas) e isquemia ou infarto devem ser considerados; assim, um eletrocardiograma deve ser um exame de rotina.

6. Por que é importante realizar um ecocardiograma em um paciente com AIDS e dor precordial ou dispnéia?

Porque pode haver achados específicos no ecocardiograma que alteram o manuseio, melhorando a qualidade de vida e fornecendo melhora sintomática para o paciente. Por exemplo, se o paciente tem uma miocardiopatia, diuréticos e inibidores da enzima conversora da angiotensina (ECA) podem aliviar acentuadamente a dispnéia, a qual não seria tratada dessa maneira se o paciente for diagnosticado com infecção pulmonar crônica. Além disso, os antibióticos específicos estão indicados para a miocardite e a pericardite infecciosas, bem como a terapia antineoplásica para neoplasias específicas. Quando um derrame pericárdico está presente, deve-se fazer pericardiocentese e possivelmente biópsia para o diagnóstico específico. A pericardite tuberculosa freqüentemente se apresenta com tamponamento e requer drenagem urgente.

7. Qual a freqüência da pericardite na AIDS, e quais são as etiologias comuns?

A pericardite ocorre em 5 a 15% dos pacientes com AIDS e usualmente se apresenta como dor precordial. A causa pode ser doença viral, infecção bacteriana, tuberculose, neoplasia ou infecção fúngica.

8. O estado clínico do paciente afeta a probabilidade de anormalidades cardíacas?

Somente alguns estudos enfocaram esse aspecto. Foi demonstrado que pacientes com a doença mais avançada, tinham mais anormalidades cardíacas no eco-Doppler do que pacientes HIV-positivos porém pré-AIDS. Além disso, os pacientes com contagens de linfócitos $CD4^+ \leq 100/mm^3$ tinham maior prevalência de anormalidades no eco-Doppler comparado a pacientes com contagens maiores de $CD4^+$. A presença de uma infecção oportunista ativa, porém, não se correlacionou com a presença de anormalidades. Um estudo demonstrou uma associação de infecção oportunista com mais anormalidades cardíacas, mas nenhuma associação com a disfunção ventricular esquerda. Ele também demonstrou que a maior relação de uma baixa contagem $CD4^+$ foi com o derrame pericárdico.

9. Qual a freqüência da endocardite em pacientes com AIDS?

A endocardite não é um achado comum em pacientes com AIDS. Uma vez que a maioria dos estudos foi feita em centros onde a maior parte da população HIV-positiva não é usuária de drogas intravenosas, essa pode ser uma área não-identificada de preocupações. Relatamos (ver Ref. 1), em um estudo de um grande grupo de pacientes HIV positivos e usuários de drogas intravenosas, anormalidades valvulares freqüentes (67%). Porém, somente 7% dos pacientes tinham endocardite ativa no momento da avaliação.

10. Quais pacientes desenvolvem miocardiopatia e má função ventricular esquerda?

Isso é controverso. Um estudo demonstrou uma correlação entre as contagens $CD4^+ \leq 100/mm^3$ e a presença de disfunção ventricular esquerda (VE). Levy e colaboradores, demonstraram que pacientes com contagens $CD4^+ \leq 100/mm^3$ e AIDS apresentavam a maioria dos casos (55%) de disfunção de VE, enquanto aqueles com uma contagem $CD4^+ > 100/mm^3$ e AIDS ativa ou pré-AIDS tinham aproximadamente a mesma percentagem de casos de disfunção de VE (17 e 16%, respectivamente). Porém, em uma população jovem, mesmo esses números são surpreendentemente elevados. Esses achados sugerem que o HIV em si, direta ou indiretamente, influencia a patologia cardíaca.

11. Quais são as terapias sugeridas para a miocardiopatia dilatada e insuficiência cardíaca em pacientes HIV-positivos e qual o seu prognóstico?

Infelizmente, a insuficiência cardíaca congestiva em pacientes HIV-positivos tem um curso de deterioração rapidamente progressiva. Apesar da má evolução clínica, porém, a insuficiência cardíaca inicialmente responde à terapia convencional com inibidores da ECA e diuréticos. A terapia com zidovudina não parece alterar a má evolução clínica ou prevenir o desenvolvimento de miocardiopatia dilatada.

12. Quais são as principais neoplasias malignas cardíacas na AIDS?

Dois tipos de neoplasias malignas afetando o coração foram descritos na AIDS – o sarcoma de Kaposi e o linfoma maligno, sendo o primeiro o mais comum. O *sarcoma de Kaposi* é encontrado principalmente em homens homossexuais HIV-positivos, com o tumor primário sendo raro e tendo declinado em incidência desde a década de 80. O sarcoma de Kaposi pode envolver o epicárdio (uma localização comum), o miocárdio e/ou o pericárdio.

O *linfoma maligno cardíaco* pode ser primário ou secundário e usualmente é de alto grau, com células do tipo Burkitt (pequenas e não-clivadas) ou plasmocitóides imunoblásticos de grandes células. Na maioria dos casos, parece originar-se das células B.

13. As anormalidades cardíacas melhoram em pacientes com AIDS?

Têm sido realizados poucos estudos específicos de acompanhamento dos achados cardíacos relacionados à AIDS. Em um estudo, Blanchard e colaboradores, relataram um acompanhamento de aproximadamente um ano de pacientes com AIDS e HIV-positivos assintomáticos. Durante o acompanhamento, 44% dos pacientes com AIDS e somente 5% dos pacientes HIV-positivos assintomáticos morreram. Anormalidades ecocardiográficas foram comuns em ambos os grupos, mas uma disfunção persistente de VE foi mais prevalente no grupo da AIDS e teve um péssimo prognóstico, com 100% de mortalidade em um ano. A resolução das anormalidades cardíacas foi observada com disfunção de VE em 43%, aumento do ventrículo direito em 44% e, sem intervenção específica, o derrame pericárdico resolveu-se em 42%.

14. Por que as lesões cardíacas ocasionalmente são transitórias?

Esse aspecto necessita de mais estudo, mas é possível que a miocardite infecciosa possa ser a principal causa de disfunção do VE e de pericardite e que exista uma ocorrência transitória desses agentes cardiopáticos. As alterações transitórias ventriculares direitas ocorrem mais provavelmente devido a alterações na hipertensão pulmonar associada a infecções pulmonares oportunistas. Assim, é importante reavaliar os pacientes, especialmente se os sintomas mudarem, pois as medicações podem necessitar de ajustes freqüentes. Realizamos estudos de eco-Doppler em nossos pacientes com AIDS à medida que os sintomas exigem ou eletivamente a cada ano se tiverem envolvimento cardíaco significativo ou doença avançada.

15. Quais são as manifestações clínicas da miocardite da AIDS?

As manifestações clínicas da miocardite da AIDS dependem da severidade do processo inflamatório, isso é, focal ou difuso, e/ou a localização da lesão. Por exemplo, se o foco é no feixe de His, o paciente apresenta-se com anormalidades da condução; a doença difusa apresenta-se com insuficiência cardíaca congestiva franca ou com dor precordial, dispnéia ou arritmias significativas. A maioria dos pacientes não tem manifestações clínicas ou tem somente achados clínicos sutis.

16. As novas drogas para terapia do HIV causam efeitos colaterais cardíacos adicionais?

Sim, a nova terapia anti-retroviral altamente ativa (TARAA), que mostrou atingir uma carga viral indetectável, durável, deixou alguns médicos preocupados com a toxicidade da droga. Há uma preocupação especial sobre o aumento do risco de hiperlipidemia, de diabete, de doença cardíaca e de angina.

A preocupação é intensificada pela assunção de que o paciente irá fazer uso da medicação por toda a vida. As pesquisas mostram agora que um início mais precoce é melhor para atingir os níveis desejados de HIV. Além do mais, os efeitos colaterais são cumulativos, com as alterações lipídicas sendo progressivas como a distribuição de gordura. A aterosclerose prematura parece ser um efeito colateral e deve ser vista maior evidência clínica de angina e de infarto.

REFERÊNCIAS BIBLIOGRÁFICAS

1. Adair OV, Mendoza RE, Chebaclo M, Vacarrino R: A prospective study of 67 acquired immunodeficiency syndrome patients for evaluation of cardiac abnormalities. *Clin Res* 38(2):361A, 1990.
2. Blanchard DG, Hagenhoff C, Chow LC, et al: Reversibility of cardiac abnormalities in human immunodeficiency virus (HIV)-infected individuais: A serial echocardiography study. *J Am Coll Cardiol* 17:1270-1276, 1991.
3. Cotton P: AIDS giving rise to cardiac problems. *JAMA* 263(16):2149, 1990.
4. Freedberg KA, Samet JH: Think HIV: Why physicians should lower their threshold for HIV testing. *Arch Intern Med* 139(17):1994-2003, 1999.
5. Klima M, Esudier SM: Pathologic findings in the hearts of patients with acquired immunodeficiency syndrome. *Texas Heart Inst J* 18:116-121, 1991.
6. Levy WS, Simon GL, Rios JC, Ross AM: Prevalence of cardiac abnormalities in human immunodeficiency virus infection. *Am J Cardiol* 63:86-89, 1989.
7. Lewis W, Grody WW: AIDS and the heart: Review and consideration of pathogenetic mechanisms. *Cardiovasc Pathol* 1:53-64, 1992.
8. Schiezer J: Earlier is better for starting HAART. *Intern Med World Report* 15(3):34, 2000.

62. EXERCÍCIO E O CORAÇÃO

Fernando Boccalandro, M.D.

1. Descreva as alterações fisiológicas gerais que ocorrem durante o exercício.

Os processos fisiológicos relacionados à adaptação ao exercício dependem do tipo de exercício – especificamente, da intensidade e da quantidade de massa muscular envolvida que implicam em um aumento da necessidade de oxigênio. Em um exercício puramente *dinâmico* (p. ex., correr, pedalar bicicleta, caminhar), o indivíduo apresenta um aumento na pré-carga devido a um aumento no débito cardíaco e na freqüência cardíaca sem alteração substancial na pressão arterial. Em um exercício puramente *estático* (p. ex., levantamento de peso) há principalmente um aumento da póscarga, que se reflete na pressão arterial. Na maioria das atividades, uma combinação de ambos os tipos de exercícios resulta em uma resposta fisiológica mista.

Uma complexa série de eventos que ocorre durante o exercício dinâmico pode ser resumida como um aumento da freqüência cardíaca devido a uma diminuição do tônus vagal e um aumento do tônus simpático. Também ocorrem aumento no volume sistólico e no débito cardíaco, aumento na pressão arterial sistólica e uma discreta diminuição na pressão diastólica com um aumento na contratilidade. Os leitos vasculares sofrem vasoconstricção, exceto no cérebro, no coração e nos músculos esqueléticos usados no exercício. A extração de oxigênio nos tecidos periféricos usados durante a atividade física também aumenta.

2. O que é um equivalente metabólico?

Equivalente metabólico (MET) é o oxigênio de repouso consumido por um homem de 40 anos pesando 70 kg. É o equivalente a 3,5 ml de oxigênio/minuto/kg de peso corporal e é usado para calcular a quantidade de trabalho feito durante diferentes atividades. Essa medida também é muito útil para determinar a prescrição de exercício e o grau de incapacidade e para relatar cargas de trabalho. As atividades normais diárias médias envolvem cerca de 4 a 5 METs.

3. Quais benefícios são derivados dos exercícios?

A inatividade é um fator de risco para doença arterial coronária (DAC). O exercício aeróbico regular aumenta a capacidade de exercício e tem um papel na prevenção primária e secundária da doença cardiovascular (DCV). O exercício também melhora o perfil lipídico do indivíduo, reduz a pressão arterial, diminui a necessidade de insulina e contribui para o controle do peso e o bem-estar psíquico geral.

4. Os pacientes com DAC podem exercitar-se?

Pacientes estáveis com DAC recebem um benefício significativo do exercício. O treinamento pode induzir uma menor demanda de oxigênio para o miocárdio para um mesmo nível de trabalho, permitindo que níveis mais altos de atividade sejam realizados sem induzir isquemia. Alguns estudos também têm mostrado que o exercício diminui a mortalidade em pacientes após IM. Pacientes com DAC podem beneficiar-se de programas de reabilitação cardíaca que treinam lenta e progressivamente o paciente, sob supervisão, para atingir níveis mais elevados de capacidade aeróbica.

5. Pacientes com insuficiência cardíaca podem exercitar-se?

O treinamento aumenta a captação ventilatória máxima de oxigênio pelo aumento do débito cardíaco máximo e da extração de oxigênio. Alterações benéficas nas funções hemodinâmica, hormonal, metabólica, neurológica e respiratória ocorrem com aumento da capacidade de exercício. Essas alterações também podem beneficiar pessoas com comprometimento da função ventricular, nas quais a maioria das adaptações ao exercício parece ser periférica e ocorrer com exercícios de baixa intensidade.

6. Que quantidade de exercício é necessária para obter benefícios cardíacos?

Uma relação dose-resposta entre a quantidade de exercício que gasta 700 a 2.000 kcal de energia por semana e a mortalidade por todas as causas e por DCV em populações idosas e de meia-idade tem sido relatada. A maioria dos efeitos da atividade física sobre a mortalidade por DCV é obtida por meio de atividades moderadas a intensas, com uma captação máxima de oxigênio de aproximadamente 50 a 60%. Esse nível de atividade pode ser atingido por um treinamento formal ou atividades físicas de lazer. Estudos comparando programas de exercícios estruturados com atividades diárias não mostraram diferença significativa em termos de benefício cardiovascular.

7. O benefício do exercício difere por idade e sexo?

A maioria dos estudos foi realizada na população masculina, mas uma evidência recente indica que os mesmos benefícios são obtidos por mulheres, bem como por idosos.

8. Quais são os riscos do exercício?

Os riscos são mínimos como evidenciado por índices de morte súbita cardíaca em cem mil horas de exercício: 0 a 2 na população em geral e 0,13 a 0,61 em programas de reabilitação cardíaca. Estudos também demonstraram a segurança cardiovascular do treinamento e do teste de força máxima em adultos saudáveis e pacientes de baixo risco cardíaco. Quedas e lesões articulares, que podem ser minimizados nas formas de exercício de baixo impacto, são riscos adicionais associados com a atividade física.

9. Que quantidade de exercício é recomendada para prevenção primária ou secundária?

Com base nas evidências atuais, as diretrizes do ACC/AHA recomendam exercícios dinâmicos dos grandes grupos musculares por 30 a 60 minutos, 3 a 6 vezes por semana. Essa atividade pode incluir curtos períodos de intensidade moderada (60 a 75% da capacidade máxima por aproximadamente 5 a 10 minutos).

O treinamento de resistência usando 8 a 10 séries diferentes de exercícios com 10 a 15 repetições cada (p. ex., braços, ombros, tórax, tronco, costas, quadris e pernas) em intensidade moderada a alta (p. ex., 4,5 a 7 kg de peso) no mínimo duas vezes por semana também é recomendado.

10. Qual é o fator mais importante para obter benefício cardiovascular sustentado a partir do exercício?

A aderência ao tratamento é, sem dúvida, o fator mais importante para obter benefício cardiovascular a longo prazo a partir do exercício. Apenas 50% dos indivíduos que iniciam um programa de exercícios continuam o hábito por mais de seis meses. Os benefícios do exercício só são obtidos se ele for mantido por um período de tempo prolongado. Assim, estratégias e educação para a formação do hábito são tarefas importantes na prevenção primária e secundária das DCVs.

11. Quais os benefícios dos exercícios de resistência?

Os benefícios do exercício de resistência só foram determinados há pouco tempo. O treinamento de resistência melhora a força, a potência, a resistência muscular, a massa muscular e a densidade mineral óssea e ajuda na manutenção da independência e da taxa de metabolismo basal. O treinamento de resistência diminui as demandas miocárdicas durante as atividades diárias, o que ajuda o paciente isquêmico. Ele também beneficia o indivíduo que tem um baixo risco de DCV. Mas para os indivíduos de alto risco e com dificuldade em controlar a hipertensão ou a disfunção ventricular esquerda, os benefícios do treinamento de resistência ainda precisam ser determinados e esse programa de exercício não deve ser recomendado sem maiores estudos.

Observe que o exercício de resistência está *contra-indicado* na insuficiência aórtica moderada.

12. Quais são as contra-indicações para esportes competitivos?

- Miocardiopatia hipertrófica
- Síndrome de Marfan
- Estenose aórtica com grau maior do que leve
- Suspeita de DAC congênita ou adquirida
- Hipertensão não-controlada

13. O que é um coração de atleta?

O exercício constante leva o coração a sofrer um processo adaptativo que foi evidenciado na ecocardiografia e na eletrocardiografia. Os indivíduos podem ter uma espessura de VE nos limites superiores do normal (geralmente < 1,3 cm), hipertrofia uniforme, proporção septo-parede livre normal, hipertrofia proporcional dos músculos papilares, dimensões normais da via de saída de VE, tamanho de AE normal, função sistólica normal, ausência de doença valvular e padrão de enchimento mitral normal. O ECG pode mostrar bradicardia sinusal, bloqueio AV de primeiro grau, marcapasso migratório, bloqueio Av Mobitz I, hipertrofia de VE, eixo vertical, repolarização precoce e inversão de ondas T.

REFERÊNCIAS BIBLIOGRÁFICAS

1. Blair SN, Kohl HW III, Paffenbarger RS Jr, et al: Physical fitness and all-cause mortality: A prospective study of healthy men and women. *JAMA* 262:2395-2401, 1989.
2. Blumenthal JA, Sherwood A, Gullette EC, et al: Exercise and weight loss reduce blood pressure in men and women with mild hypertension: Effects on cardiovascular, metabolic, and hemodynamic functioning. *Arch Intern Med* 160(13):1947-1958, 2000.
3. Braith RW, Pollock ML, Lowenthal DT, et al: Moderate- and high-intensity exercise lowers blood pressure in normotensive subjects 60 to 79 years of age. *Am J Cardiol* 73:1124-1128, 1994.
4. Donker FJ: Cardiac rehabilitation: A review of current developments. *Clin Psychol Rev* 20(7):923-943, 2000.
5. Elliott PM, Poloniecki J, Dickie S, et al: Sudden death in hypertrophic cardiomyopathy: Identification of high-risk patients. *J Am Coll Cardiol* 36(7):2212-2218, 2000.
6. Fletcher GF, Balady G, Froelicher VF, et al: Exercise standards: A statement for healthcare professionals from the American Heart Association. *Circulation* 86:340-344, 1992.
7. Fletcher GF, Balady G, Blair SN, et al: Statement on exercise: Benefits and recommendations for physical activity programs for all Americans: A statement for health professionals by the Committee on Exercise and Cardiac Rehabilitation of the Council on Clinical Cardiology, American Heart Association. *Circulation* 94:857-862, 1996.
8. Hambrecht R, Niebauer J, Fiehn E, et al: Physical training in patients with stable chronic heart failure: Effects on cardiorespiratory fitness and ultrastructural abnormalities of leg muscles. *J Am Coll Cardiol* 25:1239-1249, 1995.
9. Jager EH: Formulas for dynamic exercise heart rate and blood pressure. *Cardiology* 94(1):66-67, 2000.
10. Kobashigawa JA, Leaf DA, Gleeson MP, et al: Benefit of cardiac rehabilitation in heart transplant patients: A randomized trial. [abstract] *J Heart Lung Transplant* 90:S77, 1994.
11. Lee IM, Hsieh CC, Paffenbarger RS Jr: Exercise intensity and longevity in men: The Harvard Alumni Health Study. *JAMA* 273:1179-1184, 1995.
12. Lamaitre RN, Siscovick DS, Raghunathan TE, et al: Leisure-time physical activity and the risk of primary cardiac arrest. *Arch Intern Med* 159(7):686-690, 1999.
13. Morris JN, Clayton DG, Everitt MG, et al: Exercise in leisure time: Coronary attack and death rates. *Br Heart J* 63:325-334, 1990.
14. Oka RK, De Marco T, Haskell WL, et al: Impact of a home-based walking and resistance training program on quality of life in patients with heart failure. *Am J Cardiol* 85(3):365-369, 2000.

15. Pollock ML, Franklin BA, Balady GJ, et al.: AHA Science Advisory. Resistance exercise in individuals with and without cardiovascular disease: Benefits, rationale, safety, and prescription. An advisory from the Committee on Exercise. Rehabilitation, and Prevention, Council on Clinical Cardiology, American Heart Association. Position paper endorsed by the American College of Sports Medicine. *Circulation* 101(7):828-833, 2000.
16. Tanaka H, Monahan KD, Seals DR: Age-predicted maximal heart rate revisited. *J Am Coll Cardiol* 37(1):153-156, 2001.
17. Weir MR, Maibach EW, Bakris GL, et al: Implications of a healthy lifestyle and medication analysis for imiproving hypertension control. *Arch Intern Med* 160(4):481-490, 2000.

ÍNDICE

Os números em **negrito** indicam um capítulo completo.

B

E

F

G

H

J

K

L

M

N

O

Q

R

S

T

U

V